LAPILLI GIGANTI
IL MEGLIO DELLA SAGGISTICA MONDIALE

David Hajdu

MALEDETTI FUMETTI!

COME LA GRANDE PAURA PER I «GIORNALETTI» CAMBIÒ LA SOCIETÀ STATUNITENSE

Prefazione di
Roberto Giammanco

Postfazione di
Matteo Sanfilippo

Edizione italiana a cura di
Marco Pellitteri

Tunué
EDITORI DELL'IMMAGINARIO

GUIDA PER LA CATALOGAZIONE BIBLIOGRAFICA
Hajdu, David (1955–)
Maledetti fumetti!
Come la grande paura per i «giornaletti» cambiò la società statunitense
/ David Hajdu / Prefazione di Roberto Giammanco
Postfazione di Matteo Sanfilippo
Edizione italiana a cura di Marco Pellitteri
p. cm.
Include Riferimenti bibliografici
ISBN-13 GS1 978-88-89613-88-7
1. Stati Uniti—Società americana—Storia americana. 2. Ventesimo secolo—Storia del costume—Arti popolari. 3. Graphic novel—Fumetti—Comics.

Collana «Lapilli Giganti» n. 2
I edizione: novembre 2010

Pubblicato in origine nel 2008 come
The Ten-Cent Plague: The Great Comic-Book Scare and How It Changed America
dalla Farrar, Straus and Giroux, New York (Usa).

A cura di Marco Pellitteri
Traduzione di Roberto Branca (Capp. 6-16, Epilogo)
e Marco Pellitteri (Prologo, Capp. 1-5, Apparati)
Grafica e impaginazione: TunuéLab
Grafica di copertina: Hannes Pasqualini

Tunué
Editori dell'immaginario
Via dei Volsci 139
04100 Latina – Italy
tunue.com | info@tunue.com

Direttore editoriale
Massimiliano Clemente

ISBN-13 GS1 978-88-89613-88-7

INDICE

NOTA SULL'EDIZIONE ITALIANA

L'edizione originale del volume presentava un inserto di otto pagine contenente un totale di ventuno immagini. Per l'edizione italiana sono state mantenute quelle immagini ed è stato inoltre predisposto l'inserimento di un congruo numero di ulteriori illustrazioni. La selezione delle figure e la compilazione delle brevi didascalie sono state effettuate dal curatore.

Si noterà che, contrariamente a quanto di solito avviene nella saggistica storica sul fumetto (sia italiana sia straniera), in questo libro gli artisti che diedero vita all'industria degli albi a fumetti nel contesto statunitense sono spesso menzionati, alla prima occasione, senza enfasi e senza presentarne il ruolo storico complessivo; ciò, in base allo stile letterario e di progressivo disvelamento, da parte dell'autore, di tali figure, che tornano di Capitolo in Capitolo con l'aggiunta di sempre nuovi particolari che ne rivelano l'effettiva importanza.

Nella versione originale del libro si usavano, per designare i fumetti nei diversi contesti, supporti e formati editoriali, i termini *comics* (l'oggi desueto *funnies*), *comic books* e *comic strips*, da interpretare in italiano, rispettivamente, come: 'fumetto / fumetti', in generale, intesi come forma espressiva nel complesso, noti con questo nome in riferimento ai temi quasi solo umoristici degli esordi; 'albi a fumetti', cioè i tipici giornalini stampati a colori su carta porosa, composti di circa 36 pagine e rilegati con due punti metallici, dal formato variabile ma spesso aggirantesi intorno ai

17 x 26 cm; e 'strisce a fumetti', cioè i fumetti pubblicati originariamente sui quotidiani a ritmo sia giornaliero (le *daily strips*) sia, in formato maggiore e a colori, la domenica (*Sunday strips*). Tali chiarimenti lessicali si rendono necessari poiché nella trattazione l'autore e le dichiarazioni da lui riportate di terzi – fumettisti, giornalisti, addetti ai lavori, lettori, politici – usavano sistematicamente i primi due termini, comics e comic book, come sinonimi intercambiabili: questo perché spesso nel linguaggio comune, negli USA – ma, a onor del vero, anche in Italia – non si distingue tra il fumetto come linguaggio espressivo in generale e i formati o i supporti editoriali nei/sui quali esso è veicolato. Per la presente edizione, tuttavia, si è scelto di operare tale distinzione, rinvenendola di volta in volta dai contesti dei discorsi dell'autore e delle fonti citate. Rimane inteso che i termini «albo/i a fumetti», «giornalino/i», «giornaletto/i» e «comic-book» sono utilizzati come sinonimi, mediando tra le consuetudini delle culture italiana e anglofona.

Nella versione originale, nei dati bibliografici dei volumi non erano indicati la città dell'editore e spesso i sottotitoli; per la presente edizione ho provveduto alle integrazioni del caso. Le citazioni dirette da libri o giornali non presentavano il numero di pagina e gli articoli di quotidiani e periodici non erano corredati del nome del cronista. Idem per quanto riguarda i dati bibliografici delle storie a fumetti citate: esse non indicavano il numero dell'albo della collana in cui appaiono ma solo il mese e l'anno. Ciò, per scelta dell'autore del presente libro. Per rispetto di tale volontà e anche per l'oggettiva difficoltà di reperimento di tutta questa miriade di dati (nonché, a onor del vero, per la decisione dell'autore di non fornire le eventuali integrazioni bibliografiche) si è ritenuto sensato non procedere al loro rinvenimento; ciò è avvenuto di norma solo per le testate citate nelle didascalie alle immagini aggiunte dal curatore per la presente edizione italiana. Si tenga ad ogni modo presente che una buona parte degli articoli di quotidiani e riviste risalenti agli anni Quaranta e Cinquanta sono stati reperiti dall'autore e dai suoi collaboratori da trascrizioni sugli archivi dei siti internet dei vari giornali e, più spesso, dagli archivi bibliotecari su microfilm, nei quali mancano molto spesso i numeri di pagina, e che una parte di questi articoli non indicavano il nome di un autore. I titoli di articoli, libri e storie a fumetti, quando riportati in Nota e/o nei Riferimenti bibliografici, sono indicati solo in lingua originale; se menzionati nel testo corrente, per chiarezza sono riportati anche o solo in italiano, a meno che non si tratti di titoli particolarmente famosi nella loro versione in inglese (es. *Seduction of the Innocent*). I Riferimenti bibliografici in fondo al libro riportano i volumi, articoli saggistici, pezzi di cronaca e documentari citati nel corso dell'opera, ma non le fonti documentali istituzionali e le storie e collane a fumetti di cui si parla nella trattazione, menzionate solo nel testo, nelle Note e nelle didascalie alle immagini. La lista delle persone intervistate è riportata all'interno degli Apparati finali.

Nel curare l'edizione italiana del libro s'è deciso di aggiungere una serie di brevi notizie che nella versione originale non erano incluse perché venivano o date per conosciute dal lettore statunitense o ritenute superflue. In particolare, l'autore non aveva quasi mai incluso le date di nascita e di morte degli autori di fumetti citati e le date d'inizio pubblicazione dei fumetti e delle collane menzionati. Analogamente, si è ritenuto utile fornire sempre le traduzioni dei nomi originali dei personaggi, delle collane e delle storie citati. Tali informazioni sono inserite fra parentesi nel testo corrente se brevi e laddove tale inserimento non determini sensibili perdite nella fluidità di lettura, e nelle Note in tutti gli altri casi. Le date di nascita e morte sono indicate solo alla prima menzione degli artisti. È inteso che laddove tali informazioni non siano presentate, ciò è dovuto alla mia incapacità a reperirle.

Le fonti utilizzate per tali integrazioni in questa edizione italiana e per il reperimento delle immagini sono, oltre a vari testi di storia del fumetto (cfr. i Riferimenti bibliografici), i seguenti siti web: *Ask Art – The Artists' Bluebook*, Askart.com; *Comic Arts and Graffix Gallery*, Comic-art.com/biograph.htm; *Golden Age Comics*, Goldenagecomics.co.uk; *Grand Comic-Book Database*, Co mics.org; *Lambiek Comiclopedia*, Lambiek.net/artists; *Mighty Crusaders Encyclopedia*, Mightycrusaders.net/handbook.htm; *The Early Animation Wiki*, Rarebit.org; gli elenchi in Superma nartists.comics.org; *Who's Who of American Comic Books 1928-1999*, Http://bailsprojects.com; la sezione «Public Domain Super Heroes» su *Wikia*, Http://pdsh.wikia.com/wiki/Public_Domain _Super_Heroes.

Per una scelta di discrezione grafica ed editoriale gli interventi integrativi dell'edizione italiana, quando non inseribili direttamente nel testo (come nel caso di semplici date), non vengono segnalati dalla sigla «*N.d.T.*» ma preceduti dal simbolo ▮. Tutte le volte che è stato possibile, le Note italiane sono state alloggiate all'interno di quelle già volute dall'autore, per non corredare eccessivamente il testo di aggiunzioni. Rimane inteso che le notizie e le immagini scelte non desiderano avere valore di esaustività ma solo di generale orientamento.

M.P.

PREFAZIONE

*di Roberto Giammanco**

Negli otto interminabili anni in cui rimase alla Casa Bianca,[1] Ronald Reagan bloccò qualsiasi proposta di legge che limitasse la presenza degli spot pubblicitari nei programmi televisivi per ragazzi. Eppure l'ultima di tali proposte prevedeva limitazioni addirittura risibili: 10 minuti e 30 secondi per ogni ora durante i fine settimana, 12 minuti nei giorni feriali. Due anni dopo, nel 1990, il provvedimento fu approvato dal Congresso; ma l'allora presidente George Bush si rifiutò di firmarlo, appellandosi al Primo Emendamento della Costituzione che garantisce la libertà di parola. In questo caso, libertà soltanto per i pubblicitari e le reti televisive.

Grazie alle continue pressioni di insegnanti, psicologi e genitori, alla fine il provvedimento fu «lasciato passare», sebbene senza la firma del presidente. Comunque la sua applicazione fu episodica e, presto, cautamente disattesa. In quel decennio la «supercommercializzazione» dei programmi per ragazzi subì un'incredibile

* Roberto Giammanco (Pisa 1926) è uno dei maggiori studiosi italiani della storia e della società statunitensi, nonché uno dei più riconosciuti esperti del fumetto americano. Filosofo e storico, ha insegnato per molti anni in varie università degli Usa e di diversi paesi del Sud America ed è autore di numerosi lavori di prestigio, fra i quali basti citare la traduzione e curatela italiane del *Leviatano* di Thomas Hobbes (Torino, Utet, 1955). I suoi saggi in materia fumettistica, mai scevri di una profonda e documentata comprensione complessiva della società statunitense, sono forse i più importanti in tema mai pubblicati in Italia: *Dialogo sulla società americana* (Torino, Einaudi, 1964), *Gulp! Il sortilegio a fumetti* (Milano, Mondadori, 1965) e *Immagini, vignette, visioni. Comics americani nel post-moderno*, Scandicci (Fi), La Nuova Italia, 1991.

impennata: si calcolò che il bambino, prima ancora di raggiungere l'età scolare, venisse esposto a più di cinquemila ore di televisione, un quinto delle quali era costituito da pubblicità diretta. E, prima di finire le superiori, il ragazzo medio aveva già riempito la sua vita con un totale di esposizione televisiva che andava dalle 19.000 alle 20.500 ore. Centinaia di ricerche registrarono una caduta verticale del profitto scolastico, della capacità di fissare l'attenzione e dell'interesse alla lettura, compresa quella dei fumetti.

Nacque un nuovo formato per i programmi dei ragazzi: i comunicati commerciali erano indissolubilmente legati ai prodotti loro destinati. I legislatori si limitarono a raccomandare alla Commissione Federale per le Comunicazioni (Fcc) di verificare che non si perdesse di vista «l'interesse pubblico nei programmi per ragazzi». Così l'egemonia della promozionalità si estese a tutto il mercato multimediale, dai disegni animati agli albi a fumetti, ai graphic novel, gonfiando enormemente il già fiorente merchandising per l'infanzia. Le statistiche dei primi anni del XXI secolo rivelano un preoccupante aumento del disordine psicologico della società, simboleggiato dall'immagine che la psicologa Marie Winn ha reso emblematica come «espressione facciale dei tele-assuefatti»: mandibola rilassata, bocca semiaperta, labbro inferiore leggermente pendulo, lingua appoggiata ai denti, sguardo fisso e vuoto.

Nella recente storia americana la discontinuità tra i modi di produzione e il modo di informazione globale, la ghettizzazione suburbana della classe media e quella urbana ben consolidata delle minoranze, hanno cambiato il mercato e gli effetti percettivi delle strisce e degli albi a fumetti. I fumetti erano nati come immagini di consumo per le fasce sociali più povere, in particolare immigrati di nazionalità diversa in condizione di semi-schiavitù, discriminati, messi all'angolo e oggetto di ben radicati pregiudizi etnici, razziali e ideologici. Potenzialmente però, via via che imparavano a leggere, venivano a costituire un possibile vasto mercato.

Il 7 luglio 1895 i lettori del quotidiano *The World* di New York ebbero la sorpresa di trovare una grossa vignetta piena di personaggi strani, tutti gravitanti attorno a un monello vestito con un camicione, Yellow Kid. Piccole frasi erano scritte sui muri e sulle staccionate, sulle bandierine e sui vetri delle finestre dei bassifondi, e soprattutto sul camicione del ragazzo al centro della scena. Il successo fu tale che l'autore, Richard Felton Outcalt, produsse periodicamente decine di queste vignette, che attiravano anche per il loro linguaggio sgrammaticato e per gli slogan volgari e criptici. Quasi dei «graffiti» ante litteram. Gli episodi di Hogan's Alley, il vicolo dei bassifondi in cui erano ambientate le vicende di Yellow Kid, avevano un carattere picaresco e riproducevano il mondo rozzo, incolto, gretto, crudele e al tempo stesso pieno di immaginazione e di speranza degli immigrati. Nel 1965 chiamai questo *tableau* narrativo «la Musa plebea di Yellow Kid» (in *Gulp! Il sortilegio a fumetti*). Da quel momento scoppiò sui quotidiani una continua proliferazione di comic-strip, con tutte le possibili contrapposizioni dell'immaginario di classe, di condizione sociale e di livello di istruzione. Come osserva giustamente David Hajdu, «i fumetti offrivano ai loro lettori una versione parodica di loro stessi resa nel linguaggio vernacolare della caricatura e delle battute triviali». Una vera e propria sintesi sociale.

Al tempo della Grande Depressione, che dal 1929 durò fino allo scoppio della Seconda guerra mondiale, i fumetti svilupparono temi legati o al passato (nel genere western) o al futuro (ispirati all'*American Dream*). Si evitava di raffigurare il presente e si cercava di sostituirlo con inesauribili fantasie di evasione e di giustizia. In questo panorama, un posto a sé occupa la strip *Krazy Kat* (1913) di George Herriman, con quelli che a suo tempo ho definito i suoi «dialoghi d'amore»: una lunga favola, ritratto di sentimenti che all'epoca della Depressione garantivano un recupero del soggetto e delle sue fantasie. Una vera e propria opera poetica, tanto che l'esperto d'arte Gilbert Seldes la considerò «di gran lunga superiore a qualsiasi creazione dell'alta cultura americana».

La strip che rifletteva più di ogni altra i valori più retrivi e aggressivi dell'unicità americana insieme al populismo pietistico è *Little Orphan Annie*. L'ho definita «l'orfanella di ferro» per la sua tenacia masochista all'ombra del potere e per quel suo ottimismo da crociata nel misurarsi con il mondo. *Little Orphan Annie* apparve per la prima volta il 5 agosto 1924 sul *New York Daily News* e, nel corso del tempo, fu licenziata su centinaia di quotidiani e periodici, oltre a essere oggetto di una massiccia produzione di albi. Per ben ottantasei anni, fino all'ultimo episodio del 13 giugno 2010 – anch'esso pubblicato dal *New York Daily News* – *Little Orphan Annie* ha goduto di una popolarità straordinaria: era presto divenuta, ed è tuttora, un'icona dell'unicità americana, avendo peraltro seguito il filo di tutte le vicende della «Nazione sotto

Dio». Il suo autore, Harold Gray, dette all'orfanella un aspetto ieratico. Occhi come due tondini bianchi, senza pupille, senza ciglia: due vuoti disponibili, anticamera di un qualsiasi infinito.

Malgrado le sue patetiche vicissitudini familiari Annie ha un padre adottivo, una specie di nume tutelare che riunisce in sé il potere del capitalismo e, insieme, la saggezza e la giustizia dell'immaginario della Religione Civile americana. «Daddy» Warbucks è l'archetipo strapotente e inaccessibile di un «armonioso impero economico e morale» che domina il mondo e guida i governi, sinonimo di implacabile giustizia contro le forze del Male; che poi sarebbero tutti coloro che insidiano il dominio della proprietà privata e della libera iniziativa. «Daddy» Warbucks, il cui nome suggerisce che alla base della sua ricchezza c'era la speculazione sulle forniture di guerra,[2] incarna tutte le doti dei *Robber Barons*, i finanzieri che con ogni mezzo – lecito o illecito – industrializzarono selvaggiamente gli Stati Uniti e ne assicurarono il primato mondiale. L'orfanella di ferro non fa altro che esaltare il coraggio, la tenacia, la durezza verso sé stessi e il resto del mondo di questi «padroni del vapore», la loro convinzione di essere essi stessi la legge, e la loro frenesia di dominio assoluto. La giustizia può essere soltanto l'etica degli eletti. Se gli altri – i poveri – accettano la «legge naturale delle cose» saranno oggetto di compassione, carità e benevolenza; ma se la rifiutano, Warbucks li distruggerà, con l'aiuto del cielo e della terra.

Nel 1931, proprio al culmine della Grande Depressione, l'orfanella farà affermazioni come queste: «Altro che sussidii! Date alla gente fiducia nella bontà dei ricchi, voglia di lavorare, volontà di arricchirsi; e vedrete quanti successi!». In un altro episodio dello stesso anno Annie, meravigliata, si domanda: «Ma dove sono i disoccupati? Io conosco solo gente che ha voglia di lavorare e gente che vuol vivere nell'ozio, alle spalle degli altri...». In quell'anno, negli Stati Uniti, c'erano sedici milioni di disoccupati.

Accanto a questo fumetto perfettamente funzionale alla propaganda politico-religiosa del capitalismo, nacquero però altri fumetti di segno diverso o rivolti all'espressione poetica dei sentimenti, come appunto *Krazy Kat*. Il saggio di David Hajdu, che abbraccia la prima metà del secolo XX, si sofferma proprio su questi ultimi ed è tutto un inno alla lotta per la libertà di esprimersi nella cultura popolare di massa. In quel mezzo secolo, infatti, il fumetto conobbe le sue persecuzioni durante le varie ondate di paranoia collettiva tipiche della società americana, in parallelo con le durissime lotte sociali, il razzismo e le crisi economiche.

Dal 1918 al 1921 l'*Attorney General* A. Mitchell Palmer, sull'onda della *Red Scare*, la paura dei sovversivi, dei Rossi, scatenata da una stampa quasi unanime per coprire la realtà di una economia in crisi, organizzò il rastrellamento e la deportazione di migliaia di radicali, anarchici o ritenuti tali, di origine straniera. Vennero usati tutti i mezzi: perquisizioni illegali, agenti provocatori e tortura. La stampa popolare non sufficientemente patriottica, compresi i fumetti, fu sequestrata e gli autori vennero denunciati. Nel caso dei famigerati *Palmer Raids* prevalse un patriottismo paranoico e xenofobo; e negli anni Cinquanta, durante la seconda *Red Scare* del periodo maccartista (1950-'54), furono il moralismo e il bigottismo a unirsi indissolubilmente alla paranoia patriottica.

A quel moralismo dettero vigore le teorie dello psichiatra Fredric Wertham, il quale nel suo best-seller *Seduction of the Innocent* (1954) scriveva: «Abbiamo trovato che la lettura degli albi a fumetti è un distinguibile fattore di influenza nel caso di ogni bambino delinquente o disturbato che abbiamo studiato. È probabile che gli innocenti lettori di oggi diventino criminali e violenti». Il dottor Wertham fornì una copertura «scientifica» ai timori di genitori e insegnanti. La sua campagna, che coinvolse l'intera nazione, fu ostacolata, come egli stesso dichiarò più volte, dagli editori, i quali «sulla questione del controllo degli albi del crimine si appellavano subito alla libertà di espressione». Il semplicismo del meccanico rapporto tra fumetti e delinquenza giovanile o la denuncia dell'antiamericanismo erano il portato dei fondamenti ideologici di quella società: giustificazione morale di ogni atto della Nazione sotto Dio, in versione sia religiosa che laica, e terrore per ogni minaccia esterna che potesse metterne in pericolo l'unicità.

Negli Stati Uniti, per questo tipo di proiezioni collettive, c'è sempre stato bisogno di definire un nemico. Hajdu descrive le manifestazioni più grottesche di questa paranoia collettiva che fu chiamata la *Comics Scare*. In molte scuole i bambini furono invitati a portare tutti gli albi che avevano, ed enormi falò illuminarono i cortili degli edifici scolastici. Poi, come accadde a Spencer, in West Virginia, gli insegnanti pretesero dalle scolaresche la promessa di non leggere mai più questi «albi del crimine».

Quanto ai maccartisti, provocarono l'autocensura dei mezzi di comunicazione di massa e incriminarono, spesso con false prove frutto soltanto delle testimonianze dei delatori, centinaia di intellettuali, artisti e scienziati. Va ricordato che la Commissione del Congresso per le attività antiamericane, di cui il senatore Joseph McCarthy era presidente, fece condannare alla sedia elettrica i coniugi Julius ed Ethel Rosenberg in base a denunce e indizi mai oggettivamente dimostrati. Decine di autori e sceneggiatori di Hollywood – molti su denuncia, tra gli altri, di Ronald Reagan, Gary Cooper ed Elia Kazan – furono licenziati e condannati; centinaia non trovarono più alcun lavoro. Ed è a tutti i loro corrispettivi dei comics, centinaia di autori di fumetti, che Hajdu dedica alcune delle sue pagine più lucide e dense di sincera solidarietà.

Gli autori di comic-book furono anche inquisiti come «pericolosi istigatori» nelle campagne televisive e giudiziarie contro la delinquenza giovanile. La Commissione presieduta dal senatore Estes Kefauver aprì le udienze sul crimine organizzato, e accanto alle cosche mafiose italoamericane, a Frank Costello, ai fratelli Anastasia, istruì un'indagine anche «sull'effetto dei fumetti polizieschi e d'avventura». Nel corso delle udienze, trasmesse per la prima volta in televisione e seguite da più di due terzi dell'utenza televisiva, i fumetti vennero messi in difficoltà. Accanto alla censura cinematografica che si concretizzò nel famoso Codice Hays, anche i fumetti ebbero il loro codice di condotta: rispetto per i valori patriottici e morali, rispetto per le autorità, specialmente di polizia, divieto di deridere l'istituto del divorzio o l'appartenenza razziale ed etnica.

In breve i fumetti, con la loro enorme varietà espressiva, hanno accompagnato e propugnato tutti gli sviluppi socio-economici e le vicende storiche degli Stati Uniti. Negli anni Sessanta sono stati una delle punte più avanzate e creative della controcultura di massa. Con la loro forma poliedrica hanno certamente contribuito alle diversificazioni del mercato e, in molti casi, al consolidamento dell'ideologia dell'unicità nazionale.

Il saggio di David Hajdu, ben documentato e raccontato come una cronaca avventurosa, compendia una parte significativa delle vicende degli autori e della presenza di questo genere nel grande oceano della cultura mediatica di massa. La sua validità per le giovani generazioni, figlie di un mercato multimediale globale che sta lasciando dietro di sé la storia e la realtà per arrendersi al simultaneo e al virtuale, consiste nell'evocazione di scenari storici che altrimenti sarebbero consegnati all'oblio.

Per Jake, Torie e Nate

RINGRAZIAMENTI

Desidero ringraziare innanzitutto mia moglie, Karen, per il suo immenso aiuto e appoggio.

A Jake, un profondo ringraziamento per aver steso le basi.

A Torie, con infinita gratitudine per tutto il suo lavoro.

Poi desidero ringraziare la mia famiglia di lavoro: i miei redattori Jonathan Galassi e Paul Elie, il secondo dei quali ha lavorato con me a questo libro, il nostro terzo volume insieme, mese dopo mese, anno dopo anno. E il mio agente, Chris Calhoun, un vero guerriero che mi ha salvato più volte di quante ne meritassi.

Ho iniziato le ricerche per questo libro quando mi trovavo all'Università di Chicago, mentre lavoravo come scrittore locale per Robert Vare. Per questo dono ringrazio Robert Vare, e sono grato anche a Larry Norman, capo del dipartimento di Inglese quando ero in servizio in quell'ateneo. Cinque anni più tardi ho smesso di scrivere il libro mentre insegnavo alla Newhouse School of Public Communications della Syracuse University. Per il loro immenso aiuto voglio ringraziare il preside, David Rubin, e Bob Lloyd, capo del mio dipartimento e mio angelo custode alla Syracuse University.

Per l'aiuto e i buoni consigli ringrazio Leon Wieseltier, il mio capo redattore al *New Republic*, che mi ha mantenuto il posto mentre ero impegnato a scrivere questo libro.

Per avermi incoraggiato all'inizio e l'avermi incaricato di scrivere dei saggi che mi hanno aiutato a incominciare la stesura del volume, sono in debito con la compianta Barbara Epstein della *New York Review of Bo-*

oks. Per aver commissionato la storia su Will Eisner che ha arricchito questo libro, ringrazio David Remnick della rivista *The New Yorker*; e per aver supervisionato alcuni articoli su *Mad* e Robert Crumb che hanno portato a diversi passaggi di questo libro, sono grato a David Friend della rivista *Vanity Fair*.

La mia assistente ricercatrice all'Università di Chicago, Anna Brenner, ha continuato a lavorare al progetto dopo la laurea e ha finito per svolgere molte delle indagini più impegnative. E, come sempre, sono in debito con Dierdre Cossman, luminare delle ricerche storiche. Sempre per il loro aiuto nelle ricerche, voglio ringraziare Ryan FitzPatrick, Claire Duffett, Lauren Kay, Nathan Carlile, Julie Hoffman della Stark County District Library in Ohio, Sean O'Heir, Dorian Tenore-Bartilucci e Vinnie Bartilucci, Vincent Hawley, Sarah Pye, Vern Morrison ed Elizabeth Edmonds.

Sono in gran debito con i tantissimi disegnatori, sceneggiatori e tutti coloro che sono stati coinvolti negli eventi narrati nel libro e che ho intervistati nell'arco di sei anni. In particolare, un ringraziamento ad Ann Eisner e al suo compianto marito Will, e a Michelle e Al Feldstein.

Voglio ringraziare il più grande lavoratore del mondo del fumetto, Steve Tice, per aver trascritto i nastri di molte delle mie interviste e per aver svolto la maggior parte del duro lavoro necessario per redigere la lista dei nomi nell'Appendice.

Molti esperti e collezionisti di albi a fumetti hanno avuto la bontà di condividere le loro informazioni e darmi dei consigli nel corso degli anni. In particolare Jim Amash, Jerry Bails, Mike Benton, John B. Cooke, Digby Diehl, Steve Duin, Mike Feldman, Danny Fingeroth, Grant Geissman, Mark G. Heike, Thomas G. Lammers, Bill Leach, Russ Maheras, John Jackson Miller, Frank Motler, Lou Mougin, John Petty, Trina Robbins, David Siegel, Bhob Stewart, Steve Stiles, Ed Summer, Roy Thomas, Ted White e Sam Viviano.

Sono grato a parecchie persone presso le istituzioni dove ho condotto le mie ricerche: Rodney A. Ross del Centro Archivi Legislativi, presso gli Archivi Nazionali; Bruce Kirby della Divisione Manoscritti della Biblioteca del Congresso; Lucy Caswell e Dennis Toth della Biblioteca di ricerca sui fumetti alla Ohio State University; Edward L. Galvin, Nicolette A. Schneider e lo staff del Centro ricerche raccolte speciali, Bird Library, presso la biblioteca della Syracuse University; Holly Koenig, della Comics Magazine Association of America; Eric W. Robinson, del Dipartimento microfilm dei quotidiani della New York Public Library; Susan Tyler Stinson e Robert J. Hodge del Laboratorio e archivio audiovisivi Belfer della Syracuse University; Randall W. Scott alla Divisione raccolte speciali della biblioteca della Michigan State University; Marianne Labatto della Divisione archivi e raccolte speciali della biblioteca del Brooklyn College; e Michael Martin della Onondaga Historical Association.

Molti bibliotecari e archivisti di altre associazioni hanno effettuato delle ricerche per me. Tra loro, in particolare Rina Wright e Joseph J. Hovish della Legione Americana; Joann Regets della Saints Peter and Paul Church School di Auburn, stato di New York; Belinda Harris del *The Roanoke Times*; Jeanine Thubauville della biblioteca pubblica Thomas Crane di Quincy, nel Massachusetts; e Margaret G. Wollitz della biblioteca pubblica di Decatur.

Per aver letto una prima stesura del manoscritto e avermi dato importantissimi consigli sulle questioni legali, ringrazio Roy Gutterman della Syracuse University. Per fondamentali ricerche legali sono grato anche a Dee Gager e Jennifer Holtz.

Per aver letto una prima stesura del manoscritto e avermi offerto dei consigli editoriali, ringrazio Robert G. Dunn; per il lavoro di redattrici, ringrazio Suzanne Fass e Susan Goldfarb; e per i consigli di scrittura, quasi quotidiani, ringrazio John Carey.

Per il loro aiuto con le immagini dell'inserto fotografico dell'edizione originale statunitense sono in debito con Mitch Blank, Larry Elin, Daniel Herrick e Todd Sodano.

Per aiuti di ogni tipo, ringrazio i miei genitori e i miei suoceri, Carol e John Oberbrunner; Joanne Hajdu, che ha steso le basi e dà ancora una mano; e anche Boyd Addlesperger, Marc Andreottola, Paul Buhle, Susanne Carbin, Aaron Cohen, Zarina Feinman, Dan Friedell, Paula Gabbard, Eliot Gordon, Patti Graziano, Chuck Hajdu, Jihae Hong, Lori Hostuttler, JoAnne e Robert Jackson, Abby Kagan, Michael Kubin, Ann Marie Lonsdale, Jon Lovstad, Ron Mann, Keelin McDonell, Sean McNaughton, Tom McNulty, Cathy Gaines Mifsud, Steven Mintz, Chloe Schama, Marcelyn Skerpca, Cara Spitalewitz, Jeanine Thubauville, Alfredo Trejo, David Unger, Dave Wagner, Lawrence Watt-Evans, Justine Whitaker, Ellen Winkleman, Margaret G. Wollitz e Jerry Zelada.

PROLOGO

Sawgrass Village, un piccolo e ordinato centro abitato a una cinquantina di chilometri a est di Jacksonville, Florida, si chiama così per la rigogliosa vegetazione paludosa che un tempo la contraddistingueva, in seguito bonificata a favore di vasti prati verdi. Conta 1327 case, tutte caratterizzate da una facciata color grigio chiaro. Quella al 133 della Lake Julia Drive è, all'interno, un vero e proprio santuario: non un tempio che accolga reliquie del passato, come molte altre case di pensionati, ma un mausoleo dedicato al sogno di una carriera fortemente agognata e in seguito stroncata. Tutte le pareti delle sue otto stanze, così come quelle dei corridoi, sono ricoperte di dipinti incorniciati di Janice Valleau Winkleman, che vi si stabilì da Pittsburgh col marito, Ed, nel 1982, alla fine della di lui quarantennale carriera nelle vendite di sostanze chimiche e poi di prodotti in acciaio. Prima di quella data era ormai da quasi trent'anni che Janice dipingeva all'incirca ogni giorno. Avendo mostrato di possedere del talento fin dalla più tenera età, aveva deciso a un certo punto di iscriversi a corsi di belle arti e illustrazione e, a diciannove anni, aveva iniziato la sua attività professionale come disegnatrice di fumetti per l'editore Quality Comics, di New York. Poi, una sera di undici anni dopo, Janice tornò a casa dal lavoro e quello fu l'ultimo giorno della sua carriera.

Per gli oltre cinquant'anni dopo quel giorno, Janice Winkleman non ha mai più fatto menzione del fatto che il suo lavoro di fumettista fosse stato pubblicato sempre a firma «Janice Valleau». Sua figlia Ellen è cresciuta leggendo albi a fumetti, del tutto ignara che c'era stato un tempo in cui sua madre aveva contribuito a realizzarli.

Nel 2004 il salotto dei Winkleman metteva in mostra ben settantaquattro quadri – energici paesaggi marini all'acquarello con onde violente, rese con dei blu scuri e dei neri; un acrilico di due gabbiani sospesi in volo, posti sullo sfondo di un cielo dorato e brunito e in compagnia di altri gabbiani sfreccianti in tutte le direzioni; una nutrita serie di altri acquerelli di vecchi battelli a vela adagiati al rimessaggio; disegni astratti di forme aguzze e motivi decorativi realizzati con i pastelli; ritratti di giovani donne esotiche e invitanti, una delle quali a seno nudo, con il volto o incompiuto o coperto di colore. Le immagini – al contempo deliziose e sofferenti, tutte eseguite con sapienza ed estremamente variegate per temi e tecniche – potrebbero tenere impegnato per diverso tempo uno studente d'arte o uno psicanalista.

A ottantun anni, Janice Winkleman è una donna delicata, indebolita dall'età e dalle malattie, ma ancora dipinge tutte le volte che si sente in vena: di solito una o due volte alla settimana. «Mi piace l'arte: per me è importante», dice con voce esile ma decisa. Gli occhi le brillano, dietro agli occhiali spessi e squadrati che le coprono la maggior parte del viso. Durante la nostra chiacchierata è seduta comodamente su una sedia metallica dai cuscini sottili abbinata alla scrivania, in una stanzetta che ospita il suo cavalletto e la sua tavolozza, diverse scatole di colori e pennelli e tutto l'occorrente per il tè. Le mani sono disposte a coppa sulle gambe. Indossa una giacchetta da casa di lino ben stirata e scarpette da tennis piuttosto consumate; le gambe sono ben accavallate con i polpacci sotto la sedia, come a voler nascondere i piedi. In una cornice sul muro alla sua destra è in bella mostra il disegno originale a matita e china della prima tavola di una storia della collana *Blackhawk* (1941-1984) disegnata da uno dei suoi vecchi colleghi, Reed Crandall (1917-1982). Nei giorni in cui lavoravano assieme, Winkleman aveva preso la pagina con sé e se l'era portata a casa dentro alla sua carpetta, perché di Crandall ammirava le composizioni dinamiche e il tratto deciso.

«Volevo essere un'illustratrice per le riviste, ma amavo anche i fumetti», dice, puntando le mani a capannello sulla pagina di *Blackhawk*. «Sarei stata felice di lavorare in qualunque ramo artistico». Allora perché cinquant'anni prima aveva smesso da un giorno all'altro di disegnare a livello professionale? I quadri sparsi per tutta la casa mostrano che possedeva l'abilità e la versatilità per realizzare illustrazioni commerciali. Aveva l'esperienza nel settore dei fumetti e apprezzava questa forma espressiva, dunque avrebbe potuto continuare in quel campo. Con la creatività da lei messa in evidenza in alcune sue tele avrebbe perfino potuto diventare una professionista nelle belle arti. Perché ciò non accadde?

«Mio Dio», dice. Disunisce le mani e le batte sulle ginocchia, poi le riavvicina lentamente. «Non potevo tornarmene là fuori, ero spaventata a morte. Non sa quello che ci hanno fatto?».[1]

Alla metà degli anni Quaranta, quando Janice Valleau stava emergendo come disegnatrice per la Quality Comics, gli albi a fumetti erano la più popolare forma d'intrattenimento negli Stati Uniti. I fumetti vendevano ogni settimana tra gli ottanta e i cento milioni di copie e ogni singolo albo passava in media per le mani di circa sei se non dieci diversi lettori, scambiato o rivenduto: i *comic-books*, insomma, raggiungevano più persone di cinema, televisione, radio e riviste per adulti.[2] Nel 1952 oltre venti editori davano alle stampe quasi 650 titoli a fumetti al mese, dando lavoro a oltre mille disegnatori, scrittori, calligrafi ecc.[3] Fra essi, anche a donne come Janice Valleau, così come a membri di diverse minoranze etniche e sociali, che si erano rivolti al mondo del fumetto perché ritenevano che essi stessi o le loro idee sarebbero risultati sgraditi in sfere dell'editoria e dell'intrattenimento più legittimate.

Ideati e realizzati da soggetti di vario tipo, ma tutti in qualche modo «ai margini», i fumetti diedero voce alle fantasie e alle insoddisfazioni dei loro autori nello sfrontato linguaggio delle vignette disegnate e delle nuvolette, rivolgendosi con particolare efficacia ai giovani, i quali, a loro volta, si sentivano emarginati in un mondo pensato per, e condotto da, adulti. Negli anni Quaranta, dopotutto, la concezione di una cultura giovanile per come si sarebbe fatta notare in seguito – cioè come un enorme apparato socioeconomico costituito di comportamenti e stili d'abbigliamento, musica, letteratura, primariamente volti a esprimere l'indipendenza da uno status quo – non era ancora nata; l'infanzia e l'adolescenza erano in genere considerate stati sottosviluppati dell'età adulta e fasi di addestramento atte all'ingresso nel mondo ufficiale. I comic-book erano qualcosa di radicalmente diverso rispetto a tutti gli altri prodotti editoriali del loro tempo, poiché erano scritti, disegnati e proposti a un prezzo basso e pubblicizzati soprattutto e direttamente per i bambini e i ragazzini, e inoltre perché costituivano in modo evidente una provocazione alla sensibilità della maggior parte degli adulti.

Adulti che per lo più a quei fumetti – nonché ai bambini e ragazzini che li leggevano – non prestarono particolare attenzione, fino al momento in cui non si accorsero di un cambiamento. Durante i primi anni del dopoguerra gli albi a fumetti modificarono i loro toni e contenuti. Alimentati dagli stessi temi di cui si erano nutriti e continuavano ancora a nutrirsi il romanzo popolare e il cinema noir, molti dei titoli più famosi dei tardi anni Quaranta e dei primi anni Cinquanta narravano storie dell'orrore, sordidi crimini, di vizio e lussuria piuttosto che gli edificanti e luminosi racconti di eroi ed eroine in costume come Superman, Capitan Marvel o Wonder Woman, la cui iniziale apparizione tra la fine degli anni Trenta e l'inizio degli anni Quaranta aveva reso famoso il formato comic-book e divulgato ulteriormente i fumetti. Questi nuovi giornaletti crebbero in modo rigoglioso e incontrollato, come fiori selvatici dalle crepe nel terreno dei vicoletti della cultura americana. Diversamente dai film e da radio e TV, gli albi a fumetti non erano regolamentati da rigidi meccanismi: insomma non esisteva, per i comic-book, né il potente sistema di autocensura che nel cinema era costituito dal noto Codice Hays (in vigore dal 1934 al 1967) né un'autorità governativa come la FCC (Commissione federale per le comunicazioni), a imporre degli standard sui contenuti ammissibili. Disinibiti, spudorati, barocchi e al contempo espliciti, di frequente stupefacenti nella loro esplicitezza e a volte eccessivi, questi fumetti a tema orrorifico, criminoso e romantico fornirono ai giovani di inizio dopoguerra la possibilità di svicolare dal mondo culturale ufficiale di quel tempo, andando proprio per questo motivo a costituire per i guardiani di quel mondo un perfetto e ravvicinato obiettivo da colpire, per la sua intrinseca forza dirompente. Il mondo dei comic-book divenne terreno di scontro in una guerra fra due generazioni, specchio del conflitto fra altrettante ere nella storia della cultura popolare statunitense.

«I fumetti sono decisamente dannosi nell'impressionare le persone, e le persone in assoluto più impressionabili sono i giovani»,[4] sostenne lo psichiatra Fredric Wertham, autore di un noto trattato, *Seduction of the Innocent* ('La seduzione degli innocenti', 1954), che indicava i fumetti come una causa primaria della delinquenza giovanile. «Penso che Hitler fosse un principiante in con-

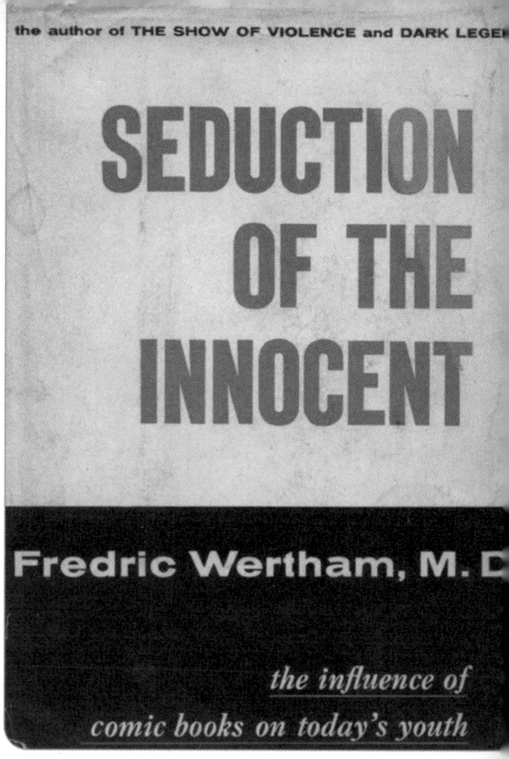

Copertina della prima edizione del libro di Fredric Wertham *Seduction of the Innocent.*

fronto all'industria del fumetto».[5] «È giunto il momento di promulgare una legge che vieti la vendita di questi albi nelle edicole e nelle drogherie».[6]

Varie parrocchie e molte comunità di cittadini si infervorarono e organizzarono campagne anti-fumetti. I giovani inscenarono per scherno finti processi a questo o quel personaggio dei fumetti. Nelle scuole si diede ufficialmente luogo a roghi di fumetti e gli alunni stessi gettarono in queste pire migliaia di albi; durante molti di questi rituali i bambini marciarono in girotondo intorno alle fiamme recitando filastrocche di denuncia contro i fumetti. I titoli dei giornali e delle riviste in tutto il paese allarmavano i lettori: «Depravazione per bambini – 10 centesimi la copia!», «Orrore all'asilo», «La maledizione degli albi a fumetti».[7] La sede di uno degli editori più intraprendenti e scandalosi di quel periodo, la Ec Comics, subì un grosso sequestro da parte della polizia di New York. Furono introdotti oltre cento decreti legislativi a livello statale e municipale per bandirne o limitarne la vendita:[8] moltissimi titoli furono messi al bando nello stato di New York, in Connecticut, nel Maryland e in altri stati, e furono approvate ordinanze per la regolamentazione degli albi in decine e decine di città. Ben presto il Congresso prese l'iniziativa, con una serie di spettacolari udienze in TV che quasi portarono l'industria statunitense del comic-book all'annientamento. Come Janice Valleau, la maggioranza dei professionisti degli albi a fumetti – disegnatori, scrittori, redattori, oltre ottocento persone – persero il lavoro.[9] Moltissimi fra essi non avrebbero mai più pubblicato.

Buona parte della cultura americana del dopoguerra nacque da quella morte sfiorata degli albi a fumetti e dall'effettiva morte creativa di molti dei professionisti che vi avevano lavorato. Notizia da prima pagina nel preciso momento in cui avveniva,[10] la storia della controversia sugli albi a fumetti negli Stati Uniti è un capitolo largamente dimenticato delle guerre culturali e sfida le nozioni, oggi largamente condivise, sull'evoluzione della cultura popolare statunitense del XX secolo. Fra tali nozioni figura anche quella, sviluppatasi nel secondo dopoguerra, secondo cui dal rock'n'roll avrebbe preso le mosse e si sarebbe espansa una sensibilità collettiva cinica e urlante, assuefatta alla violenza e sessodipendente, scettica su qualsiasi autorità costituita e perennemente agognante a fermare il tempo nella giovinezza. La verità è più complessa. Elvis Presley e Chuck Berry aggiunsero solo la colonna sonora a un mondo creato e messo in scena negli albi a fumetti.

Oggi appare chiaro che l'isteria contro i fumetti si dipanò su ben altro terreno che non sui soli disegni: si trattò di una vicenda basata sui rapporti di classe, sul denaro e sul gusto estetico; sulla tradizione e sulla religione, e su radicati pregiudizi; sulla politica presidenziale; sull'influenza di un nuovo medium, la televisione; e su come tanto le forme artistiche quanto le persone si evolvano. La guerra dei comic-book negli Stati Uniti fu uno dei primi conflitti, e uno di quelli più duramente combattuti, fra i giovani e i loro genitori; ed è pure evidente, oggi, che fu una battaglia che valse davvero la pena combattere.

LA SOCIETÀ È SPACCIATA

1

Il primissimo compito delle pagine dei fumetti sui quotidiani fu quello di attirare le classi meno abbienti. Verso la fine del XIX secolo, decenni prima dell'avvento del comic-book, oltre trenta giornali facevano a gara per accaparrarsi il pubblico dei lettori newyorkesi;[1] l'editore Joseph Pulitzer decise allora di tentare un esperimento, sul suo quotidiano popolare *New York World*, al fine di aumentarne l'attrattiva presso il pubblico di lettori occasionali o comunque di quelli che non leggevano abitualmente in inglese. Acquistò una delle poche macchine da stampa di nuova introduzione allora disponibili, capaci di riprodurre in grandi tirature su carta di giornale immagini policromatiche, e inaugurò il supplemento domenicale a colori: quattro pagine in formato 17 x 23 pollici (ca. 43 x 58 cm) di scoppiettanti storie illustrate dai temi più che mai esotici e stuzzicanti (Parigi! Ballerine!), vignette politiche e quello che fu presto ritenuto il primo sensazionale fumetto statunitense e un filone di ampio successo, la serie di illustrazioni edita col titolo *Hogan's Alley* (1894) ma universalmente nota col nomignolo del suo personaggio di punta, un ragazzino calvo vestito in camicia da notte gialla.[2]

Scritta e disegnata da Richard Felton Outcalt, che prima di allora era stato un disegnatore tecnico, *The Yellow Kid* era ambientata nei viottoli del Lower East Side di Manhattan e illustrava le schiamazzanti amenità di una banda di giovani e simpatiche canaglie di borgata. Lo stesso 'Bambino Giallo', che Outcalt battezzò

La prima apparizione della serie di illustrazioni *Hogan's Alley*, di Richard Felton Outcalt (1863-1928), sul quotidiano *New York World*, «At the Circus in Hogan's Alley», 5 maggio 1895.
La primissima apparizione della serie era comunque avvenuta l'anno precedente sulla rivista *Truth*.

Mickey Dugan, era un'irrispettosa ma al contempo calzante e accattivante caricatura del povero immigrato: i piedi scalzi, trasandato, dalla parlantina sgrammaticata, preoccupato soltanto di soddisfare alcuni piaceri elementari e predisposto anche alla violenza. Parlava di rado e quando ciò avveniva si esprimeva solo per accozzaglie di espressioni gergali e sgrammaticate e di stereotipi etnici: «Lu fonografo e una grande invenzione? Col fischio! – Nun penzo proprio – 'Spetta e spera che ti porto guell'uccellaccio balordo a casa. Non farebbi un bel gnente che mi diresse esso!».[3] I suoi compari parlavano e agivano sulla stessa falsariga ed erano tratteggiati come triti stereotipi: italiani unti d'olio che tiravano pomodori a destra e a manca; negri con labbra grosse come canotti, sempre impegnati in un pisolino o a rifugiarsi terrorizzati da qualche parte; mediorientali dallo sguardo torvo con tanto di fez e scimitarre sguainate. Insomma, figure etniche di varia origine, tutte accomunate dalla maniera visibilmente irrispettosa con cui erano rappresentate in quanto minoranze. Alcune scene ospitava-

Yellow Kid alle prese col fonografo. Le frasi riportate nel testo sono tradotte dall'ultima nuvoletta del Bambino Giallo in basso a destra. La tavola apparve sul *New York Journal* il 25 ottobre 1896.

no una capra come fida comare dei ragazzini protagonisti del supplemento a colori. A parte le occasionali comparse adulte, come poliziotti o accalappiacani, rappresentanti simbolici di un ordine pubblico che veniva subito rintuzzato e sottoposto a maltrattamenti vari, gli abitanti di *Hogan's Alley* erano una variegata masnada di delinquentelli impegnati in una marachella dopo l'altra.

Nel giro di un decennio la popolarità di Yellow Kid portò alla creazione di decine e decine di serie illustrate e a fumetti per i quotidiani, fra cui un clone di Yellow Kid stesso sul *New York Journal* quando William Randolph Hearst, l'altro grande magnate della stampa di quegli anni, acquisì il giornale, una macchina tipografica per la policromia e la maggior parte dello staff di Pulitzer, ivi inclusi Outcalt e la sua serie. In ogni caso il *World* continuò a pubblicare *Hogan's Alley* con Yellow Kid e tutti gli altri personaggi affidandosi a un altro autore, per la confusione dei lettori di entrambi i quotidiani e la gioia degli avvocati dei due magnati, dato che allora le questioni legali circa i diritti intellettuali non erano affatto definite come oggi.

Le migliori e più popolari strisce a fumetti erano ambientate nel Lower East Side: *Happy Hooligan* di Frederick Burr Opper, con

Happy Hooligan, 1900, di Frederick Burr Opper (1857-1937), in Italia *Fortunello*.

protagonista un ruspante teppista zoticone alle prese con i tutori della legge; e i *Katzenjammer Kids* di Rudolph Dirks, dove due gemellini di origine tedesca, Hans e Fritz, provocavano scompiglio ovunque in società. Come notava una delle loro vittime favorite, «der Inspector», nelle mani dei piccoli Katzenjammer «Society iss nix»: cioè, in un inglese sgrammaticato e misto a un tedesco gergale, come dire che, con i fratellini Katzenjammer, la società per come la conosciamo è spacciata; più letteralmente, 'la società è zero', se lasciata alla mercè delle due pesti.[4] Happy Hooligan era in sostanza Yellow Kid ma con i vestiti addosso, un po' più cresciutello e più delinquenziale; e Hans e Fritz erano, per converso, uno Yellow Kid raddoppiato e reso ancora più bambino.

Nella loro veracità, nel loro rifiuto dell'autorità e nel loro anarchico entusiasmo, i fumetti dei primordi si rivolgevano, nel contempo ritraendole, alle rigogliose comunità di immigrati di New York e delle altre città nelle quali la nuova forma di narrativa d'evasione si stava sempre più diffondendo, principalmente attraverso le agenzie di distribuzione editoriale, i *syndicates*; ma un po' in tutti i giornali del paese apparvero ben presto anche strisce

I *Katzenjammer Kids*, 1897, di Rudolph Dirks (1877-1968), in Italia *Bibì e Bibò*.

a fumetti e vignette umoristiche prodotte localmente. I fumetti appartenevano precisamente ai *reietti*, erano fatti per loro e parlavano di loro. Diversamente dalle correnti delle belle arti, che valicavano i confini di ceto per rappresentare le vite dei componenti la classe operaia, i fumetti dei quotidiani erano proletari nel vero senso della parola. Non omaggiavano i vicoletti dei bassifondi, come quelli di *Hogan's Alley*, come ispirazione per opere raffinate, come aveva fatto Henri de Toulouse-Lautrec col Moulin Rouge; né usavano gli scontri fra Happy Hooligan e la polizia a scopo pedagogico, come avrebbe fatto John Steinbeck nel romanzo *Vicolo Cannery* (1945). I fumetti offrivano ai loro lettori una versione parodica di loro stessi, resa nel linguaggio vernacolare della caricatura e delle battute triviali. L'umorismo, nei fumetti, era famigliare: intimo, d'intesa, affettuoso e allo stesso tempo impietoso.

Le strisce a fumetti, o *comic-strips*, avevano appena iniziato a sbocciare quando alcuni cittadini particolarmente solerti notarono questa specie non identificata proveniente dai bassi di Manhattan e si impegnarono a sradicarla. Nelle riviste a diffusione nazionale cominciarono ad apparire articoli che si scagliavano contro i vari teppistelli a fumetti impegnati nelle loro scorribande sui supplementi domenicali dei quotidiani. Queste riviste costituivano in buona sostanza uno strato dell'editoria al tempo comunemente visto come più colto e responsabile rispetto ai quotidiani di larga diffusione; dopotutto, il sensazionalismo indiscriminato aveva reso Hearst e – sebbene a un grado inferiore – Pulitzer noti quanto il Bambino Giallo, dal quale di fatto il loro tipo di giornalismo scandalistico aveva preso il nome: appunto «Yellow Kid journalism», poi contratto in «yellow journalism». In una puntuta critica pubblicata sul numero dell'agosto del 1906 della rivista *The Atlantic Monthly*, Ralph Bergengren definì i supplementi a fumetti «umorismo predisposto e stampato per persone estremamente stupide» e «una vicenda di vergogna e degrado per la nazione». Nel castigare strisce come *The Katzenjammer Kids* per la loro volgarità e per il livello grafico tutt'altro che eccelso, nella sua invettiva Bergengren lamentava che «Il rispetto per la proprietà altrui, il rispetto per i genitori, per la legge, per la decenza, per la verità, per la bellezza, per le buone maniere, per la dignità, o per l'onore, vengono uccisi, senza pietà. [...] La follia non potrebbe spingersi più oltre rispetto a questo pandemonio di sfacciata rozzezza e brutalità».[5]

Queste critiche ricordavano accuse già familiari contro i romanzi popolari del tardo XIX secolo, che avevano fornito piccole e leggibilissime dosi di sangue ed eccitazione a un pubblico di lavoratori, mettendo così a repentaglio l'integrità della società Vittoriana. Le strisce, essenzialmente, soppiantarono i romanzi *pulp* (pubblicazioni popolari a basso prezzo e su polpa di cellulosa, una carta di scarsa qualità e molto porosa) e, essendo facilmente accessibili anche agli analfabeti e alla popolazione immigrata, surclassarono in popolarità i libri. Per i controllori del decoro americano nei primissimi anni seguenti all'era Vittoriana, le gioiose e ruspanti pagine dei fumetti domenicali minacciavano di danneggiare l'immagine emergente degli Stati Uniti quale grande potenza del mondo civilizzato. Gli articoli dei periodici deridevano le strisce a fumetti come puerili, violente, rozze e per illetterati; i fumetti, a dirla tutta, erano davvero così, ma per progetto deliberato: un dettaglio che ai critici sfuggì, concentrati com'erano nell'applicare canoni propri ad altre forme d'arte e di letteratura create per una classe sociale a una nuova forma d'arte inventata per un'altra classe. E in effetti la maggior parte delle critiche iniziali sui fumetti dei quotidiani condannarono questi ultimi in quanto di bassa lega, per un pubblico della classe subalterna, come se questo status sociale fosse, in sé, motivo di condanna. Perfino l'accusa di puerilità fu abbinata a un problema di classe sociale, in un'epoca nella quale le persone dei ceti inferiori, nonché quelle di pelle scura, erano sovente messi in un unico calderone con i bambini.

Il *Ladies' Home Journal*, in un articolo intitolato «Un crimine contro i bambini americani» apparso nel gennaio 1909, fece a pezzi i supplementi domenicali poiché minacciavano la lettura e glorificavano il disprezzo della legge e la barbarie:

> Noi genitori siamo criminalmente indifferenti verso i nostri figli o è piuttosto che non abbiamo rivolto la necessaria attenzione al fatto che stiamo continuando a lasciare che vengano danneggiati dai futili e volgari supplementi «comici» [in questo contesto, l'accezione è anche 'a fumetti'] dei quotidiani? Una cosa è certa: stiamo permettendo che si diffondano, proprio davanti al nostro naso e nelle nostre case, una straordinaria stupidità e una così colossale influenza per volgarità ripugnanti e spesso capaci di portare sulla via della depravazione, tali che esse stanno rapidamente assumendo le dimensioni di nulla di meno che un crimine su scala nazionale contro i nostri bambini.[6]

Altre riviste, fra le quali *The Nation* e *Good Housekeeping*, trovarono i supplementi domenicali estremamente offensivi proprio perché erano pubblicati la domenica, il giorno del Signore per i cristiani.[7] Quando Hearst introdusse la sezione a colori del suo *New York Journal*, la pubblicizzò come «otto pagine di policromatica radiosità che farà sembrare l'arcobaleno un tubo di piombo!».[8] Come avrebbe fatto la scuola domenicale a competere con qualcosa che brillava più dell'arcobaleno?[9] I supplementi trasformarono la domenica nelle case di milioni di statunitensi, che fossero o meno cristiani e che fossero o meno bambini.[10] In un'epoca nella quale i quotidiani erano in molte case non solo la forma principale di comunicazione di massa ma anche l'unica forma di lettura (se si esclude la posta), la vigorosa distanza tra fogli grigi pieni solo di parole, ravvivati appena di rado da minuscole vignette al tratto, e le nuove pagine ricolme di colori grossolani e vivaci, si rivelò clamorosa e fu resa ancora più rivoluzionaria dagli inusitati contenuti, sordidi e anarchici. Pulitzer e Hearst certamente non riuscirono a soppiantare Gesù Cristo, ma resero difficile ai fedeli tenere il passo rispetto alla nuova forma d'intrattenimento profano.

Locandina del *musical* tratto dal fumetto *Foxy Grandpa* ('Nonno volpone'), 1900, di Carl Edward «Bunny» Schultze (1866-1939), in Italia *Nonno Meo*. Il *musical* andò in scena per la prima volta a Broadway il 17 febbraio 1902.

Alcuni giornali, in varie parti del paese, risposero a queste critiche con mosse quali la modifica dei toni dei loro fumetti, con nuove serie più moderate che apparissero, nell'ordine, prima delle serie più movimentate; per esempio *Foxy Grandpa*, un'anomalia fra le primissime strisce americane, nella quale un nonno batteva sistematicamente in astuzia i nipotini monelli. Ma, per altri aspetti, i quotidiani che pubblicavano strisce ignorarono largamente questo dissenso: c'erano cose più importanti a cui pensare. Nel 1914 gli eventi della Grande Guerra cominciarono a dominare le notizie tanto nelle riviste quanto nei quotidiani.

Nei primi vent'anni del Novecento i fumetti si evolsero notevolmente, anche attraverso la sperimentazione. Si fecero più diretti, liberi e variegati per argomenti e stili, infondendo uno spirito avventuroso tanto nei paginoni sui quali erano stampati quanto nelle cucine e nei soggiorni dove venivano letti. Talentuosi disegnatori e sceneggiatori, nel lavorare in un settore giovanissimo, con poche tradizioni e convenzioni e scarsa supervisione oltre a quella di redattori soddisfatti delle ottime vendite, portarono il fumetto statunitense – e da questo furono a loro volta sospinti – in tutte le direzioni. Winsor McCay (ca. 1867/'71-1934), che pure aveva

Una tavola di *Little Nemo in Slumberland* (1904-1914), di Winsor McCay.

dovuto lasciare gli studi d'arte per motivi economici, si rivelò un prolifico artista dotato di enorme inventiva e produsse diverse serie a fumetti per il *New York Herald*, culminanti in *Little Nemo in Slumberland*, un amalgama di Art Nouveau e Surrealismo sontuosamente disegnato, pubblicato per la prima volta nel 1904, l'anno di nascita di Salvador Dalí. George Herriman (1880-1944), un «creolo di colore»[11] di New Orleans che non faceva caso a quando veniva scambiato per greco, portò i fumetti ancora più in là, nel reame del sogno, con i suoi poetici siparietti di sadomasochismo fra le specie animali disegnati in *Krazy Kat* (1913-1944), serie creata per l'agenzia di Hearst, il King Features Syndicate, nel 1911. Elzie Crisler Segar (1884-1938), un mestierante del disegno proveniente dalle campagne dell'Illinois e col pallino dello scrittore, esplorò il potenziale narrativo dei fumetti fondendo umorismo, batticuore e avventura in *Thimble Theatre*, serie cominciata nel 1919 ancora per Hearst e che nel 1929 acquisì nuova popolarità con l'introduzione, fra la masnada di figure grottesche inventate dall'autore, di un nuovo personaggio, un marinaio dal cazzotto facile di nome Popeye (Braccio di Ferro). Il lavoro di questi artisti, insieme a quello di altri importanti innovatori del fumetto come C.W. Kahles (1878-1931, autore, fra gli altri, di *Hairbreadth Har-*

Krazy Kat, di George Herriman.

ry, 1906), James Swinnerton (1875-1974, *Little Jimmy*, 1912), Harry Hershfield (1885-1974, *Desperate Desmond*, 1910) o Percy Leo Crosby (1891-1964, *Skippy*, 1923), portarono le strisce per i quotidiani a una forte maturazione, assecondando la loro capricciosa determinazione a giocare in terreni proibiti.

Come il jazz e il cinema, arti popolari che presero forma al passaggio di secolo, nemmeno le strisce a fumetti per i quotidiani furono ben recepite dall'intellighenzia fino agli anni successivi alla Prima guerra mondiale, quando una nuova immagine degli Stati Uniti, visti adesso come tutto sommato alla pari con l'Europa, aiutarono la diffusione di un maggiore interesse nei confronti della cultura americana. Fu il periodo in cui alcuni critici prestigiosi si posero di fronte alle nuove forme artistiche con occhio modernista: alcuni fra loro cominciarono ad avvicinarsi a questo nuovo, poco rispettabile territorio con occhi (e orecchie) aperti alle specifiche modalità espressive delle nuove forme di comunicazione. A scoprire *Krazy Kat* fu Gilbert Seldes. Intellettuale di alto livello, Seldes curava la pionieristica rivista letteraria *The Dial*, per la quale pubblicò, per esempio, *La terra desolata* (1922) di Thomas Stearns Eliot e assunse lo stesso Eliot e altri autori come Thomas Mann e Maxim Gorky quali corrispondenti esteri. Nel 1924, mentre si trovava in vacanza a Parigi, portò a termine il suo libro *The Seven Lively Arts*, un manifesto di democratizzazione critica che sfidava – mentre lo definiva – l'elitarismo estetico, sostenendo gli intrinseci meriti delle forme d'intrattenimento popolare fra le quali cinema, il ragtime, il vaudeville, la canzone popolare e i fumetti, da lui definite nel titolo del suo libro, appunto, arti «vitali», «briose». Scriveva Seldes:

> Con coloro i quali affermano che una striscia a fumetti non possa essere un'opera d'arte non discuto nemmeno. Le qualità di *Krazy Kat* sono l'ironia e la fantasia: esattamente le stesse, sembrerebbe, che distinguono *La rivolta degli angeli* [1914]; è del tutto pertinente il fatto di indicare una preferenza per il lavoro di Anatole France, che nelle arti maggiori gode di grande prestigio. Quel che accade in America è che qui l'ironia e la fantasia sono esercitate nelle arti maggiori solo da uno o due uomini, i quali producono spazzatura di alta classe; e il signor Herriman, lavorando in un medium disprezzato, senza un briciolo di presunzione, giorno dopo giorno produce qualcosa di profondamente bello. È il risultato di una sensibilità pura, piuttosto che di quella del *douanier* Rousseau. [...] Si trova in una categoria secondaria dell'arte mondiale, ma è qualcosa di superbamente eccelso.[12]

Esploratore, più che liberatore, Seldes non aveva intenzione di portare via i fumetti dalla loro provenienza popolare, dal mondo estetico di *Hogan's Alley*, ma di mostrare che i bassifondi artistici non sempre sono brutti come possono sembrare se osservati dall'esterno.

***

Al sabato, dopo il tramonto, la famiglia Eisner passava spesso le ultime ore della giornata a cena, nel soggiorno del loro appartamento di quattro stanze lungo la ferrovia, nel quartiere ebraico di Pelham Bay, nel Bronx.[13] Shmuel Eisner – rinominato Sam, una volta arrivato a New York da Vienna durante i primi mesi della Grande Guerra – portava a casa in anticipo l'edizione domenicale del *New York Journal*[14] e leggeva le storielle di tema familiare, nonché quelle di crimini, alla moglie Fannie, che era cresciuta in povertà nel Lower East Side di Manhattan e non aveva mai impa-

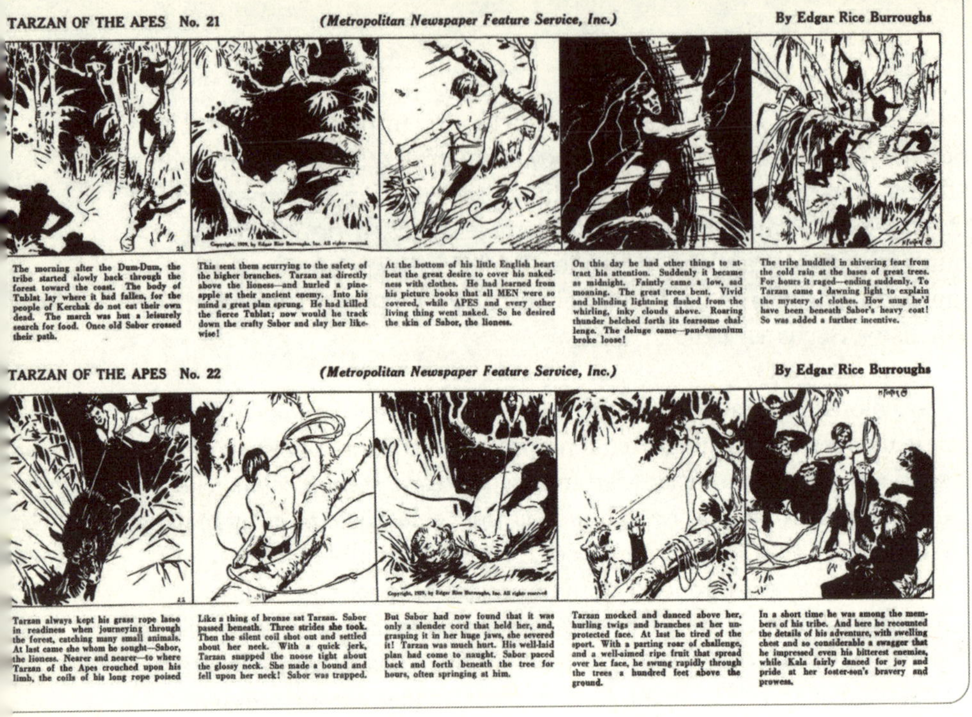

Un esempio delle primissime strisce di *Tarzan*.

rato a leggere. William, detto Willie (in seguito Bill e infine Will), il maggiore dei due figli, ricopiava i fumetti: prendeva della carta per alimenti marrone recuperata dagli scarti della spesa e cercava di imitare quei disegni, a matita. A otto anni, nel 1925, era in grado di ridisegnare i semplici personaggi dai tipici piedoni del *Thimble Theatre* di Segar abbastanza bene da fare arrabbiare i genitori. Suo padre, pittore paesaggista di mezza tacca che aveva finito per lavorare come granatore di mobili, cioè il simulare con passaggi di vernice delle grane legnose sulle armature metalliche di letti e scaffali, disapprovava l'indifferenza del figlio per il realismo figurativo, mentre la madre temeva che il disegnare vignette gli potesse pregiudicare l'apprendimento di un mestiere più sicuro.

Will Eisner (1917-2005), molti anni dopo, nel ricordare quel periodo ebbe a dire: «Le strisce nei giornali dell'epoca per me erano tutto, come lo erano per tutti i ragazzi che conoscevo allora. Mi fecero desiderare di divenire un disegnatore, e questa fu causa di grande preoccupazione per i miei genitori, perché mio padre nel suo cuore era un elitarista e mia madre era una contadina e una donna molto pragmatica. Finii per diventare un po' dell'uno e un po' dell'altra, quindi dentro di me ho sempre coltivato questo con-

Esempi di strisce di *Dick Tracy*.

flitto. Il mio sogno, in quell'epoca in cui ero così giovane, era che forse un giorno avrei potuto essere un disegnatore per i quotidiani».[15] Eisner era stato un bambino «vanitoso e frustrato», come si descrisse egli stesso, un ragazzino la cui attitudine per una forma d'intrattenimento come il fumetto lo rese impaziente di diventare adulto. «I fumetti erano qualcosa che sentivo alla mia portata, qualcosa che sapevo essere parte del mio mondo, ma anche qualcosa che poteva portarmi via da quel mondo e condurmi al di fuori del ghetto».

Le edizioni domenicali dei giornali si rivelarono lezioni di disegno per innumerevoli bambini che vissero gli anni della Depressione, e un po' di abilità nel disegnare personaggi dei fumetti fece acquistare un tantino di status sociale in ogni cortile scolastico.[16] Per i bambini poveri e con spiccate attitudini al disegno, inoltre, i fumetti spesso rappresentavano l'unica fonte di espressione artistica a cui avevano accesso. «Erano pieni di disegni vividi, i supplementi domenicali, e furono l'unica arte che vidi quand'ero giovane»,[17] dichiarò Creig Flessel (1912-2008), che passò l'infanzia in una fattoria di cinque acri nel centro di Long Island, nello stato di New York. Il padre faceva il maniscalco. «Raccontavano anche

Avventura, esotismo e sensualità in *Flash Gordon*.

storie fantastiche sui sotterranei francesi e di assassinii e violenze e incendi e compagnia bella. Erano proprio educativi. A scuola non ero un bravo alunno, ma sapevo disegnare. Quel che da bambino imparai sull'arte lo appresi da quei meravigliosi disegni tutti colorati sui supplementi domenicali. Li mettevo da parte e me li guardavo per tutta la settimana».

Fra il 1929 e il 1934, allorché Will Eisner e decine di milioni di figli di immigrati d'inizio secolo cominciavano a diventare grandi, i fumetti sui quotidiani cambiarono di tono e di stile. Presero ad assomigliare più esplicitamente ai racconti delle riviste pulp dell'epoca, come *Amazing Stories* e *Dime Detective Magazine*,[18] la cui formula di sensazionali vicende avventurose, narrate dinamicamente, era risultata affascinante per gli adolescenti e per i membri della classe operaia, che erano parimenti avidi lettori di fumetti. Il *Tarzan* a fumetti di Harold Foster (1892-1982) e il fantascientifico *Buck Rogers* di Philip Francis Nowlan (1888-1940) e Richard «Dick» Calkins (1895-1962) apparvero entrambi nel 1929; il *Dick Tracy* di Chester Gould (1900-1985) vide la luce nel 1931; il *Flash Gordon* di Alex Raymond (una risposta a *Buck Rogers*, ma di più alto livello) e *Terry and the Pirates* di Milton Caniff (1907-1988) furono pubblicati entrambi a partire dal 1934. Le loro storie di stravagante eroismo, vigore fisico e astuzia diedero espressione, e in modo opulento, alle fantasie dei maschi adolescenti, e il disegno vigoroso ma essenzialmente realistico (o a volte anche naturalistico) di Foster, Raymond e Caniff conferì alle strisce a fumetti un nuovo tipo di legittimazione. Sebbene le strisce d'avventura non possedessero la criptica poeticità visiva di *Little Nemo* o *Krazy Kat*, rappresentavano d'altro canto qualcosa

Una vignetta
del fumetto *Buck Rogers*.

di più interessante per molti lettori di fumetti: l'ideale di disegnatori operai di dotata maestria che narravano di eroi, in qualche modo altrettanto operai, le cui azioni erano rivolte al servizio dell'umanità.

Una generazione di giovani artisti ebbe come idoli Hal Foster, Alex Raymond e Milton Caniff. «Cominciai copiando i tre grandi, i tre giganti, all'età di solo sette-otto anni»,[19] ha dichiarato Everett Raymond Kinstler (n. 1926), all'epoca ragazzino affamato e ambizioso dell'Upper Broadway che lasciò la scuola a sedici anni per darsi ai fumetti. «Li ammiravo, perché sapevano disegnare bene; Milton Caniff, in particolare. Lavorava in un medium basato sull'immaginazione ma rendeva le cose realistiche, le rendeva reali, con grandissima abilità».

Will Eisner, similmente, guardò a Caniff come a una musa. «Comunicava dramma e avventura e il suo modo di raccontare era così lucido e chiaro. Aveva corpo, aveva coesione»,[20] ebbe a dire Eisner. «I suoi personaggi per me erano persone reali, e questo lo rendeva, ai miei occhi, un vero artista». Eisner frequentò la DeWitt Clinton High, una scuola maschile nel Bronx, dove si dimostrò molto dotato sia con i vari media visivi che i giovani aspiranti artisti sperimentano, sia con il disegno vignettistico e i fumetti; e, a quindici anni, cominciò col pubblicare il suo primo lavoro sul giornalino della scuola: una scenetta affollata ma ben delineata, disegnata a china, che ritraeva un quartiere popolare il cui destino sarebbe cambiato di lì a poco.[21] Fece domanda alla Syracuse University e fu accettato con una borsa di studio per belle arti, ma

Tavola di *Terry e i Pirati*.

abbandonò la scuola superiore verso la fine del quarto anno, nella primavera del 1935, senza diplomarsi. «Mio padre alla fine aveva gettato la spugna nel provare a lavorare in una qualche branca del disegno, perfino nel campo della verniciatura simil-legno, che era più o meno l'ultima ruota del carro, e si diede agli affari: il commercio di pellicce»,[22] dato che la sua famiglia aveva qualche contatto nel settore, ebbe a ricordare Eisner. «Era un pessimo uomo d'affari. Eravamo al verde e mia madre mi prese da parte e mi disse, con calma, "ascolta, tuo padre non è capace di mantenerci. Adesso devi essere tu il capofamiglia"». Nel pensare a quale impiego potesse cercare, Eisner pensò ai tanti sabati sera passati con i genitori. Suo padre, perennemente speranzoso di trovare qualche nuovo lavoro, terminava la lettura serale con le pagine degli annunci professionali, e alzava la voce esclamando una parola tutte le volte che notava le offerte migliori: «inaccessibile».

Concentrandosi in ambiti nei quali non si aspettava ostacoli, Will Eisner fece domanda per un posto come direttore artistico di una nuova rivista intitolata *Eve*, finanziata da Tetley Tea e «dedicata all'ebrea americana moderna».[23] Fu assunto, a diciott'anni, grazie al suo portfolio di illustrazioni ben assortite e realizzate in vari stili, e mandato via, due mesi dopo, perché il capo redattore

Copertina del primo numero di *New Fun*, febbraio 1935.

riteneva dequalificanti per il tono della rivista i disegni con vamp e pugili che Eisner aveva firmati a proprio nome e sotto pseudonimi. «Volevano quel tipo di cose di classe, waspy, alla *Vanity Fair*, per fare pensare alle lettrici che si stavano assimilando», disse Eisner.[24] Si rivolse allora al settore della stampa commerciale, un campo nel quale gli ebrei, all'inizio del XX secolo, avevano fatto molta strada, ed entrò come apprendista in una piccola tipografia, la Bronfman Press sulla Varick Street nel Lower Side di Manhattan, per portare soldi a casa mentre lavorava su delle idee per fumetti originali da proporre ai quotidiani. Alla fine dell'anno Eisner aveva creato e proposto esempi di due strisce: *Harry Carey*, serie incentrata su di uno spensierato investigatore, in uno stile che ricordava quello di Segar, e *The Flame*, elegante serie avventurosa su un garbato risolutore di crimini molto simile all'eroe dei romanzi pulp di Leslie Charteris, *Il Santo* (1928). Non riuscì a venderne alcuna.

Quelli, in ogni caso, furono gli anni gloriosi delle strisce a fumetti invendute: un'epoca nella quale era altamente probabile venir rifiutati dalle agenzie di distribuzione per i quotidiani. Moltissimi autori altamente dotati e affascinati dai fumetti, ivi inclusi tanti ragazzi anche più giovani di Will Eisner, inventavano personaggi, scrivevano e disegnavano prove su prove: ne impilavano pagine e pagine e le spedivano alle agenzie elencate nella guida *Writer's Markets and Methods*. Questo freddo processo di proposizione, poco fruttuoso nei fumetti come in ogni altro campo dell'editoria, tarpò le ali a molti di loro, e questo fino al 1935.

Nel febbraio di quell'anno Malcolm Wheeler-Nicholson (1890-1968), un eccentrico professionista e imprenditore di piccolo cabotaggio, aprì un mercato secondario per i fumetti che non avevano avuto successo con le agenzie, sotto forma di una rivista intitolata *New Fun: The Big Comic Magazine*, una raccolta di 36 pagine, in bianco e nero e in formato tabloid (all'epoca 10 x 15 pollici, cioè circa 25 x 38 cm), di fumetti mai pubblicati;[25] era un'accozzaglia di roba puerile come *Oswald the Rabbit*[26] e di storie avventurose su cowboy e spadaccini pensate per i bambini. Qualche materiale era discreto, proveniente addirittura dagli anni Venti; qualche altro era nuovo; e alcuni erano divertenti. Sebbene *New Fun* avesse un prezzo di copertina di dieci centesimi di dollaro e fosse stato messo in vendita nei chioschi dal distributore della famosa e influente rivista *McCall's*, Wheeler-Nicholson la diede alle stampe non per attrarre i lettori ordinari ma per impressionare i proprietari delle agenzie di distribuzione dei quotidiani, nella speranza che comprassero da lui i diritti dei fumetti che pubblicava. *New Fun*, in sostanza, era una rivista a fumetti antologica creata come un catalogo di vendita per operazioni di intermediazione. Come Wheeler-Nicholson scrisse a Jerry Siegel, a quel tempo un adolescente che aveva lavorato con un compagno di scuola, nella nativa Cleveland, allo sviluppo di idee per le agenzie, «vedo queste riviste più o meno come cataloghi per fare interessare a un'idea le agenzie dei quotidiani. È molto più facile vendere una striscia a fumetti se puoi mostrargliela già in forma di pubblicazione».[27]

Wheeler-Nicholson era stato bravissimo e astuto, in realtà, nel confezionare un prodotto molto più insolito: sé stesso. Già scrittore per riviste pulp come *Thrilling Adventures* e *Argosy*[28] negli anni Venti e nei primi anni Trenta, si era guadagnato da vivere raccontando storie sulla sua straordinaria, ma del tutto inverificabile, vita avventurosa come eroe di guerra e sciupafemmine. Alcuni esempi: secondo i suoi racconti, quand'era maggiore della cavalleria durante la Prima guerra mondiale aveva comandato missioni segrete oltre il Fronte occidentale; gli avevano sparato in testa ma era sopravvissuto; era stato una delle figure di rilievo

Henri Duval (1935), una delle prime creazioni a fumetti di Jerry Siegel e Joe Shuster.

nell'alleanza segreta fra gli americani e i russi per respingere i bolscevichi; poiché scoprì una cospirazione prussiana fra i ranghi superiori dell'Esercito statunitense, aveva avvisato il Presidente, ma venne sottoposto lui stesso alla corte marziale sulla base di false accuse; mentre si trovava in Russia, venne sedotto da una dama di corte del re – o di un duca? – che organizzò la loro fuga in America, dove poi convolarono a nozze.

Wheeler-Nicholson diresse l'operazione *New Fun* dalle tre anguste stanzette sul retro di un edificio popolato da rivenditori d'abbigliamento tra la Quarta Avenue e la Ventottesima Strada, col suo caratteristico portamento burlesco. Vestiva sempre, senza eccezioni, una lunga palandrana grigia doppio petto, ghette giallognole e un cencioso cappello nero di pelliccia di castoro a tesa larga. Portava un bastone da passeggio e teneva sempre sulle labbra un bocchino. Il suo volto era rotondo e pallido, il naso largo e rubicondo, i denti verdastri. Quando incontrava un nuovo disegnatore o scrittore, o per quel che può valere, un nuovo postino, si toglieva il cappello e faceva l'inchino.[29]

«Il maggiore era molto calmo ed educato; aveva maniere quasi europee, inglesi, e non potevi fidarti di lui nemmeno se gli domandavi l'ora», ebbe a rammentare Creig Flessel, che lavorò sotto

Wheeler-Nicholson.[30] «Ebbe l'idea meravigliosa di prendere le strisce a fumetti che i ragazzi mandavano ai giornali e pubblicarle, per fornire loro una visibilità, quindi non dovette mai pagare nessuno. E questo era un bene, perché non aveva soldi. Ma a un certo punto esaurì gli esempi [di strisce a fumetti pensate per i quotidiani] e cominciò a chiedere ai ragazzi di fare fumetti direttamente per lui». Jerry Siegel (n. Jerome, 1914-1996) e il suo compagno di scuola e socio creativo, Joe Shuster (n. Joseph, 1914-1992), gli proposero *Henri Duval of France, Famed Soldier of Fortune* e *Dr. Occult, the Ghost Detective*,[31] il primo disegnato su carta marroncina e il secondo sul retro di fogli di carta da parati.

New Fun aveva qualche precedente.[32] Di tanto in tanto i fumetti per i quotidiani più famosi erano stati ripubblicati in vari tipi di libri e riviste antologiche fin dai tempi di Yellow Kid, ed esempi di strisce per i quotidiani invendute avevano trovato spazio nelle rastrelliere dei chioschi di giornali fin dal 1929 in un tabloid messo insieme da George Delacorte (1894-1991), il fondatore nel 1921 della storica Dell Publishing Company. La maggior parte di quelle ristampe erano state prodotte come omaggi: «compra x scatole di questi o quei cereali e riceverai gratis un divertente albo», ove il contenuto preciso dell'albo rimaneva vago e indefinito come quello della scatola di cereali stessa. I fumetti, poiché erano stati creati per un medium intrinsecamente usa e getta, dopo la stampa erano ritenuti privi di qualsiasi valore. Il loro rilievo consisteva nella loro freschezza e novità, come gli alimentari e il giornalismo; e, per certi aspetti, come le opere moderniste. Dunque la raccolta di ristampe che in seguito sarebbe stata ritenuta il primo vero e proprio albo a fumetti americano di sempre, *Funnies on Parade* (uscito nel 1933), non fu mai inteso per la vendita ma venne usato come un omaggio sulla vendita di prodotti della ditta Procter & Gamble.

Qualcuno che lavorava alla Eastern Color, l'azienda tipografica che curava la stampa per quasi tutti i supplementi domenicali dei quotidiani del Nord-Est – forse si trattava di Maxwell Charles Gaines (n. Maxwell Ginzburg, 1894-1947), un venditore su provvigione, o forse di Harry Wildenberg, il suo direttore vendite allora quarantacinquenne – si inventò come produrre una pubblicazione promozionale a basso costo (a) stampando otto pagine su ogni foglio di stampa e (b) lavorandovi nel corso del terzo turno in officina, durante il periodo in cui le macchine venivano messe in

Funnies on Parade, uscito nel 1933, primo comic-book della storia di produzione interamente statunitense.

pausa. Il suo successo come trucchetto per aumentare le vendite portò, più in là quello stesso anno, a un secondo albo di ristampe prese dai quotidiani, *Famous Funnies*, che Gaines pubblicizzò in uno spettacolo radiofonico per Wheatena, le bibite Canada Dry, la Dental Magnesia della Philips e altri prodotti. Il febbraio successivo Gaines appose un adesivo da prezzatura da dieci centesimi su una tiratura di *Famous Funnies*; si accordò con un grosso distributore, la American News Company, per una diffusione su scala nazionale e cominciò a produrre numeri mensili della rivista. Gli albi a fumetti erano arrivati già nelle edicole: tuttavia, fino a *New Fun*, avevano ospitato solo materiali già editi.[33]

Ecco in cosa si risolse in sostanza la creazione di questa piccola, nuova forma d'arte popolare americana: un supporto di beni usati di diminuito valore divenne un luogo per mettere in mostra e vendere beni nuovi ma scartati come di scarsa qualità da parte di persone che non potevano competere con i produttori dei beni usati quando erano nuovi. «Era tutto molto aperto: nessuno sapeva cos'è che stessero facendo»,[34] ricorda Joe Kubert (n. 1926), figlio d'un macellaio di origine polacca, che nel 1936, a soli dieci anni, prese la metropolitana da Brooklyn a Manhattan, fece il suo ingresso nei locali di uno studio di fumetti e trovò lavoro come di-

Famous Funnies, uscito in edicola nello stesso periodo di *Funnies on Parade* e *New Fun*, ma contenente fumetti inediti.

segnatore. «Se volevi fare fumetti e avevi un briciolo di talento – diamine, anche se non ne avevi proprio di talento – di lavoro per te ce n'era. Magari avevi tanto talento ma avevi un tipo differente di stile, qualcosa di unico e originale, che i direttori artistici delle riviste patinate non amavano. Potevi essere un genio, potevi essere un nessuno, un ragazzino di Brooklyn come me, o uno un po' matto. Le porte erano aperte a tutti».

Nella primavera del 1936 Will Eisner riceveva delle piccole commesse pubblicitarie nella zona di Pelham Bay – un manifesto per la sartoria, una locandina per il lavasecco – quando si reincontrò casualmente con un suo compagno della DeWitt Clinton High, Robert Kahn (in seguito noto come Bob Kane, 1915-1998). I due, da adolescenti, si erano frequentati sotto il tacito patto di mutua collaborazione. Kahn, che amava disegnare e ballare, aveva mostrato i suoi talenti ad Eisner, che era timido con le ragazze; Kahn invitava Eisner ad appuntamenti doppi e Eisner coinvolgeva Kahn in progetti artistici a scuola, aiutandolo spesso nei disegni. Affabile, pieno di energia e noncurante dei suoi consapevoli limiti artistici, Kahn fu rapido a entrare nel nuovo mondo degli albi a fumetti e riuscì a vendere alcune vignette comiche su di un personaggio montanaro, Hiram Hick, a un mensile ibrido intitolato *Wow What*

Wow What a Magazine, la rivista su cui Bob Kane, futuro co-creatore di Batman, pubblicò un fumetto, *Hiram Hick*.

a Magazine, con lo pseudonimo Bob Kane. «Bob era un tipo assai insipido e il suo talento alquanto limitato», disse Eisner.[35] «Il grosso progetto al quale stava lavorando a quel tempo era una cosa chiamata *Peter Pupp*, un'imitazione della roba Disney. Quello era il limite delle sue capacità. Ma era molto aggressivo e aveva la pellaccia dura, quindi quale che fosse l'umiliazione che gli veniva inflitta, non l'avvertiva nemmeno». Eisner, che aveva con sé una cartelletta piena di idee invendute per strisce per i quotidiani, domandò al vecchio amico se pensava che *Wow* potesse essere interessata al suo lavoro. «Naturalmente», disse Kahn/Kane, come ebbe a ricordare Eisner. «Comprano da chiunque».[36]

Eisner portò il suo portfolio negli uffici della rivista, un paio di stanze su di un piano di una fabbrica di camicie. Eisner ebbe inizialmente dei problemi a ottenere l'attenzione del capo redattore, Samuel Iger (1903-1990), che si faceva chiamare Jerry. Un giorno Iger, piombando fuori dall'edificio per andare a risolvere un'emergenza con le macchine tipografiche della rivista, che si trovavano a diversi isolati a sud sulla Quarta Avenue, disse ad Eisner di percorrere con lui il tragitto e di mostrargli i suoi lavori per strada. Giunti in tipografia, Eisner attinse all'esperienza maturata alla Bronfman Press e risolse l'emergenza pulendo con un attrezzo da lucidatura alcune lime rotanti sotto alle placche d'incisione. Tornati alla fabbrica di camicie, Iger acconsentì all'acquisto di una storia di quattro pagine su un duro avventuriero inventato da Eisner, *Scott Dalton*. O comunque è così che ad Eisner piacque riferire del suo ingresso nel mondo del fumetto: come una favola esopica di eroismo casuale, virtù nascoste e successo conseguito attraverso lezioni apprese sul campo.

Wow pubblicò *Scott Dalton*, seguito da versioni rivedute di *The Flame* e di *Harry Carey* (per l'occasione rinominato *Harry Karry*, forse per problemi di omonimia con un celebre attore dell'epoca), prima di fallire con il quarto numero. Così tanti comicbook spuntavano dall'oggi al domani, comunque, che Eisner scorse l'opportunità sia di soddisfare i suoi propositi d'artista sia di guadagnarsi la pagnotta. «La maggior parte degli albi a fumetti pubblicavano raccolte di strisce quotidiane, scarti o nuovo materiale così scadente che buttarlo nella spazzatura era fargli un complimento», disse Eisner.[37] «Io pensai, be', ben presto esauriranno il materiale vecchio e avranno bisogno di roba nuova di qualità. Quindi chiamai Jerry Iger». A pranzo, in un negozietto di ciambelle vicino all'edificio del *Daily News* sulla Quarantaduesima, che Eisner vedeva come un presagio di successo, il giovane fumettista propose a Iger di cominciare una collaborazione professionale: uno studio per produrre storie a fumetti pronte per la stampa per editori decisi a cavalcare il settore senza che dovessero preoccuparsi della materia prima, un'idea ripresa dal modello di subappalto al ribasso così comune nell'industria tessile. Studi di fumetti simili stavano aprendo nel frattempo qua e là, fra i quali uno coordinato da Harry «A» Chesler (1898-1981), un ex pubblicitario che aveva lavorato a Chicago e che ora forniva pagine di fumetti alla Comics Magazine Company, una società avviata nel 1935 da due ex dipendenti del Maggiore Wheeler-Nicholson. Eisner disse che avrebbe potuto finanziare la società, anche se a proprio nome possedeva solo quindici dollari – il pagamento per una pubblicità che aveva realizzata per un solvente per olii – e disse di avere venticinque anni, sebbene ne avesse solo diciannove. Iger ne aveva trentadue, usciva dal secondo divorzio e aveva un gran bisogno di soldi.

Lo Studio Eisner e Iger aprì nelle prime settimane del 1937 in una stanza di tre metri per tre, in affitto a quindici dollari al mese, in un palazzo di mattoni adibito a uffici, color marrone (ma prima

Will Eisner per come aveva sempre amato essere ritratto in pubblico: un serio professionista intento a scrivere e disegnare le sue storie con il massimo impegno. Per gentile concessione dei Will Eisner Studios e della Denis Kitchen Art Agency.

era stato rosso), fra la Quarantunesima Strada e la Lexington Avenue, a un isolato a sud dal Grand Central Terminal, la stazione centrale dei treni. L'edificio era occupato per lo più da allibratori e caratterizzato da un continuo viavai di gente che lavorava lì in via temporanea. Iger si occupava delle vendite e di scrivere i testi dentro alle nuvolette, mentre Eisner ideava e disegnava le storie; all'inizio, tutto da solo, eccetto alcuni occasionali contributi di Iger, che era in grado di eseguire disegni semplici; in seguito, coadiuvato da uno staff di disegnatori e scrittori da lui coordinati. Come avviene in molte attività imprenditoriali nella loro prima fase di grande intensità lavorativa, il lavoro era tanto e logorante e i dipendenti non riuscirono subito a capire i loro capi: più che altro rimarcarono una forte differenza di indole fra i due. Eisner era più alto di quel che sembrava, dato che stava anche troppe ore ogni giorno curvo al tavolo da disegno. Il suo volto era sobrio e serio, tuttavia era capace di ridere di cuore, e perfino di buon grado, di sé stesso. Vestiva completi grigi di tweed, fumava la pipa e non diede mai a vedere di non aver concluso gli studi o la sua vera età. Alcuni disegnatori che lavoravano sotto di lui allo studio, come Chuck Mazoujian (n. 1917) e Bob Fujitani (n. 1920), trovavano che avesse un'aria un po' sostenuta. Nessuno, però, lo descrisse mai se non come una persona brillante in quel che faceva: tutti cercavano anzi di imparare con attenzione tutto quello che egli cercava di insegnare loro.

«Will Eisner trattò quel che faceva con grande serietà, come una vera forma d'arte, fin dagli esordi»,[38] ha ricordato Bill Bossert (n. 1918), un disegnatore che lavorò con Eisner e Iger e che in seguito sarebbe divenuto insegnante di disegno e acquarellista. «Non guardò mai i fumetti con condiscendenza. Certo, la maggior parte delle persone lo facevano, e io pure. Mi sembrava un po' strambo che volesse che ci impegnassimo così tanto nei fumetti. All'epoca pensavo che stesse in qualche modo camuffando la sua età, ma eravamo tutti dei ragazzi».

Jerry Iger era un uomo volitivo e di bassa statura, con baffetti sottili e capelli neri ben pettinati. L'arcata dentale inferiore gli sporgeva in avanti rispetto a quella superiore e questo rendeva un po' confuso il suo modo di parlare quand'era agitato o arrabbiato, il che avveniva spesso. Iger si trovava a suo agio con le donne e gli uomini d'ogni tipo, un tratto che Eisner gli invidiava. «Era un vero chiacchierone: molto, molto intraprendente», disse di lui Eisner.[39] «Jerry si considerava uno sciupafemmine. Ogni fine settimana era sempre nei locali notturni. Il lunedì mattina c'era regolarmente una qualche ragazza che faceva capolino in calze a rete, e che diceva puntualmente: "Ho conosciuto il tuo socio. Mi ha dato un lavoro". Era quel tipo di persona: aveva una gran faccia tosta. Era convinto di poter prendere e andare a incontrarsi con Randolph Hearst, se necessario». Emulando Hearst, cominciò a firmarsi e a farsi chiamare con la formula S.M. Iger. «Il cameratismo in quello studio era davvero piacevole»,[40] ricorda Lee J. Ames (n. 1921), che a suo tempo lavorò come disegnatore anche presso Eisner e Iger. «Eravamo tutti legati dal fatto che denigravamo Jerry. Era solo un coglioncello senz'altro interesse che il profitto. Non ho mai capito come abbiano fatto lui e Will a mettersi insieme. Il contrasto fra i due era clamoroso».

Lo Studio Eisner e Iger si avvalse di moltissimi disegnatori e scrittori, i quali trovarono in esso un porto accogliente e dove impararono moltissimo. Gli albi a fumetti, anche più delle strisce per i quotidiani prima, attraevano un alto numero di persone creative che pensavano che forme più blasonate di pubblicazione fossero loro precluse: immigrati e figli di immigrati, donne, ebrei, italiani, negri, latinoamericani, asiatici e una miriade di emarginati sociali, per certi aspetti proprio come Eisner. Costoro, nella loro crescente attenzione per i fumetti quale forma di comunicazione e come ambito professionale, divennero membri di una nuova minoranza. «Volevo diventare un artista»,[41] racconta Nick Cardi (Nicholas Viscardi, n. 1920), italoamericano del Lower East Side la cui prima opera fu una scultura in miniatura realizzata con la lametta di un temperino rotto recuperato dalla spazzatura. Quando Cardy aveva quattordici anni, nel 1934, una pittura murale raffigurante degli atleti, da lui realizzata per il suo liceo, la Forsyth Junior High, fu pubblicata sul *New York Herald Tribune*.[42] «Trovai, prima di tutto, che non potevo permettermi i colori a olio. Comprare colori a olio costava e non potevo permettermi le tele. Allora pensai che potevo darmi all'illustrazione. Negli anni Trenta c'erano illustrazioni bellissime, lavori eccellenti: Harold von Schmidt, Dean Cornwell, Howard Pyle. Bravi artisti; non erano Degas, ma erano bravi. Erano un gradino sotto le belle arti, ma sarebbe andata benissimo così, però mi resi conto che non potevo fare nemmeno questo. Non sapevo cosa fare o dove andare. Non avevo un completo da indossare per vedermi con nessuno, e comunque quel tipo di negozi non potevo permettermeli. Non pensavo di avere possibilità di entrare nel campo, e avevo bisogno di vivere. Mi servivano soldi: subito, per campare. Quindi entrai nel settore dei fumetti, e lì mi piacque assai».[43]

Lo Studio Iger e Eisner, lo studio di Chesler e altri a seguire applicarono il metodo industriale al processo creativo, producendo pagine a fumetti in catena di montaggio. Eisner o, a volte, Iger o qualcun altro in studio, trovavano un'idea per un personaggio; per esempio Sheena, la Regina della Giungla, di cui sia Eisner sia Iger proclamarono la paternità. Eisner di solito progettava il personaggio, poi passava lo sviluppo di quel personaggio e l'ideazione di una storia al suo autore principale, Audrey «Toni» Blum (1918-1972), un'aspirante scrittrice di racconti che entrò allo studio poco tempo dopo che vi aveva fatto ingresso anche il padre, Alex Blum (Alexander Aladar Blum, 1888-1969), un ritrattista di Filadelfia che dopo la Depressione aveva visto calare vertiginosamente la sua clientela.[44] Poi un disegnatore prendeva la storia battuta a macchina e la scomponeva in vignette a fumetti, schizzate in bozzetti semplici; spesso il disegnatore che eseguiva questa fase era Eisner oppure Bob Powell (Stanislav [Stanley] Pawlowski o Pulowski, 1916-1967, noto come S. Robert Powell dal 1943). Poi un

La pagina finale di «Muss 'Em Up», storia autoconclusiva in sette tavole di Eisner prodotta agli esordi.

altro artista – forse Alex Blum o Chuck Mazoujian, un giovane e brioso disegnatore armeno con un delicato stile illustrativo – prendeva la tavola ed eseguiva accurati disegni a matita per i personaggi. Un altro disegnava a matita i personaggi secondari: Andre LeBlanc (1921-1998), un tranquillo, serio e solenne disegnatore caratterizzato da un approccio lirico, nato a Haiti e cresciuto in Brasile, paese nel quale sarebbe tornato in seguito per divenire un acclamato artista. Il successivo disegnava gli ambienti: Bob Fujitani, un adolescente nippoamericano che aveva appena cominciato, o Jack Kirby (Jack Kurtzerberg, 1917-1994), vivace ragazzo di New York di quattordici anni che aveva frequentato il Pratt Institute di Brooklyn e che amava i fumetti. Infine un inchiostratore ripassava tutte le pagine a china, fornendo loro una certa unitarietà grafica e una patina di stile personale; a inchiostrare le tavole era Powell, che aveva dunque una doppia mansione, o Lou Fine (1914-1971), un dotatissimo disegnatore, storpio alle gambe per via della poliomelite, così versatile e abile che poteva disegnare a pennino o a pennello senza alcuna previa traccia a matita. Fine adoperava un matitatoio e non usava mai la gomma. Qualcuno esterno allo studio, spesso un tecnico in tipografia, aggiungeva i colori, di solito, ma non sempre seguendo le guide cromatiche fornite da Eisner.

Ad Eisner piaceva descrivere quest'operazione come «una galera egizia che discende il Nilo»,[45] un'immagine poetica, se si esclude lo scherzoso sottosenso schiavistico.

Il lavoro prodotto presso Eisner e Iger era, a esser buoni, fortemente ingenuo. In fumetti come «Muss 'Em Up» (più o meno 'Strapazzali di botte'), una storia autoconclusiva in bianco e nero di genere giallo con protagonista un vigilante abbigliato in trench, e *Hawks of the Seas* ('Falchi dei mari'), una serie d'avventura ambientata nel XVII secolo o giù di lì – e prodotta in bianco e nero per le vendite agli editori stranieri, in modo da far loro pensare che stessero acquistando i diritti per ristampare strisce americane di successo – Eisner tradiva i suoi debiti non solo verso le imitatissime strisce d'avventura di Raymond, Foster e Caniff, ma anche verso il cinema, specialmente le pellicole di gangster della Warner Bros e i film in costume dell'epoca con Errol Flynn. Muss'Em Up Donovan, l'eroe eponimo di «Muss 'Em Up», amministra la giustizia con la noncurante brutalità di un James Cagney o di un James Raft: «Manda un'ambulanza per Mike e il suo compare», dice Donovan in una vignetta; «Stavano resistendo a un pubblico ufficiale, così, diciamo che LI HO STRAPAZZATI DI BOTTE!!».[46] I disegni erano composti come inquadrature cinematografiche, con angolazioni nette ed espressioniste e profondi effetti d'ombra che riflettevano il modo in cui l'obiettivo fotografico, non l'occhio, registra la profondità di campo e la luce. Jules Feiffer, il noto vignettista e commediografo, rimase molto colpito, da ragazzo, da «Muss 'Em Up». «"Muss 'Em Up" era pieno di ombre oscure, inquadrature angolate e cupe, primi piani graficizzati di violenza e di terrore», avrebbe scritto Feiffer da adulto. «Il mondo di Eisner sembrava più reale del mondo degli altri autori di fumetti perché somigliava molto di più a un film. [...] Quando un personaggio di Eisner ne picchia un altro, un vero cazzotto colpisce della vera carne. La violenza non era un esercizio narrativo esteticizzato; era il midollo del suo stile».[47]

***

A un certo punto, nel 1937, Creig Flessel non ricordava esattamente quando, il Maggiore Malcolm Wheeler-Nicholson cominciò a tenere nella sua custodia per le sigarette mozziconi spenti. Come la fine dell'anno si avvicinava, a volte dentro non c'era nul-

Il primo celebre numero
di *Action Comics*, giugno 1938,
con l'esordio ufficiale di Superman.

la, fino a quando il Maggiore non trovava un portacenere con un mozzicone salvabile. Wheeler-Nicholson era al verde; malgrado avesse tenuto le spese basse comprando sempre roba a buon mercato e avesse sempre pagato in ritardo i suoi disegnatori e scrittori (quando li pagava), non poteva saldare i suoi debiti con la tipografia e implorò lo stampatore, Harry Donenfeld della Donny Press, che gli venisse incontro. Donenfeld, uno sfrontato editore di riviste licenziose come *Juicy Tales* e *Hot Tales* nonché tipografo, era un dotato affarista. Aveva già tenuto a galla Wheeler-Nicholson nel passato in cambio di quote della sua attività. Capiva bene la situazione difficile del maggiore, avendo contribuito a creargliela, e rispose rilevando l'intera attività. Donenfeld e un suo socio, Paul Sampliner, proseguirono le pubblicazioni dei fumetti di Wheeler-Nicholson, compresa la nuova collana del maggiore, *Detective Comics*. «Credo che gli diedero il benservito», ebbe a ricordare Flessel. «Non vidi mai più il Maggiore».[48]

Fra i lavori inconclusi di Wheeler-Nicholson c'era un nuovo albo, *Action Comics*. Il maggiore aveva preparato solo un numero di prova[49] con il proposito di registrare il titolo per preservarne i diritti d'autore, ed entrambe le storie che conteneva erano prelevate dal primo numero di *Detective Comics*: «The Murders of Ca-

Il primo numero della collana *Detective Comics*, marzo 1937, dove nel 1939 sarebbe apparso Batman.

p'n Scum» ('Gli assassinii di Capitan Feccia', 1937), scritta e disegnata da Flessel, e «The Streets of Chinatown» ('Le strade di Chinatown'), della serie *Slam Bradley* (1937), un investigatore dal cazzotto facile simile al *Captain Easy, Soldier of Fortune* ('Capitan Easy, soldato di ventura', 1933) di Roy Crane (1901-1977), popolare comic-strip. Anche *Slam Bradley* fu un'invenzione di Jerry Siegel e Joe Shuster, di cui Wheeler-Nicholson si era avvalso regolarmente. Non è chiaro se il Maggiore avesse o meno pianificato di pubblicare il nuovo, insolito personaggio di Siegel e Shuster, Superman, su *Action Comics*; ad ogni modo Sheldon Mayer (1917-1991), un giovane e intelligente disegnatore e scrittore che lavorava per il procacciatore Max C. Gaines nel settore delle agenzie di distribuzione per i quotidiani, notò delle tavole dimostrative di *Superman* in mezzo alla pila dei rifiuti di Gaines e le passò al nuovo capo redattore di *Action Comics*, Vincent Sullivan (ca. 1911-1999), che era stato uno degli scrittori dello staff di Wheeler-Nicholson; «Pensai che fosse buono», avrebbe dichiarato Sullivan anni dopo.[50]

Superman, l'«Uomo d'Acciaio» sotto le spoglie del mite giornalista Clark Kent, non si poteva dire fosse una creazione del tutto originale venuta fuori dai recessi di sogni adolescenziali; aveva, piut-

Slam Bradley, uno dei primi fumetti pubblicati da quella che in seguito sarebbe divenuta famosa come Dc Comics.

tosto, tutta l'aria di esserne precisamente la compiuta espressione. Ideato principalmente da Siegel, che oltre alle strisce a fumetti leggeva anche fantascienza e riviste pulp, Superman era una mistura di idee provenienti dal brodo della paccottiglia culturale degli anni Trenta: il protettore superforte delle creature inferiori (il Tarzan di Burroughs, il Doc Savage edito dalla Street and Smith: si pensi che il primo nome di Savage, detto «Uomo di Bronzo», è Clark); l'eroe dall'identità segreta (Zorro al cinema, l'Ombra e il Calabrone Verde alla radio, il Ragno nelle riviste pulp); e il combattente del crimine in costume (tutti gli eroi con identità segreta, ivi compreso l'Uomo Mascherato, il personaggio di Lee Falk per le strisce quotidiane, che indossava una calzamaglia viola).[51] Superman aveva decine di lontani antenati nella mitologia classica, naturalmente, nonché un prominente predecessore proveniente dalle religioni successive. C'era un ovvio precedente per la storia di base di Superman, nella quale un padre saggio e potente nei cieli invia il suo unico figlio sulla Terra, dove questi si produce in imprese miracolose per il bene dell'umanità.

Siegel e Shuster, entrambi ebrei, stavano prendendo a piene mani da molte tradizioni e teologie. Secondo Bob Oskner (1916-2007), loro coetaneo e che entrò nel mondo del fumetto dopo la laurea magistrale in Scienze dell'educazione alla Columbia University,

Il famoso *Captain Easy* di Roy Crane. La striscia risale al 1933 ma il personaggio apparve per la prima volta nel 1929 in un'altra striscia dello stesso autore, *Wash Tubbs* (1924).

«non c'è dubbio nella mia mente che Jerry vide Superman come una sorta di proiezione della sua immagine di sé o delle sue fantasie su sé stesso. Jerry era ebreo, come me – come moltissime persone nel settore del fumetto a quel tempo – e il resto erano italiani. Superman era la storia di una persona ingiustamente denigrata che sapeva di avere le abilità per spuntarla, alla fine».[52] Superman, che era già una possibile metafora di Gesù, era anche ebreo.

Ritratto nelle prime storie di Siegel come il «campione degli oppressi»,[53] a proteggere le mogli maltrattate e a discolpare coloro che erano stati puniti ingiustamente, Superman parlava direttamente ai sopravvissuti della Depressione; era egli stesso un immigrato (da un altro pianeta) e incarnava l'ideale di potere impiegato per il bene comune tipico dell'era rooseveltiana. I bambini furono particolarmente attratti da Superman, un adulto di fantasia completamente diverso dagli altri adulti, perfetto nella sua purezza infantile, che usa i suoi stupefacenti poteri per correggere gli errori del mondo dei grandi e che compie le sue azioni mirabolanti come in un gioco. Con il suo debutto sulla copertina del primo numero di *Action Comics*, pubblicato nel giugno del 1938, Superman rendeva i comic-book un qualcosa di distinto non solo dagli altri fumetti sui quotidiani, ma anche dalle altre forme di intrattenimento che allora andavano per la maggiore: riviste, radio e cinema.[54]

Troviamo Superman su quella prima copertina, non meglio identificato, impegnato nello scagliare un'automobile contro una roccia, mentre diversi uomini scappano terrorizzati; non è chiaro – lo sarà nelle pagine interne – se la figura in costume colorato sia un eroe o un criminale. Le storie pulp nelle riviste e alla radio avevano già raccontato imprese straordinarie a parole e a voce, ma non le avevano mostrate per immagini; e i film avevano proposto ai loro pubblici eroi stupefacenti come Tarzan e Zorro, ma in bianco e nero, e inoltre la tecnologia di allora non permetteva una convincente raffigurazione dinamica di imprese miracolose. Adesso, qualunque cosa Jerry Siegel potesse immaginarsi e Joe Shuster potesse disegnare con alcune pennellate – un uomo che saltava da un grattacielo all'altro, che correva più veloce di un treno, capace di rimorchiare un aeroplano per la coda, farsi scoppiare senza alcun danno una bomba fra le mani – i bambini potevano finalmente vederlo, e in quadricromia. Gli effetti speciali di *Action Comics* n. 1 costarono a Joe Shuster circa un dollaro e mezzo,[55] il prezzo di allora per un kit da disegno.

Superman fece colpo subito. Dopo alcuni mesi, un'indagine della National Periodicals (più tardi nota come Dc, acronimo della testata *Detective Comics*) rilevò che i bambini chiedevano agli edicolanti a gran voce il personaggio Superman; i redattori cominciarono a pubblicarlo in ogni numero di *Action*; al diciannovesimo numero, *Action* vendeva circa 500 mila copie al mese, più del quadruplo di qualsiasi altro fumetto. Nel 1939 la National cominciò a pubblicare un albo a fumetti intitolato semplicemente *Superman*; la casa editrice cominciò anche a far produrre una striscia di Superman per le agenzie di distribuzione per i quotidiani. Nel 1940 la collana *Superman* vendeva circa un milione 250 mila copie al mese e le strisce apparivano in trecento edizioni cittadine di giornali.[56] I quotidiani seguirono insomma la tendenza guidata dai comic-book dedicati al personaggio.

Imitazioni e varianti spuntarono in abbondanza: Amazing Man, Wonder Man, Sandman, Doll Man, Flash, Master Man, Hawkman, Whip, Hour-Man, Roy il Superboy (nessuna relazione con la versione giovanile di Superman), Capitan America, Capitan Marvel, Bulletman, Johnny Quick, Aquaman e Wonder Woman, tutti pubblicati entro la fine del 1941. Bob Kane, già menzionato in precedenza, creò un personaggio volante di nome Bird-Man, che trasformò presto in Batman grazie al notevolissimo aiuto di un collega per decenni mai accreditato, Bill Finger.[57] Ricolmo di manierismi, giustizia, forza fisica e patriottismo, il brillante, ipercinetico e fiabesco piglio delle storie di supereroi portò i fumetti americani molto lontano rispetto al caos pacchiano delle prime strisce comiche sui giornali. *Action* e i suoi emuli erano solo in parte le espressioni degli impulsi creativi dei loro autori e dei gusti dei loro lettori, o veicoli per la loro sfida alle convenzioni sociali o all'autorità; essi erano soprattutto dirette sottolineature delle virtù e proclamazioni della bontà degli Stati Uniti. Con Superman, i *comics* si assimilarono. Se Yellow Kid aveva rivelato e messo a nudo l'esperienza dell'immigrazione, l'uomo in calzamaglia rossoblu glorificava l'America.

ERA LAVORO

2

Harry «A» Chesler, Jr,[1] il responsabile dello studio che realizzava albi a fumetti pronti per la vendita, aggiungeva il «Jr» al nome oppure ne faceva a meno a seconda della situazione; inoltre metteva le virgolette a circondare la «A» perché pensava fossero stilisticamente corrette, e in effetti aveva ragione. Quando gli chiedevano per che cosa stesse quella «A», egli rispondeva «A gusto tuo»; il suo secondo nome era, insomma, un marchio di voluta vaghezza. Tozzo e di scarso colorito, indossava camicie a righe e un gilè che spesso, ma non sempre, si accordava ai pantaloni; teneva sempre schiacciata in testa una bombetta, tutto il giorno, anche in interni; e di solito fumava un sigaro, tozzo e di scarso colorito come lui, con la fascetta intatta: un'etichetta pretenziosa che avrebbe impressionato solo chi di sigari non ne capiva un'acca. Chesler, che era fissato con l'efficienza, sembrava far di tutto per ridurre l'impegno creativo di cui i suoi disegnatori avevano bisogno per tradurlo in caricature. Organizzò il suo studio all'interno di un locale ampio e oblungo, che poco prima era stato adoperato da un grossista di bottoni e chiusure lampo per l'industria dell'abbigliamento, al quarto piano del civico 276 sulla Quinta Avenue; era un edificio di dieci piani, lungo un mezzo isolato, a nord della Ventinovesima Strada. Chesler riempì lo stanzone di file di banchi usati, che si erano rivelati molto meno costosi di veri e propri tavoli da disegno, e spadroneggiava in studio come se fosse stato il capetto di un piccolo impero criminale: a chiunque arrivasse al lavoro cinque minuti in ritardo veniva decurtata un'ora di salario; e il giorno di paga si sedeva dietro alla scrivania del suo ufficio, convocava i dipendenti uno alla volta e chiedeva a ognuno: «di quanto hai bisogno questa settimana per sbarcare il lunario?».[2]

Nella squadra di Chesler entrò, nel tardo 1939, Irwin Hasen. Hasen era appena agli inizi della sua carriera artistica e, a ventun anni, viveva ancora con i genitori, i quali erano andati in bancarotta con la loro ditta di mobili e adesso si spostavano frequentemente da un appartamento all'altro per evitare il baratro. Hasen era un tipo tutto entusiasta per l'arte, che uno avrebbe potuto facilmente scambiare per un più spigliato fratello minore dell'attore Mickey Rooney. Aveva seguito alcune lezioni di disegno alla National Academy of Design e presso la Art Students League, ma abbandonò la sua aspirazione primaria, le belle arti, perché impraticabile. Possedeva un buon senso della composizione e lo applicò a dovere nei compiti assegnatigli da Chesler: uno dei primi fu una storia poliziesca su una banda di falsari, pubblicata dalla Timely (attiva con questo nome dal '39 al '50). Non molto dopo che Hansen ebbe terminato di impilare le pagine da lui disegnate per sottoporle al suo capo, Chesler si diresse al suo tavolo da disegno e gli disse: «bella prova, ragazzo! Hai fatto un lavorone! Gli darò un gran risalto!».[3] A fine giornata, mentre Hasen metteva a posto le sue cose, si rese conto che per errore aveva dato a Chesler solo la prima pagina della storia che aveva realizzata. Tutti gli altri fogli del mazzetto di tavole consegnatogli erano bianchi.

«Fu in quell'occasione che imparai una cosa sull'industria dei fumetti per com'era allora», ha dichiarato Hasen. «Stava andando alla grande, qualsiasi cosa uno realizzasse, e nessuno ci faceva per davvero attenzione. A nessuno importava che cavolo c'era davvero sulle pagine. È proprio vero: potevano essere vuote e nessuno se ne sarebbe accorto. Non mi sarei meravigliato se Chesler avesse mandato davvero quelle pagine in stampa».[4]

Il ghetto del fumetto stava diventando una città fiorente. La popolazione degli statunitensi fino ai diciott'anni d'età era cresciuta stabilmente negli anni e nel 1940 aveva superato i 45 milioni.[5] Superman e la sua progenie in costume erano venuti al mondo con tempismo perfetto e quell'epoca favorì la loro propagazione. I giovani compravano ogni mese sempre più fumetti, e non solo quelli di supereroi ma albi con avventure d'ogni genere. L'importante era che fossero raccontate in vignette e nuvolette: storie di guardie e ladri, cowboy, spie, cavalieri, assi dell'aviazione, uomini della giungla e – a dimostrazione della condiscendenza del medium nei confronti degli adolescenti maschi – anche donne della giungla. Il numero di titoli pubblicati si espanse dai circa 150 del 1937 ai quasi 700 del 1940,[6] facendo incrementare in proporzione il novero di scrittori, disegnatori, calligrafi e altre figure professionali necessarie a dare vita alle pagine a fumetti. I comic-book americani erano nel periodo della corsa all'oro, un'era frenetica di speculazione, sperimentazione, pagamenti facili e una qual certa anarchia estetica, in base all'assenza di canoni chiari e stabiliti e alla limitata responsabilità da parte degli autori e degli editori nei confronti del mercato e del pubblico. Coloro che creavano e pubblicavano albi a fumetti competevano fra loro improvvisando, tentandole praticamente tutte, senza rifiutare quasi nulla di quello che veniva proposto nelle redazioni, in un'atmosfera innovativa che andava letteralmente a ruota libera e che era legata strettamente a un opportunismo scaturito, per molti, dalla disperazione.

«Era un mezzo espressivo alla ribalta, era nuovo, ed ero nuovo anch'io, e accettava gente come me, perché non sapevo dove diavolo stava andando a parare e non sapevo nemmeno che diavolo potessi fare altrimenti, e questo lo rendeva bello ed eccitante»,[7] ebbe a dire Tom Gill (1913-2005), un talentuoso disegnatore canadese di nascita, cresciuto principalmente a Flatbush, Brooklyn. Gill aveva iniziato a disegnare illustrazioni pubblicitarie per il *Daily News* newyorkese nel 1931 ed entrò nel mondo degli albi a fumetti alla fine degli anni Trenta. In seguito avrebbe insegnato disegno per decenni alla School of Visual Arts. «Non avrei potuto essere un illustratore e roba del genere: era un settore molto rigido e tutto era molto convenzionale. Ma qui, il campo era libero. C'era spazio perché si potesse crescere e sperimentare».

Alcuni giovani fumettisti, come Jerry Robinson (n. 1922), studente della Columbia University che aveva già eseguito, nel tempo libero, disegni non accreditati per Bob Kane su *Batman*, si crogiolavano nella somma libertà del nuovo medium. «Alla base eravamo noi stessi dei ragazzini, quindi scrivevamo delle cose che ci facevano andare su di giri, con cui a quel tempo il nostro pubblico legava», ha detto Robinson. «Stavamo inventando il linguaggio mentre andavamo avanti e alcuni di noi ne erano coscienti. Tutte le volte che facevamo qualcosa che pensavamo non fosse stata fatta prima, era eccitante: per esempio qualcosa come l'intera prima pagina resa come una *splash page* [illustrazione che occupa l'intero spazio della tavola] per introdurre la storia, o l'uscire al di là dei contorni della vignetta. Veramente, quello che stavamo cercando di trovare il modo di fare era di dare una percezione del tempo, di raccontare per sequenze alternate, di comporre la scena, di consolidare i personaggi, e per fare tutto ciò dovevamo staccarci dalle convenzioni dei fumetti sui quotidiani».[8]

Disegnatori esordienti e scrittori che trovarono il loro posto nel mondo lavorando insieme nei fumetti impararono come svolgere il loro mestiere aiutandosi a vicenda: a parte la paga di 15-25 dollari a pagina,[9] la loro principale gratificazione era la soddisfazione per il proprio lavoro e l'approvazione dei loro pari. «Oh, per me era come stare a scuola», ha ricordato Bob Lubbers (n. 1922), un amante dei fumetti originario di Long Island che cominciò a disegnare nel 1940, a diciott'anni, per la Centaur Publications (attiva dal 1938 al 1942). «Tutto quello che facevo era andare in giro e vedere quello che facevano gli altri. Tutti facevamo così. Fregavamo dei trucchetti: qualcuno magari usava un pennello giapponese o applicava un qualche tipo diverso di luce per illuminare la scena, o differenti punti di vista. Tutti avevano i loro punti di forza e tutti ci sbirciavamo il lavoro a vicenda, rubandoci fra noi tutto quello che potevamo. Pensavo che Nick Cardy disegnasse le ragazze più carine e che il migliore disegnatore in generale fosse Art Saaf [n. Arthur, detto anche Artie, 1921-2007]. Penso che Johnny Celardo [n. 1918] eseguisse delle composizioni grandiose e che facesse animali bellissimi, e poi c'era Joe Doolin [1902-?], che era un copertinista: era di stile più conciso che mai, e i suoi disegni erano sempre plastici; mancavano però, come dire, di continuità nell'azione raffigurata, e questo proprio perché lui era di stile sintetico. Tutti prendevamo mentalmente nota del lavoro degli altri e ci derubavamo l'un l'altro a tappeto».[10]

Le aspettative basse garantivano ai creatori di fumetti ampi margini di libertà. Venduti fianco a fianco alle caramelle nei chioschetti e sugli scaffali delle drogherie, gli albi a fumetti erano di norma pensati come un altro tipo di dolciume per bambini, a valore nutrizionale pari a zero ma di fatto innocuo. Non erano semplicemente puerili, erano indegni di considerazione da parte degli adulti: spazzatura. «Un mucchio di gente guardava i fumetti con la puzza sotto al naso; pensavano che fosse roba per bambini», ebbe a dire Mickey Spillane (1918-2006), il noto scrittore di storie

Inferior Man, il supereroe caricaturale di Al Jaffee (n. 1921).

pulp, peraltro autore, a partire dal 1940, di oltre una dozzina di movimentate storie poliziesche per i fumetti. «E così sarebbe stata roba per bambini? Era lavoro. Li potete chiamare cose per bambini, fumetti, spazzatura, quel che volete: la gente dà etichette come queste alle cose, così non devono pensarci più. E a me sta bene. Lasciatemi in pace: continuerò a fare il mio lavoro e a fare quello che voglio. Se è buono, qualcuno pagherà per averlo, e i decini dei bambini sono buoni quanto quelli degli adulti».[11]

Luogo di accentramento per disegnatori e scrittori che erano emarginati di ogni tipo, gli albi a fumetti parlavano in modo efficace ai giovanissimi, mentre trovavano problemi con la società adulta. «Ero ancora molto giovane quando decisi che nel mondo degli adulti vigeva un qual certo elemento di stupidità: era una massa di gente che si supponeva dovesse essere più cresciuta e saggia, ma in realtà vivevano nel loro mondo, e io maturai un'insofferenza ad accettare le idiozie dalle persone solo perché erano più cresciute e presumibilmente più sagge»,[12] ha ricordato Al Jaffee, il disegnatore e scrittore che nel 1940, a diciannove anni, cominciò a lavorare per la Quality Comics (attiva dal 1939 al 1956). Nato a Savannah, nello stato della Georgia statunitense, passò sei anni della sua infanzia in Lituania ma tornò presto negli Usa prima della salita al potere di Hitler, stabilendosi con la famiglia a New York, nel Bronx; inizialmente imparò il disegno umoristico per prendersi gioco dell'autorità e del conformismo, durante gli anni da studente presso la High School of Music and Art di Manhattan. «Quando mi rivolsi ai fumetti, il settore era pieno di disadattati come me. Se avevi l'inclinazione a sottolineare la stupidità del mondo, come me, nessuno in quel settore ti avrebbe fermato».[13] Una delle prime creazioni di Jaffee fu un eroe dai caratteristici piedoni, una caricatura degli eroi «seri» dei comic-book, Inferior Man. Pubblicato dalla Quality nella collana *Military Comics*, Inferior Man evidenziava la capacità dei fumetti di sfidare tutte le convenzioni, ivi comprese quelle del medium stesso, ancora in piena fase di formazione.

Imprevedibili, sgraziati, spesso impacciati ma dalle illimitate energia e ingenuità, i primi comic-book attrassero i giovani come un'anima gemella. I ragazzi riconobbero nei fumetti un qualcosa di risolutamente, orgogliosamente non adulto. Gli albi erano «meno per adulti» di «qualsiasi cosa, comprese le strisce domenicali», ricorda ancora Jules Feiffer, che nel 1940 aveva undici anni, era un avido lettore di comic-book e già scriveva e disegnava storie per i fatti suoi; lo faceva per il proprio piacere, tuttavia le sue creazioni – alcune delle quali sono ancora fieramente conservate fra le sue carte – erano piacevoli come alcune di quelle edite negli albi a fumetti dell'epoca. «La caoticità, il disegno crudo, la stampa da quattro soldi, il fatto che tutti li guardassero con sdegno, erano queste le cose che li rendevano attraenti», ha detto Feiffer. «In quei giorni non c'era praticamente altro che considerassimo cosa nostra».[14]

A un decino la copia i comic-book, come le gazzose e gli stecchini caramellati, erano fra le poche cose che i bambini degli anni successivi alla Depressione potessero permettersi, risparmiando le monetine trovate magari sui marciapiedi o guadagnate svolgendo piccole commissioni; gli albi a fumetti instillavano in quei ragazzini un orgoglio radicato non nella concezione adulta del possesso, ma nell'intima comunanza fra quei fumetti e il loro essere ragazzi. I genitori consideravano i comic-book privi di valore; ed è proprio qui che risiedeva quello attribuito loro dai bambini. «Amavo davvero i fumetti. [...] [E] credo che probabilmente amassi i fumetti così tanto perché i miei genitori se ne infischiavano», ha detto Martin Thall, newyorkese, che nel 1940 aveva dieci anni e che, come Feiffer, fu ispirato dai fumetti a diventare egli stesso un fumettista. «Andavo in edicola ogni giorno per cercare quelli appena usciti, e se non ce n'erano me ne stavo lì ancora a fissare quelli vecchi, ogni giorno, come se [vi] potessi trovare qualcosa di nuovo. I miei amici e io ne parlavamo tutto il giorno. Se non ne sapevi di fumetti, eri una nullità».[15] Gli albi a fumetti, nell'economia sociale dei bambini, erano un capitale, invece erano per gli adulti il nulla assoluto.

Quasi tutti i giovani – ragazzi e ragazze, musoni, atleti, scolari e giovinette di buona famiglia – leggevano i comic-book, mentre la maggior parte dei loro genitori no. Leggere gli albi a fumetti voleva dire appartenere a un circolo molto vasto eppure esclusivo, l'appartenenza al quale era limitata principalmente dall'età. «Tutto il resto era "signore e signori" mentre i fumetti erano "ehi, ragazzi e ragazze!"»,[16] ricorda Ted White, noto scrittore, critico e collezionista di fumetti. White, che passò a suo tempo l'infanzia a Falls Church, in Virginia, cominciò a guardare i fumetti prima ancora di imparare a leggere. A Falls Church c'erano due negozi che vendevano fumetti: la farmacia Ware, all'incrocio principale della cittadina e, a pochi passi, un negozietto di chincaglierie, il Murphy's Five and Dime. Dopo la scuola, White e alcuni compagni si dirigevano insieme prima alla farmacia Ware, dove se ne stavano davanti agli espositori delle riviste facendo finta di sfogliarle e in realtà leggendo il più velocemente possibile quante più pagine dei fumetti appena usciti, prima di essere buttati fuori per aver sbirciato troppo; e poi se ne andavano da Murphy e riprendevano a leggere gli stessi fumetti da dove li avevano interrotti in farmacia. A otto anni White aveva già letto centinaia di albi, tuttavia ne possedeva solo una dozzina, tutti spiegazzati e imbrattati, molti senza più qualche pagina interna o privi della copertina. «Ce li passavamo tutti fra di noi, come fossero oggetti sacri, finché non si sbriciolavano», ha detto White. Conservavano i loro preferiti – il fiore all'occhiello di White era *All-Star Comics* – dentro scatole da scarpe nascoste dietro all'armadio e sotto al letto, nascondigli di tesori proibiti.

Will Eisner guadagnava così bene nella produzione di questi particolari tesori che si trasferì con la famiglia in un sontuoso appartamento di nove stanze sulla Riverside Drive, nell'Upper West Side di Manhattan, una zona dove v'era stata ed era a quel tempo ancora in corso una notevole affluenza di ebrei; eppure, la sua cu-

All-Star Comics (1940-1951), una delle testate più amate negli anni Quaranta, edita dalla All-American Publications.

riosità intellettuale per le potenzialità creative del medium fumetto – combinata all'inesauribile fiducia riposta nelle proprie capacità di sfruttarla – lo portarono a vendere la sua quota societaria a Iger, in modo da poter sperimentare con maggiore libertà. Nel 1940 Eisner accettò un'offerta da uno spericolato editore, Everett «Busy» Arnold (1899-1974), per la creazione di un tipo diverso di storia a fumetti, un ibrido fra le strisce per i quotidiani e i comic-book che sarebbe stato allegato alle edizioni domenicali dei giornali distribuiti dall'agenzia Des Moines Register and Tribune Syndicate; gli fu promessa completa autonomia creativa. Dal momento che i fumetti dei quotidiani erano letti sia da adulti che da bambini, rifletté Eisner, l'impresa che gli si parava davanti era quella di andare oltre la puerilità della mania per i supereroi.

«"Mi ero fatto le ossa", come la misero i miei amici italiani, ma volevo progredire, finché arrivò l'opportunità di produrre per un altro mercato, quello dei quotidiani: cioè per gli adulti», ebbe a ricordare Eisner. «Non vedevo alcun futuro per me nel mercato degli albi a fumetti, perché pensai, be', starei a fare la stessa cosa ancora, ancora e ancora. La maggior parte dei comic-book erano alquanto insipidi, e cioè tutti gli editori tranne noi. Anche gli acclamati *Superman* e *Batman* presentavano storie all'acqua di rose. I comic-book allora erano visti come una forma espressiva molto economica e di basso livello, e io non ero fiero di farne parte. Provavo sempre dell'imbarazzo nello spiegare qual era il mio lavoro e cosa facevo. Dire che uno era un disegnatore di fumetti, a quel tempo, era come dire "spazzo i pavimenti", "pulisco i cessi". Allo stesso tempo, ero convinto che i fumetti fossero sottovalutati: ritenevo avessero un potenziale inespresso, a quel tempo. Pensavo che la maggior parte di quelli che lavoravano nei fumetti sottovalutassero i loro lettori. Penso che svalutassero il loro stesso mestiere. Si ricordi, io ero più giovane di chiunque altro nel mio studio, quindi vivevo quest'idea per la quale "ehi, non sottovalutarmi per via della mia età". Sta di fatto che allo Studio Eisner e Iger litigai con i ragazzi proprio su questo punto. In un'intervista dissi che, quando avevo preso la decisione di fare *The Spirit*, avevo pensato che gli albi a fumetti potessero divenire una forma d'arte, una forma d'arte letteraria; i ragazzi in studio dissero che ero stato arrogante».[17] Parafrasando Eisner, il *Philadelphia Record* riportò:

> Il fumetto, spiega [Eisner], non è più il fumetto ma, in realtà, un romanzo illustrato. Attualmente si tratta di qualcosa di nuovo e acerbo nelle forme, ma suscettibile di sviluppi intelligenti e illimitati. E, alla fine e inevitabilmente, sarà un mezzo espressivo legittimo, al quale si dedicheranno i migliori scrittori e artisti. È già l'embrione – Eisner si scusa lievemente per la frase fatta – di una nuova forma d'arte.[18]

***

Sterling North[19] (1906-1974), il noto scrittore per ragazzi, nipote di una coppia di agricoltori e proprietari terrieri del Midwest, crebbe nei primi decenni del secolo scorso a Edgerton, nel Wisconsin, una cittadina agricola che egli evocò in una serie di celebri romanzi, un sogno a occhi aperti in grado di intenerire il cuore per la sua bellezza. North frequentò l'Università di Chicago e lavorò per molti anni come cronista e corsivista per il *Chicago Daily News*, un giornale sofisticato e indipendente,[20] per il quale scrisse frequentemente sui soggetti da lui prediletti, infanzia e letteratura. Sul *Daily News* dell'8 maggio 1940 apparve un suo articolo nella colonna di sinistra della pagina dedicata alla rubrica «Libri e autori»;[21] esso univa una rassegna delle uscite editoriali per ragazzi della stagione primaverile a un resoconto delle delizie letterarie che l'autore condivideva con la moglie e i due figlioletti. North cominciava il pezzo introducendo i membri di famiglia e annunciando che uno dei suoi libri per ragazzi aveva venduto 30 mila copie e che il più recente, *Greased Lightning* (1940), era stato selezionato per la Junior Literary Guild. A seguire, forniva un entusiastico racconto di come la sua famiglia si gustasse i libri nuovi:

> L'imballaggio tutt'intorno ai nuovi libri viene frettolosamente gettato nel caminetto. Li sparpagliamo tutti per terra del soggiorno mentre la luce del sole entra in casa dalle persiane. E poi comincia il divertimento, perché i nuovi libri sono divertenti. Perfino il loro odore è delizioso; la grana della carta e la rilegatura sono inebrianti.[22]

Nella parte successiva del testo, North trovava motivi di lode in molti titoli della stagione letteraria, come *That Mario*, «le avventure di un bambino pigro delle Filippine», *Quest of the Cavaliers*, su Hernando De Soto e i conquistadores, e *Bill and the Bird Bander*, «un libro sugli stormi di uccelli, sulla migrazione e sulle curiose abitudini degli uccelli che dovrebbero fare diventare ornitologo professionista più di un giovane lettore».[23]

Alla destra di questo articolo, incorniciato da un filetto e al centro della pagina, era ospitato un secondo articolo di North. Era intitolato «Una disgrazia per la nazione (e una sfida per i genitori americani)», ed ecco quanto vi si leggeva:

> Praticamente ogni bambino in America legge colorate riviste «a fumetti»: un fungo velenoso cresciuto negli ultimi due anni.
>
> Ogni mese si vendono dieci milioni di copie di queste serie sessuo-orrorifiche. In cambio di questa follia grafica viene sperperato un milione di dollari dalle tasche dei bambini d'America. [...]
>
> Il volume di queste luride pubblicazioni dipende dal fascino che esse esercitano mediante caos, omicidi, torture e rapimenti, dove spesso la vittima è un bambino. Le gesta eroiche di Superman, femmine voluttuose in abbigliamento succinto, sfolgoranti pistole automatiche, «giustizieri» incappucciati e propaganda politica di bassa lega si trovano in quasi ogni pagina.
>
> I vecchi romanzetti da un decino la copia, nei quali uno sparuto pellerossa mangiava la polvere, sono letteratura classica in confron-

Sterling North, il noto scrittore per ragazzi, che attaccò i fumetti in un celebre articolo in difesa dell'immaginario letterario tradizionale. Fotografia di Clarence E. Olson, per gentile concessione di Arielle North Olson.

to alle idiozie sadiche che oggi ci vengono riversate a valanga dalle rotative.

Malamente disegnati, malamente scritti e malamente stampati – uno strazio per i giovani occhi e per i giovani sistemi nervosi – l'effetto di questi incubi su cartaccia porosa è quello di un violento stimolante. I loro rudi rossi e neri rovinano il senso naturale del colore del bambino; la loro iniezione sottopelle di sesso e violenza rende il bambino insofferente per le storie migliori ma più pacate. A meno che non vogliamo che la prossima generazione sia ancora più feroce di quella attuale, i genitori e gli insegnanti in tutta l'America devono unirsi per sconfiggere le riviste «a fumetti».

Ma, naturalmente, i bambini devono essere riforniti di un buon sostituto. [...] E mai prima nella storia dell'editoria libraria ci sono stati così tanti bei nuovi libri per bambini. [...]

La vergogna alligna soprattutto fra i genitori che non sanno e non hanno alcun interesse per quello che i loro figli leggono. Alligna fra insegnanti privi di immaginazione che [per effetto della loro incapacità o indifferenza didattica] spingono a forza stupide, ottuse scemenze giù dentro a giovani gole insaziabili e, naturalmente, alligna fra i totalmente immorali editori dei «fumetti», colpevoli di un massacro culturale a danno degli innocenti.

> Ma l'antidoto al veleno delle riviste «a fumetti» può essere rinvenuto in qualsiasi biblioteca o buona libreria. Il genitore che non si procura questo antidoto per suo figlio è colpevole di una negligenza criminosa.[24]

In larga parte la critica contro i fumetti di Sterling North era poco più che una ripetizione di condanne precedenti dei fumetti ospitati sui supplementi domenicali dei quotidiani e dei loro diretti predecessori, i romanzi da dieci centesimi che North stesso nomina. Si noti che la «vergogna per la nazione» dell'*Atlantic Monthly*, nel 1906, divenne la «disgrazia per la nazione» di North. Le accuse di volgarità, pruriginosità ed emulazione della violenza ricorrevano in tutti e due i momenti di critica; la descrizione da parte di North, a sostegno delle proprie tesi, delle pagine degli albi a fumetti, piene di ritratti di audacia superumana, donne lascive, scontri a fuoco e vigilanti non era inaccurata, in termini generali. Il riferimento alla «propaganda politica di bassa lega» è però meno fondato; i primi comic-book erano quasi tutti apolitici, benché, nella loro inclinazione all'enfasi sui grandi poteri per la protezione dei deboli, avrebbero potuto fare insospettire un conservatore come North circa possibili tendenze sinistrorse. North evidenziò – ipersemplificandone la funzione narrativa – l'insistente ricorrenza nei fumetti di «caos, torture, omicidi e rapimenti»; eroi come Superman e Capitan Marvel, che nelle loro storie fungevano da modello di comportamento, erano dei virtuosi dai poteri sovrumani, supremamente impegnati nel cercare di prevalere sulle malefatte d'ogni sorta. I bambini erano ben poco attirati a vantarsi del limitato e funzionale caos che traspirava dalla maggior parte dei comic-book del 1940. Eppure North sosteneva nella sua invettiva che la violenza fosse parte del fascino esercitato dai fumetti sui giovani lettori. Questo era l'unico suo riconoscimento del fatto che i fumetti attraessero fortemente i giovanissimi, una tacita ammissione della fascinazione tanto per il bene quanto per il male che è sempre stata parte integrante di come i giovani vengono a patti con il mondo adulto. Visto da un'altra prospettiva, il pezzo di North costituiva una negazione che i lettori di comic-book leggessero gli albi a fumetti per loro scelta deliberata: le monetine dei bambini venivano «prese» a decine di milioni «in cambio di [...] follia», come esche faustiane; i comic-book erano «venduti», ma non acquistati. North appariva stizzito dalla prospettiva che i giovani potessero preferire un tipo di narrazioni del tutto diverse da quelle che scriveva lui.

Gli albi a fumetti, nella loro chiassosa volgarità, erano agli antipodi dal raffinato isolamento nel quale Sterling North era cresciuto e che promulgava nel suo lavoro; nati nel Nord-Est, metropolitani e vagamente etnicizzati, se non apertamente ebrei, i fumetti venivano da un luogo, e altri ne evocavano, molto lontani da Edgerton, Wisconsin. Inutile sottolineare che i seminterrati della Quarta Avenue, dove persone di tutte le età lavoravano duramente e venivano sottopagati, avevano scarso accesso alla luce del sole e nessun caminetto. I commenti di North sulla scrittura e sul disegno sotto ogni standard dei fumetti non solo erano troppo generici, non solo erano del tutto errati nel caso di alcune vette effettivamente raggiunte dai fumetti di maggiore qualità, ma suggerivano anche il disprezzo per ogni manifestazione di cultura popolare, una reverenza scolastica per la tecnica canonica, un'obbedienza alla tradizione e all'ortodossia a spese delle libere espressioni individuali: atteggiamenti che i critici modernisti come Gilbert Seldes contrastavano già da anni. Similmente, il biasimo di North per la stampa tipografica a buon mercato dei comic-book sembrava tradire un'avversione nei confronti delle modalità d'espressione prodotte a un prezzo così contenuto da essere facilmente accessibili alle classi subalterne o ai bambini. Per North, le pagine a fumetti non avevano più valore della carta da pacchi.

North attuò la sua opera di svilimento degli albi a fumetti con una furia difficilmente riscontrabile altrimenti nel suo stile giornalistico e del tutto assente nella sua delicata e idilliaca prosa romanzesca. Ma le sue non erano solo critiche: erano una sorta di attivismo, segnalato nella seconda parte del titolo dell'articolo, fra parentesi, «e una sfida per i genitori americani». Affermando che i bambini avessero bisogno di un «buon sostituto» rispetto ai fumetti (presumibilmente i libri di North o quelli da lui recensiti positivamente), lo scrittore vedeva chiaramente i fumetti e i libri tradizionali come in conflitto inconciliabile; pensava che i giovani corpi non potessero digerire, oltre a un buon nutrimento letterario, anche le pubblicazioni dichiaratamente disimpegnate.

Dopo l'apparizione del pezzo di North alcuni giovani amanti dei fumetti, come Sam Kweskin (1924-2005, noto anche con lo pseudonimo Irv Wesley), originario di Chicago, trovarono improvvisamente i genitori più interessati a quello che i propri figli leggeva-

Copertina di *Adventures into Terror* n. 17, marzo 1953, con il disegno di Sam Kweskin.

no nelle loro camerette. Kweskin, come Will Eisner, aveva imparato da solo a disegnare copiando le strisce dei supplementi domenicali su fogli di carta raccattati in drogheria. «Mia madre si faceva tre viaggi in macelleria per comprare tre ossa per la zuppa, quindi poteva portarmi più fogli da incarto»,[25] ebbe a dire Kweskin, il quale, da adulto, per alcuni anni avrebbe lavorato come disegnatore per la Timely Comics. La sua abilità giovanile era tale che fu ammesso, con una borsa di studio, a un programma per giovani di talento presso l'Art Institute di Chicago durante l'estate precedente al suo ultimo anno al liceo. Detto per inciso, fra i suoi compagni di corso c'era anche Bill Mauldin (William Henry «Bill» Mauldin, 1921-2003), che in seguito sarebbe divenuto un vignettista politico e sarebbe stato insignito del premio Pulitzer.

Quando l'articolo di North «Una disgrazia per la nazione» fu pubblicato sul *News*, Kweskin stava appena per diplomarsi e per cominciare il suo primo lavoro, come assistente notturno al *Chicago Tribune*. «Mi ricordo che qualcuno, un'altra donna nel palazzo dove vivevamo, diede a mia madre una copia di quello [l'articolo] da leggere, perché noi non ricevevamo il *Daily News*»,[26] disse Kweskin. «Mio padre morì quando avevo undici anni e mia madre mi trattava come l'uomo di casa, ma mi ricordo che venne

"Don't hurry for me, son. I like to see young men take an interest in their

Una vignetta disegnata da Bill Mauldin.

da me e disse che voleva dare un'occhiata ai disegni che facevo di solito. Andavo pazzo per Hal Foster – a sedici anni avevo anche fatto un pellegrinaggio fino al suo studio [a Evanston, Illinois]. Perciò io copiavo Foster e basta. Lei guardò per bene e sorrise, e quella sera, mentre gettava nella spazzatura gli avanzi della cena, prese quella pagina dal *News* e la buttò insieme agli avanzi. Non disse nulla, continuò semplicemente a rassettare. Oh, come la amai per questo. Quando cominciai a lavorare al *Trib*, sentii parlare di quanto quel tale, North, fosse reazionario. Ma, in queste cose, bisogna considerare la fonte: non so se ci fosse qualcuno al *Trib* che avesse mai letto una parola del *News*, e il problema di questa cosa stava tutto lì, se vuole la mia opinione. Un sacco di gente straparlava sui fumetti, ma non so se li avessero mai letti».

A distanza di un anno dalla sua prima pubblicazione, circa quaranta quotidiani avevano ristampato «Una disgrazia per la nazione» interamente o parzialmente, secondo quanto dichiarato in un secondo articolo di North («L'antidoto ai fumetti») edito nel numero di marzo 1941 della rivista dell'Associazione nazionale dei genitori e degli insegnanti.[27] «Le riviste di "fumetti", a nostro avviso, stanno fornendo alla gioventù d'America, attraverso l'emulazione, un modello proto-fascista»,[28] scrisse North, aggiornando la sua critica per l'occasione. «Le probabilità che il fascismo controlli il mondo diminuiscono in proporzione diretta al numero di buoni libri che la generazione dei giovani legge e ama».

L'accusa più corrispondente alla sensibilità di North, quella che i fumetti mettessero in pericolo il pubblico dei lettori dei libri tradizionali per ragazzi, entrava perfettamente in risonanza con le paure delle altre potenziali vittime di tale minaccia. I bibliotecari risposero molto presto al presunto oltraggio della «Minaccia dei fumetti», nel titolo di un articolo dell'edizione del giugno 1941 del *Wilson Literary Bulletin*, che criticava «il coloratissimo nemico», gli albi a fumetti appunto, principalmente per il fatto che non erano stampati in bianco e nero e perché sarebbero stati scritti in un linguaggio rude e «sgradevole».[29]

Nelle comunità costituite da persone con problemi psichiatrici o psicologici, dove le minacce, vere o immaginarie, sono comunque reali ma richiedono una spiegazione piuttosto che una combattiva propaganda, una delle maggiori affermazioni sulla questione degli albi a fumetti fu moderata e solidale. La dottoressa Lauretta Bender, psichiatra dell'infanzia presso il New York Bellevue Hospital, presentò una relazione sui fumetti alla conferenza annuale dell'Associazione americana di ortopsichiatria, che si tenne a New York nel febbraio del 1941. Lavorando insieme a un collega del suo studio, il dottor Reginald S. Lourie, la dottoressa Bender mise in connessione la storia delle strisce a fumetti per i giornali, l'esile bibliografia sugli albi a fumetti (ivi compreso l'articolo di North) e l'esperienza clinica dei due psichiatri stessi con pazienti che leggevano fumetti. Essi trovarono che i fumetti provocavano effetti positivi e non determinavano praticamente alcun danno nei lettori. Disse Bender nella sua presentazione:

> Il fumetto [...] è il folklore dei nostri tempi, prodotto spontaneamente e spontaneamente recepito dai bambini, con la funzione allo stesso tempo di mezzo per aiutarli a risolvere i problemi individuali e di strumento per socializzare in modo appropriato nel contesto delle loro vite. [...] Gli albi a fumetti si può dire offrano lo stesso tipo di catarsi mentale ai [loro] lettori che Aristotele affermava fosse un attributo tipico del dramma. [...] I bambini ben equilibrati non vengono turbati nemmeno dalle scene più orribili mostrate nei fumetti, fintantoché risulti evidente l'assenza di un'effettiva minaccia e che le questioni siano narrate in modo ben chiaro.[30]

Malgrado fosse impossibile procurarsi dati comprovabili sulle vendite dei comic-book, si stimò che nel 1941 fossero stati venduti ogni mese dai sette ai dieci milioni di albi, per profitti lordi annui oscillanti dagli 8 ai 12 milioni di dollari. Lo stesso anno i libri per bambini tradizionali fatturarono in totale 2 milioni di dollari.[31] Gli editori di albi a fumetti – imprenditori fortemente in attivo che, alcuni anni prima, erano stati tipografi, stampatori di materiale pornografico e faccendieri sull'orlo dell'illegalità – erano ben poco preoccupati da Sterling North e dalle poche migliaia di benpensanti che andavano in giro a distribuire manifestini mimeografati contro i fumetti. Eppure Harry Donenfeld della National Periodicals (cioè della futura Dc Comics), la cui storia come editore di riviste pulp licenziose avrebbe suscitato scalpore nelle parrocchie e nelle scuole, escogitò un modo per proteggere le sue due case editrici dalle accuse di dannosità: a partire dall'estate del 1941 ogni fumetto edito dalla National e dalla sua società collegata, la All-American Publications (attiva dal 1938), prese a ospitare una pubblicità istituzionale a piena pagina che segnalava la nuova introduzione di un Comitato di consulenza editoriale.[32] Il quadro dei membri di tale Comitato, che svolgevano l'incarico secondo turni alternati, comprendeva «professionisti e professioniste che lavorano nel campo della psicologia dell'infanzia, della pedagogia e dell'assistenza sociale», fra i quali Pearl S. Buck, premio Nobel; Josette Frank, consigliere interno della Commissione sui libri per l'infanzia presso l'Associazione per gli studi sull'infanzia; William Moulton Marston, psicologo, teorico della sessualità, studioso dei principi alla base della macchina poligrafica e scrittore per la rivista *Family Circle*; il Colonnello C. Bowie Millican, supervisore capo delle pubblicazioni dell'Esercito degli Stati Uniti; il professor Robert Thorndyke, docente presso il dipartimento di Psicologia dell'educazione della Columbia University;[33] e Gene Tunney, ex campione dei pesi massimi e appassionato di Shakespeare, che una volta aveva anche tenuto una lezione sul Bardo presso la Yale University. Era un comitato in sintonia con i comic-book: accessibile, che richiamava l'attenzione, un tantino curioso e non proprio per il lettore medio ma, piuttosto, un incrocio fra alto e basso.

Organizzato da M.C. Gaines,[34] che diversi lavori prima di approdare alla All-American Publications era stato insegnante di scuola (e forse anche preside), il Comitato di consulenza editoriale aveva lo scopo di rabbonire i genitori e prevenire i critici con il semplice fatto della sua esistenza, piuttosto che per gli effetti dei suoi veri e propri interventi, che furono pochi. I membri del Comitato ricevevano degli onorari e inviavano a volte delle note in cui si abbozzavano possibili canovacci narrativi. Era a tutti gli effetti un comitato fantasma; eppure, come uno spirito che aleggiasse sulla National e sulla All-American, ebbe una qualche influenza sul lavoro prodotto da entrambe le case editrici. «Mi riferivo a Shelly [Sheldon] Mayer, il redattore lì, un ragazzo che conoscevo da quando eravamo stati apprendisti presso lo stesso disegnatore, e non facemmo mai vedere nulla ad alcun comitato per l'approvazione da parte di chicchessia», disse Harry Lampert, che era entrato alla All-American alla fine del 1938. Lampert era cresciuto in una zona ebraica di Harlem e aveva imparato a disegnare dai libri che sua madre gli aveva comprati per un corso d'arte per corrispondenza; poiché non poteva permettersi l'intero corso, la donna convinse la scuola a lasciarle comprare solo i libri. Lampert lavorò come apprendista presso un disegnatore di vignette umoristiche per il *Daily Mirror*, Ving Fuller (1903-1965), fratello di Sam Fuller (1912-1997, che a quel tempo era cronista di nera e che più tardi sarebbe divenuto un regista con l'occhio del giornalista), e le considerò entrambe influenze sul suo stile di disegno vigoroso e generoso. «Non dovevamo farci approvare niente, perché Shelly sapeva cos'è che dovevamo fare: lo sapevamo tutti. Lì c'era una politica per la quale dovevamo percorrere una certa strada, senza sgarrare. Sapevamo che dovevamo fare in modo che l'azione rimanesse sempre un po' addomesticata, quindi facevamo così».[35]

Martin Nodell (1915-2006), un ex studente della Chicago Academy of Art e dell'Art Institute of Chicago, si trasferì a New York in cerca di lavoro come scenografo teatrale, ma senza successo, dunque nel 1938 cominciò a fare fumetti per piccoli editori. Due anni dopo entrò alla All-American. «Lavoravo in un paio di altri posti[36] ed erano il tipo di editori che fanno tutto quello che si può fare per vendere», disse Nodell. «La prima cosa che feci per Sheldon Mayer fu la Lanterna Verde, che creai io [con lo scrittore Bill Finger, nel 1940]. Dirigeva uno studio come si deve. Naturalmente, dopo venne la guerra e le cose andarono bene e di lusso, finché i cattivi furono i nazi e i giappi».[37]

Alla fine del 1941 le famiglie statunitensi erano assorbite da pericoli ben più evidenti e presenti che non i fumetti. Come la Prima guerra mondiale aveva spazzato via le prime critiche alle strisce sui quotidiani, così la Seconda fece estinguere le prime scintille contro gli albi a fumetti prima che il dibattito prendesse fuoco. Anzi, l'idea dei supereroi cominciò a sembrare fortemente patriottica: un simbolo semplice, democratico e familiare della potenza dell'America e del suo orientamento rivolto al bene.

Meno di un mese dopo che il *Chicago Daily News* ebbe pubblicato l'invettiva di Sterling North, uno dei suoi rivali, il *Chicago Sun*, introdusse il nuovo progetto di Will Eisner, un supplemento di sedici pagine all'edizione domenicale chiamato inizialmente *Weekly Comic Book* e presto ribattezzato col nome del suo personaggio principale, *The Spirit*.[38] La serie cominciò un po' stentatamente ma, nel corso del suo primo anno di vita, si sviluppò notevolmente, confermando la fede di Eisner nelle proprie capacità di rendere i comic-book un prodotto adatto a un pubblico di tutte le età. I personaggi erano umani, perfino Spirit, a dispetto del nome: un investigatore senza paga, privo di superpoteri e sprovvisto di costume, a parte una mascherina minuscola che Eisner rendeva come una sorta d'innesto di pelle blu intorno agli occhi. Le storie erano sofisticate: sottili favole sull'umana follia sullo sfondo di canovacci polizieschi; il ritmo era fluido; e i disegni, stilizzati e allo stesso tempo realistici. Si trattava insomma di fumetti dotati di una loro dimensione e di un certo peso scenico.[39]

Il personaggio Spirit, in sé e per sé, non aveva una storia complessa: l'investigatore privato Denny Colt era dato da tutti per morto, benché fosse vivo e in carne e ossa, e incontrava (sia volontariamente sia fortuitamente) varia fauna delinquenziale, come spie e contrabbandieri, molti dei quali di sesso femminile atteggiantisi a vamp determinate a sedurre Spirit. Era tutto qui: nessun genitore dallo spazio profondo, nessun mago o genio della lampada, nessun incantesimo, nessun parafernale e nessun'arma. Spirit non si comportava mai in modo sinistro e nessuno, nelle sue storie, dava l'aria di pensare che egli avesse poteri sovrannaturali o che fosse davvero un fantasma; si prendeva delle sonore sberle e dei languidi baci, e lui stesso restituiva tanto le une che gli altri. L'idea di The Spirit era una dichiarazione d'intenti contro i canoni alla base delle storie dei comic-book, il più delle volte sfrontatamente sbrigative: un segno di insofferenza per la scontatezza estrema che, in molti fumetti del tempo, si atteggiava a caratterizzazione originale.

Striscia dalla prima storia di *The Spirit*, di Will Eisner. 2 giugno 1940.

Nelle storie di Spirit non c'era nemmeno molto crimine; almeno, non dopo i primissimi episodi. Come Orson Welles e Alfred Hitchcock usavano situazioni sanguigne per esplorare territori emotivi, così Eisner tendeva a proiettare delle tematiche psicologiche come la solitudine, il tradimento e la disperazione su di un drappo straslucido nel quale metteva in scena storie poliziesche. In «Due vite»,[40] per esempio, Eisner segue alternatamente le storie di due prigionieri di aspetto simile ma senza alcun legame di parentela, un delinquente in carcere e un uomo fin troppo mite, intrappolato in un brutto matrimonio; entrambi riescono a evadere dalle rispettive condizioni, ma le forze dell'ordine si confondono, così che i due vengono riportati l'uno nella prigione dell'altro e viceversa. In poco tempo, Eisner avrebbe cominciato anche a fare a meno delle scuse narrative poliziesche e dello stesso Spirit, per dare il via libera ai suoi apologhi morali. In alcune delle migliori storie della serie, Spirit appariva a malapena nell'albo che portava il suo nome. Invece in una di esse, per esempio, Eisner presentava un goffo signor nessuno di nome Gerhard Shnobble il giorno in cui scopre di possedere il potere del volo,[41] e in un'altra Adolf Hitler in una missione segreta di ricognizione, a perlustrare le linee del metrò e i rifugi dei vagabondi di New York,[42] in una rilettura del film *La morte va in vacanza* (*Death Takes a Holiday*, di Mitchell Leisen, 79', Usa 1934). Sia Shnobble che Hitler, nelle storie di Eisner trovavano la felicità o l'illuminazione, ma nell'ultima pagina finivano per soffrire. Shnobble, al settimo cielo per il suo dono, viene accidentalmente colpito da una pallottola in realtà indirizzata a Spirit e cade al suolo ancora prima che chiunque venga a conoscenza della sua miracolosa abilità. Hitler, convertitosi al bene dopo il suo soggiorno in America, decide di parlare in pubblico per annunciare il cambiamento di rotta della sua politica, ma viene assassinato da un suo luogotenente guerrafondaio. Il mondo di Spirit sembrava spesso tetro e perfino senza Dio; non parte di un universo comunque irrazionale, ma qualcosa di peggio, dove ad avere la meglio era sempre il tragico.

Ancora similmente a Welles e Hitchcock, Eisner nutriva un forte interesse per il fumetto in quanto linguaggio, dunque cominciò a sperimentare l'architettura del medium nello stesso periodo di film come *Quarto potere*, *L'orgoglio degli Amberson* (*Citizen Kane*, 119', USA 1941 e *The Magnificent Amberson*, 88', USA 1942, di Welles) e *Prigionieri dell'oceano* (*Lifeboat*, 96', USA 1944, di Hitchcock). Una storia di Spirit, Eisner la racconta dal punto di vista di un omicida, con tutte le vignette rese come ovali che simulano la prospettiva degli occhi dell'assassino.[43] Un'altra ha luogo nel «tempo reale» dei dieci minuti che Eisner calcolava il lettore avrebbe impiegato a leggerla.[44] Il testo di un'altra ancora era tutto in versi in rima.[45] Un'altra non aveva dialogo e si svolgeva come pantomima.[46] In un metaepisodio v'erano scene con Eisner in veste sia di autore della narrazione sia di personaggio chiave.[47] Pieno di immaginazione e ambizioso, eppure ancora un «fumettaro», Eisner sembrava voler spingere sempre più in là i confini del fumetto dal suo interno, come se fosse uno dei suoi personaggi, un'altra vittima incompresa di un sistema ingiusto, alla ricerca disperata di una via di fuga.

L'ambientazione era New York, la città natale di Eisner, all'inizio citata come Manhattan, poi lasciata nel vago (sotto le pressioni di un distributore timoroso, secondo Eisner, di alienarsi i lettori di altre località), e più tardi denominata, in modo generico, Central City. Ma non c'era alcuna centralità geografica nell'ambientazione; nelle sue architetture, nelle condizioni meteorologiche, nel ritratto delle persone che la popolavano, nella cultura che ne emergeva la casa di Spirit era un ambiente metropolitano tipico degli immigrati europei residenti nelle città degli Stati Uniti centro-settentrionali; più nello specifico, un ambiente visibilmente «etnico» del ceto medio-basso. Come Eisner in gioventù, le persone che disegnava vivevano in edifici prossimi alle sopraelevate, camminavano curvi sulla schiena, intenti a prendere il metrò per andare al lavoro. Avevano caratteristiche fisiche molto marcate e indossavano abiti pesanti che avrebbero avuto bisogno di un colpo di ferro da stiro. Jules Feiffer, che all'inizio della sua carriera fu assistente di Eisner, in seguito avrebbe scritto che, a dispetto del primo nome di Denny Colt, dal suono vagamente irlandese, Feiffer crebbe dando per scontato che Spirit fosse ebreo, come lo erano egli stesso e Eisner.[48] Il personaggio è in tal senso una vera eccezione ed è oggetto dei sospetti di coloro che non fanno parte della sua cerchia di compatrioti. «Suppongo che fosse ebreo, nel senso che era il prodotto della mia esperienza, e misi in lui un po' di me stesso», disse Eisner. «Non sentii mai di essere davvero parte di qualcosa. Di certo non sentivo di far parte del campo dei supereroi, dove tutti cercavano fondamentalmente di fare la stessa cosa. Io confidavo di dover fare il mio lavoro a modo mio, perché era il *mio* lavoro. Pensai, be', d'accordo, non farò altro che ignorare tutti gli altri e procederò nella maniera che voglio io, perché, candidamente, ero convinto che l'avrei spuntata». Alla base, Spirit era l'immagine stilizzata di qualsiasi emarginato, un magnifico talento che si ritrovava a camminare in un paesaggio di desolante normalità.

Per i bambini delle cittadine di provincia, come quella in cui crebbe il noto scrittore e critico John Updike, Spirit era la mappa di un posto cupamente avvincente. «Dopo le avventure relativamente innocenti del tipo bene-contro-male di Superman, Batman e Plastic Man [1941, di Jack Ralph Cole (1914-1958)], lo Spirit di Will Eisner mi fece un'impressione sonora e indelebile», ebbe a ricordare Updike, che passò l'infanzia a Shillington, in Pennsylvania, vicino a Reading. «Le prospettive vertiginose, le ombre oblunghe, le vivide pozze di sangue, la spensierata violazione da parte del disegnatore degli ordinati bordi delle vignette e la curiosa neutralità morale dell'eroe noir, tutto questo costituiva, per me, una transizione perturbante verso quello che ora mi rendo conto essere il mondo degli adulti».[49]

L'accordo con Busy Arnold portò Eisner a supervisionare la produzione di due riviste di fumetti in formato standard, *Hit Comics* e *Police Comics*, per la casa editrice del suo socio, la Quality Comics, in aggiunta alla creazione dell'inserto settimanale sui quotidiani con Spirit.[50] I contenuti dei fumetti della Quality, specialmente il disegno, giustificavano il nome della casa editrice e dimostravano che non tutti i disegnatori di fumetti erano preda della mania di

Copertina di *Hit Comics* n. 9, marzo 1941, Quality Comics. Disegno di Lou Fine.

imitarsi a vicenda durante l'esplosione del genere supereroico. Arnold era un ex agente delle vendite per la Great Buffalo Press che aveva aiutato due ex impiegati del Maggiore Wheeler-Nicholson a lanciare la Centaur Comics (che comunque ebbe vita breve), e si credeva egli stesso un tipo di classe con gusti raffinati e l'occhio fino nel riconoscere i talenti. Basso e tarchiatello, aveva l'aria giovanile ancora a trentanove anni, nel 1941. Vestiva completi doppiopetto cuciti su misura e si pettinava la riga in mezzo, come il noto attore e cantante Rudy Vallee, al quale assomigliava. Viveva con la moglie a Greenwich, nel Connecticut, e con le sue amanti al civico 10 di Park Avenue, a Manhattan. Fotografo dilettante, Arnold aveva un portfolio di scatti di due sue ottime conoscenze femminili, sgambettanti come mamma le aveva fatte sulla sabbia a Palm Beach; Arnold usava queste foto come metodo per sciogliere gli animi durante le riunioni con i colleghi. Arnold rideva spesso e pagava bene.[51] «Ti ci potevi comprare un bel po' di maccheroni, se lavoravi per Busy»,[52] sentenziò Tony Di Preta, un disegnatore di Stamford, nel Connecticut, che era stato dipendente di Arnold per qualche tempo come coloritore, nello stabilimento di Greenwich. «Quel tale non poteva che piacerti, se eri un disegnatore, e lui ti dava tutta

Copertina di *Police Comics* n. 1, agosto 1941, Quality Comics, con la prima apparizione del supereroe Plastic Man.

la libertà di questo mondo. La sola cosa che non tollerava erano, sulla pagina, i bordi [delle vignette] imprecisi. I bordi dovevano essere assolutamente perfetti, come i suoi capelli».

C'è una foto di Busy Arnold scattata allo Stork Club.[53] Al centro si vede la sua accompagnatrice della serata, una disegnatrice del suo staff che era una brava inchiostratrice e, si dà il caso, una bellissima e giovane donna. Nella fotografia costei indossa un vestito di taffetà decorato da fiocchi e lunghi guanti neri, le braccia conserte sul petto. I suoi capelli sono tirati all'indietro, il che la rende un po' più grande dei suoi vent'anni, e ridacchia. A destra vediamo una mano di Busy Arnold, una parte del suo braccio e un po' del suo profilo mentre si sposta al di là dell'inquadratura dell'obiettivo. «Oh, Busy era un tipo a posto», ricorda la donna nella foto, Janice Valleau Winkleman. «Gli piaceva solo uscire, e a volte si portava in giro anche i ragazzi dello studio. Ma a sua moglie non piacevo molto. E non credo che le piacesse molto nemmeno Busy».[54]

Figlia di un dirigente della Paine Webber, la grande società di intermediazione finanziaria, Janice Valleau da bambina aveva contratto la poliomelite e usò a intermittenza le stampelle fino a quando non raggiunse l'età adulta, allorché il suo corpo divenne abbastanza forte da consentirle di camminare autonomamente. Imparò a disegnare copiando le illustrazioni delle riviste con strumenti da disegno che il fratello maggiore comprò per lei. Dopo il liceo, si iscrisse al Phoenix Art Institute, una piccola scuola al piano superiore rispetto a una cartoleria fra la Madison Avenue e la Quarantaquattresima Strada; la scuola si concentrava sull'addestramento pratico nelle competenze artistiche in grado di produrre un profitto concreto, come l'illustrazione e la grafica pubblicitarie, e cercava di attirare le donne che stavano entrando nel mercato del lavoro generato dal periodo bellico, promettendo «Formazione Artistica che vi porterà lontano» in annunci posti a fianco a quelli della School of Famous Graduates Fashion Academy, della Washington School for Secretaries e della New York School of Applied Design for Women.[55] Valleau voleva riuscire a realizzare sontuose illustrazioni a pennello, come quelle che cercava di eseguire a casa.

«La scuola non era proprio un granché ma, non so perché, fu quello il posto in cui i miei genitori mi mandarono», mi racconta. «Mio fratello andò alla Lehigh University, e dove finii io fu il Phoenix Art Institute. Quando presi il titolo mi mandarono alla MLJ [poi meglio nota come Archie Comics]. Bob Montana [Robert William Montana (1920-1975), il fondatore della casa editrice] venne al Phoenix Art Institute e mi assunse. Il che andava bene. Poi andai alla Quality a lavorare per Busy, e lui si rivelò un grande; lo era veramente».

«Busy voleva avere attorno a sé i migliori. Eravamo dei piccoli divi. Potevamo essere creativi quanto volevamo, e lui lo adorava. Disegnavo i personaggi come volevo io, e progettavo i loro vestiti, arredavo le loro case. Davo loro delle personalità. Era eccitante, e mi piaceva per davvero. Non avevo mai pensato di fare fumetti, e quando li feci mi resi conto che era grandioso: non avrei potuto fare niente di tutto ciò da nessun'altra parte».

In una rara capitolazione nei confronti di un disegnatore di fumetti, Arnold aveva lasciato a Will Eisner, avveduto imprenditore, i diritti del personaggio Spirit. Arnold in seguito assegnò un altro dei suoi disegnatori, Jack Cole, alla creazione di un'esatta copia di Spirit, a nome Midnight:[56] stesso semplice completo e cappello blu, stessa inutile maschera blu, stessi personaggi in stile divi del cinema, stessa identità misteriosa, stessa ambientazione urbana. Arnold introdusse il personaggio nel numero del gennaio 1941 di

Il n. 18 di *Smash Comics*, gennaio 1941, in cui apparve per la prima volta la «copia» dello Spirit di Will Eisner: Midnight, di Jack Cole.

Smash Comics come polizza contro Spirit: se Eisner fosse stato arruolato e ucciso in guerra, o in ogni caso, inabilitato a consegnare il suo prodotto, Arnold avrebbe avuto un rimpiazzo già in circolazione. Arnold apportò solo un cambiamento, forse ritenuto allora di poco conto: sostituì la spalla comica di Spirit, Ebony, un ragazzo nero, con una scimmia parlante con un berretto da bambino.

IL CRIMINE PAGA 3

Consideriamo le caratteristiche della cultura popolare statunitense, nei giorni compresi fra l'apparizione di Superman e la corsa agli armamenti del paese nel clima della Seconda guerra mondiale, usando come cartina al tornasole i film di James Cagney.

Nel 1938, l'anno del primo numero di *Action Comics*, Cagney apparve in *Gli angeli con la faccia sporca* (*Angels with Dirty Faces*, di Michael Curtiz, 97', Usa), un film drammatico e d'azione della Warner Brothers incentrato su due giovani canaglie dei bassifondi di New York che il destino proietta a due estremi opposti: uno, Rocky Sullivan, diviene un famigerato ma a suo modo affascinante gangster (Cagney); l'altro, Jerry Connolly, diventa un prete altruista ma dalla rozzezza disarmante (Pat O'Brien), che esercita le sue funzioni nel quartiere dove i due avevano passato la propria giovinezza. Rocky e Jerry si ritrovano da adulti, perché cercano entrambi di accaparrarsi le anime di una nuova combriccola di giovani delinquenti, interpretati dai Dead End Kids.[1] *Gli angeli con la faccia sporca* mostra due Rocky. Un giovane attore, Frankie Burke, recita nella parte di Sullivan da ragazzo, molto simile al vero Cagney durante la sua gioventù: sveglio, combattivo, un lottatore di strada che si guadagna la via fuori dai bassifondi. Cagney, nei panni del Sullivan adulto, presenta una variazione dell'archetipo cinematografico che egli stesso aveva introdotto nel 1931 in *Nemico pubblico* (*The Public Enemy*, di William A. Wellman, 83', Usa), il gangster, e che aveva meglio definito in una serie di film che avevano consolidato il genere: un concentrato di euforia malefica, rapine, ammazzamenti e violenze varie. Il primo Rocky, come i Dead End Kids in questo film, rinforzava la visione prevalente dei bambini come barchette prive di timone che possono dirigersi verso il bene o verso il male a seconda dei venti che li influenzino, cioè a seconda degli adulti con cui vengano a contatto. Il secondo era un aggiornamento dell'antieroe fuorilegge comune nei racconti popolari: una creatura dura a morire proveniente dalla Grande Depressione, proiezione del senso largamente diffuso di ineguaglianza economica e di disillusione per l'autorità durante il Proibizionismo. James Cagney e i suoi colleghi Humphrey Bogart, Edward G. Robinson e George Raft diedero un vigoroso contributo a formare nel sentire comune degli americani una concezione romantica dei gangster: concezione che è rimasta solida per tutto il XX secolo e che lo è ancor oggi.

Nel 1942, anno in cui gli Stati Uniti si buttarono a capofitto nella guerra, Cagney apparve come protagonista di *Ribalta di gloria* (*Yankee Doodle Dandy*, di Michael Curtiz, 126', USA), una biografia in forma di musical, ancora della Warner, sulla vita del celebre George M. Cohan, che era stato una grande stella di Broadway. Il fratello di Cagney, Bill, produttore cinematografico, aveva detto a Jack Warner, a capo dell'eponimo studio, «Dovremmo fare un film con Jimmy nei panni dell'uomo più straordinariamente patriottico del paese»,[2] e si decisero su Cohan. Specialista in leziose canzonette scioviniste come *It's a Grand Old Flag*, lo slogan della Prima guerra mondiale *Over There* e *Yankee Doodle Boy*, Cohan era in sostanza una sorta di campagna moralistica incarnata in un sol uomo e Cagney lo ritrasse come una personalità estremamente scoppiettante. L'immagine di Cagney, il duro insolente di tutti quei film di gangster, era adesso divenuto un frizzante e sorridente cantante e ballerino sullo sfondo di stuoli di coriste sventolanti la bandiera: in questa nuova veste sembrava voler rappresentare il potere dell'America di tenere viva la fiducia e di attingere a risorse nascoste per lo Zio Sam. Alla prima del film, a Los Angeles, non vennero venduti biglietti: per entrare si doveva comprare un'obbligazione di guerra.[3] La Warner Bros annunciò che il ricavato avrebbe contribuito alla costruzione di tre navi da trasporto di classe Liberty, con i nomi di ciascun contribuente incisi sulle scrivanie dei capitani.

Tutte le arti dell'intrattenimento – cinema, radio, fumetti, perfino le riviste pulp – svolsero in tempo di guerra la funzione di stru-

Copertina di *Marvel Mystery Comics* n. 4, febbraio 1940, con la prima apparizione in una copertina di Namor, il Sub-Mariner.

menti di propaganda. Gli albi a fumetti, sbocco professionale per molti giovani ebrei, si rivelarono particolarmente zelanti nelle loro invettive artistiche contro il fascismo. Alcuni personaggi dei fumetti entrarono in guerra ancor prima che lo facessero gli Stati Uniti: Il Sub-Mariner della Timely combatteva contro i sommergibili tedeschi già dal febbraio del 1940[4] e l'eroe a stelle e strisce della stessa casa editrice, Capitan America, sulla copertina del primo numero della collana a lui dedicata, marzo 1941, prendeva a cazzotti addirittura Hitler in persona.[5] Dopo l'attacco giapponese alla base di Pearl Harbor (7 dicembre 1941) quasi tutti i supereroi smisero di scontrarsi con il crimine convenzionale, abbandonando gli assassini, i sequestratori e i rapinatori di banche per concentrarsi su sabotatori, spie, scienziati al lavoro per le forze dell'Asse e altre minacce di scala mondiale. Giudiziosamente, i redattori delle case editrici di fumetti adottarono la tendenza a impegnare i personaggi dai poteri più spettacolari all'interno di battaglie al fronte insieme alle forze regolari, cercando di evitare per quanto possibile la contraddizione per la quale essi non riuscivano a mettere a frutto i loro superpoteri per porre fine alla guerra in poche vignette. In aggiunta, Superman, Batman, il primo Daredevil (quello della Lev Gleason Publications), il citato Sub-Mari-

La prima apparizione di Capitan America, nel n. 1 della testata eponima, marzo 1941.

ner e altri non solo diedero nella finzione fumettistica il loro contributo bellico, ma spesso uscivano fuori da tale finzione esortando i propri lettori del mondo reale a girare per il loro quartiere con dei carretti per raccogliere ferraglia e vetro. Tutti i titoli della National e della All-American Comics includevano adesso una lettera del Segretario del Tesoro, Henry Morgenthau Jr, nella quale questi pregava i lettori di comprare ogni settimana un francobollo da dieci centesimi il cui ricavato sarebbe andato a sostenere le spese di guerra, «per pagare una parte di una pistola, di un aeroplano o di una nave che i vostri padri, fratelli e zii stanno usando per la difesa del nostro paese».[6] Hitler apparve sulle copertine di non meno di cinquanta fumetti,[7] fra i quali un numero della collana *Thrilling Comics* che mostrava il Führer a letto, accovacciato sotto una trapunta rossa decorata con piccole svastiche, mentre un gruppo di eroi adolescenti, i Commando Cubs, irrompevano in casa sua.[8]

Charles Biro (1911-1972) sentì i comic-book cantare *Yankee Doodle,* la tipica canzone patriottica americana, e scorse, in questa situazione, un'opportunità di guadagno. Ultimo figlio di una numerosa famiglia di immigrati ungheresi, Biro era cresciuto sull'Ottantaduesima strada Est, nell'Upper West Side di Manhattan,

La comparsa dei Commando Cubs nella copertina di *Thrilling Comics* n. 41, aprile 1944.

nel quartiere Yorkville, a due isolati dall'appartamento in cui a due anni era andato ad abitare James Cagney. Il quartiere era povero e tosto ed era venuto su, palazzo dopo palazzo, sulla base di una ripartizione per etnia: i primi quattro edifici di appartamenti di una serie di cinque, lungo il lato nord dell'Ottantaduesima in direzione ovest, erano ungheresi; i successivi erano tedeschi; verso la fine dell'isolato, una palazzina era abitata da polacchi. Uno degli amici d'infanzia di Biro, Rudy Palais (1912-2004), viveva con i suoi cinque fratelli e sorelle in un palazzo tedesco-austriaco di notevoli dimensioni sull'Ottantunesima. La maggior parte delle famiglie della zona erano cattoliche: i bambini che non frequentavano la scuola parrocchiale andavano alla scuola pubblica 157, dove Biro e Palais (pochi anni dopo Cagney) fecero conoscenza.

«Era un posto duro e senza regole», ricordò Rudy Palais. «Non era come si vedeva nei film, davvero: era più dura. Dovevi essere capace di fare a pugni. Il mio problema era che mi piaceva il disegno, e non è che la cosa andasse proprio per la maggiore, a meno che uno non fosse davvero bravo, e allora questo ti faceva guadagnare un certo grado di rispetto. In quel caso non dovevi più fare molto a cazzotti. Fu questo che unì me e Charlie. Voleva essere un disegnatore: di fatto, disse a tutti che grande disegnatore che era, anche se non era in grado di disegnare per niente. Io ero abbastanza dotato, perché mi aveva insegnato mio padre, e in genere disegnavamo insieme», ebbe ancora a ricordare Palais, il cui padre era a quel tempo operaio in una fabbrica di Brooklyn che produceva attrezzature per sommozzatori per i vicini cantieri navali. «Charlie mi invitava sempre a casa sua. Diceva "oh, Rudy, vieni, possiamo disegnare insieme, okay?", e io dicevo "va bene". Mi piaceva disegnare, così come piaceva a lui. E ogni volta che andavo a casa sua trovava una scusa per andare a fare il suo disegno in un'altra stanza, e quando tornava e mi faceva vedere quello che aveva fatto era sorprendente, perché mi sembrava che andasse oltre le capacità dei suoi anni».

Quando i due bambini entrarono in prima media, Biro si vantò del proprio talento con la loro insegnante, la signorina Smith, e questa gli chiese di andare alla lavagna e disegnare qualcosa per la classe. Come Biro si fece avanti, chiese a Palais di unirsi a lui. Biro disegnò solo uno schemino per lo zero-per e Palais fece un leone pronto ad attaccare, che si era esercitato a disegnare la sera prima. «Alla fine scoprii che uno dei fratelli maggiori di Biro aveva un pantografo», disse Palais. «Scoprii molto più in là, dopo che cominciammo a lavorare insieme, che lo usò per tutta la vita, perfino quando raggiunse un grande successo nei fumetti. Non imparò mai a disegnare. Non ho mai visto niente di peggiore della sua roba, dico davvero. Ma era un gran chiacchierone e questo gli dava un vantaggio, credo».

Dopo il diploma alla scuola superiore Stuyvesant, Biro frequentò alcuni corsi presso la Grand Central School of Art, che a livello di prestigio nel campo delle scuole professionali del suo settore stava appena sotto al Phoenix Art Institute. Nel 1936, a venticinque anni (diversi in più rispetto a quelli della maggior parte degli altri professionisti del fumetto di quel periodo), entrò nello studio di Harry «A» Chesler, dove realizzò lavori meramente riempitivi come *Goobyland* e *Topsy Turvy*, finché fu nominato coordinatore dello studio. «Era un tipo dal carattere forte, ma non era in grado di contribuire granché, in termini artistici», ha ricordato Irwin Hasen, che entrò allo studio durante l'ultimo periodo di Biro presso Chesler. «Era molto più interessato alle storie che ai disegni». Alto poco meno di uno e ottanta, Biro era di muscolatura atletica e aveva una faccia squadrata, con guance rubiconde e occhi inclinati in alto, verso le tempie; il suo sguardo appariva torvo, anche quando sorrideva. Si abbigliava in modo anonimo – camicia bianca, completo scuro, cravatta classica – e aveva spesso l'aria di sembrare irrequieto; più che camminare sfrecciava, e quando si trovava in piedi da solo alle volte tirava di boxe a vuoto. Parlava, con un rimasuglio di accento ungherese, per frasi ellittiche rese pungenti da paroloni accuratamente selezionati, non di rado usati comunque in modo opportuno, secondo le testimonianze di Hasen e degli altri professionisti del fumetto che lo trovarono una personalità distinta. Biro aveva una scimmietta che spesso, quando egli disegnava, gli saliva sulle spalle. Dopo tre anni da Chesler, Biro si trasferì (lateralmente o, più probabilmente, uno scalino più sotto) alla MLJ Publishing, dove contribuì alla creazione di personaggi assai convenzionali, come Steel Sterling e l'eroe dell'Esercito Sergeant Boyle per le collane *Blue Ribbon Comics*, *Zip Comics* e *Pep Comics*. Lasciò la MLJ nell'estate del 1941 al fine di aiutare un veterano del settore, Leverett Gleason, ad avviare un'altra casa editrice di fumetti. Qualche mese dopo *Pep* presentò un nuovo personaggio – un adolescente ripreso dai film di Andy Hardy a opera dell'ex studente del Phoenix Art Institute Bob Montana, e battezzato Archie – che col suo successo rese possibile la trasformazione della MLJ da piccola casa editrice a stella di prima grandezza dell'editoria a fumetti americana.

Gleason, che in passato era stato direttore della pubblicità per la Eastern Color (la casa editice che nel 1933 aveva pubblicato *Famous Funnies*), ci dava dentro come un capitalista di razza ma parlava come un socialista frustrato. Mise su una piccola società insieme a un editore in procinto di fallire, Arthur Berndhard, il quale contribuì alla nuova avventura editoriale portandosi dalla precedente esperienza una collana, *Silver Streak*; un originalissimo personaggio di quella serie, Daredevil (e la sua ancor più affascinante nemesi, The Claw); e una sostanziosa riserva di carta, malgrado le restrizioni in tempo di guerra.[9] Per la produzione dei fumetti Gleason assunse Biro, e questi si portò un disegnatore-scrittore col quale aveva lavorato sia allo studio di Chesler sia alla MLJ, Bob Wood (1918?-1962?). «Lev Gleason era un uomo d'affari molto in gamba e un socialista idealista», ha rammentato Jerry Robinson, che era amico di Biro e Wood e che aveva collaborato con loro e altri colleghi sulla prima collana intitolata a Daredevil, nata in una stanza in affitto in soli tre giorni e notti per fare in modo che venisse rispettata la scadenza per l'assegnazione governa-

Silver Streak n. 6, settembre 1940, con l'esordio del primo personaggio a portare il nome Daredevil, creato da Jack Binder (1902-1988) e Jack Cole (1914-1958).

tiva di un quantitativo di carta. «Andò da Charlie, che conosceva e rispettava per le sue abilità organizzative. E a quel tempo [Biro] sapeva anche scrivere, e dannatamente bene. Penso che Gleason avesse avuto l'idea di fare qualcosa di rilevante a livello sociale, e cercò di organizzare l'attività quasi come una specie di cooperativa. Disse a Charlie "ascolta, in quest'impresa si possono fare i soldi, e se lavoriamo assieme mi assicurerò che tu riceva la tua parte. Dividerò la torta a fette". Charlie cercò di portarmi dentro con lo stesso tipo di discorso, e credo che alla fine Charlie lavorò molto bene lì. Gleason gli disse "escitene fuori con qualcosa che non sta facendo nessun altro", e non se la sarebbe certo presa se fosse stato qualcosa di fortemente attuale».

Biro aveva un senso dell'attualità di tipo sensazionalistico, coltivato durante la sua giovinezza sulle strade del suo quartiere, Yorkville, e poi come scapolo metropolitano intento a lavorare con operatori di basso profilo per salari di sussistenza per poi bersi letteralmente quei salari in poche ore. Ecco come gli piacque raccontare la storia della sua grande ispirazione per un nuovo comic-book, descrivendo gli eventi un decennio dopo i fatti: si trovava in un bar del centro, una sera, quando un losco figuro lo accostò e gli offrì l'opportunità di un incontro ravvicinato con una sua conoscenza femminile in un albergo lì vicino. L'uomo mostrò a Biro una fotografia della donna, una bruna molto attraente, e Biro declinò la proposta, non contrario per principio all'offerta ma sospettoso che si trattasse di una fregatura. Il giorno seguente, Biro acquistò l'edizione mattutina del giornale e, secondo una delle varie versioni che ebbe a raccontare negli anni, trovò la foto dell'uomo della notte prima sotto al titolo «La polizia cattura erede della margarina rapitore». In un'altra versione, il giornale presentava la foto della donna che gli era stata mostrata dall'uomo, sotto una titolazione analoga. In una terza versione, egli avrebbe letto che lo sconosciuto non solo aveva rapito la giovane donna, ma l'aveva anche uccisa.[10]

«Bob Wood amava ascoltare Charlie raccontarlo, lo faceva ridere», ricordò Pete A. Morisi (1928-2003), un disegnatore e scrittore che aveva lavorato per la società di Gleason alle dipendenze di Biro e Wood.[11] «Wood era un tipo strano. Gli giravo al largo». Al di là del fatto che fosse cresciuto in un quartiere operaio nella parte sud di Boston, Wood di rado parlò del suo retroterra o della sua vita al di là della propria professione. Di sei anni più giovane di Biro, pallido, trasandato e incapace di esprimersi a parole in modo chiaro, sembrava avere poco in comune con il suo capo e sostenitore, oltre a uno stile di disegno compatibile ai fumetti suoi e di Biro per semplicità e per l'essere in sintonia con le scene di violenza di Biro.

L'idea di Biro di consacrare un comic-book a racconti di violenza esplicita era un aggiornamento a fumetti delle riviste pulp con racconti di crimini efferati che erano fiorite negli anni Venti, uno stuolo di titoli confezionati con pochi ingredienti di base: *True Crime*, *True Detective*, *True Detective Mysteries*, *Front Page Detective*, *Crime Detective*, *Spicy Detective*, *True Gang Life* e l'onnicomprensivo *True*. In alcune storie da lui realizzate per la collana *Daredevil Comics* di Gleason («Il killer che odiava la morte», «L'arbitro è la morte»),[12] Biro aveva mostrato ottima facilità espositiva di contenuti truci e, nel ricordare la sua esperienza con il rapitore, faceva sfoggio di una concezione alquanto personale del concetto di verità, elemento utile nella creazione di storie criminose. Egli scelse, come nome per il suo nuovo albo a fumetti, una frase molto popolare, il titolo di una serie di cortometraggi della Metro-Goldwyn-Mayer in stile documentaristico che raccontavano in termini cinematografici come gli ufficiali delle forze dell'ordine risolvessero disparati casi: *Crime Does Not Pay*, 'Il crimine non paga'. Il primo numero fu pubblicato nel giugno del 1942, quale ventiduesima uscita di una rivista identificata in caratteri piccoli come «in precedenza, *Silver Streak*», in tal modo facendo risparmiare a Gleason la tariffa di 100 dollari per la registrazione di una nuova pubblicazione presso le Poste.[13] Sotto il titolo, uno slogan la presentava come «The First Magazine of Its Kind!», 'La prima rivista del suo genere!'.

Crime Does Not Pay era in effetti unica, ma di certo non perché ritraesse dei reati mediante disegni e nuvolette. I lettori delle strisce umoristiche domenicali sui quotidiani (strisce che esistevano già da quasi cinquant'anni) erano convinti che sulle pagine di quei fumetti fossero stati raffigurati un po' tutti i tipi di malefatte: dal marinare la scuola da parte di personaggi monelli ai furtarelli, dai danni alla proprietà privata alle infinite variazioni di baruffe a suon di sganassoni e simili; sempre prive, però, di spargimenti di sangue. Naturalmente, la maggior parte di tali trasgressioni, nelle comic-strip, erano perpetrate da bambini, benché ai danni di adulti. Negli anni Quaranta le marachelle infantili delle strisce giornaliere vecchio stile erano ormai entrate così in profondità nei codici di riconoscimento dei lettori dei quotidiani e nell'immaginario collettivo che non sembravano più trasgressive. Al contrario, queste strisce a fumetti, una volta considerate scandalose, vennero rivalutate, dall'esperta di letture giovanili Josette Frank, come un necessario male letterario. Come scrisse nel suo celebre manuale per genitori, *What Books for Children?* ('Quali libri per i bambini?'), pubblicato per la prima volta nel 1937 e aggiornato nel 1942, dopo l'ingresso dell'autrice nel Comitato di consulenza editoriale delle case editrici National e All-American Comics:

> Per quanto inaccettabili possano essere per gli adulti, le strisce a fumetti continuano a piacere ai bambini; e per valide ragioni. Perché qui si trovano azione, velocità, colpi di scena, di norma efficacemente sorprendenti. [...] Inoltre, nei fumetti di solito qualcuno fa qualcosa che al giovane lettore stesso è vietato fare; e a ciò segue un pronto castigo. Può darsi che il piccolo lettore qui esperisca in termini vicari sia il piacere della trasgressione sia l'espiazione dei propri sensi di colpa mediante il birbante disegnato che viene punito. [...] Forse non ci piace pensare che degli adorabili bambini e bambine ritengano divertente torcere il collo a una gallina, ma di fatto è così. Pensa-

no che sia buffo, ma sanno anche che è una cosa cattiva. [...] Possiamo solo immaginare quanto intensamente tali storie intercettino un profondo bisogno psichico dell'infanzia. Ma che essi *soddisfino* un tale bisogno, sembra evidente.[14]

La punizione simbolica assegnata ai monelli nelle strisce tradizionali era di certo fulminea ed essenziale: un matterello minacciosamente agitato per aria o un calcio nelle terga nell'ultima vignetta. La maggior parte dello spazio nelle strisce e tutto il divertimento consistevano nel rappresentare e assistere alle birichinate, origine della loro potenza quali sfoghi fantasiosi per i piccoli lettori o, comunque, per lettori ritenuti incolti. Per contrasto, le strisce a fumetti d'azione sui quotidiani e sui comic-book con eroi avventurosi, diretti a lettori lievemente più cresciuti, erano per la maggior parte più vigorosamente e convenzionalmente moralistici; invertivano cioè gli equilibri della messinscena narrativa dei *funnies*, trasformando i personaggi combinaguai in figure secondarie e rendendo protagonisti i giustizieri. Il giusto prevaleva sullo sbagliato sia nelle azioni in sé sia nel loro tono narrativo: non solo per l'inevitabile vittoria dei buoni sui cattivi ma anche nella caratterizzazione dei personaggi stessi. Un criminale come la storica nemesi di Batman, il Joker, avrebbe magari potuto risultare avvincente nella sua inquietante bizzarria e per la sua minacciosità, ma era tratteggiato in modo così monodimensionale (somigliava a un pagliaccio da circo e rapinava banche) che, nella sua prima versione, non risultava carismatico. Solo un gruppetto sparuto di eroi sufficientemente sviluppati, come Batman, Spirit e la sua imitazione Midnight, si muovevano lungo la linea tra legge e criminalità, nell'essere eroi la cui integrità veniva messa in dubbio da altre figure; e praticamente tutti gli eroi dei comic-book tendevano a usare metodi illegali o socialmente inaccettabili: distruzione di proprietà, aggressioni non difensive, cattura di sospetti senza formali accuse, a volte perfino l'omicidio. Un bel po' di eroi agivano al di fuori della legge; quasi tutti, sopra di essa; però nessuno contro di essa.

Gli albi a fumetti in passato avevano ospitato racconti di crimini realistici, risolti da persone che non indossavano calzamaglie, già anni prima che Charles Biro andasse a lavorare per Lev Gleason. Uno dei primi, basato su un'idea affine alle indagini dell'FBI, era stata un'intuizione di J. Edgar Hoover (1875-1972), direttore della nota agenzia investigativa dal 1924 fino alla morte. Hoover, che usò la stampa come strumento per costruire un mito intorno alla sua persona in quanto fondatore del suo impero personale all'interno del governo federale, era abbonato a tutti e cinque i quotidiani di Washington e principalmente per le strisce a fumetti, come egli stesso ebbe a raccontare allo scrittore Jack Alexander, della prestigiosa rivista *The New Yorker*. I suoi personaggi prediletti erano Dick Tracy e l'Agente Segreto X-9, perché, come ha scritto Alexander, «li considera[va] influenze di grande importanza nella creazione di un disprezzo pubblico per il crimine e prova[va] un'intensa soddisfazione interiore nel vedere i loro eroi dalla mascella volitiva prevalere sul male».[15]

Nel maggio del 1936,[16] per iniziativa di Hoover, l'agenzia di distribuzione di fumetti del *Philadelphia Ledger* introdusse la striscia *War on Crime* ('Guerra al crimine'), sottotitolata *True stories of G-men activities from the files of the Federal Bureau of Investigation*, ovvero 'Storie vere delle attività degli agenti governativi dai documenti dell'FBI'. Alcuni mesi dopo, nell'ottobre del 1936, *Famous Funnies* ristampò *War on Crime* in versione comic-book. La copertina mostrava un gruppo di personaggi stilizzati, uomini, ragazzi e un cane, che danzavano e salutavano alla vista di un cartellone pubblicitario sul quale era stata incollata una fotografia in bianco e nero che raffigurava in primo piano un tizio dall'apparenza arcigna in giacca e cravatta; il personaggio raffigurato puntava una mitragliatrice proprio verso il lettore della copertina, gli occhi torvi. La storia all'interno parlava di un trio di malfattori che cercano di tenere nascosto nella loro auto un agente della polizia di stato che hanno rapito, durante il loro tentativo di attraversare il ponte fra Phillipsburg, il New Jersey e Easton, in Pennsylvania: una strada secondaria sgangherata molto fotografata da Walker Evans, il quale si ispirava palesemente alle fotografie tipiche della WPA,[17] del tutto diverse dagli scenari soleggiati e generici dei disegni di *War on Crime*. Hoover aveva imposto che egli stesso e il suo collega Clyde Tolson dovessero approvare ogni parola e ogni disegno, assicurandosi che la serie avesse tutti i connotati di una cartella di comunicati stampa ufficiali.

Il crimine permeava anche le storie di eroismo in quasi tutti i comic-book, dal momento che era precisamente ciò che i giustizieri combattevano. Jerry Siegel e Joe Shuster avevano creato un paio di canovacci su gruppi di agenti delle forze dell'ordine: il primo aveva una giurisdizione locale, *Calling All Cars* ('A tutte le au-

Crimes Does Not Pay n. 1
(cioè *Silver Streak* n. 22,
nuova serie), luglio 1942.

to', poi *Radio Squad*, 'Squadra via radio');[18] l'altro, *Federal Men* ('Agenti federali'), un raggio d'azione nazionale;[19] entrambe le serie furono edite due anni prima che il duo di autori acquisisse fama imperitura con Superman. Nel dicembre del 1936, la Centaur confezionò uno dei primi comic-book dedicati a un tema singolo, *Detective Picture Stories* ('Storie poliziesche illustrate'), ricolmo di storie sordide e dal sapore pseudo noir, come quella di Will Eisner, già citata, intitolata «Muss 'Em Up», e casi di omicidio come «L'assassinio di Flint l'avaro»,[20] avventura scritta e disegnata da Joseph E. Buresch (1916-2004). «Qualunque cosa uno volesse fare, aveva il via libera: si poteva procedere con storie di ammazzamenti e io pensai, be', questo mi fa venire in mente un'idea»,[21] ricordò Buresch, che quando cominciò a lavorare su *Detective Picture Stories* aveva diciannove anni ed era forte di due anni d'esperienza come disegnatore di strisce per i quotidiani nella natia Pennsylvania. «Andavo avanti e facevo quello che volevo, e mettevo qua e là degli omicidi, e mi ci divertivo. Non prendevo minimamente in considerazione chi avrebbe letto la storia, perché non pensavo che qualcuno l'avrebbe letta, e, se l'avessero fatto, diamine, di certo non potevo sapere chi fossero».

Crime Does Not Pay fu la prima rivista a fumetti del suo genere non per il fatto che ritraesse la criminalità, ma per il peso e le modalità di quel ritratto. La testata raffigurava bene il prodotto: il primo termine, *Crime*, appariva in pesanti caratteri cubitali tridimensionali alti poco più di 6 cm, i quali occupavano quasi un terzo della copertina; e le altre tre parole erano invece di dimensioni assai inferiori, posizionate dentro a un bacchettone nero che ingannava l'occhio facendole apparire ancora più piccole. Il resto della copertina era un ricettacolo di eccessi. Nel primo numero, una colonna sul lato sinistro mostrava una fila verticale di teste riprese da fotografie in bianco e nero, tutte di noti assassini e gangster come Louis «Lepke» Buchalter (mostrato dietro le sbarre disegnate di una cella), «Hollywood's Panther Man» ('L'Uomo Pantera di Hollywood', i cui occhi puntavano verso il disegno di una corda da impiccati) e i «Mad Dogs» ('Cani Pazzi') Anthony e William Esposito. Sopra di loro, la frase «True Crime Cases», 'Casi di crimini autentici', era inserita in una pozzanghera schizzata.

L'immagine principale della copertina era una baraonda delirante. Due enormi mani blu con vene rigonfie dominano la composizione. L'una impugna un coltello la cui lama trafigge l'altra, perforando nel contempo il centro di una carta da gioco, l'asso di spade. Una pistola calibro 45, un po' troppo piccola per le mani ritratte nel disegno, sta cadendo di fronte a esse. Alla destra delle mani volano alcune *fiches* da poker, e sullo sfondo... Da dove cominciare? C'è un gangster che tiene per il collo una vamp dal seno generoso mentre spara con una mitragliatrice a un altro uomo; altri due tizi si azzuffano mentre cadono giù da un soppalco; una quinta figura giace esanime sul pavimento; e un sesto uomo è riverso sopra a un bancone. Vari dettagli riempiono gli spazi tra i corpi: sul bancone, gruppetti di minuscoli bicchieri e bottiglie di liquore disegnati in modo fin troppo stereotipato; dietro di essi, un lungo specchio, incrinato da colpi d'arma da fuoco; un lampadario distrutto dalla sparatoria. Ci sono sei strilloni: «Sensational! The Case of the Twisted Cigarettes», «The Mad Musician and His Tunes of Doom» e via così (rispettivamente 'Sensazionale! Il caso delle sigarette spezzate', 'Il musico pazzo e le sue note del destino'), un riquadro promozionale («Be a Detective!», 'Anche tu investigatore!') e la firma del disegnatore, che val la pena citare: Biro.

Gioco d'azzardo, alcol, sesso, sparatorie, risse, accoltellamenti: Charles Biro ammucchiò in un solo disegno quasi tutto ciò che gli

Stati Uniti della metà del XX secolo consideravano peccaminoso, omettendo solo il jazz e l'omosessualità, benché si possa immaginare che tipo di musica si suonasse in quel bar; e in ogni caso, che cosa stavano combinando mai quei due tizi sulla balconata? L'unica cosa che davvero mancava, in quella prima copertina di Biro così come in quelle successive di quella collana per tutti i primi anni in cui fu pubblicata, era il ritegno. Diversamente dalla maggior parte dei comic-book che trattavano di illegalità di vario tipo, *Crime Does Not Pay* si concentrava quasi solamente sui fuorilegge e sui loro misfatti, piuttosto che sui combattenti del crimine e sulle forze dell'ordine. Biro, un uomo della strada con uno stile scrittorio al fulmicotone, da autodidatta, sfrontato e lasciato senza freni da un editore socialista idealista, divenne lo Hieronymus Bosch dei comic-book e rese *Crime Does Not Pay* un campo rigoglioso di delizie surreali. Se la glorificazione della criminalità organizzata nella cultura popolare americana ebbe inizio con il Proibizionismo, essa raggiunse un precoce apice con *Crime Does Not Pay*, in cui non era proibito proprio un bel niente.

La presunta veridicità delle storie forniva a Biro e Wood una sorta di giustificazione al loro ritrarre atti violenti e sordidi che altrimenti, si fosse trattato dichiaratamente di avventure di fantasia, li avrebbe esposti ad accuse di depravazione. *Crim Does Not Pay*, come le storie pulp di crimini tratti dalla cronaca, costruiva castelli finzionali basandosi su fatti spacciati come realmente accaduti. Per tenere Biro e Wood fuori dai guai, un annuncio sulla prima pagina di un numero della collana spiegava: «In considerazione delle persone innocenti coinvolte e dei loro congiunti, i nomi di alcuni personaggi raffigurati in questa rivista di cronache autentiche sono fittizi». Quali atti e quali personaggi si riferivano alla realtà e quali alla fantasia? E non v'era alcun riferimento a fonti di sorta. In ogni numero, almeno due o tre storie presentavano un'ambientazione storica o straniera, comunque lontana – l'America delle origini, l'Inghilterra Vittoriana, il Vecchio West, l'oceano – e ciò forniva loro una patina di verosimiglianza storica, o, almeno, l'impossibilità di essere confutate.[22]

Crime Does Not Pay sfruttava in pieno il crimine e i criminali, ma di certo non li glorificava come esempi. Gli assassini e i ladri erano, in ogni numero della rivista, regolarmente dipinti come dei corrotti patologici o attirati nel mondo malavitoso da sfruttatori malevoli. Malgrado le idee politiche sinistrorse di Gleason, forze sociali come la miseria o le ineguaglianze di classe o di provenienza etnica non provocavano mai l'ingresso degli innocenti fra le spire del crimine; né vi riuscivano le sconfitte sentimentali o le situazioni familiari scomode. Se la collana si trastullava nella perfidia, consacrandosi pagina dopo pagina all'esibizione grafica di scene a mano armata, sadismo e spargimenti di sangue, la sua filosofia morale era risolutamente determinista: il crimine non era una questione relativa e nemmeno calata nei contesti quotidiani, ma semplicemente un fatto dovuto alla presenza del Male come entità immanente. «Non accade spesso che i parenti siano da incolpare direttamente», scrisse Biro o Wood nella pagina della posta di un numero dell'albo,[23] che premiava le lettere pubblicate con due dollari. «Sta al bambino. Sono la sua forza di volontà e il suo bagaglio morale a esser messi alla prova. Se egli è buono e pulito dentro, così lo sarà anche fuori». Nelle centinaia di storie che Biro e Wood pubblicarono per *Crimes Does Not Pay* e fumetti simili per Lev Gleason, i criminali alla fine non trionfavano mai. Tuttavia, non soffrivano mai *finché* la storia non raggiungeva il suo culmine, in chiusura, ed era allora che essi affrontavano la punizione per i loro misfatti, nelle vignette conclusive, come degli Hans e Fritz con un pigiama da carcerato invece che coi calzoncini corti.

Le pagine precedenti il finale obbligato non erano però così prevedibili; al contrario, fecero scuola per molti altri comic-book attraverso la loro grande attenzione alla caratterizzazione: tale elemento di esasperazione drammatica, più di tutto l'inchiostro rosso necessario a colorare il sangue che scorreva copioso nelle vignette, era la vera cifra di *Crime Does Not Pay*. Pochi altri albi dedicavano così tanto spazio e attenzione alla delineazione dei personaggi come gli scrittori e i redattori al lavoro per Lev Gleason. «The Wild Spree of the Laughing Sadist—Herman Duker» ('La selvaggia follia del sadico che ride – Herman Duker')[24] è una tipica storia di sei tavole. Si apre con un disegno ampio tre quarti di pagina che ritrae un uomo che afferra una bellissima bionda per i capelli, con la mano sinistra; la donna ha un occhio nero e del sangue le gocciola dalle labbra sulla pistola fumante che l'uomo stringe nell'altra mano. Alla loro destra vediamo, su di un tavolo, la testa di un uomo morto; gli occhi sono riversi all'indietro e del sangue cola dal buco di proiettile nel mezzo della fronte e da un taglio di coltello che gli attraversa il volto. L'uomo con la pistola sta ridacchiando «Hee, hee, ha, ha, hee, hee!». Un preambolo

La tavola d'apertura di «The Wild Spree of the Laughing Sadist—Herman Duker», su *Crimes Does Not Pay* n. 57, novembre 1947. Disegni di Fred Guardineer (1913-2002).

dentro a un riquadro nella vignetta ci dice: «Alcuni stolti commettono crimini per denaro; alcuni per gelosia o per attacchi di rabbia. Ma Herman Duker era uno di quegli spostati che rapinavano e uccidevano per puro piacere: andando in deliquio per il terrore e l'agonia altrui, egli commise crimini su crimini fra una risata e l'altra finché il destino si rifiutò di sorridergli ancora».

Perché il personaggio commette gli orrori a cui assistiamo? Il tema è questo, e la storia che segue, un'inchiesta psicologica, segue la vita del sadico nei suoi inquietanti dettagli. Nelle prime vignette, egli è un bambino che uccide il pappagallo e il pesciolino rosso di famiglia. Qualche anno dopo, annega il cane e dà fuoco al gatto. Poi assistiamo agli atti sadici del protagonista da adolescente, dove per due pagine e mezzo ne combina di tutti i colori finché non viene mandato in riformatorio, dove comincia a prendersela con gli altri giovani detenuti. Non lo vediamo da adulto fino a pagina 5, cioè dopo un bel po', secondo il tempo all'interno della vicenda. Quasi tutti coloro che incontra cercano di aiutarlo o di comprenderlo, almeno finché restano vivi. Non si può parlare di una trama vera e propria, ma solo del resoconto sommario di una vita. Nelle sue quarantaquattro vignette, la storia consta di quasi tremila parole di descrizioni e dialoghi. La scrittura è semplice ma ricca, e la sua primaria preoccupazione è il carattere del suo protagonista, un sadico irrecuperabile.

Come ha scritto lo storico del fumetto Maurice Horn nella sua *Enciclopedia mondiale del fumetto*, «Finché [Biro] non entrò nel gruppo di Lev Gleason nel 1941, il suo talento era rimasto sconosciuto. [...] Biro dimostrò di essere lo scrittore più innovativo e di certo il più esperto del settore dei comic-book». La trasformazione di Biro è sorprendente ed egli non ha mai spiegato come questa fosse avvenuta. Pur affidandosi alle sue rudi esperienze giovanili per conferire a *Crime Does Not Pay* un senso di grezza autenticità, vi applicò anche la tecnica creativa appresa da bambino: imbrogliava. Come avrebbero ricordato parecchi disegnatori che lavorarono a stretto contatto con Biro, molti se non tutti i testi per i quali questi fu accreditato vennero scritti da un'autrice incontrata alla MLJ, Virginia Hubbell (n. Bloch, 1914-2006).

«Biro era un egocentrico»,[25] ebbe a dichiarare Pete Morisi. «Guardi le copertine: la sua firma era il testo più grosso in copertina. Voleva che tutti pensassero che lui era al centro di tutto, ed era al centro di tutto sì, nel senso che tirava le fila di ogni cosa. In questo era davvero bravo. Sapeva quello che voleva. Gli piaceva far credere che fosse lui a scrivere tutto, ma non era vero. Ginny Hubbell scrisse quasi tutto quello di cui Charlie Biro si prese il merito. Credo che a nessuno importasse veramente chi è che scriveva cosa, tranne che a Charlie. Gli interessava un sacco, e il capo era lui». Virginia Hubbell era una donna brillante e verace, fiera e bassina, con capelli castano chiaro acconciati alla paggetto. A Rudy Palais ricordava Doris Day, sia per lo spirito allegro che per l'aspetto generale. Era cresciuta a Brooklyn e aveva iniziato a scrivere poesia con l'adolescenza, nei tardi anni Venti; in seguito entrò alla Boston University e poi alla New York University, con l'obiettivo di divenire un'insegnante di ginnastica, un'idea che abbandonò, dopo la laurea, per dedicarsi alla scrittura. Viveva col marito, Carl Hubbell, un disegnatore di fumetti minore con uno stile assai convenzionale, nella cittadina di Woodstock (stato di New York), dove accudiva un serraglio di animali boschivi come opossum, serpenti e rane. Per arrivare a Manhattan, gli Hubbell talora prendevano il treno e talaltra lavoravano su un barcone che navigava sul fiume Hudson.[26] Carl Hubbell di solito consegnava le sue tavole e i testi della moglie, aggirandosi intorno allo studio di Gleason per abbastanza tempo da ottenere gli assegni di entrambi, sebbene ci volessero diverse ore, durante le quali a volte disegnava per diletto. Una volta Morisi lo vide disegnare un'auto d'epoca a memoria e qualche mese dopo notò lo stesso veicolo in una storia ambientata nel periodo del Proibizionismo che realizzò per *Crime Does Not Pay*. Morisi allora riconobbe in quell'auto il macinino che guidava il personaggio Archie, disegnato in modo identico nei due fumetti. Sia Virginia che Carl Hubbell avevano realizzato fumetti umoristici per la MLJ, nonché alcuni dei fumetti avventurosi e del mistero che l'editore delle storie di Archie pubblicava fra un'avventura adolescenziale e l'altra del suo eroe di punta.

«Era proprio una ragazza di carattere, in gamba, una tipica studentessa da università mista» ebbe a ricordare Palais,[27] che andò a lavorare per il suo concorrente alla metà degli anni Quaranta, dopo incarichi alla Quality, alla Fiction House (attiva fra gli anni Venti e gli anni Cinquanta) e alla Harvey, di cui si parla anche in seguito. «Piena di energia, graziosa. Non la vedevo molto. Charlie cercava di tenerla in disparte. Però mi ricordo che una volta ero seduto con lei da qualche parte, forse stavamo prendendo un caffè in un baretto, e mi pose un milione di domande; ma non andai mai in giro a parlare di lei. Era quel tipo di persona autenticamente interessata agli altri, e credo che fosse per questo motivo che scriveva come scriveva. Voleva davvero sapere cos'è che ti interessava. A Charlie invece non fregava un fico secco. Charlie non sarebbe riuscito a fare in un milione di anni quello che sapeva fare lei».

Fu come redattore che Charles Biro si distinse. Indomabilmente esigente sul lavoro, imponeva richieste pretenziose e idiosincratiche, come il categorico divieto di fare ricorso al chiaroscuro. «Insisteva che tutto fosse chiaro e contornato: niente neri»,[28] ha detto Fred Kida (n. 1920), un disegnatore nato a Manhattan, nippoamericano, che aveva lavorato presso lo studio di Eisner e Iger dopo la partenza di Eisner, e in seguito per Busy Arnold. «Non potevo sopportarlo, perché a me piace un sacco usare i neri, e penso che i neri siano proprio giusti per il tipo di storie che proponeva su quella sua rivista. Che cos'è mai il crimine senza lunghe ombre e cieli scuri? Chi è che va fuori per strada a rapinare la gente alla luce del giorno? Biro voleva che tutto fosse disegnato con una linea sottile, affinché che fosse possibile colorarne l'interno, e così andavano le cose. Diceva che i colori erano importanti, e lo erano, ma non al di sopra di tutto e sempre. Ho sempre pensato che non fosse capace di usare i neri: sapeva disegnare solo con lineette sottili, quindi aveva deciso che quella era la cosa migliore da fare».

Primario, fra i requisiti di Biro, era un realismo letterale. «Charlie non voleva saperne nulla di simbolismo o cose del genere», ebbe a dichiarare Tony Di Preta, che disegnò per *Crime Does Not Pay* e che provò anche a scrivere per la collana delle storie, incoraggiato da Biro.[29] «Voleva un realismo molto preciso, esattamente per come le cose erano nella realtà. Quel che imparai a fare, lavorando per lui, fu che se in una storia c'era una mitragliatrice dovevo andar fuori a cercarmi una mitragliatrice vera. Ora, un sacco di disegnatori che lavoravano per altri editori, se dovevano disegnare una mitragliatrice, se la inventavano. Be', [Biro] non voleva che noi facessimo così. Mi ricordo, a proposito di armi, che c'era a New York un venditore di armi che Charlie conosceva, così mi recai sul posto, ci andai e misi le mani sulle armi che avrei dovuto disegnare. Con le automobili feci la stessa cosa, me ne andai per strada e trovai il tipo di macchina che la storia richiedeva, aprii la portiera e ci guardai dentro, ma velocemente, prima che finissi per farmi arrestare».

Per Biro il realismo e la violenza erano indissolubili. Per dimostrare ulteriormente questo connubio attraverso le incessanti violenze nelle storie che produceva, articolò quest'idea esplicitamente ai suoi lettori in una curiosa metavignetta apparsa sul numero di *Crime Does Not Pay* del novembre 1943. Biro e Bob Wood vi apparivano nelle parti di loro stessi, mentre discutevano il racconto del genere «Who Dunnit» ('Chi è stato?') di quel numero.[30] Wood domanda: «Pensi che la storia criminosa sia troppo sanguinosa e cruenta, Charlie?»; Biro risponde: «È sanguinosa, d'accordo, ma è vera! È questa la cosa importante. Vogliamo che i nostri lettori vedano tutto l'orrore che lastrica la nefanda strada che porta al crimine».

Il suo metodo per mostrare l'orrore del crimine nella sua totalità era di fissarsi sulle minuzie. «Charlie spesso mi urlava "non voglio del bel disegno, voglio dettagli!"», disse Bob Fujitani.[31] «"È questo che la gente cerca. È questo che li impressiona". Pubblicò una copertina in cui c'era un criminale che spingeva la faccia di una donna verso il fornello acceso di un piano cottura, e me la mostrò. Disse "guarda qua! Guarda questo dettaglio! Vedi il fornello?". C'erano questi ugelli da cui il gas usciva dal fornello, e lui pensava che fosse magnifico. Se tu disegnavi un tizio a cui sparano in testa, dovevi fare un pezzetto di cervello che colava dal foro d'uscita, con un po' di capelli attaccaticci. "È questo che vende!". Ho sempre pensato che fosse una contraddizione, 'sto tizio grande e grosso che faceva questi disegni piccoli e insignificanti».

Biro confezionò e mise in commercio *Crime Does Not Pay* con un occhio al crescente pubblico di giovani adulti. Nel suo anno iniziale d'attività, oltre un terzo di tutti gli albi a fumetti erano letti da persone sopra i diciott'anni.[32] Ciò avveniva in parte per merito del pubblico di militari, dal momento che le forze armate compravano fumetti all'ingrosso e li rendevano disponibili agli uomini e donne in servizio; ma anche perché la prima generazione cresciuta con i fumetti stava diventando più grande. Dopotutto, alcuni fra coloro che leggevano fumetti a quattordici anni nel 1935, l'anno in cui Biro cominciò a lavorare nel settore, nel 1942 ne avevano ormai ventuno. Perché, dunque, non emancipare anche i fumetti? Gleason pubblicò annunci promozionali incentrati su *Crime Does Not Pay* sulle altre collane della casa editrice: «Compra "Crime Does Not Pay"! Mostralo a papà, gli piacerà un sacco!».

GIOVENTÙ IN CRISI 4

Shmuel Eisner un giorno accompagnò il figlio, Will, in chiesa. Non in sinagoga, ma a Nostra Signora dell'Assunzione, una chiesetta cattolica nel seminterrato di un edificio a pochi isolati dall'appartamento degli Eisner a Pelham Bay. Il motivo: una lezione di storia dell'arte e sulla loro famiglia. Circa vent'anni prima, quando Shmuel Eisner era un aspirante pittore, era stato apprendista presso un gentile, un artista specializzato in rappresentazioni sacre. Sotto questo maestro, Shmuel aveva collaborato alla stesura di cherubini e nuvole sugli absidi di una chiesa dell'ottavo distretto; questa introduzione all'iconografia cristiana gli procurò un'incredibile impressione. «Voleva che vedessi quel che aveva fatto quando era un artista: non l'avevo mai conosciuto sotto questo aspetto, e ne andava fiero», spiegò Eisner. «Voleva anche che mi rendessi conto del potere dell'immaginario visivo come strumento per comunicare le idee, la dottrina e via così. Poiché eravamo ebrei, ci veniva insegnato che le immagini figurative erano sbagliate, che erano peccaminose; eppure, lì, mio padre voleva farmi capire l'impatto che quelle immagini potevano esercitare. Mi trovavo molto a disagio e, allo stesso tempo, ero impressionato, e sono sicuro che l'obiettivo di mio padre fosse quello. "Vedi? Vedi cos'è che [le immagini] sono in grado di fare?"».[1]

Dieci anni dopo quel momento, allorché stava creando il suo noto personaggio, Spirit, Eisner ripensò all'eroe pulp di Leslie Charteris, il Santo (1928), e alle associazioni che quell'appellativo

The Spirit fu introdotto per la prima volta il 2 giugno del 1940 come inserto. A fianco, la copertina dell'inserto di fine agosto 1940.

si portava dietro; e concepì Spirit come un personaggio profondamente umano, però non nel senso secolare del termine. «Il meglio che possa fare per spiegarlo è dire che pensai a suo tempo che i cosiddetti supereroi, i personaggi in costume, fossero assurdi perché avevano facoltà divine», disse Eisner. «La mia idea di Spirit era di renderlo quanto più umano possibile; e considero la nostra umanità un'autentica espressione del divino. Quindi, a questo riguardo, ero impegnato nella realizzazione di immagini concrete. Avevo imparato da mio padre il rispetto per la capacità delle immagini di comunicare cose dal significato profondo, e cercai di servirmi di tale capacità. Ma, per quanto riguarda il soprannaturale, il comic-book medio si avvicinava molto di più a quello che che aveva fatto mio padre».[2]

La chiesa cattolica, che da sempre si avvaleva di un immaginario visuale per ispirare e raggiungere tanto i poveri e gli illetterati quanto gli istruiti, fu tra le prime istituzioni nel XX secolo a riconoscere l'efficacia dei fumetti nell'affascinare le masse di giovani e reagì attivamente su due fronti. La prima strategia fu amichevole. Durante gli anni della guerra, le chiese di circa duemila circoscrizioni parrocchiali in tutto il paese[3] acquistarono enormi quantità di copie di una serie di fumetti educativi, *Picture Stories from*

Picture Stories from the Bible n. 1, primavera 1942, con un Mosè quasi supereroico che fa a botte. Disegno di Don Cameron.

the Bible ('Storie illustrate dalla Bibbia'), per distribuirle attraverso le loro Scuole domenicali. I libri, pubblicati in edizioni incentrate sia sul Vecchio che sul Nuovo Testamento, prendevano a piene mani da racconti eroici e parabole delle Sacre Scritture («Giona e la Balena», «Il ragazzo che udì la Voce di Dio», «La storia di Gesù», «I quattro viaggi Paolini»)[4] adattandoli per i giovani lettori con disegni semplici e di scarsa qualità e un linguaggio altrettanto insipido. Per le prime copertine, sembrava quasi che l'ideatore delle storie, Montgomery Mulford, avesse ascoltato la voce di Charles Biro: la prima, su disegni di Don Cameron, mostra un Mosè muscoloso impegnato in una scazzottata sullo sfondo delle piramidi; la successiva mostra una copia carbone di Errol Flynn mentre sta per fendere un colpo di scimitarra sulla sua vittima già inerme al suolo, sopra al titolone «Davide sconfigge i Filistei affettando e decapitando Golia!».[5] Nell'arco di pochi mesi, le copertine entrarono comunque in sintonia con la maggiore pacatezza delle pagine interne e presentarono scene non cruente e letterali, come Elia nutrito da un corvo e il piccolo Gesù che aiuta Giuseppe nella sua bottega.

Picture Stories from the Bible è un esperimento alquanto raro se non unico, nella storia dei fumetti statunitensi. Fu un'idea di

M.C. Gaines, già addetto alle vendite per la Eastern Color Printing,[6] il quale aveva contribuito a far comparire nelle edicole *Famous Funnies* e quindi proclamava di essere stato l'inventore del comic-book come formato di pubblicazione. Uomo pingue dalle sembianze che ricordavano quelle di una talpa, Gaines sosteneva di essere stato, prima dello scoppio della Prima guerra mondiale, un preside di scuola superiore, sebbene non risulti che abbia mai menzionato il nome dell'istituto. Durante il Proibizionismo, vendeva cravattini con la scritta «We Want Beer» ('Vogliamo la birra'), di cui parimenti rivendicava l'invenzione; poi passò da un impiego all'altro nel campo delle vendite finché non approdò alla Eastern Color. A quel tempo lui, sua moglie e i loro due figli, Elaine e Bill, vivevano con la madre di lei nel Bronx. In famiglia lo chiamavano Max; i soci in affari, Charlie; solo lui si riferiva a sé stesso, in terza persona, come M.C. Gaines. Pedante e frustrato e con la percezione di essere circondato da filistei, promosse *Picture Stories from the Bible* scrivendo un trattato storico intitolato *Illustrazione narrativa. La storia dei fumetti*,[7] che aveva pubblicato come pamphlet con un inserto a fumetti su storie della Bibbia. In 5600 parole di verbosità pseudoaccademiche, Gaines ripercorreva la storia del racconto per immagini dalle pitture rupestri ai mosaici sumeri e ai rotoli illustrati giapponesi, fino ad arrivare a Superman; in un punto del libro trovava una connessione fra Little Orphan Annie[8] e le donne egizie raffigurate nei geroglifici. Il profilo biografico dell'autore, presumibilmente scritto da lui stesso, dichiarava: «Creatore dei fumetti nella loro forma attuale, è anche riconosciuto quale "scopritore" di quel supereroe volante dei giovani: Superman!».

In un profilo di Gaines pubblicato su *Forbes* nel 1943, si dice che egli era stato ispirato ad adattare la Bibbia a fumetti dopo aver sentito che metà dei bambini americani non avevano ricevuto alcuna educazione religiosa.[9] Gaines pubblicò *Picture Stories from the Bible* tramite l'editore National/All-American e i primi due numeri persero somme considerevoli; con il quarto numero, che stava per essere pubblicato più o meno al tempo dell'intervista su *Forbes*, ci si aspettava che la collana cominciasse a generare profitti, secondo Gaines, il quale disse di aver disposto con l'editore per far sì che tutti i ricavi al netto delle spese venissero donati alle organizzazioni religiose che avevano sponsorizzato la serie.[10] Gaines quindi fondò una nuova azienda per pubblicare le edizioni future della collana sulla Bibbia e altri pregevoli libri per bambini: la casa editrice fu battezzata Educational Comics, abbreviata EC.[11] «Charlie aveva sempre voluto essere un insegnante e sosteneva di essere stato preside da qualche parte; nessuno conosceva la verità a questo riguardo, ma un sacco di gente fra noi aveva l'impressione che a un certo punto nel passato qualcosa gli fosse andato storto e lo avesse amareggiato»,[12] ricordò Ivan Klapper, che cominciò a lavorare per M.C. Gaines nei tardi anni Trenta, all'inizio come fattorino, poi come impiegato, infine come scrittore. Klapper aveva la stessa età del figlio di Gaines, Bill, e dopo la Seconda guerra mondiale arrivò a conoscere bene entrambi, quando Bill tornò dopo tre anni di servizio nell'aeronautica.

«Charlie era una persona cattiva, l'ultimo al mondo che avresti voluto come insegnante o come padre. Non diceva mai una parola gentile nei confronti di suo figlio. Di fatto lo odiava e non si sforzava nemmeno di nasconderlo, e Bill nutriva per lui gli stessi sentimenti. Si tenevano l'un l'altro alla larga più che potevano; però, abbastanza stranamente, [Bill Gaines] voleva anch'egli diventare un docente. Andò [alla New York University] per divenire un insegnante di scienze. Non voleva avere nulla a che fare con i fumetti». Nel lavorare nel campo dell'educazione, piuttosto che in quello dei fumetti educativi, il giovane Gaines puntava a una professione futura nella quale suo padre, nel proprio nebuloso passato, doveva aver fallito. «Era la cosa più strana del mondo che Charlie Gaines pubblicasse tutte queste storie bibliche sull'amore e il buon cuore», disse Klapper, «e che fosse anche il più bastardo figlio d'una baldracca sulla faccia della terra».

In qualità di condirettore della All-American Comics, Gaines per un certo periodo fu responsabile della pubblicazione di una linea di titoli supereroici e nello stesso tempo supervisionò i primi numeri di *Picture Stories from the Bible*. In questo contesto, si ritrovò contemporaneamente dalle due parti della risposta bifronte che la chiesa cattolica fornì al fenomeno degli albi a fumetti. *Sensation Comics*, la collana in cui appariva Wonder Woman e che cominciò la sua avventura editoriale nel 1942 (e durò diversi anni), figurava nella lista di albi proibiti emessa dall'Organizzazione nazionale per la letteratura decorosa. Fondata dalla chiesa nel febbraio 1939,[13] l'associazione, abbreviata in NODL, era una discendente del XX secolo degli agenti cattolici che alla metà del XVI secolo avevano avuto il compito di valutare le influenze culturali dei primi prodotti a mezzo stampa, quando il Vaticano pubblicò l'*Index Librorum Prohibitorum*. Quattrocento anni dopo, l'*Indice* era pubblicato ancora, benché la scala globale della sua giurisdizione e il gigantesco allungarsi, nei secoli, della lista di libri proibiti limitassero la sua efficacia presso le moderne parrocchie statunitensi.

Nel 1917 il Vaticano aveva stabilito il modus operandi della NODL in un codice riveduto della legge canonica, che specificava che i vescovi delle varie diocesi, oltre al papa, avevano l'autorità di imporre il veto su libri e altre opere che contraddicessero, sfidassero od offendessero la dottrina cattolica; pubblicazioni passibili di messa al bando erano quelle che raffiguravano l'ateismo, il paganesimo o l'eresia; quelle ritenute oscene o favorevoli al divorzio; e le edizioni non cattoliche della Bibbia. Una volta che un vescovo dichiarava proibita una pubblicazione, ai cattolici della sua diocesi era vietato, sotto la minaccia di peccato, venderla, acquistarla, conservarla, imprestarla o leggerla.

John Francis Noll, vescovo di Fort Wayne (Indiana), prese questo incarico molto seriamente e ritenne che fosse un modo per proteggere i cattolici statunitensi – specialmente i più giovani – dal comunismo.[14] Intorno al 1911, quando Noll aveva circa trentacinque anni ed era un prete di parrocchia a Huntington, sempre in Indiana, assisté all'ondata di quotidiani e riviste dedicati al movimento socialista americano dell'inizio del XX secolo: *The Melting Pot*, *The Appeal to Reason*, *The Menace*, *The Beacon Light* e altri;[15] e tutti, a diversi livelli, erano intrisi di sentimenti anticattolici. Noll si allarmò. L'anno seguente, quando un candidato socialista alla Presidenza, Eugene V. Debs (editore di *The Melting Pot*), raccolse oltre 900 mila voti,[16] Noll lanciò il suo contrattacco, fondando la prima pubblicazione cattolica statunitense, *Our Sunday Visitor* ('Il nostro visitatore della domenica'). Con questo settimanale come pulpito e un seguito prossimo ai tre milioni di lettori, Noll si scagliò contro il comunismo e le «riviste immorali», che egli vedeva come «parte di un piano comunista per distruggere la morale dei giovani».[17] Nei primi anni Trenta, istituzionalizzò questa campagna all'interno della sua diocesi fondando nel suo stato una Lega per le letture rette, con lo scopo di colpire le opere censurabili e far convergere contro di esse l'opinione pubblica. Si trattava di una variante della Legione della decenza, una compagine di diverse associazioni su scala nazionale guidate dai cattolici (fra cui Noll stesso) per fare pressione sugli studi cinematografici di Hollywood affinché aderissero ai canoni contenutistici rigidamente puritani dell'Ufficio Hays, l'organo di autocensura di Hollywood coordinato dall'ex direttore generale delle Poste Will H. Hays. Alla fine degli anni Trenta, la liturgia della messa cattolica cominciò a chiamare le congregazioni a recitare, dopo la lettura del Vangelo, «Io condanno le immagini indecenti e immorali e quelle che glorificano il crimine e i criminali. Prometto di unirmi a tutti coloro che protestano contro di essi. [...] E prometto di rimanere lontano da luoghi di svago che mostrino immagini che possano essere occasione di peccato».[18]

Nell'autunno del 1938 il vescovo Noll portò la sua crociata per le letture rette sulla ribalta nazionale: in un discorso alla conferenza annuale dei vescovi statunitensi, a Washington, Noll lanciò un appello perché venisse istituita un'associazione coordinata a livello nazionale per contrastare il comunismo e la letteratura indecente. Nell'arco di quattro mesi, un comitato di vescovi cattolici, sotto la guida di Noll, ufficializzò, finanziò, dotò di personale e annunciò ufficialmente la nascita dell'Organizzazione nazionale per la letteratura decorosa (NODL). «Il traffico delle oscenità a mezzo stampa» aveva «raggiunto proporzioni gigantesche»,[19] riportarono i vescovi su *Our Sunday Visitor*. L'opera degli editori con l'«intento diabolico» di «indebolire la moralità e in tal modo distruggere la religione e sovvertire l'ordine sociale» era di «una malvagità di magnitudine tale che mette a repentaglio la vita morale, sociale e nazionale del nostro paese». La NODL inviò emissari presso le edicole e le drogherie (ma non nelle librerie o nelle biblioteche) col compito di far loro valutare le riviste e gli albi che vi si vendevano. Una volta al mese, l'associazione emanava la sua lista delle pubblicazioni disapprovate per i giovani o, meglio, la «lista nera»,[20] come Noll stesso la chiamava, attraverso la seconda pubblicazione diretta dal vescovo, *The Acolyte* ('L'accolito'); nel frattempo, scoraggiava i parroci dal divulgare tale elenco, per paura che potesse trasformarsi in pubblicità per i giovani in cerca di qualcosa di fuorviante da leggere. La NODL, come suo «scopo fondamentale», definì «non la semplice interdizione ai cattolici di frequentare la letteratura dannosa, ma il mantenere quest'ultima lontana dalla comunità in modo che essa non sia accessibile ad alcuno, sia questi cattolico o non cattolico».[21] Per illustrare le sue intenzioni, Noll pubblicò un'illustrazione su *Our Sunday Visitor*. Sotto il titolo «Adesso è tempo di agire», essa mostrava un uomo di mezz'età occhialuto e dall'aspetto giovanile – una citazione di Noll stesso che incarnava, come recitava l'etichetta, le «Organizzazioni Cattoliche», e che in una nuvoletta diceva: «Abbiamo ripulito i film, ma abbiamo lasciato voi parassiti troppo a lungo in circolazione». L'uomo maneggiava una scopa, intento a spazzare letteralmente via delle riviste antropomorfizzate, che scappavano di qua e di là con gambette e piedini. Esse riportavano titoli come *Nasty News*, *Sexy Stuff*, *Photo Philth* e *Cartoon Dirt*.[22]

Quando M.C. Gaines trovò la collana che ospitava Wonder Woman, *Sensation Comics*, sulla lista della NODL, scrisse a Noll una lettera di protesta. «Se da un lato sono lieto di constatare che le riviste a fumetti sono state messe al bando nel loro insieme in questa lista della NODL,», scrisse Gaines, «sono, naturalmente, piuttosto preoccupato che sia stata inclusa anche "Sensation Comics", in particolare alla luce del fatto che sono stato io l'iniziatore dell'intero settore delle riviste a fumetti».[23] Gaines stilava poi l'elenco dei membri del suo Comitato di consulenza editoriale[24] e concludeva la lettera richiedendo i dettagli su come i contenuti di *Sensation Comics* confliggessero con il Codice per le letture rette della NODL.

Gaines non avrebbe avuto bisogno di chiedere alcunché. Creata e scritta dal provocatore sui temi psicosessuali William Moulton Marston (1893-1947, il cui nome di penna era Charles Moulton, una combinazione del suo nome e di quello dello stesso Gaines), Wonder Woman non solo era alquanto discinta e dall'aspetto stravagante; era una manifestazione dell'ossessione di Marston per i temi della dominazione e sottomissione sessuale. Le due armi principali della sua eroina amazzone erano il «lazo dorato» e i «braccialetti della sottomissione», e quasi tutte le sue storie presentavano molte scene di uomini e donne legati, incatenati, ammanettati o comunque intrappolati in parafernali feticistici. Accademico dal passato non meglio chiarito (alla American University e alla Tufts University, fra le altre), Marston aveva uno speciale talento nel rivestire idee di sensazionale volgarità in un gergo pseudointellettuale, e per diversi anni lo aveva sfruttato a Hollywood, fungendo per vari studi da consulente sulle strategie per districarsi fra i censori dell'Ufficio Hays e fare intrufolare scene di sesso nei film attraverso simbolismi e linguaggi in codice. Trasferitosi a New York e nell'industria dell'editoria, si diede alla divulgazione forzosa di pseudoscienza e provocazioni eterodosse nei fumetti e nelle riviste popolari, in articoli di corredo, interviste e pubblicità

Illustrazione sulla pubblicazione cattolica *Our Sunday Visitor*, con una caricatura di John Francis Noll mentre ripulisce le edicole da albi a fumetti considerati scabrosi.

per le lame da barba Gillette. Marston se ne venne fuori con una teoria secondo la quale gli Stati Uniti stavano diventando un matriarcato amazzone, simbolizzato proprio da Wonder Woman.[25] Così spiegò il pensiero dietro Wonder Woman, in un'intervista apparsa su *Family Circle* e attribuita a una certa Olive Richard, pseudonimo di Olive Byrne, sua assistente, ex studentessa e *mistress* (cioè 'dominatrice', in senso specificamente sadomaso):

> I ragazzi, da quelli più piccoli a quelli più cresciuti, soddisfano le loro fantasie leggendo fumetti. Se vanno matti per Wonder Woman, significa che anelano a una ragazza meravigliosa, eccitante e più forte di loro. Sarete in grado di conoscerli attraverso i loro gusti fumettistici! [...] Queste storie illustrate, semplici e intensamente creative, soddisfano desideri che la normale vita quotidiana ostacola e nega. Superman e l'esercito di personaggi maschili dei fumetti che a lui si ispirano soddisfano il semplice desiderio di essere più forti e potenti di chiunque altro. Wonder Woman appaga il desiderio del subconscio dei maschi, elaboratamente camuffato, di essere dominati da una donna che li ama.[26]

Il vescovo Noll rispose alle domande di M.C. Gaines, spiegando che la NODL obiettava solo al costume di Wonder Woman. «Non v'è ragione perché Wonder Woman non debba essere più coperta, e vi sono ancora meno ragioni perché le donne che subiscono la sua influenza debbano andarsene in giro in costume da bagno», scrisse Noll.[27] Eppure, aggiunse, «è verissimo che "Sensation Comics" offende in misura minore rispetto alle riviste da noi messe al bando, perché le illustrazioni non sono precisamente suggestive».

Erano gli eroi in calzamaglia (o in frammenti di calzamaglia) come Wonder Woman e Superman – piuttosto che i criminali che essi combattevano o i fuorilegge che abbondavano nei fumetti polizieschi – l'obiettivo di quelle prime azioni critiche nei confronti dei comic-book da parte della chiesa cattolica; censure che cominciarono a prendere la forma di una vera e propria campagna demonizzatrice contro i fumetti. Articoli infuocati sugli albi a fumetti iniziarono ad apparire nelle maggiori pubblicazioni cattoliche; fra i più rappresentativi, «I genitori devono tenere i fumetti sotto controllo», edito sul *St. Anthony Messenger* nel maggio del 1944.[28] Esso si apriva con un'illustrazione a effetto e inquietante di una figura maschile che indossava pantaloni aderenti color rosso fuoco, un lungo mantello nero e una mascherina agli occhi corredata di due spuntoni a guisa di corna. Aveva sul volto ciuffi di barba rossa, o forse brufoli o lesioni, e suonava un flauto. Dietro di lui lo seguiva uno stuolo di bambini (nessuna bambina) e dietro questi ultimi v'era una coppia di genitori con lo sguardo fisso nel vuoto, con entrambe le braccia protese in avanti, ipnotizzati da questo Satana in calzamaglia. Il testo che corredava l'illustrazione, scritto da Robert E. Southard, prete gesuita e professore presso il Rockhurst College di Kansas City, recitava:

> La consuetudine degli albi a fumetti di presentare un vasto numero di uomini e donne semisvestiti di fronte agli occhi dei giovani come esempi di eroismo è una minaccia sia per l'apprezzamento sia per il raggiungimento del nostro stile di vita. Essa enfatizza oltremodo il sesso. [...] L'effetto complessivo è il nutrimento dell'immaginazione dei giovani con associazioni mentali che mettono a repentaglio un severo controllo del sesso. Saggiamente i genitori, nella vita reale, mettono al bando individui seminudi di questo tipo dalle loro case. Sulla base di quale principio la loro presenza può essere giustificata all'interno di prodotti a stampa vivacemente colorati?

Proseguiva descrivendo i supereroi come esempi di fascismo:

> Nella glorificazione di questi superuomini raddrizzatorti v'è della propaganda antiamericana e dittatoriale. Se i nostri giovani recepiscono il concetto che per un privato è eroico «prendere il controllo» nelle questioni di ordine pubblico, siamo pronti per un Hitler. Hitler ha preso il controllo della Germania quando i suoi seguaci sono stati persuasi che egli fosse un superuomo con la missione di risolvere i problemi dello stato tedesco.

Nel 1944 la Catechetical Guild, un'associazione catechistica che produceva anche fumetti di ispirazione apertamente cattolica, pubblicò un libello di otto pagine incentrato su questo argomento. Era intitolato *La causa contro i fumetti*[29] e la sua copertina, ancora una volta, mostrava una figura diabolica, stavolta un uomo-bestia nudo con zanne e capelli bianchi allampanati, impegnato a miscelare dei veleni in provette. Intorno a lui v'era un assembramento di scene orripilanti: corpi che cadevano da un palazzo fatto esplodere da un razzo, un delinquente dal naso aguzzo che sparava a un uomo elegantemente vestito in un vicoletto, un supereroe con un cappuccio che lo faceva assomigliare a un boia e i volti di cinque bambini (due delle quali femmine) che leggevano insieme un albo a fumetti. I ragazzini avevano un aspetto fiacco e sofferente, come se fossero drogati per aver bevuto l'infuso satanico delle pagine a fumetti. Come atto di guerra contro gli albi a fumetti, questa copertina se la batteva ad armi pari, in fatto di autentico barocchismo, con la maggior parte dei comic-book del tempo. All'interno, il testo proclamava:

> Un vasto numero di albi a fumetti ritraggono le eroiche avventure di uno o più personaggi la cui filosofia può essere descritta solo come antiamericana e, in diversi casi, anarchica. I fumetti sono ricolmi dell'ideologia del vigilante: i metodi da GESTAPO vi vengono esaltati. [...] Non è né cristiano né americano permettere che ai giovani venga insegnata a questo modo la perniciosa dottrina totalitaria secondo la quale il fine giustifica i mezzi. [...] Perfino i personaggi di età giovanile, negli albi a fumetti, si impegnano in attività antiamericane di questo tipo. I gruppi fittizi di «squadre speciali giovanili» mostrano una forte somiglianza con le bande di milizie infantili nella Germania nazista.

Mettendo in un unico calderone paganesimo e fascismo, gli scrittori cattolici accusavano i supereroi di violare il secondo comandamento. Nel rispondere alla domanda «Cosa c'è di sbagliato nei "fumetti"?» nel numero del febbraio 1943 del mensile cattolico *Catholic World*, il reverendo Thomas F. Doyle indicò lo spiritualismo, il soprannaturale, «i nomi misteriosi e i poteri ancora più arcani» di personaggi come Flash, Johnny Thunder, Hawkman e Yarko (un'imitazione di Mandrake realizzata da Will Eisner). Nei loro «immani poteri» che «sfidano le leggi della natura», i supereroi erano falsi dèi di carta: pagani e, ancora, fascisti, affermava Doyle. E continuava sulla stessa linea:

> In modo volgare, [Superman] sembra personificare la religione primitiva esposta nel *Zarathustra* di Nietzsche. «L'uomo e l'uomo solamente dev'essere il nostro Dio», dice Zarathustra, in uno stile così affine a quello di un sobillatore nazista. Che piaccia o no, v'è abbondanza di bambini americani che ne sanno di più sull'uomo-meraviglia Superman che non su Cristo o su qualunque altro grande personaggio della Bibbia.[30]

Perfino anche dopo la fine della guerra, le alte sfere cattoliche continuarono a collegare la loro campagna contro gli albi a fumetti al fascismo e a concentrare le loro critiche soprattutto sui supereroi. Alla fine dell'ottobre 1945, una riflessione precedentemente proposta sull'*Arizona Quarterly* da Walter J. Ong, giovane studioso del campo letterario che era da poco entrato nel seminario gesuita, portò la rivista *Time* a chiedersi «I fumetti sono fascisti?».[31] L'agosto successivo padre Southard, in un discorso proferito alla Fordham University, definì i fumetti «incarnazioni cartacee della devastante filosofia della forza del nazista Nietzsche» e denunciò i supereroi come «una sorta di duplicato dell'ideale cristiano con sottintesi pagani». Proponeva una soluzione, comunque: una sua «presentazione illustrata della vita di Cristo» sul genere dei fumetti biblici di M.C. Gaines, i quali, diceva, dall'anno seguente sarebbero stati disponibili nelle scuole cattoliche.[32]

Nel fuoco a raffica di critiche contro i comic-book negli ambienti cattolici, un articolo in particolare formulò una singolare accusa, il già citato «I genitori devono tenere i fumetti sotto controllo». Il sottotitolo, scritto o dal suo autore, Southard, o forse dal redattore, recitava: «Ogni mese in questo paese sono pubblicati 25 milioni di albi a fumetti. Molti ritraggono crimini, violenza, sparatorie, sesso, e sono largamente responsabili per la delinquenza giovanile».[33] Dopo aver sottolineato che le scene di crimine erano nei fumetti supereroici la norma, Southard annotava che «solo un'indagine speciale dell'FBI potrebbe dimostrare agli editori di fumetti che attualmente ogni crimine giovanile è connesso a ciò che questi giovani leggono negli albi a fumetti. Ma quelli che non fanno parte di questo giro d'affari hanno ottime ragioni per sospettare un legame di questo tipo». Quali ragioni? Da buon gesuita, Southard concludeva la sua discussione sul tema con una domanda: se i giovani inclini a comportamenti antisociali avessero «preso idee» dai fumetti, «cos'è che può impedire loro di decidere di attuare dirottamenti, contrabbandare, lottare in faide banda contro banda, far deragliare treni, rapinare, organizzare truffe e uccidere?». Southard stava compiendo diversi salti, ma non certo nella fede: egli trasportò l'inchiesta cattolica sui fumetti dal contesto della loro natura (morale e di politiche culturali) a quello dei loro effetti (individuali e sociali); lasciò il terreno familiare della chiesa, riguardante il peccato, per avventurarsi su quello di competenza dello stato, la criminalità; e, nello spazio fra il sottotitolo della prima pagina e tutto il corpo del testo che veniva dopo, lungo tre pagine, egli (o il redattore) compì un enorme balzo dalle speculazioni ad affermazioni fattuali. Al lettore bastava solo dare uno sguardo rapido ai caratteri in grassetto che accompagnavano la terrorizzante illustrazione per apprendere quale fosse la causa del problema sociale emergente, la delinquenza giovanile.

Il dichiarare non solo che i fumetti raffiguravano la violenza ma anche che incitassero i giovani a ogni tipo di trasgressione aveva le sue radici nella breve e intensa controversia sulle strisce a fumetti dei quotidiani consumatasi prima della Prima guerra mondiale; Sterling North aveva rievocato la stessa idea nel 1940, sventolando lo spauracchio di «una generazione prossima a divenire perfino più feroce di quella attuale».[34] Ma collegare direttamente i fumetti alla *delinquenza giovanile* come causa specifica significava portarli vigorosamente al centro del dibattito sullo stile di vita statunitense alla metà degli anni Quaranta. Benché il termine circolasse nella giurisprudenza fin dall'inizio del XIX secolo, esso emerse nel giornalismo durante gli anni della Seconda guerra mondiale, per definire una gamma di fenomeni e comportamenti riguardanti i giovani che, secondo il metro di giudizio delle autorità e delle agenzie educative, sembravano rappresentare dei vicoli ciechi, delle forme di criminalità. Tali manifestazioni comportamentali o di condotta erano definite per negazione: come la maggior parte delle critiche sui fumetti, la locuzione «delinquenza giovanile» segnalava che la gioventù veniva qualificata solo in quanto non era capace di soddisfare le aspettative degli adulti: non per ciò che era ma rispetto alla delusione che provocava. Durante l'acceso dibattito contro le comic-strip all'inizio del XX secolo, il linguaggio spesso usato per descrivere il problema giovanile era stato di stile melodrammatico e radicato nel vernacolare; vocaboli come «teppistello», «giovinastro» e «canaglia» provenivano dalla strada ed erano pregni di condiscendente tolleranza paternalistica. L'espressione «delinquenza giovanile», con la sua severità avvocatesca e multisillabica, suonava invece seria e istituzionale e portava con sé una cappa d'autorità e un giudizio di condanna.

Un anno dopo Pearl Harbor, la stampa sondava l'effetto della guerra sulle famiglie in patria: cominciarono a comparire sui giornali e sulle riviste, in tutto il paese, servizi su giovani selvaggi e senza freni che mettevano a soqquadro la vita di quartiere. Negli anni a seguire furono raccontate decine e decine di storie sensazionali su giovani provenienti da case ormai prive del capofamiglia che girovagavano per le strade in branchi fuorilegge e di ragazze lasciate senza guida dalle loro madri assenti perché impegnate al lavoro, che gettavano via la loro moralità (e quant'altro) fra le braccia dei soldati in servizio nelle basi militari o, peggio, fra quelle di quegli stessi ragazzi delle bande di strada. I sociologi chiamati in causa a questo proposito classificarono quel multiforme insieme di fenomeni sociali come delinquenza giovanile e il tema cominciò a sollevare un allarme pubblico. Earl Warren, governatore della California, istituì un Comitato per la gioventù in tempo di guerra e scrisse nella dichiarazione di nomina: «La normale vita familiare e le consuete condizioni di vita sono andate perdute e, come risultato, i problemi dei giovani sono maggiori e più complessi che mai».

J. Edgar Hoover, sempre in prima linea nel difendere il benessere della collettività a prescindere da quanto personale aggiuntivo e fondi per la sua agenzia ciò dovesse comportare, scrisse in abbondanza sulla delinquenza giovanile. «Questo paese è in mortale pericolo», avvertiva Hoover in un articolo intitolato «I giovani... stanno crescendo senza controllo», pubblicato a proprio nome sul *Los Angeles Times*.

> Perché un marciume strisciante di degenerazione sta mangiando la nostra nazione dall'interno. Non sono un tipo che si stupisce o allarma con facilità. Ma oggi, come migliaia di altre persone, io sono sia stupito sia allarmato. Gli arresti di questi ragazzi e ragazze «adolescenti», in tutto il paese, sono sbalorditivi. Alcuni dei crimini che questi giovani ribelli commettono sono quasi inenarrabili. Prostituzione, assassinii, stupri. [...]
>
> Questi non sono orrori isolati provenienti da un altro mondo. Sono segnali di pericolo a cui ogni genitore, a cui ogni americano responsabile dovrebbe prestare ascolto. Questi sono sintomi, sintomi di una condizione che minaccia di dare vita a una «generazione perduta», perduta in modo ancora più irrecuperabile di qualunque altra generazione perduta del passato.[35]

Hoover poi snocciolava delle statistiche: nel 1942, i giovani di sesso maschile sotto i 21 anni arrestati per aggressione erano stati il 17% in più rispetto al 1941 e il 26% in più per turbamento della quiete pubblica. Per le ragazze, «le cifre sono ancora più sorprendenti»: aumenti del 39% negli arresti per prostituzione, del 69% per turbamento della quiete pubblica, del 124% per vagabondaggio.

Vi fu chi contestò le cifre di Hoover sul crimine giovanile, sostenendo (a) che lui e gli ufficiali della sua agenzia tendevano a citare gli arresti, invece che le condanne; (b) che non tenevano conto degli aumenti nelle nuove categorie di crimine in molte località, come il gironzolare per strada di notte e le sfide aperte al coprifuoco notturno; e (c) che la percezione crescente di una minaccia giovanile faceva concentrare le forze dell'ordine sui giovani, con il risultato di un aumento generale di arresti. L'Agenzia per l'Infanzia del Dipartimento del Lavoro, che studiava anch'essa la criminalità giovanile, espresse fortissimi dubbi sui dati forniti da Hoover. Come direttrice dell'agenzia, Katherine Lenroot scrisse nel 1943 un intervento critico al riguardo, *Comprendere la delinquenza giovanile*, nel quale affermava:

> Non possiamo dire con sicurezza se la delinquenza giovanile stia aumentando o diminuendo in generale nel paese, a causa dell'assenza di dati affidabili ed esaustivi riguardanti un periodo pluriennale. Le statistiche attualmente disponibili hanno mostrato l'assenza di tendenze allarmanti rispetto alla crescita di «criminalità giovanile» secondo quanto perennemente dichiarato dai giornali.[36]

La criminalità comunque era solo uno degli aspetti della delinquenza giovanile. Sia per i giovani etichettati come devianti sociali sia per i loro accusatori, si apparteneva a una sottocultura definita come «delinquenza» se si rientrava in un raggio di deviazioni consapevoli dalle convenzioni della società ufficiale: improprietà assortite nel linguaggio, negli atteggiamenti, nelle modalità d'abbigliamento e nell'igiene personale, nei gusti musicali, negli stili di danza, nei materiali di lettura. La complessità dell'identità della JD, *juvenile delinquency*, si delineò con chiarezza in uno dei primi incidenti che sollevarono un'attenzione nazionale al riguardo: gli scontri di strada presto noti come «Zoot Suit Riots», avvenuti nel giugno 1943. Quell'estate, per una settimana circa, personale militare di stanza nella California meridionale e nel Nevada si scontrò in tafferugli di strada con dei giovani civili nella zona est di Los Angeles.[37] Questi ultimi, per lo più statunitensi di origine messicana, dissero che i soldati li avevano attaccati a causa dei loro abiti: si trattava di quei completi giacca e pantaloni dai colori spesso sgargianti e dalle proporzioni stravaganti (spalle provocatoriamente larghe, giacca lunga, pantaloni plissettati e la caviglia stretta), allora molto alla moda ma ritenuti assai volgarotti e diffusi fra gangster e parvenu. Poco pratici, costosi e, soprattutto, sconcertanti per chi fosse al di fuori di quella sottocultura, gli abiti zoot erano un perfetto emblema dell'edonismo, dell'egocentrismo e del disprezzo per gli altri che venivano attribuiti ai giovani presunti delinquenti. Durante la guerra, le notizie sulle rivolte degli zoot vennero intese come un affronto alle virtù ascetiche dei cittadini patriottici. I militari di leva coinvolti nelle zuffe dichiararono che i ragazzi in zoot li avessero aggrediti, e solo i civili furono formalmente accusati di aggressione. Per prevenire ulteriori incidenti dello stesso tipo, il municipio di Los Angeles intraprese un'iniziativa legislativa e legiferò che portare gli zoot fosse considerato oltraggio. I delinquenti giovanili del futuro avrebbero dovuto trovare qualcos'altro da indossare.

Tema per i sermoni domenicali, soggetto per i servizi sulle riviste, notizia succulenta nei quotidiani: la delinquenza giovanile era divenuta nei primi anni Quaranta un'idea diffusa per la maggior parte degli americani. E acquisì vividezza mediante il cinema. Nell'autunno del 1943 la serie di brevi documentari d'attualità *La marcia del tempo* ritrasse la delinquenza in un film, *Gioventù in crisi*.[38] La pellicola cominciava con le riprese di giovani ansiosi, in

Immagine relativa ai «Zoot Suit Riots» di Los Angeles del giugno 1943. La parola *zoot* è probabilmente una storpiatura di origine ispano-americana della parola *suit*.

fila per arruolarsi; e poi presentava, per contrasto, immagini di ragazzi scartati alla leva e di adolescenti, troppo giovani per il servizio militare, ripresi in comportamenti riprovevoli: intenti a bere alcolici, fumare, ballare lo swing, capovolgere e bruciare automobili per le strade, scontrarsi in tafferugli, e infine mentre venivano condotti dentro cellulari della polizia. Lo «scompiglio e la distruzione interni al paese» causati dalla guerra stavano generando «un nuovo spirito di violenza e sconsideratezza», annunciava la voce narrante con un timbro monotono e al tempo stesso arcigno e stentoreo. «Liberi dell'autorità genitoriale, i giovani si addentrano in mondi nuovi e pericolosi», dice la voce di commento mentre lo spettatore osserva un adolescente aprire una scatoletta di cartone per bigiotteria che cela una sigaretta di marijuana. Efficace composizione dal tono sensazionalistico e dall'incedere filmico emulo dei film noir allora in voga, fuso con quell'accento patriottico e devoto tipico del periodo bellico, *Gioventù in crisi* impressionò perfino critici cinematografici di norma flemmatici come Bosley Crowther, che sul *New York Times* sentenziò, accorato: «Questo è un film che ha l'efficacia di un riflettore rivolto su di un ladro colto in flagrante. Dovrebbe essere mostrato in ogni comunità e visto da ogni genitore della nazione».[39] *Gioventù in crisi* veniva ancora proiettato in molte sale quando cominciarono le udienze del Senato sul benessere della popolazione civile in tempo di guerra, coordinate dal senatore Claude Pepper della Florida dal 30 novembre al 3 dicembre del 1943.[40] Il tema della delinquenza giovanile, un argomento minore nell'ordine del giorno iniziale, per molti giorni dettò banco durante le sedute. Pepper e i membri della sua Commissione discussero sull'argomento con testimoni quali Florence Kerr della FWA (Federal Works Agency), ma, in fin dei conti, conclusero che i dati disponibili erano troppo fragili e contraddittori perché si potesse dare il via a provvedimenti concreti. Il Senato, come *Gioventù in crisi* e tutti quegli articoli di J. Edgar Hoover, si era accontentato di accettare la delinquenza giovanile come un tragico effetto collaterale della guerra e di come questa aveva disgregato la struttura sociale della nazione. Di certo non sussistevano prove fattuali in base a cui i fumetti potessero essere considerati una causa di delinquenza.

La chiesa cattolica, seguendo i propri peculiari criteri probatori, mostrò di avere come prerogativa quella di voler trovare i comic-book colpevoli di incitare alle trasgressioni. Secondo la dottrina della chiesa, il peccato può emergere in «pensieri, parole e opere». Per la chiesa, tutto ciò che un albo a fumetti doveva fare era presentare al lettore idee cattive, perché il peccato venisse posto in essere. Secondo le leggi degli Stati Uniti degli anni Quaranta, comunque, un crimine, per essere considerato tale, richiedeva invariabilmente qualcosa di più che pensieri, e di solito qualcosa di più che parole: richiedeva opere, cioè azioni.

Quando la Seconda guerra mondiale ebbe fine, i fumetti di supereroi declinarono. Il numero di *Action Comics* esposto nei chioschi il giorno in cui il Giappone si arrese mostrava un orso polare su un'isoletta di ghiaccio dell'Artico mentre fissa curiosamente Superman, il quale gli rivolge un gran sorriso mentre vola via portando con sé un tappeto magico sul quale troviamo i personaggi ospiti del numero: un duo stilizzato fortemente somigliante a Stanlio e Ollio con tanto di bombetta in testa, seduti insieme al loro grazioso animaletto, un coniglio bianco erto sulle zampe posteriori. Il testo sulla copertina ci avvisa circa «un'altra avventura con quei demenziali maghi per caso, Hocus e Pocus». Nelle pagine interne, le storie maggiori sono «Le avventure dei Tirchioni» e «L'indizio della filastrocca matta».

Copertina di *Action Comics* n. 88, settembre 1945. Disegno di Joe Shuster e John Sikela (1907-1998).

La copertina di *Crime Does Not Pay* nelle edicole quello stesso giorno mostrava una scena nel negozio di un barbiere nel quale due criminali in completo e borsalino aggrediscono il proprietario e il suo ignaro cliente, il cui volto è coperto da un asciugamano in preparazione per una rasatura. La testata annuncia al lettore che la rivista contiene «Solo storie di crimini autentici», tre delle quali sono elencate sotto il titolo: «Il sorriso della morte», «Il falsario presuntuoso» e «Il viscido signor Smith». Nel disegno sottostante questi testi, vediamo uno dei due malavitosi che sbatte al muro il barbiere e gli punta in bocca una pistola dalla canna fin troppo corta. Sullo sfondo, il cliente è ben rilassato sulla sedia, con le mani incrociate sul ventre, mentre il secondo delinquente gli esamina il collo e affila un lungo rasoio su di una cinghia abrasiva. Non v'è violenza, ma qualcosa di più affascinante: la sua imminenza. Chi avrebbe potuto volgere gli occhi dalle paurose creature partorite dall'immaginazione di Charles Biro proprio mentre stavano per perpetrare il loro massacro?

Tutti i primi numeri di *Crime Does Not Pay*, pubblicati nel 1942, avevano venduto circa 200 mila copie ciascuno. L'anno se-

Copertina di *Crime Does Not Pay* n. 41, settembre 1945. Disegno firmato (Charles) Biro.

guente, il numero medio di copie per numero era stato di circa 300 mila copie. L'anno successivo, più o meno 500 mila; quello ancora dopo, circa 700 mila. Nel 1947, ogni numero vendeva intorno a un milione di copie e ciascuno di essi passava per le mani di circa sei-dieci lettori. Charles Biro, quando decise di inserire uno strillone che recitava «Oltre 5 milioni di lettori al mese» su ogni copertina, sarà potuto pure sembrare smargiasso, ma di fatto aveva ragione.[41]

Uno di questi milioni di lettori era un ragazzo di quattordici anni di nome Melvin Hyland Leeland, che viveva in una zona operaia di Washington D.C. con la madre, il patrigno e sette fratelli e sorelle più piccoli. Frequentava la scuola cattolica di Nostra Consolatrice e, per aiutare la famiglia, il pomeriggio e a fine settimana svolgeva dei lavoretti occasionali. Era un «ragazzo allegro», secondo i membri della sua famiglia, come citato in un articolo del 6 luglio 1947 sul *Washington Post*. In effetti, la sua fotografia sul giornale quel giorno mostrava il giovane Leeland sorridente, i dentoni da coniglietto affondati sul labbro inferiore. La sera del 5 luglio, un venerdì, Melvin Leeland sedeva intorno al tavolo della sala da pranzo con il suo migliore amico, Lloyd «Buzzie» Gregg, e gli spiegava il gioco della roulette russa. Leeland aveva con sé una pistola calibro 22, che aveva trovata nella fattoria della nonna nel Maryland; l'aveva presa di nascosto e portata con sé, nascondendola in un capanno dietro casa. Leeland fece girare il cilindro e si puntò la canna della pistola alla tempia. Il suo amico si alzò da tavola e corse via, mentre Leeland si faceva saltare le cervella. Quando sua madre fu intervistata dalla polizia, disse che il ragazzo aveva preso l'idea da un comic-book.[42]

Due mesi dopo, un dodicenne di nome William Becker fu trovato nel seminterrato di casa sua a Sewickley, una zona residenziale periferica di Pittsburgh, Pennsylvania. Aveva assicurato una cordicella stendibiancheria attorno a una trave, se l'era legata al collo e si era impiccato. Sua madre disse alle autorità che il piccolo era un accanito lettore di fumetti e che aveva riprodotto una scena vista in uno dei suoi albi. «Bruciavo tutti quelli che trovavo», testimoniò a una domanda del medico legale, «ma Billy trovava sempre dei modi per nasconderli». La giuria emise un verdetto di morte accidentale, ma aggiunse che riteneva i comic-book responsabili. Il titolo di un articolo sul *New York Times* riportò «"Fumetti" incolpati in un caso di morte».[43] Contemporaneamente, il medico legale della contea di Allegheny, William D. McClelland, annunciò che, sulla scorta del caso Becker, stava dando inizio a una campagna per «mettere al bando» gli albi a fumetti che «glorificano il crimine e le avventure inquietanti».[44]

McClelland aveva il supporto delle forze di polizia, e non solo nel suo stato. I capi dell'Associazione di Polizia della Pennsylvania, incontrandosi quell'estate a Wilkes-Barre, avevano appena approvato una risoluzione nella quale denunciavano gli albi a fumetti quale «fonte d'ispirazione per crimini brutali commessi da giovani adolescenti e fra le cause prioritarie della rapida ascesa della delinquenza giovanile».[45] Di lì a poche settimane il capo della polizia di Carnegie, Chris K. Keisling, affrontò l'argomento al convegno della Confraternita della Polizia e sottolineò con successo la necessità di una risoluzione nazionale che condannasse i comic-book. «Dovremmo agire per le madri della nostra nazione», implorò Keisling. «Nessuno le aiuta a proteggere i loro figli dai luridi albetti nei [quali] donne seminude saltellano qua e là» e che «sminuiscono le forze dell'ordine e glorificano la criminalità».[46] Gli albi a fumetti avevano oltrepassato il crocevia fra peccato e crimine, a quanto sembrava, e, proprio come in quella scena nella prima storia della serie *War on Crime* sul *Philadelphia Ledger*, voluta da J. Edgar Hoover, la polizia li aspettava al varco.

***

Tre anni dopo che M.C. Gaines vendette la sua quota della All-American Comics e lasciò il settore dei supereroi, la sua Educational Comics pubblicava sei titoli innocui per lettori giovanissimi: *Picture Stories from American History*, *Picture Stories from Science*, *Tiny Tot Comics* (con storie e personaggi come «Peter e Pinky nel Paese del Gelato»), *Land of Lost Comics* («Il picnic nella vallata»), *Animal Fables* («Bozo, il toro dalle zampe storte») e *Dandy Comics* («Baffy Bill e Molly»). Ma la cifra ricavata dalla cessione della quota della All-American, che ammontava a 500 mila dollari, si era trasformata in un debito di 100 mila dollari.[47] «Charlie Gaines stava cercando di fare qualcosa che in teoria andasse bene per i bambini, ma in realtà non capiva i bambini molto bene, non credo, ed era il tipo di persona che, vede, che sapeva sempre tutto meglio di chiunque altro, e tutta l'operazione puzzava di olio di ricino»,[48] ricordò Mort Leav (1916-2005), che lavorò un po' per Gaines disegnando Freddy Firefly, Korky Kangaroo e Hector the Inspector fra una storia e l'altra di *Crime Does Not Pay* di Biro, per cui lavorava regolarmente.

Gaines aveva effettuato investimenti personali anche più sostanziosi: una bella casa con quattro camere da letto a White Plains e un villino per le vacanze a Lake Placid, la località tutta sole e sci a circa sei ore di strada a nord di New York.[49] Intorno al 20 agosto 1947 Gaines portò in quel villino per alcuni giorni sua moglie Jessie, la figlia Elaine allora ventenne, Helen e Sam Irwin (una coppia di amici che stavano simpatici anche a Jessie) e il figlio degli Irwin, Billy; la scampagnata serviva principalmente a far dimenticare a Jessie un problema di famiglia. Il figlio venticinquenne dei Gaines, Bill, che stava per cominciare il suo anno finale di studio alla facoltà di Scienze dell'educazione della New York University in preparazione a un lavoro come insegnante di chimica, aveva appena detto ai genitori che la moglie lo aveva lasciato dopo tre anni di un matrimonio che essenzialmente era stato combinato da Jessie.[50] «Disse "senti, mamma, Hazel e io stiamo divorziando", e le prime parole di sua madre furono "come puoi farmi questo?". Molto sensibile»,[51] disse Lyle Stuart (1922-2006), che conobbe Bill Gaines quand'erano entrambi ragazzini, poiché erano cresciuti insieme nello stesso quartiere di Brooklyn; Stuart, anni dopo, sarebbe anche divenuto il suo direttore commerciale e confidente personale. «Perciò Max Gaines la prese e la portò al lago per impedire che le venisse un esaurimento nervoso, mentre Bill rimase a New York, per i fatti suoi. Per il resto della sua vita, si diede la colpa per ciò che avvenne laggiù».

Il pomeriggio del 20 agosto, Elaine Gaines e una sua amica che abitava nella zona di Lake Placid andarono a fare una nuotata e Max Gaines, Sam Irwin e il figlio di Sam, Billy, seguirono le donne sul piccolo motoscafo di Max. Sam Irwin era al timone. Secondo una dinamica impossibile da chiarire, un'altra imbarcazione più grande si scontrò col motoscafo, facendolo scuffiare e uccidendo Gaines e Sam Irwin. Billy Irwin rimase per un po' aggrappato allo scafo sfondato, finché non venne recuperato. Come riuscì a ricostruire l'accaduto attraverso la rievocazione di confusi lampi di memoria, nel momento in cui si verificò la collisione uno dei due uomini, probabilmente Gaines, lo scaraventò a poppa.[52]

Jessie Gaines e suo figlio Bill ereditarono ciascuno il 50% della Educational Comics; lei lo implorò di portare avanti l'attività di famiglia. Bill, riluttante a deludere la madre dopo che nella sua percezione aveva distrutto il proprio matrimonio e poi condannato a morte il padre,[53] capitolò e cominciò a recarsi una volta alla settimana presso gli uffici della Ec Comics, un grande locale di sei stanze da 215 dollari al mese, al settimo piano del 225 di Lafayette Street, a Little Italy. Firmava gli assegni e giocherellava con il sistema di intercomunicazione, e nel mentre continuava a studiare le sue materie: la New York University era a pochi isolati di distanza.[54] La sua casa editrice era la «compagnia più piccola e sgangherata del settore»,[55] per come egli la vedeva, «un'accozzaglia di titoli in competizione gli uni con gli altri in modo da far perdere più denaro possibile».[56] In termini professionali, Gaines si trovò di punto in bianco aggrappato allo scafo di una barchetta lasciatagli dal padre tutta scassata, riversa e in procinto di affondare.

«Se [papà] stava perdendo soldi», disse Gaines alla madre, «cosa ti aspetti che faccia, *io*?».[57]

5 POZZE DI SANGUE

Il dibattito sui comic-book passò dai fogli interni dei quotidiani alle prime pagine, risalendo le postazioni una per una: dalle recensioni e dai corsivi di tema religioso alle pagine femminili, fino a giungere a quelle con le notizie più forti. Nei primi anni del dopoguerra, molti gruppi di fedeli lanciarono anatemi anti-fumetti dai loro pulpiti e li diffusero tra i circoli femminili, le associazioni di genitori e insegnanti e altri gruppi d'opinione; tutti questi, a loro volta, rivolsero le loro lamentele e preoccupazioni alla polizia e ai rappresentanti politici locali, i quali nel 1948 iniziarono a intraprendere poderose azioni contro i giornaletti.

Queste le accuse: gli albi a fumetti erano rozzi, illetterati, malamente stampati, licenziosi, in grado di creare dipendenza, pericolosi, fascisti, comunisti, capaci di istigare a trasgressioni d'ogni sorta... In una discussione radiofonica trasmessa nell'area di New York all'inizio del 1948, il critico teatrale John Mason Brown derise i comic-book come «la più infima, deprecabile e pericolosa forma di spazzatura»,[1] perché «la loro selezione lessicale è sgangherata come i loro disegni o la carta su cui sono stampati». Tre settimane dopo il commissario della polizia di Detroit, Harry S. Toy, nell'incoraggiare un repulisti di albi a fumetti nella sua città li descrisse come «carichi di insegnamenti comunisti, di sesso e di discriminazioni razziali».[2] I comic-book offrivano una tale varietà di trasgressioni che gli ufficiali di polizia non avevano bisogno di menzionare crimini reali. Gli articoli che si chiedevano «cosa c'è di sbagliato nei fumetti?» erano sempre di più e ormai innumerevoli, perché si trovavano risposte sempre nuove.

Nel corso del 1948, il dibattito sui comic-book si concentrò sul problema della delinquenza giovanile. Diversamente dalle astrazioni intellettuali di Sterling North, di John Mason Brown e di altri, come la giornalista e romanziera Marya Manners (che partecipò a quel programma radiofonico con Brown), la semplice nozione che i fumetti portassero i ragazzi a commettere crimini parlava agli adulti di ogni fascia sociale. Manners argomentava contro i fumetti in quanto secondo lei danneggiavano lo sviluppo delle giovani menti. Scrisse sul *The New Republic*:

> Perché essi non sono animati da alcun pensiero (a meno che non chiamiate «pensiero» il «trionfo del bene sul male» nel suo senso più primitivo da guardie-e-ladri), non richiedono alcuna attività mentale. Gli albi a fumetti, nella loro forma attuale, sono l'assenza del pensiero. Essi sono, al contrario, il più grande narcotico intellettuale sul mercato. [...] Ogni ora spesa a leggere fumetti è un'ora in cui qualsiasi crescita interiore si interrompe.[3]

Fu da titoli come «"Fumetti" incolpati in un caso di morte» e dai discorsi che questi generarono che i gruppi di cittadini si riunirono in tutto il paese contro i comic-book.

La prima città a scagliarsi concretamente contro di essi, nell'aprile del 1948, fu proprio Detroit.[4] Agli ordini del commissario Toy, che forse aveva appreso quanto i fumetti fossero pericolosi a una conferenza della polizia, gli agenti di tutti i distretti della città ritirarono copie degli albi a fumetti dalle edicole e le esaminarono alla ricerca di «materiale oltraggioso». Toy fece rapporto sulle sue scoperte agli amministratori della città (come pure all'FBI) e questi vi trovarono motivo per giustificare un'ordinanza con la quale si mettessero al bando dai chioschi dei giornali di Detroit trentasei titoli a fumetti. Come spiegò il Pubblico ministero James N. McNally, il Comune di Detroit classificava un comic-book come oltraggioso se esso rientrava in uno qualsiasi di questi quattro parametri: (1) se ritraeva personaggi «che stanno progettando o commettendo un crimine»; (2) se conteneva storie «che coinvolgono un giovane in un crimine»; (3) se l'«intero fumetto [contenuto nel suo albo ha a che fare] con la criminalità o con azioni criminali»; (4) se esso «ritrae azioni macabre o brutali su donne, bambini o razza [*sic*]».

Meno di due settimane più tardi, il 10 maggio, il sostituto capo della polizia di Ann Arbor, capitano Albert E. Housel, annunciò che la città aveva «messo fuorilegge» trenta albi a fumetti (e una rivista osé) sotto l'autorità del pubblico ministero della contea, il quale dichiarò che quei prodotti violavano la norma di legge sulla vendita di materiali pubblicati che mostrassero «crimini, spargimenti di sangue e oscenità».[5] Quattro giorni dopo il sindaco di Mt. Prospect, Illinois, convinse il Consiglio cittadino a vietare l'esposizione o la vendita di qualsiasi albo a fumetti, quale che fosse il suo contenuto.[6] Alla fine del mese, come riferì L'Associazione dei municipi americani (AMA),[7] un'altra città e un'altra cittadina erano passati all'azione proibendo la vendita di comic-book: Indianapolis ne mise al bando trentacinque e Hillsdale, nel Michigan, interdì la vendita degli stessi trentasei titoli già messi al bando a Detroit. In altre località, riferì ancora l'associazione, gli ufficiali erano in procinto di adire le vie legali secondo varie linee d'azione. Nei mesi a seguire oltre cinquanta municipalità, ivi incluse molte delle più popolose degli Stati Uniti, avrebbero posto in essere iniziative per sopprimere la vendita degli albi a fumetti.

La legge per limitare la distribuzione nel Michigan di pubblicazioni dedicate a storie imperniate sul crimine e su fatti di sangue era stata promulgata in 1885.[8] Nel 1948 i codici in materia di venti stati annoveravano leggi del genere.[9] La maggior parte di tali statuti erano stati formulati per proteggere i minori, i lettori principali degli albi a fumetti, benché alcuni si rivolgessero anche agli adulti, ed erano distinti dalle legislazioni più generali sull'oscenità, anche se a queste tangenzialmente connessi. Il modello ispiratore era una legge dello stato di New York del 1884, introdotta in risposta a una controversia del tempo concernente gli antesignani dei fumetti contenenti storie di crimine, le cosiddette *story papers*, riviste con racconti e illustrazioni che, nei primi decenni successivi alla Guerra di Secessione, riportavano a mezzo stampa resoconti pacchiani e vistosamente romanzati di sensazionali casi polizieschi. Scritti e prodotti in tempi stretti e a basso costo per i lettori della classe operaia, questi foglietti si attirarono le ire dell'indomito protettore della virtù americana della porzione finale del XIX secolo, Anthony Comstock (1844-1915). Segretario della Società newyorkese per la soppressione del vizio, Comstock denunciò le story paper e gli *half-dime novels* del periodo, romanzetti da un nichelino predecessori di un ventennio dei noti *di-*

me novels, i romanzi pulp in vendita a un decino la copia. Comstock fu attivo nelle sue invettive in scritti, discorsi e lettere che alla fine spinsero il Congresso, nel 1873, ad approvare una legge, nota ai più come «Comstock Act», che proibiva l'uso delle Poste per «materiali rivolti a uso immorale»,[10] proprio come le story paper, i disegni di nudo o qualsiasi cosa venisse valutato come indecente dall'agente speciale delle Poste degli Stati Uniti, appena nominato: Anthony Comstock in persona.

Comstock lanciò i suoi anatemi contro le story paper in un volume, *Traps for the Young* ('Trappole per i giovani'), edito nel 1883. «I nostri giovani sono in pericolo; essi sono stati messi, mentalmente e moralmente, sotto l'incantesimo di una letteratura che è una disgrazia per il XIX secolo», scriveva Comstock. Così descriveva le pagine delle story paper:

> I crimini sono indorati e l'illegalità è dipinta in modo da somigliare a un qualcosa di positivo, poiché si prendono le parti di banditi, briganti, assassini, ladri e criminali in generale. Chi è che andrebbe in una prigione di stato, in un saloon dove si gioca d'azzardo o in un bordello per trovare un amico adatto per i propri figli? Eppure un nemico più subdolo si avvicina loro quando si permette che queste storie divengano compagni dentro alla mente dei bambini e che formino e direzionino i loro pensieri.[11]

L'anno dopo l'Assemblea legislativa dello stato di New York approvò un disegno di legge che rendeva illegali le pubblicazioni costituite di «immagini e storie di azioni sanguinose, lussuriose o criminali».[12] La maggior parte delle successive leggi statali si mossero sulla stessa linea e usando lo stesso linguaggio, mentre altre, come uno statuto del Colorado del 1885, si spinsero oltre perché inclusero l'ipotesi di malafede, mettendo fuorilegge «immagini o descrizioni, dettagli indecenti o immorali di crimine, vizio o immoralità, progettati per corrompere la pubblica morale od offendere il comune senso del pudore, o per presentare il vizio e il crimine, l'immoralità e la licenziosità in modo attraente».[13]

Il 29 marzo 1948, sessantaquattro anni dopo la promulgazione della legge dello stato di New York, la Corte Suprema degli Stati Uniti la dichiarò incostituzionale, producendo un'efficace ricaduta anche sulle altre diciannove norme simili negli altri stati.[14] La decisione non fu presa nell'impeto delle prime azioni municipali contro i fumetti, ciascuna delle quali era stata il frutto di settimane o mesi di manovre messe in atto dagli ufficiali di polizia o dai leader delle comunità locali. La sentenza, tuttavia, spalancò la porta a future legiferazioni sugli albi a fumetti e altre pubblicazioni malviste indirizzate ai giovani; e in effetti, la stragrande maggioranza dell'opinione pubblica in pratica le invocò a gran voce.

Nella dinamica legale che nel 1947 portò la legge del 1884 dinnanzi alla Corte Suprema, il principale caso pendente era quello di un commerciante di libri di New York di nome Murray Winters che nel 1942 era stato condannato a una multa di 100 dollari perché trovato in possesso, con l'intenzione di venderle, di copie di un fogliettone con storie di «crimini autentici» intitolato *Headquarters Detective, True Cases from the Police Blotter* ('Sede centrale investigativa, casi autentici dai registri della polizia'). Winters obiettò appellandosi al Primo Emendamento. L'alta corte di New York confermò l'ammenda, liquidando la rivista, nella sentenza, con una certa salacia, descrivendola come «una raccolta di storie sul crimine che ritraggono in modo vivido racconti su vizio, assassinii e complotti [...] abbellite da descrizioni di crimini diabolici e macabri [...] costellate di spudorate fotografie delle vittime e dei loro carnefici».[15] In pratica, *Crime Does Not Pay* di Charles Biro, ma senza fumetti.

Pur ribaltando quel verdetto, la Corte Suprema degli Stati Uniti non è che avesse visto in *Headquarters Detective* qualche particolare virtù: «Non riusciamo a scorgere in queste riviste alcun possibile valore per la società»[16] fu l'opinione del giudice della Corte Suprema Stanley F. Reed, del Kentucky e politicamente al centro, nominato alla Corte da Roosevelt dieci anni prima. L'alta corte fondò la sua decisione sulla vaghezza della legge del 1884: la maggioranza dei suoi membri rilevarono che non presentasse degli accettabili «criteri di definizione». Cioè, la corte emise la sua decisione valutando il modo in cui quella legge era stata formulata, non sulla base del linguaggio verbale o visuale della pubblicazione in questione.

Allo stesso tempo, l'articolata opinione del giudice Reed proponeva esplicitamente una relazione causale fra le pubblicazioni deplorevoli e la delinquenza giovanile; Reed si impegnò specificamente per ricordare ai vari stati così come al Congresso che tutti avevano la responsabilità di agire contro tali prodotti. Egli scrisse: «Riconosciamo come fondamentale l'importanza dell'uso delle forze di polizia da parte di uno stato per minimizzare qualsiasi incentivo alla criminalità, in particolare nel campo delle pubblicazioni sanguinarie o licenziose, le quali istigano la delinquenza giovanile». Inoltre, Reed notò:

> Dire che uno stato non ha facoltà di punire sulla base di una legge di questa vaghezza non implica assolutamente che esso non possa punire la circolazione di materiali a mezzo stampa deplorevoli, dando per assunto che questi non sono protetti dai principi del Primo Emendamento. [...] Né agli stati né al Congresso si impedisce, in base ai requisiti di specificità, di perseguire il proprio dovere di eliminare i mali ai quali, a loro giudizio, tali pubblicazioni danno vita.[17]

Insomma, secondo la più alta autorità della nazione i vari stati e il Congresso avevano il *dovere* di *punire* coloro che mettevano in circolazione materiali *deplorevoli* e di *eliminare* i *mali* a cui essi davano origine. Traduciamo sanguinario con *assetato di sangue* o *violento*, pubblicazione con *albo a fumetti*, e avremo il vocabolario standard di mille diatribe future e gli ordini da eseguire da parte di un inaspettato esercito che si riuniva proprio dietro l'angolo.

***

Lo stesso giorno in cui la Corte Suprema rovesciava la sentenza Winters vs Stato di New York, il 29 marzo 1948, la rivista *Time* pubblicava un articolo sui fumetti intitolato «Pozze di sangue». Riferiva di un recente simposio sulla «Psicopatologia dei fumetti», che aveva avuto luogo a New York con gli auspici dell'Associazione per l'avanzamento della psicoterapia, nel corso del quale fu mostrato che i fumetti contenevano un eccesso di «percosse, spari, strangolamenti, pozze di sangue e torture mortali, espressi per immagini». Queste raffigurazioni disegnate di violenza stavano aumentando «a braccetto» con la delinquenza giovanile, secondo il presidente dell'associazione patrocinante.[18] L'articolo si chiudeva con una parafrasi delle conclusioni della relazione del presidente: «I fumetti non solo ispirano il male, ma suggeriscono le forme che il male può assumere». La foto di accompagnamento mostrava il capo dell'associazione, lo psichiatra Fredric Wertham. Di mezza età e di stazza assai contenuta, con capigliatura grigia pettinata all'indietro e un'ampia fronte attraversata da rughe che gli davano un'aria accigliata, in questo ritratto fotografico guardava di fronte a sé con sguardo lievemente di sottecchi da dietro occhiali dalla montatura d'osso opaco. Indossava una cravatta scura di taglio semplice e un camice bianco da laboratorio; la sua espressione suggeriva disappunto e un'aria interrogativa; l'ignoto fotografo, guardando attraverso l'obiettivo, avrebbe potuto domandarsi se il soggetto della foto non avesse per caso visto in quel momento qualcuno che si era perso le braghe per strada. Adesso, con quest'immagine, la nascente crociata contro i comic-book aveva assunto un volto.

Fredric Wertham non era certo il primo crociato anti-fumetti. Diversamente da Sterling North o dal reverendo Robert E. Southard, tuttavia, Wertham era un uomo di scienza (o, almeno, proponeva idee che suonavano come scientifiche), piuttosto che uno studioso di estetica o un seguace della fede. Comparve esattamente al momento giusto e sottolineò una nozione di grande impatto: che i comic-book causassero la delinquenza giovanile, una tesi che sosteneva di poter dimostrare mediante le prove cliniche da lui prodotte.

Come psichiatra, Wertham era altamente referenziato:[19] nato a Monaco nel 1895, Frederic Wertheimer aveva studiato in Inghilterra e in Austria laureandosi in medicina presso l'Università di Würzburg; in seguito aveva mosso negli Stati Uniti, per insegnare alla Johns Hopkins ed esercitare nella clinica psichiatrica Phipps, annessa alla stessa università. Adottò una variante del suo cognome che in qualche modo suonasse meno germanica e rimase affascinato dagli elementi distintamente statunitensi della nuova cultura in cui ora viveva, in particolare lo stile di vita e l'intrattenimento popolare dei Negri.[20] Mentre si trovava a Baltimora, avrebbe detto Wertham in seguito, aveva avuto in cura pazienti neri inviatigli dal collega Clarence Darrow perché nessun altro psichiatra in città era disposto ad accettarli. Divenne un cittadino naturalizzato (e cambiò legalmente nome) nel 1929 e, tre anni dopo, si trasferì a New York per andare a dirigere la nuova clinica psichiatrica collegata al tribunale, dove condusse valutazioni su imputati e detenuti. Da quell'esperienza, Wertham iniziò a costruirsi una carriera come esperto in comportamento criminale.

Aveva orecchio per i titoli dei giornali e occhio per le luci della ribalta. Nel fornire una testimonianza tecnica per conto della difesa in un processo per omicidio, nel 1934, Wertham disse di essere convinto che l'imputato fosse stato temporaneamente incapace di intendere e di volere, agendo in uno stato di frenesia psicotica.[21] Mentre si trovava al banco dei testimoni, colse anche l'occasione per aggiungere di essere altresì convinto che praticamente qualsiasi testimonianza psichiatrica nei processi riguardanti crimini fosse speciosa. Il giorno successivo il *New York Times* riportò: «Le testimonianze degli "alienisti" sono di solito "nonsense", afferma sotto giuramento psichiatra in processo per omicidio».[22] Fu Wertham stesso a riportare l'episodio, a rischio di screditare la propria testimonianza e la stessa strategia di difesa dell'imputato a favore del quale era stato chiamato a deporre.

Grande conoscitore della sua cultura adottiva, Wertham si sforzò di diventare una figura di rilievo pubblico, un uomo con un seguito, e ci riuscì mediante un'intensa attività pubblicistica indirizzata a una platea di profani e incentrata su argomenti controversi. Dopo il suo primo libro, *Il cervello come organo*, un trattato accademico sulle funzioni cognitive edito nel 1934,[23] Wertham passò alla stesura di un paio di resoconti di orrendi omicidi: *La leggenda oscura. Studio di un assassinio*, storia di un matricidio pubblicato nel 1941 e adattato per il teatro a Off-Broadway nel 1952, e *Lo spettacolo della violenza*,[24] che rendeva conto di otto impressionanti casi di omicidio seguiti in vari tribunali dello stato di New York, pubblicato nel 1949. Wertham usò la formula della narrazione, affidandosi a testimonianze raccolte in aula e a trascrizioni delle sue interviste con i criminali. In *Lo spettacolo della violenza* era lui stesso il personaggio principale, che, come sottolineò la *New York Times Book Review*, «descrive estesamente le sue burrascose vicissitudini con le autorità, le sue vittorie e le sue sconfitte. Scrive con vigore e con non poca irritazione per le falle della legge».[25]

Wertham era un ricettacolo di contraddizioni: intelligente e osservatore, eppure suscettibile a ragionamenti illogici, a congetture e a peculiari balzi argomentativi; moderato nell'aspetto generale e nei modi, ma incline a pontificazioni stravaganti e vòlte ad attirare l'attenzione. Aborriva i fumetti, che erano un prodotto venuto fuori dalle esperienze degli immigrati, e però era sinceramente solidale con la condizione dei Negri. Attraverso la sua amicizia con il noto scrittore afroamericano Richard Wright, Wertham fece conoscenza con un altro grande scrittore nero, Ralph Ellison, il quale, a quel tempo, si trovava in crisi per aver ricevuto la lettera di precettazione militare per svolgere il servizio di leva in un esercito che egli detestava, a causa delle sue dinamiche interne di segregazione dei Negri.[26] Wertham incontrò Ellison e in seguito scrisse una lettera al Distretto militare che l'aveva precettato, perorando la causa della sua esenzione per motivi psichiatrici. Dopo la guerra, Wertham fece ancora una volta notizia quando protestò contro il governo per aver confinato Ezra Pound in un ospedale psichiatrico con la diagnosi di pazzia, invece di incarcerarlo con l'accusa di tradimento.[27]

Impegnatosi a correggere le ineguaglianze razziali nel settore sanitario delle malattie mentali, Wertham cercò per diversi anni, senza successo, di persuadere il sindaco di New York di allora, Fiorello La Guardia, a istituire una clinica psichiatrica a Harlem, che allora era un quartiere abitato per lo più da neri. Con grande fervore, mobilitò colleghi e rappresentanti di spicco della comunità Negra (fra i quali Wright, Ellison e lo scrittore Earl Brown della rivista *Life*) per aiutarlo a proseguire per questa via senza il supporto del governo e, nel marzo del 1946, aprì la clinica Lafargue nel seminterrato della parrocchia della chiesa episcopale di St. Philip, a Harlem. Intitolata a Paul Lafargue, un medico di colore nativo di Cuba e attivista politico a Parigi, la clinica fu tra le prime strutture psichiatriche gratuite (o quasi) negli Stati Uniti accessibili a persone di tutte le etnie. Come Ellison scrisse della Lafargue, «Questa clinica (il cui personale non riceve alcun salario e la cui tariffa è di soli venticinque centesimi, per quelli che se la possono permettere) è forse il tentativo di maggior successo nella nazione di fornire psicoterapia per i meno abbienti. Di certo è diventata, in due anni, una delle istituzioni più importanti di Harlem [e] una delle poche impegnate a riconoscere che i Negri sono profondamente inseriti nella vita degli Stati Uniti».[28]

Wertham affermò che il suo proposito alla Lafargue era quello di fornire cure, non di raccogliere dati. «Non vogliamo venire qui per fare ricerca, benché in un modo o nell'altro ricerca si farà», disse a un intervistatore della rivista *Life*, che nel 1948 pubblicò un articolo di tre pagine sulla clinica corredato di fotografie di Wertham, ritratto col suo camice indosso, mentre visitava un ragazzo e mentre giocava con dei cubetti di legno insieme a un gruppetto di sette bambine (tutti neri, l'uno e le altre).[29] Egli e il suo staff di undici psichiatri e volontari decisero di fare ricerca, comunque, e il loro tema d'indagine fu il ruolo dei comic-book nelle vite dei giovani che frequentavano la clinica. I risultati servirono come base per un articolo di cinque pagine scritto da Judith Crist, pubblicato su *Collier's* nel marzo 1948 e intitolato «Orrore al nido d'infanzia».[30]

In 3800 energiche parole, il pezzo spiegava la ricerca che aveva portato Wertham a concludere che gli albi a fumetti stessero corrompendo i giovani lettori. «Le sue scoperte, pubblicate qui per la prima volta, costituiscono un avvertimento ai genitori di nove case americane su dieci nelle quali in un modo o nell'altro gli albi a fumetti trovano modo di entrare», scriveva Crist. Il testo paventava autorità clinica – «Ricercatori della Lafargue hanno scoperto... La Clinica Lafargue ha anche studiato... I ricercatori della Lafargue sono molto critici... I ricercatori alla Lafargue non lo trovano divertente...» – e melodramma, mediante i suoi paurosi resoconti di giovani che uccidevano, picchiavano e si accoltellavano gli uni gli altri, in un caso addirittura solo «per vedere cosa si provava». Le pagine d'apertura presentavano due grandi fotografie. In una, un ragazzino adolescente giaceva sulla schiena, in una smorfia di dolore, mentre una coetanea lo teneva fermo per terra e un altro lo pugnalava in un braccio con una penna stilografica. Alla destra di questa foto, una seconda immagine mostrava una scena con cinque adolescenti, tre ragazzi e due ragazze, intorno a un tavolo con al centro un comic-book. Una delle ragazze era legata a una sedia e imbavagliata, mentre i tre ragazzi confabulavano, presumibilmente su cosa fare della giovane.

Wertham era inequivocabile, nella sua conclusione: «Abbiamo trovato che la lettura degli albi a fumetti è un distinguibile fattore d'influenza nel caso di ogni singolo bambino delinquente o disturbato che abbiamo studiato. E questo fattore dev'essere arginato, poiché aumenta stabilmente». I comic-book, dichiarava Wertham, richiamando il linguaggio di Anthony Comstock, stavano «depauperando la morale dei giovani, sia nelle intenzioni sia negli effetti». Le sue prove erano esili. Egli e i ricercatori della Lafargue citavano solo un esempio nel quale un/a bambino/a imitava un comportamento osservato negli albi a fumetti: quello della ragazzina legata, che Crist descriveva nel primo paragrafo dell'articolo.[31] Praticamente in tutti gli altri casi di atti di delinquenza riportati nel pezzo – un dodicenne che uccise un bambino di dieci anni perché «mi chiamava finocchio»; l'episodio, già citato, del ragazzo e della ragazza che tenevano per terra un altro coetaneo infilzandolo con la penna; un bambino che rubava in un negozio di caramelle; e molti altri – non v'era alcun legame con i fumetti. Wertham non affermò nemmeno che i giovani coinvolti in quei fatti leggessero fumetti. Notò solo che in generale i fumetti, che in quei giorni erano letti dalla maggior parte dei ragazzi, ritraevano atti di violenza di simile natura. Wertham aveva scavalcato gli imponenti ostacoli alla dimostrazione della sua tesi con un solo grande balzo.

Stranamente, l'articolo «Orrore al nido d'infanzia» non menzionava mai che il luogo della ricerca di Wertham era il distretto di Harlem. La prima frase del pezzo descriveva la scena: «Nel seminterrato della parrocchia della chiesa episcopale di St. Philip, nell'uptown di New York...», evocando un'associazione all'anglicanismo WASP, senza alcun indizio circa quale precisa zona dell'uptown ospitasse la clinica Lafargue. Il testo si guardava bene dal citare la cultura Negra o anche solo concetti di razza ed etnia di qualunque tipo; e tutti i bambini nelle fotografie, che erano state di fatto inscenate, erano di pelle bianca.

Wertham, interpellato in quell'articolo anche in merito alla decisione della Corte Suprema sul caso Winters vs Stato di New York, criticò la sentenza e, previdente, anticipò inoltre le possibili obiezioni alle sue critiche sui fumetti basate sul Primo Emendamento. E invitò peraltro a un'ulteriore azione legislativa. «Gli editori si appelleranno a gran voce alla libertà di parola e di stampa», disse a Crist:

> Stupidaggini. La posta in gioco è la salute mentale di una generazione, la cui salvaguardia per troppo tempo è stata da noi lasciata nelle mani di persone senza scrupoli il cui solo interesse è la cupidigia e il guadagno economico. [...] Se i diretti responsabili rifiutano di ripulire il mercato dei comic-book – e tutto lascia pensare che la maggior parte di essi non siano disposti a farlo – allora è tempo di legiferare in modo che questi albi scompaiano dai chioschi ed escano dalle drogherie.

A tal proposito, in un'intervista concessa al *Daily News* di New York pubblicata lo stesso mese di «Orrore al nido d'infanzia», Wertham sottolineò che il novembre successivo ci sarebbero state le elezioni presidenziali e si offrì di fornire la sua consulenza sugli albi a fumetti a qualunque candidato «che davvero vuole che questa questione arrivi direttamente ai genitori di quasi ogni casa di questo paese in cui vivono dei bambini».[32]

Molti autori di fumetti, assorti nel loro lavoro e felici di svolgerlo, eseguivano le matite o le chine delle loro vignette o battevano a macchina le loro sceneggiature con ben poca consapevolezza della controversia che stava montando loro intorno. Harry Lampert, che nel 1948 disegnava sulla collana *Flash* per la All-American Comics, notò uno o due articoli sui quotidiani newyorkesi su «qualche fesseria» circa i comic-book e la criminalità giovanile, ma non li lesse mai. Né, se è per questo, aveva letto quelli sul Blocco di Berlino.[33] La moglie di Bernie Lampert, fratello maggiore di Harry, gli mostrò un articolo di critiche ai fumetti in «una rivista per casalinghe», probabilmente il pezzo «Orrore al nido d'infanzia» su *Collier's*, e lui diede solo un'occhiata alle fotografie. «Passavo ogni giorno per molti chioschi di giornali, e in ciascuno di essi c'erano assembramenti di ragazzini che ammiravano i fumetti», disse Lampert. «Un paio di articoli sul giornale? C'erano centinaia di albi a fumetti che rendevano felici un mucchio di bambini». Lampert avvertì un'oncia del malcontento crescente per i fumetti solo in un'occasione, quando notò un ragazzo che leggeva un albo della serie *Flash* (su un autobus, secondo quanto ebbe a raccontare, o forse sul metrò), e disse al giovanotto che il disegnatore del personaggio era lui e cosa ci sarebbe stato sulla copertina del numero successivo. «Caspita! Lei disegna fumetti!», disse il ragazzo, e qualcuno vicino a loro intervenne dicendo «io non me ne vanterei, amico».

Fred Kida era molto tranquillo rispetto al dibattito sui fumetti, anche a causa del gran daffare al lavoro, malgrado l'avvertimento da parte di uno dei suoi redattori, Ed Cronin, alla Hillman Comics. Kida stava disegnando per Cronin *Airboy*, nel 1948. «Un giorno mi recai in sede per il mio nuovo incarico», ricorda Kida.[34] «Dissi "va bene, Ed, ci vediamo presto", e lui disse "speriamo", con sguardo preoccupato. Pensai che stesse solo scherzando. Non fu che qualche tempo dopo che compresi che aveva avvertito i segnali prima di tutti noi».

Per come la mise Will Eisner, «eravamo troppo occupati a fare il nostro lavoro».[35] Per di più, disse Eisner, le persone che producevano i comic-book «pensavano solo a fare fumetti. Stavamo dentro a una bolla e vivevamo, respiravamo e mangiavamo fumetti. Il mondo poteva pure esplodere al di fuori dello studio e l'autore medio di fumetti non se ne sarebbe accorto. Di fatto, era esattamente quello che stava per succedere, e nessuno di noi s'era affacciato alla finestra per guardare».

***

A Hartford, Connecticut, nel salone d'ingresso del municipio c'era un chiosco di giornali. Il proprietario, un signore corpulento di nome James F. O'Brien, alla metà del giugno 1948 si accorse di incontrare problemi nella vendita degli albi a fumetti. «Stanno lì esposti, ma non ne vendiamo moltissimi»,[36] disse a un cronista del quotidiano locale *Hartford Courant*. O'Brien riceveva dal suo distributore risme di albi e le rimandava indietro così com'erano, invendute. La settimana successiva ne riceveva altre e le restituiva ancora una volta intonse. «Penso che ci rimandino sempre le stesse», dichiarò al giornale. O'Brien si stava perdendo una vera e propria manna: durante quel mese di giugno i comic-book vendettero in tutta la nazione fra gli 80 e i 100 milioni di copie.[37] A Hartford, tuttavia, la giunta comunale aveva approvato una risoluzione per la quale i venditori di giornali erano chiamati a «ripulire le edicole» e volontariamente interrompere la vendita di fumetti: motivo, «immoralità e crimine».[38] I clienti di quell'edicola dentro al municipio, apparentemente riluttanti a cercare di distinguere fra fumetti buoni e fumetti cattivi, li evitavano tutti di sana pianta. La giunta si era imbattuta nella stessa difficoltà, poiché l'ordinanza che aveva promulgata metteva al bando la vendita di «albi a fumetti deplorevoli», definiti quindi in termini alquanto vaghi, nella misura in cui «mettono in pericolo o possibilmente contaminano le menti plasmabili dei nostri figli».[39]

Il consigliere comunale Joseph V. Cronin, appassionato della serie a fumetti *Il ranger solitario* (*The Lone Ranger*), fece ciò malgrado mettere a verbale, durante una sessione: «In esso vi sono donne indiane formose. È intento di questa [ordinanza] prevenire la vendita ai bambini solo dei peggiori albi?». Un altro consigliere, Anson T. McCook, aggiunse che aveva visto un albo a tema criminoso con «una scena di violenza [che] mi ha fatto rivoltare lo stomaco». Un terzo, Milton Nahum, disse: «Dovremmo coinvolgere la polizia»;[40] e così la giunta si decise a deliberare. Lo stesso mese la giunta di New Britain, sempre nel Connecticut, approvò una risoluzione nella quale si davano istruzioni alla polizia per «proibire l'esposizione e la vendita di riviste e albi a fumetti attinenti al crimine o al sesso e di tutte le altre pubblicazioni di natura oscena». Bridgeport e Norwalk, nello stesso stato, stavano approvando leggi simili.[41]

Alla fine di giugno la città di Milwaukee aveva costituito un comitato atto a formulare un piano per il controllo dei fumetti;[42] nella contea di Los Angeles nel frattempo si dibatteva l'argomento. A Los Angeles, un'area la cui cittadinanza era ben abituata a una grande varietà di espressioni creative, la giunta comprese la complessità della distinzione fra immagini di depravazione e illustrazioni di squaw maggiorate. Agendo in risposta a petizioni presentate da varie associazioni di genitori e insegnanti e da gruppi di assistenza ai giovani, il governatore della contea Leonard J. Roach propose un'ordinanza di divieto alla vendita ai minori di quei fumetti che la giunta avesse ritenuto deprecabili. «Questi cosiddetti comic-book sono così palesemente dannosi al benessere dei bambini che devono essere intraprese misure immediate per impedire che nella contea si continui a vendere questo tipo di letteratura», dichiarò Roach. Durante il dibattito su tale misura un altro membro del governo della contea, William Smith, domandò: «Come facciamo a trovare una formula con la quale siano messi al bando i fumetti deplorevoli senza colpire indiscriminatamente personaggi dei fumetti inoffensivi?». Proprio a tal proposito il consigliere legale del governo della contea, Harold Kennedy, avvisò che l'impresa della giunta era «come camminare, legalmente parlando, sospesi su di una fune, perché il principio della libertà di stampa è qualcosa di sacro che dev'essere protetto. Allo stesso tempo, non se ne può abusare».[43]

La contea di Los Angeles commissionò la realizzazione di un rapporto sulle ramificazioni della sentenza di marzo della Corte Suprema, mentre altre città lanciarono sondaggi sul problema dei fumetti o s'inventarono delle soluzioni che passarono attraverso maldestre e improvvisate alleanze fra dipartimenti di polizia, gruppi di cittadini, associazioni di genitori e insegnanti e altri gruppi intenzionati a partecipare. Per esempio a Chicago, il 21 luglio, la polizia e l'assessorato agli spettacoli e al tempo libero misero insieme un «comitato di censura», chiamando come membri varie personalità da istituzioni quali l'Agenzia di protezione del fanciullo, i sindacati, la Northwestern University e la Loyola University, il Museo Field di storia naturale. Il comitato venne investito dell'autorità di individuare albi a fumetti che sarebbero poi stati interdetti alla vendita entro i confini cittadini. La polizia si sarebbe assicurata che le edicole osservassero i divieti e, come spiegò il *Chicago Tribune*, «se i distributori si rifiutassero di ottemperare, la polizia confischerà gli albi e arresterà coloro che li vendono».[44] Tre giorni dopo l'approvazione della misura, il *Tribune* la sfidò apertamente in un editoriale:

> Anche ammettendo che gli albi a fumetti siano spesso stupidi e sanguinosi, i loro critici dovrebbero presentare ulteriori prove prima di passare alle vie di fatto e proibirli. Dovrebbero dimostrare che essi causino di fatto delinquenza giovanile. Non è una prova sufficiente il mostrare che giovani delinquenti leggano gli albi. Lo facevano anche i soldati in missione verso Iwo Jima.[45]

La tempesta di costernazione sull'influenza dei comic-book si sollevò nel preciso momento in cui si verificava un'eruzione di tensioni nella sfera politica. Le relazioni fra gli Stati Uniti e l'Unione Sovietica, difficili fin da quando le forze militari statunitensi erano intervenute in difesa delle fazioni anticomuniste in Grecia l'anno prima, erano considerevolmente peggiorate con il Blocco di Berlino. Nelle città del paese i leader della società civile presero l'iniziativa contro i comic-book mentre i politici a Washington lavoravano contro la minaccia comunista. «Fu l'inizio di un'epoca d'incertezza e trepidazione, e non c'era dubbio che quello che stava cominciando ad accadere nel campo dei comic-book non fosse una coincidenza rispetto a quanto stava avvenendo nel mondo», ebbe a dire Frank Bourgholtzer, redattore di albi a fumetti per la Fawcett, che lasciò il settore alla metà degli anni Quaranta per entrare nello staff del *Wall Street Journal*. «A entrambi i livelli, alcuni cominciavano a dire "siamo sotto attacco" e altri dicevano "forse sì e forse no: restiamo calmi"».[46]

A luglio il procuratore distrettuale di Rochester (stato di New York), negoziando con i distributori di stampa periodica della zona di sua giurisdizione, ottenne una messa al bando volontaria degli stessi titoli di fumetti già proibiti a Indianapolis e Detroit, che adesso avevano raggiunto quota cinquanta dai trentasei di due mesi prima.[47] Ad agosto il comune di Bellingham, nello stato di Washington, decretò il divieto degli stessi cinquanta titoli[48] mentre il sindaco di Sacramento (California), Belle Colledge, commissionò uno studio su come la città potesse arginare quei giornalini a fumetti così «maligni, orribili».[49] La prima settimana di settembre, l'Associazione nazionale degli istituti penitenziari tenne il suo congresso annuale a Boston e fra gli intervenuti relazionò anche Fredric Wertham, che insisté perché venisse «messo al bando» l'«inquinamento» prodotto dagli albi a fumetti e venisse fermata la diffusione, attraverso di essi, di «idee criminali o sessualmente depravate» e la creazione di «un'atmosfera di inganni, sotterfugi e crudeltà».[50]

Mentre Wertham parlava, la Commissione per le attività antiamericane era nel bel mezzo della sua prima serie di udienze riguardanti il caso Alger Hiss. «Diti puntati, paranoia, era solo l'inizio e nessuno sapeva proprio come sarebbe andata a finire», ricordò Bourgholtzer. «I fumettari furono fortunati che la Commissione avesse già tanta carne al fuoco e che quindi non perseguitarono loro».[51] In realtà la Commissione per le attività antiamericane aveva già toccato di striscio il settore degli albi a fumetti l'anno precedente, quando aveva investigato su sedici membri del Comitato congiunto per i rifugiati antifascisti, un gruppo legato al Partito comunista; fra i membri si annoveravano lo scrittore Howard Fist, l'impresario teatrale Herman Shumlin, nonché Lev Gleason, editore di una variante sinistrorsa di breve durata del *Reader's Digest*, il *Reader's Scope*, oltre che di *Crime Does Not Pay*. A Gleason, insieme ad altri membri del Comitato per i rifugiati, fu comminata una multa di 500 dollari per aver rifiutato di fornire al Comitato i registri contabili e del personale; Gleason pagò la multa e chiese che venisse rimossa l'accusa di oltraggio, evitando la condanna di detenzione emessa invece ai danni del presidente della Commissione per i rifugiati, Edward K. Barsky.[52]

Gleason aveva delegato la gestione della sezione fumetti della sua casa editrice a Charles Biro e Bob Wood. «Tutti sapevano che era comunista», disse Pete Morisi, «ma io non l'ho mai incontrato. Non lo conoscevo. Non conoscevo nessuno che lo conoscesse. Però penso che Charlie stesse facendosi un po' nervoso» circa la crescente attenzione per i giornalini a fumetti a tema criminoso. In una visita all'ufficio di Biro nell'estate del 1948, Morisi notò che la scimmietta di Biro era tenuta al guinzaglio, assicurata a una gamba del suo tavolo da disegno. «Cercavo sempre la scimmietta», riferì Morisi. «Quando se ne stava accucciata lì come una brava scimmietta, questo voleva dire che Charlie era allegro. Se invece era nervosetta, voleva dire che c'erano dei problemi».[53]

I problemi c'erano sì: i fumetti sul crimine stavano diventando un crimine essi stessi. Il 23 settembre 1948 la contea di Los Angeles dichiarò illegale la vendita ai minorenni di fumetti sul crimine.[54] Persone di tutte le età potevano ancora *leggere* gli albi impunemente, se ne erano già in possesso o se li avevano ricevuti in dono o in prestito da minorenni; però sarebbe stato reato, perseguibile con una multa di 500 dollari o fino a sei mesi di prigione, se un adulto, «persona, società o compagnia vende, dona o in un modo o nell'altro fornisce a chiunque abbia meno di diciott'anni un albo, rivista o altra pubblicazione nei quali siano primariamente raffigurati resoconti di crimine e che rappresentino mediante uso di disegni o fotografie il compimento o il tentato compimento» di qualsivoglia crimine in una nutrita lista che includeva incendio doloso, aggressione a mano armata o sostanze chimiche letali, furto con scasso, stupro, rapimento, assassinio, rapina, furto, omicidio colposo e «tumulti».[55] La giunta della contea era evidentemente determinata a prevenire le critiche di «vaghezza» da parte degli omologhi losangelini di Murray Winters. Il legale della contea, Kennedy, definì la sua opera giurisprudenziale «pionieristica» e in poco tempo questa, in effetti, si rivelò efficace. Dieci giorni dopo l'entrata in vigore della misura, un titolo del *New York Times* annunciava «Albi a fumetti deplorevoli scompaiono da edicole di Los Angeles dopo nuova legge».[56] La risoluzione aveva ricevuto una tale «ondata di approvazione», disse l'avvocato Kennedy al *Times*, che egli si aspettava che conducesse a una legislazione statale «veramente onnicomprensiva».[57]

Il giorno successivo, l'Associazione dei municipi americani riferì che fino a quel momento quasi cinquanta città e cittadine degli Stati Uniti avevano «messo al bando la vendita di determinati albi a fumetti», molte delle quali attraverso una legge ad hoc e alcune, come Racine nel Wisconsin e Oneda nello stato di New York, tramite «comitati di censura» e accordi con le società coinvolte nel giro d'affari.[58] L'Ama rilevò inoltre un impegno, in corso in California, per inserire la questione dei fumetti nelle normative di giurisdizione statale. Quello stesso giorno il governatore della contea di Los Angeles, Roach, annunciò che alla successiva sessione dell'assemblea di stato della California, la quale avrebbe avuto luogo all'inizio del 1949, avrebbe formalmente richiesto che la messa al bando sui fumetti di crimini venisse estesa a livello statale. L'idea gli era stata ispirata, disse, dalla notizia secondo cui un ragazzino in Pennsylvania aveva assassinato il fratello a causa di un comic-book.[59]

Sembrava che ciò fosse realmente accaduto, secondo una notizia d'agenzia della Associated Press diramata in tutto il paese e da cui derivarono articoli di giornale con titoli come «Bambino spara al fratello e lo uccide in lite su albo a fumetti». Questo secondo il medico legale della contea. Il piccolo George Nall, dieci anni, primogenito di un operaio in un'acciaieria, viveva con entrambi i genitori e il fratellino di sei anni a Clifton Flats, quartiere periferico di Newcastle. George aveva deciso di rivendere uno dei suoi albi a un amico del vicinato. Però il fratellino, Samuel, non l'aveva ancora letto. I bambini cominciarono a litigare. Per porre fine al litigio, il padre spedì George a letto nella stanza che i due fratelli dividevano. Samuel sgattaiolò nella camera dei genitori, trovò la pistola del padre, la caricò con proiettili malamente nascosti dentro a un vaso, andò da George, che era a letto, e gli sparò in testa.[60] Una tragedia assurda, che riguardava i comic-book solo come oggetto della passione dei due bambini. Nessuna copertura della notizia menzionava il titolo di quell'albo e in nessun articolo al riguardo si suggeriva che Samuel avesse preso l'idea di sparare al fratello dalle pagine dei fumetti.

Nei mesi successivi alla pubblicazione su *Collier's* del pezzo «Orrore al nido d'infanzia» venne riportata notizia di un decesso direttamente ispirato da una storia in un albo a fumetti e fu collegato ai fumetti almeno un serio crimine giovanile. Questi episodi fornirono alla campagna contro i comic-book delle parvenze di prove che supportavano le conclusioni di Wertham. Il 2 giugno a Johnstown, Pennsylvania, un ragazzo di quattordici anni fu trovato morto, impiccato a una tubatura del riscaldamento sopra al suo letto. Sotto di lui si trovava un albo a fumetti western aperto su una pagina con il disegno di un bandito appeso a un albero. Il medico legale concluse che il ragazzo stava in piedi sul letto, impegnato a riprodurre quella scena, ed era accidentalmente scivolato.[61] Due mesi dopo a New Albany, Indiana, tre bambini di sette, otto e nove anni usarono un coltellaccio da macellaio trovato in casa di uno dei tre per condurre sotto la minaccia della lama un coetaneo di sette anni nel bosco lì vicino. Là i tre aguzzini gli strapparono i vestiti e li bruciarono, gli legarono le mani dietro la schiena, gli avvolsero una fune attorno al collo e la lanciarono sul ramo di un albero. Cercarono poi di sollevarlo tirando la fune, ma non avevano abbastanza forza, quindi presero a torturarlo con fiammiferi da cucina. Quando i bambini furono interrogati sull'accaduto, le autorità scoprirono che erano «avidi lettori di fumetti incentrati su crimini e torture», riportò il *New York Times* in un pezzo intitolato «Albo a fumetti ispira bambini a torturare un amico», benché i bambini non avessero mai affermato di aver imitato un comic-book.[62]

L'idea che i fumetti istigassero a comportamenti illeciti stava assumendo talmente corpo che i processi probatori e il ragionamento causale si capovolsero. Le azioni di delinquenza giovanile stavano divenendo la prova del consumo di albi a fumetti e non più l'inverso. In una causa svoltasi al tribunale di Brooklyn nell'agosto del 1948, quattro giovani furono accusati di avere sequestrato un tassista e di avergli confiscato il veicolo per condurre una corsa spericolata. Il giudice, David P. McKeen, fissò una cauzione di 5000 dollari per ciascuno e disse agli imputati: «Avete l'aria di provenire da famiglie ammodo, e quel che avete fatto ha portato loro solo dolore e sofferenza. Ragazzi, voialtri avete letto troppi fumetti».[63]

Invulnerabili nelle vignette dei loro giornalini, i supereroi rimasero vittime, nelle edicole, dei comuni criminali. Alla fine degli anni Quaranta decine e decine di collane con protagonisti personaggi in costume, fra cui Capitan America, Flash, Lanterna Verde, Hawkman, la Torcia Umana e il Sub-Mariner, furono chiuse dai loro editori[64] per essere prontamente sostituite dalla nuova moda, le storie criminose. Nel 1946 i fumetti sul crimine convenzionale costituivano circa il 3% dell'intero settore del fumetto; nel 1947, il 9%; nel 1948, il 14%.[65] Solo nel 1948 fecero la loro comparsa trenta nuovi titoli sul crimine.[66] Un acquirente di fumetti di New York (o di un'altra città dove non vi fossero ancora divieti contro i fumetti di questo tipo) avrebbe potuto scegliere fra *Crime Must Pay the Penalty*, *Justice Traps the Guilty*, *Criminals on the Run*, *Lawbreakers Always Lose*, *Pay-Off: True Crime Cases*, *Crime Reporter*, *Law Against Crime*, *True Crime Comics*, *Official True Crime Cases*, *Crimes by Women*, *Murder Incorporated*, *Crime Exposed*, *Famous Crimes*, *Manhunt*, *All-True Crime Cases*, *Justice*, *Real Clue Crime Stories*, *Crime Detective*, *Wanted*, *Authentic Police Cases*, *Gang Busters* e *Guns Against Gangsters*,[67] fra molte altre testate disponibili. Infastidito da questo sciame di concorrenti, Gleason li ridicolizzò in un annuncio aziendale sul numero di *Crime Does Not Pay* del novembre 1947 che mostrava finte pubblicità di titoli parodici per farsi beffe delle pubblicazioni rivali, come *Crime Doesn't Pay Enough*, *Crime Dares Not Pay*,

Crime Will Not Pay, Of Course Crime Does Not Pay, Crime Ain't Payin' Off Lately e *Crime Almost Never Wins.*[68] Due mesi dopo, Gleason iniziò la pubblicazione della propria imitazione di *Crime Does Not Pay*, intitolata *Crime and Punishment.*[69]

«Wertham e quell'intera faccenda non ci disturbavano granché: gli affari stavano andando alla grande», disse Rudy Palais. «In realtà non è che fossimo molto informati al riguardo. Per lo meno non all'inizio; dopo un po', certamente. Ma avvenne in seguito».[70] Come ricordò Palais, Biro si sentiva così poco toccato dalla campagna crescente contro i fumetti di crimine che egli e Wood decisero di scrivere una storia su di un giovane delinquente che conduceva la sua vita criminosa ispirandosi agli albi a fumetti. Ma erano appena all'inizio della stesura quando si resero conto che quell'idea confliggeva con la loro premessa fondativa, secondo la quale i criminali sono intrinsecamente malvagi. Ipotizzare che gli albi a fumetti o qualsiasi altro fenomeno culturale potesse influenzare il comportamento di una persona contraddiceva il loro rigido determinismo. Prima che Palais lasciasse lo studio, Biro gli disse che gli era venuta un'idea migliore: avrebbe disegnato sulla copertina di *Crime Does Not Pay* un personaggio criminale con il volto di Fredric Wertham. Palais disse di presumere che Biro avesse poi realmente fatto così, ma non poté mai esserne certo, perché le facce che Biro disegnava nelle sue copertine si somigliavano tutte.

6 E CHE GIUDIZIO SIA

Tra i problemi degli Stati Uniti del dopoguerra, il panico circa gli albi a fumetti cade più o meno tra la Paura dei Rossi e la frenesia sugli avvistamenti degli UFO. Come il comunismo, che riguardava la maggior parte dell'America nei tardi anni Quaranta, i comic-book erano un vecchio problema che sembrava mutato, peggiorato, uscito fuori controllo. Come i dischi volanti, all'epoca i giornalini a fumetti erano visti come qualcosa di bizzarro, accompagnati dalla stessa, vistosa aura dei racconti dozzinali delle riviste pulp. Erano una minaccia interna, piuttosto che proveniente da una nazione straniera o da un altro pianeta. La linea divisoria tra i difensori e gli accusatori degli albi a fumetti era generazionale, piuttosto che geografica. Se per un verso molte delle azioni per limitare i comic-book erano tentativi di proteggere i giovani, dall'altra erano anche sforzi per proteggere la cultura generale *dai* giovani. Nascosti e cifrati all'interno di molti degli attacchi ai giornalini a fumetti visti come causa della delinquenza giovanile non c'era solo la paura di quel che i giovani lettori di fumetti potessero diventare, ma anche di quel che fossero già: una generazione di persone che stavano sviluppando i propri gusti e interessi, e che erano determinate a goderseli.

I giovani lettori difendevano con forza i fumetti grazie ai loro decini. Nel 1948, gli 80-100 milioni di albi comprati ogni mese negli Stati Uniti generavano introiti per l'industria del fumetto di almeno 72 milioni di dollari.[1] In confronto, la pubblicazione di vo-

Funnyman n. 1, gennaio 1948, edito dalla Magazine Enterprises. Copertina di Joe Shuster. Il personaggio fu creato da Shuster e dall'amico Jerry Siegel, entrambi già cocreatori di Superman.

lumi cartonati faceva guadagnare circa 285 milioni di dollari, più o meno sette volte tanto, ma il prezzo di questi libri era più di venti volte superiore a quello dei giornaletti.[2]

Lo stesso anno, alcuni lettori di comic-book iniziarono a protestare per le restrizioni sugli albi. Il più attivo tra loro divenne David Pace Wigransky,[3] uno studente quattordicenne del secondo anno alla Calvin Coolidge Senior High School di Washington D.C., dopo che ebbe letto l'articolo di Fredric Wertham intitolato «I fumetti... molto divertente» apparso il 29 maggio del 1948 su *The Saturday Review of Literature*. Wigransky stesso era una mezza autorità a riguardo, dal momento che possedeva 5212 albi a fumetti. Era un ragazzo acuto e volonteroso; il Washington Post scrisse di come, quando aveva quattro anni, Wigransky, «pervaso da una sorta di spirito dei pionieri», si fosse inerpicato per le scale di casa, chiudendosi nella camera da letto dei genitori finché non era intervenuta la polizia sfondando la porta.[4] Offeso dall'articolo di Wertham, rispose con una lunga lettera al *Saturday Review*, talmente ben scritta che l'editore, Norman Cousins, finì per contattare il preside della scuola di Wigransky per assicurarsi che il linguaggio della missiva fosse davvero quello usato abitualmente da uno studente. Il 24 luglio il nuovo numero della rivista dedicò alla lettera una pagina intera e una colonna, con tanto di fotografia di Wigransky, ragazzino magrolino lì ritratto con aria grave e seria, i capelli scuri e corti, camicia bianca stirata di fresco indosso, intento a studiare con attenzione un numero di *Funnyman*. Una premessa dell'editore avvertiva: «Anche se alcune parti della lettera del signor Wigransky sono state omesse per ragioni di spazio, il testo non è stato modificato».[5] Wigransky, tra le altre cose, scrisse:

> È arrivato il momento, per noi che finora siamo stati sulla difensiva, di diventare tanto seri quanto coloro che ci attaccano. Non abbiamo chiesto noi questo scontro, ma combatteremo fino alla fine. Il destino di milioni di bambini è in gioco. È per loro che dobbiamo continuare a garantire le letture che hanno finito per conoscere e amare.
>
> Il dottor Wertham sembra credere che gli adulti abbiano il diritto di leggere qualsiasi cosa vogliano, non importa quanto volgare, quanto malevola o depravata, solo perché sono adulti. I ragazzi, d'altro canto, dovrebbero essere lasciati nella più completa ignoranza su qualsiasi cosa tranne che sul mondo innocuo e sterile in cui i dottor Wertham di tutto il mondo vorrebbero imprigionarli dalla nascita alla maturità. Il risultato di tutto ciò è che, il giorno in cui saranno cresciuti, si ritroveranno catapultati in un tipo di mondo del tutto diverso, un mondo di violenza e crudeltà, un mondo di forza e competizione, un mondo impersonale dove dovranno combattere le loro battaglie spaventati, insicuri, soli.
>
> I ragazzi sanno quello che vogliono. Sono individui con menti autonome e gusti ben definiti. Il dottor Wertham dice che solo perché non sono d'accordo con lui, non sanno come distinguere le cose. È tempo che la società si svegli di fronte al fatto che i ragazzi sono esseri umani con opinioni proprie, invece di robot senza mente a cui si possa dare ordini senza nemmeno chiedere il loro parere a riguardo.[6]

Il *Saturday Review* continuò a pubblicare pagine di risposte sull'argomento nei numeri successivi, sino alla fine del settembre 1948.[7] Molte lettere contrastavano Wigransky dicendo che, essendo un ragazzo palesemente intelligente, non poteva essere ritenuto rappresentante dei lettori di fumetti, o che, proprio in quanto lettore di fumetti, non poteva essere così intelligente da aver scritto lui quella lettera. Ad ogni modo, per lo più sostennero l'affermazione di Wigransky secondo cui gli adulti a volte non sono pronti ad accettare la capacità dei comuni giovani di pensare autonomamente e compiere le proprie scelte. Era un punto di vista comune all'epoca, persino tra alcuni membri della generazione dei giovani lettori di fumetti.

Quando la piccola città di Spencer, in West Virginia, fu costituita nel 1858, prese il suo nome da quello di un amato giudice di contea, Spencer Roane. Era un posto tranquillo, con un forte senso di giustizia. Nei tardi anni Quaranta Spencer aveva circa 2500 abitanti, per lo più contadini e minatori di carbone con le loro famiglie.[8] Ogni venerdì andavano quasi tutti al mercato, il centro commerciale e sociale della città. Pecore e bestiame riempivano l'incrocio al centro del villaggio, un'intersezione chiamata New California perché un'intraprendente persona del luogo di nome Raleigh Butcher una volta aveva annunciato di starsi dirigendo sì verso la Costa Ovest, ma di non voler proseguire un centimetro più in là. «Si poteva quasi andare di casa in casa, entrare nelle case delle persone senza bussare alla porta, e se stavano pranzando o cenando bastava semplicemente entrare e sedersi per essere i benvenuti a mangiare con loro»,[9] mi ha detto David Mace, l'unico figlio di una coppia che possedeva un ristorante a conduzione familiare chiamato Glass Door (specialità: la «cena "lancio del piatto"» da un dollaro). Vivevano in una casa dal tetto vermiglio a poco meno di un chilometro dal crocicchio New California, in direzione dell'Oregon.

«Mia madre e mio padre lavoravano probabilmente sedici, diciotto ore al giorno, per far sì che tutti avessimo del cibo con cui sfamarci e dei vestiti con cui coprirci»,[10] ricorda Mace. «Ma a parte questo, non potrei dire che fossero molto attenti alle nostre esigenze. Si aspettavano che tu facessi la scelta giusta, ed era una tua responsabilità saper distinguere il bene dal male. Eri da solo. Certo, quasi tutti in città erano d'accordo su qualsiasi cosa succedesse a Spencer a quei tempi. Le cose non erano ancora come poi sarebbero diventate, con una marea di opinioni discordanti su qualsiasi cosa. Eravamo una bella comunità unita. Dubito ci fosse un solo televisore in tutta la comunità, a quei tempi». La televisione, dopotutto, stava appena iniziando a trovarsi un po' di pubblico. Nove anni dopo che la RCA aveva reso la tecnologia disponibile al pubblico americano, c'erano solo ventisette emittenti in diciotto città, per lo più sulla Costa Est e almeno metà attorno a New York.[11] I televisori – scatoloni di legno grandi come frigoriferi, con piccoli schermi grigi convessi – erano delle cose stravaganti che potevano essere trovate solo in una casa americana su dieci, in cui le famiglie potevano guardare programmi rudimentali benché ben concepiti, con dibattiti civili, lezioni, esibizioni di musica da camera per qualche ora al giorno. Molti negozi nei sobborghi di Spencer vendevano comic-book e David Mace, come ogni altro bambino di sua conoscenza, li comprava. Li ritenne «emozioni e divertimento»[12] fino al giorno in cui, nei primi mesi di terza media alla scuola elementare di Spencer, nell'autunno del 1948, una delle sue insegnanti, Mabel Riddel, gli chiese di restare dopo le lezioni. Si sedette vicino a lui dietro a uno dei banchi e gli disse che i fumetti avevano «un effetto malvagio sulle menti dei bambini piccoli».[13] Riddel, agendo con il supporto delle associazioni di genitori e insegnanti, chiese a Mace di guidare gli altri bambini in una rivoluzione contro i fumetti. «Era molto motivata: era così che erano tutti i nostri insegnanti e la nostra scuola»,[14] ricorda Mace. «Mi parlò del pericolo dei fumetti, che non conoscevo. Li leggevo e non me ne accorgevo neppure. Le cose che diceva sembravano giuste, potevo rendermene conto, e quando mi disse che c'era qualcosa che avremmo potuto fare a riguardo, io risposi "be', andiamo!"». Piccolo e di aspetto gradevole, con capelli scuri (quasi neri) e occhi blu, Mace era apprezzato ed era un bravo oratore. Incoraggiato e sostenuto dalla signora Riddel, andò nel parco della scuola e chiese a tutti gli studenti delle classi superiori di unirsi a lui in una missione per rimuovere gli albi a fumetti dalle case e dalle scuole di Spencer, un'elaborata attività di gruppo per niente diversa dai giochi che a volte Mace organizzava, una caccia al tesoro che si sarebbe estesa al di là del parco giochi, nel mondo reale, ideale per i giovani adolescenti che stavano iniziando ad affrontare la fine della fanciullezza e degli anni delle medie.

Per quasi un mese, Mace guidò decine di studenti in una campagna porta a porta per le vie di Spencer. Con cassette del latte in mano o carrelli al seguito, chiesero a bambini e genitori di dar loro tutti i giornalini a fumetti che avessero in casa e pregarono i negozianti di smettere di venderli. Entro la fine di ottobre, la truppa di Mace aveva raccolto più di duemila albi di ogni tipo, da ristampe di *Dick Tracy* a fumetti di crimine. I bambini li portarono tutti a scuola, martedì 26 ottobre, un giorno fresco, asciutto e assolato,[15] e li impilarono dietro l'edificio. Gli albi formavano una montagna alta quasi due metri. Alla fine della giornata, i seicento bambini che frequentavano la scuola si riunirono nel parco e si disposero a semicerchio verso i fumetti.[16] David Mace si avvicinò alla pila e si posizionò dinnanzi alla folla, con indosso i suoi vestiti migliori: camicia bianca e pantaloni di lana nera che la madre aveva stirati quella mattina appositamente per l'occasione. Mise la mano sinistra sul fianco, mentre nella destra stringeva un foglio su cui era stato scritto un discorso, con l'aiuto della signora Riddel.

«Siamo qui riuniti oggi per compiere un passo che è nostra convinzione aiuterà noi stessi, la nostra comunità e il nostro paese», dichiarò Mace. «Convinti che i fumetti siano fisicamente, mentalmente e moralmente ingiuriosi per ragazzi e ragazze, proponiamo di bruciare tutti quelli che sono in nostro possesso. E giuriamo anche di non provare mai più a leggerne. Voi, amici studenti, credete che i fumetti abbiano causato la caduta di molti giovani lettori?». «Sì», risposero all'unisono gli studenti. «Credete che trarrete vantaggio dall'abbandonare la lettura dei fumetti?», proseguì Mace. «Sì!». «E allora che giudizio sia!»,[17] concluse Mace. Si avvicinò di qualche passo alla pila, prese un fiammifero dalla tasca dei pantaloni e diede fuoco alla copertina di un albo di *Superman*.

Le fiamme si innalzarono fino a più di sette metri e mezzo d'altezza; i ragazzi, i loro insegnanti, il preside e un paio di giornalisti e fotografi di giornali locali assistettero alla scena per più di un'ora. La signora Riddel rimase impassibile, con le braccia incrociate. Molti bambini piansero, una prova, per coloro che ebbero ad accorgersene, che non tutti in città erano d'accordo con quel che stava accadendo a Spencer quel giorno.

Quando la stampa nazionale[18] fece rimbalzare la notizia da fonti locali, i lettori del *Washington Post*, del *Chicago Tribune* e di dozzine di altri quotidiani del paese videro come, appena tre anni dopo la Seconda guerra mondiale, a bruciare libri fossero adesso dei cittadini americani. Mace ha ricordato che a suo tempo ricevette lettere di supporto da tutto il paese, e sua madre le conservò in cucina in una scatola per sigari. «Rimase davvero colpita da tutta la posta che ricevemmo»[19], rammenta. «Quel che facemmo fu una cosa abbastanza importante all'epoca, e mise la nostra piccola città al centro del West Virginia nel bel mezzo dell'attenzione». In effetti il giornale locale di Spencer, il *Times Record*, parlò della copertura nazionale della notizia: «La scuola di Spencer è famosa».[20] Ma non tutti i commenti furono positivi; ad esempio il *Charleston Daily Mail* in un editoriale scrisse:

Archie Comics n. 1, inverno 1942, edito dalla MLJ, che poi assunse proprio il nome Archie Comics in seguito alla popolarità di questa testata. Il personaggio, creato da Bob Montana (1920-1975), apparve per la prima volta su *Pep Comics* n. 22, dicembre 1941. Anche *Archie* fu vittima dei roghi dei fumetti, nel 1945 e 1947.

> I roghi dei libri sono immagini troppo recenti nella nostra memoria. I nazisti li bruciavano. E partendo da lì, in un modo o nell'altro, ne bruciarono anche gli autori. Fu un'epurazione con il fuoco di tutti quegli elementi che il partito nazista non poteva tollerare.
>
> Non c'è posto per questo tipo di epurazioni in un sistema scolastico democratico. Non perché i libri in quanto tali siano sacri. Ma perché l'idea di bruciarli è profana. È come ricorrere alla stregoneria quando ciò di cui abbiamo bisogno è educazione, usare il fuoco quando c'è bisogno di illuminazione [*sic*]. Forse si potrebbe chiarire la situazione chiedendo quanti dei ragazzi e delle ragazze che hanno bruciato 2000 libri «cattivi» ne abbiano letti 2000 buoni? Tra i due compiti possibili, è quest'ultimo che dovrebbe avere la priorità.[21]

Le immagini dei soldati del Terzo Reich in uniformi nere che svuotavano camion militari pieni di libri in enormi pire erano ancora vivide nella memoria americana. Eppure, per la maggior parte i roghi dei libri erano stati compiuti da studenti, ragazzi spinti ad agire contro una letteratura che erano stati convinti a considerare come fonte di corruzione per i membri della loro generazione. Spinta in un impeto nazionalista appena tre mesi dopo che Hitler aveva ottenuto il titolo di Cancelliere, l'Associazione degli studenti tedeschi[22] per tutto il maggio 1933 aveva mobilitato gli studenti universitari a Berlino e in altre città della Germania a bruciare più di 25 mila libri che proponessero «idee non tedesche». Nei giorni e mesi che erano seguiti, le associazioni di studenti avevano organizzato altri trentaquattro roghi nelle città universitarie del paese e i giovani avevano cantato e promulgato discorsi di fronte alle fiamme. Chi poteva ispirare disprezzo per i libri (o, *mutatis mutandis*, per i giornalini a fumetti) meglio di alcuni tra coloro che avrebbero dovuto costituirne il pubblico elettivo?

Negli Stati Uniti del dopoguerra l'evento di Spencer non fu un caso isolato. Un paio di scuole cattoliche avevano messo in atto piccole proteste di basso profilo contro i fumetti, con roghi simbolici, già nel 1945. Nel novembre di quell'anno, durante la Settimana Cattolica del Libro,[23] le suore che insegnavano alla scuola elementare Saints Peter and Paul di Wisconsin Rapids organizzarono una gara tra gli studenti per riunire il maggior numero possibile di fumetti «deplorevoli», come erano stati definiti nelle liste redatte dal reverendo Robert E. Southard. Il bambino e la bambina che avessero riunito più albi a fumetti sarebbero stati nominati reuccio e reginetta del falò, il quale in seguito finì per divorare 1567 albi.[24] A modo suo l'evento fu selettivo, poiché prese di mira solo le testate che nella lista di Southard erano state definite «censurabili» (*Batman*, *Wonder Woman*, *The Spirit*, *Crime Does Not Pay*) o «deplorevoli» (*Superman*, *Captain Marvel*, *Archie*). Furono risparmiate dai roghi quelle serie che Southard aveva definite «innocue»: *Mickey Mouse*, *Donald Duck* e le raccolte delle strisce di Braccio di Ferro e dei Katzenjammer Kids, che all'epoca della loro uscita (1929 e 1897) avevano già ricevuto dure condanne. Due anni dopo, nel dicembre del 1947, studenti della St. Gall's School di Chicago riunirono e bruciarono tremila fumetti (tra i quali ancora una volta *Superman*, *Batman*, *The Spirit* e *Archie*) in una campagna che probabilmente fu ispirata da una bambina di quarta elementare di dieci anni, Marlene Marrello.[25]

Quando la stampa nazionale diffuse la notizia su Spencer, l'idea di combattere i fumetti con il fuoco cominciò a far presa sulle scuole e le comunità del paese, specie nelle parrocchie cattoliche, già pronte ad agire a riguardo. Ci furono due notevoli roghi di fumetti nei sessanta giorni successivi a quello in cui David Mace aveva dato fuoco a *Superman*, entrambi in scuole parrocchiali: la St. Patrick's Academy di Binghamton, New York, e la scuola elementare Saints Peter and Paul di Auburn, anch'essa nello stato di New York. Molte altre sarebbero state in seguito organizzate in scuole pubbliche e parrocchiali nei mesi e anni successivi.

Facili da valutare con il senno di poi come il frutto delle azioni di adulti reazionari, abili a manipolare bambini troppo timidi per difendere la fonte della loro passioni, i roghi dei tardi anni Quaranta sono una prova della frammentazione di convinzioni della generazione di americani che stava crescendo in quel momento e di un senso di identità culturale in fase di cambiamento. Gli eventi mostrarono quanto alcuni ragazzi fossero pronti a obbedire all'autorità adulta, ma al tempo stesso diedero forza al disprezzo e alla resistenza di altri.

A Binghamton[26] l'opera contro i fumetti fu portata avanti quasi esclusivamente dal lavoro di un carismatico studente di nome John Farrell. Sedicenne, alunno della scuola St. Patrick nell'anno scolastico 1948-'49, Farrell era capoclasse, com'era stato, a fasi alterne, sin dalla quinta elementare. Era un ragazzo corpulento, né atletico né particolarmente attraente, ma un burlone e di gran compagnia. Aveva un sorriso ampio e una leggera protuberanza della mascella, che gli donavano un aspetto comico e disarmante. Nella sua zona, popolosa di operai irlandesi cattolici, dove i genitori di molti studenti (e spesso i ragazzi stessi) lavoravano nelle fabbriche locali di scarpe e prodotti chimici, Farrell era considerato agiato e acculturato; suo padre era un dirigente nella produzione del quotidiano *Binghamton Press* e John vestiva e parlava con stile. «Era così dannatamente divertente»,[27] rammenta di lui Paul Plocinski, un compagno di classe che fu attivamente coinvolto nei roghi dei fumetti. Alto e massiccio, Plocinski aveva l'aspetto di un uomo adulto già alle elementari e scalpitava per ottenere la libertà della maturità. «Sapeva imitare ognuna di quelle suore. Vestiva in maniera molto dignitosa e sapeva tutto di politica, ma riusciva sempre a farci ridere».

Farrell dopo scuola lavorava servendo le gazzose al bar della farmacia/drogheria Crone, un affollato e rinomato negozio con tavoli in legno zigrinato e un bancone di quasi cinque metri, coperto di marmo e con distributori alla spina per le bevande. Era un bel posto, dove i ragazzi di buona famiglia potevano riunirsi; dietro l'angolo dei rubinetti di soda c'era anche un espositore per le riviste. Parte del lavoro di Farrell consisteva nel controllare la rastrelliera per assicurarsi che i ragazzi pagassero i giornalini prima di sedersi a leggerli al bancone. Uno dei suoi amici, Joseph Canny, che viveva con la famiglia a un isolato dai Farrell, a volte teneva compagnia a John da Crone, ma neppure a lui era permesso leggere gratuitamente. «John era un ragazzo molto istruito e sapeva che i fumetti erano discutibili»,[28] ricorda Canny. Di un anno più giovane e una classe di scuola sotto rispetto a Farrell, Canny era un ragazzino amante dei libri, irlandese di seconda generazione, lui e i suoi due fratelli, il cui padre era morto in un curioso incidente, investito da un autista nella sua stessa compagnia di trasporti quando Joseph aveva solo nove anni. «John iniziò a inquietarsi per il fatto che da Crone qualsiasi tipo di albi a fumetti fosse disponibile, senza alcuna discriminazione, anche perché poteva osservare le abitudini di lettura dei clienti. Iniziò a notare che i ragazzini più difficili erano più inclini a leggere gli albi, e alcuni [giornaletti] erano proprio grossolani». Farrell informò della cosa il suo capo, Ken Crone, ma non riuscì a smuoverlo. «Fu allora che John decise di prendere l'iniziativa per conto proprio», ricorda Canny. «Era in buona fede. John era una persona religiosa ed era irritato da tutti questi albi a fumetti e dai loro contenuti. Tutto quel che accadde fu un'idea di John, e per riuscirci ebbe il supporto della scuola».

L'Accademia St. Patrick era un rigido istituto cattolico ospitato in un massiccio edificio di tre piani in mattoni rossi, ornato con un paio di guglie gotiche che sporgevano ben oltre la facciata anteriore del tetto, munita di torrette, e caratterizzato inoltre da un'opulenta entrata ad arcata per gli ospiti e i membri dell'istituto. Gli studenti entravano dalle porte laterali, quella di destra per le bambine e quella di sinistra per i bambini. La mensa metteva a disposizione tavoli e fontanelle per l'acqua, ma non cibo, e la squadra di pallacanestro, che normalmente era di buon livello, si allenava all'aperto perché mancava la palestra. Tutte le insegnanti erano suore dell'ordine di San Giuseppe. In ogni classe c'erano circa trenta studenti: la scuola era frequentata da ragazzi dai cinque ai tredici anni. Come altri piccoli istituti privati, la St. Patrick alimentava forti sentimenti di lealtà, orgoglio, eccellenza, paranoia e insofferenza. Alla fine di una giornata scolastica così tanti studenti si raggruppavano nei saloni della St. Patrick o restavano in classe a parlare con le suore che la madre superiora, Anna Frances, doveva spingerli esplicitamente a uscire.

«Era molto familiare: ci conoscevamo tutti di persona e tutti sembravamo sapere qualsiasi cosa stesse succedendo, per via delle dimensioni della scuola»,[29] ricorda James D. Kane, compagno di classe di John Farrell, che prese parte ai roghi di Binghamton e avrebbe finito per diventare prete. «La scuola ci dava una *buona* educazione», ricorda Kane, enfatizzando la parola «buona» per distinguerla da «scadente» o «eccellente». «Gli altri non erano migliori di noi, anche se i bambini delle scuole pubbliche ci trattavano come cittadini di seconda classe. Penso che la maggior parte delle volte non piacesse loro quel che facevamo. Ma noi facevamo quel che ritenevamo giusto, indipendentemente da quel che pensavano loro».

La St. Patrick, che nel 1948 era la più grande delle dieci chiese cattoliche di Binghamton, serviva circa 2500 fedeli residenti[30] nel lato ovest della città, una comunità composta da famiglie di operai irlandesi e slovacchi. Praticamente un intero quartiere della zona apparteneva a Endicott Johnson, produttore di scarpe, il quale aveva costruito casette piccole e solide per centinaia dei suoi impiegati, defalcando poi piccole rate di mutui a basso interesse dai loro stipendi settimanali. Paul Plocinski crebbe in una di queste «case Endicott» e la ricorda come «stupenda e bellissima».[31] All'inizio del XX secolo,[32] Binghamton aveva svolto la funzione di quartier generale del Ku Klux Klan dello stato di New York. Nel 1948 non era rimasto molto del KKK, anche se Binghamton restava «abbastanza moralista», nelle parole di monsignor Kane. «Noi cattolici a volte eravamo un bersaglio», ricorda Kane. «Questa era una delle ragioni per cui restavamo uniti».[33] La prima fase dell'azione di Farrell consistette nel rimuovere gli albi a fumetti opinabili dai negozi di Binghamton. Obbedendo agli ordini di Farrell, gli studenti dei quattro anni superiori della St. Patrick iniziarono a visitare ogni negozio e chiosco di Binghamton che vendesse fumetti – il negozio di sigari Murphy, la gelateria Grant, la farmacia Smith – cercando di convincere tutti i proprietari a firmare un cartoncino contenente un loro impegno solenne: «Supporterò l'opera atta a estirpare le forme di letteratura indecenti e opinabili, come gli albi a fumetti, rimuovendoli dalla mia edicola, e farò tutto quanto in mio potere per impedirne la vendita».[34] A coloro che rifiutavano di firmare veniva detto che i loro negozi sarebbero stati boicottati dagli studenti.

Questa strategia era faticosa tanto per gli studenti quanto per i gestori degli esercizi che i primi avevano deciso di affrontare. «Dovevamo andare in tutti i negozi – persino i bazar, qualsiasi posto in cui vendessero riviste – per assicurarci che non mettessero più in vendita più albi a fumetti, ed era durissima»,[35] ricorda Plocinski. «I gestori dei negozi erano sbalorditi: non avevano mai visto un'impresa del genere. Era una cosa molto difficile, ma lo facevamo perché era quello che ci si aspettava da noi, e pensavamo di star facendo una cosa buona. Ma, per dirle la verità, io non ne ero del tutto sicuro». In un'occasione, Plocinski prese un fumetto per mostrare a un negoziante un esempio dei tipi di albi contro cui gli studenti stavano protestando e lo comprò, facendolo quindi sparire dagli scaffali. Lo portò a casa e cercò un posto per nasconderlo, solo per scoprire che il nascondiglio sotto i cuscini del divano del salotto era già occupato: era lì che suo padre aveva messo le proprie riviste poliziesche.

I venditori di periodici, innervositi e insicuri su come comportarsi di fronte a quell'inattesa pressione da parte dei ragazzi, si lamentarono con il loro distributore locale, Abraham M. Pierson, che a sua volta informò della cosa il *Binghamton Sun*, il quotidiano concorrente di quello del padre di Farrell. «So che molti venditori della zona stavano davvero cominciando a preoccuparsi a causa di tutti i ragazzini che chiedevano loro di firmare sui cartoncini [e] uno di loro mi disse di persona che era davvero scocciato per la situazione»,[36] mi ha raccontato Pierson. «Uno di loro stava per buttare fuori i ragazzi». Nella missione, comunque, erano coinvolte tanto le ragazze quanto i ragazzi. E, nonostante tutto, Farrell e i suoi ottennero il sostegno di trentacinque negozianti di Binghamton.[37]

Gli studenti della St. Patrick boicottarono gli altri esercizi, tra i quali il ritrovo preferito degli studenti dopo la scuola, da Smith, che si trovava proprio dall'altro lato della strada rispetto all'istituto, sulla Oak Street. «Facevamo davvero sul serio»,[38] spiega Vincent Hawley, che all'epoca era una matricola. Ragazzo tranquillo e schietto, Vincent entrò alla St. Patrick in quarta elementare, quando i suoi genitori si trasferirono in città spostandosi di una quarantina di chilometri a nord da Silver Lake Township, in Pennsylvania, dove il ragazzo aveva frequentato una scuola con una sola aula. «Eravamo decisi a boicottare tutti i posti che vendevano quelle cose finché non avessero rimosso gli albi a fumetti dagli scaffali, e uno di questi posti era il più popolare fra quelli dove andavamo di solito. Eravamo così decisi da svolgere persino controlli periodici per assicurarci che tutti gli studenti stessero rispettando il boicottaggio; un giorno, dopo la scuola, andammo da Smith rimanendo tutti davanti alla porta solo per ricordare al proprietario tutti i clienti che stava perdendo. Mentre eravamo lì, uno dei nostri compagni uscì dal locale. Trecentonovantanove di noi rispettavano il boicottaggio e uno solo non lo faceva. Quando uscì, uno dei ragazzi gli saltò addosso e si trasformò tutto in un'enorme rissa. Facevamo sul serio».

Per molte settimane, gli studenti della St. Patrick fecero propaganda sui marciapiedi della zona ovest di Binghamton, raccogliendo materiale per il momento culminante della loro missione, un rogo di piazza. «Eravamo crociati»,[39] ricorda Hawley. «Leggevamo tutti fumetti: i fumetti erano importantissimi! Ma dividevo quelli che nella mia mente erano buoni da quelli cattivi. I fumetti di eroi erano buoni, e poi c'erano gli altri. Quelli che stavamo cercando di eliminare erano quelli cattivi. Non eravamo contro i fumetti in sé e per sé, ma contro il modo in cui alcuni di essi venivano usati». Hawley e i suoi compagni crociati erano così presi dalla filosofia del distruggere il male vista nei fumetti di supereroi da usarla contro altri fumetti.

Per Paul Plocinski e altri di sua conoscenza però le distinzioni tra vari fumetti, o tra l'aspetto e il contenuto di questi fumetti, era difficile da stabilire. «Avevo scambiato albi a fumetti per anni. Ne avevo tantissimi. I disegni erano davvero artistici, stupendi. Eravamo convinti di star facendo la cosa giusta raccogliendo i fumetti e portando avanti questa protesta, ma sentivo come un vuoto nello stomaco, ero dilaniato dentro, e non ero l'unico».[40]

Il giorno del rogo, venerdì 10 dicembre, era freddo e grigio.[41] La madre superiore della St. Patrick, Anna Frances, fece terminare le lezioni prima, alle 11, e fece uscire tutto il corpo studentesco, circa 560 alunni, nel giardino dietro alla scuola.[42] Per documentare l'evento, qualcuno mise una scala e scattò foto dalla cima qualche attimo prima che il fuoco venisse appiccato. Pubblicata nell'annuario della St. Patrick del 1949,[43] la foto mostra un gruppo di otto studenti: al centro c'era Plocinski, vestito elegantemente con un cappotto nero di lana e una sciarpa bianca, affiancato da tre ragazzi e quattro ragazze; tra loro non c'era Farrell, che stava dal lato del fotografo. I ragazzi avevano portato degli scatoloni di cereali Rice Krispies e detersivo Ivory Snow pieni di fumetti e li svuotarono in una profonda fornace di pietra destinata ai rifiuti scolastici. Nelle fotografie, dietro di loro si vede una massa di stu-

Il grande rogo dei fumetti alla scuola St. Patrick di Binghamton, stato di New York, 1949.
Annuario scolastico della St. Patrick Academy, per gentile concessione di Vincent Hawley.

denti, molti di loro appartenenti alle classi inferiori, avvolti in cappotti con cappucci, cerniere lampo, cappelli di lana o guanti. Un bambino sulla destra sta tirando fuori un altro albetto per accertarsi che rientri nella fotografia. Un piccoletto in prima fila, con indosso un pezzo unico per gli inverni nevosi, ha le gambe divaricate per restare ben fermo nella sua posizione. In seconda fila, un bambino quasi troppo basso perché il suo volto rientri nell'immagine agita in aria una croce con la mano destra. La maggior parte delle facce sono sorridenti, pochi sono accigliati e solo due o tre tra i più piccoli sembrano spaventati.

Con qualche centinaio di albi nella fornace, suor Lucia, la principale alleata di Farrell tra le suore, diede fuoco ai libri. Poi, mentre le fiamme divampavano, diresse gli studenti a cantare l'inno della St. Patrick e *La canzone di azione cattolica*:

Un'armata di giovani i canoni della verità sorregge
Combattiamo per Cristo, il Signore
A testa alta Azion Cattolica cantiam per ore

E la Croce, nostra sola spada, ci protegge.
Sul campo di battaglia della terra mai il capo abbasseremo
E sempre intrepidi saliam la china
Camerati leali e indomiti, incediamo nel biancazzurro drappo della Regina
Per la nostra bandiera, la nostra fede, per il Cristo Re combatteremo.

Farrell e i suoi tennero accesa la pira per quattro ore, gettando altre scatole di giornalini, mentre gli studenti della St. Patrick assistevano. Le fiamme si alzarono a oltre nove metri di altezza. Alle tre del pomeriggio, quando i bambini vennero lasciati andare, il gruppo degli spettatori era cresciuto a dismisura, grazie all'aggiunta di genitori, vicini, giornalisti e membri del gruppo parrocchiale.

«Ricordo tutto molto chiaramente»,[44] mi ha detto Joseph Canny. «Li guardai bruciare tutto e pensai "è davvero qualcosa di impressionante!"; credevo fosse una cosa buona, credevo davvero fosse una cosa buona e ammiravo John per essere riuscito a organizzarla». Ancora una volta attraverso l'agenzia Associated Press,[45] la notizia dei roghi di fumetti alla St. Patrick fece il giro del paese. «All'inizio non avevo idea che si sarebbe rivelata una cosa tanto grossa», ricorda Canny, «ero davvero orgoglioso di John».[46] Il *Catholic Sun*, quotidiano clericale pubblicato a Syracuse, lodò gli studenti della St. Patrick per aver messo in pratica la loro canzone di «azione cattolica»:

> Il gesto dei pupilli della St. Patrick ha meritatamente ottenuto un riconoscimento nazionale. È stata una protesta pubblica. È stata la drammatizzazione di un problema molto attuale. Merita una risposta sincera e coerente da parte delle persone responsabili nel campo dell'editoria. Prova che la minaccia dei fumetti non è mera teoria. [...] Gli studenti della St. Patrick meritano dei complimenti perché si sono guadagnati il rispetto e l'attenzione di ogni buon cittadino americano.[47]

Le uniche proteste pubbliche vennero dai venditori di riviste, costretti a vedere i loro registratori di cassa vuoti. Abraham Pierson dichiarò al *Binghamton Sun*: «La messa al bando degli albi non dovrebbe essere messa in mano a un gruppo di studenti di liceo», perché l'autorità sulla questione «dovrebbe essere lasciata a coloro che conoscono il problema».[48] In pratica, questa lamentela andava d'accordo con molte delle critiche portate avanti dai giovani lettori di fumetti, che accusavano gli studenti della St. Patrick non a causa delle loro opinioni, ma per il semplice fatto che ce l'avessero, un'opinione. Pierson non disse che John Farrell e il suo gruppo avevano agito ingiustamente, illegalmente o in maniera non etica; non li accusò mai di essere nel torto, ma solo di essere giovani.

La domenica successiva al rogo della St. Patrick l'arcivescovo di Albany, Edmund F. Gibbons, lanciò un appello per un boicottaggio che riguardasse tutte le diocesi simile a quello messo in atto dagli studenti a Binghamton. L'arcivescovo Gibbons scrisse una missiva da leggere durante tutte le messe di quella giornata, che fra l'altro affermava:

> Un altro male dei nostri giorni si trova nelle riviste illustrate e negli albi a fumetti che mostrano immagini indecenti e sensazionali atti criminali. Questo male è particolarmente devastante per i giovani e chiedo a tutti di boicottare i luoghi che vendono tali prodotti.[49]

Meno di due settimane più tardi, tre giorni prima di Natale, il *Citizen Advertiser* di Auburn, New York, una piccola città a circa 120 chilometri a nord-ovest di Binghamton, scrisse che gli studenti di una scuola cattolica locale, la già citata Saints Peter and Paul, avevano «preso l'iniziativa» e appiccato un «immenso rogo»[50] con i fumetti raccolti dagli studenti che agivano sotto la guida della rettrice, suor Boniface. Complimentandosi per il gesto attraverso un editoriale, il giornale notò che «questo atto fa seguito a quelli che hanno avuto luogo in molte altre parti del paese, per mano di autorità e genitori infuriati»,[51] sottolineando come l'evento non fosse necessariamente solo una manifestazione del punto di vista degli studenti.

«Arrivarono le vacanze e tutto era stupendo»,[52] ricorda Paul Plocinski, «tranne per il fatto che, ogni volta che vedevo un fuoco ardere nel caminetto su cui erano appese le calze di Natale, mi veniva da pensare al rogo e a tutti quei fumetti, e la cosa mi faceva star male. Iniziai a sentirmi arrabbiato, a desiderare che non l'avessimo mai fatto. Che non avessimo mai acceso i roghi! Mi dissi che non avrei mai più fatto una cosa del genere e uscii a comprarmi degli albi a fumetti». Plocinski ricorderà per sempre il giorno, durante le vacanze di Natale, in cui andò da solo al negozio di Smith, avventurandosi timidamente in quel luogo proibito per prendere un comic-book dalla rastrelliera (negli anni ha poi dimenticato di che fumetto si trattasse). «Misi il mio decino sul bancone e non ricordo bene cosa dissi, probabilmente "mille grazie, signore". Ma ricordo bene quel che stavo pensando: "beccati questo, John Farrell!"». Plocinski tornò a casa con l'albo ben piegato nella tasca posteriore dei pantaloni e nascosto sotto al cappotto, in modo che nessuno potesse notarlo nel caso avesse incontrato qualcuno dei suoi compagni di scuola.

***

La storia della censura negli Stati Uniti del XX secolo è per lo più la vicenda di una serie di autoregolamentazioni votate alla sopravvivenza: limitazioni volontarie messe in atto sulla base del presupposto che le restrizioni governative sarebbero state peggiori. Nell'industria cinematografica, che possiamo considerare la cugina ricca di quella dei fumetti, i produttori avevano da tempo a che fare con polemiche sui contenuti simili a quelle che gli editori di fumetti avrebbero dovute affrontare negli anni Quaranta; già nel 1897 il pepato corto per apparecchi Vitascope di Edison, *Dolorita's Passion Dance*, fu bandito da Atlantic City. Durante la prima decade dell'epoca del muto, la città di Chicago incaricò il dipartimento di polizia di censurare i film, e i vari stati iniziarono ad approvare leggi per controllare quel che appariva sugli schermi cinematografici.

Quando, nel 1915, la Corte Suprema appoggiò la legittimità di un organo di censura cinematografica in Ohio (nella causa Mutual Film Corp. vs Industrial Commission of Ohio), l'industria del cinema intervenne per impedire il proliferare di gruppi simili, che erano liberi di modificare i film a loro piacimento; nel giro di un anno, gli *studios* formarono L'Associazione nazionale dell'industria cinematografica e imposero ai membri delle direttive di produzione. Lo sforzo faticò a decollare, ma gettò le basi per la creazione della successiva e meglio organizzata Associazione dei produttori e distributori cinematografici d'America, con la quale nel 1930 Hollywood annullò gli sforzi del Congresso per regolare il contenuto dei film, introducendo il proprio Codice di Produzione e incaricando Will H. Hays (1879-1954), una sorta di J. Edgar Hoover del campo, di metterlo in atto.[53]

Air Fighters Comics n. 2, novembre 1942, edito dalla Hillman, con la prima apparizione di Airboy, creato da Charles Biro con Dick Wood e Al Camy (pseud. di Al Cammarata).

Hays impedì a Jane di nuotare ancora mezza nuda nella laguna di Tarzan e ripulì i soggetti di film come *Going My Way* con Bing Crosby (*La mia via*, di Leo McCarey, 130', Usa 1944) da termini all'epoca offensivi come «sterco di porco», al tempo stesso insegnando a una generazione di soggettisti, attori e appassionati a interpretare mezze occhiate, piccoli gesti e linguaggi allusivi. I film persero in libertà ma guadagnarono in significati sottintesi.

Usando Hollywood e il suo Codice di Produzione come modelli, un piccolo gruppo di produttori di comic-book,[54] insieme a due distributori, Frank Armer e Irving Manheimer, misero insieme un'organizzazione di commercianti di categoria, L'Associazione editori di riviste a fumetti (Acmp, Association of comics magazine publishers) e, tramite essa, stabilirono un codice contenente «gli standard editoriali minimi». Il presidente fondatore, Phil Keenan, nell'annunciare il progetto, il 1° luglio 1948, disse di aver arruolato dodici membri fra i trentaquattro produttori del settore, che all'epoca facevano uscire quasi 270 albi al mese.[55] Il loro *Comics Code* fu adattato sulla base del Codice di Produzione cinematografico, ampliato per quanto riguardava il crimine. Pur non obbligandoli, esso esortava i suoi membri e altri editori, sui quali il gruppo aveva poca influenza, a onorare sei principi.

- Fumetti osé e dissoluti non devono essere pubblicati. Nessun disegno deve mostrare una donna esposta in maniera indecente o eccessiva, e mai meno vestita che con un costume da bagno come quelli comunemente in uso negli Stati Uniti.
- La criminalità non dev'essere mostrata in un modo che susciti simpatia, che spinga ad andare contro la legge o la giustizia, o che crei desiderio di imitarla. Nessun fumetto deve mostrare i dettagli e metodi di un crimine compiuto da un giovane. Polizia, giudici, ufficiali governativi e istituzioni non devono essere mostrati come stupidi o inefficaci, o in qualsiasi altro modo che indebolisca il rispetto verso le autorità.
- Non devono essere mostrate scene di sadismo e torture.
- Non deve mai essere usato un linguaggio volgare e osceno. Il linguaggio gergale va limitato al massimo e usato solo quando essenziale per la storia.
- Il divorzio non dev'essere trattato con umorismo o rappresentato in maniera affascinante e accondiscendente.
- Rendere ridicolo o attaccare qualsiasi gruppo religioso o razziale non è mai permesso.

L'associazione aveva in mente di far controllare i fumetti a una commissione di vigilanza prima della pubblicazione, in modo che venissero approvati o, se necessario, respinti per delle modifiche. I titoli accettabili avrebbero potuto presentare in copertina le scritte «Autorizzato dall'ACMP» e «Conforme al Comics Code». Poco dopo la sua formazione, il gruppo assunse come direttore esecutivo Henry E. Schultz, un avvocato di Manhattan, presidente del Consiglio di facoltà del Queens College e membro del Consiglio sull'istruzione superiore della città di New York. Fu appositamente scelto per trasmettere un'idea di integrità americana.[56] Ben piantato e con le spalle larghe, Schultz aveva una testa bella grande, come quella di un attore, lineamenti cesellati nell'acciaio, labbra esilissime e chioma nera dalla calvizie incipiente. Assomigliava al Capitan Marvel dell'editrice Fawcett. Nel dicembre del 1948, *Newsweek* descrisse quello che fu definito «un vero combattimento» tra l'industria del fumetto e i suoi critici e descrisse Schultz come «un grosso, cupo e affascinante avvocato», che agiva come «zar del fumetto» dal suo «cavernoso e superbo» ufficio di Manhattan.[57]

Schultz lavorò bene. Durante un dibattito[58] sui fumetti e la delinquenza giovanile a una conferenza a Washington, patrocinata dalla Federazione generale dei circoli femminili, Schultz irradiò indignazione. Criticò il suo avversario, James V. Bennett, direttore dell'Agenzia penitenziaria federale, avvertendo che la crescente preoccupazione sui fumetti stava «iniziando a trasformarsi in isteria selvaggia».[59] Sul legame tra fumetti e delinquenza Schultz ribatté: «L'editore dei principali fumetti sul crimine [Lev Gleason, cofondatore dell'ACMP] sarebbe rosso di rabbia se sentisse che i suoi albi vengono accusati di sviluppare il crimine. Ha ricevuto 60 mila lettere che li lodano per gli sforzi atti a prevenire il crimine ed è stato premiato dagli Sceriffi del New Jersey per il suo contributo alla lotta contro il crimine».

Alla fine del 1948,[60] l'ACMP aveva solo quattordici membri sui trentacinque editori che adesso producevano quasi trecento albi al mese; le ventuno case editrici che non erano parte del gruppo annoveravano non soltanto i produttori dei giornalini a fumetti sul crimine più violenti (Fox, Harvey), ma anche quelli dei maggiori titoli di supereroi: National/DC (*Superman*, *Batman*), Timely/Atlas/Marvel (*Captain America*), Fawcett (*Captain Marvel*), oltre a MLJ (*Archie*) e Gilberton (*Classics Illustrated*). Un amministratore della Fox spiegò così la cosa: «Come sapete, la madre dei cretini è sempre incinta».[61] National, Timely, MLJ e altri assenteisti ritenevano adeguate le proprie direttive editoriali e non volevano associarsi a pesci piccoli come la EC e la Orbit o a bersagli facili come Gleason,[62] oppure temevano di danneggiare la loro catena produttiva introducendo il processo di revisione editoriale. Quest'ultimo punto, comunque, si dimostrò ben presto tutt'altro che un problema: la ACMP abbandonò subito il suo piano di controllare le pagine prima della pubblicazione, ritenendolo irrealizzabile. Con pochi uomini e mezzi scarsi, proprio come la corrispettiva organizzazione cinematografica, la ACMP non ebbe mai davvero modo di attuare il proprio statuto, e il suo codice venne quasi ignorato dagli autori di fumetti, dai lettori e dalle autorità che minacciavano entrambi.

ALTI E BASSI

7

Che cosa faceva piacere così tanto la chimica al giovane Bill Gaines? La precisione della scienza? Ossessionato con l'ordine e le misurazioni,[1] Gaines usava riga e squadra per posizionare ogni oggetto sulla sua scrivania alla Educational Comics in modo da averli nei posti migliori: spillatrice, qualche centimetro dietro al tampone per l'inchiostro, sulla sinistra; tagliacarte, un centimetro alla sua destra. Alla fine di ogni giornata lavorativa, prima di andar via, controllava tutti i cestini e i portacenere dell'ufficio per assicurarsi che fossero vuoti. Oppure era la materia in sé, che permette di studiare la natura alla base delle cose, ciò che le spinge a cambiare e il modo in cui reagiscono e interagiscono? Gaines era una creatura introversa, silenziosa ed enigmatica, ma era attratto da compagnie stimolanti e sapeva ispirare gli altri; di rado avanzava un'idea o proponeva una battuta: preferiva ascoltare ed era un pubblico perfetto, con una risata genuina e di cuore. Oppure era il lavoro da laboratorio? Gaines trafficava con il rudimentale equipaggiamento da ufficio della Ec e mise un prolungamento di sostegno sul ricevitore del suo telefono in modo da poter parlare e al tempo stesso lavorare con entrambe le mani. Quando prese il controllo della casa editrice dopo la morte del padre, questa non offriva abbastanza interazione con i colleghi, né sufficienti opportunità per tentare esperimenti così significativi – chimica creativa, potremmo definirla – da interessarlo. Ben presto però egli e la Ec si trasformarono, principalmente grazie

Tiny Tot Comics n. 1, marzo 1946, collana per bambini edita dalla Ec di M.C. Gaines ed ereditata dal figlio William. Disegno di Burton Geller.

agli effetti di un nuovo elemento aggiunto nel loro ambiente: Al Feldstein (Albert B. Feldstein, n. 1925).

«All'inizio odiavo quel lavoro»,[2] avrebbe detto poi Gaines. Concentrato a finire i suoi studi universitari,[3] lasciò la maggior parte delle decisioni editoriali al direttore finanziario, Frank Lee, e al responsabile per la tiratura e distribuzione, Sol Cohen, due impiegati avanti negli anni che Gaines aveva ereditati insieme alla collana *Tiny Tot Comics*, alla piccola compagnia del padre e ai suoi debiti. Cohen pensò che per la casa editrice sarebbe stato positivo cercare di espandersi al di fuori delle serie per bambini, almeno di qualche anno, verso quelle per adolescenti.[4] Accortosi del successo della MLJ con *Archie Comics*, che molte altre case editrici stavano già imitando,[5] Cohen, in un tortuoso tentativo di reclutare nuovi talenti, disse al proprietario della Wroten Lettering (la compagnia che la Ec pagava per la fase di lavoro calligrafico sulle sue tavole) che la Ec era interessata ad assumere artisti che potessero lavorare su nuovi albi a fumetti per adolescenti. James Wroten passò l'informazione alla Fox, dove i disegnatori e gli sceneggiatori erano notoriamente tartassati e sottopagati.

Una mattina della prima settimana di febbraio 1948 Al Feldstein, disegnatore che aveva già lavorato su quattro albi a fumet-

Adventures of Homer Cobb n. 1, settembre 1947, dell'effimera casa editrice Humor Publishing. Ideato e realizzato da Al Feldstein.

ti per adolescenti, portò il suo portfolio al numero 225 di Lafayette Street, un edificio in stile greco dalla facciata imponente, che ospitava al piano terra una banca con alti soffitti dorati e sopra di essa dieci piani di uffici a basso costo ai quali si poteva accedere attraverso una piccola entrata laterale (i soldi insomma erano tutti al piano terra). Feldstein prese l'ascensore per il settimo piano, attraversò un lungo salone che, alle dieci del mattino, sembrava un po' tetro, ed entrò negli uffici al lato opposto. Era vestito bene come suo solito, con una giacca nera, una camicia bianca e una cravatta disinvolta. All'epoca ventiduenne, Feldstein era un uomo massiccio, con capelli ondulati tagliati corti e dall'aspetto e le maniere eleganti come quelle del noto attore John Garfield. Chiese di Cohen, fu ricevuto, sparlarono un po' di Victor Fox, il cliente principale di Feldstein, e poi fu condotto a conoscere Bill Gaines. Cohen uscì dalla stanza, lasciando Feldstein in piedi di fronte alla scrivania di Gaines, su cui non c'erano carte o documenti. Gaines, un uomo anch'egli tarchiato, con occhiali neri dalla montatura in corno e un taglio di capelli piatto come la sua espressione, era in maniche di camicia e indossava una cravatta nera allentata. Rimase seduto e disse solo «mi faccia vedere il lavoro». Anche se Feldstein all'epoca non sapeva nulla di Gaines, pensò che avesse

Science Comics n. 3, maggio 1946, collana della Ace Magazines / Humor Publishing / Current Books. La storia di copertina sulla costruzione dei tunnel è di Al Feldstein.

l'aspetto di un insegnante di scienze di liceo (o così avrebbe detto più avanti). I due parlarono poco mentre Gaines sfogliava il portfolio di Feldstein.

A parte qualche pagina per *Science Comics* («Come vengono costruiti i tunnel sottomarini»)[6] e altre stranezze, tra cui le copertine per una serie di dischi di fiabe sonore per bambini, la maggior parte di ciò che Gaines vide erano tavole riprese dalle collane *Junior* e *Sunny*. I disegni erano rigidi e squadrati; l'inchiostratura pesante, come fossero stati dei grafici di un manuale tecnico per falegnami; le anatomie erano coraggiose, ma esageratamente irragionevoli. Gaines si trovò davanti, disegno dopo disegno, a ragazzette dalle proporzioni assurde, con i busti più sottili delle gambe e seni più grossi delle teste. Il termine tecnico per questo tipo di illustrazioni pettocentriche era «disegni a fanale», anche se Feldstein era più un tipo da riflettori Klieg per il cinema, e Gaines lo apprezzò molto. Feldstein vide Gaines togliersi gli occhiali, riporli in un cassetto della scrivania e chinare il capo per studiare da vicino i suoi disegni, fino a sfiorare i fogli col naso.

Ridacchiando un po' e senza staccare il naso dai fogli, Gaines chiese a Feldstein se avesse usato delle modelle per i suoi disegni. Bill Gaines aveva fatto una battuta. Durante l'ora successiva i due

Lo scrittore ed editore Bill Gaines (a sinistra) supervisiona la storia del giorno; a fianco il compagno creativo Al Feldstein. Per gentile concessione di Wendy Gaines Bucci e del Gaines Estate.

chiacchierarono: su Feldstein, sui rispettivi padri, sul malcontento pubblico verso i fumetti e su Feldstein stesso. Artista con uno spiccato senso degli affari, come Will Eisner, Albert G. Feldstein era il più giovane di due figli nati da genitori con attitudini artistiche; si erano incontrati in una piccola scuola privata di musica a Brooklyn, dove sua madre, Beatrice, studiava il violino e suo padre, Max, canto. Abbandonando l'arte per il commercio, Max Feldstein avviò un laboratorio che modellava denti falsi, e gli affari andarono bene fino agli ultimi anni della Depressione, quando i Feldstein andarono in bancarotta e persero la loro bella casa in mattoni rossi a Flatbush, Brooklyn, e dovettero trasferirsi in un appartamento con due camere da letto, al quarto piano (senza ascensore) e a undici isolati più lontani dal centro.

Al Feldstein aveva dodici anni; i problemi economici accelerarono i suoi dubbi sulla saggezza dei genitori. «Li amavo, ma non li rispettavo»,[7] ha detto poi Feldstein. «Erano così presi da sé stessi che mi convinsi che tutti i genitori fossero autocondiscendenti e che l'autorità genitoriale fosse un mucchio di sciocchezze. Con mio padre era arduo comunicare. Non l'ho mai conosciuto bene. Avevo bisogno della sua attenzione, dei suoi incoraggiamenti, di averlo nella mia vita. Ma non era interessato alle mie predilezioni, era interessato solo ad attività per sostenere la famiglia, che fallivano tutte l'una dopo l'altra. Mia madre era del tutto immersa nei

I futuri talenti del fumetto
Al Jaffee e Wolf «Billy» Eisenberg
(Will Elder) da adolescenti,
alla New York High School
of Music and Art.
Per gentile concessione
di Will Elder.

suoi problemi, di qualsiasi tipo fossero, economici o di altra natura; i fallimenti di mio padre crearono problemi nel matrimonio, e lei sfogò molta della sua frustrazione su di noi, su me e mio fratello. I miei genitori mi hanno plasmato, hanno fatto di me un antigenitore. Ma mi hanno fatto anche capire l'importanza del denaro per far funzionare il matrimonio, e così sono cresciuto abbastanza opportunista, deciso a vivere bene».[8]

Sveglio e ambizioso, Feldstein riuniva i bambini del vicinato e faceva pagare loro due centesimi ciascuno per assistere a un teatrino delle marionette improvvisato, in cui creava le storie e dava la voce a tutti i personaggi. Amava disegnare e, incoraggiato da una maestra delle elementari, la signora Kingsland, partecipò a un paio di tornei di arte giovanile – uno sponsorizzato dal negozio Wanamaker, l'altro collegato all'imminente Esposizione Mondiale del 1939 – e ottenne discreti risultati, rispettivamente terzo posto e menzione d'onore. Abbastanza talentuoso da superare gli esami di ammissione per la selettiva High School of Music and Art di New York, tra cui l'esercizio in cui si doveva disegnare sotto osservazione, Feldstein vi entrò nel 1938 e ben presto ne attraversò le sale insieme a un gruppo di giovani artisti i quali, un decennio più tardi, avrebbero finito per riunirsi al 225 di Lafayette Stre-

Sheena, Queen of the Jungle n. 1, primavera 1942, collana della Fiction House. Copertina di Bob Webb. Sheena, tuttavia, era stata creata da Will Eisner e Jerry Iger già nel 1937 e pubblicata in diverse altre sedi.

et: Will Elder (1921-2008), Harvey Kurtzman (1924-1993), Al Jaffee (n. 1921) e John Severin (n. 1921). Feldstein, di qualche anno più giovane degli altri – era del 1925 – non socializzò con loro né con molti altri a scuola. «Ero un tipo un po' solitario ed era difficile stringere legami lì, perché gli studenti erano sparpagliati in tutta la città e per me era complicato mettere da parte qualche nichelino per andare a casa di qualcuno dopo la scuola»,[9] avrebbe poi detto, aggiungendo però: «i miei anni alla Music and Art hanno avuto un valore enorme. Mi hanno fatto crescere come persona in termini di coscienza sociale. Ho avuto insegnanti stupendi, pieni di entusiasmo, socialmente attivi e che ci parlavano dei problemi quotidiani, della filosofia e delle cose. Probabilmente erano comunisti, e hanno dato forma al mio modo di pensare sociale e politico».[10] Le stesse idee raggiunsero Elder, Kurtzman e Jaffee; Severin invece crebbe con idee politiche meno sinistrorse.

Feldstein di giorno frequentava il Brooklyn College e la sera dipingeva alla Art Students League, quando venne a sapere che un vecchio compagno di liceo, Norman Maurer (1926-1986), guadagnava la bellezza di 25 dollari a pagina disegnando fumetti. Feldstein contattò Jerry Iger. «Esaminò i miei lavori e disse "OK, posso darti un lavoro come assistente. Vieni dopo la scuola, ti pagherò tre dollari alla settimana e dovrai sederti qui e cancellare le linee di matita dalle pagine. Quando ti mando a fare qualcosa, dovrai correre a eseguire, e nel frattempo imparerai guardando quel che succede davanti ai tuoi occhi". Fu così che svolsi il mio apprendistato, praticamente entrai e dissi "eccomi qui", sai, come una ragazza di campagna che entra in un bordello e dice "guardatemi, sto cercando lavoro", ed era così che la pensavo sui fumetti. Mi sentivo come una prostituta di talento che guadagnava qualcosa vendendo le proprie arti. Ma, col tempo, imparai e iniziai a cambiare idea. Sedevo accanto a Bob Webb [Robert Hayward Webb], che disegnava *Sheena, Regina della Giungla* e mi permise di fare gli sfondi: iniziai con palme e vegetazione e poi mi lasciò fare le macchie di leopardo sul seno e l'inguine di Sheena, visto che il costume veniva aggiunto in un secondo momento. Webb la disegnava totalmente nuda. Ben presto mi accorsi che alcuni di quelli lì erano veri artisti – Webb e Lou Fine [1914-1971], Reed Crandall, Alex Blum [1889-1969]. Capii che questi tizi erano dannatamente bravi. Era solo che stavano applicando la loro abilità su di una forma d'arte poco rispettata, che i bambini amavano ma che i loro genitori non capivano, e questo fece scoccare in me la scintilla, perché nemmeno io capivo i genitori».

Durante la guerra, Feldstein era stato arruolato nei servizi speciali delle forze aeree, disegnando manifesti e diapositive, mentre al tempo stesso guadagnava qualche soldo dipingendo la sua specialità – donne anatomicamente vistose – sui giubbotti di volo. Dopo il congedo tornò ai fumetti, sposò la sua ragazza «perché si stavano sposando tutti» e fece baruffa nel clima di euforia generale. All'epoca in cui seguì l'instradamento suggeritogli da una società di *lettering* (calligrafia per i fumetti e la pubblicità) per lavorare per un'esile compagnia a Little Italy, Feldstein, la sua prima moglie Claire – che allora era incinta – e la loro bimba di quasi due anni, Leslie, vivevano in un appartamento di tre stanze sullo stesso piano dei genitori di Claire, sulla Ocean Parkway, di fronte alla pista di pattinaggio su ghiaccio di Parkside, a Brooklyn. Feldstein lavorava principalmente per Victor Fox, il più viscido degli editori in un campo poco sicuro come quello dei comic-book, e guadagnava qualche dollaro in più scrivendo anche i soggetti e usando sua moglie come firmataria di facciata. Aveva un tavolo da lavoro sistemato nell'unica area adatta del suo appartamento, un piccolo atrio, e lavorava lì la sera tardi mentre il resto della famiglia dormiva.

Quando Feldstein conobbe e fece amicizia con Bill Gaines, era poco più di un uomo frustrato dentro a un bel vestito, comprato da Ripley, sulla Quinta Avenue. Dopo che quella mattina ebbe lasciato Lafayette Street, aveva ricevuto da Gaines l'incarico di creare un fumetto originale. Tornò una settimana più tardi con gli schizzi a matita per la copertina e la prima storia di *Going Steady with Peggy* ('Coppia fissa con Peggy'), una versione più sensuale di una sua vecchia variazione sul tema per *Archie*. Gaines assunse Feldstein per realizzare il fumetto a una tariffa di 31 dollari per pagina di testo e disegni, più 25 dollari per ciascuna copertina. Anche se Gaines diede a Feldstein l'impressione di essere pronto a dividere con lui i profitti della serie, i documenti che i due firmarono il 13 febbraio 1948 non facevano menzione di tale possibilità.[11] L'accordo, comunque, durò ben poco: quando Feldstein stava lavorando alla prima storia di *Going Steady with Peggy*, Victor Fox annunciò la cancellazione di *Sunny* e *Junior*. Gaines chiamò Feldstein al telefono: «"vieni, dobbiamo parlare", mi disse, così andai da lui e mi fece "ascolta, la moda dei fumetti per adolescenti sta scomparendo. So che non hai più *Junior*, ma non posso fare *Peggy*, perché perderei la camicia. Quindi tu e io abbiamo chiuso". Sono sempre stato invadente e un po' antipatico, credo, molto ambizioso, e ho sempre approfittato di ogni occasione che mi si presentava. Così dissi "va bene, Bill, straccia il contratto e fammi lavorare su altre serie". E lui acconsentì. Così cominciai a lavorare per Bill su alcune sue collane già esistenti, ma volevo più soldi, così gli dissi "guarda, me le scrivo da solo le mie storie. Questa roba, questi soggetti che stai acquistando, sono spazzatura. Posso farlo io stesso e ho bisogno di soldi". Mi rispose "OK, scrivi, scrivitele tu le tue cose", e fu così che fin dall'inizio con Bill scrissi e illustrai le mie storie, e questo è il modo in cui lavorammo per un po'».[12]

L'influenza di Feldstein su Gaines e sulla EC aumentò a mano a mano che i due uomini si conoscevano meglio. Accorgendosi che c'era più spazio nell'appartamento 706 della EC che nell'atrio di casa, Feldstein convinse Gaines a permettergli di lavorare a tempo pieno in ufficio mantenendo un tipo di retribuzione a progetto e non un salario. «Quel che accadde fu che, lavorando nello stesso ufficio, iniziammo ad andare a pranzo insieme», di solito in una trattoria a base di pasta, da Patrissy, sulla vicina Kenmare Street. Alla fine del 1948 Feldstein aveva messo su quasi sette chili. Gaines, nel frattempo, vendette la casa di famiglia a White Plains e si

Blackstone the Magician Detective Fights Crime! n. 1 della Ec, autunno 1947, l'unico albo con questo personaggio pubblicato dalla casa editrice di Bill Gaines. In precedenza la Vital Publications aveva fatto uscire i primi tre numeri della serie, nel 1946.

trasferì da sua madre, in un largo appartamento con tre camere da letto a Fort Hamilton Parkway, Brooklyn. Siccome Feldstein era di strada, Gaines gli dava un passaggio tutte le sere sulla sua Chrysler Town and Country blu del 1947,[13] un veicolo con pannelli di mogano lucidato sulle fiancate, abbastanza cromature all'interno da poter farci un'altra piccola auto e uno dei nuovi sistemi di cambio automatici. Era una macchina che, come molti dei giocattoloni collezionati da Gaines, trasmetteva al tempo stesso e intensamente un senso di giocosità infantile e un'opulenza tutta adulta. Nel salone del nuovo appartamento di famiglia, Gaines aveva un televisore Rca Berkshire da 800 dollari, con schermo da 21 pollici e immagine proiettata su vetro piatto attraverso un gioco di specchi,[14] e un mobile in mogano in piena sintonia con quello dell'automobile, che Gaines aveva collegato a un nuovo e complicatissimo sistema stereo, con un enorme amplificatore Sunn e modernissime casse *tweeter* e *woofer*, cioè per gli alti e bassi del suono stereofonico. «Non avevo mai sentito di nessuno che usasse due casse di tipo diverso per far suonare un solo disco», ricordò Feldstein: «pensai che fosse fantastico».[15] Per mettere in mostra il suo sistema audio, Gaines amava far suonare uno dei dischi della sua collezione London Ffrr (*full frequency-range recor-*

Moon Girl Fights Crime n. 8, estate 1949, una delle varie incarnazioni editoriali della testata dedicata a Moon Girl.

ding, 'sistema di registrazione a frequenza completa'), un 78 giri che riproduceva i suoni di un treno in avvicinamento, di un aereo al decollo, di animali da fattoria e così via, e mettersi al centro della stanza per mimare il tutto. «Giocava a fare l'editore, e a me andava bene perché mi pagava e mi dava molte opportunità per esprimermi, sviluppare idee e guadagnare soldi»,[16] ha detto Feldstein. «Passavamo molto tempo insieme e divenimmo ottimi amici. Forse non era un'amicizia granché profonda, lui aveva bisogno di me per le sue ragioni e io avevo bisogno di lui per le mie, così sviluppammo un rapporto che soddisfaceva entrambi».

Gaines amava sperimentare, spesso imitando gli altri, e Feldstein lo aiutava a cercare di produrre formule abbastanza forti da portar loro sia soddisfazioni artistiche sia guadagni economici. Le prime erano sconosciute ed eccitanti per l'editore, i secondi lo erano altrettanto per l'autore. Gaines amava discutere idee con Feldstein e quest'ultimo voleva comprarsi un impianto stereo. «Prendevamo il nostro lavoro molto seriamente, in quei giorni», avrebbe detto poi Gaines. «Per un anno circa fummo impegnati a cercare di copiare le mode in corso». Avendo ottenuto, poco prima dell'arrivo di Feldstein, i diritti per la pubblicazione di una serie di fumetti che aveva come protagonista il mago Blackstone, Gaines aveva fatto uscire un albo intitolato *Blackstone the Magician Detective Fights Crime!*,[17] con in copertina una formosa ragazza dai capelli rossi in reggiseno e mutandine vermigli intrappolata da un polpo mentre un tizio pelato le punta contro una pistola calibro 45. Blackstone era visibile sullo sfondo, incatenato a un muro di pietra, e un riquadro di testo annunciava: «E presentiamo inoltre gli Happy Houlihans, la famiglia più pazza e adorabile d'America!». Gli Houlihans poi si spostarono in una rivista dedicata, che poco dopo fu trasformata in un fumetto western dal titolo *Saddle Justice*. A sua volta, questo divenne un western romantico dal titolo *Saddle Romances*. Un altro titolo di Gaines destinato ai più piccoli, *Fat and Slat*, divenne il western *Gunfighter*, con disegni di Johnny Craig (1926-2001) e Graham Ingels (1915-1991) e contributi dello stesso Feldstein. Un tentativo di fare fumetti che potessero piacere all'estero, *International Comics*, divenne *International Crime Patrol* e poco dopo solo *Crime Patrol*, perdendo l'elemento internazionale e trasformandosi in un'imitazione dei fumetti di Lev Gleason sottotitolata, come già indicato in un Capitolo precedente, «Storie vere dagli archivi della polizia». Sheldon Moldoff (n. 1920), un creativo sceneggiatore-scrittore originariamente assunto da Gaines padre, aveva ideato una serie di fantascienza dedicata a una giovane e sensuale «Principessa della Luna» e al suo spasimante, il principe Mengu, che era pubblicata su *Animal Fables*. Bill Gaines ne cambiò il titolo in *Moon Girl and the Prince*, che venne poi accorciato in *Moon Girl*. Con l'aiuto di Feldstein fu trasformata in *Moon Girl Fights Crime* e poi in *A Moon... A Girl... A Romance*. «Stavamo andando a tentativi e cercando di fare qualcosa di buono, ma per Al Feldstein non era mai abbastanza buono»,[18] avrebbe poi affermato Ivan Klapper, che all'epoca era il capo redattore di *International Crime Patrol* e che scrisse qualche storia per l'albo suo successore, *Crime Patrol*. «Sentivo che Al Feldstein mi stava relegando ai margini. In qualche modo era entrato nelle grazie di Bill e sapeva *produrre*, era molto bravo a realizzare prodotti, finendo per convincere Bill che tutte le idee migliori fossero le loro. C'era altra gente lì all'epoca, io, [lo sceneggiatore] Gardner Fox e altri, e delle buone idee ce le facevamo venire anche senza Al Feldstein».

In effetti, molti mesi prima che Feldstein arrivasse alla Ec, Sheldon Moldoff era andato da Bill Gaines per proporgli un nuovo fumetto con storie dell'orrore. L'idea, come molte altre nel campo dei giornalini a fumetti, affondava le proprie radici nei romanzi pulp, dove storie di giovani ragazze assalite da «minacce inquietanti», ovvero capaci di togliere i vestiti di dosso alle loro vittime nei modi più strambi, avevano popolato per anni riviste come *Terror Tales* e *Horror Stories*. Varianti del tema gotico erano comparse anche in molti fumetti, come *Suspense Comics*, del 1943; *Yellowjacket*, che nei suoi dieci numeri di vita, partiti nel 1944, pubblicò otto storie dell'orrore chiamate «Tales of Terror»; e *Eerie*, il cui unico numero fu pubblicato nel 1947.[19] Moldoff però considerava ancora fresca l'idea, capace di separare la Ec dalla concorrenza facendola entrare in un mercato inesplorato, e Bill Gaines era d'accordo. «Ci incontrammo»,[20] ricorda Moldoff, «e gli dissi che le vendite andavano male ma che ci stava comunque provando. Gli feci "ho un'idea, permettimi di creare un albo per te. Se ti piace puoi tenerlo, ma in cambio mi aspetto una percentuale". E lui rispose "nessun problema, fa' pure"».[21] Il mese successivo, Moldoff creò due albi pronti per la stampa, dando parte dei testi in subappalto a Gardner Fox e Dick Krause e parte dei disegni a Johnny Craig e Howard Larsen: *Tales of Supernatural* e *This Magazine Is Haunted*. «Bill disse "stupendi, li adoro"», ricorda Moldoff. «Il suo legale stese un contratto nel quale erano riconosciute le mie percentuali, e lo firmai». Gaines mise le pagine dei due albi nel primo cassetto della sua scrivania e lì rimasero; in seguito, Gaines avrebbe pubblicato due delle storie per *Tales of Supernatural* che erano state scritte e disegnate da Kraus e Larsen senza informare Moldoff.[22]

Qualche tempo dopo, Gaines e Feldstein stavano tornando a casa, ascoltando un po' di musica in auto, e la conversazione si spostò sugli sceneggiati radiofonici dell'orrore che entrambi avevano amati da bambini, *Inner Sanctum* e *Lights Out*. Stavano andando a velocità sostenuta lungo la Ocean Parkway, quando Feldstein disse che forse valeva la pena di provare alla Ec il genere horror. «Stavo pensando a un modo per uscire da questi schemi dominanti nell'industria del fumetto, basati sull'imitare serie di successo altrui»,[23] mi ha detto Feldstein. «Ero tremendamente ambizioso e volevo che noi si provasse altre cose, cose che non erano mai state fatte prima, perché ero convinto che fosse quella la strada verso il successo: perché copiare gli altri? Perché non avremmo dovuto essere noi quelli copiati? Ma non avevo mai pensato all'horror fino a quel momento. Così dissi a Bill "questo è quel che dovremmo fare, in fondo entrambi amiamo il genere e nessun al-

War Against Crime n. 11, febbraio-marzo 1948.

tro lo sta trattando". C'era qualche piccola serie di quel tipo qua e là, ma niente di importante o di realmente pauroso. Mi rispose "hai ragione, facciamo questa cosa"». Nei decenni successivi Feldstein avrebbe descritto più volte questa conversazione, spesso con Gaines presente, e quest'ultimo non contraddisse mai la sua versione, né citò mai il contratto con Moldoff sulla sua scrivania.

Né Gaines né Feldstein tenevano in gran conto i paletti imposti dalla ACMP. Gaines aveva esperienza nel tiranneggiare l'amministratore dell'associazione, Henry E. Schultz, che considerava uno zerbino. «Avevo l'abitudine di andare da Schultz e gridare, strepitare e strapparmi i capelli per convincerlo ad abbandonare più o meno qualsiasi piano»,[24] spiegò Gaines. «E basta dare uno sguardo ai miei [primi] albi [della EC] su cui è presente il sigillo per vedere quel che potevamo stampare con il permesso dell'associazione, perché Schultz era lì solo per prendere un onorario». Gli ultimi quattro numeri delle due serie EC sul crimine, *Crime Patrol* e *War Against Crime*, furono peraltro pubblicati con l'approvazione della ACMP e senza alcuna riduzione nella quantità di conflitti a fuoco e sangue. E né Gaines né Feldstein erano preoccupati di peggiorare la situazione di tensione con i gruppi di pressione e i legislatori che si concentravano sui fumetti. «Pensavamo di essere al sicuro perché stavamo trattando un genere diverso e loro erano principalmente interessati alle serie sul crimine»,[25] avrebbe detto Feldstein. Dopotutto se le cosiddette *weird menaces*, le minacce inquietanti più sopra già menzionate, agivano disobbedendo alle leggi della natura, chi avrebbe mai potuto affermare la propria autorità su di loro?

***

Dei due impiegati della Eastern Color che avevano affermato di aver inventato i comic-book, solo Harry Wildenberg sopravvisse abbastanza da vedere quel che si era evoluto sulla scia di *Famous Funnies* e lo fece da lontano, con rimorso. Quasi in pensione, a sessantadue anni Wildenberg vendeva sigari a Key West allorché, nel 1949, un giornalista del settimanale cattolico *Commonweal* lo rintracciò per intervistarlo per un articolo poi intitolato «Come sono nati i giornalini a fumetti – e cosa ne pensa oggi il suo creatore». Wildenberg ammise di desiderare di non aver mai avuto l'idea di piegare in quattro quelle strisce dei quotidiani domenicali, e disse di volere che gli albi a fumetti fossero aboliti nel loro insieme, come mezzo di comunicazione. Secondo l'articolo, disse di essere «molto soddisfatto» dell'ordinanza della Contea di Los Angeles che metteva al bando riviste a fumetti controversi, ed era «felicissimo»[26] quando leggeva di bambini che bruciavano i giornaletti. «Non sono orgoglioso di aver dato il via agli albi a fumetti. Se avessi avuto idea dei danni che avrebbero procurato, non avrei mai portato avanti l'idea. Sono felice che genitori e insegnanti si stiano iniziando a rendere conto della minaccia rappresentata dai giornalini a fumetti».

Un professore della facoltà di Scienze della formazione della New York University, Francis J. Kafka, rispose con una lettera all'editore in cui difendeva il potenziale del medium fumetto. «I fumetti possono al tempo stesso ispirare, informare, stimolare l'immaginazione, essere interessanti e divertenti»,[27] dichiarò. La risposta di Wildenberg fu una cinica accettazione del fascino che sangue e frattaglie esercitavano sui giovani lettori. «La prima ragione del successo dei fumetti sulle menti dei ragazzi è la violenza. Più sono violenti e più affascinano i giovani. Gli editori ne sono consapevoli e fanno a gara per riempirne le pagine di sangue e piani di omicidio. Moderate i fumetti, cercate di contenerli in modo che facciano qualcosa di buono e i ragazzi non sapranno più che farsene», scrisse. Il figlio del suo vecchio rivale, Bill Gaines, non avrebbe potuto ricevere un consiglio più vantaggioso.

La continua crociata contro i giornalini a fumetti in atto su più livelli permise a Harry Wildenberg di gioire più di una volta. Nelle ultime settimane dell'anno precedente, l'Associazione nazionale genitori e insegnanti aveva dato ordine di eseguire una «epurazione nazionale» dei comic-book e aveva distribuito una guida per aiutare gli uffici locali a convincere le autorità municipali e statali a regolarizzare la vendita di albi.[28] In tutto il paese, migliaia di membri iniziarono a darsi da fare. Nel contempo, l'Istituto nazionale dei tutori dell'ordine municipali distribuì una serie di guide per mettere in atto il controllo dei giornaletti. «I temi criminali e sessuali di queste storie sono stati una causa in concorso diretto di molti episodi di delinquenza giovanile e del radicarsi di idee immorali e deviate nelle menti dei nostri ragazzi»,[29] scrisse il Consiglio generale dell'istituto. «È inconcepibile che non si possa realizzare un piano efficace. Il potere della polizia può e dev'essere utilizzato per eliminare il vizio degli albi a fumetti dannosi». Poco tempo dopo, la Conferenza dei sindaci degli Stati Uniti pubblicò un libriccino di dieci pagine, *Controllo municipale degli albi a fumetti disdicevoli*,[30] e il giornale di categoria, l'*American City*, scrisse: «Il controllo sui fumetti può avere successo».[31]

Alcune azioni ebbero luogo solo dopo considerevoli studi e dibattiti. A New Orleans, per esempio, il sindaco e il Consiglio comunale commissionarono una relazione sulla polemica sui fumetti e, all'interno delle sue quarantanove pagine, fu scritto che i fumetti «sono considerati insieme alla musica jazz una delle poche forme d'arte davvero americane».[32] Nelle conclusioni, la relazione affermava: «La condanna indiscriminata di tutte le riviste a fumetti è uno dei peggiori errori di alcuni critici. Il fatto è che entrambe le parti hanno ragione. Non tutti i fumetti sono pericolosi, come dicono alcuni critici; né tutti sono buoni, come affermato da editori e difensori vari. Come tutti i prodotti creativi, devono essere giudicati individualmente. E questo è ciò che molti critici, genitori e pubblici ufficiali non sono riusciti a fare».[33] Ad ogni modo, il Comune ritenne che circa un terzo dei giornalini a fumetti pubblicati fossero «offensivi, sgradevoli e indesiderabili» e, il 2 febbraio 1949, formarono una commissione per controllare che i gestori delle edicole si attenessero alle liste nere.

In maggio, a Cleveland, due membri del Consiglio comunale si opposero alla proposta per un'ordinanza atta a mettere al bando tutti i fumetti di crimine; uno di loro disse che ciò avrebbe significato «buttare dalla finestra Sherlock Holmes e Shakespeare».[34] Una settimana dopo, il Consiglio comunale votò all'unanimità per la proibizione della vendita degli albi a fumetti che raffigurassero «perpetrazione o tentata perpetrazione dei reati di rogo, aggressione, furto, rapimento, lesioni, omicidio colposo, stupro, prostituzione, sodomia o estorsione».[35] La pena consisteva in una multa tra 50 e 500 dollari e/o fino a sei mesi di carcere nella casa di correzione cittadina. Per mettere in atto la legge, il dipartimento di polizia elesse due ufficiali incaricati a tempo pieno di combattere i comic-book. Il modello di Cleveland era la Contea di Los Angeles dove, il 23 aprile, William D. Dickey, proprietario di un negozio sulla Florence Avenue, a Walnut Park, fu chiamato in giudizio in seguito all'arresto con l'accusa di aver venduto a un adolescente una copia di *Crime Does Not Pay*.[36] Nello stesso periodo, risoluzioni per mettere al bando albi a fumetti controversi furono introdotte in numerose città tra cui Baltimora,[37] Cleveland,[38] Milwaukee,[39] Sacramento[40] e St. Louis,[41] come pure in molte città più piccole come Falls Church (Virginia),[42] Nashua (New Hampshire)[43] e Coral Gables (Florida).[44] Come scritto sul *Sacramento Union* nello strillo in prima pagina,[45] «Messa al bando dei fumetti sul crimine votata dal Consiglio comunale – Multe di 500 dollari e pene detentive per i trasgressori».

A Falls Church, il piccolo Ted White frequentava la scuola elementare Madison; un giorno, mentre tornava a casa, alcuni amici gli passarono un mucchietto di albi a fumetti da leggere. Uno di questi era un numero di *Sensation Comics* con protagonista Wonder Woman, che White non conosceva. La vista del personaggio e delle sue azioni eroiche sadomaso rallentarono così tanto il bambino che era quasi di un'ora in ritardo a casa per cena quando vide sua madre venirgli incontro sul marciapiede. Gli strappò i giornaletti di mano e lo trascinò a casa. «Era furiosa, mi disse che i fumetti erano responsabili di un sacco di cose terribili»,[46] ricorda White. Quando furono arrivati a casa, la donna gli disse di andare nella sua stanza, raccogliere tutti gli albi che aveva – oltre una ventina, collezionati nel corso degli anni – e portarli nel giardino sul retro. La famiglia possedeva un inceneritore in cui bruciare la spazzatura e White fu costretto a guardare sua madre gettarvi all'interno i suoi albi. «Fui fortemente turbato che mia madre potesse farmi questo. Era una violazione. Era come uno stupro, dal mio punto di vista: qualcosa che prima era mio adesso cessava di esserlo. Da quel momento in poi mi interessai ai fumetti molto più di prima, perché erano diventati il frutto proibito. Come conseguenza diretta, iniziai a collezionare albi a fumetti per davvero».

Nei primi mesi del 1949, alcune voci di dissenso giovanile si alzarono a favore dei comic-book. Quando degli studenti di seconda e terza media parteciparono a un forum giovanile sul fumetto, il 4 gennaio, il *New York Times* scrisse: «700 studenti nutrono speranze per gli albi a fumetti». Tenutosi nell'auditorium della scuola superiore Herman Ridder, nel Bronx, l'evento aveva visto un gruppo di sei studenti impegnati in un acceso dibattito sul fumetto. I ragazzi iniziarono a partire dalle critiche, enumerando molti dei difetti elencati da Sterling North nel 1940, cioè che i fumetti fossero «stampati male» e «pericolosi perché contenenti impudicizie e contenuti inutili».[47] Ben presto però i ragazzi iniziarono a difendere insieme i fumetti, arrivando a definirli «letteratura trasposta in forma illustrata». Una di loro, Jane Alexander, disse: «ti distaccano dalla normale vita di bambino. E la normale vita dei bambini è fatta di un mondo di fantasia». Un altro parlò contro la censura dei fumetti basandosi sul Primo Emendamento e aggiungendo che film e quotidiani avevano contenuti peggiori. Gli studenti rifiutarono la tesi secondo cui gli albi a fumetti fossero responsabili per azioni criminali, dicendo che «l'ambiente, non i fumetti, porta al crimine» e che «la delinquenza giovanile esisteva persino prima dell'invenzione della stampa». Alla domanda «i fumetti dovrebbero essere messi al bando?» uno degli studenti, Merton Rothman, definì le leggi atte a controllarli «un abuso contro la libertà di stampa»: tutti i presenti scoppiarono in un applauso.

Rothman, timido tredicenne di seconda media dalla faccia paffuta, avrebbe poi definito il forum «una preziosa opportunità per far sentire le nostre voci» su di un tema «che preoccupava profondamente» gli studenti.[48] «Tutti i miei amici leggevano albi a fumetti e ce li scambiavamo. Per noi erano importanti», avrebbe detto Rothman, il cui personaggio preferito era lo stravagante Plastic Man di Jack Cole. «Una delle cose che ricordo di aver detto aveva a che fare con la mancanza di pudore femminile nel fumetto, ma non lo pensavo sul serio». Secondo quanto riferito sul *New*

York World-Telegram and Sun, Rothman disse: «Le ragazze sono poco vestite e questo aspetto dovrebbe essere migliorato».[49] «È importante capire che eravamo ragazzini che parlavano in pubblico, di fronte ai nostri insegnanti, e c'era una certa pressione affinché ci comportassimo bene e dicessimo le cose giuste. Posso assicurarvi che Wonder Woman mi piaceva di più per la scollatura che per i braccialetti con cui respingeva i proiettili». Per capire meglio il reale contenuto dei messaggi contrastanti mandati dai ragazzi nei loro commenti pubblici sui fumetti negli anni del dopoguerra, secondo Rothman occorre «ridurre la portata di tutte le critiche [di allora], che erano tentativi dei ragazzi di passare per bravi figlioli» e, allo stesso tempo, «amplificare il resto».[50]

Anche se molti giovani reputavano le pagine editoriali un territorio per adulti, fuori dalla loro portata, alcuni erano così esasperati dalla crociata contro i fumetti da scrivere lettere ai direttori dei quotidiani. Un gruppo di liceali diede fondo alle proprie risorse letterarie per comporre una missiva, pubblicata il 23 febbraio sul *Syracuse Herald-American*, in risposta all'ordinanza cittadina per mettere al bando i fumetti sul crimine:

> La vendita di fumetti di questo tipo è stata proibita ai giovani nella nostra comunità. In molti casi questa è una misura giusta, ma perché fermarsi lì? Perché non parliamo dei cosiddetti libri di grido che circolano così liberamente tra i genitori di questi stessi ragazzi? Questi adulti, che sono stati direttamente responsabili per la messa in pratica di tali limiti sui fumetti, leggono costantemente libri di questo tipo e non li considerano buoni a meno che non siano pieni di linguaggio sporco e pensieri corrotti che disgustano totalmente qualsiasi persona decente. Il livello editoriale dei fumetti potrà non essere del massimo livello, ma non è niente a confronto con quel che si può trovare nei libri per adulti.
>
> A nostro avviso, queste azioni da parte degli adulti non hanno alcun fine costruttivo e servono solo a stimolare la mancanza di rispetto nei loro confronti da parte dei propri figli. Vi chiediamo, è giusto mettere al bando albi per ragazzi e continuare a leggere voi stessi questo tipo di malsana letteratura?
>
> (Firmato) Studenti di liceo disgustati.[51]

Protesta mezza nascosta da un sottile velo di pietà, questa lettera metteva alla berlina le abitudini di lettura degli adulti come cartina di tornasole per sottolineare la capacità dei giovani di sceglie-re le loro. Al tempo stesso, però, altri gruppi di studenti continuavano a bruciare albi a fumetti nei cortili scolastici di tutto il paese, alcuni spinti da genitori e insegnanti, altri d'accordo con loro, altri ancora incerti sul da farsi e poco inclini a disobbedire agli adulti, e infine altri spinti dai roghi stessi a ribellarsi. In un caso – una grande protesta pubblica organizzata a Rumson, una ricca città costiera del New Jersey[52] – i giovani coinvolti erano davvero piccoli, Lupetti vittime di un intricato piano ideato da un caporeparto, Louis Cooke, da un capogruppo dei Boy Scout, Ralph Walter, e dal sindaco, Edward Wilson. Come fu annunciato il 6 gennaio a un incontro tra genitori e insegnanti al liceo Rumson, l'evento avrebbe dovuto consistere in una due-giorni in cui raccogliere albi a fumetti «contenenti assassini e criminali», come riportato da un giornalista presente all'incontro. Un gruppo di quaranta Lupetti avrebbe girato per il comune a bordo di un camion dei pompieri, «con sirene accese, per raccogliere albi sconvenienti lungo la strada». Poi il sindaco lo avrebbe condotto in processione dalla sede del municipio al Victory Park di Rumson, dove avrebbe dato dei premi agli Scout e li avrebbe guidati nell'appiccare il rogo degli albi. Quando l'Ufficio nazionale dei Lupetti d'America si rifiutò di sostenere il rogo e quotidiani di altri stati anche assai lontani come l'*Ironwood Daily Globe* del Michigan ne misero in dubbio la validità, i piani furono cambiati in modo da concludersi con la donazione dei fumetti all'Esercito della Salvezza da parte degli Scout, in modo che potessero venire riciclati.[53]

Poche settimane più tardi, una coordinatrice delle Scout della cittadina rurale di Cape Girardeau, nel Missouri, la signora Mullen, guidò senza alcun problema le sue ragazze e gli studenti locali in un rogo di albi a fumetti; in effetti l'evento in questo caso non era stato prima ampliamente pubblicizzato.[54] Le Scout, tra i quattordici e i diciott'anni, componenti la Truppa Senior 29, iniziarono a raccogliere fumetti di crimine, nonché titoli western e romantici (per le sparatorie e le implicazioni sessuali in essi rispettivamente contenuti), e poi affidarono il rogo agli studenti della St. Mary, un liceo cattolico con circa 275 iscritti ospitato in un austero edificio in mattoni rossi, ex ospedale restaurato. Dopo un discorso del pastore della parrocchia, il reverendo Theon Schoen, gli studenti inscenarono un finto processo a quattro eroi dei fumetti, rappresentati da altrettanti iscritti all'ultimo anno, che si dichiararono colpevoli di «condurre i giovani sulla strada sbagliata e costruire nelle loro menti concetti falsi».[55] Il processo, tenuto dopo le lezioni, si concluse con un «grande, enorme rogo», come ricordato da una delle studentesse, Bonnie Wulfers.[56] Mentre gli albi bruciavano, Schoen condusse il gruppo di oltre quattrocento studenti delle elementari e delle medie e medie superiori a compiere l'ormai tradizionale giuramento di «non leggere né comprare pubblicazioni deplorevoli e stare lontani dai negozi che le vendono».[57]

Lo studente che impersonò Superman al processo, il quattordicenne Donald Heisserer, non aveva mai né posseduto né letto un albo a fumetti.[58] Heisserer aveva quattro sorelle ed era secondo in ordine di nascita; sin da quando aveva nove anni era stato incaricato di mandare avanti la fattoria di grano e formaggio di famiglia, in seguito alla morte del padre. A casa sua c'era una radio ma non il televisore e la linea telefonica era condivisa tra otto famiglie, ragion per cui squillava solo una volta tanto. La madre di Heisserer non aveva la patente. Per divertimento, e per raccogliere un po' di soldi in più per la famiglia, Donald dava la caccia ai topi muschiati, vendendone la pelliccia per tre dollari e settantacinque ciascuno.

«Vivevamo in un'area tutto sommato isolata e non sapevo nemmeno dove fosse possibile procurarmi dei fumetti»,[59] ricorda Heisserer. «Lo feci solo perché tutti a scuola stavano raccogliendo e distruggendo albi a fumetti. Per quanto ci riguardava, la maggior parte di noi non aveva mai avuto l'opportunità di andare davvero ad acquistare e leggere dei comic-book. Dopo aver svolto il mio compito ero stanco e me ne andai a dormire. Molti degli studenti erano ragazzi di campagna». Furono le Scout e l'Associazione genitori e insegnanti a mettere in moto questa crociata. Gli stessi gruppi si sarebbero poi uniti di nuovo per convincere i locali notturni a chiudere alle dieci di sera. C'era un clima così infervorato contro cose come quelle da rendere assai facile riunire un gruppo e organizzare un qualche rogo. «Il fatto è che fino ad allora non avevo mai considerato molto i giornalini a fumetti, ma, dopo che avemmo organizzato il rogo, iniziai a pensare che ci fosse qualcosa di sbagliato in tutta quella situazione. Pensai che stessero cercando di usarci e che non fosse giusto. Mi fece infuriare. Non ebbi mai più la stessa considerazione degli insegnanti, dopo quell'episodio». Heisserer ha ricordato anche che, mentre gli studenti raccoglievano giornalini a fumetti per il rogo, alcuni dei ragazzi li dividevano per categoria. Gli albi sul crimine in una scatola, i titoli di

Un'immagine emblematica di un bambino che negli anni Cinquanta legge, avvinto e deliziato (e spaventato), un comic-book del mistero e del terrore.
Raccolta Ron Mann, per gentile concessione della Sphinx Productions, Inc.

supereroi in un altro; e le storie della giungla, con le loro copertine raffiguranti eroine con indosso i loro duepezzi in pelle di leopardo aggrappate a liane, finirono in una pila che molti dei crociati più giovani nascosero sotto la scala dei gabinetti dei ragazzi.

Il dibattito politico sui fumetti polizieschi si estese dalle aule di consiglio comunali a quelle del governo, dove i processi legislativi sono meno soggetti ai capricci locali e dove i risultati hanno un impatto più ampio. Nel marzo del 1949[60] le leggi per regolare gli albi a fumetti, per lo più atte a proibire la vendita di quelli sul crimine ai minori, erano in attesa d'approvazione in quattordici stati. Un disegno di legge nello stato di New York, la vera casa dei produttori di fumetti, mise fortemente a rischio l'industria perché per la prima volta mirava direttamente ai creatori, piuttosto che ai lettori o ai venditori, agendo quasi come una censura a priori. Il maggior promotore, il Repubblicano Benjamin F. Feinberg,[61] era un ex preside scolastico di sessantun anni, meglio noto come autore del Feinberg Act, che aveva reso la partecipazione al Partito Comunista una possibile ragione per l'espulsione dal sistema scolastico statale. La legislazione sui fumetti da lui proposta[62] andava oltre le normali restrizioni; avrebbe posto l'istituzione di una nuova divisione sul fumetto nel Dipartimento di Stato sull'Educazione, affidandole l'autorità di approvare o respingere gli albi in base ai loro contenuti prima ancora che venissero messi in vendita; agli editori di fumetti ligi a tali disposizioni sarebbe stato dato il permesso di pubblicare. Qualsiasi casa editrice che avesse deciso di pubblicare senza permesso un fumetto respinto avrebbe dovuto inviarne una copia al procuratore distrettuale della Contea non meno di trenta giorni prima dell'uscita sul mercato. Il 23 febbraio il disegno di legge passò al Senato con quarantanove voti a favore e sei contrari, questi ultimi tutti democratici.[63] Gli editori protestarono affermando che l'atto impediva la libertà di espressione, ma nulla di più. L'idea di base che gli albi a fumetti fossero insidiosi pareva universalmente accettata. Come venne scritto sul *New York Times*:

> Molte persone sono profondamente preoccupate dagli effetti morali e sociali prodotti da quest'invasione di riviste dozzinali che nell'ultimo decennio hanno invaso le edicole. Gli editori stanno subendo il vortice di indignazione risultante dalla loro incapacità di autocontrollarsi. Era inevitabile che una censura ufficiale dovesse essere proposta o messa in pratica, come già successo in molte città.
>
> Pensiamo che i fumetti, nel complesso, producano effetti dannosi sui bambini in molti modi. [...] Ma col tempo, e prima che abbiano fatto troppi danni alla morale o al buon gusto, l'opinione pubblica riuscirà ad attuare le riforme necessarie. Aspettare che ciò accada è molto meno pericoloso che ridurre la libertà del diritto di pubblicare.[64]

The Nation aggiunse:

> Siamo i primi ad ammettere che una generazione di americani è stata spinta verso l'analfabetismo dai fumetti. Ed è terribile che 60 milioni di albi a fumetti siano venduti ogni mese in questo paese. Detto questo, però, dobbiamo schierarci contro l'attuale tendenza nazionale a liquidare i fumetti attraverso la censura. [...] I fumetti sono un cuneo. Se sarà possibile «purificarli» – ovvero, controllarli – quotidiani, periodici, libri, film e tutto il resto finiranno per seguirli.[65]

Il 19 Aprile Thomas E. Dewey, il governatore Repubblicano di New York (che l'anno prima per poco non era diventato Presidente), vietò la legislazione dichiarandola troppo vaga, come era già avvenuto per il caso Winters vs New York. «Il disegno di legge di fronte a me modifica poco quanto già dichiarato non valido dalla Corte Suprema»,[66] spiegò Dewey. Rifiutando di arrendersi, Feinberg disse che il disegno di legge sconfitto non era «l'ultima risorsa». La legislatura organizzò un comitato comune per studiare ulteriormente i fumetti, per poi tornare sulla questione con maggior zelo e basi più solide.

Intanto, più a nord, i legislatori canadesi ebbero maggiore successo nel regolamentare gli albi a fumetti sul crimine, che avevano attraversato in massa il confine da New York.[67] S'era calcolato che ogni anno in Canada circolassero circa cinque milioni di albi a fumetti di questo tipo, sia importati dagli Stati Uniti sia ristampati a Toronto sulla base degli originali statunitensi. Il disegno di legge canadese, introdotto dal beneamato conservatore Edmund Davie Fulton, passò in entrambe le Camere del Parlamento il 7 dicembre 1949, modificando il sistema penale del paese e introducendo un periodo di prigionia fino a due anni per chiunque «stampi, pubblichi, venda o distribuisca qualsiasi rivista, periodico o albo a fumetti dedicato interamente o prevalentemente alla rappresentazione di crimini, reali o fasulli, che potrebbero quindi corrompere la morale dei giovani oppure indurli o influenzarli a violare la legge».[68]

Fulton, trentratreenne ex ufficiale di fanteria nella Seconda guerra mondiale nonché insignito ai tempi dell'università della prestigiosa borsa di studio Rhodes dell'Università di Oxford, aveva deciso di promuovere una legge contro i comic-book dopo aver saputo dell'omicidio di un uomo dello Yukon da parte di due ragazzini di undici e tredici anni che di tali albi erano assidui lettori. «Non c'era altra spiegazione del perché i ragazzi avrebbero dovuto sparare a un uomo che li aveva sorpassati in auto, ammazzandolo»[69] disse poi Fulton, a difesa della legge. «Probabilmente non intendevano ucciderlo. Stavano imitando quel che avevano visto giorno dopo giorno nei fumetti sul crimine a cui erano esposti».

D'altra parte, aggiunse Fulton, «Devo anche confessare che molti esperti e luminari imparziali di psichiatria sono dalla parte di coloro che non giudicano i fumetti sul crimine e le pubblicazioni simili pericolosi per i ragazzi, ma delle semplici valvole di sfogo per quelli che definiscono naturali tendenze e istinti violenti».

«AMORE... AMORE... *AMORE!!*» 8

A un certo punto la frenesia sui fumetti sul crimine iniziò a diminuire. Sotto l'assedio dei titoli di giornale, delle leggi, dei roghi pubblici, dei sermoni e dei discorsi nelle sale comunali e negli auditorium scolastici di tutte le città e cittadine, gli editori di fumetti iniziarono ad ammorbidire molti albi polizieschi e a eliminarne del tutto altri, cosicché il genere parve diventare meno sanguinario.

Nel 1950 *Crime Does Not Pay* era un albo quasi completamente diverso, pressoché privo di sangue, non più focalizzato sulle vite dei criminali ma sulle conseguenze dei loro atti e sul valore di chi li arrestava. La prima parola del logo fu ridotta di un centimetro e mezzo in altezza e le altre raddoppiarono, arrivando a due centimetri e mezzo; comunque «Crime» era ancora alto quasi il doppio di «Does Not Pay», benché non più otto volte tanto. Uno strillo in cima a ciascun albo pubblicizzava la collana come «Una forza per il bene della comunità!». Sotto il suo vecchio slogan, «La rivista con le più numerose fonti di richiamo», fu aggiunta una seconda riga, «dedicata all'estirpazione del crimine»;[1] un riquadro in un angolo del disegno principale di copertina conteneva una foto in bianco e nero di una poliziotta dalle labbra serrate identificata come Mary Sullivan, «ex capo della Divisione Femminile del Dipartimento di Polizia di New York e ora consulente editoriale per "*Crime Does Not Pay*"». Sotto alla foto c'era una dichiarazione: «Approvo questo albo ritenendolo una fonte di influenza morale positiva per i nostri giovani. Lo raccomando ai genitori come un forte strumento per insegnare la buona condotta».[2]

Altri editori, come Victor Fox, continuarono a riempire i disegni di sangue cercando al tempo stesso di proteggersi dalle accuse di corrompere i giovani promuovendo i loro albi come «Non adatti ai bambini» e «Solo per adulti». Tuttavia, dal momento che all'epoca esistevano poche statistiche attendibili sui lettori di albi a fumetti, nessuno nel settore poteva sapere quanti adulti leggessero i giornalini. E nessuno – nemmeno Will Eisner, il primo a parlare apertamente dei comic-book come di un mezzo con il potenziale per conquistarsi l'attenzione degli adulti – scambiò mai i fumetti per qualcosa di diverso da una forma di intrattenimento cercata e fruita soprattutto dai più giovani. «Victor Fox era fumante»[3] ebbe a ricordare Pete Morisi, i cui compiti per Fox comprendevano adattamenti in quattro pagine dei lavori di Longfellow intitolati «Skipper Hoy [o 'Il capitano del brigantino'] e quella bagnarola dell'Espero».[4] Secondo Morisi, Fox «non aveva mai davvero considerato gli albi a fumetti roba per adulti. Non intendeva davvero una sola parola di quel che disse. Questo dimostra quanto sotto pressione fosse chi lavorava nel settore: se Victor Fox si parava il fondoschiena allora le cose dovevano essere serie là fuori, e di fatto lo erano». Fox era così senza scrupoli da consegnare spesso assegni scoperti ai dipendenti che gli chiedevano lo stipendio. Morisi, sposato e spesso disperato per i pagamenti non saldati, fu truffato da Fox diverse volte; una volta si precipitò nell'ufficio di Fox senza essere annunciato, salì sulla sua scrivania e iniziò a strangolarlo finché Fox non ebbe acconsentito a pagargli il dovuto; questi gli staccò un assegno per l'intera cifra spettantegli, quasi mille dollari accumulati con pagine da 20 dollari l'una. Quando l'assegno fu respinto dalla banca, Morisi decise di smettere di lavorare per Fox.

«Il genere poliziesco stava perdendo riscontro, e ciò era evidente ovunque. Stava diventando noioso fare praticamente lo stesso tipo di storie tutte le volte, e se faceva questo effetto su di me, su di noi, immagino che lo facesse anche sui ragazzi. Tutti erano alla ricerca di qualcosa di nuovo. Il genere sul crimine non era più nuovo e non era più eccitante come un tempo. Lo stavano annacquando», avrebbe detto Morisi.[5]

Morisi ricordò di aver iniziato a lavorare su un numero di *Crime Does Not Pay* attorno al 1950 solo per ricevere una sorprendente indicazione da Charles Biro, che gli disse «"ascolta, Pete, qui abbiamo qualcosa che va bene e non vogliamo perderla. Non voglio vedere sangue o interiora. Non voglio violenza. Fammi solo dettagli, un sacco di dettagli!". "Dettagli di *cosa*?", gli chiesi, "che dovrei disegnare?". "Tette!"», gli rispose Biro. «Il crimine stava sparendo. E fece la sua comparsa il sesso», nelle parole di Morisi.[6]

Nonostante nel 1950 fosse ancora pubblicata una trentina di albi polizieschi,[7] dal 1948 ne erano spariti oltre dieci. Nel frattempo, i romanzi d'amore stavano esplodendo nelle edicole. Il primo fumetto dedicato al tema, *Young Romance* della Crestwood, non uscì che nell'estate del 1947, con copertina datata settembre-ottobre, e alla fine di quell'anno era ancora da solo: la solitudine era il peggior destino possibile nel mondo dei fumetti d'amore. Nel 1948 uscirono solo tre nuovi albi romantici: *Sweethearts*, *My Romance* e *My Life*. Alla fine del 1949 c'erano centoventicinque albi di questo tipo e, un anno dopo, centoquarantotto, pubblicati da ventisei editori diversi. Da solo Fox pubblicò *My Story*, *My Love Story*, *My Love Life*, *My Love Affair*, *My Love Secret*, *My Secret Affair*, *My Secret Life*, *My Private Life*, *My Life*,[8] più di una dozzina di altri titoli simili. Era insomma la strategia del sovraccarico fino a esaurimento, adattata da una categoria commerciale, l'industria della moda, a un'altra.

In un'autoparodia sulla rapidità degli editori di fumetti nel saltare dal crimine all'amore, Al Feldstein e Bill Gaines scrissero una trama romantica che poi Feldstein illustrò, «La storia d'amore per chiudere *tutte* le storie d'amore»,[9] pubblicata su *Modern Love* ('Amore moderno'). Rappresentava Feldstein e Gaines stessi raffigurati come servili redattori di un editore immaginario chiamato T. Tot. «Signori», annunciava il baffuto Tot, dall'aspetto WASP, i capelli bianchi, le mani intente ad aggiustarsi il colletto della camicia, «*Modern Love* è un successo totale! Modificate tutti gli altri albi! La T. Tot Publishing Company abbandona il crimine!». Il personaggio Gaines, incredulo, indica un muro tappezzato di copertine di fumetti e chiede «Niente più "Crime Might Pay"? Niente più "Crime Could Pay"? Niente più "Crime Ought to Pay"? Niente più "Crime Used to Pay"? Niente più "Crime Does So Pay"? Niente più CRIMINE, T.T.?»; «No», risponde Tot, agitando l'indice destro; «Voglio... "LOVE Might Pay", "LOVE Could Pay", "LOVE Ought to Pay", "LOVE Should Pay" e "LOVE Does So Pay"! PAGHERÀ!».[10] Nella pagina successiva vediamo un editore rivale, V.W. della Wolf Comics (caricatura lupesca di Fox), sedersi vicino a un muro tappezzato di copertine dei suoi giornalini a fumetti *Crimes by Criminals*, *Cri-*

La copertina di *Modern Love* n. 8, agosto-settembre 1950 e...

mes by Dogs e *Crimes by Cats*.[11] «T. Tot ha fatto una strage!» dice a un paio di remissivi sottoposti. «Modificate la nostra intera linea di fumetti. D'ora in poi è amore... AMORE... *AMORE!!*».

E questo è quel che accadeva nel 1950, quando quasi un quinto dei seicentocinquanta albi a fumetti pubblicati erano romantici, in alcuni casi fusi con altri generi (*Cowboy Love* della Fawcett, *Romantic Adventures* della ACG, *School-Day Romances* della Star).[12] Il loro successo è prova della presa degli albi a fumetti su entrambi i sessi nei tardi anni Quaranta e primi anni Cinquanta, il che confutò l'idea del comic-book come prodotto che interessasse solo ai maschi adolescenti, una percezione già comune all'epoca e che in seguito avrebbe allungato le proprie radici ancora più in profondità nella cultura statunitense. Anche se il pubblico elettivo per i giornalini romantici era considerato quello delle adolescenti, i ragazzi stessi li leggevano in gran numero;[13] infatti molti titoli d'amore sfruttavano i vantaggi portati dall'essere ufficialmente indirizzati alle sole ragazze per mostrare personaggi femminili dediti a parlare della loro vita sentimentale mentre si vestivano o si spogliavano. I fumetti erano stati popolati di eroine create per piacere sia ai ragazzi che alle ragazze sin dagli anni della guerra, quando il numero di lettrici in patria aumentò contemporanea-

... la prima tavola della storia «The Love Story to End All Love Stories» contenuta in quel numero. La firma nella prima vignetta, in basso a destra riporta, ironicamente: «Date la colpa ad Al Feldstein».

mente all'incremento della domanda per disegni di giovani donzelle formose adatti a fare da poster a vantaggio dei ragazzi al fronte. Per di più, con molti disegnatori impegnati in guerra, sempre più donne si ritrovarono a realizzare fumetti per ragazze. C'erano così tante donne della giungla che avrebbero potuto superare di numero l'intera popolazione africana: *Camilia* (disegnata da Fran Hopper e dalla talentuosissima Marcia Snyder), *Judy of the Jungle* ('Judy della giungla', del versatile Alex Schomberg), *Tiger Girl* ('La Ragazza Tigre', di Matt Baker, 1921-1959), *Sheena* (realizzata da innumerevoli artisti sotto la guida di Jerry Iger) e moltissime altre. C'erano poi eroine in costume o pseudo militari: *Phantom Lady* ('La Dama Fantasma', di Matt Baker), *Yankee Girl* ('La Ragazza Yankee', di Ann Brewster), *Blond Bomber* e *Girl Commandos* ('Bombardiera Bionda' e 'Squadre Speciali in gonnella', serie entrambe disegnate da Jill Elgin e Barbara Hall, n. 1919?). C'erano eroine di fantascienza – *Gale Allen and Her All-Girl Squadron* oppure *Mysta of the Moon* ('Gale Allen e il suo Squadrone in gonnella' e 'Mysta della Luna', entrambe di Fran Hopper) – e un esercito di proto-post-femministe, ragazze forti, intelligenti e sensuali: l'infermiera aviatrice *Jane Martin* (di Fran Hopper e Ann Brewster), l'«investigatore ragazza» *Glory Forbes*

Copertina di *Phantom Lady* n. 17, aprile 1947.

(di Jean Levander) e *Toni Gayle*, la modella capace di risolvere ogni crimine (di Janice Valleau, che a volte si firmava con il proprio cognome da sposata).

«Avevamo sempre un elemento romantico, anche se si trattava di storie d'avventura. Le ragazze nelle storie, come Toni Gayle, che adoravo disegnare, erano superiori agli uomini. Persino nelle storie d'amore, in cui le ragazze davano sempre la caccia ai ragazzi, erano loro a essere più attraenti e intelligenti»,[14] mi ha detto Janice Valleau Winkleman. L'artista e disegnatore a cui è attribuita la co-creazione dei fumetti romantici, Joe Simon (Joseph H. Simon, n. 1913 o 1915), considerava quel lavoro un tentativo di innalzare il mezzo di comunicazione del fumetto, oltre che un'opportunità per esplorare un nuovo mercato. «I fumetti erano considerati prodotti da adolescenti, o così la pensavano i nostri editori»[15] ricorda Simon, che insieme a Jack Kirby produsse il primo albo a fumetti d'amore, il citato *Young Romance*, sottotitolandolo con la dicitura «Per i lettori di fumetti più ADULTI!». Figlio di un sarto, come il suo socio creativo, Simon crebbe a Rochester, nello stato di New York, e realizzò alcune vignette a tema sportivo a Syracuse, dove frequentò l'università, prima di trasferirsi a Manhattan e iniziare a lavorare nel campo del fumetto nel 1940, a venticinque anni. Insieme a Jack Kirby, che aveva conosciuto quando entrambi lavoravano per Victor Fox, Simon nel 1941 creò Capitan America, il supereroe patriota che durante la guerra divenne il primo grande successo della Timely. Simon aveva talento per gli affari e diceva di aver negoziato con la Crestwood per ottenere il 50% dei guadagni di *Young Romance* e del suo seguito del 1949, *Young Love* ('Giovani amori'); afferma inoltre che nel 1950, periodo di maggior successo di queste collane, egli e Kirby guadagnavano mille dollari alla settimana.

«In teoria era molto rischioso pubblicare storie d'amore per ragazzini, ma sapevamo che in realtà molti lettori di fumetti erano in età da liceo e di conseguenza volevano leggere storie di ragazzi un po' più grandi, così realizzammo *Young Romance*. Non semplificavamo mai le cose e usavamo un approccio adulto e realistico. Per un paio d'anni nessuno si accorse di quanto stessimo andando bene, poi capirono e iniziarono a copiarci. Ai ragazzi piaceva davvero quel che stavamo facendo, penso perché non li trattavamo come bambini. Eravamo praticamente dei ragazzini anche noi, quindi non li guardavamo dall'alto in basso».[16]

L'esplosione dei fumetti romantici però non può essere attribuita esclusivamente alla sensibilità e alla capacità di guardare lontano di Simon e Kirby. Due anni prima, il biologo e zoologo Alfred Kinsey aveva pubblicato i risultati del suo studio *Sexual Behavior in the Human Male* ('Comportamento sessuale nel maschio umano').[17] Il volume, 800 pagine in stile accademico su argomenti che la maggior parte dei lettori di certo già conosceva, ma che sembrò sbalordita di vedere nero su bianco (l'omosessualità esiste; gli uomini raggiungono il massimo sviluppo sessuale durante l'adolescenza), vendette mezzo milione di copie al prezzo di 6,50 dollari ciascuna. In quegli anni, i primissimi dell'era atomica, l'incapacità stessa di trattare i contenuti del Rapporto Kinsey fu alla base del suo successo; tutte quelle statistiche e quei termini tecnici diedero all'America del dopoguerra un modo per aprirsi al sesso senza vergogna. Le abitudini d'accoppiamento divennero un argomento rispettabile, persino scientifico. L'anno seguente, in Canada, l'ex sindaco di Winnipeg Richard H.G. Bonnycastle aprì una piccola casa editrice, la Harlequin Books, sfruttando l'emergere dei libri in edizione tascabile.[18] Tra le prime pubblicazioni vi furono due romanzi romantici: *The Manatee: Strange Loves of a Seaman* e *Honeymoon Mountain: Deborah Loses Her Innocence*.[19]

L'odore della lussuria si sentiva nell'aria. Prodotti nelle stesse aziende di Manhattan che sfornavano qualsiasi altro tipo di comic-book, gli albi romantici erano scritti e disegnati da autori giovani e svegli, in maggioranza maschi, che potevano passare agilmente da serie di supereroi a collane poliziesche o a western. I fumetti romantici davano agli autori la rara opportunità non solo di mostrare la loro anima, ma anche di basarsi sul loro bacino di esperienze di vita personali e usarle come punto di riferimento per i loro lavori. I personaggi avevano per lo più l'età dei loro creatori; indossavano gli stessi pantaloni trasandati, le stesse felpe imbottite, e si davano appuntamento nelle stesse paninerie dal mobilio cromato e nelle stesse taverne in nodoso legno di pino. I fumetti romantici quindi avevano perso la disinvoltura degli albi dei supereroi, ma guadagnato un'aria di quotidianità e familiarità rara tra i fumetti di quegli anni.

Come accade in tutta la narrativa di genere, le trame di questi albi tendevano a ripetere la stessa formula. Alcuni fumetti erano praticamente una riedizione di *Cime tempestose* con personaggi diversi. Le protagoniste, sempre giovani donne, si trovavano combattute tra due spasimanti: uno dalla cattiva reputazione, un Heathcliff alla guida di una coupé bianca o impegnato a suonare in una banda di swing, capace di promettere emozioni ma anche di spezzare il cuore; l'altro stolido ma noioso, una specie di Edgar Linton di quartiere, che portava con sé le prospettive di sicurezza economica e rispettabilità sociale. In otto pagine di dubbi morali, i fumetti romantici davano alle ragazze degli anni del dopoguerra modo di tenere vive le loro fantasie adolescenziali, sfruttando al tempo stesso tematiche molto attuali. «Le ragazze erano sempre attratte dal ragazzo dall'altro lato della barricata: era un vecchio cliché, ma particolarmente significativo negli anni in cui producevamo fumetti romantici»,[20] ricorda Kimball Aamodt (n. 1921), che il disegnatore Alex Toth ebbe modo di definire «il più grande degli scrittori romantici» per via del delicato naturalismo delle sue storie. Originario del Nord Dakota, Aamodt aveva mosso a New York dopo la guerra per studiare inglese alla New York University, sfruttando le convenzioni relative alle borse di studio per militari, e per scrivere romanzi basati sulle sue esperienze come pilota di Marina. Seguendo l'esempio di un amico dell'università, Walter Geier, Aamodt iniziò a scrivere fumetti nel 1949, fornendo storie per gli albi romantici di Simon e Kirby.

«Allora la criminalità giovanile era il tema caldo di cui parlavano tutti» ricorda Aamodt. «I ragazzi ribelli nelle storie d'amore erano i tipici delinquenti, quindi una ragazza voleva davvero dimostrare al mondo qualcosa quando andava in quella direzione in una delle nostre storie. Non avevamo intenzione di fare dichiarazioni politiche, ma nemmeno di accettare l'idea che i ragazzi provenienti dalla parte sbagliata della città avessero sempre tutti i torti. Cercavamo di essere un po' più democratici. Erano storie del tipo "ragazzo incontra ragazza", ma prendevamo le trame molto sul serio. Ero un romanziere frustrato. Sapevamo che tantissimi ragazzi leggevano i fumetti e li prendevano sul serio, perciò noi cercavamo di fare la stessa cosa».[21]

Alcuni fumetti d'amore andavano contro tradizioni e cliché, mostrando giovani donne che si battevano per liberarsi delle convenzioni sociali dell'epoca. Autori come Aamodt, il suo socio Walter Geier e Dana Dutch (un prolifico scrittore, autore di soggetti ben curati, pieni di sorprese, pubblicati dalla casa editrice St. John)[22] realizzarono storie con protagoniste ragazze determinate e dallo spirito libero, che pensavano e agivano in maniera indipendente, sfidando i loro genitori e anche i loro fidanzati: adulti e maschi, le due principali forme di autorità dell'epoca. Nessun altro tipo di fumetto fu esplicito come quelli romantici nel mostrare le ribellioni giovanili. Storie come «Sono entrata in un club del sesso adolescenziale»[23] e «La mia rivale era mia madre»[24] non erano rare. Il fatto che all'inizio gli albi romantici fossero considerati inoffensivi – semplici storie d'amore, roba per ragazze – permise loro di prosperare in un'epoca in cui gli altri giornaletti erano visti con sospetto.

In «Un fine settimana alla ricerca di brividi»,[25] una storia pubblicata sulla collana *Teen-Age Romances* della St. John, che ben rappresenta i lavori di Dana Dutch, due giovani donne raggirano i genitori e vanno a passare il fine settimana in un albergo in un'altra città in compagnia dei loro ragazzi, che avevano preso la stanza accanto. Mentono sulla loro età per entrare in un bar e nessuno le pizzica. Quando i quattro tornano a casa, non subiscono alcuna punizione per aver infranto tutte le regole (o quasi tutte le regole, visto che le coppie non rimangono mai tali per troppo tempo). Al contrario, l'ultima vignetta mostra una delle ragazze danzare felicemente con il suo compagno. Per niente pentiti, ella e il suo ragazzo sono arricchiti dall'esperienza, ripagati per il loro desiderio di ribellarsi e sperimentare.

Un altro soggetto di Dutch, pubblicato su *Blue Ribbon Comics* ('Fumetti di prima categoria'), sempre della St. John, si apre con l'eroina che, rivolgendosi alla lettrice, chiede: «Quante volte siete state tentate di portare avanti una storia d'amore pericolosa? Penso ci sia una vena ribelle in ogni ragazza e io ho dato libero sfogo alla mia gettandomi tra le braccia di un ragazzo per cui qualsiasi donna carina era buona da rimorchiare».[26] Intitolato «Ho preparato una trappola per un lupo», la storia mostra la ragazza impegnarsi per conquistare un sedicente libertino. Osa chiedergli un appuntamento (atto aggressivamente scandaloso per il 1948), lo convince a intrufolarsi con lei a una festa, lo porta a fare una camminata al chiaro di luna e gli avanza diverse proposte sessuali. «Noi ragazze dovremmo avere gli stessi diritti dei ragazzi», dice a sua sorella. «Non siamo in un paese libero? Perché non dovremmo avere il permesso di fare tutto quel che fanno i ragazzi?». Ancora una volta c'è il lieto fine: la ragazza, imponendosi, permette al ragazzo di maturare.

«Cercavamo di evitare di fare sempre le stesse cose»,[27] ebbe a dire Walter Geier, un autore molto versatile che aveva realizzato anche delle sceneggiature per programmi radiofonici e televisivi e aveva persino lavorato un po' come attore di Broadway prima di rispondere a un annuncio di Simon e Kirby. Geier pianificava personaggi e trame per le sue storie così meticolosamente da inviare in anticipo all'editore sinossi di mille parole per ciascun soggetto. Lo faceva prevalentemente per sé, visto che pochi editori mandavano indietro dei commenti approfonditi. In una delle sue storie d'amore, «Solo buoni amici»,[28] scritta per *Young Love*, il narratore e personaggio principale è un ragazzo conteso a sua insaputa da due giovani donne emozionalmente più mature di lui. Il soggetto – che Geier conservò e tenne in archivio, come tutti quelli da lui scritti sia per i fumetti sia per la radio e la televisione – rivela dei tentativi a spingersi verso le allusioni, ottenute tramite la tensione e le contraddizioni tra testo e disegni.

> Didascalia: Ellie mi ha baciato... come farebbe una sorella, ovviamente.
> Disegno: Ellie bacia Will con trasporto [...] è tutto tranne il tipo di bacio che darebbe una sorella.

«Scrivevo fumetti di qualsiasi tipo: d'amore, western, polizieschi, del mistero, da duri, tutto tranne supereroi e storie umoristiche, non perché [li] ritenessi noiosi, anche se di fatto era così, ma perché il mercato dei supereroi era morto e l'editore di *Archie* non voleva saperne di assumermi. Consideravo le storie d'amore un argomento complicato, e le ragazze sono furbe, probabilmente più dei ragazzi. Così cercavo di dar loro qualcosa che valesse le loro attenzioni».[29] In una delle rare occasioni in cui ricevette una risposta a una delle sue sinossi, un editore gli disse «non esageri, tenga presente che sta scrivendo per le cameriere degli alberghi», ma Geier lo ignorò. «Mi scocciò davvero. Non so le cameriere, ma ero abbastanza giovane all'epoca e le ragazze che conoscevo non erano certo stupide». Alcuni degli artisti più originali e importanti del tempo lavoravano sui fumetti romantici: Wally Wood (1927-1981), Johnny Craig (1926-2001) e Jack Kamen (1920-2008) per Fox; Alex Toth (1928-2006) per la Standard; Mort Leav (1916-2005) per la Orbit; Everett Raymond Kinstler (n. 1926) per la National/Dc; Lily Renée e Matt Baker per la St. John.

Avevano in comune uno stile di disegno naturalista, adatto ad argomenti intimi e quotidiani, sebbene il loro modo di approcciarsi all'argomento variasse. Wood era fissato per i dettagli visuali; Craig aveva un ritmo molto rapido; Kamen era molto chiaro; Toth aveva un profondo senso grafico e della composizione; Leav aveva dalla sua la semplicità; Kinstler sapeva rappresentare il calore umano e la bellezza; Renée la grazia; e Baker era un maestro del disegnare le forme femminili. «Oggi, quando pensiamo ai fumetti romantici, pensiamo a Lichtenstein e ai suoi primi piani con le lacrime che scorrevano sulle guance»,[30] ha detto Kinstler, «ma nessun editore avrebbe assunto Lichtenstein, non era abbastanza bravo. I fumetti romantici avevano a che fare con un ampio spettro di emozioni, alcune abbastanza sottili e sofisticate, che richiedevano una vera capacità narrativa. Questo è un elemento che per me ha un'importanza fondamentale. Le storie erano piene di emozioni, molte delle quali andavano rappresentate attraverso le espressioni facciali e la mimica. Quelle storie avevano cuore e passione. Ed erano sensuali. Non erano cose per bambini, e per questo erano necessarie le abilità di artisti preparati. [I fumetti d'amore] erano quanto di più vicino alle illustrazioni e ai romanzi, in termini di allusioni e sofisticatezza».

A un paio di giovani aspiranti romanzieri, Arnold Drake (1924-2007) e Leslie Waller (1923-2007), lo iato tra fumetti romantici e letteratura tradizionale sembrò abbastanza sottile da poter essere colmato. Drake era cresciuto, con i suoi tre fratelli anch'essi artisticamente dotati, a Riverside Drive, un quartiere di Manhattan; aveva frequentato corsi di scrittura alla New York University sfruttando anch'egli le convenzioni per i militari. Stava lavorando su uno dei suoi settecento romanzi incompiuti quando il cognato gli presentò Waller, ritenendoli entrambi abbastanza non convenzionali da poter risultare compatibili.[31] Waller, originario di Chicago, prima della guerra aveva studiato lì all'università e lavorato come cronista di nera per il *Sun*. Aveva poi prestato servizio nell'aeronautica, in missioni di spionaggio, prima di trasferirsi a New York e laurearsi in letteratura alla Columbia, sfruttando anche lui le convenzioni per i militari. Nel 1950 scrisse la sua tesi sul noto romanziere Dashiell Hammett. Egli e Drake cominciarono a collaborare, prima per divertimento, scrivendo una serie di canzoni e parodie intitolate *The Living Newspaper*, che poi cantavano in coppia alle feste, e in seguito professionalmente, lavorando su dei fumetti western per conto della Fawcett.

«Eravamo convinti che con gli albi a fumetti ci fosse la possibilità di far soldi»,[32] ricordò Drake, «e passammo un anno a dimostrare che non era vero». A un certo punto, prima del 1950, svilupparono l'idea di scrivere interi libri a fumetti, diretti a giovani adulti; scrissero un riassunto della trama di quattro pagine e lo inviarono all'editore Archer St. John, che acconsentì all'idea ma non diede loro alcun anticipo o contratto. «Tutti noi avevamo fatto vari tipi di fumetti, tutti piuttosto grezzi, e non volevamo continuare così per sempre, così decidemmo di provare a fare qualcos'altro, qualcosa di un po' più adulto»,[33] ricordò Waller, che avrebbe poi scritto dozzine di romanzi pulp sotto gli pseudonimi D.S. Cody e Patrick Mann, oltre che con il suo vero nome; Waller scrisse anche i libri su cui sono basati i film *Quel pomeriggio di un giorno da cani* e *Li troverò ad ogni costo*.

«A quel tempo gli albi a fumetti erano scarsamente considerati dagli adulti, e questa ovviamente era una delle ragioni per cui i ragazzini li adoravano. Noi però non ce n'eravamo ancora resi conto, cercavamo solo di avventurarci in nuove direzioni».[34] Drake e Waller concepirono il libro come un «romanzo illustrato», un racconto completo a fumetti. La volta seguente che qualcuno avrebbe provato negli Stati Uniti a fare qualcosa di simile, venticinque anni dopo, l'appellativo sarebbe stato *graphic novel*.[35] Come ricordò Drake, «all'epoca si aveva una certa idea sui fumetti [...] vi-

La copertina di *It Rhymes with Lust*, di Arnold Drake e Leslie Waller, con disegni di Matt Baker. Raccolta Arnold Drake.

sto che erano un qualcosa che si cominciava a leggere da bambini, ci si aspettava che con la crescita venissero abbandonati. Il fatto che un adulto leggesse fumetti era considerato un segno di ignoranza. Erano in tanti a pensarla così, persino molti di quelli che i fumetti li facevano. Ma io e Les sapevamo di essere dei genii, quindi decidemmo che avremmo semplicemente dovuto cambiare il mondo. Il nostro obiettivo era creare una specie di film noir-d'azione-romantico su carta, come quelli a basso costo della Warner Brothers, con disegni e parole».

Intitolato *Fa rima con lussuria*, l'opera è un racconto meramente commerciale[36] incentrato su di una formosa vedova dai capelli rossi, attorno ai trent'anni, di nome Rust Masson – graficamente basata su Joan Crawford – che dirige in maniera oppressiva delle operazioni di scavo in miniera ed è coinvolta in intrighi di governo. Quando gli stanchi lavoratori vanno in sciopero e i politici locali decidono di smantellare tutto, la figlia adottiva della donna si schiera contro la compagnia, innamorandosi di un bel giornalista. Il racconto è un miscuglio di realismo sociale di sinistra e melodramma, con un pizzico di romanticismo, ma si distingue per alcune scene ben strutturate (Rust seduce un cronista sotto al dipinto del suo ex marito), dialoghi pungenti («Tutto quel

Una tavola da
It Rhymes with Lust.

che sai fare è giocare le carte che ti sono state date da Rust Masson, finché non arriva il momento di cambiare mazzo») e la straordinaria novità rappresentata dal modo in cui era presentato.

Per i disegni St. John usò uno dei suoi artisti migliori, Matt Baker.[37] Cresciuto a Homestead, un sobborgo di Pittsburgh, in Pennsylvania, Baker era capace di disegnare bene qualsiasi cosa, specialmente le donne, e questo gli permise di evitare le acciaierie a cui all'epoca erano destinati gli altri ragazzi afroamericani di quelle parti. Si sa poco o niente della sua vita privata, se non che aveva un fratello minore, John, dotato a sua volta di qualche talento artistico e che ogni tanto riceveva da Matt degli incarichi per la Fox, anche se si guadagnava da vivere lavorando in un negozio di lavaggio a secco a Homestead. Baker era un uomo alto, ben piazzato, vigoroso e bello, con un sorriso gentile, uno sguardo profondo e carnagione color caffè. «Avrebbe potuto essere una stella del cinema o un modello»,[38] ricorda Bob Lubbers (n. 1922), che lavorò con Baker presso la Fiction House. In quello che era un ambiente molto alla buona e un po' rozzo, Baker era sempre vestito in maniera impeccabile, con giacche doppiopetto e cravatte di seta. Possedeva almeno quattro borsalini, uno marrone, uno nero, uno verde e uno amaranto, e li indossava in modo che si intonassero alle giacche. Viveva a Harlem, probabilmente da solo, presumibilmente in buone condizioni economiche, e guidava un coupé giallo col tettuccio apribile. «Tutte le donne, sia bianche che nere, impazzivano per lui, e so che ne aveva molte dietro», ricorda Lubbers. «Sa che disegnava perfettamente le donne? Le sue anatomie erano magnifiche, perfette in ogni singolo muscolo. Chiunque lo conoscesse sapeva bene che questo poteva solo essere il risultato di attente ricerche personali. Eravamo tutti gelosi di lui». Per quanto bene Baker e il suo lavoro venissero considerati dai colleghi, si nota ancora l'ombra dello stereotipo nelle descrizioni della sua prestanza sessuale. Anche Al Feldstein era un bell'uomo, elegante, capace di disegnare donne prosperose, ma per quanto i suoi disegni siano sempre stati ritenuti esemplari, nessuno ha mai tessuto le sue lodi dal punto di vista sessuale.[39]

Per mantenere il suo stile di vita Baker lavorava duramente, anche se non si metteva mai fretta. La sua abilità era tale che una volta, mentre stava lavorando alla Fiction House insieme a Lee Ames, iniziò a disegnare a matita su un foglio di carta, realizzando con calma una pagina intera senza dover mai fare una sola correzione, come faceva anche Lou Fine. «Non era particolarmente veloce; ma era particolarmente bravo»,[40] avrebbe detto Ames. Soffriva di cuore (e per questo morì giovane) e a volte doveva prendersi qualche giorno di pausa per recuperare. Quando capitava che consegnasse un lavoro un po' dopo la data di scadenza, alcuni colleghi bianchi bofonchiavano tra loro definendolo una lumaca. «Sai come si dice in questi casi, quel pigrone così e cosà»,[41] ricorda Ames. «Era una cosa terribile, e ci si sarebbe aspettato che almeno le persone che lavoravano sui fumetti fossero migliori di così». Dopotutto, Baker non era l'unico artista afroamericano nel mondo del fumetto. Oltre al fratello, tra gli artisti neri negli anni Quaranta e Cinquanta c'erano Andre LeBlanc, un veterano dello Studio Eisner e Iger; Alvin C. Hollingsworth, un disegnatore molto meticoloso che lavorò a lungo sui fumetti romantici prima di farsi una reputazione come pittore e professore d'arte alla City University di New York; Warren Broderick, un affidabile artigiano che lavorava con Harry Harrison e Wally Wood.

«Quando entrai nello studio dopo la guerra, Matt lavorava per Iger»,[42] ricordò l'artista Jack Kamen, «ed era davvero l'idolo di tutti. Credo che snobbasse un po' alcune cose che doveva fare, e con la bravura di cui era dotato ne aveva anche il diritto. Penso che, come me, Matt pensasse di avere il talento per fare qualcosa di meglio. Una volta avemmo una conversazione e mi diede proprio quest'impressione. Non ricordo tutto ciò che disse, ma confidò di pensare che non avrebbe potuto trovare lavoro altrove, e probabilmente aveva ragione. Per me fu molto difficile riuscire a passare nel campo pubblicitario, e non sono nero».

Baker fu subito la prima scelta sia degli autori che di Archer St. John per disegnare *Fa rima con lussuria*, anche se per ragioni diverse. Secondo Drake, «Matt Baker era uno dei più importanti disegnatori di fumetti in giro. Non uno dei disegnatori neri più importanti, ma proprio uno dei disegnatori più importanti in assoluto, punto. Eravamo davvero fortunati ad averlo con noi, e si deve fare i complimenti a St. John per averlo assunto in quell'epoca di pregiudizi, ma bisogna anche dire che lo pagava meno di quanto avrebbe pagato un disegnatore bianco. Ed è per questa ragione che St. John diede a lui il lavoro, era un'opera così immensa che alle tariffe normali gli sarebbe costata una fortuna. Non tutte le decisioni possono essere pure».[43]

Fa rima con lussuria fu stampato in bianco e nero, sia per dargli una maggiore solennità che per ridurre i costi. «Dicemmo a St. John che avrebbe dovuto essere in bianco e nero, visto che era un anello di collegamento tra libri e fumetti. In questo modo i lettori lo avrebbero reputato più vicino alla "letteratura"»,[44] ricordò Drake.

I testi furono attribuiti a «Drake Waller»; i disegni a Matt Baker, che fu l'artista principale, e a Ray Osrin, suo frequente collaboratore alla St. John, che si occupò dell'inchiostratura. «A dire la verità, avevamo paura di rivelare i nostri veri nomi»,[45] avrebbe poi spiegato Drake: «Les all'epoca scriveva romanzi, io soggetti teatrali e storie brevi. Volevamo essere dei pionieri, ma anche guardarci le spalle per evitare di distruggere qualsiasi speranza di affermarci nel mondo della letteratura, dove i fumetti erano considerati immondizia».

In copertina il libro veniva presentato come «Un romanzo originale in versione integrale», oltre che come il primo di una serie di «Romanzi per immagini», idea quest'ultima rafforzata dal logo in alto a sinistra, disegnato da Drake, che mostrava la penna di uno sceneggiatore e il pennello di un disegnatore incrociati come se fossero delle spade. Più in basso c'era il disegno principale, interamente a colori, raffigurante Rust Masson con un vestito nero corto, vicino a un'urna elettorale e una calibro 45. Sullo sfondo, le ciminiere di una fabbrica. Il testo in copertina recitava «Era avida, senza cuore e calcolatrice. Sapeva quel che voleva ed era pronta a sacrificare qualsiasi cosa pur di ottenerlo». Tutto sommato era un gergo abbastanza sobrio per il mondo editoriale dell'epoca. Ad esempio, la copertina del romanzo tascabile *Anche il sole sorge* recitava «Potrebbe vivere senza il potere di amare?».[46] Messo in vendita a venticinque centesimi, come un romanzo pulp, *Fa rima con lussuria* vendette al più qualche centinaio di copie. Drake disse a riguardo: «L'editore lo apprezzò molto, ma non abbastanza da pubblicizzarlo come sarebbe stato necessario. Le edicole non sapevano su quali scaffali piazzarlo e così non lo esposero proprio, condannandolo a morire negli scatoloni nel retrobottega della St. John»[47]. Nato venticinque anni troppo presto, il primo «*graphic novel* statunitense» si rivelò un fiasco.

***

La scomparsa dei criminali dalle pagine dei comic-book, dove vennero sostituiti dalle giovani ingenue e dai loro seduttori degli albi romantici, fece perdere alla campagna per legislare i giornalini a fumetti sia il suo obiettivo principale sia qualsiasi base legale. Le storie divennero sempre meno incentrate su attività criminose – il che era l'obiettivo delle istituzioni – basandosi sempre di più su questioni sociali e personali e su faccende di cuore. Dopo la fine della guerra diminuirono gli arresti dei minori e così si ridusse anche la necessità di fare qualcosa contro la delinquenza giovanile, mentre sondaggi sempre più frequenti mettevano in dubbio il pensiero alla base delle proteste, ovvero che gli albi a fumetti spingessero i giovani verso il crimine. I titoli dei giornali cambiarono, cominciando a suggerire che forse quegli albetti da dieci centesimi non fossero poi così pericolosi. Nella seconda settimana del gennaio 1950, *Newsweek* pubblicò un pezzo intitolato «Una consolazione per i fumetti»,[48] con i risultati di uno studio durato quasi un anno su 2881 bambini del Massachusetts. Presentato a New York nel corso di una conferenza dell'Associazione americana per l'avanzamento della scienza, lo studio (nel resoconto del settimanale) concludeva che i lettori di comic-book avevano «una normale tendenza verso l'idealizzazione dell'eroe» e «non meritavano la critica secondo cui gli albi a fumetti piacciono a lettori con "il cervello di un bambino, l'istinto sessuale di un satiro e la delicatezza di un gorilla"», come aveva sostenuto Fredric Wertham. Per di più lo studio non aveva trovato «alcun'influenza statisticamente significativa dei fumetti sulle personalità dei giovani appassionati».

Due settimane più tardi, il *New York Times* pubblicò un articolo a difesa dei fumetti, intitolato «Il movimento contro i fumetti è in declino» e sottotitolato «I fumetti "d'amore" rimpiazzano quelli "sul crimine" – Il medium guadagna credito come supporto educativo». L'articolo sottolineava che «l'isteria dello scorso anno sta scomparendo»,[49] affermando anche che il tribunale di Los Angeles aveva giudicato incostituzionale l'ordinanza contro gli albi a fumetti sul crimine (la decisione californiana andò in appello e sarebbe stata esaminata, in seguito, in secondo grado). Henry E. Schultz, portavoce dell'associazione degli editori a fumetti già citata, annunciò che «la razionalità sta lentamente entrando nel dibattito sul fumetto. I genitori stanno iniziando a capire che il problema non può essere risolto con panacee rapide e semplici come leggi di messa al bando o roghi di albi a fumetti».[50] D'altra parte però la legislatura era ancora contraddittoria e non tutti nel mondo del fumetto condividevano la rosea visione di Schultz. Un mese dopo che il Parlamento canadese ebbe messo al bando i fumetti sul crimine in quel paese, le vendite di albi romantici salirono alle stelle.[51] Il professor Harvey Zorbaugh, preside alla New York University del dipartimento di Sociologia dell'educazione presso la facoltà di Scienze della formazione e direttore del seminario universitario «La narrativa vignettistica come mezzo di comunicazione», predisse che con il tempo coloro che avevano attaccato gli albi sul crimine avrebbero aggredito col medesimo zelo il genere romantico. I crociati anti-fumetti non avevano perso la grinta. Tre giorni dopo i commenti di Zorbaugh, la dottoressa Hilde Mosse, seconda di Fredric Wertham alla clinica Lafargue, tenne una conferenza sull'«Effetto distruttivo dei fumetti sui bambini»[52] alla prestigiosa Emerson School, sulla Novantaseiesima strada, a Manhattan. Presentatasi come «dottoressa facente funzioni di responsabile» della Lafargue, Mosse criticò i fumetti romantici accusandoli di presentare «un'idea distorta dell'amore», notando anche, correttamente, che «ci sono ancora molti albi a fumetti dedicati interamente al crimine». Anche se molte di quelle serie erano state largamente ammorbidite, Mosse affermò che «i fumetti della giungla e i fumetti sul crimine continuano a diffondere odio razziale e sadismo».[53] Dopo aver pesantemente criticato lo stato di New York per non aver introdotto un nuovo disegno di legge per ridurre le vendite degli albi a fumetti, si curò di liquidare alcuni articoli recentemente pubblicati sulla rivista accademica *Journal of Educational Sociology* che avevano messo in dubbio le tesi di Wertham, facendo notare – anche stavolta correttamente – che due degli autori (Henry E. Schultz della Acmp e Josette Frank dell'Associazione per gli studi sull'infanzia) avevano lavorato dietro pagamento come consulenti per editori di fumetti.[54] Mosse fu fedele al suo capo come Schultz lo era stato ai suoi datori di lavoro, e non spiegò come mai ci fosse lei al posto di Wertham in una conferenza così importante: questi aveva temporaneamente lasciato la Lafargue ed era impegnato a scrivere un libro sui fumetti.

Quella primavera un nuovo studio, presentato a Chicago a una conferenza sul tema dei giovani, confermò i risultati presentati su *Newsweek*.[55] La dottoressa Sophie Schroeder-Sloman, sovrintendente dell'Istituto per la ricerca sui giovani di Chicago, presentò un articolo su bambini «normali» che mostrava come tutti i soggetti psicologicamente sani studiati avessero l'abitudine di leggere albi a fumetti, mettendo quindi in dubbio il collegamento causale tra la lettura dei fumetti e l'incapacità di adattarsi alla società. Alla stessa conferenza il dottor Martin L. Reymert, direttore del laboratorio di ricerca sul bambino presso l'Istituto Mooseheart, nei pressi di Chicago, disse a una platea di circa duemila assistenti sociali: «Dovremmo aver meno fretta di dare la colpa a questi mezzi di comunicazione di massa per gli atti di delinquenza giovanile»,[56] riferendosi non solo a radio e televisione, ma anche ai fumetti.

In due anni, le stazioni televisive erano aumentate da ventisette a centotré e sul tetto di oltre cinque milioni di case statunitensi campeggiava un'antenna. Anche la programmazione stava iniziando a cambiare, allontanandosi dai programmi di servizio pubblico che avevano convinto i politici a rilasciare le licenze per le trasmissioni e dirigendo la produzione verso quegli spettacoli umoristici, quei programmi di canzoni popolari e quei teatri di marionette che spingevano la gente a comprare gli apparecchi.[57]

Il 18 maggio, lo stesso giorno della conferenza di Chicago, a Washington il senatore del Tennessee Estes Kefauver,[58] al suo primo mandato, annunciò che una nuova commissione atta ad analizzare il crimine tra gli stati avrebbe messo alla prova la teoria dell'esistenza di un legame tra albi a fumetti e criminalità giovanile. Kefauver, quarantasettenne, del Partito Democratico, dall'aspetto solenne, era stato per otto anni membro della Camera dei Deputati, prima di vincere le elezioni al Senato nel 1948. Aveva fama di essere un uomo del popolo e questo, a quel tempo, poteva renderlo poco credibile come politico: era un tipo dall'aspetto familiare, con la parlantina sciolta e una faccia da cane bastonato incorniciata da un paio di grossi occhiali in osso. Dava l'impressione di essere timido; un amico che era cresciuto con lui a Madisonville, una cittadina tra le colline delle Great Smoky Mountains, nel Tennessee, lo ricordava come «un ragazzino solitario».[59] Però aveva personalità e ambizione: in seconda media aveva scritto un tema in cui affermava, con la determinazione e la sicurezza tipica dei ragazzini, che il suo obiettivo era di diventare Presidente. Alla Camera, Kefauver si costruì una reputazione come sudista moderato, di sani principi. Guidò una sottocommissione per investigare sulla corruzione giudiziaria, obbligando alle dimissioni un giudice della Pennsylvania; e purtuttavia, come il resto del blocco sudista, cercò di opporsi ai tentativi del Presidente Truman di combattere la segregazione razziale. Durante la campagna elettorale nel suo stato indossò sempre con convinzione un cappello in pelliccia di procione, a memoria di una vittoria elettorale contro la pedina politica di un boss di Memphis, Edward Crump, che aveva cercato di metterlo in cattiva luce definendolo, appunto, simile a un procione furtivo che rubacchia in giro. Kefauver rispose: «Forse sarò un procione, ma non sono il procione domestico del signor Crump»[60], confermando la sua abilità nel battere i nemici grazie a un fascino da uomo qualunque.

Dopo la sua elezione al senato, il *Washington Post* pubblicò una serie di articoli sul crimine organizzato, argomento sempre di moda nel giornalismo, riportato in auge dopo la guerra dall'aumento del commercio e dei viaggi e movimenti della cittadinanza tra gli stati. L'editore del *Post*, Philip Graham, cercava un senatore che potesse portare avanti l'indagine e si rivolse a Kefauver, poiché la sua immagine di uomo integro e la sua provenienza da uno stato che difficilmente sarebbe stato danneggiato dai risultati dell'indagine del Senato lo rendevano il candidato ideale. Graham avrebbe detto in seguito che Kefauver all'inizio non era interessato alla cosa, finché Graham stesso non ebbe tirato in ballo le elezioni del 1952, chiedendogli: «Estes, non ti piacerebbe essere Vice Presidente?».[61]

Approvata il 3 maggio del 1950,[62] la Commissione Speciale per indagare il crimine nel commercio tra gli stati doveva investigare la natura e gli effetti del cartello criminale tra i confini nazionali. Kefauver ne era il presidente e con lui v'erano i Democratici Lester C. Hunt del Wyoming e Herbert R. O'Conor del Maryland e i repubblicani Charles W. Tobey del New Hampshire e Alexander Wiley del Wisconsin. La Commissione iniziò il suo lavoro in punta di piedi: le prime udienze, tenutesi a Miami nell'ultima settimana di maggio, avvennero a porte chiuse. Il 22 giugno la Commissione svolse poi delle udienze pubbliche a Washington, alle quali, nel giro di un anno, seguirono altre dodici città di grosso livello. A Washington, la Commissione dedicò molti giorni al problema della delinquenza giovanile e al legame con gli albi a fumetti, chiamando a testimoniare quasi cento persone, tra cui sessantacinque pubblici ufficiali (ivi incluso il direttore dell'Fbi, Hoover), otto psicologi ed esperti sullo sviluppo infantile (tra cui mancava Wertham, che fu invitato ma rifiutò dicendo di non avere abbastanza tempo per prepararsi adeguatamente),[63] dieci editori di fumetti (tra cui Lev Gleason di *Crime Does Not Pay* e Monroe Froehlich Jr., della Timely/Atlas/Marvel) e altri, come il celebre fumettista Milton Caniff (1907-1988).[64] «Qualsiasi studio sul crimine sull'America di oggi sarebbe incompleto se non dedicasse abbastanza spazio al problema della delinquenza giovanile», notò la Commissione, in una dichiarazione per giustificare il proprio interesse verso «l'accusa, sentita parecchie volte, secondo cui la delinquenza giovanile è considerevolmente aumentata negli ultimi cinque anni e tale aumento sarebbe stato stimolato dalla pubblicazione dei cosiddetti albi a fumetti sul crimine».[65]

A mano a mano che le testimonianze procedevano, i tentativi di incriminare i fumetti si scioglievano come neve al sole. Alcuni testimoni, come A.H. Conner, direttore dell'Agenzia penitenziaria federale, si espressero con veemenza contro i fumetti. «Nessuno può garantire per certo che la criminalità giovanile diminuirebbe se i ragazzi non potessero leggere fumetti sul crimine, ma è comunque chiaro che tali pubblicazioni contaminano le menti più impressionabili, offrendo chiare indicazioni sui metodi usati dai criminali per agire e contribuendo a indebolire i valori etici della comunità».[66] La maggior parte dei testimoni però si limitò ad accusare debolmente solo alcuni albi, difendendo invece la maggior parte della categoria. Persino J. Edgar Hoover mise da parte le sue vecchie remore sui fumetti sul crimine. Pur ammettendo che dopo la guerra gli arresti di minori erano rimasti più o meno sugli stessi livelli invece di aumentare, aggiunse che secondo lui «l'incidenza di crimini da parte dei giovani è ancora alta in maniera anomala». Sui comic-book, Hoover disse che quelli «più sconci e macabri potrebbero influenzare il ragazzo o la ragazza che già possieda delle tendenze antisociali. È però discutibile che impedire ai bambini di procurarsi albi a fumetti sul crimine contribuirebbe in modo efficace a ridurre la delinquenza giovanile».[67] Tra le altre autorità che testimoniarono, Louis Goldstein, presidente del Consiglio dei giudici di contea della contea di Kings, stato di New York, disse: «Personalmente ho avuto esperienze positive con gli albi a fumetti. Nei lunghi anni passati a contatto con migliaia di imputati, sia come procuratore distrettuale dell'accusa sia come giudice del tribunale della contea, non mi sono mai imbattuto in un solo caso in cui un atto criminale sia stato attribuibile alla lettura di albi a fumetti».[68]

La difesa più esplicita dei fumetti e dei loro lettori venne da Milton Caniff, creatore dell'importante comic-strip *Terry e i Pirati*, pubblicata sui quotidiani. Caniff spiegò che, nel mostrare il male al suo parossismo, i fumetti spingevano a prestare attenzione al bene. «I professionisti dell'imprecisa scienza della psichiatria hanno a lungo fornito una scusa all'attuale generazione di genitori, reputando i fumetti colpevoli di qualsiasi problema giovanile, dal morbillo alla timidezza. I bambini sono critici naturali, nessuna cricca politica può influenzarli. Seguono solo quei modelli comportamentali in linea con le loro tendenze naturali. L'istinto a saper distinguere l'oscurità del Male dalla lucentezza del Bene è qualcosa di salubre, che è desiderabile stimolare, così come il desiderio di emulare San Giorgio nel momento in cui uccide il drago di turno, come in tutte le fiabe popolari».[69]

Quando la Commissione Kefauver pubblicò il suo resoconto sul legame tra delinquenza giovanile e fumetti, l'11 novembre 1950, la notizia conquistò le prime pagine del *Daily News* e del *New York Times*.[70] Monroe Froehlich Jr, l'impiegato della Timely che aveva testimoniato in difesa dei fumetti a Washington, quel giorno portò al lavoro una pila di quotidiani newyorchesi, leggendo tutti gli articoli sui risultati della Commissione Kefauver finché non ne trovò uno che citasse il suo nome: il resoconto notava come Froehlich avesse «suggerito che alcuni ufficiali potrebbero aver usato i fumetti come capro espiatorio per nascondere i loro fallimenti come agenti delle forze dell'ordine».[71] Dopo aver annunciato «be', che lo perdano *loro*, il lavoro!»,[72] Froehlich conservò le copie di uno o due giornali e lasciò gli altri sparpagliati per terra, lasciando a pulire il suo giovane redattore, Stan Lee.

La Commissione Kefauver continuò la propria indagine sul crimine organizzato fino a prendere una piega prevedibile nel 1951, quando le udienze di New York furono mandate in onda in televisione, a riprova della capacità del nuovo mezzo di comunicazione di fondere politica, informazione e spettacolo. Grazie alla televisione, Estes Kefauver divenne una celebrità politica e si lasciò delinquenza giovanile e fumetti alle spalle, almeno per un po'.

UNA NUOVA TENDENZA 9

A Shirley Norris, la ricezionista della EC, piaceva trascorrere la pausa caffè accanto alla finestra che dava sull'incrocio tra la Lafayette e la Spring Street, così da poter guardare i vecchietti italiani che si sedevano sulle panchine del marciapiede e le donne che camminavano in fretta e furia attorno a loro, trasportando sporte di tela con la spesa.[1] Ogni tanto c'era qualche auto della polizia che arrivava da ovest su Spring Street e, di fronte a lei, girava sulla sinistra per sfrecciare verso la parte alta della città. Non le era mai capitato di vedere i poliziotti attraversare Lafayette Street ed entrare a Little Italy e, quando le capitava di pensare alla cosa, le veniva da sorridere, ridere o sospirare, felice di lavorare lì dov'era. Forse gli agenti pensavano che la loro presenza fosse inutile in una zona che era già protetta da forze interne, oppure ritenevano quell'area come fuori dalla loro giurisdizione, o impossibile per loro da gestire. Ad ogni modo due cose erano sicure: prive di controlli legali, le ditte sulla Spring Street prosperavano, così come l'ufficio all'angolo sette piani più in alto.

Proprio mentre il movimento per legislare i fumetti perdeva la propria spinta e iniziava a sparire, Bill Gaines e Al Feldstein diedero vita a quella che essi stessi definirono «una nuova tendenza nei fumetti». All'inizio del 1950 produssero due nuove serie, risultato delle decisioni raggiunte l'anno prima per rendere più originale il mondo del fumetto, fortemente basato su imitazioni reciproche. Queste serie emulavano in qualche modo *Lights Out* e altri pro-

Una tavola da *The Crypt of Terror* n. 18, ottobre 1950, storia di Al Feldstein.

grammi radio dell'orrore degli anni Quaranta: *The Crypt of Terror* e *The Vault of Horror* ('La cripta del terrore' e 'La tomba dell'orrore'). Entrambe entrarono in punta di piedi nell'instabile mercato del fumetto dell'epoca. Per prima cosa *Crime Patrol* ('Squadra anticrimine'), sempre della Ec, annunciò in qualche modo l'imminente cambio di linea editoriale attraverso il titolo della prima storia del numero di ottobre-novembre, «Tre indizi per il TERRORE», anche se poi all'interno c'era una storia poliziesca abbastanza tradizionale.[2] La copertina del numero seguente aveva in calce lo strillo «In questo numero una storia completa! Una STORIA DELL'ORRORE illustrata, proveniente direttamente dalla CRIPTA DEL TERRORE!».[3] La storia in questione, scritta e illustrata da Gaines, era l'ultima dell'albo, incentrata su di un uomo d'affari assassino e intitolata «Ritorno dalla tomba». L'albo successivo di *Crime Patrol* conteneva solo storie dell'orrore:[4] «Il cadavere nel crematorio», «Intrappolato nella tomba», «Sotto al cimitero» e «Lo spettro nel castello». Per una volta più veloci degli ispettori delle Poste, Gaines e Feldstein cambiarono i contenuti della rivista ben prima di modificare anche il titolo, che divenne *The Crypt of Terror* solo nel numero di aprile-maggio.[5] «Stavamo mettendo alla prova il mercato per vedere come se la sarebbero cavata gli albi sul crimine

Copertina di *The Vault of Horror* n. 35, marzo 1954, disegnata da Johnny Craig.

nel momento in cui fossero state introdotte delle storie dell'orrore, e le persone che avevamo ingaggiate per tenere d'occhio le edicole e informarci sulle vendite ci dissero che in effetti quei numeri stavano facendo meglio del solito, così capimmo di essere sulla buona strada»,[6] avrebbe poi detto Feldstein. «Stavamo sperimentando perché nessuno, prima, aveva mai provato a fare fumetti del terrore, e per quanto ne sapessimo io e Bill». In realtà non ne sapevano poi tanto. Diversi anni più tardi Gaines avrebbe spesso dichiarato a riguardo: «Fui il primo editore degli Stati Uniti a pubblicare fumetti dell'orrore. Sono io il responsabile. Li ho creati io»,[7] ma in realtà molti altri editori avevano pubblicato storie simili sin dal 1940, quando Bill Gaines era un diciottenne appassionato di scienza che non aveva mai letto un fumetto e la rivista *Prize Comics* pubblicava regolarmente storie di Frankenstein (che poi, durante la guerra, abbandonò i precetti di Mary Shelley e divenne un eroe impegnato a combattere i nazisti).[8]

Figli di una società basata sulle imitazioni, i creatori di fumetti erano soliti ispirarsi a idee provenienti un po' da tutti i campi, oltre che gli uni dal lavoro degli altri e viceversa, e l'orrore era stato una presenza fissa nei romanzi pulp e nei film di Hollywood sin dagli anni Trenta. Aveva però la tendenza ad andare periodica-

Il primo numero di
Spook Comics, 1946.

mente fuori moda, salvo poi ripresentarsi un po' di tempo dopo. Il primo albo a fumetti interamente dell'orrore, *Spook Comics*, fu pubblicato nel 1946 con in copertina Lucifero in persona, con tanto di monocolo, intento a guardare una giovane bruna che si copre il busto con un lenzuolo, per poi essere seguito l'anno successivo da *Eerie Comics*.[9] Nell'autunno del 1949, quando la Ec aveva iniziato a fare il suo ingresso nel mercato dei fumetti dell'orrore sulle pagine dei suoi albi sul crimine, la Timely/Atlas/Marvel stava già rimpiazzando le serie sui supereroi, come *Sub-Mariner Comics*, con altre del terrore, tra cui *Amazing Mysteries*;[10] entro la fine dell'anno, la Timely avrebbe totalmente abbandonato gli eroi in costume a favore di dèmoni e vampiri, tutti caratterizzati da ampi mantelli.[11] Nel 1950 quindi la Ec non fu la prima casa editrice a pubblicare fumetti dell'orrore, ma solo la più coraggiosa e determinata tra le tante.

Il loro fu un tempismo perfetto. Il 3 settembre 1949 i servizi segreti statunitensi scoprirono che l'Unione Sovietica aveva fatto brillare una bomba atomica.[12] Improvvisamente, per molti americani, giovani inclusi, la Guerra fredda smise di essere un'idea politica astratta, un miscuglio di mappe di paesi stranieri con dispute territoriali sui confini o un dibattito sulle teorie economiche, tra-

Il primo numero di *Eerie Comics*, 1947.

sformandosi nel concreto timore di devastazioni e carneficine. Gli zombi con occhi vuoti e brandelli di pelle sulle ossa che terrorizzavano i cimiteri nelle storie di *The Crypt of Terror* probabilmente non erano troppo distanti dai pensieri dei lettori, i quali adesso temevano di fare loro stessi quella fine in caso di olocausto nucleare.

Ma le classiche storie del terrore non erano che uno degli elementi dei fumetti horror della Ec, e l'orrore stesso non era che uno dei tanti generi che facevano parte della «nuova tendenza» che prese forma dal 1950. Un mese dopo aver pubblicato i primi numeri di *The Crypt of Terror* e *The Vault of Horror*, Gaines e Feldstein fecero uscire due titoli di fantascienza abbastanza anomali: *Weird Science* ('Scienza inquietante', che rimpiazzò *Saddle Romances*), al cui interno c'erano storie di fantascienza abbastanza leggere, a volte condite con un pizzico di horror, e *Weird Fantasy* ('Fantasia inquietante', che rimpiazzò *A Moon... A Girl... A Romance*), il quale mischiava scienza e soprannaturale. In autunno poi tornarono agli albi sul crimine con *Crime SuspenStories* e, nel 1952, *Shock SuspenStories*, enfatizzando però l'elemento passionale piuttosto che quello più puramente criminale. Alla Ec i titoli degli albi erano quasi intercambiabili, un po' come gli slogan, e alla fine contavano poco o niente; non essendoci personaggi ricorrenti – eccezion fatta per i camei dei narratori dei fumetti del terrore: il custode della cripta, il custode della tomba e la vecchia strega, praticamente identici tra loro – gli albi antologici della «nuova tendenza» svilupparono un'identità di gruppo rappresentativa del cinismo dei loro autori, del loro essere pronti a sfidare le convenzioni e sbalordire i lettori. Sei mesi dopo l'uscita del primo numero, *The Crypt of Terror* cambiò nome in *Tales from the Crypt* ('Racconti dalla cripta') e verso la fine del 1950 una terza collana dell'orrore targata Ec, *The Haunt of Fear* ('Il ricettacolo della paura', che aveva sostituito *Gunfighter*), fu rimpiazzata da una di guerra, *Two-Fisted Tales* ('Racconti da duri'). I lettori presero l'abitudine di cercare il logo della Ec, ignorando di fatto il bollino dell'Acmp.

«Stavo per smettere di leggere fumetti: mi ero detto "è ora di passare ad altro"»,[13] ricorda Bhob Stewart, appena tredicenne nel 1950, quando si imbatté in uno dei primi numeri di *The Vault of Horror* dal droghiere di Greenwood, Mississippi. «Mi chiesi "e questo che cos'è?", lessi un paio di giornalini della Ec e decisi: "questo cambia tutto, non posso smettere di leggere fumetti", perché quegli albi erano totalmente diversi da qualsiasi cosa avessi letto fino a quel momento. Cominciai a comprarli tutti. Le storie ricordavano quelle degli sceneggiati radiofonici più che quelle tradizionali dei fumetti, offrivano un punto di vista che mi parve originale e provocante. Il loro modo di fare era in sintonia con il mio da tredicenne». Stewart soleva scambiare albi con gli amici, ma nessuno di loro era interessato a quelli della Ec, e ciò contribuì a farglieli considerare come qualcosa di elitario, diretto a lettori esperti e competenti. In breve il suo interesse fu tale da spingerlo a produrre, nel 1953, una delle prime riviste amatoriali al mondo sul fumetto, intitolata *The Ec Fan Bulletin* ('Il bollettino degli appassionati della Ec'). Stampata con uno strumento rudimentale, l'oggi obsoleto poligrafo, la *fanzine* colpì a tal punto Bill Gaines da spingerlo a realizzarne una versione promozionale chiamata *The Ec Fan-Addicts Bulletin* ('Il bollettino dei fanatici della Ec').

Sin dal primo numero di *The Haunt of Fear*, la Ec si specializzò nel produrre storie dell'orrore intimistiche e domestiche. La prima, intitolata «Il muro»[14] e sottotitolata «Uno studio psicologico», trattava i temi del senso di colpa e della crisi del matrimonio. Scritta e disegnata da Johnny Craig, fondeva due storie di Poe, *Il cuore rivelatore* e *Il barile di Amontillado*, e raccontava di un marito pauroso spinto alla follia dalla devozione dell'astuta moglie verso il gatto, Snooky. Dopo aver ucciso accidentalmente la compagna con un colpo mirato all'animale, l'uomo ne nasconde il cadavere in cantina, venendo tormentato dal senso di colpa al punto da immaginare di essere fatto a pezzi dal gatto. Nella storia il vero mostro era la moglie, mentre il muro di mattoni rappresentava la metafora del matrimonio inteso come trappola mortale. Praticamente tutte le serie Ec, incluse quelle di fantascienza ed escluse solo quelle di guerra, rappresentavano il matrimonio e la vita familiare sotto questa luce, raffigurandoli come fonti di indicibili tormenti. La gente sposata, specie le mogli, erano sempre ipocrite, conniventi, a volte persino delle assassine. «Scrivemmo un sacco di storie con mogli dedite ai complotti e mariti vendicativi»,[15] avrebbe poi dichiarato Gaines. Nel mondo dell'orrore della Ec, il vero cimitero era il salotto di casa degli americani.

«Non so se Al e Bill avessero problemi con le mogli, ma nelle nostre storie i coniugi cercavano sempre di farsi fuori a vicenda»,[16] ricordò Jack Kamen, disegnatore della Ec che aveva lavorato con Feldstein nello studio di Iger. Cresciuto a Brooklyn, Kamen aveva ricevuto qualche lezione di disegno e molto incoraggiamento in famiglia, da parte del padre, un commerciante di stoffe di origine russa con una predisposizione per il disegno. Quando l'uomo morì, Kamen lasciò il liceo per aiutare a mantenere gli altri cinque membri della famiglia disegnando fumetti. A sedici anni portava a casa novanta dollari alla settimana – lavorava per la casa editrice di Chesler – e durante la notte studiava pittura all'Art Students League grazie a una borsa di studio. Il suo sogno era lavorare nel mondo dell'arte alta, ma sembrò non avere mai il tempo necessario per realizzarlo. Uomo rotondetto ed esuberante, con occhi spiritati e un modo di parlare che dava l'impressione avesse sempre la ridarella, Kamen era dotato di uno stile di disegno preciso e raffinato, ben adatto alle storie della Ec. Era assai abile nel disegnare donne attraenti, un po' tutte somiglianti a sua moglie Evelyn. Gaines e Feldstein soprannominavano i soggetti che inviavano a Kamen «Buster stories»,[17] perché le donne o chiamavano gli uomini «Buster» o sembravano spesso sul punto di spintonarli.[18]

«Era mia abitudine vestire le donne con abiti eleganti, gli uomini con completi tagliati su misura dal sarto, e farli vivere in una bella villa da qualche parte. Poi sarebbero usciti insieme per una passeggiata e la donna avrebbe spinto l'uomo di fronte a un camion»,[19] ebbe a dire Kamen. «Non c'erano mai coppie felici, se non la donna e l'autista del camion alla fine della storia, ed è probabile che alla lunga qualcosa di orribile sarebbe accaduto pure a loro. Alla Ec non esisteva una casa felice». Per i giovani degli anni del dopoguerra, abituati a una visione idilliaca della vita in famiglia, simbolo dell'ideale americano – dopotutto era il voler difendere questo stile di vita che spingeva a combattere nella Guerra fredda – non c'era niente di più sovversivo sulle pagine dei fumetti Ec dell'idea che le uscite dell'espresso per Long Island conducessero all'inferno. E né i giganteschi scarafaggi alieni che mangiavano i terrestri,[20] né le partite di baseball giocate lanciando organi umani, erano paragonabili.[21] Gaines e Feldstein riempivano le pagine degli albi della Ec con sottili strali diretti verso l'idea tradizionale di normalità. Lavorando per allegorie nei vari generi di storie, avevano come obiettivo il far apparire sotto una luce diversa e positiva gli emarginati, gli oppressi, coloro che erano stati messi da parte da un po' qualsiasi razza – umani, animali, pesci, vivi, morti, morti viventi e miscugli vari. Alcuni personaggi erano senza dubbio vicini all'idea di sé dei loro creatori, ad esempio l'artista protagonista di «Ritratto di cera!» (su *The Vault of Horror*),[22] che aveva riempito il proprio solaio di splendide incisioni in acquaforte, finendo però per essere aggredito da un rivale geloso. Altri personaggi erano stereotipi: il bambino in «Orrore nell'aula scolastica» (su *The Haunt of Fear*),[23] che viene punito con l'accusa di essere un bugiardo perché ha detto di avere come amico segreto un gigante invisibile, il quale alla fine prova di esistere veramente comparendo di fronte a chi aveva punito il suo piccolo amico. La maggior parte erano semplicemente strani: un uomo con un cesto sempre sulla spalla, che gli abitanti della città decidono di linciare quando scoprono che all'interno dell'oggetto è nascosta una seconda testa («Il cesto!», *The Haunt of Fear*);[24] una colonia di mutanti, vittime di un'esplosione atomica, ciascuno diverso dall'altro – uno con un occhio solo, uno con una testa calva a punta, uno con il naso sotto la bocca («Figlio del domani», *Weird Fantasy*).[25] I mostri della Ec, un po' come Frankenstein, non erano mai come la folla inferocita li reputava.

Secondo Gaines, alla Ec i testi erano prioritari rispetto ai disegni. «Il modo in cui la Ec approcciava tutti questi albi era l'idea di offrire storie migliori rispetto a quelle disponibili nei fumetti della concorrenza»,[26] spiegò in un articolo pubblicato nel 1954. «Alla

Ec i testi, intesi sia come didascalie sia come dialoghi, hanno la posizione numero uno. Ciò è il contrario rispetto a quanto accadeva ai vecchi tempi, quando i disegni erano l'elemento prioritario. Prendiamo le nostre storie molto sul serio». Gaines era parziale, ma lo si può perdonare; in fondo parlava non solo come editore della Ec ma anche come uno dei soggettisti principali. Dal suo punto di vista, la «nuova tendenza» aveva radicalmente modificato il suo stile di vita, spingendolo a essere davvero parte del mondo creativo per la prima (e ultima) volta nella sua vita. «Sono stati i miei anni più felici»,[27] avrebbe poi detto verso la fine degli anni Sessanta. «Mi occupavo dell'aspetto creativo più o meno al 95%, e di quello economico solo al 5%. Ed è chiaro che essere creativi sia decisamente più divertente. Al e io scrivevamo praticamente tutte le storie, quindi non c'era il problema di controllare i soggettisti. Eravamo *noi* i soggettisti». Di norma, Gaines concepiva le idee generali della trama e Feldstein le sviluppava. Lo stile di lavoro di Gaines consisteva nello stare in piedi fino all'alba, anche grazie alla Dexedrina che gli era stata prescritta come medicina dimagrante, e leggere pile e pile di riviste e antologie di racconti brevi, alla ricerca di personaggi, trame e situazioni che Feldstein poi potesse sviluppare e adattare allo stile Ec. Gaines chiamava queste fonti di ispirazione «trampolini» ed era felicissimo di trovarle e mostrarle a Feldstein. «Leggevo come un pazzo.[28] Avrò letto qualsiasi racconto di fantascienza o dell'orrore che mi è capitato a tiro, non ce n'erano mai abbastanza. Quando mi veniva un'idea l'annotavo su un pezzo di carta; avevo questo gigantesco mucchio di trame scritte su migliaia di fogli di carta, ciascuno con sopra un trampolino, e il mio momento preferito era quando andavo a suggerire una trama ad Al Feldstein.[29] Al e io ci sedevamo e io cercavo di proporgli un trampolino.[30] Dopo aver rifiutato i primi trentatré per principio, *ogni tanto* mostrava un vago interesse per il trentaquattresimo. Io allora glielo consegnavo e lui correva nella stanza accanto per adattare la trama in un soggetto per fumetti. Di norma gli bastavano tre ore per scrivere una storia, ma in quelle tre ore io avevo lo stomaco sottosopra e mi chiedevo se da un momento all'altro Al sarebbe corso fuori gridando "non posso scrivere questa stramaledetta storia!". Quando capitava di solito era già pomeriggio e dovevamo ricominciare subito tutto daccapo, perché *dovevamo* avere una storia pronta entro le cinque del pomeriggio».

Feldstein, che era pagato a progetto e non aveva uno stipendio fisso, scriveva una storia completa al giorno per almeno quattro giorni la settimana. Inoltre lavorava come supervisore per quattro albi della Ec, affiancando l'occasionale sceneggiatore di turno e commissionando i disegni per quelle quattro serie. In più si occupava di disegnare alcune storie complete e realizzava le copertine di quasi tutti gli albi. Per risparmiare tempo, scriveva i dialoghi a matita direttamente sui fogli da disegno, sui quali i disegnatori avrebbero realizzato il prodotto finale; la ditta Wroten Lettering poi avrebbe cancellato i dialoghi di Feldstein, sostituendoli con parole inchiostrate con un'apposita macchina. Non aveva mai bisogno di scrivere un abbozzo di trama. «Sorprendevo anche me stesso»,[31] avrebbe poi detto Feldstein, che non aveva mai sceneggiato prima di iniziare a lavorare alla Ec. «Possedevo un talento naturale per il ritmo della narrazione. A volte le storie avevano esattamente il numero esatto di parole, concludendosi proprio nel momento più adatto». A dire il vero, molte storie di Feldstein scritte per la Ec erano fin troppo verbose; alcune immagini erano così piene di testo da lasciare ai disegnatori appena lo spazio per disegnare un paio d'occhi che spuntavano da sotto le vignette, e le conclusioni giungevano spesso totalmente improvvise, rendendo necessario un lungo paragrafo di spiegazioni per rendere comprensibile o concludere la storia.

Feldstein riusciva quasi sempre a finire entro le cinque, ora in cui consegnava le tavole a Gaines. Quest'ultimo le leggeva ad alta voce, di fronte a Feldstein e a chiunque altro fosse nella stanza. «Quella era la parte divertente»,[32] disse Gaines. «Avevamo sempre considerato il nostro lavoro come qualcosa di teatrale ed era necessario che scorresse bene durante la lettura. Suggerivamo anche ai lettori di leggere ad alta voce, e molti lo facevano».

Quando la mole di lavoro della Ec iniziò a richiedere più «trampolini» di quanti potessero essere forniti dalle abitudini notturne e dalle medicine di Gaines, quest'ultimo iniziò a cercare altri sceneggiatori su *Writer's Digest*, e le condizioni indicate mostrano quanto fosse pronto a sfidare non solo le convenzioni del mondo del fumetto, ma anche quelle della cultura popolare dei primi anni Cinquanta. Scrisse:

> Dovreste già sapere che nei nostri albi dell'orrore non abbiamo fantasmi, dèmoni, folletti e simili. Tolleriamo vampiri e lupi mannari se

agiscono in maniera tradizionale e si comportano come ci si aspetta da vampiri e licantropi rispettabili.

Adoriamo le storie con i morti viventi.

Di tanto in tanto accetteremo storie di mummie e zombi.

E niente ci piace di più delle storie *crudeli*.

Shock SuspenStories non contiene elementi soprannaturali. *Crime SuspenStories* non ha elementi sbalorditivi. Queste collane trattano semplici storie in cui il cattivo di turno cerca di farla franca per un omicidio, e spesso ci riesce. Niente storie di poliziotti e criminali.

Il bene non deve trionfare per forza sul male.[33]

Se escludiamo i romanzi pulp di Mickey Spillane e i film di Sam Fuller, non c'era alcun altro posto nel mondo dell'arte, di alta o bassa categoria, dove il sadismo, l'omicidio impunito e il trionfo del Male fossero talmente i benvenuti. Si dice che Gaines e Feldstein cercassero di adattare il contenuto di ciascuna storia allo stile dell'artista di turno, in modo che si amalgamassero bene o, all'opposto, che fossero in totale contrasto. Fecero così ad esempio con le storie di perfidia casalinga affidate a Jack Kamen. «Cercavamo di avere già un disegnatore in mente quando progettavamo la storia: ci aiutava a immaginarla e a raggiungere un risultato migliore»,[34] ricorda Feldstein. «Per esempio, iniziavamo dicendoci "ehi, perché non ne pensiamo una per Jack Davis?". Lui aveva uno stile di disegno molto strano, confuso, ruspante, inadatto ai disegni tradizionali dei fumetti. Questo ci indicava in che direzione far proseguire la storia: "OK, siamo in una palude...", e ci permetteva di inserire un qualche grosso mostro peloso, con zampe enormi e [una scusa per] tutte le ombreggiature che Jack adorava».

Tutto ciò contraddice le parole di Gaines secondo cui alla EC la cosa più importante fosse la storia, e i fumetti stessi rafforzano quest'impressione. Le storie di Feldstein, realizzate in appena poche ore da uno scrittore dall'immaginazione limitata, interessato soprattutto a produrre qualcosa in fretta, divennero ben presto ripetitive nonostante l'audacia dei contenuti. Cercando di emulare le storie brevi di O. Henry lette da bambino, Feldstein dava a ognuno dei suoi racconti per la EC un finale a sorpresa: il cacciatore finisce per diventare la preda e la sua testa viene appesa al muro dei trofei;[35] l'uomo a cui piace vedere le aragoste bollite vive nella pentola finisce lesso vivo a sua volta.[36] Il lettore, una volta capito il trucco, si aspetta il finale sin dalla prima pagina. In effet-

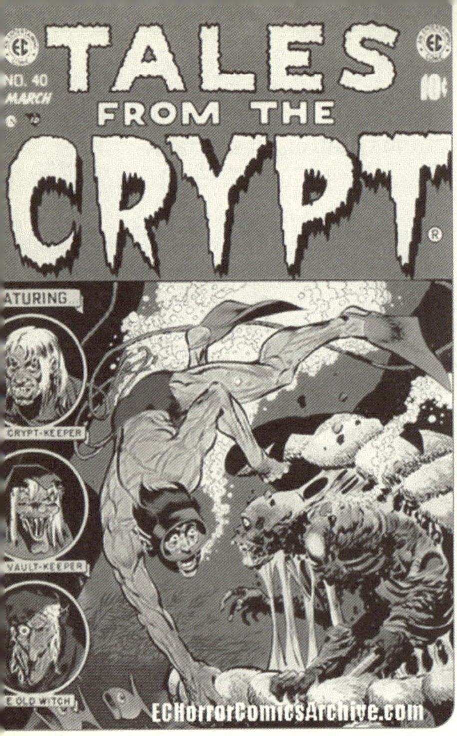

Copertina di *Tales from the Crypt* n. 40, febbraio-marzo 1954, contenente, fra le altre, la storia «Half Baked!» ('Mezzo cotto!').

ti, i finali a sorpresa funzionano meglio nelle mani di un autore capace di anticipare quel che il lettore si aspetta e di giocare con lui, rispettando nel contempo tali aspettative, dal momento che l'emozione non nasce dalla sorpresa finale in sé ma dal modo in cui essa viene raggiunta. Al Feldstein però non aveva le capacità, l'interesse o il tempo per dedicarsi ai fumetti in questo modo.

Al contrario, alla Ec i disegni erano spesso originali e pieni di vita. Come scritto dallo storico del fumetto Mike Benton nel suo volume critico *The Comic Book in America*, «Anche se alla Ec le storie [...] erano ben scritte e spesso provocatorie, furono in realtà i disegni che elevarono gli albi della casa editrice a un livello superiore rispetto agli altri fumetti passati, presenti e futuri».[37] Gaines sembrava straordinariamente abile nell'assumere molti dei talenti più creativi in circolazione: Johnny Craig, Reed Crandall, Will Elder, Graham Ingels, Bernard Krigstein, Harvey Kurtzman, Jack Kamen, John Severin, Al Williamson, Wally Wood e altri. In realtà, parte della sua abilità consisteva anche nell'ispirare il disegnatore appena assunto. Gaines infatti voleva disegni di qualità che rendessero giustizia alle sceneggiature da lui così tanto apprezzate, e per ottenerli pagava bene, solitamente 25 dollari a pagina, un po' di più della media, che si aggirava attorno ai 15-20 dollari; pagava subito, non appena il disegnatore aveva accettato l'incarico (spinto anche da Feldstein, che in passato aveva spesso dovuto supplicare Victor Fox); incoraggiava gli artisti a usare il loro stile personale piuttosto che adattarsi a un ipotetico «stile della casa editrice» e permetteva loro di inchiostrarsi da soli, in modo che i disegni non perdessero in personalità; e infine permetteva loro di firmare i propri lavori e in maniera riconoscibile, laddove molti altri editori preferivano l'anonimato per evitare che i disegnatori alzassero troppo la cresta.

«Certo che gli albi di Bill Gaines erano superiori: lui accettava, incoraggiava e cercava di ottenere molta più schiettezza nelle storie e nei disegni»,[38] ricordò Bernard Krigstein (1919-1990). «Si circondava di persone che potessero soddisfare la sua sete per tali risultati, e questo gli permetteva di pubblicare sempre molto buon materiale e anche un sacco di cose che erano davvero... che erano di un livello inaccettabile. Diciamo che sono felice che alcune di quelle storie che poi furono pubblicate non fossero state assegnate a me. Ma non posso proprio volergliene, perché quelle storie erano controbilanciate da altre davvero mature, oneste e schiette». Pittore di talento venuto fuori dal Brooklyn College, Krigstein iniziò a disegnare fumetti solo per lucro, nei primi anni Quaranta, ma ben presto divenne uno dei principali difensori della categoria. Non solo considerava i fumetti alla pari con altri mezzi più antichi di narrazione per immagini, ma anche con qualsiasi forma d'arte, di alto o basso livello. «Appartengo a una cultura di bassa nomea», diceva, «ma non la considero tale. La cultura è cultura».[39] Tale devozione verso il fumetto come forma d'arte lo spinse a organizzare, nei primi anni Cinquanta, la Società degli illustratori di albi a fumetti,[40] una sorta di ibrido tra sindacato di categoria e associazione volta ad aumentare il rispetto e le percentuali dei disegnatori di fumetti. «Ero dell'idea che i fumetti fossero una grande forma d'arte, il che faceva di noi ottimi artisti e illustratori»,[41] ricordò Krigstein. Prima del suo arrivo alla Ec aveva mostrato la sua abilità su storie che non valevano i suoi sforzi, come «Truffa all'uomo fiducioso», pubblicata su *Justice Traps the Guilty*, e «Il castello del venditore» su *Crime Detective*.[42] Il suo talento però esplose alla Ec, dove gli fu lasciata libertà d'azione e gli furono offerti dei soggetti decenti. La sua principale bravura era nella composizione della tavola: Krigstein aveva uno stile più libero rispetto a quello della maggior parte dei colleghi e considerava la composizione come parte del contenuto, piuttosto che della forma. Approfondì storie della Ec come «Più consacrati a dare...» (*Crime SuspenStories*)[43] e «Le catacombe»[44] (ennesimo surrogato della storia di Poe *Il barile di Amontillado*, pubblicata su *The Vault of Horror*) modificando continuamente il punto di vista attraverso il posizionamento dei personaggi e il loro linguaggio corporeo, e alterando il senso della temporalità attraverso la variazione della forma e delle dimensioni delle vignette.

Un buon esempio di cosa Krigstein fosse in grado di fare è offerto dal disegno di apertura di una storia, «Monotonia», pubblicata su *Crime SuspenStories*.[45] Un'intera pagina di sei vignette è dedicata alla presentazione del personaggio principale, un impiegato, mostrato mentre: entra in ufficio (prima vignetta); appende soprabito, cappello e ombrello (seconda vignetta); strappa la pagina del giorno precedente dal calendario sulla sua scrivania (terza vignetta); spolvera la sedia con un fazzoletto (quarta vignetta); tempera le matite (quinta vignetta); mette la sedia davanti alla scrivania (sesta vignetta). Krigstein sottolinea la scarsa importanza di queste azioni rappresentandole con una sequenza di disegni essenziali. Il personaggio è mostrato a figura intera e la prospettiva non cambia mai da vignetta a vignetta, in modo da dirigere l'attenzione del lettore verso le piccole differenze presenti nel linguaggio corporeo: la piega della schiena mentre appende gli abiti, il modo in cui si porta la mano al fianco mentre strappa la pagina del calendario e così via. Non ci sono nuvolette, solo didascalie, peraltro inutili. I disegni di Krigstein fanno tutto il lavoro da soli e, nel limitare forzatamente la composizione, rendono quella monotonia quasi ipnotica.

Gaines cercava di dirigere la Ec mantenendo un'atmosfera familiare, anche perché, come si ricorderà, aveva ereditato la compagnia dal padre, la possedeva in società con la madre e la gestiva in un quartiere residenziale alla periferia di Little Italy, dove spesso questioni di lavoro e di famiglia erano un tutt'uno. Frustrato dalla severità e dal distacco esercitato da suo padre, M.C. Gaines, Bill sviluppò un atteggiamento paterno verso tutti coloro che lavoravano alla Ec, scrittori e disegnatori, la maggior parte dei quali avevano più o meno la sua età o solo qualche anno di meno. «Conoscevo Bill abbastanza bene e posso garantirle che era determinato a essere tutto ciò che suo padre non era stato per lui»,[46] mi disse Feldstein. «Suo padre era una specie di tiranno che accusava continuamente Bill di essere inutile, così Bill si sforzò di diventare la figura paterna più amabile del mondo, sempre pronto a sostenere e incoraggiare chi ne avesse bisogno».

Al Williamson (n. 1931), il disegnatore più giovane della Ec, aveva solo ventun anni quando iniziò a lavorare per la compagnia, all'inizio del 1952. Williamson, che viveva ancora con la madre a Manhattan, aveva poco interesse verso il lato economico del lavoro, desiderando piuttosto di ottenere soddisfazioni artistiche che però continuavano a sfuggirgli. «Rispetto ad altre società, alla Ec c'era un ambiente più familiare, ed era ciò di cui avevo bisogno», ricorda l'artista, il quale, nei primi anni Cinquanta, aveva l'aspetto di un piccolo studente di teatro che deve sostenere l'audizione per il ruolo di giovane delinquente. Indossava sempre i jeans, portava capelli lunghissimi e parlava poco con tutti, ma era così dedito al suo lavoro da passare anche un giorno intero su di un'unica pagina, disegnando tantissimi dettagli che sarebbero stati poi resi invisibili dalle grossolane macchine tipografiche in uso per i comic-book. «Per me gli anni Cinquanta non furono un bel periodo: per quanto mi sforzassi, non riuscivo a inserirmi da nessuna parte. Ero un disastro, non avevo fiducia in me stesso. Un giorno andai da Bill e gli dissi "Bill, devo parlarti, ho bisogno d'aiuto". "Che succede?" chiese lui, e io risposi "non lo so, ma ho bisogno d'aiuto". Parlammo e mi convinse a vedere uno psicologo, il suo psicologo, che fu di grandissimo aiuto. Andai da Bill perché non lo consideravo solo il capo, ci volevamo bene. Lavorare lì fu di grande supporto, ma nonostante tutto non ero mai contento del mio lavoro. Ero un caso abbastanza disperato».[47]

L'esempio migliore di famiglia a cui possiamo paragonare i disegnatori e gli autori della Ec sono le sorelle March di *Piccole donne*, un gruppo di persone in perenne competizione tra loro, stimolate sia dall'affetto che dalla gelosia. Gaines ebbe modo di spiegare la cosa così: «si ammiravano tantissimo reciprocamente. Wally Wood arrivava con una storia e tre disegnatori lo circondavano subito, quasi sul punto di *svenire* ammirando ogni tocco di pennello e ogni tavola. E, ovviamente, Wally adorava ricevere tutta quest'attenzione. Poco dopo toccava a lui adulare qualcun altro: entrava Williamson con la sua storia ed era Wally Wood a fare lo svenevole. Cercavano tutti di superarsi a vicenda, il che è una delle ragioni per cui i nostri disegni erano sempre così buoni. Erano tutti in competizione amichevole tra loro, cercando di scoprire chi potesse far svenire di più tutti gli altri».[48]

La maggior parte dei dipendenti di Gaines consideravano il loro capo una persona incredibilmente generosa, nonostante acquistasse permanentemente i diritti delle loro opere e conservasse i disegni originali. Quando un disegnatore portava un mucchio di pagine complete, Gaines gli faceva immediatamente un assegno, timbrandolo poi sul retro con un «sine qua non», per cui la cessione dei diritti era condizione indispensabile per incassarlo. A volte veniva meno alle sue promesse (una a voce, un'altra per iscritto) di dividere i guadagni con Al Feldstein e Sheldon Mayer, ma ogni Natale organizzava delle grandi feste e regalava dei doni di valore – un proiettore amatoriale o una cinepresa 35 mm – a tutti i disegnatori che avessero fornito un certo numero di pagine nell'anno appena trascorso. Per quelli che avevano consegnato anche solo una storia in meno però non c'era niente. «Bill era incredibilmente gentile e fin troppo generoso»,[49] ricorda Jack Davis (n. 1924), un disegnatore nato in Georgia che all'epoca cercava lavoro a New York e faceva qualcosa per *Lucky Star*, un fumetto western da cinque centesimi, prima che entrasse alla Ec nel 1950 e ricevesse un incarico da Feldstein: una storia di mummie per *The Haunt of Fear*. Uomo tenero e goffo, Davis si fece a suo tempo una reputazione per lo stile marcato dei suoi fumetti dell'orrore e per la velocità nel disegnare. «Che io sappia, all'epoca nessun altro editore faceva regali ai dipendenti. Bill ti faceva sentire rispettato e questo contava tantissimo, se lavoravi nel campo dei fumetti»,[50] ricorda sempre Davis. Altri però consideravano la bontà di Gaines un modo per manipolarli. Harvey Kurtzman, editore di un paio di albi di guerra della Ec, *Two-Fisted Tales* e *Frontline Combat* ('Combattimento in prima linea'), era fortemente contrario al presunto atteggiamento familiare del suo capo e dimostrò la cosa rifiutando un regalo. «Bill voleva fare il papà, e a Harvey non piaceva», ricorda la sua vedova, Adele Kurtzman. «Organizzò una festa di Natale e regalò a tutti una cinepresa e uno schermo, ma Harvey disse: "voglio essere pagato per quel che faccio, non voglio regali, ho già un padre e non me ne serve un altro"».[51]

Buono o cattivo che fosse, Bill Gaines onorò la tradizione del Maggiore Malcolm Wheeler-Nicholson, di Harry «A» Chesler e di Busy Arnold, creando un'atmosfera di fratellanza, quasi di confraternita, all'interno della Ec. «Tutti quelli che lavoravano lì erano brillanti e un po' fessi»[52], ricorda Marie Severin (n. 1929), che nel 1951 iniziò a lavorare come colorista alla Ec, a soli ventidue anni. Sorella minore del disegnatore John Severin, era abile sia nel disegno che a colorare, cosa che l'avrebbe portata a svolgere un ruolo chiave alla Ec, abbellendo in maniera non troppo vistosa i disegni originali e spesso ammorbidendo le immagini più violente attraverso l'utilizzo di colori piatti. «Devi essere un po' tonto per fare il disegnatore, e Bill era uno di noi. Credeva in noi. Ci faceva sentire grandi, ci permetteva di fare tutto quel che volevamo ed era sempre e comunque al nostro fianco. Eravamo liberi di fare anche scene violente, e secondo me facevamo bene a raccontare anche storie di assassini. Era una cosa buona; erano cose buone! È importante sapere che il male esiste là fuori, altrimenti [i lettori] non saprebbero cosa non fare. Bill era un buon giudice, e quindi sapevamo che quel che facevamo doveva raggiungere un certo standard».[53]

Per la maggior parte degli editori la nuova tendenza, l'horror, non era altro che l'ennesimo mercato da sfruttare, con solo qualche ricalibrazione della procedura editoriale, in modo da sfornare storie di vampiri veri oltre che di donne vamp. Alla fine del 1952 oltre un terzo di tutti i giornalini a fumetti presenti in edicola erano dell'orrore;[54] la maggior parte degli altri erano romantici, genere che rimase abbastanza popolare pur continuando a calare via via che la passione per il macabro si diffondeva. Oltre dodici case editrici producevano circa 150 albi dell'orrore,[55] tra cui *Chamber of Chills*, *Witches Tales*, *Tomb of Terror*, *Out of the Night*, *Weird Thrillers*, *Nightmare*.[56] La Timely, la prima grossa casa editrice a sfruttare il genere, produceva venticinque serie dell'orrore al mese, ciascuna con all'interno sei storie.[57] «C'era una montagna di lavoro da supervisionare, ma ce la facevo senza alcun problema»,[58] ricorda Stan Lee, che ha dichiarato come al tempo controllasse da solo tutte le sceneggiature per l'intera linea editoriale e di aver scritto centinaia di storie, commissionato tutti i disegni, ideato personaggi e via dicendo; o, almeno, così dice lui... «La mania per l'horror rappresentava per il redattore medio una sfida, perché era necessario inventarsi idee nuove per ogni storia. Per me era facile, ma non era cosa da tutti»,[59] ricorda Lee, il cui genio editoriale contribuì a rendere la Timely, nel 1952, la più grande casa editrice statunitense di fumetti,[60] con vendite una volta e mezza superiori a quelle del concorrente principale, la Dell, e doppie rispetto alla National/Dc. «Le collane nascevano, venivano sfruttate fino al midollo e morivano, perché gli editori non riuscivano a mantenere vivo l'interesse e di conseguenza ricorrevano a un sacco di trucchi per conquistare l'attenzione dei lettori».[61]

Al di là della Ec gli albi dell'orrore, privi di eroi al loro interno e con titoli banali e simili tra loro, stentavano a conquistarsi la fedeltà del lettore. L'unico personaggio ricorrente in molti albi era Satana. Gli editori, incapaci di realizzare dei seguiti per le storie, dovevano battersi tra loro ogni singolo mese per cercare di ottenere l'interesse di ciascun lettore. Per farlo, cercavano di stupefare e sbalordire sempre di più. In breve tempo, gli albi dell'orrore si trovarono intrappolati in una spirale di violenza in continuo aumento: un mese veniva mostrato un uomo sgozzato, il successivo uno decapitato. Quello dopo una testa umana veniva usata come palla da bowling, oppure si vedeva una donna arrostire alla griglia parti del corpo del marito (testa, una gamba, le mani, i piedi). «Facevamo quel che era necessario affinché gli albi vendessero»,[62] ricordò l'editore Stanley P. Morse, il quale, sotto vari marchi, produsse numerosi albi a fumetti dell'orrore di pessimo gusto. La copertina di uno dei suoi giornalini, per la collana *Weird Mysteries*, mostrava un cervello umano che veniva strappato dal cranio.[63] Un'altra serie, *Weird Chills*, aveva storie con titoli concisi come «Odio» e «Violenza».[64] Per niente pentito anche a distanza di mezzo secolo, Morse dirà: «non ho idea di che diamine stessi pubblicando. Non l'ho mai saputo. Non leggevo mai quella roba. Non mi interessava».[65]

***

Anche se apparentemente sopito sotto la cenere, il dibattito sul fumetto continuava ad ardere. Parecchie città grandi e piccole, e persino uno degli stati più importanti, continuarono ad attaccare gli albi a fumetti, basandosi su informazioni che contraddicevano o anticipavano i risultati della Commissione Kefauver sul crimine, la quale aveva praticamente dichiarato i comic-book innocenti dall'accusa di istigare la criminalità giovanile. Il 14 febbraio 1952 la piccola città fluviale di Walden, nella valle dell'Hudson, stato di New York, commemorò la settimana nazionale di prevenzione del crimine annunciando la messa al bando volontaria di una dozzina di fumetti gialli.[66] Prima della fine di quella stessa settimana, il governo dello stato di New York tornò a occuparsi dei comic-book. Joseph F. Carlino, membro dell'Assemblea e presidente di una Sottocommissione legislativa a partiti unificati incaricata di studiare i fumetti, presentò sei nuovi atti per regolare la pubblicazione dei giornaletti. Repubblicano al secondo mandato, proveniente dalla contea di Nassau, Carlino prese questa decisione dopo che la sua Commissione aveva tratto una serie di conclusioni schiaccianti contro i fumetti e i loro editori. Tra queste:

> L'intera categoria continua a essere negligente nell'istituire delle misure effettive per controllare e bloccare la minoranza indesiderata. La lettura di «fumetti» sul crimine stimola atteggiamenti sadisti e masochisti, interferisce con il normale sviluppo sessuale dei bambini e produce tendenze sessuali anomale durante l'adolescenza.
>
> Invece di correggere questi problemi, gli editori di «fumetti» negativi sul crimine si sono uniti, assumendo abili esperti legali e di pubbliche relazioni e cosiddetti «educatori», nel consapevole tentativo di portare ancora avanti queste pratiche dannose e di combattere qualsiasi tentativo che miri a fermare tali pratiche.[67]

Come nel caso delle leggi bloccate con diritto di veto dal governatore Dewey tre anni prima, i provvedimenti di Carlino avrebbero creato, attraverso il Dipartimento dell'Istruzione, un ente statale con il compito di regolare i contenuti dei fumetti prodotti a New York – ovvero praticamente tutti – prima della pubblicazione. La maggior parte degli altri atti invece mirava a modificare il Codice penale in modo da garantire ai tribunali dei vari stati la giurisdizione su eventuali casi che infrangessero la regolamentazione. Il 12 marzo l'Assemblea approvò uno dei disegni di legge, che rendeva un'infrazione «il pubblicare o vendere fumetti che abbiano a che fare con crimine, spargimenti di sangue o lussuria che possano spingere i minori alla violenza o all'immoralità».[68] Il disegno di legge fu approvato con 141 voti a favore e solo 4 contrari, ma un mese più tardi sarebbe stato bloccato con diritto di veto dal governatore Dewey, che ancora una volta lo ritenne troppo vago.[69] A quel punto però la legislatura aveva già creato una nuova Commissione, guidata da Carlino, incaricata di studiare ulteriormente gli «effetti sui minori» non solo dei fumetti, ma anche di televisione, radio, «riviste illustrate» e dei «cosiddetti "libretti tascabili"».[70] Bloccato (temporaneamente) con l'accusa di essere troppo vago, Carlino diresse i suoi sforzi verso quattro direzioni molto ampie.

Intanto, nel Maryland, un giurista e un avvocato dello stato cercarono di colpire i fumetti sul crimine sfruttando uno statuto preesistente che proibiva la vendita a minori di pubblicazioni raffiguranti atti criminali: una legge dell'era Comstock, la cui costituzionalità era parecchio in dubbio, dopo la decisione della Corte Suprema nel 1948. Spinto dalle parole del giudice minorile Theodore L. Miazga, secondo cui i ragazzi che aveva dovuti giudicare erano stati spinti verso il crimine dai fumetti, l'assistente procuratore di stato Woodrow A. Shriver si occupò personalmente di controllare dieci edicole nella contea di Prince George, comprando dozzine di fumetti secondo lui illegali. Shriver e Miazga chiesero alla polizia della contea di mettere in pratica la legge, e il 7 luglio 1952 tre giornalai furono arrestati con l'accusa di aver venduto fumetti sul crimine. Dovettero pagare 200 dollari di multa e trascorrere un anno in prigione.[71] Uno di loro, Warren Tremaine, gestore della Farmacia Albrecht nella zona di College Park, rimase sbalordito di fronte a quella che ritenne una colossale ingiustizia. «Non gli piacque uno dei fumetti che vendevo, ma ce n'erano di peggiori», avrebbe detto poi, riferendosi in particolare a «quelli di mostri».[72]

UMORISMO ALLA GIUGULARE 10

I redattori degli albi a fumetti, anonimi e scarsamente supervisionati, facevano un po' quel che volevano nel loro lavoro. Alcuni, come Al Vigoda, un redattore della Fox (il cui fratello minore, Abe, sarebbe poi diventato un attore), esercitavano quel mestiere per guadagnare soldi facili; Vigoda pagava 20 dollari a pagina di disegni e 30 a chi poi gliene restituiva 2 per pagina senza che Victor Fox lo venisse a sapere.[1] Altri si aggrappavano a una visione del lavoro nel mondo del fumetto inteso come fase temporanea di una carriera letteraria con obiettivi più importanti da raggiungere, punto di vista non dissimile da quello di chi considerava gli albi a fumetti come una fase di passaggio nelle vite dei bambini, un diversivo che magari poteva pure servire a qualcosa ma che era meglio lasciarsi in fretta alle spalle. Alla Fawcett, per esempio, il redattore Stanley Kauffmann (n. 1916) di giorno lavorava sui soggetti di *Captain Marvel* in modo da poter guadagnare il denaro per scrivere l'opera che un giorno lo avrebbe liberato dai fumetti. «Facevo [albi a fumetti] per soldi, in modo da poter poi scrivere quel che avevo in mente e dare agli storici del futuro il materiale di cui avrebbero avuto bisogno per beatificarmi»,[2] ricorda Kauffmann, che poi è diventato un importante critico cinematografico, romanziere e sceneggiatore. «Via via che scrivevo soggetti [per storie a fumetti] e li supervisionavo, iniziavo a capire quanto fossero simili ai film e a vedere i cambi di scena da immagine a immagine come quelli di una cinepresa. Questo un po' mi interessava, ma non significa che prendessi i fumetti sul serio, non più di quanto fosse necessario per farli bene e guadagnarmi la pagnotta. C'erano altri che prendevano il lavoro più sul serio: uno dei miei colleghi, in particolare, considerava i fumetti un'alta forma d'arte, ma per discrezione non posso dire il nome, perché era uno stupido». Quando Kauffmann lasciò la Fawcett, a metà degli anni Quaranta, fu sostituito da un'altra giovane aspirante scrittrice, Patricia Highsmith (1921-1995), che supervisionava le storie di Billy Batson e famiglia, lavorando nel contempo al libro che sarebbe poi diventato celebre come *Sconosciuti in treno* (1950). «Il mio lavoro [sui fumetti] non aveva niente a che fare con la letteratura», avrebbe poi detto Highsmith a riguardo, «ma stimolava l'immaginazione».[3]

Alla Ec, Al Feldstein e l'altro redattore, Harvey Kurtzman, affrontarono a modo loro il dibattito sui fumetti come prodotto commerciale o forma d'arte. Feldstein, un mulo da lavoro agli ordini di un editore amante della letteratura, guadagnava tantissimo producendo tonnellate di pagine pagate a peso d'oro, e molto del suo lavoro – specie le spettrali copertine – era abbastanza buono. Persino le sue sceneggiature scritte in fretta e furia avevano un loro fascino. Nel 1952, Feldstein aveva ottenuto il comando di tutte le pubblicazioni di Bill Gaines tranne tre, e la cosa gli rendeva talmente bene che gli fu possibile traslocare insieme alla moglie e ai due figli in una spaziosa casa con tre camere da letto a Merrick, Long Island, a pochi passi dalla stazione ferroviaria; qui a Merrick la coppia avrebbe poi concepito un terzo figlio. Iniziò a praticare il golf e ad andare in barca, e comprò un impianto stereo con un gigantesco amplificatore Sunn e casse per gli alti e i bassi separate, un prodotto ben più moderno e di grido rispetto a quello di Bill Gaines. Feldstein stava vivendo in prima persona la vita idilliaca della periferia residenziale che spesso distorceva nelle pagine degli albi Ec.

Per Kurtzman invece tutto il successo del collega era snervante. Arrivato alla Ec nel 1949 dopo un periodo alla Timely, dove aveva scritto e disegnato un paio di serie riempitive da una sola pagina intitolate «Hey Look» ('Ehi, guarda') e «Sheldon», Kurtzman era cresciuto a Brooklyn, come Feldstein;[4] di umili origini, creò il suo primo albo originale, *Ikey and Mikey*, sui marciapiedi del suo quartiere, usando come gesso frammenti di intonaco caduti dai muri degli edifici abbandonati. Era il secondo di tre figli, tutti dotati di talento artistico. Il padre, David Kurtzman, tipo inquieto

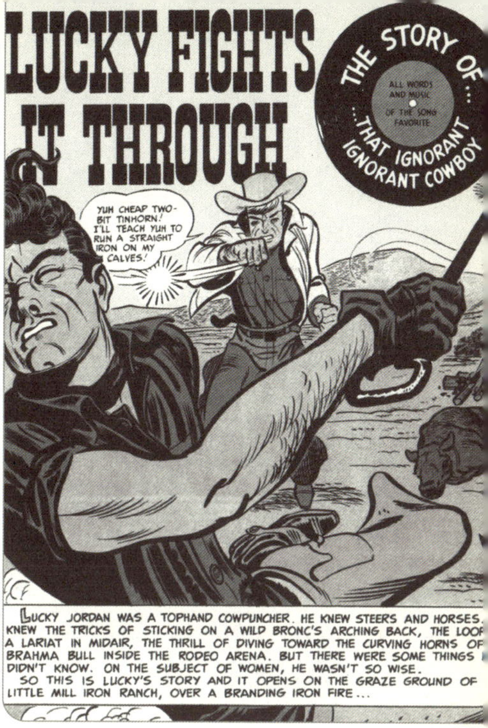

Lucky Fights It Through, opuscolo contro le malattie veneree, di M.C. Gaines e Harvey Kurtzman.

che si guadagnava da vivere come aiuto in una gioielleria aggiustando la taglia degli anelli e incastonando pietre preziose che non si sarebbe mai potuto permettere, morì di ulcera a trentasei anni, quando Harvey ne aveva solo quattro. «Anche se ero piccolo, sapevo già che guadagnarsi da vivere era difficile»,[5] avrebbe poi scritto Kurtzman nelle sue memorie. «Accettare la realtà del mondo per me non era facile, e per questo disegnavo: per ottenere l'attenzione delle persone che mi circondavano». La madre di Kurtzman, Edith, una radicale che additava i propri problemi di famiglia quale prova dell'ingiustizia del capitalismo, si abbonò al *Daily Worker* e mandò almeno durante un'estate i figli a Camp Kinderland, una colonia comunista per ragazzi sulle montagne Catskills.

Il primo compito di Kurtzman per la Ec fu la realizzazione dei disegni per un opuscolo promozionale preparato dal fratello del defunto M.C. Gaines, David. Intitolato *Lucky Fights It Through* ('Lucky la spunta'), il libriccino era un western sulle malattie veneree: Kurtzman lo avrebbe poi descritto come «un fumetto su come curare la sifilide o riconoscere le piaghe, venduto insieme a un piccolo disco, "The Lonesome Cowboy" ['Il cowboy solitario'], o forse era "The Diseased Cowboy" ['Il cowboy infetto'], una cosa del genere. Feci un ottimo lavoro: pensate a tutte le persone che

Copertina di *Two-Fisted Tales* n. 2, gennaio 1951. Disegno di Harvey Kurtzman, colori di Marie Severin.

vennero curate grazie al mio albo. Non so se aiutasse a curare o a diffondere le malattie, perché mostrava questo tizio che andava in giro con le prostitute. Comunque mostrava come fare».[6] La canzone sul 78 giri venduto insieme al fumetto si intitolava «The Story of That Ignorant, Ignorant Cowboy» ['La storia di quel cowboy ignorante, ignorantissimo'].

Una volta che Kurtzman ebbe mostrato la propria abilità nel disegnare in stile verista, Bill Gaines lo nominò redattore capo della citata collana *Two-Fisted Tales*, che in origine era stata concepita come albo di avventurieri, gradassi e combattenti vari, ma che divenne una serie di guerra dopo che le forze statunitensi entrarono in Corea nel giugno del 1950. «I fumetti di guerra, ovviamente, traevano ispirazione dalla Guerra di Corea»,[7] ricordò Kurtzman. «È colpa di chiunque abbia dato il via a quella guerra se noi abbiamo iniziato a fare storie belliche». Albo di guerra più per argomento che per ispirazione, *Two-Fisted Tales* e il suo successore, il menzionato *Frontline Combat*, anch'esso curato da Kurtzman, erano più vicini all'essere contro la guerra, per il modo in cui rifiutavano di romanzare il conflitto o i soldati di ambo gli schieramenti. Kurtzman realizzò la maggior parte dei soggetti, disegnando e inchiostrando anche una storia completa praticamente in ciascun numero (almeno nei primi due anni) e abbozzando le restanti pagine per gli altri disegnatori, Wally Wood, John Severin, Will Elder e Jack Davis. Sui campi di battaglia di Kurtzman, i valorosi cavalieri americani che spadroneggiavano sulla maggior parte di storie di guerra erano sostituiti da soldati nervosi e contradditori, da nemici nei cui confronti era facile simpatizzare, che soffrivano davvero quando erano feriti, da immani perdite di uomini e da vittorie inutili. Il secondo numero di *Two-Fisted Tales*, per esempio, ospitava un pungente racconto allegorico intitolato «War Story!» ('Storia di guerra!'), scritto da Kurtzman e disegnato da Wood e Severin, ambientato durante la Seconda guerra mondiale e incentrato su un crudele soldato di fanteria americano.

«Guardate come prendo quel @*!!?#@*!@*!?» grida, ignorando un ordine di cessare il fuoco e uccidendo il soldato giapponese che sventola bandiera bianca per arrendersi. «Eh, eh! L'ho preso alle budella! Guardate come si contorce!». Quando il suo plotone libera un gruppo di soldati americani prigionieri, questi ultimi ammettono di essere stati trattati con umanità dal comandante giapponese, ora gravemente ferito. «Eccolo lì!», indica uno dei soldati, «Ci ha trattati bene! Portiamolo in una tenda ospedaliera, glielo dobbiamo». Alla fine, l'americano sadico entra di nascosto nella tenda per accoltellare l'ufficiale giapponese, che riposa sotto una coperta, ma dopo averlo fatto scopre di aver erronamente ucciso il proprio fratello gemello.[8] Pur calcando un po' troppo la mano sul tema «siamo tutti fratelli» questa storia, come tante altre di Kurtzman, mette talmente in dubbio il fatto che gli americani fossero dalla parte del giusto che la madre dell'autore ne sarebbe stata orgogliosa. Probabilmente molti altri genitori guardavano i figli leggere *Two-Fisted Tales* e *Frontline Combat* pensando che stessero assorbendo semplice sciovinismo, senza sapere che il giornalino era colmo di cinismo verso le forze armate americane e sensibilità verso la crudele imparzialità della guerra.

«Nei miei fumetti di guerra cercavo di evitare il solito stereotipo del bel soldato americano che sconfigge i musi gialli piccoli e cattivi»,[9] dichiarò Kurtzman. «Come tutti, seguivo le notizie della Guerra di Corea e mi venne da pensare che un conflitto non è mai una bella cosa, anche se le case editrici di fumetti che trattavano l'argomento cercavano di valorizzarlo. La cosa mi offese. Ero convinto che le persone avessero il diritto di sapere la verità sulla guerra e tutto quel che la circonda. Infatti, alla fine raggiunsi la conclusione che ciò a cui le persone dovrebbero essere interessate è la verità, che se cerchi di dire la verità allora stai facendo qualcosa per la quale vale la pena impegnarsi».[10] Kurtzman spesso trascorreva intere ore nella biblioteca pubblica di New York svolgendo ricerche su uniformi militari, equipaggiamenti, ambientazioni storiche.[11] Per documentarsi per una storia che raccontava la missione di salvataggio nei confronti di un aviere abbattuto in mare, decise di fare un po' d'esperienza in prima persona su come fosse volare sopra l'Atlantico su un aereo di piccole dimensioni e, dopo aver preso accordi con la fabbrica di Bethpage (Long Island) della compagnia Grumman, salì a bordo di un apparecchio per un volo di prova. «Ci faceva impazzire»,[12] ha ricordato Jack Davis: «ogni fucile doveva essere esattamente del tipo e del modello esatti, e anche i cappelli, le scarpe e i bottoni dovevano essere perfetti, praticamente tutto; [per Kurtzman] il realismo era come una crociata». Quando Davis gli consegnò i disegni di una storia, «Medico di guerra», Kurtzman lo rimproverò perché aveva disegnato l'attrezzatura di pronto soccorso dell'Esercito con le garze sul lato sbagliato rispetto alle medicine.[13]

Per le ricerche che svolgeva e la meticolosità che applicava sul lavoro, Kurtzman era convinto di lavorare meglio di Feldstein pur ricevendo una paga molto inferiore, così si rivolse a Gaines per un aumento. «Harvey era convinto di star facendo un lavoro migliore di Al, il che da un certo punto di vista intrinseco era vero»,[14] avrebbe detto Gaines; «d'altra parte, io continuavo a fargli notare che i fumetti di Al vendevano di più dei suoi, il che era pure vero. Quindi eravamo in una situazione di stallo». Gaines suggerì allora a Kurtzman di curare una terza serie, in modo da aumentare di un terzo i suoi guadagni. Kurtzman accettò e propose un argomento che avrebbe potuto seguire facilmente e senza dover svolgere ricerche: un fumetto dedicato alla sua prima passione, la comicità. Per il titolo dell'albo Gaines, o Feldstein, o Kurtzman (non lo sapremo mai, visto che tutt'e tre se ne sono attribuiti il merito), decisero di adattare uno slogan che Feldstein aveva spesso usato sulle pagine della posta degli albi dell'orrore: «Ec's Mad Mag» ('La pazza rivista [o rubrica] della Ec'), che Kurtzman accorciò sfruttandone solo la parte centrale. «È questa la vera, stupida ragione per cui esiste *Mad*»,[15] ricordò Gaines: «perché [Kurtzman] era seccato che Feldstein fosse tre volte e mezzo più veloce di lui... io, dal canto mio, non volevo pubblicare un albo comico».

Decenni dopo, con *Mad* ormai divenuto un'istituzione culturale, Kurtzman ne imbellettò le origini, dicendo di aver avuto l'idea per un albo comico e di aver cominciato a lavorarvi mentre era ricoverato in ospedale a causa dell'itterizia, contratta mentre si affaticava troppo sugli albi bellici.[16] Kurtzman si ammalò davvero di itterizia mentre lavorava alla Ec, come scritto da Gaines in una nota editoriale dell'albo di *Two-Fisted Tales* del luglio-agosto 1953, ma ciò accadde solo nove mesi dopo il debutto di *Mad*: quello stesso numero di *Two-Fisted Tales* contiene una pubblicità per il quinto numero di *Mad*. Nella sua versione, Kurtzman si descrive come fece in decine di altre occasioni, ovvero come un martire vittima del proprio genio, e si collega direttamente al personaggio simbolo della pubblicazione da lui creata, il parodistico e grottesco Alfred E. Neuman. «Era una faccia tratta da un vecchio libro di biologia, utilizzata per mostrare gli effetti della mancanza di iodio»,[17] ricordò Kurtzman, rievocando in qualche modo la storia dell'itterizia, che in un certo senso simboleggia il senso dell'umorismo di *Mad*, prettamente legato al DNA caratteriale del suo creatore.

Ovviamente i fumetti comici erano sempre esistiti, incentrati su animali parlanti e personaggi un po' sciocchi con i piedoni, diretti ai bambini più piccoli, oppure nati sulla scia di *Archie*, con un umorismo adolescenziale diretto principalmente a lettori fino ai dodici anni. Ma, fino ad allora, nel fumetto l'umorismo era sempre stato rivolto solo ai giovani. Pochi avevano provato a creare un albo comico su misura per i giovani adulti che leggevano *The Spirit*, i fumetti romantici della St. John o gli albi Ec. A dirla tutta, spinti dall'orgoglio molti disegnatori e autori di fumetti cercavano di astenersi dal realizzare storie comiche, timorosi che potessero far prendere il loro lavoro persino meno sul serio di quanto già non accadesse. «Il lettore medio considerava i fumetti come albi di barzellette»,[18] disse Will Eisner. «Il primo passo per superare questo luogo comune era non fare battute. Ma questo è un approccio immaturo; io cercavo sempre di inserire un po' di umorismo in *The Spirit*, e penso che sia stata una delle cose che lo hanno reso più adulto e sofisticato, persino più serio, se vogliamo. L'umorismo aveva bisogno di essere sofisticato, ma non era facile da realizzare. Quel che Harvey fece fu un gesto coraggioso, perché decise di creare un intero albo dedicato all'umorismo e diretto a lettori più adulti. Io non avrei saputo da dove cominciare».

Il primo numero di *Mad*, datato ottobre-novembre 1952 ma disponibile nelle edicole già l'agosto di quell'anno.

All'inizio neanche Kurtzman lo sapeva. «I primi tempi non sapevo nemmeno io cosa avremmo fatto esattamente con *Mad*».[19] L'idea di partenza era di «fare delle parodie». Spinto dall'astio nei confronti di Feldstein, Kurtzman decise di fare satira sui fumetti, inclusi quelli prodotti dal rivale. Il primo numero di *Mad*, uscito nell'agosto del 1952, era per lo più una parodia dei prodotti del suo stesso editore. Presentato dallo slogan «Umorismo alla giugulare», conteneva quattro storie a fumetti: una dell'orrore («Hoo-hah!»), una di fantascienza («Blobs!», ispirata dalla visione di E.M. Forster di un futuro sotto il controllo della tecnologia, *The Machine Stops*, 1909), una sul crimine («Ganefs!», 'Furfanti!') e una western («Varmint!», 'Fellone!'), insieme a un paio di storie solo testo da una pagina ciascuna, realizzate per soddisfare le esigenze delle Poste. Scritte tutt'e quattro da Kurtzman, furono disegnate da Jack Davis, Wally Wood, Will Elder e John Severin, ovvero i suoi artisti abituali negli albi di guerra.

Sin dall'inizio *Mad* si distinse come umorismo per adolescenti. Le storie sembravano essere state scritte per il piacere di farlo, senza timore di apparire sciocche, scontate o bislacche. «Chiedo scusa, gentili signori», dice facendo il suo ingresso nel saloon il cowboy dalla mascella squadrata protagonista della storia western.

«Oste! Dammi un bicchiere... di latte!». L'umorismo più pungente era quello grafico, piuttosto che testuale. Alla fine del racconto dell'orrore, in una chiara parodia dei finali a sorpresa di Feldstein, la giovane coppietta fugge via dalla casa dell'orrore, mentre il vecchietto che vive lì si toglie la testa e se la mette sotto al braccio. Nella parodia di fantascienza, un distributore automatico fa uscire soda al gusto di gelato e affascinanti robottine per far sbavare i ragazzini del futuro; e l'eroe della storia western è talmente rigido da restare immobile nel saloon per sei pagine senza mai cambiare espressione. Il primo numero di *Mad* fu una ventata d'aria fresca senza pretese, come un fumetto disegnato su un marciapiede.

Kurtzman si allontanò dal tema della parodia della società contemporanea soltanto su una pagina di «Blobs!» ('Masse anonime!'), in cui prese di mira le potenze emergenti degli anni Cinquanta: elettrodomestici elettrici, televisione e traffico. Due uomini del futuro, guardando indietro nel tempo verso «il lontano anno 1952», sono confusi dal comportamento dei loro antenati: «Le persone vanno a casa di amici in automobili... ma invece di parlare con loro, passano intere ore a guardare apparecchi televisivi, e poi se ne vanno di nuovo a casa!». Modesta rispetto al livello che *Mad* avrebbe raggiunto in futuro, si trattava comunque di satira sociale inusuale per l'epoca, visto che prendeva apertamente in giro il mondo degli adulti all'interno di un mezzo di diffusione prevalentemente per ragazzi.

Il disegno sotto a quella didascalia, realizzato da Wally Wood su bozzetto di Kurtzman, mostra il salotto di una casa di città, con sedie moderne, lampade e televisore. Un gruppo di uomini di mezza età in giacca, la calvizie incipiente, dall'aria poco intelligente, ride fragorosamente di fronte allo schermo, che mostra un commediante dall'aria un po' depressa mentre sbatte una torta in faccia a un altro tizio. Sopra il televisore sono impilati alcuni libri tenuti fermi da piccole riproduzioni del *Pensatore* di Rodin, accovacciato per la noia. Al centro della stanza un bambino tira la gonna della mamma, cercando di allontanarla dal televisore; sta piangendo, e anche se non c'è alcuna nuvoletta di testo a dirci quel che gli passa per la testa, l'espressione esasperata che ha sul volto suggerisce chiaramente un «portami via di qui!». La donna ha il dito sulle labbra per farlo stare zitto, e uno degli uomini lo guarda storto. Il bambino, unica figura intelligente presente, è quindi ignorato, visto con sdegno e disperatamente incapace di fuggire dall'idiozia che lo circonda.[20]

***

Forti dell'illusione di essere al sicuro da qualsiasi punizione, gli editori di fumetti permisero agli albi dell'orrore e di storie al cardiopalma dei primi anni Cinquanta di diventare ancora più macabri e cruenti, con il risultato che i fiumi di sangue che ne riempivano le pagine risvegliarono l'attenzione dei sedicenti difensori della morale. L'editore Stanley P. Morse descrisse così l'aumento della violenza in serie a fumetti come il suo *Weird Chills*: «nessuno reclamava, quindi demmo alla gente quel che voleva, almeno finché non cominciarono a lamentarsene».[21] Il più acceso critico di Morse, Fredric Wertham, vide più o meno nello stesso modo il progressivo incupirsi degli albi. «Quando la decisione del governatore Dewey e la non-decisione del senatore Kefauver diedero il via libera all'industria del fumetto, gli editori ne approfittarono a tutta forza»,[22] scrisse a proposito di un numero del 1952 di *Black Cat Mistery* ('Misteri del gatto nero') dell'editoriale Harvey. «Ora non ci sono più limiti. Orrore, delinquenza, sadismo, mostri, fantasmi, morti viventi: in pratica c'è piena libertà di espressione, e tutto all'interno di albi a fumetti indirizzati e venduti ai bambini».[23]

Il dibattito sui fumetti si riaccese, con gli albi dell'orrore e d'amore che fornivano nuovo vigore ai critici della categoria. Il 1° dicembre 1952 una commissione speciale della Camera dei Deputati, guidata da E.C. Gathings, un Democratico dell'Arkansas al settimo mandato, diede il via alle udienze sulle pubblicazioni «immorali, oscene o in altro modo offensive», inclusi quegli albi a fumetti che potessero essere ritenuti eccessivamente provocanti o «troppo cruenti».[24] Gathings sottolineò in modo esuberante la propria opinione contro i temi osé nei fumetti mettendo in atto una provocante danza del ventre al centro della Camera. La sua Commissione scelta sui materiali pornografici al tempo in circolazione si concentrava in particolare sui romanzi pulp, per via delle copertine maliziose, e sulle riviste di nudo come *Stag* (Hugh Hefner all'epoca stava ancora lavorando al prototipo di *Playboy*, che sarebbe stato pubblicato l'anno seguente). Poiché, con la sola eccezione del Nuovo Messico, tutti gli stati avevano già da molto tempo leggi contro il materiale osceno, e che le norme federali proibivano il trasporto di questo genere di prodotti con i mezzi normali (ferrovie, camion o aerei), Gathings diede il via alle udienze senza svelare la maggior parte degli obiettivi legali della Commissione, a parte la possibilità di allargare la messa al bando del trasporto interstatale di materiale osceno in modo da includere anche i veicoli privati e i pedoni.

Nel frattempo, il problema della delinquenza giovanile stava crescendo di nuovo, a causa di un aumento nei rapporti di crimini compiuti da ragazzi.[25] Nel 1952, l'Ufficio per l'infanzia e i minori degli Stati Uniti annunciò che, rispetto al 1950, nel 1951 la delinquenza giovanile era aumentata del 10% nel territorio nazionale e del 20% nel solo stato di New York. Attorno allo stesso periodo, la Commissione sui giovani dello stato di New York riportò per il 1951 un aumento del 17,8% negli arresti di ragazzi sotto i sedici anni;[26] al contrario, il dato del 1950 era stato il più basso degli ultimi quattordici anni. Molti analisti diedero la colpa di ciò alla Guerra di Corea, sfruttando la diffusa teoria secondo cui lo sconvolgimento della vita familiare, unito all'atmosfera di violenza e ansia causata dalle notizie in arrivo, fosse alla base della delinquenza giovanile. L'argomento però era ancora sotto dibattito, al punto che una grossa ricerca sulla delinquenza giovanile condotta nel 1952 dal *New York Times* concluse che la mancanza di una causa certa del problema fosse a sua volta causa di delinquenza giovanile. In un articolo in prima pagina, «La delinquenza giovanile in rapida crescita nel paese», il *Times* riportò: «La gente è periodicamente allarmata a causa di qualcosa: a volte si tratta di maniaci, altre di tossicodipendenti, ma non c'è mai certezza circa le cause della delinquenza. Ciò rende difficile l'organizzare centri di recupero in cui aiutare i ragazzi con problemi seri o prevenire la diffusione della criminalità».[27] Dopo una settimana di udienze, la Commissione Gathings non raggiunse alcuna conclusione e non suggerì alcuna nuova legge, ma fece comunque notizia riportando in auge l'idea secondo cui dietro al crimine giovanile allignassero i giornalini a fumetti. L'ultima testimone a essere chiamata a deporre fu la madre di un minore accusato di omicidio, la quale disse che gli albi a fumetti e le riviste «da donne» avevano avvelenato la mente di suo figlio. Robert Hearn, all'epoca sedicenne, era uno dei quattro minori di Detroit accusati di aver accoltellato l'addetto di una pompa di benzina durante un tentativo di rapina a Pontiac, nel Michigan. Tra le lacrime, la signora Hearn disse alla Commissione: «siamo fermamente convinti che quegli albi siano stati un fattore aggiuntivo, se non forse qualcosa in più. Era sempre stato un bravo ragazzo. Non si metteva mai nei guai. Ma qualche mese prima di tutto questo ha iniziato a leggere questa roba [...] ha preso a parlare come i teppisti delle storie. Diceva che suo padre era uno sciocco perché andava a lavorare».[28] Poco dopo il giovane Hearn lasciò la scuola domenicale e il corso da barbiere, troncò con la ragazza e iniziò a bere e fumare marijuana. I giornali di tutto il paese ripresero la notizia, senza fare riferimento ai risultati della commissione Kefauver sul crimine, che aveva messo in dubbio l'esistenza di un collegamento causale tra albi a fumetti e criminalità. Il disegnatore Al Williamson ricorda che, nell'ufficio al 225 di Lafayette Street, Bill Gaines lesse gli articoli sulle udienze scherzò un po' sull'idea di far causa a E.C. Gathings per aver violato il marchio di fabbrica della compagnia con le proprie iniziali.[29]

Negli ultimi mesi del 1952 Barry Gray, conduttore di un programma radiofonico di successo in onda da New York,[30] riprese la notizia e ne fece uno degli argomenti dei suoi caustici monologhi e delle sue irriverenti interviste. Proveniente dalle stazioni radio della California meridionale, Gray trasmetteva da mezzanotte alle 3 del mattino da un tavolo nel retro di Chandler, una bisteccheria sulla Cinquantaquattresima strada. L'idea era di trasmettere il pensiero della città, in diretta e *dalla* città, sebbene filtrato attraverso la forte personalità di Gray. Quest'ultimo era un uomo gigantesco, con in testa un borsalino che gli copriva gli occhi, o almeno questa era l'impressione che dava alla radio. Dopo uno spettacolo o un film, i frequentatori dei teatri si fermavano da Chandler e lì Gray li interrogava sullo spettacolo a cui avevano assistito, concludendo sempre la discussione parlando dell'aspetto essenziale di uno spettacolo che di fatto lui non aveva visto. Le sue opinioni erano veementi e imprevedibili, quindi ideali per spingere gli ascoltatori a sintonizzarsi di nuovo notte dopo notte. Nel cominciare a parlare di atti osceni, libri tascabili e albi a fumetti nel novembre del '52, Gray chiese quasi subito la creazione di una legge che ne regolasse le vendite.

In quel periodo Marv Levy, che aveva frequentato la High School of Music and Art di New York insieme ai futuri disegnatori di *Mad* Kurtzman, Elder, Jaffee e Severin, realizzava principalmente illustrazioni pubblicitarie e un po' di fumetti, per esempio gli adattamenti delle fiabe di Andersen per la casa editrice Ziff-Davis. Con l'aiuto di un agente pubblicitario che affittava un posto nel suo ufficio, Levy ottenne di andare in onda con Gray per difendere gli albi a fumetti e i suoi amici nella categoria. Però, la notte in cui Levy andò in onda, l'8 novembre 1952, Gray era fuori città e fu sostituito dall'attore e commediante Steve Allen. All'inizio della trasmissione, che venne registrata da una ditta che poi vendeva copie di programmi radiofonici su disco, Allen chiese retoricamente: «dov'è Marv Levy? Vuoi venir qui, Marv, e disegnarmi qualcosa sulla fronte?»,[31] per poi provocare il suo interlocutore dicendo: «scommetto che le vendite degli albi a fumetti provengano principalmente dalle serie violente e sanguinose. È su quel tipo di giornaletti che lavori?». Palesemente irritato, Levy rispose: «no, lavoro principalmente su giornalini umoristici. Quel tipo di fumetti non fanno male a nessuno e anzi potrebbero persino essere un po' d'aiuto. [Ma] non ho niente contro le serie più violente. Personalmente non credo che la lettura di quel tipo di albi abbia un grosso effetto negativo sui bambini. Nelle fiabe che vengono raccontate all'asilo ci sono dettagli abbastanza macabri, per esempio storie di mogli di contadini che tagliano le code dei roditori con le mannaie, o di uomini che saltano nei cespugli di ortiche e poi si cavano gli occhi per il prurito, o ancora di persone che buttano i gatti giù nei pozzi, o di donne che infilano i figli nei forni come se fossero biscotti allo zenzero».

Una volta di ritorno, Gray invitò di nuovo Levy al programma, ma gli dedicò molto meno tempo. La puntata, andata in onda il 12 dicembre del 1952, si aprì con la pubblicità di uno degli sponsor, il grande magazzino Michaels Brothers: «Se volete comprare una pala a vapore o un nuovo fornello o del linoleum, o qualsiasi tipo di giocattolo, pezzo di arredamento o tendaggio, Michael Brothers».[32] Levy, stavolta più sicuro di sé, iniziò la conversazione illustrando l'ampia gamma di lettori di comic-book: «nell'ultimo decennio, sin dalla Seconda guerra mondiale, c'è stato un notevole incremento nella vendita di albi a fumetti. Quelli che si vedono nelle edicole, e che potrebbero sembrare troppo lascivi, o forti, o comunque inadatti a ciò che in teoria i bambini dovrebbero leggere, sono indirizzati a lettori più adulti, anche se distribuiti nelle edicole tradizionali». «In altre parole», rispose Gray, «stai dicendo che, secondo te, se fossero messi in vendita in maniera adeguata, non ci sarebbe niente di sbagliato nell'avere un soldato che legge un giornalino a fumetti, dal momento che è abbastanza grande da capire che si tratta, appunto, solo di un giornalino. Però credi che ai ragazzi non dovrebbe essere permesso leggerli». «Be', il discorso sul permesso ci porta a parlare della censura», rispose Levy. «Sono certo che sarai d'accordo che sarebbe terribile vedere il governo degli Stati Uniti che censura albi a fumetti, perché ciò causerebbe un effetto a cascata», intervenne Gray, per poi proseguire: «ho seguito con molto interesse tutto quel che sta succedendo a Washington, e ho paura che per quanto potere la Commissione possa pensare di avere, e per quanto possano sentirsi giustificati nel cercare di mettere un freno ai problemi negli albi a fumetti, poi non si fermerebbero lì con le censure. Trascenderebbero questo campo per toccarne altri, e prima di rendercene conto vivremmo una vita dominata dalla censura. A nessun uomo dovrebbe essere detto cos'ha il permesso di vedere. Dovrebbe essere libero di decidere da solo. Certo, è diverso per i ragazzini, ma vorrei comunque raccomandare una cosa. Qui a New York abbiamo una legge che impedisce ai venditori di tabacco di vendere pacchetti di sigarette ai dodicenni, e di conseguenza molti ragazzini non fumano. In altre parole, se sono abbastanza grandi da decidere da soli, sono abbastanza grandi da fumare. Secondo lo stesso ragionamento, perché non permettere ai gestori dei negozi di potersi rifiutare di vendere alcuni tipi di albi a fumetti ai ragazzini per norma di legge? Su alcuni albi andrebbe messo un marchio "solo per adulti", e anche se qualche ragazzo dovesse entrarne in possesso si tratterebbe di casi isolati, come con le sigarette. Ma almeno verrebbe fatto uno sforzo. Il gestore del negozio [...] deve cooperare, perché in caso contrario ci sarebbe da pagare una multa di 50 dollari, come con le sigarette. Ma nel momento in cui affidi tutto al governo, la situazione si complica».

I commenti di Gray, come la maggior parte di quel che veniva detto sui fumetti in quegli anni, esprimevano paure che andavano oltre gli albi in sé e lo facevano in un linguaggio buonista, veemente e confuso (dopotutto, solo il governo può applicare la legge). Parlando di quel periodo anni dopo, Marv Levy avrebbe detto: «penso che non avesse tutti i torti, gli albi sul crimine e dell'orrore stavano esagerando. Credevo che fosse tutto passato, e invece [le polemiche sui fumetti] iniziarono a peggiorare».[33] Non molto tempo dopo un collega di Levy alla Ziff-Davis, il disegnatore Howard Post (1926-2010), partecipò a sua volta al programma di Barry Gray. Di ritorno a casa dopo una giornata di lavoro, Post aveva sentito alla radio dell'auto uno dei discorsi di Gray sui fumetti – uno abbastanza aspro, di critica sui disegnatori degli albi, come Post avrebbe poi rammentato – e tornò indietro per andare da Chandler. Entrato nel bar, Post gridò qualcosa del tipo «non sai di cosa stai parlando»[34] e Gray, che conosceva il valore mediatico di una bella discussione tanto quanto gli autori di giornalini a fumetti, lo invitò a prendere parte alla trasmissione e lo mandò in onda. Anche se non esistono registrazioni, Post avrebbe detto in seguito che Gray era ormai diventato incoerente a causa delle continue proteste. «Cercava disperatamente di accusare gli albi a fumetti di tutti i mali della gioventù. Stava compiendo una tremenda ingiustizia, una cosa del tutto senza senso. Si credeva un eroe, un supereroe, il protettore della gente comune. Era chiaro che ne aveva abbastanza dei giornalini a fumetti e voleva che venisse fatto qualcosa [al riguardo], ma non sapeva decidere quale fosse la cosa giusta da fare».[35]

Le richieste di una normativa che regolasse gli albi a fumetti raggiunsero i governi di New York e Pennsylvania, dove, nel 1953, i legislatori tornarono alla carica con disegni di legge per regolare la vendita degli albi, allargando i paletti in modo da includere non solo le storie sul crimine ma anche quelle contenenti sesso o elementi horror. Il 17 febbraio il mai domo Joseph F. Carlino propose una serie di nuovi disegni di legge sugli albi a fumetti, tra cui uno vòlto a impedire che i distributori obbligassero gli edicolanti ad accettare le serie in massa, piuttosto che una per una (una pratica comune all'epoca, chiamata «vendita in blocco»); un altro per aumentare da 50 a 250 dollari la multa in cui sarebbe incorso chi avesse violato la legge esistente che proibiva la vendita o la messa in mostra di prodotti letterari «osceni, lascivi, sconci, indecenti o di cattivo gusto»;[36] e uno che avrebbe dato alle forze di polizia locali e agli sceriffi l'autorità per rimuovere dalle edicole qualsiasi albo o libro tascabile che contenesse «sesso, carneficine, violenza o crimine [...] ammassati in questo modo per incitare» i minori.[37] Lo stesso disegno di legge avrebbe permesso alle forze dell'ordine e ai sindaci di formulare ingiunzioni contro chiunque vendesse, distribuisse o possedesse albi di quel tipo. Il governatore Dewey rifiutò di firmarli,[38] ma dovette far fronte a un certo dissenso. Addirittura, un'agenzia di stampa diffusa su tutto il territorio statale per sbaglio disse che Dewey aveva approvato le nuove leggi a marzo.[39] Dewey avrebbe finito per approvare tutte e tre le proposte, ma solo un anno più tardi, quando vennero ripresentate.[40]

Intanto, a Harrisburg, due gruppi di colore politico misto e un legislatore Repubblicano introdussero tre disegni di legge per regolare la vendita di albi a fumetti in Pennsylvania, basandosi su ragioni che avevano a che fare con la legge e la morale.[41] Un provvedimento di ampio respiro – teso a bloccare alla radice la diffusione di albi sul crimine, dell'orrore o romantici un po' spinti – rese illegale vendere, pubblicare o stampare albi contenenti «atti criminali, violenti, carnali o immorali fittizi, che potrebbero spingere i minori a compiere azioni violente, depravate o contrarie alla morale». Violare la legge avrebbe portato a multe fino a mille dollari o a un anno di reclusione, oppure a entrambe le pene. Una seconda legge, indirizzata agli albi sul crimine, proibiva che gli adulti vendessero, dessero via o facessero finire «in qualsiasi modo» nelle mani di ragazzi sotto i quindici anni fumetti che rappresentassero una serie di crimini riassunti in una lista ben dettagliata, tra i quali incendio doloso, «aggressione con prodotti chimici caustici, furto, lesioni e stupro». Una terza legge rendeva nello specifico illegali gli «albi a fumetti osceni». Nel chiedere una risoluzione per studiare la praticità del mettere in atto tali misure restrittive, il rappresentante Democratico J.P. Moran definì gli albi dell'orrore «violenti, raccapricciranti, vòlti a spaventare e morbosi, per non dire di più», e disse all'Assemblea: «si tratta di una questione davvero seria in Pennsylvania, e dovremmo fare qualcosa a riguardo».[42] Quando Moran iniziò a descrivere il contenuto di alcuni albi dell'orrore che aveva esaminati, dopo una ventina di minuti un altro rappresentante, il Democratico Albert S. Readinger, lo interruppe dicendo: «il collega ha il diritto di annoiarci a morte, ma dubito abbia anche quello di spaventarci a morte».[43]

PANICO 11

I fumetti stavano peggiorando nel peggior momento possibile. Nelle stesse settimane in cui legislatori come Carlino e Moran tenevano discorsi nelle loro Assemblee facendo pressione affinché venisse fatto qualcosa per proteggere i giovani dai nefasti effetti degli albi a fumetti – e, di conseguenza, per proteggere i genitori dai loro stessi figli – Joseph McCarthy stava sollevando il Congresso contro la sovversione comunista che immaginava fosse al cuore del governo degli Stati Uniti. Quando, nel gennaio del 1953, McCarthy chiamò i primi testimoni nelle udienze della sua Commissione sulle operazioni di governo, alcune persone che lavoravano nel mondo del fumetto iniziarono a temere che le udienze di Gathings delle settimane precedenti, il peggiorare dell'opinione pubblica sui fumetti e la paranoia di McCarthy fossero parte dello stesso grande disegno. «La psicosi della caccia alle streghe stava iniziando a diffondersi e gli albi a fumetti c'erano dentro fino al collo»,[1] ebbe a ricordare Howard Post, la cui dedizione a favore della libertà di espressione e dei diritti civili superava persino la sua antipatia verso il comunismo. «McCarthy aveva un minimo di ragione, e lo stesso vale per le persone che criticavano i fumetti, Wertham incluso. I tipi di là [in URSS] erano macellai e alcuni albi erano assurdi. C'erano in giro delle cose davvero brutte. Ma McCarthy era un maniaco che fece solo danni e Wertham non fu da meno. Condannò tutti i tipi di albi a fumetti allo stesso modo, e noi iniziammo a sentirne le conseguenze. Ricordo di aver cominciato ad avvertire la pressione più o meno contemporaneamente a McCarthy. Cominciò così: se dicevi di essere un disegnatore di giornalini a fumetti la gente ti guardava in modo strano e si allontanava, [come se] avessi detto di essere un comunista».

Ad ogni modo, la polemica sui fumetti non fu né una conseguenza della Paura Rossa né un suo diretto parallelismo. Il maccartismo, un movimento nato nel centro del paese per purgare la nazione da modi di pensare associati all'intellighenzia nordorientale e al New Deal, era una forma sia di antielitismo sia di anticomunismo. La presa di posizione contro i fumetti era quasi il contrario, nonostante le origini newyorkesi del suo bersaglio; era una specie di anti-antielitismo, una campagna portata avanti dai difensori di una raffinata idea di letteratura, di raffinatezza e di virtù, per tenere sotto controllo i praticanti di una forma di espressione americana ritenuta selvaggia e volgare. Obiettivo principale di molti critici della categoria non erano certo disegnatori come Marv Levy e Howard Post, che realizzavano gli innocenti e inattaccabili albi per bambini della Ziff-Davies; e non lo era nemmeno Janice Valleau Winkleman, che lasciò la Archie per lavorare su *Toni Gayle*, l'investigatrice modella; e nemmeno Al Jaffee, che disegnava il bislacco *Inferior Man* e storie umoristiche per ragazzini; o Jay Scott Pike (n. 1924), che scriveva insipidi albi rosa; o Ken Bald (Kenneth Bruce, n. 1920), che illustrava le storie di Pike; o il citato Nick Cardy, o David Gantz (1922-2007), o Don Perlin (n. 1929)... Eppure tutti loro, e tantissime altre centinaia di disegnatori e sceneggiatori che nel 1953 lavoravano nel mondo dei fumetti, iniziarono ad avvertire la crescente distanza tra le loro redazioni e il resto del mondo: in parte perché il loro lavoro consisteva nel fare disegni e nuvolette di testo, in parte perché l'intera categoria stava venendo infangata dal parossistico estremismo delle serie dell'orrore, e in parte a causa della crescente resistenza a qualsiasi forma di eterodossia che stava prendendo piede nel clima sociopolitico.

«Non era un bel momento per essere strambi»,[2] ha ricordato il disegnatore Al Williamson. «Eri o un comunista o un giovane delinquente». Williamson, che all'epoca parlava con una punta di accento spagnolo a causa dell'infanzia trascorsa a Bogotà e che indossava quasi soltanto blue jeans e t-shirt, ebbe modo di sentirsi particolarmente chiamato in causa da entrambe le accuse. Una volta, mentre lavorava a una memorabile storia della EC, la parabola di un viaggio nel tempo che alludeva alla Genesi («Un nuovo inizio»,[3] pubblicata nel numero di novembre-dicembre 1953 di *Weird Science*), decise di ridisegnare un elemento importante, un complesso macchinario, dopo aver già finito la maggior parte degli altri disegni. Voleva incollare un rattoppo sul foglio da disegno, ma aveva finito la colla. Quando andò in una cartoleria al centro di Manhattan, il negoziante lo squadrò con calma e si rifiutò di vendergli la colla pensando che gli servisse per sniffarla o per usarla in qualche attività illegale.

Nel 1953 la preoccupazione pubblica sulla delinquenza giovanile stava aumentando, anche se non a causa di nuovi importanti dati statistici. All'inizio dell'anno, i cinema di tutto il paese proiettarono la presentazione di un nuovo film. Si apriva con una banda di motociclisti che sfrecciava su un'autostrada, occupando entrambe le corsie e dirigendosi direttamente verso il pubblico. Mentre i motociclisti si avvicinavano, il testo in sovrimpressione annunciava:

La Columbia Pictures presenta [...]
un film drammatico, stimolante e diretto, come nella tradizione di
STANLEY KRAMER [...]
la storia di una gang di motociclisti che raggiungono, terrorizzano e
conquistano una città [...]

Il breve filmato promozionale a questo punto presentava un primo piano dell'attore principale, Marlon Brando, completamente impassibile e vestito di pelle nera.

... guidati dall'uomo del «Tram»
MARLON BRANDO
nei panni de
IL SELVAGGIO[4]

Scampoli di alcune scene del film comparivano sullo schermo: una giovane donna con indosso un golfino aderente si getta tra le braccia di Brando, sussurrandogli «ricordi la notte...». Brando le consegna la lua lattina di birra vuota e si allontana. Da solo, in sella alla moto, guida fino a fermarsi accanto a una donna, che gli dà uno schiaffo. Brando si avvicina a un tipo seduto su una motocicletta e lo spinge giù. Esplode una battaglia tra gang. Un vecchio supplica «fareste meglio a chiamare la Guardia nazionale». Il testo in sovrimpressione citava dialoghi del film, prima di concludere il filmato di lancio con una frase di scherno:

«Dopo un po' devi divertirti...
«E se qualcuno si fa male...
«Sono problemi suoi!»
Fremerai di fronte alle stupefacenti avventure di questa testa calda
e della sua banda di teppisti

Stanley Kramer, la cui specialità era far passare il sensazionalismo per realismo sociale, conosceva il fascino esercitato dal comportarsi male, specie sui giovani. Romanzando la ricerca di emozioni e il nichilismo della vita da gang, Kramer e il regista László Benedek diedero alla delinquenza giovanile un fascino ribelle; la resero una cosa non solo attuale ma anche alla moda; e, assegnando il ruolo di protagonista a Marlon Brando, arrogante quintessenza del brutale sangue freddo americano, Kramer e Benedek consegnarono a tutti gli aspiranti delinquenti un eroe (o antieroe) di Hollywood da emulare. Per quelli abbastanza grandi da ricordare come Clark Gable si fosse tolto la camicia mostrando il torace nudo in *Accadde una notte*,[5] causando in questo modo quasi la fine dell'industria delle canottiere, l'immagine del suo successore che terrorizzava le città per divertimento lasciò un segno profondo. *Il selvaggio* evocava un modo di essere teppisti realmente minaccioso per la cultura dominante: i teppisti erano alla moda, coperti di pelle nera dalla testa agli stivali, e incarnavano il senso di alienazione nei confronti della società tradizionale (bianca) e la frustrazione che ne derivava. In groppa alle loro moto ruggenti, in gruppi che occupavano due corsie, Brando e compagni prendevano il comando del simbolo della prosperità del dopoguerra e dell'espansione urbana, le autostrade, che la generazione nata prima della guerra usava come mezzo di fuga dalle città e dalle complesse questioni di razza e classe.

La primavera del 1953 non c'era alcuna traccia che indicasse un incremento della delinquenza giovanile; al contrario, il 16 aprile, un titolo del *New York Times* annunciava «Delinquenza giovanile in ribasso»[6] facendo riferimento a nuovi dati, che rivelavano appunto un calo nei crimini commessi da minori nello stato di New York. Undici giorni più tardi,[7] il Senato degli Stati Uniti approvò un'indagine su cause ed effetti della delinquenza giovanile. A caldeggiarla furono i senatori Estes Kefauver del Tennessee e Robert C. Hendrickson, un Repubblicano del New Jersey al suo primo mandato. In alcune dichiarazioni rilasciate poco prima dell'approvazione dell'indagine, Kefauver e Hendrickson definirono la delinquenza giovanile il «quinto cavaliere dell'Apocalisse». Hendrickson, dopo aver detto che il crimine tra i giovani era «al picco più alto dalla Seconda guerra mondiale» (senza indicare alcuna fonte o statistica), sottolineò che «i crimini commessi dai giovani della nostra nazione sono i più violenti, più efferati e più sbalorditivi che mai nella storia del nostro paese». Kefauver, approfittandone per tirare in ballo il problema sovietico, avvertì: «Se vogliamo preparare le nostre forze armate alla lunga sfida della Guerra fredda, allora diventa imperativo trovare le risposte giuste per azioni locali e federali appropriate»[8]. Ad agosto fu organizzata una Sottocommissione della Commissione del sistema giudiziario al fine di condurre delle udienze che investigassero sulla delinquenza. Hendrickson ne fu nominato presidente, insieme a Kefauver e ad altri due senatori: Thomas C. Hennings, un Democratico del Missouri, e William Langer, Repubblicano del Nord Dakota.[9]

Nel 1953 nessuno aveva bisogno di dati statistici per dimostrare quanto i giovani americani fossero inclini alla sovversione. Quell'estate si pose fine alla Guerra di Corea, con i governi del Nord e del Sud del paese che concordarono un cessate il fuoco e la conseguente liberazione dei prigionieri americani dai campi della Corea del Nord, entrambi gestiti con l'aiuto della Cina comunista. I soldati però si comportavano in maniera strana: parlavano in modo piatto, seguivano gli ordini alla lettera e non mostravano alcuna emozione, neppure nel riunirsi ai loro cari a casa. Si sparse la voce che i comunisti, usando misteriose droghe, torture e tecniche psichiatriche, avessero fatto il lavaggio del cervello agli americani.[10] L'opinione pubblica, già terrorizzata all'idea che i ragazzi potessero essere contaminati da influenze esterne, ne vide la prova nei notiziari, e «lavaggio del cervello» divenne termine di uso comune nel linguaggio di tutti i giorni per indicare il modo di agire di qualsiasi minaccia, dal comunismo alla televisione ai giornalini a fumetti.

«La situazione iniziava a far paura: c'erano degli albi davvero di pessimo gusto all'epoca, e mettevano in cattiva luce tutti noi»,[11] ricorda Janice Valleau Winkleman, il cui padre, verso la fine del 1953, mise in atto un piano per allontanarla dal mondo del fumetto. Di tanto in tanto, quando suo marito era via per affari, il padre le dava un passaggio dalla sua casa di periferia nel New Jersey fino a Manhattan, dove consegnava dei disegni all'editore Busy Arnold. Una mattina invece la portò a Wall Street, la tirò per il braccio e la condusse a una compagnia finanziaria, con la quale, a sua insaputa, le aveva fissato un colloquio di lavoro. La donna era furiosa, e non solo perché indossava scarpe senza tacco, pantaloni da casa ed era senza trucco. «Praticamente mi sequestrò», avrebbe poi detto Winkleman. «Mi disse "mia figlia non dovrà mai fare quella roba, quelle porcherie". Io risposi "ma a me piace. Che hanno che non va?". Non aveva mai guardato un mio lavoro. Aveva semplicemente sentito qualcuno dire quanto terribili [...] [fossero] i fumetti. Pensava di starmi salvando la vita». Winkleman sostenne il colloquio, con il padre in piedi alle sue spalle. Ottenne l'impiego e rispose, come ricorda ella stessa, «vi ringrazio moltissimo. Sembra un gran bel lavoro. Sono certa che a mio padre farebbe molto piacere accettarlo». Dopo aver rifiutato un passaggio verso la parte alta di Manhattan, dove si trovava l'ufficio di Arnold per la Quality Comics, Winkleman andò a piedi verso una stazione della metropolitana, portandosi i suoi lavori e comprando un paio di riviste da guardare durante il tragitto. Mentre ne sfogliava una, comprese perché suo padre avesse improvvisamente deciso di agire a quel modo. Il numero del novembre 1953 di *Ladies' Home Journal*, una rivista che sua madre leggeva regolarmente, conteneva un articolo intitolato «Quel che i genitori non sanno sui fumetti»,[12] con un brano proveniente da un libro di imminente uscita scritto dal dottor Fredric Wertham.

***

Una trentina di giorni dopo la nascita, i conigli lasciano da soli i propri cuccioli, aspettandosi che siano capaci di provvedere a sé stessi o che muoiano. Lo stesso si può dire degli editori di albi a fumetti. La loro idea di collaudo del mercato era creare un nuovo prodotto e catapultarlo nelle edicole, dove avrebbe dovuto lottare con un altro centinaio di titoli, vecchi e nuovi. Se l'albo faceva guadagnare – o, in altre parole, se vendeva almeno il 60% delle copie stampate – l'editore ne avrebbe prodotto un altro numero, e così via finché avesse continuato a portare profitto.[13] *Mad* fu un'eccezione, in questo e in altri sensi, perché fu sostenuto dall'entusiasmo dei suoi autori nonostante fosse stato in perdita per almeno tre numeri, forse quattro.[14] «I primi tre numeri non erano granché», avrebbe poi detto Gaines durante un'intervista. «Stavamo tastando il terreno. Perdemmo parecchie migliaia di dollari. Con il primo numero non riuscimmo neppure a metterci in pari con le spese. Ma con il quarto [...] le vendite aumentarono in maniera incredibile». La tiratura dei primi tre numeri di *Mad* fu di 350 mila copie.[15] Come spiegato in maniera colorita dallo stesso Gaines per un articolo scritto per *Writer's Digest*, «*Mad* n. 1 andò in perdita. Il mio redattore, Harvey Kurtzman, mi guardò demoralizzato. Io lo guardai demoralizzato. *Mad* n. 2 andò in perdita. *Mad* n. 3 andò in perdita. *Mad* n. 4 andò in perdita. Quando arrivarono i risultati delle vendite di *Mad* n. 5, Kurtzman e io non ci stavamo neanche più guardando. Ce l'avevamo fatta, improvvisamente».[16] Non è dato sapere se il punto di svolta sia stato il quarto numero, che conteneva una brillante parodia di Superman, o il quinto, con una delirante, macabra e sensuale copertina di Will Elder, invece di una di quelle del redattore fondatore, Harvey Kurtzman; ma sta di fatto che *Mad* aveva trovato un suo tono e un suo pubblico.

Partendo con la satira delle serie della stessa EC, *Mad* divenne un mezzo per prendere in giro l'intera cultura americana; pur essendo sempre un albo a fumetti, e pur essendo sempre diretto a un pubblico di ragazzi, prese di mira la società adulta con il tipico arsenale giovanile: caricature, fischi di disapprovazione, sciocchezze continue, volgarità e crudeltà. Come ricordato da Kurtzman, «cominciammo [...] facendo parodie di qualsiasi serie a fumetti in giro. Poi finimmo le serie e iniziammo a fare parodie di tutto il resto».[17] Nel quarto e nel quinto numero, *Mad* faceva satira di film («Robin Hood»), programmi radiofonici («Outer Sanctum!»), modi di darsi appuntamento («Flob Was a Slob!»), oltre che di personaggi dei fumetti («Superduperman!») e della crociata contro di loro. Sulla seconda di copertina del quinto numero, di fronte a una normalissima casa, si rendeva omaggio all'editore, con un ritratto in bianco e nero di Gaines (disegnato da Feldstein), radioso di gioia e con tanto di aureola, sopra un fitto blocco di testo biografico. In parte, vi si leggeva:

> [Gaines] iniziò a vendere «albi disegnati» [sapete che cosa intendo!] in oscuri angoli di strada di fronte a parodie di case vere. Quando li ebbe letti tutti, andò a spacciare droga vicino agli asili [...] si curò [...]

aprì una compagnia in un quartiere con luci dalle tinte scarlatte [...] si curò [...] e alla fine, alla ricerca della forma definitiva di depravazione e svilimento, decise, ovviamente, di entrare nell'industria del fumetto [...]. Bill presentò al pubblico americano la famosa linea di prodotti E.C. [...] dove E.C. sta per Evil Comics ['Fumetti malvagi']. La sua politica editoriale è un riflesso del suo sviluppatissimo senso di immoralità [...].[18]

«Tutto quel che mi importa è di riempire ogni storia di *sadismo, serpenti, masochismo, piromania, serpenti, feticismo, necrofilia, immagini falliche, serpenti* e tutto il resto di quella roba *esoterica* che adesso non mi viene in mente».

Nello stesso periodo, lo stile grafico di *Mad* si assestò, per lo più grazie all'influenza del compagno di liceo di Kurtzman, Will Elder.[19] Elder era capace di disegnare tutto quel che vedeva con precisione fotografica, o di riprodurre praticamente qualsiasi stile di disegno, incluse varie forme di impressionismo e di arte astratta, ma non aveva alcuna intenzione di sprecare il proprio tempo a fare qualcosa che non avesse a che fare con il suo interesse innato: gli scherzi. Per chi lo conosceva bene, come i suoi vecchi compagni di scuola e colleghi fumettisti Al Jaffee (che conobbe Elder in terza media, durante l'esame per ottenere l'ammissione alla High School of Music and Art), John Severin e David Gantz, il nome di Elder era l'imbeccata per un sorriso e per una serie di storie su «Crazy Willy», 'Willy il pazzerello': quella volta in cui, da bambino, nel Bronx, Elder prese degli avanzi di carcasse di manzi da un impianto di lavorazione delle carni, li sistemò sui binari del treno all'interno di vecchi vestiti e iniziò a gridare dicendo che il suo amico Moishe era stato ucciso; o quella volta, quando era al liceo, in cui si coprì il volto di polvere di gesso e fece finta di essersi impiccato nel ripostiglio dei cappotti; o quando, uscito per pranzo con alcuni amici della Ec, cercò di pagare la cassiera con delle foglie di lattuga che teneva nel portafoglio.[20] Il suo senso dell'umorismo era fortemente scriteriato, sorprendente, sciocco e spesso sinistro.

Kurtzman diede carta bianca all'amico su *Mad* ed Elder riempì le pagine con tonnellate di trovate da lunatico: storielle interne improvvisate, immagini prive di sequenzialità, dettagli stravaganti. Nella prima pagina del suo unico contributo al primo numero («Ganefs!», 'Furfanti!'), Elder aggiunse come minimo tre dozzine di gag grafiche assenti nel soggetto; e il numero aumenta ogni volta che le si riconta. Sul tavolo che si trova tra il capo dei ladri e i suoi scagnozzi ci sono una quindicina di oggetti, tra cui una tazza di whisky vuota con due cannucce, come se i criminali avessero appena condiviso un frullato. Una bottiglia sul tavolo è mezza piena di sangue, e anche da quella spuntano due cannucce. Elder chiamava il proprio contributo su *Mad* «grasso di pollo»,[21] in riferimento, come spiegò egli stesso, «a quella parte di zuppa che ti fa male, ma che dà al piatto intero quel suo delizioso sapore». Gaines affermò che fu Elder, più di qualsiasi altro sceneggiatore, disegnatore o redattore, a dare un nome all'approccio di *Mad* all'umorismo: «pura follia».[22] Riconoscibile, condiscendente, tendente alle digressioni e irregolare, ma anche incredibilmente potente per via del proprio successo, il lavoro di Elder era vera arte americana – sgraziata contrapposizione alle maestose e strapiene improvvisazioni di Walt Whitman o Charlie Parker – applicata alla letteratura per ragazzi.

«Will è stato quello che ha dato a *Mad* un aspetto e uno stile diversi da [quelli di] tutte le altre serie a fumetti create fino ad allora»,[23] scrisse poi Kurtzman nelle sue memorie. «È stato quello che ha incominciato a riempire ogni pagina con centinaia di minuscoli fumetti. Non avevano niente a che fare con la storia principale. Erano semplicemente dei piccoli fumetti assurdi che circondavano quelli principali. E davano al lettore qualcosa in più in ogni pagina. Era assurdo, e richiedevano un sacco di lavoro, ma Will si divertiva a farli». Come ricordato da Elder stesso, «Harvey mi lasciò libero. Mi disse "hai carta bianca",[24] perché eravamo vecchi amici, una coppia di ragazzini poveri provenienti dalla stessa scuola e dallo stesso quartiere, e quindi ci capivamo a vicenda. "Tutte quelle cose da pazzo che fai, adesso puoi farle su carta", e io lo assecondai e diedi tutto me stesso. Feci un mare di cose assurde, tutto quel che mi veniva in testa, e ai ragazzini piacque».

A un anno dal primo numero, *Mad* poteva già vantare almeno sei imitazioni di altre case editrici: *Madhouse*, *Bughouse*, *Crazy*, *Eh!*, *Nuts!*, *Unsane* e *Whack*.[25] Al Feldstein, non molto fiducioso nei confronti di una serie che aveva esordito proponendo parodie delle sue opere, avanzò a Gaines una proposta sfrontata persino per i suoi standard. Come ha ricordato egli stesso, «portai Bill fuori a pranzo e... be', in realtà chiesi a lui di portare fuori me, visto che pagò lui, e gli dissi: "hai visto come tutti quanti stanno cercando di imitare *Mad*? Be', perché non facciamo uscire anche noi la nostra imitazione di *Mad?* Il mercato potrà sicuramente sopportarla"».[26] Feldstein argomentò che la pubblicazione non avrebbe aumentato le spese della Ec, visto che Gaines aveva già deciso di fondere due dei titoli supervisionati da Feldstein, *Weird Science* e *Weird Fantasy*, in uno solo, *Weird Science-Fantasy*. Non pubblicare il nuovo albo però avrebbe ridotto gli introiti di Feldstein. Gaines acconsentì, come sempre quando c'era di mezzo Feldstein, e lo incaricò di supervisionare un nuovo albo, intitolato *Panic*. Non era altro che un'imitazione di *Mad*, a partire dallo slogan, «Umorismo in vena varicosa» (quello di *Mad* era «Umorismo alla giugulare»), per finire al rebus della firma del supervisore, «A. Feld», seguita dal disegno di un boccale di birra (Kurtzman si firmava «H. Kurtz», accompagnato da un omino filiforme). Entrambi gli albi avevano molti disegnatori in comune, tra cui Will Elder, Wally Wood e Jack Davis. La differenza principale era il contenuto delle storie, visto che *Panic* era scritto solo da Feldstein, che non era una persona divertente. «Dicevo sempre "*Panic* non assomiglia per niente a *Mad*... è molto più divertente"».[27] Questa era l'idea che Feldstein aveva di come si fanno le battute.

Per nascondere il suo statuto di seconda categoria, Gaines e Feldstein affermarono, nel primo numero del nuovo albo, che *Panic* era stato ideato prima di *Mad*. «*Mad* è un'imitazione di *Panic*!»,[28] strombazzava una nota nella pagina della posta. «Sì, *Panic* è stato creato molti mesi prima dell'uscita del primo numero di *Mad*. Era pronto a uscire. Era nascosto nella cartelletta "Nuovi albi", per tenerlo al sicuro dagli avidi occhi della concorrenza... Allora, vi starete chiedendo, perché abbiamo atteso? Ve lo diciamo noi il perché! A essere onesti, non pensavamo che avrebbe venduto bene!». Questa storiella, né credibile né divertente, spinge a chiedersi perché Gaines e Feldstein avessero creduto che *Mad* potesse vendere meglio di *Panic*. L'implicita risposta era la fiducia che nutrivano in Kurtzman. Quest'ultimo, dal canto suo, ovviamente era furioso di vedere l'unicità della propria creazione venire attaccata dal suo stesso editore. Feldstein «trafugò tutte le mie tecniche e i miei disegnatori», disse Kurtzman. «Secondo me, c'era un vero e proprio conflitto di interessi».[29]

Quando *Panic* uscì nelle edicole, nel dicembre del 1953, Shirley Norris, la ricezionista della Ec, vide per la prima volta una macchina della polizia attraversare Lafayette Street ed entrare a Little Italy. Il primo numero, edito per scherzo sotto la vecchia sigla Ti-

Copertina di *Panic* n. 8, maggio 1955.

ny Tot Comics, Inc. di M.C. Gaines, aveva in copertina la data di marzo 1954, ma fu distribuito poco prima del dicembre 1953, per cercare di capitalizzare sui ragazzini in vacanza, pieni di tempo libero e soldini in tasca. La copertina, realizzata da Feldstein, ritraeva un ragazzino dall'aria cattiva che sbirciava da accanto a un caminetto coperto di decorazioni natalizie mentre la gamba di Babbo Natale stava per cadere in una tagliola per orsi. Le pagine interne contenevano un assortimento di parodie in stile *Mad*: «La giuria è la mia pistola», parodia dei romanzi pulp di Mickey Spillane (disegni di Davis); «Eccoti il tuo dissenso», parodia della televisione (disegni di Joe Orlando, 1927-1998); «Cappuccetto Rosso» (disegni di Kamen), una storia cupa e bizzarra, che sembrava un fumetto dell'orrore riciclato con nuovi testi; e l'unica storia ispirata: «Notte prima di Natale», la quale, in otto pagine, offriva il testo originale del poema di Clement Clarke Moore accompagnato da trentadue vignette di illustrazioni assurde, incongruenti e ipermovimentate fatte da Will Elder. Poco prima della creazione di questo numero, Kurtzman aveva permesso a Elder di scatenarsi sul racconto «Il corvo» di Poe, per un futuro numero di *Mad*, e la cosa era piaciuta a Feldstein. «Notte prima di Natale» si apriva con immagini di vari animali morti, tra cui un topo, alcuni maiali, un asino, un leone e un elefante, appesi agli uncini di un frigorifero per carni. Solo un animale era ancora vivo, un «agnello ben formato», con una bottiglia di liquore tra le zampe. C'erano scatole con dentro «dita di donna» (presumibilmente vere, non savoiardi) e, sotto la carcassa di un maiale, un cartello che diceva «Carne fresca... stamattina era viva». Le illustrazioni spaziavano dalla violenza per ragazzi ai sogni proibiti (i bambini andavano in visibilio per le «dolcezze» Marilyn Monroe e Jane Russell), passando per illegalità (il sacco di regali di Babbo Natale aveva all'interno doni come una macchina da stampa per soldi falsi e delle freccette avvelenate), irriverenza (la slitta di Babbo Natale, una Cadillac rossa decappottabile sugli sci, aveva un cartello «Appena Divorziati» sul cofano e un paio di mannaie e coltelli appesi al parafango posteriore) e autoironia (quando Babbo Natale si volta «come un pazzo», accanto c'è Will Elder).

«Mi divertii parecchio a cercare qualche maniera assurda per interpretare tutte le parole del poema», ricorda Elder. «Pensavo che [i disegni] fossero divertenti, ma a quanto pare non tutti furono d'accordo. Quello fu l'inizio del finimondo per la Ec. Non ci volle molto. C'erano in giro persone che non erano molto contente che stessimo facendo qualcosa per bambini... [che] prendessimo in giro cose che erano considerate sacre, come Babbo Natale. Non ce lo aspettavamo affatto».[30] Il 18 dicembre, pochi giorni dopo l'uscita di *Panic* nelle edicole, il Consiglio governativo del Massachusetts mise l'albo al bando in tutto lo stato, accusandolo di «dissacrare il Natale» e di rappresentare le vacanze in maniera «pagana».[31] Un consigliere, Patrick J. «Sonny» McDonough, fece riferimento ai disegni di Babbo Natale come uno che aveva appena divorziato, e ai coltelli che ne decoravano la slitta come prova della trasgressività dell'albo (ma non aveva bisogno di tanto, visto che qualsiasi storia di Babbo Natale è di per sé pagana). Obbedendo agli ordini del Consiglio, il procuratore di stato generale, George Fingold, e il capo della polizia, il capitano Joseph Crescio, intervennero per impedire la distribuzione di *Panic* nel Massachusetts e, il 21 dicembre, l'albo venne ritirato dalle edicole dell'area di Boston. Fingold avvertì che i distributori che si rifiutavano di collaborare avrebbero potuto essere perseguiti. Le possibili accuse non erano chiare.

La famigerata vignetta finale di «Night before Christmas», di Will Elder, su *Panic* n. 1, marzo 1954.
La storiella è una parodia del celebre poemetto *A Visit from St. Nicholas*
di Clement Clarke Moore (1779-1863), più nota come *Twas the Night Before Christmas*.

Gaines reagì ritirando *Panic* dallo stato del Massachusetts:[32] una resa apparente, in realtà rivolta a danneggiare i distributori e gli edicolanti che si erano arresi di fronte a quell'imposizione. «L'idea era "se tu non ci vuoi, noi non vogliamo te"»,[33] spiegò Feldstein, il quale ammise anche di sentire «un certo orgoglio letterario» all'idea che un suo lavoro fosse stato messo al bando, ma anche di essere sollevato che Gaines non avesse cancellato *Panic* del tutto per una questione di principio. Per il momento, Gaines annunciò che la Ec non avrebbe più messo in vendita *Panic* nel Massachusetts, ma neppure gli albi della collana *Picture Stories from the Bible*. Come riportato dal *Boston Daily Globe*, «Lo stato mette al bando "Notte prima"; l'editore cancella le storie della Bibbia». Quel che il giornale non aveva capito, e che Gaines non aveva detto, era che gli albi a fumetti della Bibbia, risalenti ai tempi di M.C. Gaines, ormai non erano più stampati da oltre cinque anni.

Lunedì 28 dicembre, il *New York Times* pubblicò un resoconto sulla messa al bando di *Panic* nel Massachusetts.[34] Poco prima dell'ora di pranzo del giorno dopo, due agenti di polizia entrarono negli uffici della Ec e chiesero alla ricezionista, Shirley Norris, se potessero comprare una copia di *Panic*. «Non appena i giornali ripresero la notizia, l'opinione pubblica insorse, e ci sarà stato chi ha detto al capo della polizia "qualcuno deve fare qualcosa"»,[35] ricordò Lyle Stuart (1922-2006), che all'epoca era dirigente aziendale alla Ec. Ex giovane criminale della zona in cui Gaines aveva trascorso l'infanzia, Stuart, verosimilmente ospite in passato del riformatorio, aveva da poco preso il timone del lato economico della EC, sostituendo Frank Lee, amico di vecchissima data di M.C. Gaines, il quale aveva lasciato la compagnia come gesto di protesta contro i fumetti dell'orrore. Stuart, che aveva appreso in strada le lezioni della vita, fiutò una trappola. Mentre Shirley Norris dava una copia dell'albo ai poliziotti, Stuart si infilò nell'ufficio di Gaines, lo chiuse dentro e poi si avvicinò agli agenti.[36]

«Volevano sapere chi fosse il presidente della compagnia, stavano per arrestarlo»,[37] ricordò Stuart. «Bill era molto spaventato, molto nervoso... anzi, era *terrorizzato*, e anche io ero preoccupato. Dissi ai poliziotti "non potete arrestarlo. Lo ucciderete se lo arrestate. Io sono dirigente aziendale, perché non arrestate me?". A quel punto chiamarono il distretto locale di Little Italy, dove avevano arrestato alcuni dei gangster più importanti, e dissero al sergente "abbiamo il dirigente aziendale". Quello rispose "d'accordo, va bene anche lui, portatelo dentro". Così guidammo fino alla stazione di polizia e solo dopo essere arrivati si resero conto che non ero stato io a vendergli il fumetto. Era stata Shirley, la ricezionista».

Uno degli agenti che avevano effettuato l'arresto tenne Stuart in detenzione mentre l'altro tornava al 225 di Lafayette Street per prendere Shirley Norris. Mentre tornava con Norris alla stazione di polizia, la donna sorrideva. «Il poliziotto tornò in casa editrice e mi disse "mi scusi, signorina, dovremmo andare dal suo capo"»,[38] ricorda Shirley Norris. «Pensavo di dover andare a prendere Lyle o... non so nemmeno io a cosa stessi pensando... forse che avesse bisogno del mio aiuto per fare qualcosa. Lyle aveva sempre bisogno di me per qualcosa". Shirley e l'agente percorsero a piedi gli otto isolati fino alla stazione di polizia del quinto distretto, sull'Elizabeth Street, chiacchierando e scherzando. «Pensavo che il fatto che la polizia avesse arrestato Lyle fosse divertente... finché non mi trovai nella stanza insieme a lui», ricorda Norris. «Sai perché ti trovi qui, Shirley?»,[39] le chiese Stuart, seduto su una panca, mezzo ricurvo, il viso inespressivo, e fu allora che Norris iniziò a riflettere. Uno dei poliziotti le chiese se fosse stata lei a vendergli una copia di *Panic*. Norris guardò Stuart per un suggerimento, ma non ne ricevette nessuno. «Be', sì...», rispose.[40]

«Lei è in arresto, signora»[41] le disse l'agente, e Norris iniziò a piangere. Pochi minuti più tardi, dopo averla calmata, Stuart lasciò la stazione e la polizia formalizzò l'arresto di Shirley Norris per aver violato la legge dello stato di New York che proibiva la vendita di letteratura indecente.[42] Se ritenuta colpevole, l'accusa portava la pena fino a un anno di reclusione.

Quando, all'inizio del gennaio 1954, il caso fu chiamato a giudizio,[43] Shirley Norris fu rappresentata da Martin Sheiman, l'avvocato di Gaines, e Stuart li accompagnò. Gaines, ancora tesissimo, rimase nel suo ufficio. Il giudice chiese di poter vedere il corpo del reato e il Pubblico Ministero gli diede una copia di *Panic*, indicando uno dei disegni all'interno della storia «La giuria è la mia pistola». Mostrava la formosa e bionda donna di un gangster seduta a gambe accavallate sul sedile anteriore di un'auto. Indossava un vestito da sera blu e da sotto il lembo inferiore, che arrivava a qualche centimetro sopra le ginocchia, spuntava l'orlo del bordo di pizzo della sottoveste. L'accusa definì l'immagine «disgustosa», senza menzionare che quando, più avanti nella storia, la donna veniva uccisa da un colpo di pistola allo stomaco, il vestito cadeva rivelando che in realtà si trattava di un uomo dal torace villoso. Il giudice però chiese all'avvocato dell'accusa se avesse mai visto le pubblicità della biancheria nella metropolitana e chiamò all'ordine del giorno il caso seguente. «Non potevo credere che tutto ciò stesse accadendo proprio a me... pensavo "potrei finire in prigione"»,[44] ricorda Norris. «La polizia, le persone dell'accusa, facevano sul serio. Facevano davvero sul serio. Era una situazione stranissima e ne ero spaventata». Al Feldstein ricorda così la vicenda: «Fu quel che ci fece capire che le cose stavano diventando davvero difficili in questo nostro bel paese libero».[45]

Alcuni di quelli che conoscevano Lyle Stuart si chiesero se il clamore su *Panic*, dalla messa al bando in Massachusetts all'arresto di Shirley Norris, non fosse in realtà un piano di Walter Winchell per punire Stuart per un articolo pieno di rivelazioni dannose su di lui pubblicato da Stuart stesso diversi anni prima. Dal canto suo, Stuart non considerò mai Winchell colpevole di tutta la faccenda di *Panic*. «Anche all'apice della gloria, Winchell non ha mai avuto tanto potere, né una tale influenza ad alto livello. Walter Winchell non avrebbe mai potuto costringere il Procuratore generale dello stato del Massachusetts a ignorare la legge, né avrebbe potuto obbligare un commissario di polizia di Little Italy a ordinare un arresto gratuito. Ma posso dirvi chi poteva farlo».[46] C'era un solo gruppo che, tramite la passione che provava nei confronti dell'insolente eterodossia di *Panic* e del suo modello, *Mad*, poteva spingere le autorità del dopoguerra ad azioni meschine e disperate, e Stuart (tra gli altri) l'aveva capito all'inizio degli anni Cinquanta: «i loro figli».[47]

Il modo in cui *Panic* aveva trattato il Natale era ancora sui quotidiani il giorno di San Valentino.[48] Nell'edizione domenicale dell'-*Hartford Courant*, pubblicata il 14 febbraio 1954, il redattore decise di spostare in basso il logo del giornale sulla prima pagina e di pubblicarvi sopra un articolo, cosa mai successa nei 190 anni di storia del *Courant*. Lo strillo recitava: «Depravazione per bambini, a 10 centesimi la copia!» e una foto mostrava una sfilza di serie a fumetti recenti. *Tales from the Crypt* e *The Vault of Horror* della Ec; *Weird Mysteries* di Stanley P. Morse; altri titoli sparsi; *My Secret Marriage* ('Il mio matrimonio segreto') della Fox; *Mad* e una delle sue imitazioni, *Crazy*; al centro, in bella vista, *Panic*. L'articolo era il primo di una serie di quattro servizi sul dibattito sui fumetti che il *Courant* incominciò poco dopo un editoriale scritto dal corsivista Thomas E. Murphy, il quale, dopo aver scoperto i fumetti dell'orrore, li demolì in un pezzo intitolato «Progettati per uccidere».[49] Murphy, che in seguito avrebbe adattato diversi suoi articoli al riguardo per un pezzo sul *Reader's Digest*, raccontò del proprio senso di repulsione alla vista di alcuni albi dimenticati a casa sua da un bambino del vicinato. «Quest'oggi voglio parlare degli omicidi e di come i bambini del Connecticut stiano venendo nutriti a base di veleno», scrisse Murphy nel suo editoriale sul *Courant*. «Nessuno è più favorevole alla libertà di stampa di me. Ma credo che nessuno abbia il diritto di avvelenare le menti dei miei figli. Anzi, quando ho visto questi esempi di una scatologia depravata e degenerata, ho desiderato con tutto il cuore di avere tra le mani la feccia umana che li ha concepiti e messi in vendita per guadagnare del denaro». Murphy ce l'aveva particolarmente con alcune storie contenute in albi pubblicati da Morse, tra cui «Ho ucciso Mary»,[50] da *Weird Mysteries*, in cui un effeminato ragazzino di campagna trova il coraggio di dichiararsi a una ragazza sdraiata su di un covone, solo per essere respinto e definito «femminuccia». Il ragazzo allora la uccide con un'ascia, ne fa a pezzi il cadavere e poi si impicca nel granaio.

Il *Courant* definì la propria indagine sugli albi a fumetti una «serie di articoli sui corsi illustrati in omicidio, crimine e sesso spacciati per fumetti per bambini in vendita a 10 centesimi l'uno».[51] Per il primo pezzo l'autore dell'indagine, Irving M. Kravsow, si avventurò nelle edicole di una zona di Hartford «dove la delinquenza giovanile, individuale e di gruppo, ha causato problemi negli ultimi anni». Gli albi che trovò, sia in esposizione sia disponibili a richiesta al banco, erano colmi di «omicidi, violenza, furti, stupri, cannibalismo, massacri, sesso, sadismo e molto di più», scrisse Kravsow. Cosa potesse esserci di peggio di quanto appena descritto era lasciato alla fantasia dei lettori. Kravsow descrisse il proprio sbalordimento per il contenuto non solo degli albi dell'orrore (uno dei quali mostrava ben venti morti violente, contate una per una dal giornalista), ma anche di quelli romantici e umoristici. Kravsow fu scandalizzato nel vedere, all'interno degli albi dedicati a «storie d'amore illustrate», giovani donne ribelli e piene di passione, in storie che «ripetono sempre lo stesso tema: ragazze che ignorano i genitori per andare a uomini». Nel numero di Natale di *Panic*, ancora in vendita, Kravsow vide i disegni di Will Elder e li definì «talmente osceni e di cattivo gusto da non poter essere descritti»;[52] e fu particolarmente offeso nel trovare tali disegni all'interno del prodotto di una casa editrice dal nome soave, Tiny Tot ('Bimbetto').

Dai bassifondi di Hartford, Kravsow si trasferì a Manhattan per incontrare coloro che riteneva responsabili degli albi che aveva trovati: i due editori, Morse e Gaines, e il portavoce dell'Associazione editori di riviste a fumetti, Henry E. Schultz. Armato con le sue copie degli albi mostrati sulla prima pagina del *Courant*, Kravsow trovò tutti e tre gli uomini sulla difensiva, nonostante le loro diverse personalità. «Nessun brav'uomo potrebbe mai cercare di difendere questi albi», disse Schultz, «ma sono solo una parte di quel che l'industria produce. Ci sono abbastanze buone serie in giro per controbilanciare questo marciume».[53] Il meglio che Schultz fu in grado di fare, quindi, fu ammettere che gli editori di fumetti producevano in egual misura serie buone e indifendibile ciarpame. Kravsow poi mostrò a Morse la storia «Ho ucciso Mary» all'interno di *Weird Mysteries*. «Non vedo niente di sbagliato in questa storia»,[54] rispose Morse, venendo poi citato testualmente sul *Courant*. «Questa storia possiede una morale. Mostra che il crimine non paga». «È questa la morale della storia?», insistette Kravsow.[55] «Be'», rispose Morse, «il ragazzo uccide la ragazza affinché gli venga riconosciuto un atto audace, ma nessuno gli crede. Il crimine è stato compiuto invano. Non ha pagato».[56] Quando a Morse, anni dopo, venne chiesto di commentare questa conversazione, rispose: «quel tipo era un piantagrane e stavo cercando di liberarmene».[57]

Gaines, per difendersi, si fece scudo con i *Picture Stories from the Bible* dei tempi di suo padre. «Vede, i guadagni provenienti dagli albi che alcuni hanno definito sgradevoli ci permettono di produrre albi educativi»,[58] disse a Kravsow. Non a torto, Gaines affermò che la EC stava ancora vendendo gli albi sulla Bibbia a 50, 65 centesimi l'uno, ovvero la stessa cifra a cui la casa editrice rendeva possibile ordinare gli arretrati ancora disponibili. Di fronte a una copia di *Panic*, Gaines sfogliò le pagine e poi difese con ardore, e in maniera convincente, almeno all'inizio, gli sforzi della EC. «Quest'albo è stato messo al bando a Boston. E non ne capisco il perché. Non c'è niente di sbagliato al suo interno. È satira su numerosi aspetti della vita moderna, come programmi radiofonici e televisivi, libri e la vita stessa»,[59] iniziò. Poco dopo però cominciò a darsi la zappa sui piedi. «Cerchiamo di divertire ed educare. È tutto qui. Molta gente pensa che siamo una massa di mostri che passano le proprie giornate seduti a sbavare e a sognare orrore o ciarpame. Come può vedere, non è affatto vero. [In questo ufficio della EC] abbiamo le nostre riunioni per discutere le storie. Discutiamo idee e storie per i racconti dell'orrore, ma, quando la riunione è finita, smettiamo di pensarci. Non ci portiamo il lavoro a casa».[60] In questo modo, Gaines disse solo che lui e i membri dello staff della EC non erano *letteralmente* dei morti viventi affamati di carne umana.

Per il terzo articolo della serie, Kravsow mostrò gli albi alle alte cariche di Hartford, offrendo loro un mezzo per esprimere il proprio disgusto di fronte a quel che stavano guardando. Nel quarto articolo, e in un supplemento pubblicato poco dopo la fine della serie, il *Courant* parlò della risposta della città in seguito alla cosiddetta crociata del quotidiano contro le collane di cattivo gusto. Più tardi, in quello stesso febbraio del 1954, uno dei due principali venditori all'ingrosso di Hartford sospese temporaneamente le vendite di qualsiasi tipo di albo a fumetti e rilasciò una dichiarazione in cui affermava di voler abbandonare la commercializzazione dei titoli al centro delle polemiche.[61] Contemporaneamente, il Consiglio dell'Educazione di East Hartford fece pressione sul sindaco, John W. Torpey, per avanzare leggi e, se necessario, far intervenire la polizia per svuotare le edicole della città di albi a fumetti su crimine, orrore e «sesso» (*sic*). In una lettera indirizzata a Torpey, il consiglio scrisse:

> È nostra sincera convinzione che al giorno d'oggi queste pubblicazioni siano una delle più insidiose minacce esistenti per i nostri ragazzi. [Queste serie] tendono a distruggere ogni forma di autorità, incitando sulla [*sic*] la delinquenza in ogni sua forma e mettendo in ridicolo ciò che è rispettabile e buono. Sono una minaccia al buon modo di pensare dei nostri giovani americani e andrebbero messi al bando in tutta la nazione.
>
> [Il consiglio] ha inoltre votato per appoggiare qualsiasi tentativo di far intervenire la legge statale e nazionale per liberare il paese dalla loro ignobile ed esecrabile influenza.[62]

In tutti gli articoli pubblicati dall'*Hartford Courant* non venne mai intervistato un solo disegnatore o sceneggiatore. «Ritenevo che il loro lavoro parlasse già per loro», spiegò poi Kravsow, il quale non intervistò mai neppure i ragazzi che avevano deciso di comprare e leggere i giornalini a fumetti che erano il bersaglio dell'inchiesta. «Non lo feci perché lo ritenevo un problema dei genitori, non dei ragazzini», disse. «Ricordo che, da bambino, leggevo storie a fumetti di tutti i tipi, e i miei genitori non avevano la più pallida idea dei loro contenuti. Pensai che i genitori dovrebbero essere più attenti a cosa leggono i loro figli; è un problema dei genitori, non dei ragazzi».[63]

Il *Courant* ripubblicò poi gli articoli sotto forma di libriccino, mantenendo lo stesso titolo, *Depravity for Children: 10 Cents a Copy!* ('Depravazione per bambini. A 10 centesimi la copia!'), e ne fornì copie su richiesta. Scuole e gruppi comunali erano così interessati che l'albo dovette essere ristampato tre volte. Alcune persone fraintesero il titolo e, convinti che facesse riferimento al prezzo del libello stesso, allegarono dieci centesimi ai loro ordini. Grazie a quest'inchiesta, Kravsow ottenne un'offerta di lavoro da un distributore di riviste del Connecticut, che voleva assumerlo come censore interno, incaricato di controllare il contenuto di albi a fumetti sgradevoli. Kravsow però rifiutò. «Volevo passare ad altro. E diffidavo della censura e di cose del genere».[64]

IL TRIONFO DEL DOTTOR PAYN

12

Alla fine del 1953, durante le vacanze invernali, una sera Will Eisner si trovava a una festa a Manhattan e stava chiacchierando con un tipo in abito in tweed sul nuovo romanzo di Saul Bellow, *Le avventure di Augie March*, pubblicato da poco. I due avevano quasi finito i loro bicchieri e una cameriera si avvicinò per una nuova mescita, proprio nel momento in cui l'uomo chiese ad Eisner che professione svolgesse. «Scrivo albi a fumetti»,[1] rispose Eisner. L'altro rispose «che cosa orribile»[2] e si allontanò prima ancora che il suo bicchiere fosse pieno.

«Ne avevo avuto abbastanza», ricordò Eisner. «Era davvero deprimente. La gente ti trattava con disprezzo, se veniva a sapere che lavoro facevi. Durante tutti gli anni in cui avevo messo il cuore e l'anima su *Spirit*, avevo goduto di pochissima attenzione. Ricevevo pochissime lettere dai lettori e non esistevano le recensioni critiche degli albi a fumetti. Nessuno scriveva niente sull'argomento, se non per dire quanto fossero orribili, e io non ero il solo che stava cercando di fare qualcosa di buono: c'erano Harvey [Kurtzman] e un sacco di altre persone della EC, e altri ancora che erano pieni di creatività e prendevano sul serio il loro lavoro. Ma fuori dal mondo del fumetto non interessava a nessuno. Avevo la sensazione che nessuno stesse badando a noi, eccezion fatta per i lettori. E visto che questi ultimi erano per lo più ragazzini, nessuno li prendeva sul serio».[3]

Il supplemento domenicale di *The Spirit* sui quotidiani, che era sempre stato un successo più dal punto di vista creativo che da quello commerciale, aveva iniziato a declinare in ambo i sensi nei primi anni Cinquanta, vittima della perdita d'interesse dei lettori, dei tagli ai giornali a causa dell'aumento del costo della carta e del calo d'entusiasmo di Eisner stesso nei suoi confronti. Nell'estate del 1952, Eisner aveva scaricato la maggior parte delle responsabilità sulla serie a Jules Feiffer e Wally Wood, che lavoravano rispettivamente come sceneggiatore ufficioso e disegnatore. In un tentativo ben scritto ma disperato di capitalizzare la moda per la fantascienza che stava appassionando l'era atomica, i due portarono Spirit fuori dalle strade cittadine fin sulla superficie lunare.[4] A ottobre Eisner ne sospese la produzione e iniziò a dedicarsi completamente al disegno pubblicitario e commerciale per l'industria e l'Esercito, un lavoro remunerativo che assicurava una duratura stabilità economica a lui e alla sua famiglia, che nel frattempo si era allargata con la nascita di due bambini. Alla fine dell'anno seguente Eisner aveva deciso di non disperdersi nel creare una nuova serie a fumetti. Aveva sostanzialmente scelto di abbandonare il sogno di suo padre, diventare un artista famoso, a favore dell'ambizione di sua madre, svolgere un lavoro più tradizionale.

Questa decisione però lo lasciava inquieto. «Per un po' fui combattuto»,[5] ricordò, finché, un sabato pomeriggio della primavera del 1954, non vide in televisione Fredric Wertham intento a promuovere il suo nuovo libro, una critica degli albi a fumetti. «Quando il dottor Wertham fece uscire il suo nuovo libro [e] incominciò a pubblicizzarlo in televisione, sui giornali, praticamente ovunque, ebbi come la sensazione di star sentendo le voci di tutte le persone che odiavano i fumetti che avevo incontrate in vita mia ed ebbi la certezza di non poter più vivere in una simile atmosfera. Fui certo che lasciare era stata la scelta giusta e lo avevo fatto appena in tempo, anche perché avevo i mezzi per tirare avanti visto che la mia testa è sempre stata buona per gli affari. Sapevo di essere stato furbo a mollare in quel momento, perché il mondo stava iniziando a crollarci addosso».[6]

Il libro di Fredric Wertham, *Seduction of the Innocent: The Influence of Comic Books on Today's Youth* ('La seduzione degli innocenti. L'influenza degli albi a fumetti sui giovani d'oggi'), ottenne una mole di pubblicità decisamente insolita per quel tempo, per un lavoro di scienza sociale e psichiatria. Quasi sei mesi prima della sua pubblicazione, le «pagine delle donne» di diversi quotidiani del paese contenevano già delle pubblicità per promuovere l'estratto che fu poi pubblicato sul *Ladies' Home Journal*. Chi, ad esempio, viveva a Walla Walla, stato di Washington, nel leggere il giornale cittadino, l'*Union Bulletin*, il 21 ottobre del 1953, trovò, in mezzo ai vari annunci pubblicitari di farina Kitchen Kraft e biancheria di nylon da donna, il disegno cartoonesco di una donna formosa, dall'aspetto vagamente esotico, che si gettava verso il lettore. Indossava un vestito scollato, sfrangiato, senza spalline, e l'immagine era tagliata sotto il busto in modo che le frange sembrassero le dita di una mano che le palpavano il seno. La pubblicità annunciava: «Quel che i genitori non sanno sui fumetti. Scoprite la perturbante verità, basata su un'indagine durata sette anni del dottor Fredric Wertham, nel numero di novembre di *Ladies' Home Journal*». Il giorno seguente, in alto a destra rispetto alla pubblicità delle lettere al Babbo Natale della Western Thrift Drug Stores, c'era invece il disegno di un'avvenente bionda, con un vestito da sera scollato, intenta a danzare con un bell'uomo in abito bianco. Sopra, la didascalia: «La verità sugli albi a fumetti!». Cinque giorni dopo, accanto alla pubblicità del nuovo prodotto sperimentale dei Laboratori Bell, il transistor («Ora usato principalmente per ragioni militari...»), c'era il disegno di un uomo che, con una siringa ipodermica, stava per trafiggere l'occhio di una ragazza. La didascalia: «Che cosa stanno facendo gli albi a fumetti ai vostri figli?».[7] Nello stesso periodo, il *Ladies' Home Journal* inviò anticipatamente delle copie dell'estratto del libro di Wertham agli editori di quotidiani, generando articoli come quello che uscì nel novembre del 1953 sul *Los Angeles Times*, dal titolo «Sesso e sadismo vanno alla carica: è ora che i genitori si rendano conto del pericolo degli albi a fumetti». L'articolo domandava: «Quanti [genitori] si sono fermati a leggere il tipo [di giornalini] che il figlioletto ha in mano? Sono pieni di sadismo, torture e lussuria? In base a quanto detto dal dottor Wertham, è molto probabile che siano alla base di futuri criminali sfrontati e violenti».[8]

Wertham non era l'unico autore ad aver scritto attacchi carichi di veleno contro i fumetti, ma fino a quel momento era l'unico ad aver dedicato un intero libro all'argomento. Nei cinque anni precedenti la pubblicazione di *Seduction of the Innocent*, altri tre autori avevano pubblicato libri contenenti alcuni capitoli dedicati all'analisi critica del fumetto. Gershon Legman, uno strambo di professione che, sotto pseudonimo, aveva precedentemente scritto un manuale sul sesso orale,[9] aveva sputato veleno sugli albi a fumetti nel suo libro autoprodotto, *Love and Death* ('Amore e morte'):

Presentati sfarzosamente con colori sgargianti e poi stampati in economia su brossurati di quarantotto pagine di carta porosa di bassa qualità, con copertine persino più vistose, gli albi a fumetti non fanno ricorso alla carta stampata che per uno scopo: il linguaggio violento.[10]

Gilbert Seldes, nel suo *The Great Audience* ('La grande platea'), aveva invece stabilito che gli albi a fumetti tradissero la promessa del *Krazy Kat* di George Harriman, ovvero la striscia quotidiana che egli stesso aveva celebrata, ventisei anni prima, in *The Seven Lively Arts*:

A differenza degli altri mezzi di comunicazione di massa, gli albi a fumetti quasi non hanno alcun interesse estetico... [La loro] è un'atmosfera di violenza, di disprezzo per la legge; non solo il criminale è al centro dell'azione, ma anche l'eroe stesso è un fuorilegge.[11]

Anche Albert E. Kahn, specialista in sensazionalismo politico, si concentrò sulla violenza delle storie a fumetti, che secondo lui servivano a produrre attivisti militanti. In *The Game of Death: Effects of the Cold War on Our Children* ('Il gioco della morte. Effetti della Guerra fredda sui nostri figli') scrisse:

L'influenza degli albi a fumetti ha soddisfatto le necessità della Guerra fredda, familiarizzando milioni e milioni di giovani americani ai concetti di violenza, barbarie e morte improvvisa.[12]

Seduction of the Innocent diffuse queste tesi fra la gente comune. Il libro non solo sosteneva la campagna contro i giornalini a fumetti, ma riusciva anche a camuffarla. La copertina era spoglia: solo testo, con il titolo in lettere rosse a stampatello su sfondo bianco, e poco più in basso il sottotitolo e il nome dell'autore in bianco all'interno di una fascia nera. Questo schema grafico ricordava l'arte costruttivista russa degli inizi del XX secolo e i manifesti di propaganda sovietica. La quarta di copertina riportava una lunga biografia di Wertham, a partire dal lavoro di ricerca che aveva svolto tre decadi prima alla Johns Hopkins e dalla borsa di studio per ricercatori ricevuta nel 1929. La foto dell'autore, scattata da Gordon Parks, ritraeva Wertham con indosso un elegante abito dagli ampi risvolti e un fazzolettino bianco che spuntava dal taschino della giacca. Come capitava spesso nelle fotografie che lo

Fredric Wertham mentre posa per Gordon Parks, per la foto che poi lo ritrarrà sulla quarta di copertina del suo libro del 1954 *Seduction of the Innocent*.

ritraevano, Wertham aveva il capo leggermente girato, lo sguardo fisso di lato, verso qualcosa al di fuori della foto. Non sappiamo cosa stesse guardando, ma il suo disappunto era evidente. «Era una persona molto seria, quasi spaventosa per la sua intensità»,[13] ebbe a ricordare Parks, il fotografo di *Life* che aveva conosciuto Wertham tramite Ralph Ellison e ne aveva ammirato il lavoro alla clinica Lafargue, a Harlem.

Il titolo del libro faceva riferimento a un precedente lavoro del XIX secolo, il citato *Traps for the Young* ('Trappole per i giovani') di Anthony Comstock, che polemizzava sui pericoli nascosti nei romanzi e nei racconti da cinque centesimi, e a Sterling North, il primo vero critico degli albi a fumetti, il cui articolo pubblicato nel 1940 si concludeva accusando gli editori di categoria di essere colpevoli del «massacro culturale degli innocenti».[14] Nell'evocare i giovani (citati a chiare lettere nel sottotitolo in copertina) e la conquista del sesso, il lavoro di Wertham superava quello di Comstock e alludeva alla pedofilia, come a dire che i fumetti rappresentavano lo stupro intellettuale dei bambini americani. La frase inoltre poteva ricordare lo slogan grintoso di romanzi particolarmente cinici (*Street of the Lost*, *Dagger of the Mind*),[15] controparti adulte degli albi a fumetti che Wertham riteneva così distruttivi per i giovani lettori.

Quel che, a giudicare dal titolo, il libro non prometteva di essere, era un lavoro accademico di ricerca scientifica. In effetti, *Seduction of the Innocent* non era niente del genere, nonostante i tentativi di Wertham e del suo editore di affermare il contrario. Anche se, per molti lettori, il libro sembrava trattare un argomento grossolano in modo serio, in realtà non faceva altro che trattare un argomento serio in modo grossolano. Mettendo da parte il discorso del valore dei fumetti come forma d'arte, la loro importanza come fenomeno culturale non era mai stata così ovvia come nel 1954. Wertham decise di non pubblicare i risultati del suo lavoro in una delle tante riviste scientifiche di categoria, come *The American Journal of Psychiatry*, ma piuttosto sul *Ladies' Home Journal*,[16] dove il suo lavoro era affiancato da articoli come «Rivoluzione in naftalina» e «È possibile salvare questo matrimonio?».[17]

Le prime righe di *Seduction of the Innocent*, una spiegazione della metodologia di Wertham presentata come «nota editoriale» (e sicuramente approvata dallo psichiatra, che molto probabilmente ne fu anche l'autore), descrivono il libro come «il risultato di sette anni di ricerca scientifica condotta da» Wertham, il quale, come viene ricordato nel testo, «ha una lunga esperienza nel campo della ricerca specialistica».[18] Dopo un paragrafo di biografia, la nota inizia a discutere il contenuto del libro: «Ampiamente documentato attraverso fatti ed esempi, contiene il succo dell'opinione dell'esperto dottor Wertham sugli effetti che gli albi a fumetti hanno sulle menti e sul comportamento dei bambini che li leggono». Già nella prima pagina, quindi, le fondamenta del libro venivano meno. Di cosa si trattava: di un lavoro di «ricerca scientifica» o «dell'opinione dell'esperto»? Basato su una «ricerca specialistica» o su «esempi»? Fredric Wertham era un dottore, non uno scienziato sociale. Egli stesso descriveva così i propri metodi di ricerca all'interno di *Seduction of the Innocent*:

> Se vedo un bambino che ha la febbre, non gli chiedo «Come ti è venuta la febbre? Hai il morbillo?», ma lo esamino e raggiungo la mia diagnosi. È nostra opinione medica che gli albi a fumetti giochino un ruolo in tutti i tipi di disturbi comportamentali e della personalità. Ovviamente non se ne parla nei libri di testo. Ma, quando ci siamo resi conto della possibilità, siamo stati sorpresi di scoprire che gli albi a fumetti erano un fattore contributivo importante in tutti i casi presi in esame.[19]

Wertham non condusse alcuna ricerca scientifica, cioè nessun tipo di studio basato sull'applicazione del metodo scientifico; non utilizzò alcun tipo di misurazione tradizionale per testare alcunché, e non ricorse a gruppi di controllo. Il suo libro non aveva annotazioni di chiusura né altro materiale che potesse avvalorarne le tesi. Le conclusioni erano tratte principalmente dalle diagnosi psichiatriche dei suoi pazienti eseguite da lui e dal suo staff in tre centri di recupero di New York: la clinica Lafargue, il centro di servizi di pronto soccorso e rieducazione Quaker e la clinica d'igiene mentale presso l'ospedale di Bellevue. Wertham non guardò altrove, trasse le proprie conclusioni basandosi esclusivamente sui casi presentatisi a lui e ai suoi colleghi, e analizzandoli stabilì che tutti i fumetti – e non solo gli albi dell'orrore, del crimine o rosa – fossero dannosi allo sviluppo della mente giovanile.

Wertham utilizzò una terminologia volutamente vaga, definendo «albi a fumetti sul crimine» praticamente qualsiasi tipo di storia, incluse quelle rosa, i western, quelle di fantascienza, le parodie e le storie della giungla. Questo perché, secondo lui, qualsiasi tipo di albo mostrava la violazione di un qualche codice legale, morale o religioso. Le categorie restanti, specie gli albi umoristici e quelli con protagonisti animali parlanti, erano invece accusate di essere rozze, sgrammaticate, disegnate male e stampate al risparmio, e quindi di rallentare la crescita intellettuale dei bambini, oltre che di danneggiarne la vista, un po' come si diceva all'inizio del XX secolo riguardo le strisce sui quotidiani. Libero di associare qualsiasi tipo di albo letto dai suoi pazienti alla parola «crimine», Wertham poté trarre correlazioni apparentemente convincenti tra il comportamento dei ragazzi in difficoltà che aveva in cura e le loro abitudini di lettura e, di conseguenza, tra la delinquenza giovanile e «gli albi sul crimine», nell'accezione usata da lui. «Le nostre ricerche hanno dimostrato che esiste un legame significativo tra la lettura di albi sul crimine e le forme più serie di delinquenza giovanile»,[20] scrisse Wertham. Per di più, egli decise che

> Il ruolo svolto dagli albi a fumetti nella delinquenza giovanile non rappresenta né l'unico né tantomeno il peggior danno che essi fanno ai bambini. Si tratta solo di una parte. Molti bambini, che non sono mai diventati delinquenti e non mostrano disturbi visibili, sono stati comunque influenzati negativamente.[21]

Seduction of the Innocent aveva una sorta di precedente nel lavoro del magistrato, scrittore e professore francese Louis Proal, che all'inizio del XX secolo era stato una rispettata autorità sui comportamenti criminali. Come Wertham, Proal si era basato sulle testimonianze dei criminali circa le loro abitudini di lettura per dimostrare parallelismi tra gli atti da loro commessi e gli eventi fittizi letti nei libri; in questo caso i romanzi di Dostoevskij, George Sand, Flaubert, Zola e altri autori.[22] Colpito dai risultati ottenuti, Proal provò ad applicare lo stesso approccio alla Storia, basandosi su testimonianze documentate, e concluse che le opere di Shakespeare e Goethe avevano spinto i lettori a compiere diversi crimini, tra cui l'omicidio. Proal era convinto che tale letteratura fosse da mettere al bando. A differenza della maggior parte di coloro che, dalle colonne dei giornali o nelle Assemblee di stato, criticavano gli albi del crimine, dell'orrore o rosa, Wertham considerava pericolose anche le serie di supereroi. In particolare, ce l'aveva con il famoso trio di eroi della National/DC, ovvero Superman, Batman e Wonder Woman, che riteneva rispettivamente esempi di fascismo, omosessualità e sadomasochismo. È solo nel caso di Wonder Woman che Wertham si avvicinò alle intenzioni del creatore del personaggio (il suo rivale strizzacervelli, nonché provocatore sessuale, William Moulton Marston), anche se, decenni più tardi, Jerry Robinson, uno degli autori di Batman, avrebbe ammesso che c'era «un tocco» omoerotico nelle storie del Cavaliere Oscuro e del suo giovane aiutante, Robin. «Quel che facevano tra una pagina e l'altra non erano affari nostri»,[23] mi ha detto Robinson scherzandoci su.

«Abbiamo stabilito gli elementi alla base dei fumetti più letti e diffusi: violenza; sadismo e crudeltà; la filosofia del superuomo, basata sul superuomo di Nietzsche, che diceva "Quando vai a donne, non dimenticare la frusta"»,[24] scrisse Wertham. Riprendendo l'interpretazione di Superman come simbolo delle dispotiche fantasie di Hitler sulla supremazia di una razza dominatrice, di cui s'era già discusso negli Stati Uniti nei primi anni della guerra, Wertham si permise perfino una battuta: «Vista quella grossa S sul suo costume, immagino che dovremmo essere felici che non dica S.S.».[25]

Una delle principali obiezioni di Wertham ai supereroi e, più in generale, a tutti gli albi a fumetti, era il cinismo nei confronti dell'autorità, elemento alla base della natura dei fumetti in quanto sbocco espressivo di disegnatori e scrittori che si consideravano reietti culturali e che giudicavano sottovalutato o incompreso il mezzo di comunicazione su cui lavoravano. Tale sensibilità era alla base del fascino dei fumetti tra i giovani, i quali faticavano ad affermare la propria identità generazionale, e Wertham trovava tutto ciò aberrante. «Nei ragazzi il disprezzo nei confronti della legge e della polizia, e negli albi a fumetti la brutalità delle pene, si trasformano, a livello inconscio, in un conflitto contro le forme di autorità, verso le quali essi sviluppano una particolare indifferenza», scrisse Wertham.

> Proprio quei ragazzini a cui, per il loro comportamento sregolato, vorrei prescrivere una psicoterapia volta a controbattere gli effetti del superomismo, sono stati nutriti (o, piuttosto, avvelenati) dalla continua ripetizione delle storie di Superman. Come possono rispettare la madre, il padre o l'insegnante che, pur lavorando duro, sono così banali da provare a insegnar loro le comuni norme comportamentali e da cercare di tenerli con i piedi per terra, piuttosto che lasciarli, per così dire, volare via? A livello psicologico, nella mente dei bambini Superman danneggia l'autorità e la dignità dell'uomo e della donna comuni.[26]

Disperatamente determinato a trovare un collegamento tra il contenuto degli albi a fumetti e la psiche dei loro lettori, *Seduction of the Innocent* praticamente ignorò la relazione esistente tra le storie e i loro creatori. Wertham non voleva, o non riusciva, a considerare i fumetti come esempi di espressione creativa, prodotti dalle menti e dai cuori dei loro scrittori e disegnatori. Tale assenza sarebbe stata abbastanza strana nel libro di un qualsiasi psichiatra; ma in quello di Wertham era addirittura inspiegabile, visto che proprio lui, dieci anni prima, era stato tra i primi psichiatri a cercare di esaminare un'opera di letteratura alla ricerca dell'impronta psicologica dell'autore. Nel 1944, Wertham analizzò Richard Wright alla ricerca delle ispirazioni dietro gli eventi, i personaggi e i temi del suo romanzo *Paura*.[27] Wertham presentò i propri risultati all'American Psychological Association all'interno di un saggio intitolato «How Bigger Was Born», 'Com'è nato Bigger', in riferimento al protagonista, Bigger Thomas. Analizzando l'autore, Wertham portò alla luce un ricordo che, secondo lui, spiegava le ragioni che avevano inconsciamente spinto Wright a scegliere Dalton come nome della famiglia bianca dai quali Thomas viene assunto; in gioventù, Wright aveva lavorato per un breve periodo in un istituto di ricerca che studiava la cecità cromatica, una condizione a volte chiamata daltonismo. Una recensione del saggio di Wertham sul *New York Times* parafrasava così le conclusioni dell'opera: «Il sogno attraversa l'intero procedimento creativo».[28] Wertham però non vedeva tracce di sogni – o di qualsiasi altra forma di creatività – negli albi a fumetti, ritenuti solo il prodotto privo di arte di editori assetati di denaro.

> Gli scrittori di albi a fumetti di rado vogliono scrivere storie sul crimine per professione [...]. Vogliono avere la paga di dieci dollari a pagina e pagarsi l'affitto. Non scrivono storie a fumetti per esprimere le proprie emozioni o il proprio senso artistico [...] gli autori di serie sul crimine non dovrebbero essere criticati per i fumetti. Non sono uomini liberi. Viene detto loro cosa fare e lo fanno, altrimenti [...] Ma ovviamente, proprio come chi li vende, devono aver paura dello spietato potere economico dell'industria del fumetto.
>
> Quando abbiamo esteso i nostri studi per prendere in considerazione anche i disegnatori che lavorano sugli albi a fumetti sul crimine, piuttosto che accusarli abbiamo scoperto che anche loro sono delle vittime. Dubito che esista un solo disegnatore che fa questo lavoro perché il sogno della sua vita era disegnare albi a fumetti sul crimine [...] Ogni volta che viene sollevata la questione del controllo degli albi sul crimine, l'industria inizia a tirare in ballo la libertà di espressione [...] [Ma i] testi e i disegni delle serie sul crimine sono tramati, non creati. E non esiste alcuna libertà di tramare.[29]

Nel mostrare gli autori di serie a fumetti come vittime impotenti di padroni di dickensiana memoria, Wertham finse di difendere il loro onore di artisti per nascondere il proprio rifiuto a considerare la loro legittimità come tali. Al tempo stesso, si liberò dalla responsabilità di stabilire come i contenuti degli albi potessero essere collegati alle vite dei loro creatori. È possibile che i supereroi, nella loro aliena onnipotenza, fossero valvole di sfogo per artisti che si sentivano impotenti, a causa della loro classe sociale, educazione, o di fattori della loro personalità che solo uno psichiatra avrebbe potuto spiegare? È possibile che la violenza e le infrazioni fossero, almeno in parte, proiezioni della frustrazione dei creatori degli albi? Le vittorie degli eroi nelle ultime pagine delle storie potevano dirci qualcosa sull'autostima di chi le realizzava? E l'insolita sessualità di Wonder Woman e di molte regine della giungla? Potevano essere una protesta contro le convenzioni di normalità portata avanti da emarginati di vario tipo, che in questo modo cercavano di accettare le proprie identità? Gli sceneggiatori e disegnatori di albi a fumetti stavano usando il loro lavoro per parlare in maniera convincente a quei giovani che, insoddisfatti dello status quo, cercavano a loro volta di affermare sé stessi? Sarebbero state queste le domande che uno psichiatra avrebbe dovuto affrontare, ma Fredric Wertham non era di tale opinione, e *Seduction of the Innocent* non era il libro in cui queste questioni avrebbero trovato risposta.[30]

Ugualmente condiscendente nei confronti sia di chi gli albi li creava sia di chi li comprava, Wertham non tradì mai la promessa insita nel titolo; intese sempre i lettori di serie a fumetti come innocenti, definendo «bambini» praticamente quelli di qualsiasi tipo ed età. Wertham aveva ragione nel far notare che, nelle edicole, i giovanissimi avevano accesso a qualsiasi tipo di albo a fumetti, e fece bene a sottolineare come avvertimenti come lo strillo «solo per adulti» che Fox metteva sui suoi giornaletti più sconci probabilmente attraessero i lettori sbagliati. Se *Seduction of the Innocent* servì a incoraggiare alcuni genitori a tenere le loro copie della collana *Weird Chills* di Stanley P. Morse lontano dalle mani dei bambini piccoli, allora Wertham svolse un'opera encomiabile. Al tempo stesso, però, il suo continuo infantilizzare i lettori delle serie a fumetti fu una mossa tattica ed errata, tutt'altro che scientifica. Non prese in considerazione gli adolescenti e i giovani adulti per i quali, in parte, il ricorso agli albi a fumetti rappresentava una fuga dalla fanciullezza, un modo per cominciare ad affrontare i misteri, i pruriti e i pericoli del mondo adulto restandosene al sicuro sotto le coperte delle proprie camerette.

«Per quel che mi riguarda, la cosa più offensiva di quel libro era che [Wertham] presumeva che tutti coloro che leggevano fumetti fossero dei bambini o degli idioti»,[31] ricorda Al Feldstein. «Noi [alla Ec] ci basavamo sul presupposto che i nostri lettori avessero almeno dai tredici o quattordici anni in su, fino all'età adulta e oltre. Lettori maturi, in termini di serie a fumetti. [Wertham] non considerò mai questa possibilità. Parecchia gente che non capiva i fumetti non la considerò mai. I nostri lettori erano più maturi. Erano quasi adulti, o stavano per diventarlo, e per questo ci leggevano».

Copertina di *Black Cat Mystery* n. 39, settembre 1952, contenente, fra le altre, la storia «The Body Maker», con il Dottor Payn. Disegni di Warren Kremer (1921-2003).

Il libro di Wertham era una provocazione, non una domanda. Era quasi esso stesso una forma di seduzione; di conseguenza, si concluse con una spinta all'azione. L'ultimo capitolo, «Il trionfo del Dottor Payn», faceva riferimento al sadico smembratore di cadaveri che era apparso due anni prima su *Black Cat Mistery*;[32] Wertham usò la nozione del trionfo del personaggio – ovvero la conquista della cultura giovanile da parte delle forze della depravazione che, agli occhi di Wertham, il Dottor Payn rappresentava – come una minaccia. In mancanza di un'azione congiunta contro l'industria dei comic-book, la gioventù americana avrebbe potuto essere condotta alla perdizione. Wertham però nutriva ancora speranza:

> Sono convinto che, in un modo o nell'altro, le forze della democrazia riusciranno ad affermarsi e che gli albi a fumetti sul crimine scompariranno, insieme a tutto quel che rappresentano e a coloro che li difendono. Ma, prima di poter affrontare Superman, il Dottor Payn e tutte le loro infinite incarnazioni, la gente dovrà rendersi conto che l'idea che la democrazia dia le stesse possibilità di espressione al bene e al male è distorta. Dobbiamo imparare che la libertà non è qualcosa che una persona può avere, ma qualcosa che deve esercitare.[33]

Questo messaggio, animato e idealista, seppur vago, lasciava i lettori con due dottori tra cui scegliere: Wertham o Payn.

Al centro delle sue 397 pagine, *Seduction of the Innocent* conteneva anche un inserto di sedici tavole di illustrazioni, riproduzioni (in bianco e nero) di copertine e pagine di albi a fumetti. Ovviamente, Wertham aveva scelto quelle più provocanti, accompagnandole con particolari didascalie per aumentarne l'impatto; dieci testi in calce sui trentuno del libro contenevano la parola «bambini». Una pagina mostrava la copertina di un numero di *Crime SuspenStories* della Ec:[34] un disegno di Johnny Craig raffigurante un uomo impiccato, gli occhi rivoltati; la didascalia diceva «Copertina di un albo a fumetti per bambini».[35] Un'altra pagina mostrava l'immagine ingrandita di una piccola parte di un disegno raffigurante la spalla nuda di un uomo,[36] con la didascalia «Nella maggior parte degli albi, ci sono disegni all'interno dei disegni per quei bambini che sanno come guardare». Con un po' di immaginazione, le ombre dei muscoli sulla spalla potevano assomigliare allo schizzo del pube di una donna. Tra le altre immagini, una copertina della formosa eroina di Matt Baker, Phantom Lady, legata con delle corde a un palo;[37] una copertina di *Crime Detective Comics*, con uno psichiatra, somigliante a Wertham, legato e imbavagliato;[38] due pagine della storia «Gioco orrendo!», della Ec, disegnata da Jack Davis e pubblicata su *The Haunt of Fear*, raffigurante una partita di baseball giocata usando parti di corpi umani;[39] e altri esempi simili di disegni per storie a fumetti al loro estremo. Davis, che era un tipo distinto, si sentì umiliato nel vedere il proprio lavoro nel libro di Wertham. «Quel che successe con quel libro fu orribile», ricorda l'autore. «Bill e Al scrissero la storia, e io pensai che fosse in qualche modo divertente, o comunque niente di che, e poi, quando uscì all'interno di quel libro, avrei voluto sprofondare. Desiderai non averla mai fatta. Bill mi disse "Jack, Jack, non preoccuparti. È solo una farsa. Passerà tutto, non preoccuparti", ma io non ne ero così sicuro».[40]

Gaines, nel ricordare la sua prima reazione a *Seduction of the Innocent*, durante un'intervista nel 1969 disse che all'inizio trovò il libro divertente. «Lessi il libro [di Wertham] e lo trovai pieno di errori di qualsiasi tipo, marchiane bestialità».[41] «Non aveva capito assolutamente niente di parecchie delle nostre storie. Trovammo il suo libro uno spasso. Era incredibile come un uomo potesse aver capito così poco di una cosa del genere. Le cose che credeva di scorgere dietro alle nostre azioni erano totalmente fallaci, perché non aveva capito niente delle storie». Anche se all'epoca a Gaines non venne in mente alcun esempio, la maggior parte dei riferimenti a storie a fumetti all'interno di *Seduction of the Innocent* ignoravano o distorcevano il contesto. Per esempio, Wertham accennava all'«orribile immagine di un uomo a cui hanno sparato allo stomaco, con il viso in agonia e la didascalia che diceva: "Sapete bene quanto me che tutta l'acqua che dovesse bere gli uscirebbe direttamente dallo stomaco! Sarebbe OMICIDIO!"».[42] Descrisse la parodia di Mickey Spillane in *Panic* senza spiegare che l'intento della storia era di ridicolizzare gli eccessi dei romanzi pulp. Ma, ovviamente, Wertham non poteva fare a meno di citare il fatto che l'editore si chiamasse Tiny Tot ('Bimbetto') Comics, Inc.

A eccezione delle alte sfere della Tiny Tot (Feldstein, Gaines, il loro dirigente aziendale Lyle Stuart), la maggior parte delle persone che lavoravano nell'industria dei comic-book sembravano conoscere il libro di Wertham tanto quanto Wertham conosceva i loro albi. Molti lessero le recensioni o gli articoli e gli editoriali su *Seduction of the Innocent*, o almeno alcuni brani; oppure videro il volto inespressivo di Wertham in televisione, come Will Eisner, o ancora lo sentirono elargire solenni paternali in radio. Sembra legittimo supporre che molti professionisti del settore fossero interessati a leggere il libro, anche se ben pochi lo avrebbero mai ammesso: non meno di settanta scrittori, disegnatori, redattori e altri che lavoravano nel mondo del fumetto nel 1954 avrebbero poi dichiarato di non aver mai letto *Seduction of the Innocent*, se non scampoli o estratti, o di averne sfogliato le immagini. Ma ciò nonostante, quando il libro fu pubblicato, Wertham e le sue asserzioni, se non altro nel succo, si trovarono al centro di tutte le discussioni negli uffici delle case editrici di riviste e giornalini a fumetti. Tutti sembravano sapere quel che dovevano sapere, o quel che volevano sapere: che un libro, un «vero» libro, con copertina cartonata e scritto da un dottore, parlava in maniera orribile di loro e del tipo di albi che producevano.

«La cosa ci faceva impazzire e non parlavamo d'altro»[43] ha ricordato Bob Fujitani, che all'epoca disegnava su *Crime Does Not Pay*. «Quel Wertham [...] quel tipo è fuori di zucca! L'unica cosa a cui riuscivo a pensare era che questo tizio della malora stava mandando i fumetti in rovina. Stava cercando di far fallire la nostra fonte di sostentamento! E poi era una questione d'orgoglio. Eravamo artisti, [...] persone orgogliose, e c'era questo tale che portava avanti una crociata contro qualcosa che ci stava molto a cuore. Tutti quanti [...] eravamo spaventati a morte, e intendo proprio a morte». Fujitani ricorda che il suo redattore, Bob Wood, un giorno disse di star andando a «trovare Wertham per ammazzarlo con le mie stesse mani».[44] Fujitani pensò che Wood avrebbe potuto farlo davvero, se ne avesse avuto i mezzi.

Un collega di Fujitani, Tony Di Preta, uno dei disegnatori esterni che lavoravano per Charles Biro e Bob Wood, lesse un articolo di giornale su *Seduction of the Innocent* e cominciò a chiedersi se Wertham non avesse ragione e se lui non stesse facendo del male ai giovani lettori disegnando *Crime Does Not Pay*. Cattolico praticante, Di Preta rivelò le proprie paure in confessione e parlò al prete del proprio lavoro. «Dissi "padre, disegno albi a fumetti. Disegno tutte queste scene violente, gente a cui sparano, sangue e interiora e... Padre, non sapevo di star facendo qualcosa di sbagliato, adesso lo capisco, e mi dispiace davvero. Ma ho bisogno di lavorare, e mi piace il mio lavoro"».[45] Il sacerdote lo assolse senza commentare e Di Preta intese la cosa come un tacito permesso di continuare il suo mestiere.

Fuori dal mondo del fumetto, *Seduction of the Innocent* fu preso sul serio e ricevette commenti positivi da quasi tutti i principali critici. Tra le eccezioni ci fu Reuel Denney che, sul *New Republic*, trovò grossi buchi nel metodo e nel ragionamento di Wertham: «La teoria [di Wertham] su come le persone interpretino quel che leggono e vedono è eccessivamente semplificata dal punto di vista psicologico»,[46] scrisse Denney. «Egli presume che i messaggi ricevuti dai lettori degli albi a fumetti non siano per niente ambigui. Presume che i bambini non siano consapevoli della discutibile qualità dei "messaggi" che l'autore stesso vede in alcuni di questi albi. Inoltre, questo studio si basa troppo su quella stessa falsa credenza su cui molti altri psichiatri si sono illusi: l'idea che la narrativa sia direttamente responsabile per le fantasie e le emulazioni dei lettori».

Voce più forte a capo del coro che lodava il libro di Wertham, Sterling North si crogiolò nella convalida delle proprie tesi, affermando che *Seduction of the Innocent* «potrebbe benissimo essere il libro più importante dell'anno».[47] L'editore Rinehart & Co. incluse questo commentò nelle pubblicità sul libro, attribuendolo alla recensione di North uscita sul *New York World-Telegram and Sun*; quella recensione però non conteneva tale frase, il che suggerisce che North l'abbia fatta pervenire separatamente a Rinehart o Wertham. Nel deridere gli albi a fumetti come «stupidaggini grafiche, noiosa spazzatura prodotta da [...] teppisti culturali»[48] North, nella sua recensione, disse che la lettura degli albi a fumetti avrebbe dovuto essere proibita nelle «case di chi sa leggere e scrivere».

Sulla prestigiosa *New York Times Book Review*, il sociologo Charles Wright Mills lodò Wertham per il suo lavoro che, in realtà oltraggioso, veniva da lui fatto passare per servizio pubblico. «Il dottor Wertham ha letto questi orribili giornaletti con l'occhio dello psichiatra; lo hanno reso un uomo arrabbiato, un uomo che ha ben ragione di essere arrabbiato»,[49] scrisse Mills. «I casi del dottor Wertham, le sue prudenti osservazioni e le sue consapevoli riflessioni sui bambini americani in un mondo di violenza a fumetti e noioso ciarpame, rappresentano un uso più che lodevole della mente di un professionista per il bene del pubblico». Sulla stessa lunghezza d'onda era il critico Wolcott Gibbs che, sul *New Yorker*, era pronto a perdonare gli eccessi di Wertham perché le sue conclusioni sembravano di estrema importanza. «Nel complesso, [il libro] è un atto d'accusa formidabile, e anche se alcune delle accuse che porta sembrano avere solo in parte fondamento, e se il linguaggio con cui vengono avanzate sembra spesso stravagante, è comunque evidente che si sta parlando di qualcosa di più pericoloso di semplice stupidità e di enorme mancanza di buon gusto», scrisse Gibbs. Egli trovò parecchio da criticare negli albi citati come esempi da Wertham, in particolare quella che Gibbs definì «incitazione alla ribellione contro l'ordine costituito», additata come se tendesse al comunismo.

«In questo momento, i fumetti sono di nuovo sotto accusa e *Seduction of the Innocent* ha messo in mano ai loro nemici alcune delle loro munizioni più potenti», concluse Gibbs. «Le prove raccolte dal dottore sono schiaccianti [...]. Le prove concrete che dimostrano l'esistenza di un vero crimine contro i bambini sembrano praticamente inoppugnabili. Mi piace pensare che Superman e i suoi amici stiano per affrontare la battaglia più dura delle loro assurde, fantastiche e perverse vite».[50]

DI COS'È CHE ABBIAMO PAURA?

13

Proprio come nei primi anni Cinquanta i film plasmarono la percezione dell'opinione pubblica sulla delinquenza giovanile, così la televisione fece con la reazione politica.[1] Le sedute del Senato sulla delinquenza, coordinate da Robert C. Hendrickson del New Jersey con l'aiuto del senatore del Tennessee Estes Kefauver, che aveva collaborato alla creazione della relativa Commissione, seguirono il modello delle precedenti udienze sul crimine organizzato, condotte da Kefauver stesso. Tali sessioni, gestite da Kefauver tra il 1950 e l'inizio del 1951, avevano avuto un impatto notevole alcuni anni prima, quando erano state trasmesse in televisione, e proprio grazie a questo passaggio televisivo avevano lasciato un tale segno sulla coscienza americana che la loro ombra continuò ad aleggiare su quelle del 1953 e del 1954, un po' come i televisori dell'epoca lasciavano per un po' un alone delle immagini di una scena su quella che la seguiva.

Nel gennaio del 1951, due mesi dopo che la Commissione di Kefauver sul crimine organizzato aveva annunciato i risultati delle proprie indagini sul legame tra albi a fumetti e delinquenza (negando quasi ogni rapporto di causalità fra gli uni e l'altra), Kefauver portò la sua Commissione itinerante a New Orleans, dove una stazione televisiva locale decise di trasmettere le udienze. Trattandosi di indagini legislative, piuttosto che di procedimenti giuridici, le sessioni non erano vincolate dalla regola che proibiva di trasmettere dalle aule dei tribunali, fatto che avrebbe esposto al pubblico testimoni e imputati. Gli spettatori di New Orleans non avevano mai visto niente di simile a un'udienza sul crimine: eventi reali con al centro i signori locali della malavita e la loro corte di politici del posto. Tutti i giornali iniziarono a parlare della cosa e ben presto la notizia si diffuse in tutto il paese attraverso riviste e agenzie di stampa. In tre giorni l'emittente TV di New Orleans ricevette 1300 lettere sulle udienze. Quando Kefauver e la sua Commissione si spostarono a Detroit, St. Louis e altre città della Costa Ovest, le telecamere li seguirono. Quando arrivò a New York, quartier generale del crimine organizzato, Estes Kefauver era già sulla copertina del *Time*.

Un cinico potrebbe mettere in dubbio la purezza editoriale di una tale scelta di copertina, visto che la Time Inc. aveva aumentato la propria tiratura sponsorizzando le trasmissioni televisive commerciali delle udienze sul crimine di New York, le quali iniziarono lunedì 12 marzo 1951, la data sulla copertina con Kefauver. Grazie alla sponsorizzazione della casa editrice e a un complesso accordo, mai tentato prima, che univa le forze della rete locale (WPIX), di tre canali newyorkesi e di numerose emittenti private, le udienze di New York furono viste in ben venti città della Costa Est e del Midwest. Anche se già prima di quelle di Kefauver qualche udienza del Senato era stata trasmessa in televisione a livello locale (ad esempio alcune di quelle del 1948 della Commissione sulle attività antiamericane della Camera), le sedute di New York furono le prime a essere trasmesse in tutta la nazione, almeno nell'accezione delle trasmissioni nazionali del 1951, ed ebbero luogo in un momento fondamentale della storia della televisione americana, visto che all'epoca più di metà delle famiglie erano già in possesso di apparecchi televisori.[2]

Trasmesse in diretta nell'arco della giornata dal tribunale federale di Foley Square a Manhattan, le udienze erano ideali per la televisione. Riguardavano un tipo di criminalità caratterizzata da sensazionali affari illeciti – scommesse, contrabbando, omicidio, estorsione, corruzione – e i personaggi coinvolti erano ben divisi in buoni e cattivi. Da una parte, seduti dietro la corte, c'erano i quattro membri della Commissione del Senato, i loro consiglieri e il loro capo, Kefauver, che emanava lo stesso tipo di autorità semplice, alla buona, dell'attore Harry Carey, già stella dei film di cowboy del cinema muto, nel suo ruolo di presidente del Senato in *Mr. Smith va a Washington*.[3] Dall'altra parte, seduti di fronte alla corte, da-

Le mani di Frank Costello, inquadrate dalle telecamere e di per sé eloquenti dello stato d'animo del malavitoso, che rifiutò di farsi riprendere in volto. Fotografia di Alfred Eisenstaedt, Getty Images.

vanti a un semplice tavolo in legno di quercia, c'era una cinquantina di testimoni, tra i quali alcune delle personalità più note del crimine organizzato: Frank Costello (Francesco Castiglia), ex fedelissimo e poi successore di Lucky Luciano, quando quest'ultimo fu deportato dal governatore Dewey nel 1946; Anthony «Tony il Duro» Anastasio, che si sapeva essere il direttore della squadra di cecchini nota come «Omicidi SpA»; il collega di Anastasio, Joe Adonis (Joseph Doto); e anche Virginia Hill, signora della mala ed ex amante del delfino di Luciano, Bugsy Siegel. Questi celebri testimoni svolsero il proprio ruolo tanto bene quanto Kefauver fece con il suo. Meticolosamente vestiti in abiti ingessati neri, trasudavano ricchezza, privilegi e risentimento mentre protestavano («Non ho fatto un cavolo»),[4] evitavano domande («Abbisogno di rinfrescarmi la memoria su 'ste cose»),[5] soffrivano improvvisi attacchi di laringite e altri malanni, e facevano appello al Quinto Emendamento.

Costello, abituato alla presenza dei potenti e per niente disposto a chinare il capo di fronte a loro, si oppose alla presenza delle telecamere a Foley Square. Poco dopo il suo giuramento e l'inizio della deposizione, il 13 marzo 1951, uno dei suoi avvocati chiese di fermare tutto. «Il signor Costello non desidera essere messo in mostra»,[6] disse l'avvocato e, dopo una breve discussione, i membri della Commissione accettarono di ordinare alla squadra televisiva di non riprendere il viso di Costello. Quest'ultimo quindi rilasciò la propria testimonianza e, visto che le telecamere dovevano mostrare *qualcosa*, qualcuno alla WPIX pensò di indirizzarle sulle mani di Costello. Quel che i testimoni dicevano non importava più: mentre Costello blaterava sulla legalità dei suoi investimenti per la produzione di bamboline, sul candore delle sue amicizie con i potenti della municipalità newyorkese e sullo scarso rilievo delle grosse cifre di denaro che vari conoscenti gli avevano elargite senza alcun motivo, le sue mani dicevano ben altro. Gli schermi televisivi di tutti i salotti del paese mostrarono le dita ben curate di Costello agitarsi, sudare, stringere un fazzoletto, tamburellare sul tavolo, fare a pezzi dei fogli di carta e appallottolarli.

Le trasmissioni delle udienze della Commissione Kefauver sul crimine organizzato divennero così famose che la compagnia elettrica di New York City, la Con Edison, dovette attivare un altro generatore per soddisfare il fabbisogno energetico delle ore di programmazione. Quasi il 70% dei newyorkesi in possesso di un televisore si sintonizzarono sulle udienze: diciassette volte più di quelli normalmente davanti al televisore durante il giorno. Quelli che non ne possedevano uno si riversarono in bar e ristoranti, oppure seguirono gli eventi da dietro le vetrine dei negozi di elettrodomestici. Due cinema di Manhattan, totalmente vuoti nelle «ore Kefauver», proiettarono gratuitamente le udienze sui loro schermi (continuando a vendere popcorn e bibite ai soliti prezzi). Le casalinghe organizzarono «feste a favore di Kefauver» e fecero i turni per la spesa, in modo da non passare troppo tempo lontano dai televisori. Molte scuole lasciarono uscire gli studenti prima del solito, in modo che potessero seguire le udienze da casa. Le vendite dei popcorn Pops-Rite furono più che raddoppiate negli otto giorni delle udienze di New York.

«L'effetto fu incredibile»,[7] avrebbe poi affermato Kefauver in *Crime in America*, il libro da lui scritto sulle udienze con l'aiuto del giornalista Sidney Shalett, del *Saturday Evening Post*. «Alcuni negozianti di New York City ci scrissero: le loro attività erano completamente paralizzate [...]. Divenimmo una crociata nazionale, un argomento di discussione, una scossa per svegliare l'opinione pubblica sulle condizioni dell'integrità della nazione».

Come scritto su *Life* poco dopo le udienze, «La settimana del 12 marzo 1951 occuperà un posto speciale nella storia. Gli Stati Uniti e il mondo non avevano mai visto niente del genere [...] non era mai capitato prima che l'attenzione dell'intera nazione fosse a tal punto rivolta su di un'unica questione. Le indagini del Senato sul crimine tra gli stati erano diventati quasi l'unico argomento di discussione in tutta la nazione».[8] Anche mettendo da parte il fatto che la compagnia a capo di *Life* aveva la sua fetta di interessi nelle udienze, le dichiarazioni iperboliche della rivista avevano un fondo di verità. Si calcola che tra venti e trenta milioni di persone si sintonizzarono per vedere Frank Costello, più di quelli che l'autunno precedente avevano seguito le finali nazionali di baseball. Il Presidente Truman ricevette migliaia di lettere che lodavano il lavoro della Commissione sul crimine e chiedevano che venisse fatto qualcosa per ridurre la collusione tra la politica locale e il crimine organizzato; una di queste lettere fu scritta da Jerry Siegel, il cocreatore di *Superman*. Truman, statista venuto fuori come prodotto della famigerata macchina politica di Kansas City (Missouri), con a capo il boss Tom Pendergast, provava risentimento nei confronti di Kefauver: questi era reo di aver sfidato un sistema che egli stesso accettava, era un politico indipendente che Truman considerava arrogante se non traditore, e aveva gettato fango sui leader Democratici locali prima della campagna presidenziale. Kefauver però aveva già ridefinito quella campagna: pur non essendo candidato, aveva essenzialmente fatto propaganda per tutta la durata delle udienze, costruendosi in televisione una reputazione a livello nazionale, per di più libera da mediatori.

Il 23 gennaio 1952, quattro mesi dopo la consegna dell'ultimo resoconto della Commissione sul crimine, Kefauver annunciò la sua candidatura alla Presidenza. A marzo, nel pubblicare un suo profilo, *Life* scrisse: «Il senatore Estes Kefauver è il primo vero dilettante della nazione in un nuovo tipo di magia politica: l'incredibile potere della televisione. Quando ha annunciato la propria candidatura [...] il suo unico vero vantaggio, grazie alle indagini del Senato sul crimine, era avere un nome famoso come quello della più diffusa delle saponette; e con un aroma altrettanto fresco».[9] Kefauver vinse le primarie del New Hampshire e altre sfide chiave importanti per a diventare il candidato finale, ma non riuscì mai a ottenere il supporto dei potenti del partito o del Presidente uscente. Quando il primo ballottaggio del Congresso dei Democratici mostrò che Kefauver era davanti al candidato favorito (il governatore dell'Illinois Adlai Stevenson), Truman, tramite alcuni intermediari, intervenne affinché Stevenson ricevesse i voti necessari per vincere. L'antipatia del partito nei confronti di Kefauver era tale che gli fu rifiutata la nomina a Vice Presidente a favore di John Sparkman, un semisconosciuto senatore dell'Alabama. «I grandi capi dietro la macchina del congresso mi fermarono», avrebbe poi detto Kefauver in un articolo per *Collier's*, intitolato «Perché non lasciamo che sia la gente a eleggere il nostro Presidente?».[10]

> Mi ero guadagnato l'implacabile ostilità di alcuni politici, tra i quali certi politicanti già sconfitti e vari signorotti, che ricevevano implicitamente ordini dall'uscente amministrazione Truman [...]. Essendo decisi a «fermare Kefauver», questi «sostenitori della macchina», onnipotenti dietro le quinte dei congressi, ignoravano quel che la gente e la maggior parte dei delegati avevano detto di volere.

Non molto tempo dopo la sconfitta, Kefauver rispose «oh, no» alla domanda se avesse rinunciato all'idea di diventare Presidente.[11]

Seguendo l'esempio della Commissione Kefauver sul crimine organizzato, quella di Robert C. Hendrickson sulla delinquenza giovanile cominciò a lavorare nel novembre del 1953, con diverse settimane di udienze a Washington seguite da sessioni a Boston, Denver e Filadelfia.[12] In ciascun posto, le sedute coprirono svariati argomenti: cosche, stupefacenti, pornografia, accesso dei giovani alle armi da fuoco, prostituzione giovanile. Ufficialmente incaricata di verificare la necessità della creazione di nuove leggi per questioni relative al commercio tra gli stati, le consegne postali e altre aree di giurisdizione federale, la Commissione mirava anche a informare l'opinione pubblica sulla delinquenza e a sfruttare la propria visibilità per generare influenza. Dopotutto la Commissione Kefauver, generalmente considerata un successo, non portò ad alcuna nuova legge; al tempo stesso, tuttavia, la luce che essa gettò sul crimine organizzato portò a nuove regole statali e a procedimenti giudiziari contro i capi criminali di numerose città, e spinse il Dipartimento del Tesoro a creare un programma di controllo che esaminasse le dichiarazioni dei redditi dei malviventi sospettati. Tra i principali obiettivi di Hendrickson v'erano le cause della delinquenza, e sin dall'inizio egli sospettò che una delle ragioni principali potesse essere nascosta nelle forme di intrattenimento popolari. Una sera, nei giorni delle prime udienze, a Washington, Hendrickson disse ai giornalisti che la sua Commissione aveva ricevuto circa 7500 lettere da parte di elettori preoccupati per il problema della delinquenza; tra loro, disse sempre Hendrickson, circa il 90% erano convinti che «la causa principale» della criminalità giovanile fosse «la crescente enfasi delle forme di divertimento pubbliche su sesso e crimine».[13]

Hendrickson svolse il proprio lavoro convinto che lui e la sua Commissione godessero di un ampio supporto, sia dall'elettorato che dal Presidente. Eisenhower, il quale, di solito, evitava di far intervenire il governo in questioni d'opinione, solo poche settimane prima, alla cerimonia per la consegna dei diplomi di laurea del Dartmouth College, aveva detto agli studenti: «non unitevi a coloro che bruciano i libri [...]. Non abbiate paura di andare nelle biblioteche e leggere qualsiasi libro, a patto che esso non offenda la vostra idea di decoro. Quella sarebbe l'unica censura [legittima]».[14] In una lettera aperta diffusa prima del Giorno del Ringraziamento del 1953, egli definì la delinquenza «un problema lancinante»[15] e disse a Hendrickson: «so che condividi la mia fortissima speranza che le tue delibere sfocino in proposte che riducano profondamente il dolore incalcolabile che la delinquenza giovanile causa ai nostri figli, ai loro genitori, pastori, educatori e a tutti coloro che sono toccati dal problema. È una questione di importanza nazionale e a cui il governo federale è molto interessato, com'è giusto che sia».[16]

Tre mesi dopo le prime udienze sulla delinquenza, le lettere in mano a Hendrickson erano diventate 20 mila, il 65-75% delle quali indicava i comic-book e i «programmi sul crimine» in televisione come una probabile causa di delinquenza giovanile.[17] Il 20 febbraio 1954 Hendrickson, parlando di un «significativo timore da parte del pubblico sui possibili effetti nocivi degli albi a fumetti sulla mente dei giovani»,[18] annunciò che la sua Commissione avrebbe presto svolto una serie di udienze dedicate al tema. Tutto ciò appena tre giorni dopo l'uscita dell'ultimo articolo di Irving Kravsow sull'*Hartford Courant* dedicato alla «Depravazione per bambini».[19] In data ancora da stabilire, le sessioni avrebbero avuto luogo a New York, nelle aule del tribunale federale di Foley Square, e sarebbero state trasmesse in TV.

Nell'apprendere la notizia, Bill Gaines andò su tutte le furie. «Non aveva nessuna intenzione di permettere che quel che era successo a quei criminali con Kefauver accadesse anche a lui»,[20] ebbe a ricordare Lyle Stuart. «Dentro di sé, Bill era convinto di essere nel giusto, dalla parte della libertà di espressione, e di non aver niente da temere». In un impeto di rabbia, Gaines tirò fuori il fascicolo con tutti gli articoli strani sui fumetti e ne usò un paio per creare una pubblicità atta sia a parodiare i critici di comic-book sia ad aizzare contro di loro i lettori della Ec. Era uno di quei paragrafetti fitti di testo che Gaines faceva sempre da solo, come ricordato da Feldstein, Stuart e Jack Davis, che ne realizzò i disegni. Il titolo in cima alla pagina recitava «SEI ANCHE TU UNO SCIOCCO COMUNISTA?».[21] Sotto, tre vignette mostravano (A) un cittadino sovietico che stampa un albo a fumetti, *Panicsky*; (B) un alto ufficiale del KGB che fa a pezzi le rotative; (C) il cittadino impiccato, mentre l'ufficiale si scalda le mani davanti a un falò fatto ardere bruciando gli albi. Il testo recitava:

> Qui in America possiamo ANCORA pubblicare riviste di fumetti, quotidiani, libri, albi patinati e la Bibbia. Non DOBBIAMO inviarli prima a un censore. Non ANCORA...
>
> Ma ci sono persone in America a cui PIACEREBBE censurarci... a cui PIACEREBBE eliminare i fumetti. Non è che A LORO non piacciano gli albi! È che non vogliono che piacciano A VOI!

Dopo aver proseguito così per un po' la pubblicità, in un altro titolo, affermava: «I PIÙ INTENZIONATI A DISTRUGGERE I FUMETTI SONO I COMUNISTI!». E, per dimostrarlo, Gaines allegò un estratto dal numero del 13 luglio 1953 del *Daily Worker*, che metteva alla gogna «i cosiddetti "albi a fumetti" [perché] trattano brutalmente la gioventù americana, per prepararla meglio al servizio militare con cui mettere in pratica i piani di dominio globale del [suo] governo». Alla fine, l'annuncio affermava:

> Quindi, la prossima volta che qualche tipo si alza durante un incontro tra insegnanti e genitori o inizia a lamentarsi di quei «pessimi albi a fumetti» dal vostro droghiere di quartiere, ditegli di FARLA FINITA. Non stiamo dicendo che lui SIA un comunista! Potrebbe essere del tutto innocente! Potrebbe essere uno SCIOCCO! Potrebbe non aver mai neppure letto il *Daily Worker*! Ha soltanto ABBOCCATO all'AMO ROSSO, CON TUTTE LE SCARPE!

Prima di pubblicare l'annuncio, Gaines ne inviò una copia all'ufficio di Robert C. Hendrickson, che non trovò affatto divertente il venir associato a un assassino del KGB che bruciava albi. Il 9 aprile, Hendrickson portò la pubblicità al Senato, gettandola per terra nel corso di un discorso in cui accusava Gaines e difendeva il lavoro della propria Commissione. «I cittadini americani hanno il diritto di conoscere i fatti»,[22] disse Hendrickson.

> Eppure, Signor Presidente, c'è chi cerca di legare questo problema alla libertà di stampa. C'è addirittura chi ha suggerito al nostro staff investigativo che tutti coloro interessati al problema degli albi a fumetti sarebbero coinvolti in qualche oscuro disegno per creare uno stato militarizzato [...]. Signor Presidente, si tratta chiaramente di parti lese che cercano di coprire le loro attività gettandoci fumo negli occhi, per impedirci di porre domande circa gli effetti degli albi sul crimine e dell'orrore sulle menti dei giovani. L'impressione di questa Sottocommissione è che non sia necessario essere simpatizzanti comunisti per porsi delle domande [...]. Se ci sono gruppi che cercano di far passare per comunisti le migliaia di americani che, preoccupati per gli albi dell'orrore, hanno scritto a questa Sottocommissione, allora l'FBI farà bene a darsi da fare, perché mi viene da pensare che in questa nostra nazione ci siano milioni di «compagni», che finora avevamo creduto essere semplici Democratici o Repubblicani. E lo dico con sarcasmo.[23]

Per quanto Hendrickson sembrasse non apprezzare il senso dell'umorismo di Gaines, evidentemente lo trovava contagioso. Hendrickson organizzò due giorni di udienze al Senato sugli albi a fumetti, aprendo i lavori mercoledì 21 aprile 1954. Il direttore esecutivo della Commissione, Richard Clendenen, un assistente sociale che aveva lavorato per sette anni a capo della divisione sulla delinquenza giovanile dell'Ufficio per l'Infanzia, suggerì i testimoni: quattordici persone tra cui alcuni editori di comic-book (Monroe Froehlich Jr della Timely/Atlas/Marvel, Helen Meyer della Dell); psichiatri ed esperti sulla criminalità giovanile (Fredric Wertham, Lauretta Bender del Bellevue Hospital, Gunnar Dybwad dell'Associazione americana per gli studi sull'infanzia); distributori ed edicolanti; disegnatori di strisce per i quotidiani (Milton Caniff, Walt Kelly [1913-1973]); e svariati altri fra cui Henry E. Schultz, direttore dell'ACMP, l'Associazione degli editori di riviste a fumetti. Nessun disegnatore o sceneggiatore di albi fu chiamato a testimoniare e nemmeno gli editori delle testate al centro delle maggiori polemiche: Lev Gleason, Victor Fox, Bill Gaines e Stanley P. Morse. «Qualcuno venne a farmi delle domande, ma lo mandai via»,[24] ricordò Morse, riferendosi alle indagini preliminari portate avanti da un membro dello staff di Clendenen. «Non volevo avere niente a che fare con quella roba! Cosa credevate che fossi, un autolesionista?».

Ignorando i consigli di Feldstein, Bill Gaines si offrì volontario per testimoniare, e Hendrickson accettò calorosamente. Per una settimana, prima delle udienze, Gaines affidò tutti i propri compiti alla Ec a Feldstein e Stuart, in modo da potersi dedicare al preparare la propria testimonianza. Lavorò ogni giorno da solo nel suo ufficio, per ore e ore, dattilografando abbozzi per un discorso di apertura e poi cestinandoli l'uno dopo l'altro. Almeno una volta, rimase a Lafayette Street fino a tarda notte, aiutandosi con la Dexedrina che usava contro l'obesità; Stuart avrebbe ricordato in seguito di aver ricevuto una chiamata di Gaines attorno alle undici, tre o quattro sere prima delle udienze, per fargli sentire l'abbozzo di dichiarazione. Qualche giorno dopo, la sera del 20 aprile, Gaines telefonò a Stuart dopo cena, chiedendogli di venire in ufficio ad aiutarlo. Stuart arrivò verso le dieci e trovò Gaines alla scrivania, intento a sfogliare pagine dattiloscritte che aveva accartocciate e buttate via, salvo poi tirarle fuori dal cestino e stirarle di nuovo. Alla macchina da scrivere c'era un foglio bianco. Quando Gaines si alzò dalla sedia e iniziò a camminare su e giù nella stanza, Stuart si sedette alla sua scrivania, dietro alla macchina da scrivere. «Guardami, Bill», disse. «Sono un senatore degli Stati Uniti e mi sto chiedendo se far passare una legge per buttarti in mezzo a una strada. C'è niente che vorresti dirmi?».[25]

Gaines improvvisò, Stuart batté; lessero i risultati e riprovarono; Stuart propose dei suggerimenti, Gaines ne approvò alcuni e ne rifiutò altri, che gli sembrarono troppo teorici o legalistici. Gaines voleva principalmente raccontare la storia della sua vita e del suo lavoro; Stuart dattilografò un altro abbozzo, Gaines lo lesse e appose delle correzioni a matita; Stuart aggiunse dei voli pindarici; scrissero e riscrissero. Per restare svegli, Stuart scolò caffè, Gaines si riempì di pasticche alla caffeina e di Dexedrina.

Verso le cinque o le sei del mattino, Stuart consegnò a Gaines una copia ripulita della versione finale del discorso, battuta su carta intestata della Ec. Gaines gli chiese di incontrarlo a Foley Square alle nove, un'ora prima dell'inizio delle udienze. «Non vedeva l'ora di andare e fare il suo discorso», ricordò Stuart. «Pensava di star facendo una cosa buona. Sarebbe apparso in veste di testimone amichevole ed era convinto che andando lì e dicendo ai bravi senatori cosa stava facendo e perché, loro avrebbero capito e tutto si sarebbe risolto per il meglio».[26] Quando Stuart arrivò a Foley Square, qualche minuto in anticipo, trovò Gaines che aspettava vicino al tribunale. Una dozzina di persone – per lo più in giacca e cravatta, qualcuno con le telecamere, uno o due intenti a prendere appunti – affollavano lo spiazzo di fronte all'entrata principale. Era una fresca mattinata primaverile, un po' nuvolosa. Gaines indossava un vestito grigio chiaro e sudava. Irving Kravsow, il cronista dell'*Hartford Courant*, era venuto dal Connecticut per coprire l'evento e vide Gaines, senza però riconoscerlo subito; sembrava ingrassato – forse per i vestiti che indossava – e anche più vecchio rispetto a quando Kravsow l'aveva incontrato negli uffici della Ec, due mesi prima.

Le udienze della Commissione Hendrickson sugli albi a fumetti ebbero luogo nell'aula 110, la stessa dove si erano tenute le prime udienze della Commissione Kefauver sul crimine, prima che venissero spostate in una sala più grande al terzo piano, per poter ospitare il pubblico. Come le aule di tanti altri tribunali, queste erano state progettate, nei primi anni Trenta, per trasmettere un'atmosfera di dignitosa neutralità, che rafforzasse la fiducia dei cittadini nell'apparato giuridico americano; per una curiosa coincidenza, l'architetto del tribunale di Foley Square, Cass Gilbert, aveva progettato anche 225 Lafayette Street.[27] Mura, pavimento e mobilio erano tutti in quercia brunita, ma stavolta l'insieme di tinte terrigne era spezzato dagli sgargianti colori di una serie di copertine di albi a fumetti, esposti in una teca. I giornalini erano ventiquattro, disposti su tre file, sotto la dicitura «Esempi di copertine di albi a fumetti / sul crimine, dell'orrore e del mistero», e tra gli altri c'erano *Crime Does Not Pay*, *Justice Traps the Guilty*, *Marvel Tales*, *Tales from the Crypt*, *The Haunt of Fear* e *Crime SuspenStories*. Da un lato della stanza, seduti dietro a un grosso bancone, proprio come avevano fatto Kefauver e i suoi ai tempi delle udienze sul crimine, c'erano i rappresentanti della Commissione: Hendrickson, più o meno al centro, affiancato dal senatore William Langer sulla sinistra e da Kefauver e Thomas C. Hennings sulla destra. Lungo il muro alla destra del bancone c'erano otto o dieci file di sedie, abbastanza da accogliere circa 150 persone. Erano tutte occupate, e altre persone aspettavano ammassate fuori dall'aula. Al centro, in diagonale a quarantacinque gradi, c'era un tavolo per i testimoni, disposto in modo che sia la Commissione sia il pubblico potessero avere una visuale di tre quarti dei testimoni, ma che questi ultimi non potessero incrociare lo sguardo con nessuno. Il bancone e il tavolo erano coperti di microfoni, i cui cavi andavano a finire dietro al pubblico, dov'erano ammassate le squadre dei tele- e cinegiornali. Seduti vicino al tavolo dei testimoni v'erano tre stenografi: due ragazze, che scrivevano a penna, e un uomo, con una macchina stenografica. «Affollato, animato e carico di tensione: come un set cinematografico»,[28] ricordò Stuart.

Alle 10 del mattino in punto, Robert C. Hendrickson si avvicinò al microfono e chiamò l'aula all'ordine. «Oggi e domani la Sottocommissione degli Stati Uniti sulla delinquenza giovanile, che presiedo, si occuperà del problema degli albi a fumetti del crimine e dell'orrore», annunciò Hendrickson, parlando in fretta e in tono piatto. «Per albi a fumetti intendiamo giornaletti illustrati con storie raffiguranti atti criminali, sadici o terrificanti». Hendrickson, cinquantaseienne, aveva capelli corti grigi pettinati all'indietro e dei baffetti; indossava occhiali bicolore e incarnava il cliché di austerità nordorientale tanto quanto Kefauver incarnava quello di compostezza meridionale. Aprì le danze con frasi all'insegna della moderazione e dell'apertura di idee. «Non siamo una commissione di censori», disse. «Non partiamo dall'idea aprioristica di un possibile bisogno di nuove leggi. Vogliamo scoprire se e che tipo di danno venga inflitto alle menti dei nostri figli da alcuni tipi di pubblicazioni, che contengono in ampia misura sadismo, crimini e orrore [...]. Sarebbe sbagliato presumere che gli albi dell'orrore o sul crimine siano la causa principale di delinquenza giovanile. E sarebbe altrettanto errato affermare categoricamente che non giochino nessunissimo ruolo nell'aggravarsi del problema. Siamo qui per stabilire quanto gli albi a fumetti sul crimine e dell'orrore sortiscano davvero effetti causali».

Le udienze iniziarono con una proiezione di diapositive, preparate e presentate dal direttore esecutivo della Commissione, Richard Clendenen, un uomo di mezza età magro e dal mento massiccio. Mentre un assistente abbassava le luci, Clendenen spiegava che la Commissione era interessata «quasi esclusivamente» agli albi del crimine e dell'orrore, che descrisse come raffiguranti «quasi qualsiasi tipo di reato [...] commesso attraverso atti estremamente crudeli, sadici e dannosi». Nel presentare le diapositive in prospettiva secondo il suo punto di vista, Clendenen disse: «ora, nel mostrarvi queste, vorrei dirvi che, se da una parte non sono state scelte a caso, dall'altra sono state deliberatamente selezionate per cercare di mostrare vari tipi di storie e disegni [...]. Sono abbastanza esemplari del tipo di storie e di disegni che compaiono in questo tipo di pubblicazioni». Clendenen proseguì mostrando le pagine di sei storie dell'orrore tra le più violente. Concluse con un paio di storie della EC.

«L'ultimo albo è intitolato *Shock SuspenStories*», disse Clendenen. «Contiene quattro storie in cui sei persone muoiono in maniera violenta. Una storia in particolare si intitola "L'orfana"». È la storia di una bambina di otto o dieci anni, dai capelli biondi, di nome Lucy, e la storia è narrata attraverso le sue parole. Lucy odia entrambi i genitori. Il padre è un alcolizzato che quand'è ubriaco la picchia. La madre, che non aveva mai voluto avere Lucy, ha un amante segreto [...]. Prendendo una pistola dal comodino, Lucy spara al padre dalla finestra. Poi corre in giardino e mette la pistola in mano alla madre, che è svenuta e giace al suolo priva di sensi. In seguito, attraverso la falsa testimonianza di Lucy in tribunale, la madre e il suo amante sono condannati per l'assassinio del padre e giustiziati sulla sedia elettrica». Nell'inserire una diapositiva, Clendenen disse: «quest'immagine mostra "mammina" e poi "Stevie" che vengono uccisi sulla sedia elettrica». Altra diapositiva. «Le due immagini seguenti mostrano la felicità di Lucy perché tutto è andato secondo i suoi piani [...]. Gli ultimi due albi di cui ho parlato sono stati pubblicati dalla Entertaining Comics, lo sottolineo perché l'editore della Entertaining Comics apparirà a testimoniare più tardi, quest'oggi».

Clendenen andò avanti mostrando come reperti una pila di documenti pertinenti all'inchiesta: un resoconto per la Commissione dal Dipartimento di salute, educazione e benessere; un compendio di pubblicazioni su albi a fumetti e delinquenza preparato dalla Biblioteca del Congresso; materiale dalle udienze di Gathings di due anni prima; e una serie di articoli provenienti da quotidiani, rotocalchi popolari e riviste accademiche. Per risparmiare alla Commissione il peso di dover leggere tutto, Clendenen li riassunse brevemente. «Credo sia completamente giusto e corretto dire che esiste un consenso sostanziale, anche se non sempre unanime, sui seguenti tre punti: uno, che la lettura di un albo

Le ultime, rivelatorie vignette di «The Orphan», di Jack Kamen, su *Shock SuspenStories* n. 14, aprile-maggio 1954.

a fumetti sul crimine non possa spingere un bambino o una bambina ben inseriti nella società e con una buona vita sociale ad andare a commettere dei reati. Due, che potrebbero avere un effetto negativo, che induce al crimine, su bambini emozionalmente disturbati, i quali potrebbero ricevere da loro idee, supporto e permesso per dare sfogo alle loro emozioni più ostili ed aggressive. Tre, c'è ragione di credere che, tra i ragazzi, quelli che leggono maggiormente gli albi a fumetti siano proprio i bambini e le bambine meno capaci di tollerare questo tipo di materiale. È un dato di fatto che molti esperti siano convinti che la lettura eccessiva di materiale di questo tipo sia essa stessa un sintomo in un giovane di qualche insoddisfazione emotiva».

In realtà, su tutti i documenti mostrati da Clendenen come prove, un solo esperto aveva dichiarato una cosa del genere: Wertham, che fu ripetutamente citato e parafrasato. Molti documenti mettevano fortemente in dubbio le dichiarazioni di Wertham, ma nella sua introduzione Clendenen non accennò a nessuno di loro. Uno era un articolo intitolato «Albi a fumetti e delinquenza: causa o capro espiatorio?», scritto da Frederic M. Thrasher, un professore della New York University, e pubblicato sul *Journal of Educational Sociology*. Thrasher analizzò i metodi di Wertham, giudicandoli indifendibili:

> Possiamo criticare le conclusioni di Wertham su molti livelli, ma il maggior punto debole della sua posizione è che essa non è supportata da alcun dato scientifico [...]. Sfrutta fatti e affermazioni estranei tra loro, ricorrendo a insinuazioni per collegarli alla sua tesi secondo cui gli albi a fumetti sono un grosso fattore causale alle spalle di delinquenza e disturbi emotivi nei bambini [...]. Wertham [...] elenca una serie di clamorosi crimini commessi da minori riportati dai giornali (non i suoi casi) e li imputa agli albi a fumetti senza alcuna prova a confermare che i giovani criminali di cui si parla abbiano mai letto o si siano mai interessati ai giornaletti.
>
> Dei milioni di albi che secondo lui hanno a che fare con crimine e atti violenti, Wertham nelle sue tesi è più che felice di considerare solo quelli più estremi e offensivi, senza provare a dimostrare se rappresentino la media. Non viene mostrato alcun inventario sistematico del contenuto degli albi a fumetti [...] e, senza un tale inventario, congetture di questo tipo sono pregiudiziali e prive di valore.
>
> In conclusione, si può ben dire che né Wertham né nessun altro abbia prodotto prove adeguate a supportare la teoria secondo cui la lettura degli albi a fumetti ha o non ha un ruolo importante nei comportamenti criminali.[29]

Tra i documenti che Clendenen mostrò alla Commissione c'era la copia della pubblicità «Sei uno sciocco comunista?» che Gaines aveva spedita all'ufficio di Hendrickson. Indicando Gaines come fonte del materiale, Clendenen descrisse la storiella allegorica in cima alla pagina, lesse le affermazioni successive e disse alla Commissione: «alcune persone vorrebbero far pensare che chiunque ponga qualsiasi tipo di domanda sugli albi a fumetti faccia anche propaganda comunista». Il senatore Hennings intervenne: «sembra che non importi loro nulla di quel che fanno, di quel che smerciano, di quel che mettono in mano a questi ragazzi, a patto che venda bene e porti soldi in cassa. Questa roba, questo "Sei uno sciocco comunista?", sembra proprio un tentativo per prendere tempo, o per fare pressione contro chiunque cerchi anche solo di studiare o esaminare la situazione e vedere cosa stia succedendo». «È proprio così che lo interpreto», rispose Clendenen, e anche Kefauver si disse d'accordo. «È molto interessante», aggiunse Kefauver. «Cercano di citare il *Daily Worker* per dimostrare che chiunque metta in dubbio gli albi a fumetti è un comunista». Hendrickson si intromise per dire che era d'accordo con Kefauver, Hennings ripeté quanto detto poco prima e Clendenen confermò di concordare con tutti loro.

Il testimone d'apertura fu il dottor Harris Peck, direttore dell'Ufficio dei servizi di salute mentale per il tribunale della città di New York sui rapporti familiari, che, come Peck stesso ebbe modo di spiegare, includeva anche il «tribunale familiare» e il «tribunale dei bambini». La sua testimonianza fu breve e concisa. In generale disse: «è necessario essere prudenti nel considerare gli albi a fumetti una spinta importante verso la delinquenza». Peck ammise che alcuni suoi colleghi erano motivati a criticare gli albi con maggior ardore, ma aggiunse anche che altri li ritenevano innocui. «Quindi crede di avere un'opinione intermedia a riguardo?», chiese Kefauver, e Peck rispose: «credo sia un'analisi giusta della mia posizione».

Il secondo testimone, Henry E. Schultz, dell'Associazione editori di riviste a fumetti, si espresse in maniera simile. Mettendo da parte gli appassionati discorsi a difesa degli albi che avevano caratterizzato i suoi primi anni a capo dell'associazione, Schultz si lamentò per le condizioni decadenti in cui si trovava l'organizzazione, ammettendo che il Codice di regolamentazione era inutile, anzi impraticabile, a causa dello scarso supporto ricevuto dagli editori. Come spiegato da Schultz, all'epoca delle udienze la ACMP contava solo dodici membri, la maggior parte dei quali erano distributori, tipografi e incisori. Degli oltre trenta editori di albi a fumetti attivi nell'aprile del 1954, solo tre appartenevano alla ACMP: Timely/Atlas/Marvel, Gleason Publications e Eastern Color, l'editore di *Famous Funnies*.[30] «Direi che, per noi, portare avanti quest'organizzazione non sia stato altro che fonte di frustrazione», disse Shultz alla Commissione. «Quando sono entrato in gioco, sei o sette anni fa, avevamo con noi un terzo della categoria. Da allora ci sono state defezioni su defezioni, al punto che oggi, purtroppo, la nostra associazione rappresenta soltanto una frazione minuscola e insignificante dell'industria: quei pochi ossi duri che credono ancora che qualche miracolo possa far avverare lo scopo originale dell'Associazione, ovvero creare un programma di autoregolamentazione degli albi a fumetti. Purtroppo, non è successo».

Parlando come uno di quei critici degli albi a fumetti con cui aveva dibattuto, Schultz implorò la Commissione: «se mi è concesso lanciare un appello prima di concludere, è mia speranza che questa Commissione, di fronte alla gravità del problema – ed è un problema serio, importante e difficile – farebbe, a mio avviso, una gran cosa se estirpasse il cattivo gusto e le volgarità, a volte tendenti all'osceno, che hanno luogo in queste pubblicazioni. Penso che molti editori di albi a fumetti abbiano fallito nel loro dovere; hanno preso questo fantastico mezzo di comunicazione, che sette anni fa era qualcosa di stupendo e pieno di vita, e l'hanno svilito in molti modi. E per questo credo meritino di essere accusati. Ma penso anche che l'intero problema degli albi a fumetti e dell'impatto che hanno vada messo in prospettiva», aggiunse Schultz, supplicando pietà per i fumetti non perché innocui, ma perché irrilevanti. «È molto difficile stabilire quale impatto l'intera industria della comunicazione di massa possa avere su questo problema, e quale sia il piccolo ruolo giocato dagli albi a fumetti».

Schultz disse qualcos'altro, in un goffo tentativo di spiegare il valore del bollino di approvazione Acmp, che i tre editori membri dell'Associazione stampavano sulle copertine dei loro albi. «Davvero non lo so. In molti sensi, il bollino ha perso il proprio valore [...] tranne che per qualcuno che si prenda la briga di guardare con attenzione a quella piccola sigla e a quel che potrebbe significare. A parte questo, credo non abbia valore». Su questa nota, alle 12,20, Hendrickson interruppe l'udienza per la pausa pranzo.

Gaines, che continuava a buttar giù Dexedrina e pillole di No-Dox alla caffeina per restare sveglio, non aveva appetito. Lui e Stuart passeggiarono tra le aule del tribunale, lamentandosi per quel che Clendenen aveva detto in precedenza sulle storie della Ec e sull'annuncio sugli sciocchi comunisti. «Bill aveva la sensazione di essere stato trasformato in un bersaglio, perché era stato l'unico ad avere le palle di offrirsi per testimoniare e difendere la categoria»,[31] ricordò Stuart. «Non vedeva l'ora di andare lì e leggere il discorso che aveva passato tutta la notte a preparare». Prima della fine della pausa, Gaines vide Irving Kravsow fuori dall'aula e l'accusò a testa bassa. «Tutto questo è soltanto colpa sua»,[32] gridò, affiancato da Stuart. Kravsow, come ogni cronista di fronte alla possibilità di un'intervista pepata, chiese a Gaines cosa stesse pensando delle udienze. Gaines rispose come se stesse facendo pratica per la sua testimonianza, mettendo in ridicolo Wertham e difendendo i lettori di albi a fumetti come cittadini i cui diritti stavano venendo minacciati. Kravsow non riuscì a porgli nemmeno una domanda. «Era davvero scatenato», ricorda. «A dire la verità, pensai che facesse persino un po' paura».[33] Nell'allontanarsi, Gaines disse a Stuart: «hai visto? L'ho messo a posto. Tutto quel che devo fare è spiegare a questi tipi l'errore che stanno commettendo, e loro capiranno».[34] «Bill», rispose Stuart, «come puoi essere tanto ingenuo? E perché non ce ne andiamo a mangiar qualcosa?».[35] Si recarono in un locale nelle vicinanze e lì Stuart prese un panino e Gaines una bottiglia di Coca-Cola. Poi, alle due, l'udienza riprese.

Il primo testimone del pomeriggio fu Fredric Wertham. Nel sedersi, spostò leggermente la sedia, in modo da poter guardare in faccia i membri della Commissione. Indossava una giacca e una camicia bianche e una cravatta nera; aveva l'aspetto di qualcuno appena uscito da un laboratorio, con ancora indosso gli abiti da lavoro. Parlò in un tono pungente, reso ancora più marcato dal suo accento tedesco; quel che disse fu un miscuglio di scienza, autoreferenzialità, provocazione e un sarcasmo acuto come quello pubblicato su *Mad*. Si presentò recitando le sue credenziali e facendo notare quasi immediatamente come, nel 1929, avesse ricevuto una borsa di studio per svolgere ricerche sul cervello. «A quel tempo, parte delle mie ricerche sono state sulle paresi e la sifilide cerebrale», spiegò Wertham. «Mi sono tornate utili quando ho cominciato a studiare gli albi a fumetti». La sua testimonianza fu praticamente un riassunto dei punti principali contenuti in *Seduction of the Innocent*, che era appena stato pubblicato e stava iniziando a ricevere una crescente attenzione (tre giorni dopo le udienze fu pubblicata la recensione di Wright Mills).[36] Parlando del lavoro che gli aveva fornito il materiale per il libro, Wertham lo definì «uno studio clinico lucido, doloroso e laborioso», aggiungendo che lui e i suoi colleghi avevano «letto tutto quel che era stato scritto in difesa degli albi che fossimo riusciti a trovare, il che fu un lavoro quasi più faticoso del leggere gli albi stessi».

Nel parlare di fronte alle telecamere, Wertham spiegò la propria posizione in maniera semplice e diretta, parlando con calma e con una voce chiara e salda, temporaneamente priva d'accento: «è mia opinione», disse, e poi fece una lunga pausa, «senza ombra di dubbio», altra pausa, «e senza alcuna riserva», pausa, «che gli albi a fumetti», pausa, «siano un fattore», pausa, «contributivo importante», pausa breve, «in molti casi», pausa ancora più breve,

La testimonianza di Fredric Wertham nel corso delle udienze della Sottocommissione al Senato sugli albi a fumetti e la delinquenza giovanile, nel tribunale federale di Manhattan.

«di delinquenza giovanile». Dopo aver insinuato questa paura nelle menti di tutti i genitori nel pubblico, proseguì. «Questo ci porta alla domanda: che tipo di bambini vengono colpiti? Posso dire senza ombra di dubbio, basandomi su centinaia e centinaia di casi di qualsiasi tipo, che sono principalmente i bambini normali. È un dato di fatto che la maggior parte dei bambini già disturbati che abbiamo esaminati siano quelli influenzati in maniera minore dai giornalini a fumetti, perché vivono già circondati dalle loro fantasie».

Come sempre, Wertham definì praticamente qualsiasi tipo di comic-book come un «albo sul crimine», anche quando scagliò i suoi strali più affilati non contro le collane poliziesche, rosa o dell'orrore, ma contro quelle di supereroi. «Vorrei indicarvi un altro albo sul crimine che abbiamo trovato essere particolarmente dannoso per lo sviluppo etico dei bambini: si tratta delle storie di Superman», disse alla Commissione. «Risvegliano nei bambini fantasie di gioie sadiche collegate al vedere altre persone punite più e più volte, mentre loro sono al sicuro. Lo abbiamo chiamato complesso di Superman».

Seduto insieme a Stuart, Gaines esaminò Wertham, poiché non l'aveva mai visto all'opera prima. Mentre Wertham parlava, la gamba destra di Gaines tremava vistosamente per la rabbia. A un certo punto, Wertham prese di mira una delle storie più innocue della Ec, intesa a criticare il bigottismo contro gli immigrati messicani. Wertham biasimò aspramente l'uso degli appellativi dispregiativi verso i latinoamericani che gli autori, Gaines e Feldstein, avevano messo in bocca ai cattivi della storia. «Paragonato all'industria degli albi a fumetti, Hitler era un dilettante», disse Wertham. «Raggiungono i bambini quando sono ancora ben più piccoli, e a quattro anni, prima ancora che imparino a leggere, insegnano loro l'odio razziale». Parlando a Stuart o, forse, a sé stesso, Gaines disse ad alta voce: «è l'ultima goccia. Gliela farò pagare, a quel bastardo».[37] Prima di concludere la testimonianza, Wertham fece notare che *Seduction of the Innocent* era stato inserito nella lista del Club del Libro del Mese, aggiungendo: «sarà distribuito, o la sinistra mano di questi corruttori di bambini, di questa industria degli albi a fumetti, ne bloccherà la distribuzione?».

Wertham lasciò il banco dei testimoni e venne il turno di Gaines.[38] Questi mise la valigetta sul bancone, tirò fuori il discorso che aveva preparato e si sedette, stringendo con forza i fogli di carta. Quando iniziò a parlare, Hendrickson prese degli appunti, mentre Kefauver si appoggiò allo schienale della sedia, studiando la persona che aveva di fronte. Se una telecamera avesse effettuato una ripresa ravvicinata della mano sinistra di Kefauver, avrebbe visto il pollice sfregare leggermente le altre dita. «Signori, vorrei fare una breve dichiarazione», disse Gaines. Disse il proprio nome ed elencò le proprie credenziali, inclusa la certificazione per insegnare nelle scuole superiori pubbliche, poi iniziò a leggere. «Sono qui in veste di testimone volontario. Ho chiesto di poter far sentire la mia voce e mi è stato consentito. Vent'anni fa, il mio defunto padre ebbe un ruolo fondamentale nella nascita dell'industria degli albi a fumetti. Supervisionò i primi due numeri del primo albo a fumetti moderno, *Famous Funnies* [lett. 'Famose storielle divertenti']».[39]

«*Famous* cosa?», interruppe Kefauver.

«*Funnies*», rispose Gaines.

«Prosegua», disse Kefauver.

«Mio padre era orgoglioso dell'industria che aveva contribuito a creare», proseguì Gaines. «Ha portato divertimento a milioni di persone. La sua eredità è l'enorme industria degli albi a fumetti, che danno lavoro a migliaia di scrittori, disegnatori, incisori e tipografi. Ha svezzato centinaia di migliaia di bambini, portandoli dalle immagini alle parole. Ha ravvivato la loro immaginazione, fornendo una valvola di sfogo per i loro problemi e le loro frustrazioni, ma soprattutto ha regalato loro milioni di ore di divertimento. Un albo a fumetti non è niente di più e niente di meno di tutto questo».

Ancora una volta, Gaines cercò di ricorrere alla memoria di suo padre per sottolineare la legittimità del proprio lavoro, nonostante la storia delle origini della Ec per mano di M.C. Gaines e il radicale cambiamento di direzione sotto suo figlio non facessero altro che rappresentare il nucleo più profondo delle paure dei genitori nei confronti degli albi: che rappresentassero una linea di demarcazione generazionale; che i ragazzi potessero crescere e andare per la propria strada, abbandonando tutto ciò in cui i loro genitori avevano creduto e tutto tutto ciò che avevano cercato di costruire col loro lavoro. «Oltre a *Picture Stories from the Bible* pubblico altri albi a fumetti», spiegò Gaines. «Per esempio, pubblico giornalini dell'orrore. Sono stato il primo editore degli Stati Uniti a pubblicare giornalini dell'orrore. Sono io il responsabile, li ho fatti nascere io. Ad alcuni possono non piacere», sottolineò Gaines, facendo una pausa senza alzare gli occhi dal foglio. «È una questione di gusti». Fece un'altra pausa, masticandosi per un istante la lingua. «Spiegare il fremito innocuo di una storia dell'orrore a un dottor Wertham sarebbe tanto difficile quanto spiegare il sublime dell'amore a una vecchia cameriera frigida. Mio padre era fiero degli albi che pubblicava, e io sono fiero di quelli che pubblico io. Abbiamo i migliori scrittori, i migliori disegnatori, facciamo di tutto perché ogni albo, ogni storia, ogni pagina sia un'opera d'arte».

Gaines non distolse mai lo sguardo dalla dichiarazione, ma la voce si fece più forte. «Gli albi a fumetti sono uno degli ultimi svaghi che al giorno d'oggi una persona può comprare per un decino. Quel che vendiamo è piacere, intrattenimento, goduria da leggere. Far divertire leggendo non ha mai fatto male a nessuno. Uomini di buona volontà, uomini liberi, dovrebbero essere grati per una frase in una dichiarazione rilasciata dal giudice federale John M. Woolsey quando annullò la messa al bando dell'*Ulisse*.[40] Il giudice Woolsey disse: "è solo delle persone normali che si occupa la legge. Lasciate che lo ripeta", disse; "è solo delle persone normali che si occupa la legge". I nostri figli americani sono per la maggior parte ragazzini normali. Sono ragazzini svegli; ma coloro che vogliono proibire gli albi a fumetti sembrano considerarli piccoli mostri malevoli e perversi, che usano i giornaletti come fonti di ispirazione. I mostri sono pochi. Non leggono albi a fumetti. È probabile che la maggior parte di loro frequenti scuole per bambini ritardati. Di cos'è che abbiamo paura? Abbiamo paura dei nostri stessi figli? Vogliamo dimenticarci che anche loro sono dei cittadini e che hanno il diritto di scegliere cosa leggere o fare? Crediamo che i nostri ragazzi siano cattivi, sempliciotti, che basti loro leggere la storia di un omicidio per commettere un omicidio», la voce di Gaines divenne ancora più forte, «la storia di una rapina per commettere una rapina?».

Stuart, particolarmente orgoglioso dell'aiuto fornito nella stesura di questo passaggio, applaudì silenziosamente Gaines e si accorse che questi stava iniziando a rilassarsi, anche se sperava che alzasse la testa dal foglio e che smettesse di far tremare la gamba. Qualche minuto dopo, conclusa la lettura della dichiarazione, Gaines poggiò le carte sul tavolo e si rivolse liberamente alla Commissione, pur tendendo ancora a tenere basso lo sguardo. «Se avete ancora un attimo di pazienza, vorrei discutere una cosa per cui il dottor Wertham mi ha provocato», disse Gaines. «Dottor Wertham, sono lieto di dirle che ho scorto una mezza verità, e ne sono sdegnato. Lei ha detto che in questo momento c'è in edicola un albo che predica l'intolleranza razziale. L'albo in questione è opera mia. Quel che ha detto, per quanto ha detto, era vero. All'interno della storia ci sono dispregiativi o frasi del tipo "sporco messicano"; ma il dottor Wertham non vi ha raccontato la trama della storia. Questa è una delle innumerevoli storie create per mostrare il male celato dietro pregiudizi razziali e violenza di massa, in questo caso contro messicani cattolici. Altre storie nella stessa collana hanno trattato l'antisemitismo e il disprezzo per la gente di pelle scura, i danni causati dalla dipendenza da droghe e lo sviluppo della delinquenza giovanile. Questa è una delle storie più brillanti che io abbia mai avuto il piacere di pubblicare. Ne ero molto orgoglioso e vederla usata in questo modo infame mi ha fatto davvero infuriare».

Il giovane avvocato Herbert Beaser, ignorando il succo dell'accusa di Gaines contro Wertham, si soffermò sul fatto che la premessa suggeriva una contraddizione rispetto alla rappresentazione fatta da Gaines circa il potenziale degli albi a fumetti come mezzo di comunicazione. I comic-book non erano «niente di più e niente di meno» che un mezzo per «intrattenere», «divertire» e far vivere un «fremito innocuo», come detto da Gaines all'inizio della dichiarazione? Oppure erano capaci di influenzare il modo di pensare dei lettori riguardo questioni importanti come il pregiudizio etico e razziale, come suggerito nel commento improvvisato? «Perché dice di non poter al tempo stesso usare nello stesso modo le pagine dei suoi albi per diffondere un messaggio che influenzerebbe i bambini in maniera negativa, ovvero spingendoli a compiere questi atti violenti, sadici, o qualsiasi altra cosa sia rappresentata?», chiese Beaser. «Perché non viene inviato loro alcun messaggio», rispose Gaines. Abbassando la testa e la voce, cercò di spiegare come la Ec variasse il modo di narrare le storie a seconda degli intenti in gioco. Per una «storia con un messaggio», spiegò Gaines, «gli insegnamenti» erano «ben spiegati nelle didascalie». Stava camminando sul fuoco e iniziò a inciampare. In realtà tutte le storie della Ec usavano quasi esclusivamente uno stile narrativo, e non c'era mai traccia di polemica nelle vignette di testo o nelle didascalie.

Dopo diversi minuti di dibattito con Beaser riguardo le minuzie delle didascalie degli albi a fumetti, Gaines cambiò tattica. Intenzionalmente o meno, fece come Wertham, sottolineando la propria lunga esperienza con quel genere di materiale e affermando che la Ec testava le proprie storie su campioni di lettori. La notizia dell'esistenza di un test del genere sorprese la Commissione, come anche Lyle Stuart e tutti i dipendenti della Ec che stavano seguendo le udienze da casa. «Con l'esperienza accumulata scrivendo queste storie per gli ultimi sei o sette anni, posso affermare che ogni volta che le abbiamo messe alla prova su bambini, adolescenti o adulti, nessuno si è mai identificato con chi sta per essere calpestato, ma sempre e solo con il forte», disse Gaines. «Quindi le provate anche sui bambini, vero?», intervenne Hendrickson. «Sì», rispose Gaines. «Come fate?» si intromise Beaser.

Fortunatamente per Gaines, Hennings lo interruppe, ritenendo che fosse di nuovo il momento di tirare in ballo Lucy, la piccola assassina. «È una delle sue serie, con quei disegni dei due sulla sedia elettrica, e la bambina nell'angolino?». «Sì». «Da quel che abbiamo capito», disse Hennings, «la bambina non finisce così per caso, vero? Sembra aver vinto, almeno in base a quanto abbiamo sentito stamattina riguardo questa storia». «Se mi è concesso spiegare», rispose Gaines, «il lettore non sa che andrà a finire in quel modo fino all'ultima tavola, il che è una delle cose che cerchiamo di fare nelle nostre storie, ovvero avere un finale in stile O. Henry in ciascuna di esse... Come può vedere, la bambina trascorre una vita orribile nelle prime sei o sette pagine. È solo in quella finale che esce vincitrice». «Esce vincitrice ricorrendo a omicidio e falsa testimonianza?» chiese Hennings. «Esatto».

Il consigliere capo della Commissione, Herbert Hannoch, intervenne: «è questa la conclusione in stile O. Henry?». «Sì», rispose Gaines. «In altre parole», disse Hannoch, «tutti quelli che leggono pensano che alla fine la bambina finirà in prigione. Così il finale alla O. Henry cambia le carte in tavole e la trasforma in una bimba raggiante?». «Fino all'ultima pagina nessuno sa che è stata lei», disse Gaines. «Crede che leggere queste cose faccia loro del bene?», domandò Hannoch. «Non credo affatto faccia loro del bene, ma non credo neppure che faccia loro alcun male», rispose Gaines.

Dopo aver iniziato difendendo gli albi a fumetti come uno strumento creativo tramite cui affrontare problemi, sfogare la propria frustrazione e dare sfogo all'immaginazione, Gaines aveva finito per liquidarli come neutrali, né dannosi né davvero positivi. A mano a mano che la Commissione continuò a porre domande, dibattendo con Gaines su questioni astratte o dettagli, la sua posizione si indebolì. La testa si afflosciò fino a una trentina di centimetri dal bancone dei testimoni, la gamba smise di tremare. Stuart, che conosceva Gaines meglio di chiunque altro (a parte la madre e, forse, Feldstein), intuì che Gaines stava lottando non solo per rimanere lucido, ma anche per restare sveglio. «Stava crollando»,[41] avrebbe detto in seguito. Nel ricordare questa fase della sua testimonianza, Gaines la spiegò così: «La Dexedrina ti mantiene pieno di energie, ma quando l'effetto viene meno ti ritrovi come una marionetta a cui hanno tagliato i fili. Più o meno a metà [della mia testimonianza] l'effetto passò e io mi ritrovai lì seduto come un pugile frastornato che viene fatto a pezzi».[42]

Alcuni minuti dopo, Beaser insistette con Gaines sul problema a doppio filo della possibile influenza degli albi sui lettori e sul senso di responsabilità di Gaines nella sua veste di editore. «Mi permetta di capire i limiti di quel che pubblica nei suoi albi», disse Beaser. «Il fatto che vendano bene è l'unica cosa che conta per lei? Non esiste niente che secondo lei non debba essere pubblicato semplicemente perché un bambino non dovrebbe guardare o leggere certe cose?». «No», rispose Gaines. «Direi che non esistono limiti per

Copertina di *Crime SuspenStories* n. 22, maggio 1954.

la ragione da lei indicata. Il mio unico paletto è legato al buon gusto, a quel che secondo me è buon gusto». «Quindi secondo lei non esiste alcun modo o maniera in cui un bambino potrebbe essere traumatizzato da quel che vede o legge?». «Penso di no». «Non ci sarebbe davvero nessun limite a quel che pubblicherebbe sui suoi albi?», chiese Beaser. «Solo entro i confini del buon gusto», rispose Gaines. «Il suo buon gusto e il potenziale di vendita?». «Sì».

Intervenendo dal bancone, Kefauver sollevò la copia di un numero recente di *Crime SuspenStories*. La copertina, opera di Johnny Craig, raffigurava la testa mozzata di una bella donna bionda, tenuta sospesa a mezz'aria per i capelli dal suo assassino. «Questo è il suo numero di maggio, il 22», disse Kefauver. «Sembra raffigurare un uomo con un'ascia sporca di sangue, che stringe la testa di una donna, mozzata dal corpo. Secondo lei questo è buon gusto?». «Secondo me sì, signore, per essere la copertina di un albo a fumetti dell'orrore», rispose Gaines. «Una copertina di cattivo gusto, per esempio, avrebbe posto la testa un po' più in alto, in modo che si vedesse il sangue grondare dal collo mozzato, oppure avrebbe spostato un po' la posizione del cadavere, in modo da far vedere il sangue alla base del collo».

«Le esce sangue dalla bocca», fece notare Kefauver. «Un pochino». «E c'è del sangue sull'ascia», continuò Kefauver. «Credo che molti adulti lo riterrebbero perturbante». Preso un altro numero di *Crime SuspenStories*, Kefauver proseguì: «questo è il numero di luglio. Sembra raffigurare un uomo e una donna su una barca, dove lui sta soffocando lei con un piede di porco. È buon gusto?». «Credo di sì», rispose Gaines. «Come potrebbe essere peggio?» chiese Hannoch. In quel momento intervenne Hennings. «Non credo che lo scopo della nostra Commissione sia discutere con questo signore. Direi che ci ha enunciato il succo della sua filosofia [...]».

Nell'appartamento di Joe Simon al centro di Manhattan, Simon e Jack Kirby stavano seguendo le udienze in compagnia del loro amico e collaboratore Jack Oleck, scrittore di albi a fumetti. In quel momento della dichiarazione di Gaines, Kirby emise un grugnito e Simon rimproverò Gaines: «stupido, stupido, stupido!».[43]

Per la Commissione sulla delinquenza, una testa mozzata aveva lo stesso valore di un paio di mani tagliate per la Commissione sul crimine. Quel che rimase impresso nella mente di tutti coloro che seguirono le udienze in televisione il 21 aprile 1954 fu Estes Kefauver che solleva una copertina di *Crime SuspenStories*, solo per sentirsi dire da uno smorto editore occhialuto che secondo lui il disegno di un omicidio perpetrato con un'ascia è di buon gusto. Il secondo giorno delle udienze, il 22 aprile, il *New York Times* dedicò una pagina intera a Gaines: «L'orrore non fa male, dichiara un editore di albi a fumetti».[44] Dei ventuno capoversi dell'articolo, tredici riguardavano Gaines e la sua testimonianza, e uno Wertham. Sul *New York Post* l'opinionista Max Lerner scrisse:

> Il momento topico della giornata è stato William M. Gaines [...]. Poco prima di definire «di buon gusto» la copertina particolarmente violenta di un albo, raffigurante la testa mozzata di una donna sollevata da un uomo armato di ascia, Gaines aveva dichiarato che ogni editore di albi a fumetti è egli stesso giudice e giuria di morale e gusto estetico. Questo significa che la società è una giungla; un'affermazione che non possiamo accettare.[45]

I quotidiani di città lontanissime da Foley Square, come Lima, nell'Ohio, pubblicarono degli editoriali contro la testimonianza di Gaines. Sia *Time* che *Newsweek* riportarono nel dettaglio la discussione sul «buon gusto».[46] Con delle brevi e semplici frasi sulla copertina di un giornalino dell'orrore, Bill Gaines aveva toccato il nocciolo dell'intera polemica sugli albi a fumetti. In oltre quindici anni di dibattiti a riguardo, niente aveva avuto un impatto maggiore della dichiarazione di Gaines secondo cui una certa quantità di sangue, mostrata in un certo modo, era di buon gusto per un giornaletto dell'orrore. Sia Gaines che coloro che lo interrogarono resero ben chiaro che il vero problema non era né la criminalità giovanile né la sanità mentale, né l'alfabetismo né i danni alla vista causati dal tipo di stampa degli albi a fumetti. Era una questione di *gusto*: l'affermazione secondo la quale i valori estetici sono relativi. La minaccia implicita nei candidi commenti criptici di Gaines sul gusto non era insita nel fatto che una certa quantità di sangue potesse essere buona o cattiva, ma nel fatto che egli si concedesse il diritto di decidere a riguardo seguendo solo le proprie idee. Gaines aveva suggerito che quel che era giusto per un lettore avrebbe potuto essere sbagliato per un altro con idee o età diverse.[47] Addirittura, aveva sottolineato apertamente la questione già in quella pubblicità, «SEI UNO SCIOCCO COMUNISTA?», che tanto aveva fatto infuriare Hendrickson al Senato. «Non è che A LORO non piacciano gli albi! È che non vogliono che piacciano A VOI!»,[48] aveva scritto. Agli occhi dei genitori dei lettori di albi a fumetti negli anni del dopoguerra, le storie sul crimine e dell'orrore sembravano mostrare su di uno schermo gigante l'immagine di una generazione scatenata non solo in termini di gusti di lettura ma anche di vestiario, linguaggio e musica. In effetti, a meno di un anno dalle udienze della Commissione Hendrickson, sarebbe nata una nuova minaccia allo status quo culturale, il rock'n'roll, che avrebbe rimpiazzato gli albi a fumetti come oggetto del disprezzo pubblico.

Come le udienze sul crimine organizzato, quelle sugli albi a fumetti e la delinquenza giovanile finirono per diventare procedimenti giudiziari piuttosto che semplici inchieste: nelle udienze del 1951 un senatore, Herbert R. O'Conor del Maryland, per sbaglio aveva definito un testimone «l'imputato».[49] E a giudizio non c'era solo Bill Gaines, ma l'intera industria del comic-book, mentre gli spettri delle udienze sul crimine sembravano incriminarli per complicità: Foley Square, Estes Kefauver, telecamere, riflettori, discorsi di omicidi, violenze e corruzione. Gaines comprese ben presto quel che era successo. «Fu un'esperienza difficile, perché d'un tratto scopri che tutti quelli che conosci iniziano a trattarti come se fossi un criminale», ricordò. «Poco prima c'erano state le famose udienze Kefauver, con mafiosi e criminali, che avevano avuto un enorme risalto. Così, improvvisamente, tutti noi editori di albi a fumetti, e io in particolare, ci ritrovammo classificati insieme a Frank Costello e a tutti gli altri delinquenti che erano stati trascinati di fronte a Kefauver. Tecnicamente Kefauver non era a capo della Commissione sugli albi a fumetti, ma di certo fu abbastanza duro nei *miei* confronti». Bloccato a letto per dolori di stomaco per diversi giorni dopo le udienze, Gaines non tornò al lavoro fino a lunedì 26 aprile. Nel corso della settimana precedente aveva perso quasi cinque chili. Quando invitò Feldstein a pranzo, scoprì un inatteso vantaggio nell'avventura di Foley Square. I camerieri di Patrissy sembravano trattarli con cura particolare, e per dolce portarono un intero vassoio di biscotti offerti dalla casa. Feldstein ipotizzò che la notizia delle udienze ormai si fosse diffusa a Little Italy, e di conseguenza ora si credeva che Gaines fosse legato alla mafia.

NE ABBIAMO AVUTO ABBASTANZA! 14

Il 22 aprile del 1954 ebbero luogo due atti di paranoia postbellica. Entrambi avvennero sotto forma di udienze del Senato ed entrambi finirono nello stesso giorno sulle prime pagine dei giornali di tutto il paese.[1] Mentre, a New York, Robert C. Hendrickson concludeva le indagini sugli albi a fumetti e la delinquenza giovanile, a Washington Joseph McCarthy iniziava ad approfondire le presunte infiltrazioni comuniste nell'Esercito. Entrambe le sessioni furono decisive, anche se in maniere opposte. Le udienze sugli albi a fumetti gettarono benzina sul fuoco di una crociata in ascesa, mettendo in moto un turbinio di eventi che si sarebbero presto rivelati devastanti per l'industria del settore, laddove le udienze sull'Esercito erosero un movimento in declino, screditando McCarthy e il suo tormentone sui comunisti. A un anno di distanza dalle udienze, la carriera di McCarthy sarebbe praticamente arrivata al capolinea, proprio come le carriere di tantissime persone che creavano giornalini a fumetti.

Gli effetti delle udienze di Hendrickson, e della quasi contemporanea pubblicazione di *Seduction of the Innocent*, si fecero ben presto sentire sui disegnatori e scrittori di comic-book. Quella primavera Bob Oksner, specializzato in fumetti umoristici e dai disegni leggeri, stava svolgendo dei lavori dai temi edificanti, di pubblico servizio,[2] per la National/Dc («Prendi posto a sedere sul loggione al cospetto delle meraviglie della natura», «Con quanta prudenza guidi?»). Egli e la moglie si erano da poco trasferiti a

Teaneck, nel New Jersey, e avevano visitato il rabbino locale per entrare a far parte della sua sinagoga. Quando Oksner si lasciò sfuggire che disegnava albi a fumetti, il rabbino si bloccò e iniziò a rimproverarlo: «come può fare una cosa del genere? Pensi a quel che sta facendo ai bambini!».[3] Oksner e la moglie andarono via senza unirsi alla sinagoga.

Dick Ayers (n. 1924), un inchiostratore che lavorava su serie a fumetti western e di fantascienza (oltre a qualcuna dell'orrore), principalmente alla Timely, aveva una figlia in terza elementare, che un giorno chiese ai genitori dei libri da donare per una raccolta di fondi della scuola. Il padre le diede una scatola di albi a fumetti, inclusi alcuni che aveva autografati appositamente per l'occasione. La scuola li rimandò indietro dicendo che non avrebbero dovuto essere venduti ma bruciati. Poco tempo dopo, un altro figlio di Ayers dovette dare una relazione orale sulla sua famiglia e, per non essere messo in imbarazzo, mentì dicendo che il padre lavorava in fabbrica.[4]

Settimane dopo le udienze, la polemica sugli albi a fumetti occupava ancora le prime pagine di molti giornali in tutto il paese. Nella parte settentrionale dello stato di New York, il 10 maggio, il *Buffalo Evening News* iniziò un'inchiesta in cinque parti:[5] «Horror per piccoli lettori – Tutto al prezzo di un decino» (probabilmente ispirata all'inchiesta dell'*Hartford Courant's*, «Depravazione per bambini – A 10 centesimi la copia!»). Scritta dal corrispondente di Washington del giornale, Arthur L. Davis, si trattava in pratica della ristampa di parte delle udienze di Hendrickson, basate forse su trascrizioni ottenute da Davis nella capitale. Felice per tale copertura giornalistica, Hendrickson lesse gli articoli al Senato e li fece inserire negli Atti del Congresso.[6]

Due settimane dopo, in Ohio, il *Cleveland Press* lanciò una serie di quattro articoli su «sangue, violenza e sesso» negli albi a fumetti.[7] Incentrata sulla situazione locale, fu realizzata dal giornalista Bud Weidenthal, che comprò svariati albi dell'orrore, rosa e del crimine in luoghi di ritrovo di studenti dopo la scuola e ne descrisse i dettagli più sgradevoli con ampia dovizia di particolari: il primo articolo aveva come illustrazione una nuvoletta di testo al cui interno c'erano dialoghi come «Prima ci sbarazzeremo di questa pistola ad aria compressa e poi ti farò a pezzi fino a lasciarti in fin di vita», oppure «Tom... Dick... Harry... sono venuti e andati. Mi sono fatta le mie risate e ho avuto i miei bei momenti. Potevo procurarmi uomini a un decino la dozzina...». Spinto dall'inchiesta,[8] il procuratore della polizia di Cleveland, Bernard J. Conway, iniziò a svolgere egli stesso indagini sugli albi a fumetti venduti in città, leggendone oltre trecento confiscati nelle edicole. Conway compilò una «lista nera» di ventitré serie (tra cui *Crime and Punishment*, *Chamber of Thrills*, *Web of Evil* e *Teen-Age Romance*)[9] e diede ordine alle forze di polizia di sequestrare tutte le copie che fossero riusciti a trovare nei negozi di Cleveland. Conway disse che gli edicolanti che si fossero ostinati a mettere in vendita queste serie avrebbero rischiato l'arresto per aver violato un'ordinanza cittadina che vietava di mettere in mostra «opere letterarie inadatte ai giovani». La punizione era una multa fino a 500 dollari per la prima infrazione e fino a sei mesi di lavori socialmente utili per la seconda.[10] «Ordine d'arresto contro i fumetti sul sesso – gli albi sgradevoli saranno schedati per un intervento "a muso duro"», avvertiva il *Press* in uno strillo in prima pagina. Solo una lettera di dissenso fu pubblicata sul quotidiano, da parte di un lettore di nome John M. Mosberger:

> Credo che il direttore possa ricordare che i libri di Jesse James, quelli sulla banda dei Dalton, la serie di Nick Carter e molti altri che non sto qui a elencare, fossero pari agli albi a fumetti di oggi in termini di orrore; anzi, li superavano [...]. Per di più, signor direttore, rispetto ai film dell'orrore dei tempi del cinema muto [...] gli albi di oggi sono quasi blandi.
>
> Il contributo principale alla delinquenza giovanile non viene dagli albi a fumetti, o dai libri sul sesso e sul crimine, o dai film dell'orrore, ma dal costume moderno che vede entrambi i genitori lavorare [...]. La delinquenza sale alle stelle perché sempre più donne sposate lavorano negli uffici o nelle fabbriche.[11]

La Commissione di Robert C. Hendrickson continuò a indagare sul problema della delinquenza (ricevendo la sua fetta di lettere a sostegno delle teorie esposte da Mosberger).[12] Incoraggiato dalla risposta del pubblico alle udienze di aprile, Hendrickson decise di mettere in programma una sessione aggiuntiva sui giornalini a fumetti, che avrebbe avuto luogo in giugno a New York. Gaines, ferito ma non domo, gli mandò una lettera di protesta, lamentandosi del trattamento ricevuto alle udienze di aprile e accusando che l'intento nascosto della Commissione fosse di arrecar danno non solo a lui ma all'intera industria degli albi a fumetti. Spiegando le ragioni per la sua stanchezza alle udienze, Gaines fece notare che l'ora della sua testimonianza era stata spostata di diverse ore per far spazio alle dichiarazioni di Wertham:

Non c'è bisogno che le dica che è stato un trattamento molto diverso rispetto a quello con i guanti usato con il dottor Wertham – che ha parlato per ore e ore – visto che la maggior parte della sua testimonianza serviva palesemente solo ad aumentare le vendite del suo libro [...]. La caccia alla notizia da prima pagina messa in pratica dalla sua commissione ha dato forza a coloro che nella nostra società vogliono ricorrere alla censura e fare di tutta l'erba un fascio. Il risultato è che i miei affari, come tutta l'industria del fumetto, ne sono usciti pesantemente danneggiati. Dal momento che questo era un palese obiettivo della sua commissione, spero che la cosa le dia un po' di soddisfazione.[13]

Gaines inoltre iniziò una controffensiva mediatica contro gli sforzi di Hendrickson: un nuovo annuncio chiamava a raccolta i lettori della Ec in difesa dei loro albi. Pubblicato nei numeri autunnali di cinque collane della casa editrice, che uscirono in edicola in estate, e inviato anche per posta ai cinquemila iscritti al notiziario *The Ec Fan-Addicts Bulletin*, diceva, fra le altre cose:

Editoriale speciale: questa è una richiesta di intervento!

Il problema: I giornalini a fumetti sono sotto assedio... specie quelli dell'orrore e sul crimine. A causa degli sforzi di molti «benpensanti» e dei loro gruppi, una grossa fetta di pubblico è stata spinta a credere che alcuni albi a fumetti siano una causa di delinquenza giovanile, che distorcano la mente dei giovani e influenzino lo sviluppo delle personalità di chi li legge... Alla lunga, si spaventano tutti. Si spaventa l'edicolante, che rimuove gli albi dalle vetrine. Si spaventa il grossista, che ne rifiuta la consegna. Si spaventano i membri del Congresso... novembre si sta avvicinando! E aprono un'inchiesta. Quest'onda di isteria ha messo fortemente a rischio l'esistenza stessa dell'intera industria dei comic-book.

Siamo convinti: I vostri redattori sono sinceramente convinti che la dichiarazione alla base di questa crociata... che gli albi a fumetti siano dannosi per i bambini... sia una *sciocchezza*... Siamo [inoltre] convinti che coloro che si oppongono agli albi siano solo una piccola minoranza. Eppure questa minoranza sta causando l'isteria di massa. La voce della *maggioranza*... di quelli che comprano albi a fumetti, li leggono, se li godono senza venirne danneggiati... non è stata ascoltata!

È TEMPO CHE LA VOCE DELLA MAGGIORANZA SI FACCIA SENTIRE! È tempo che la sottocommissione del senato senta la VOSTRA VOCE... *quella di ciascuno di voi!*

Ovviamente, se voi o i vostri genitori *non siete d'accordo* con noi, e siete convinti che gli albi a fumetti SIANO un male, fatevi sentire lo stesso! La cosa importante è che la sottocommissione senta le opinioni di persone che leggono davvero gli albi a fumetti, e/o dei loro genitori, piuttosto che di gente che non ha mai letto un albo in vita sua ma vuole comunque distruggerli.[14]

Hendrickson rispose appellandosi ai suoi sostenitori, il Senato. Scrisse un veemente discorso denunciando Gaines e difendendo lo studio sugli albi a fumetti ancora in corso da parte della sua Commissione. «Di recente ho ricevuto una lettera velenosa da parte di uno degli editori dei cosiddetti comic-book che ha messo in discussione l'integrità della Sottocommissione», fece notare Hendrickson. «Sono dell'opinione che il modo di pensare contorto espresso da questa lettera meriti di ricevere una risposta qui al Senato». Dopo aver identificato Gaines e la sua azienda, Hendrickson citò alcuni passaggi particolari della lettera dell'editore: «ha detto, con una certa temerarietà, che la Sottocommissione sta "mettendo in pratica una caccia alla notizia da prima pagina" al solo scopo di "distruggere l'industria del fumetto". In un passaggio della sua accusa, quest'uomo ha detto che in alcune città sono state create delle "liste nere pubbliche" di albi a fumetti in seguito alle nostre udienze». Ripetendo con dovizia di particolari la testimonianza di Gaines sul gusto, Hendrickson derise il modo in cui Gaines aveva «approvato con tranquillità il proprio lavoro, sbalordendo gli increduli membri del pubblico e della Sottocommissione». E, per quanto riguardava la «richiesta d'azione» di Gaines, Hendrickson la liquidò come un tentativo «di metterci pressione spingendo centinaia di ragazzini a scriverci per protestare contro la nostra indagine. Ho qui una copia del comunicato speciale che ha inviato a migliaia di ragazzi americani per spingerli ad agire in questo modo. Ora, non sono contrario al fatto che questi ragazzi scrivano ai loro rappresentanti al Congresso. Al contrario, spero lo facciano. Ma mi oppongo all'insinuazione, presente in questo comunicato inviato a migliaia di persone, che l'indagine del Congresso stia venendo condotta perché "novembre si sta avvicinando". È una calunnia, Signor Presidente, per cercare di screditare l'integrità del Senato agli occhi della gioventù americana. E mi sento profondamente offeso».

Per sottolineare gli effetti positivi della sua inchiesta, Hendrickson sottolineò che «una trentina di collane sono state cancellate come conseguenza diretta delle nostre udienze», e concluse così: «nessun attacco a questa Commissione da parte di un editore i cui prodotti hanno generato sgomento e indignazione alle nostre udienze potrà impedirci di gettare ancora più luce su qualsiasi tipo di legame esista tra i mezzi di comunicazione di massa e la preoccupante esplosione di criminalità giovanile di questi tempi».[15] Il secondo turno di udienze della Commissione Hendrickson sugli albi a fumetti si tenne venerdì 4 giugno, nella ben nota aula 110 del tribunale di Foley Square.[16] A differenza delle sessioni precedenti e di quelle della Commissione Kefauver sul crimine, stavolta si trattò principalmente di udienze di natura tecnica, che non vennero trasmesse in televisione. Era presente solo metà della Commissione: Hendrickson e Thomas C. Hennings, insieme al direttore della Commissione Richard Clendenen; Herbert Beaser, che aveva sostituito Herbert Hannoch come consulente principale; e qualche membro dei loro staff. Cinque testimoni su otto (tre distributori, il presidente dell'Associazione edicolanti e il proprietario di un negozio) risposero a domande riguardanti l'argomento principale delle udienze, la distribuzione e la vendita degli albi a fumetti; uno era un collega di Hendrickson all'Associazione degli avvocati del New Jersey; l'altro, James A. FitzPatrick, membro dell'Assemblea dello stato di New York, era un forte sostenitore della creazione di leggi sugli albi a fumetti, e solo un altro impegno preesistente gli aveva impedito di partecipare alle udienze di aprile. Richiamando l'uditorio all'ordine, Hendrickson dichiarò che lo scopo di questa sessione era di proseguire l'indagine della Commissione sulla delinquenza sugli albi a fumetti «del crimine e dell'orrore, lascivi e carnali».[17] «La risposta alle nostre precedenti udienze sugli albi a fumetti dell'orrore è stata estremamente gratificante per il capo della Commissione», disse Hendrickson.

«Oggi ci occuperemo della questione della vendita e distribuzione degli albi e di alcune proposte che ci sono state suggerite e che potrebbero essere utili per combattere l'influenza negativa che un certo tipo di pubblicazioni ha sui giovani». La nozione che alcuni albi a fumetti influenzassero i giovani e, soprattutto, che tale influenza fosse negativa, era ormai considerata un dato di fatto. La maggior parte delle testimonianze del giorno furono dedicate alla questione delle vendite «in blocco», ovvero quei casi in cui i distributori fornivano agli edicolanti gruppi eterogenei di riviste, scegliendo sostanzialmente le pubblicazioni al posto loro. In alcuni casi, questo metodo obbligava gli edicolanti a mettere in vendita qualsiasi tipo di rivista i distributori desiderassero promuovere. Durante le udienze del 4 giugno, tutti e otto i testimoni concordarono sulla necessità di permettere sia ai giornalai che ai distributori di scegliere i loro prodotti con maggior libertà, in modo da liberare le edicole dagli albi a fumetti di cattivo gusto. L'unico nodo riguardava la questione delicata della scelta dei criteri da seguire: chi avrebbe definito cosa fosse di cattivo gusto, e come si sarebbe potuto obbligare a seguire tali parametri una volta che fossero stati stabiliti? Quelli che lavoravano nel settore spingevano per un rifiuto volontario e autonomo, mentre FitzPatrick avrebbe voluto un intervento del governo.

FitzPatrick, il primo testimone della giornata, si presentò con una lunga dichiarazione preparata in anticipo, in cui parlò di nuovo della prima storia dell'ormai tristemente famoso primo numero di *Panic*, «La giuria è la mia pistola», descrivendo le immagini e leggendo i testi quasi pagina per pagina. Palesemente ignaro del fatto che il lavoro era da intendere come parodia per mettere in ridicolo Mickey Spillane e i lettori dei suoi racconti pulp, pieni di cruenze assortite, FitzPatrick citò le nuvolette di testo come prova del concetto estetico dell'albo. «"Arrivo perfino a star male [...] Ma quegli idioti là fuori comprano questa roba. La divorano. La amano! Più violenta è, e meglio è! Questo... e il sesso". Ora, se mai ci fosse bisogno di una palese e totale dimostrazione delle ragioni per la pubblicazione di quest'albo, mi permetto di dire, senatore, che è questa, ed è messa nero su bianco», disse FitzPatrick. Continuò poi a sfogliare lo stesso numero di *Panic* – «mettendo da parte questo marciume, e lo chiamo marciume senza alcun tipo di riserva» – fino ad arrivare alla versione di Will Elder di «Notte prima di Natale». Dopo aver definito l'opera originale «uno dei poemi più fantastici che abbiamo mai avuto in tutta la nostra storia», ne descrisse la rilettura grafica come «un completo e totale ciarpame ». Dopo aver ripetuto diverse volte che la pubblicazione era opera della Tiny Tot Comics, FitzPatrick affermò che «lo stesso» editore

Gaines aveva dichiarato «che il solo scopo di questa pubblicazione» fosse «sesso e orrore». FitzPatrick concluse dichiarando che la cura migliore contro tale immondizia fosse la legge. «Stanno avendo luogo azioni di gruppo per limitare le vendite [...] la gente sta finalmente iniziando ad aprire gli occhi, ma c'è molto da fare. Sono convinto che sia il momento che il nostro popolo, il Congresso e i tribunali si sveglino e si rendano conto che i promulgatori della Costituzione non possono aver garantito i grandi diritti della libertà di stampa come scappatoia per permettere a editori irresponsabili di avvelenare a scopo di lucro le menti e la morale dei nostri figli. Abbiamo bisogno di leggi molto più efficaci, a livello sia statale sia federale».[18]

Nelle settimane seguenti, le speranze di FitzPatrick iniziarono ad avverarsi. I gruppi civili si mossero ulteriormente contro i giornalini a fumetti, facendo aumentare gli appelli per la creazione di nuove leggi. Il 23 giugno il Procuratore Generale e Ministro della Giustizia del Massachusetts, George Fingold, annunciò di aver stipulato un accordo con i distributori di quotidiani della zona di Boston per «bloccare la circolazione»[19] di albi a fumetti di cattivo gusto; per di più, Fingold disse di avere in programma per la settimana successiva un incontro con altri distributori, per discutere una limitazione a livello statale. Quattro giorni più tardi l'Associazione nazionale sceriffi, all'assemblea annuale a Washington, votò una risoluzione che «condannava»[20] le collane a fumetti dell'orrore, raccomandando una legge che ne limitasse le vendite. Cinque giorni dopo, il Consiglio nazionale dei giudici dei tribunali della gioventù, nel corso di un convegno a Colorado Springs, invocò una legge per «rendere illegali» quegli «albi a fumetti e riviste dell'orrore che mostrano crimine, sadismo, erotismo volgare e scene terrificanti»; i giudici decretarono all'unanimità che tale materiale contribuisse «al decadimento morale dei giovani d'oggi».[21] Altri cinque giorni dopo la signora Chapman, presidente della Federazione generale dei circoli per signore, annunciò nel corso di una conferenza stampa di essere pronta ad avviare una «guerra» contro gli «spaventosi» albi a fumetti; attraverso i suoi undici milioni di iscritte, la Federazione intendeva chiedere agli editori di interrompere la pubblicazione degli albi «raccapriccianti» ed esortare lo stato e i capi politici locali a promulgare delle leggi per «bloccare la distribuzione di albi a fumetti offensivi»,[22] come detto da Chapman stessa. Due giorni dopo, il 10 luglio, l'Assemblea dei genitori e insegnanti della California, nel corso della sua conferenza annuale, acconsentì a fare pressione sul Comitato direttivo della California per ottenere «un'azione legislativa per mettere fuori legge» gli albi a fumetti «che mostrano crimine e sadismo, perversione, erotismo volgare e temi dell'orrore»;[23] nel frattempo, il gruppo avrebbe inviato una petizione all'Associazione genitori e insegnanti per chiedere la mobilitazione di tutti i gruppi locali contro le collane a fumetti di cattivo gusto. Prima della fine dell'estate altre organizzazioni, dalle Donne Ausiliarie dell'Ordine Militare del Cuore Purpureo alla divisione sul crimine dell'Associazione nazionale degli avvocati americani, si sarebbero unite al coro di condanna contro le serie a fumetti più offensive, chiedendo un intervento del governo per proteggere i giovani statunitensi dalla loro nefasta influenza.[24]

«C'era un senso di angoscia, nell'aria, ed era contagioso»,[25] ricorda Rocco Motto, uno psichiatra californiano che venne convocato come testimone esperto nel corso di un'azione legale contro la legge della contea di Los Angeles che limitava la vendita di albi del crimine.

> I genitori erano sinceramente preoccupati per il comportamento degli adolescenti e dei ragazzi, la cui condotta deludeva le loro aspettative. Ovviamente, questi genitori avevano dimenticato che era del tutto normale per dei ragazzi ribellarsi ai loro genitori. Tutti i genitori se lo dimenticano... ma, in quel periodo, la situazione era peggiorata dal fatto che erano spuntati questi nuovi tipi di cultura popolare – albi a fumetti e televisione, oltre, ovviamente, ai film al cinema, che però non erano più una novità – [i quali] rendevano affascinanti i ribelli, e i giovani emulavano questi ribelli che vedevano sugli albi a fumetti e altrove. Di conseguenza, genitori e altri – non solo i genitori – erano disperatamente alla ricerca di una soluzione, e gli albi a fumetti erano il bersaglio perfetto... [perché] non avevano difensori credibili. Quando decisi di dichiarare alcune di queste cose [in tribunale] la gente ne rimase sbalordita, perché tutto quel che avevano sempre sentito era che gli albi a fumetti erano responsabili di cose terribili, e che qualcuno doveva fare qualcosa a riguardo.[26]

Nel caso in cui Motto testimoniò in difesa di un edicolante arrestato per aver venduto albi sul crimine, l'accusa convocò come esperta Hilde Mosse, collega di Wertham alla Lafargue.

Disegnatori e sceneggiatori potevano avvertire la crescente pressione contro gli albi a fumetti. Molti, come Joe Simon, John Severin, Carmine Infantino (n. 1925) e Jim Mooney (1919-2008), videro le schiere dei propri amici ridursi sensibilmente. Mooney, per esempio, aveva una baita sulle Catskill, non lontano da Woodstock, ma solitamente non parlava del proprio lavoro con la gente del posto. Nell'estate del 1954 Stan Lee, il redattore di Mooney alla Timely, andò a trovare il disegnatore per un fine settimana, quando uno degli amici di Mooney del posto passò per una visita a sorpresa. Il tipo in questione, un commerciante di armi da caccia, intavolò con Mooney una conversazione sui fucili d'epoca e Lee lo interruppe, affermando che, in quanto redattore di albi a fumetti, aveva una buona conoscenza delle armi. «Quel tipo perse le staffe»,[27] ricorda Mooney. «Disse "fai albi a fumetti? È praticamente un crimine... una cosa vergognosa. Dovresti andare in galera per quel che fai", e così via». L'uomo lasciò la baita di Mooney e non passò mai più a trovarlo. Anni dopo, Mooney venne a sapere che la stessa persona aveva venduto armi a mercenari in Sud America. «Quel tipo aiutava chissà chi a uccidere la gente, eppure [pensava] che noi facessimo di peggio creando albi a fumetti».[28] Mike Esposito (n. 1927), che insieme al collega disegnatore Ross Andru (1927-1993) mandava avanti un piccolo studio di produzione di albi a fumetti, venne a sapere che sua moglie era stata molestata dalle amiche per via del suo lavoro. Come ricorda Esposito, la consorte gli disse «lascia quel lavoro: fa' un'altra cosa qualsiasi, entra alle Poste».[29]

Bill Gaines, sempre orgoglioso degli albi della Ec, come aveva dichiarato il 21 aprile nel corso della sua testimonianza, e sempre convinto di star agendo nell'interesse dei suoi giovani lettori, trovò debilitante dal punto di vista economico, emotivo e intellettuale l'atmosfera ostile che si era venuta a creare contro le testate del crimine e dell'orrore. I venditori di albi a fumetti all'ingrosso e i giornalai, oggetto principale delle leggi statali e di un'udienza della Sottocommissione al Senato, adesso dovevano fronteggiare anche l'ira di eserciti di gruppi civili. La Ec, che sfruttava un distributore abbastanza piccolo e poco influente, la Leader News, continuava progressivamente a subire danni, visto che i rivenditori erano sempre più riluttanti all'idea di trattare albi che potessero causare la reazione del pubblico o delle autorità locali. «Ricevevamo indietro scatoloni di albi ancora intonsi»,[30] ricordò Al Feldstein. «Bill era preoccupato: questa era la sua fonte di sostentamento, la sua creatura. Doveva far qualcosa, ma non sapeva cosa, e dopo quel che gli era successo alle udienze aveva un po' paura».

Lyle Stuart, che non aveva affatto paura, come aveva dimostrato accusando a testa bassa Walter Winchell, incoraggiò Gaines a combattere le polemiche sugli albi a fumetti sfruttando la stessa arma e in maniera migliore. Consigliò a Gaines di cercare di creare una coalizione di editori di albi a fumetti; avrebbero potuto mettere insieme dei fondi per screditare le accuse di Wertham e portare avanti una campagna mediatica per far aumentare di nuovo la fiducia in tutte le serie a fumetti, incluse quelle della Ec. Una delle idee di Stuart prevedeva il commissionare uno studio sugli albi a fumetti a Eleanor e Sheldon Gluek, ricercatori della Harvard University che avevano pubblicato parecchio materiale sulla delinquenza giovanile, attribuendo il fenomeno prevalentemente alle condizioni dell'ambiente familiare.

«Dissi "Bill, sappiamo entrambi che va fatto qualcosa, o siamo spacciati. Non vogliamo i censori del governo, e quelli ormai sono dietro l'angolo. Uniamoci agli altri editori e cerchiamo di mettere a punto un piano"»,[31] ricordò Stuart. «Bill era interessato, ma anche preoccupato. Gli dissi "tu offri i pranzi e io li organizzo"». Stuart iniziò a fissare una serie di incontri privati per sondare il terreno con gli altri editori, portandoli a pranzo al ristorante Toots Shor, il posto dove si ritrovava la gente dello spettacolo, nel quartiere dei teatri e dei cinema. Andarono abbastanza bene da incoraggiare Gaines a invitare tutti gli editori di fumetti a New York, per un incontro di gruppo. Stuart prenotò una stanza d'albergo e inviò per posta un invito aperto. Si apriva dicendo:

> Cari colleghi editori di albi a fumetti:
> se è vero che soltanto i pazzi si fanno avanti quando gli angeli hanno paura di fare un passo, allora direi che la Ec è abbastanza pazza. Potremmo ritrovarci con le ossa rotte. Ma, comunque vada, credo che qualcuno debba prendere l'iniziativa.[32]

Come ricordato poi da Gaines, «con gran sorpresa di tutti, nove editori si presentarono al primo incontro. Tredici al secondo. Al quarto, l'organizzazione era diventata un movimento che coinvolgeva tutta la categoria ed era pronta a uscire formalmente allo scoperto».[33] Trentotto editori, distributori, tipografi e incisori parteciparono a quella quarta riunione, tenutasi il 17 agosto 1954 al Biltmore Hotel di Manhattan. Elliot Caplan, scrittore e redattore alla Toby Press nonché fratello di Al Capp [Alfred Gerald Caplin, 1909-1979, autore di *Li'l Abner*, 1934], fece da presidente, mentre a John Goldwater, editore degli albi Archie, fu dato l'incarico di supervisionare il comitato organizzativo. L'assemblea si era evoluta in un'associazione di categoria per l'industria degli albi a fumetti, una vera e propria sostituta dell'inutile Acmp; i soci fondatori decisero di chiamarla Comics Magazine Association of America (Cmaa), Associazione riviste a fumetti d'America, e, come prima cosa, decisero di creare un codice qualitativo che regolasse i contenuti degli albi, unito a un sistema che ne garantisse la messa in pratica sotto il controllo di un supervisore indipendente e super partes.[34] I membri concordarono di offrire la carica a Fredric Wertham e iniziarono a stabilire i dettagli del codice contenutistico.[35] Tra le prime idee ci fu l'eliminazione delle parole «orrore» e «terrore» dai titoli delle serie.[36] Bill Gaines, editore di *The Vault of Horror* e *The Crypt of Terror*, si alzò dalla sedia esclamando «non era questo quel che avevo in mente»[37] e andò via.

«Ho sempre trovato ironico il fatto che fui io a far nascere quella dannata associazione, e la prima cosa che fecero fu mettere al bando le parole "inquietante", "orrore" e "terrore" da qualsiasi albo a fumetti [...] quelle erano le mie tre parole principali».[38] Quando la Cmaa fu formalmente costituita, il 7 settembre 1954, i membri contavano ventisei editori (tra i quali National/Dc, Timely/Atlas/Marvel, Archie, Harvey, Gleason, Quality e St. John) e diciannove aziende coinvolte nelle operazioni tecniche e di distribuzione. Solo tre editori importanti rifiutarono di entrarne a far parte: Dell, i cui albi umoristici per ragazzi erano ben noti per la loro integrità; Gilberton, editore di *Classics Illustrated*, il cui legame con la letteratura con la L maiuscola comunicava rispettabilità e i cui redattori forse capirono che la grossa quantità di violenza presente negli adattamenti delle opere di Shakespeare avrebbe potuto rappresentare un problema per la Cmaa; e la Ec, che non poteva esistere in un ambiente ostile a terrore e orrore.[39] Sia Gaines che Stuart detestavano John Goldwater, che era stato eletto presidente fondatore dell'associazione, e si diceva che anche Goldwater provasse risentimento nei confronti di Gaines, per il modo in cui *Mad* aveva trasformato il suo personaggio principale – Archie – in un giovane teppistello nella parodia «Starchie».

L'irriverente parodia del personaggio Archie dell'editore Goldwater, trasformato, su *Mad*, in Starchie. In questa immagine, una tavola tratta «Starchie», di Harvey Kurtzman e Will Elder, *Mad* n. 12, giugno 1954.

Per la seconda settimana di settembre, la CMAA aveva abbozzato e ratificato un «codice etico», assunto un direttore a tempo pieno che lo facesse rispettare[40] e stabilito un monte spese annuale di 100 mila dollari per personale, uffici ed equipaggiamento necessari a supportare il codice. La CMAA decise di non assumere Wertham (o Wertham rifiutò l'offerta, la dinamica non è chiara), scegliendo al suo posto Charles F. Murphy – un quarantaquattrenne giudice del tribunale della città di New York – e nominandolo amministratore del codice. Pacato e di bell'aspetto, Murphy avrebbe potuto essere considerato il cugino di Henry E. Schultz (che la CMAA assunse come capo consigliere). Il curriculum di Murphy rivelava un appropriato interesse per i giovani: aveva creato e prodotto un programma radiofonico settimanale, *Youth Talks It Over* ('Ne discutono i giovani'), e diretto un'organizzazione privata, la Teen Plan, Inc., per aiutare gli studenti delle superiori a trovare lavoro.[41] «Era pulito che più pulito non si può»,[42] ricordò Dick Giordano (1932-2010), al tempo disegnatore per la Charlton, che lavo-

Bill Gaines intento a strappare i suoi albi a fumetti a favore dell'obiettivo delle macchine fotografiche dei giornalisti, durante la sua conferenza stampa del 14 settembre 1954.
Per gentile concessione di Wendy Gaines Bucci e del Gaines Estate.

rò a stretto contatto con Murphy dopo la messa in pratica del Codice dei fumetti, il Comics Code. Per presentare adeguatamente al mondo la nuova faccia dell'industria del fumetto, la CMAA assunse l'agenzia di pubbliche relazioni Ruder & Finn, organizzando una conferenza stampa il 16 settembre. Bill Gaines, informato su questi piani, organizzò a sua volta una conferenza stampa il 14 settembre.[43] Questa si tenne nella sala d'ingresso degli uffici della EC, appositamente risistemati, con la scrivania di Gaines spostata dal suo ufficio al centro della stanza. Seduto alla scrivania, Gaines guardava dritto di fronte a lui, mentre giocherellava con una pila di albi a fumetti che aveva accanto. Indossava i soliti occhiali con montatura in corno, giacca grigia, camicia bianca e cravatta a farfallino scura, dando l'impressione di essere il professore di chimica che avrebbe potuto diventare se non avesse ereditato la ditta di suo padre. Appeso dietro di lui c'era un dipinto a olio di tema fantascientifico realizzato da Al Feldstein: la cupa raffigurazione della superficie della Luna, desolata, coperta di crateri, con sopra solo un piccolo gruppo di astronauti e un razzo pronto a partire. Il quadro, in quella posizione, dava agli osservatori l'impressione che Gaines fosse seduto sulla luna, davanti all'astronave. Alla sua sinistra, sul tavolo, c'era un portariviste con una dozzina di comic-book della Ec: tutte le collane tranne quelle belliche e umoristiche. Le labbra di Gaines erano piegate in un'espressione imbronciata. «Nel gennaio del 1950 ho pubblicato il primo albo a fumetti dell'orrore mai edito in America»,[44] esordì. «Le serie hanno riscosso un buon successo. L'entusiasmo dei lettori si è riflettuto in ottime vendite. C'è stato un momento in cui nelle edicole c'erano più di cento testate che le imitavano. Adesso, ho deciso di interrompere la pubblicazione di tutte le serie a fumetti del crimine e dell'orrore. Questa decisione ha effetto immediato». Gaines prese un paio di albi della Ec dal portariviste e li strappò. «Negli ultimi mesi», proseguì, «c'è stato moltissimo clamore sugli albi dell'orrore e del crimine, basato sulla premessa che serie di questo tipo stimolino la delinquenza giovanile, una premessa che non è mai stata comprovata e che anzi è stata confutata da eminenti psichiatri e da altri esperti. In molte città, grossisti e distributori sono riluttanti a distribuire o a mostrare albi a fumetti dell'orrore e del crimine [...] anche se la tiratura è stata ridotta, la linea è ancora redditizia e i nostri albi dell'orrore e del crimine continuano a fruttare [...]. Ma la Ec è sempre stata in prima linea. E così, ancora una volta prendiamo l'iniziativa, stavolta cancellando crimine e orrore. Non lo facciamo per ragioni economiche, ma perché questa sembra essere la volontà dei genitori americani; e i genitori americani meritano di essere ascoltati. È nostra speranza che, com'è sempre stato, gli altri editori seguano il nostro esempio, abolendo le serie del crimine e dell'orrore. Se ciò accadrà, il sacrificio economico che tale passo comporta per noi sarà ben giustificato grazie al restaurato rapporto di fiducia del pubblico nei confronti degli albi a fumetti».[45] Gaines poi lanciò un attacco contro la nuova associazione, la cui esistenza non era ancora stata rivelata, accusandola di ipocrisia poiché permetteva la pubblicazione di storie dell'orrore all'interno di testate con titoli e copertine innocui. «In altre parole, se noi editori di albi a fumetti vogliamo vigilare sulla nostra stessa professione, allora dobbiamo essere al di sopra di ogni sospetto, come la moglie di Cesare», disse. «Il pubblico non vuole albi dell'orrore o del crimine, e quindi non dovremmo ingannare i genitori mettendo in copertina titoli innocui e disegni di pagliacci, dicendo che adesso è tutto a posto».

Gaines andò avanti annunciando che la Ec, pur senza far parte della nuova associazione, stava preparando una «nuova linea» di albi a fumetti, «che usciranno nelle edicole all'inizio del 1955 [e], siamo convinti, incontreranno il favore dei più accesi accusatori del genere. Ci stiamo sforzando al massimo per far uscire albi che non offendano nessuno e che – senza sacrificare la componente dell'intrattenimento – formeranno una linea editoriale davvero pulita».[46] La decisione di sopprimere le testate dell'orrore e del terrore comportava una perdita di 40 mila dollari di introiti sulla circolazione complessiva di due milioni di copie all'anno, spiegò Gaines, aggiungendo che aveva in mente di investire altri 250 mila dollari nello sviluppo della nuova linea.[47]

Fu una scena con tutti gli elementi che la Ec di solito inseriva nei suoi albi: sbalordimento, adrenalina, voli pindarici di creatività, morte e un finale a sopresa. Appena cinque mesi dopo aver affrontato il Senato degli Stati Uniti, dove aveva difeso non soltanto i suoi albi, ma il diritto di creatori e lettori di sfidare il giudizio pubblico, Gaines si era arreso proprio di fronte a ciò per cui aveva combattuto: il gusto. Aveva capitolato all'autorità genitoriale, che aveva sfidata sin da quando aveva preso il comando della compagnia del padre, e aveva distrutto le serie a fumetti che amava di più, in quanto sue creature. La decisione, presa appena uno o due giorni prima di essere annunciata al pubblico, sbalordì le persone più vicine a Gaines, Feldstein e Stuart, che la considerarono tanto sorprendente quanto inevitabile.

«All'inizio fu un trauma, quando ci diede la notizia, prima di rilasciare la sua dichiarazione»,[48] ricorda Feldstein. «Ma sapevo che stava facendo la cosa giusta. Era davvero ferito per l'essere stato svilito fino a questo punto – per un po' cercò di combattere e resistere, ma niente di quel che tentò fece alcuna differenza – e le cose continuarono a peggiorare, e ciò lo toccò nel profondo». Secondo Feldstein, Gaines aveva pochissime alternative, forse nessuna. «Non poteva andare avanti, perché stava perdendo parecchio denaro – ogni mese ci venivano riportate indietro sempre più scatole di albi, ancora sigillate – e le forze dell'ordine lo avrebbero presto buttato fuori dagli affari, perché rendevano illegale tutto quel che produceva. La sua unica possibilità, a dire il vero, era arrendersi: gettare la spugna e provare a ricominciare. Stava per essere ucciso e quel che fece, in fondo, fu dire "non potete uccidermi. Sarò io a fare hari-kari" [*sic*]».[49]

Stuart, per una volta d'accordo con Feldstein, pensò che Gaines avesse «compiuto il sacrificio finale», rinunciando al lavoro che amava, perché ciò rappresentava la «miglior strategia per sopravvivere» come editore di giornalini a fumetti. «Avrebbe potuto godere di una possibilità se l'associazione fumetti avesse funzionato come noi avevamo in mente e se John Goldwater non avesse preso il sopravvento di tutto e costretto Bill ad andarsene», ricordò Stuart. «Ma era impossibile che ciò accadesse. Era il nemico. Doveva andarsene. Era il sacrificio umano». Stuart ricordò così i giorni che precedettero la conferenza stampa di Gaines: «aveva in mente due piani e non riusciva a decidersi. Poteva o abbandonare tutta la linea EC e iniziarne una nuova, ovvero quel che poi fece, o uscire completamente dal giro e aprire un negozio di vini».[50]

Nel discorso pubblico, Gaines nascose la propria disperazione dietro nobili parole e mentì sulla propria posizione finanziaria. Ma, nel contesto degli albi a fumetti, un ambiente più intimo e confidenziale, poté aprire il proprio cuore. L'ultimo numero delle serie dell'orrore EC conteneva una nota editoriale intitolata «In Memoriam»:

> A causa delle accuse ingiuriose, deliranti e prive di qualsiasi fondamento che sono state mosse contro gli albi a fumetti del crimine e dell'orrore, in tutto il paese molti distributori e venditori all'ingrosso sono stati costretti a smettere di avere a che fare con prodotti di questo tipo.
>
> Anche se noi alla EC crediamo ancora, come abbiamo sempre fatto, che le accuse contro le serie a fumetti dell'orrore e del crimine siano un'assoluta sciocchezza, ora come ora è inutile continuare a difendere questo tipo di narrativa. Dal punto di vista finanziario, la situazione è critica. Gli albi che non raggiungono le edicole non vendono. Dobbiamo capitolare. Ci arrendiamo. NE ABBIAMO AVUTO ABBASTANZA!
>
> Ovviamente, adesso che la censura delle collane a fumetti è ormai in atto, noi della EC aspetteremo con impazienza il calo immediato del tasso di delinquenza giovanile degli Stati Uniti. Siamo certi che ci saranno meno rapine, meno omicidi e meno stupri![51]

Due giorni dopo l'annuncio di Gaines, la CMAA fece il proprio debutto nel corso di una conferenza stampa nei suoi nuovi uffici, sulla Quarantaduesima Strada Est, poco lontano dalla Quinta Avenue. «Ci vorrà un po' di tempo per rodare gli ingranaggi e far funzionare tutto come si deve»,[52] affermò Charles F. Murphy, amministratore del Codice, «ma sono convinto che, entro pochi mesi, tutti gli albi che non superano i nostri controlli non riusciranno a entrare nelle case d'America». La cosa ebbe bisogno di pochissimo tempo. Circa cinque settimane dopo la dichiarazione di Murphy, il 27 ottobre, Goldwater, con Murphy accanto, annunciò che il Comics Code era stato abbozzato e messo in pratica. Infatti, quel giorno Murphy disse: «non solo è pronto, ma in questo stesso istante è già in attività [...] e adesso posso promettervi che sarà fatto rispettare».[53] Uno staff di cinque revisori lavorava alacremente, esaminando le bozze degli albi a fumetti dopo la fase di inchiostratura. Murphy disse con orgoglio che il Comics Code «è favorevolmente paragonabile ad altri codici di regolamentazione simili, che esistono per le industrie radiofonica, televisiva e cinematografica».[54] A dire il vero, il Comics Code della CMAA era molto più rigido e puritano del vecchio codice della AMP, delle linee guida della FCC o dello standard qualitativo imposto dall'Ufficio Hays per i film cinematografici. Bill Gaines non avrebbe mai potuto far parte della CMAA, perché il Codice vietava tutto quel che la EC pubblicava all'epoca, inclusi *Mad* e *Panic*. La premessa del Comics Code descriveva la sua aspirazione a diventare «una pietra miliare nella storia dell'autoregolamentazione per l'intera industria della comunicazione».[55] E aveva ragione: il Codice era un monumento di autoimposta repressione e pruriginosità che non aveva precedenti e che non sarebbe mai stato sorpassato. Qui di seguito, qualche punto particolarmente interessante tra i tanti presenti nel documento.

- Poliziotti, giudici, ufficiali governativi e istituzioni non dovranno mai essere rappresentati in un modo che induca a mancanza di rispetto verso le autorità.
- Nessun albo a fumetti dovrà mai mostrare esplicitamente i metodi e dettagli di un crimine.
- Nessun albo dovrà far uso nel titolo delle parole orrore o terrore.
- Nessuna scena di orrore, violenza eccessiva, delitti cruenti o raccapriccianti, depravazione, erotismo, sadismo, masochismo sarà permessa.
- Tutti i disegni di cattivo gusto, sgradevoli e raccapriccianti dovranno essere rimossi.
- Sono proibite le scene che mostrano, o che sono collegabili a, morti viventi, torture, vampiri e vampirismo, dèmoni, cannibalismo e licantropismo.

- Sono espressamente proibite profanità, oscenità, volgarità, o parole o simboli che hanno acquisito un significato sgradevole.
- Passione o interesse romantico non dovranno mai essere rappresentati in un modo che possa stimolare gli istinti più bassi.
- Illustrazioni provocanti o salaci, o pose provocanti, sono inaccettabili.
- Le donne devono essere raffigurate in maniera realistica, senza esagerare alcun dettaglio fisico.
- Dovrà sempre essere mostrato rispetto nei confronti dei genitori, del codice morale e dei comportamenti onorevoli.
- La resa delle storie d'amore dovrà sottolineare il valore della casa e la santità del matrimonio.[56]

Queste erano solo dodici delle quarantuno regole che il Codice imponeva sulle immagini, i testi, le copertine, i titoli e le pubblicità degli albi a fumetti. Qualsiasi cosa fosse stata dimenticata dalle rimanenti ventinove era coperta nella sezione c degli standard qualitativi, che dichiarava: «Tutti gli elementi e le tecniche non citati esplicitamente in questa sede, ma che vanno contro lo spirito e l'obiettivo del Codice e che sono considerati violazione di decenza e buon gusto, sono proibiti».[57] Gli sceneggiatori e disegnatori di fumetti, abituati a lavorare in un ambiente in cui i controlli sul processo creativo erano minimi o inesistenti, all'inizio non seppero bene come prendere il Comics Code. Era una semplice formalità senza conseguenze, un trucchetto politico come il codice della Acmp? Quelli che si presero la briga di leggerlo capirono che il Codice della Cmaa aveva le premesse per trasformare del tutto il mondo dei comic-book e per rendere le loro vite un inferno. La severità delle regole del Codice era un problema eguagliato solo dalla determinazione del suo amministratore a farle rispettare. «Una delle ragioni per cui mi piaceva fare albi a fumetti era la libertà che avevo»,[58] ricorda Walter Geier. «Quando l'industria decise di riformarsi – aperte le virgolette, chiuse le virgolette – fu fatto uscire il Codice e noi tutti ne ricevemmo una copia. Lo lessi. Ora, avevo un po' di esperienza con le censure in televisione, ma non avevo mai visto niente del genere. Dissi "be', è una cosa buona, a meno che noi lo si debba seguire. In quel caso, tanto varrebbe fare album da colorare, perché il comic-book come lo conosciamo è praticamente morto"».

La regola che turbava di più Geier, nella sua doppia veste di scrittore e sostenitore della libertà di espressione, era la restrizione sulla «mancanza di rispetto verso le autorità ufficiali»[59] (punto cinque tra gli standard generali, parte A), che tagliava alla fonte la ragione per cui gli albi piacevano ai giovani. Geier ritenne la proibizione «insidiosa» e «fascista», e anche qualcosa di peggio, agli occhi dell'America degli anni Cinquanta: «il tipo di cosa che ti aspetteresti in Russia».[60] Ma, ciò nonostante, aspettò a dare un giudizio sull'influenza del Codice, in attesa di vederlo mettere in pratica.

Creata sulla scia delle udienze del Senato per scoraggiare un intervento governativo sugli albi a fumetti, la CMAA non poteva comunque bloccare la marcia a favore delle leggi in tema, capitanata nel 1954 da giudici, sceriffi, associazioni di genitori e insegnanti e gruppi civili.[61] Come fatto notare dal *Time* il 27 settembre, la «campagna nazionale contro gli albi» stava «andando così forte» che Oklahoma City[62] e Houston[63] approvarono delle leggi che mettevano al bando la vendita di titoli del crimine e dell'orrore più o meno contemporaneamente al momento in cui Bill Gaines cancellava la linea della EC e John Goldwater annunciava la nascita della CMAA. In Texas, l'evento venne festeggiato in un editoriale dello *Houston Chronicle*, che lodava la «messa al bando [dei] luridi albi a fumetti, il fango sul viso di qualsiasi brava persona».[64] Ricordando ancora l'episodio della testa mozzata risalente alla testimonianza di Gaines ad aprile, *Time* definì la nuova associazione come un gruppo di «editori di albi a fumetti "buoni"», che «sperano di vigilare su sé stessi ed evitare di fallire».[65] Gli stati e le città però erano chiaramente riluttanti all'idea di cedere ad altri il compito di vigilare. Dall'autunno del 1954 all'estate successiva, disegni di legge che rendevano illegale o limitavano la vendita di albi a fumetti problematici furono approvati nelle Assemblee di due delle tre maggiori città del paese, Los Angeles e Chicago, e in oltre una dozzina di stati.[66]

A Los Angeles, la richiesta di sostituire l'inutile legislazione sugli albi a fumetti del 1948 venne da una zelante Commissione sul fumetto facente parte del Congresso genitori e insegnanti della California,[67] ben presto affiancata dal Consiglio sull'educazione di Los Angeles.[68] A metà novembre 1954 il Comitato dei supervisori della contea di Los Angeles aveva terminato la formulazione di un'ordinanza che metteva al bando alcuni tipi di albi; nelle parole di Kenneth Hahn, il supervisore della contea, gli albi a fumetti in questione erano quelli «che ridicolizzano le istituzioni o le tradizioni americane, quelli che mostrano nei dettagli i modi in cui vengono commessi i reati, quelli che spingono al pregiudizio contro classi sociali, razze o fedi e quelli che tendono a enfatizzare volgarità od oscenità oppure a dar lustro a crimini o comportamenti immorali». L'ordinanza, che prevedeva per i trasgressori multe fino a 500 dollari o fino a sei mesi nelle prigioni della contea, fu presentata come «misura d'emergenza» e convertita in legge nel febbraio del 1955.[69] Il mese seguente, grazie ai nuovi sforzi dell'Associazione genitori e insegnanti della California, il Senato dello stato approvò una legge sulla falsariga di quella dello stato di New York, per proibire le vendite «in blocco» di albi a fumetti del crimine e dell'orrore. Il governatore Goodwin Knight firmò la legge il 21 aprile,[70] mentre gli enti legislativi continuavano a studiare gli abbozzi di nuovi disegni per ridurre le vendite di albi a fumetti ai minorenni.[71] Come la maggior parte delle leggi sui comic-book in corso di formulazione all'epoca nel paese, le misure della contea di Los Angeles e il disegno di legge statale della California andarono avanti quasi senz'alcuna opposizione da parte dell'opinione pubblica; le discussioni sugli albi a fumetti nel corso degli incontri dell'Associazione genitori e insegnanti o delle riunioni dei gruppi civici (come «Conoscere le pubblicazioni di valore»[72] o «Sapete cosa leggono i vostri figli?»)[73] erano sostanzialmente raduni contro le collane a fumetti; e anche gli articoli dei giornali al riguardo («Impoverire la mente dei giovani», «Gli albi a fumetti sono una minaccia o una seccatura?»)[74] tendevano a essere fortemente critici, specie nei confronti delle serie dell'orrore e sul crimine. Come mostrato da un sondaggio Gallup di quel periodo, circa il 70% degli adulti americani ammise di credere che gli albi a fumetti meritassero di essere considerati responsabili per la criminalità giovanile: tra gli intervistati, il 26% disse che gli albi meritavano «la maggior parte» della responsabilità; il 31% disse «una parte» e il 12% disse «una piccola parte». Nell'interpretare i risultati, l'autore del sondaggio affermò: «Le persone più avanti negli anni sono molto più propense dei giovani a considerare sia gli albi a fumetti sia le serie televisive e radiofoniche sul crimine come fattori che contribuiscono alla delinquenza giovanile».[75] I giovani avevano ben pochi mezzi per esprimere la loro opinione, al di fuori delle scuole. In un raro esempio di equanimità, le autrici dell'editoriale sui consigli per le famiglie del *Los Angeles Times*, Frances L. Ilg e Louise B. Ames, riportarono la lunga difesa degli albi a fumetti scritta da un diciassettenne che aveva letto uno dei loro ultimi articoli sull'argomento. Il ragazzo, il cui nome non fu riportato, scrisse: «Quando qualcuno non riesce a studiare, godere e apprezzare un albo a fumetti con lo stesso *gusto* [in italiano nel testo originale] di una sinfonia di Beethoven, un'opera di Verdi o un romanzo di Hemingway, allora è segno che si è andati indietro, piuttosto che avanti, sulla strada della vita».[76] Facendo riferimento agli altri ragazzi che i giornalisti avevano lodati per l'essersi lasciati gli albi a fumetti alle spalle, il giovane li definì «sulla buona strada per diventare pseudointellettuali snob, noiosi, dalla mentalità ristretta, con la compassata, e sostanzialmente inutile, abilità di saper discutere di Proust o Freud, ma senza la capacità di poter condividere le prime avventure dei loro figli all'interno della giungla letteraria, nei safari degli albi a fumetti».[77] L'articolo successivo di Ilg ed Ames fu dedicato a confutare il pensiero del ragazzo.[78]

***

Il terreno attorno a Stone Bank, una cittadina rurale nella parte sudorientale del Wisconsin, è ricco di laghi, vicino a uno dei quali una volta v'era una taverna chiamata Weisling's Breezy Point, lungo un'insenatura. Nei fine settimana, il posto si affollava di escursionisti da Milwaukee. Gli adulti potevano prendere qualcosa da mangiare e da bere all'interno della taverna, mentre i bambini giocavano sulle rive del lago o si facevano una nuotata. Non c'erano bagnini. C'era però una donna del luogo, Ruth Lutwitzi, che aveva l'abitudine di passare i pomeriggi del fine settimana sul molo, a pochi metri sulla sinistra rispetto alla taverna. Nei tardi anni Quaranta e primi anni Cinquanta salvò le vite di tre bambini che avevano rischiato di annegare nel lago. Nel 1955 decise di sorvegliare le acque della cultura, dando vita a una campagna contro i giornalini a fumetti.[79]

Madre di cinque figli (un maschio e quattro femmine), Lutwitzi era una donna intelligente e piena di risorse, che credeva nei patrii valori del duro lavoro e del sacrificio personale. Aveva un giardino di mezzo acro dove coltivava verdure e allevava qualche gallina, per risparmiare qualcosa sulla spesa, e usava una pentola a pressione per poter passare meno tempo in cucina. «Correva sempre da una buona azione all'altra»,[80] ricorda una delle sue fi-

Uno scambio di fumetti per libri alla fiera della contea di Stark, Ohio.
Fonte: *The Canton Repository*.

glie, Ruth Schlicher. «Non era schierata politicamente – non so a che partito appartenesse – ma aveva una morale solida. Aveva opinioni estremamente forti su cosa fosse giusto e cosa non lo fosse». Donna felice, facile da apprezzare, Lutwitzi era una leader naturale; quando andava da casa sua al lago, le papere la seguivano in buon ordine, per poi fare lo stesso quando tornava a casa. Il marito di Lutwitzi, Walter, elettricista, era un veterano di Marina, e uno dei figli della coppia aveva preso parte alla Seconda guerra mondiale a bordo di un sottomarino, che per otto mesi non aveva mandato segnali radio e si temeva perduto, mentre in realtà era impegnato in una missione segreta. Dopo la guerra, entrambi i genitori entrarono nella Legione Americana. Nel 1954, Ruth Lutwitzi era copresidente del dipartimento per la salute dei bambini dell'unità ausiliaria della Legione per il suo distretto, quando il comando nazionale mise in moto un'attività per combattere gli albi a fumetti di cattivo gusto. Come ricordato dall'altra copresidente, Vanita Marlow, «Colse la palla al balzo come un'ossessa».[81] Lutwitzi non sapeva nemmeno dell'esistenza degli albi a fumetti finché non ne fu informata dalla Legione ausiliaria e, secondo

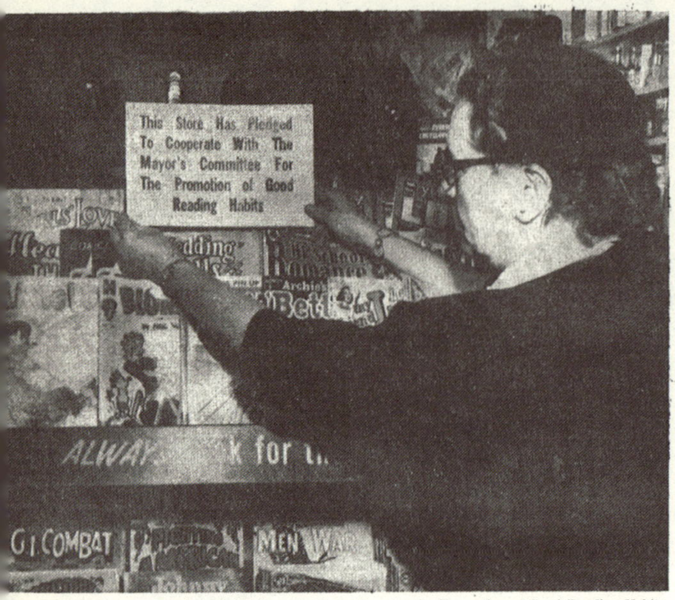

Stores Tagged by Reading Group

Mrs. Martin Kloss, a member of the Mayor's Committee for the Promotion of Good Reading Habits, its a sign noting that Konkel's Drugstore at 12th St. and Shorb Ave. NW is cooperating with the mmittee on a book stand at the store. About 65 stores which have pledged to see that the books ey offer the children of Canton have acceptab le moral contents. The mayor's committee is dis-ibuting the signs to tell of the stores' pledges along with letters explaining the importance of the ogram.

Una delegata di un comitato municipale autorizzato dal sindaco mentre reprime con un cartello di boicottaggio la drogheria Konkel, nel centro di Canton (Massachusetts). Fonte: *The Canton Repository*.

Marlow, «ne fu disgustata e si impegnò duramente per assicurarsi che quella roba non avvelenasse i nostri figli». Partita l'inverno precedente con il nome «Operazione scambio di libri», la campagna degli ausiliari fu ispirata da un'attività dallo stesso nome che era partita a settembre nell'Ohio, dove un comitato, sotto la guida del sindaco della città, aveva spinto i ragazzi del posto a consegnare i loro albi a fumetti del crimine e dell'orrore; per ogni dieci albi che un bambino consegnava in un'apposita cabina alla festa della contea, riceveva in cambio un volume da una lista di oltre mille copie e duecento titoli, tra cui *La famiglia Robinson* e *Heidi*.[82] L'obiettivo iniziale della campagna in Ohio erano gli albi dell'orrore e del crimine, anche se distinguerli si dimostrò più difficile del previsto per i ragazzi che lavoravano nelle cabine delle fiere; venne accettato qualsiasi tipo di albo a fumetti. I bambini di Canton e provincia consegnarono oltre 30 mila albi, che poi vennero caricati sui camion e buttati nella discarica locale. Nell'annunciare la versione della Legione Americana dell'iniziativa[83] la presidente nazionale, la signora Leta Zeller dell'Ohio, ammise che il nuovo Comics Code era «un passo nella giusta direzione»,[84] facendo però anche notare che gli editori di un quarto degli albi in circolazione si erano rifiutati di entrare nella CMAA. Lo scambio di libri degli Ausiliari, nelle parole di Zeller, avrebbe potuto agire come antidoto contro la «dieta letteraria di albi a fumetti con crimine, sesso e terrore che vengono dati sistematicamente in pasto a milioni dei nostri figli».[85]

Per preparare lo scambio di libri a Stone Bank, Ruth Lutwitzi comprò una serie di albi, alcuni da negozi locali, altri a Oconomowoc (la città più vicina), e li mise sul tavolo della cucina per esaminarli. «Li aveva evidenziati e tutto»,[86] ricorda sua figlia Helen Miller, che all'epoca era all'ultimo anno del liceo. «Pensai che fosse davvero affascinante, perché non sapevo molto sulla vita, sul sesso e su cose del genere, e tutte quelle pagine erano evidenziate. Pensai, hmm... dev'essere roba interessante da leggere». Ruth Lutwitzi ritagliò alcune pagine dagli albi per usarli come supporti visivi per una lezione che preparò e presentò ai gruppi locali dell'associazione genitori e insegnanti e alla chiesa. «Era profondamente contro gli albi a fumetti», ricorda Helen Miller.

Sotto la guida di Lutwitzi, lo scambio di libri ebbe luogo venerdì 14 marzo alla scuola elementare di Stone Bank. Plesso di campagna convertito in istituto elementare statale,[87] aveva un centinaio di studenti divisi in otto anni, quattro aule e quattro insegnanti. Quel giorno, gli studenti portarono 546 albi a fumetti, ricevendo in cambio quarantasei volumi.[88] Un premio di tre dollari andò alla dodicenne Sharon Knoll, di Oconomowoc, per aver portato ben 127 albi. «Non so dove andarono a prenderli»,[89] ricorda Milton Babinec, che all'epoca insegnava al quarto e quinto anno della scuola di Stone Bank. «Ma penso di sapere perché Stone Bank fosse così battagliera contro gli albi a fumetti. Dopo la guerra la gente aveva iniziato a trasferirsi qui, a integrarsi, a portare con sé le proprie idee dalla città [di Milwaukee], ed è questo quel che i giornalini a fumetti rappresentavano per le persone di Stone Bank. La gente di campagna aveva paura».

Dentro ciascuno dei libri che gli studenti ricevettero c'era una lettera di Lutwitzi:

> Caro giovane lettore,
>
> oggi hai reso un grande servizio al tuo paese, sbarazzandoti di dieci albi a fumetti del crimine e dell'orrore. Quei pochi albi erano come dieci nemici che stavano cercando di distruggere i bravi bambini e le brave bambine d'America [...].

L'America non è una terra votata a crimine, orrore, omicidi, odio e violenza. L'America è la terra di persone buone, forti, rispettose della legge, che leggono buoni libri, pensano buoni pensieri, fanno un grande lavoro, amano Dio e il loro vicino. Questa è l'America.[90]

La cerimonia di premiazione ebbe luogo nel giardino alle spalle della scuola. Alla fine, Lutwitzi disse ai bambini di preparare una grande pila di albi e le diede fuoco. Le fiamme si alzarono fino a quattro o cinque metri di altezza e bruciarono per oltre mezz'ora. Una foto dell'evento, pubblicata sul *Waukesha Daily Freeman*, mostrava i tre vincitori, due dei quali avevano in mano i libri che avevano vinti, mentre il terzo giocava con le ceneri degli albi a fumetti. «Pensai che fosse tutto terribilmente sbagliato. [Ma] ero un giovane insegnante, e si doveva, insomma... Ero nuovo, avevo appena avuto il lavoro, e avevo una moglie»,[91] ricorda Babinec. «Penso che non piacque molto nemmeno a parecchi bambini. Anzi, so per certo che a molti di loro non piacque. Credo che molti furono attirati dal libro gratuito».

Durante i primi sei mesi del 1955, l'unità ausiliaria della Legione Americana organizzò numerosi scambi di libri in tutto il paese, molti dei quali (ma non tutti) terminarono con un rogo di albi a fumetti. Il quartier generale nazionale calcolò che «centinaia di migliaia di albi di cattivo gusto»[92] fossero stati raccolti e distrutti in decine di città. La maggior parte degli eventi ebbe luogo in zone rurali come Stone Bank, dove la Legione Americana era un'istituzione ben radicata; Fulton, nello stato di New York;[93] Palatine, nell'Illinois;[94] Wakeman, nell'Ohio, dove circa duecento ragazzi consegnarono oltre mille albi a fumetti;[95] e Pendleton, Oregon, dove 140 bambini consegnarono più di 1250 albi;[96] furono coinvolte anche delle città di periferia, come Little Neck, stato di New York, dove vennero raccolti 3661 albi;[97] e qualche piccola città, tra cui Norwich, nel Connecticut, patria della signora Gilbert, ex presidente nazionale degli Ausiliari, dove centinaia di partecipanti raccolsero circa cinquemila albi, che poi vennero bruciati.[98] A Hyde Park, sempre nello stato di New York, gli Ausiliari organizzarono l'evento in modo che i bambini scambiassero i loro albi a fumetti con altri, scelti dal comitato;[99] parteciparono circa 325 bambini, scambiando oltre duemila albi. La coordinatrice dell'evento spiegò così il ragionamento del comitato: «Non sottolineammo di fronte ai bambini il fatto che alcuni albi a fumetti fossero di cattivo gusto, perché l'esperienza nel trattare con i piccoli ci ha insegnato che agire in questo modo avrebbe solo aumentato il loro interesse nei confronti di qualcosa che stavamo cercando di fermare».[100]

Per esempio a Wakeman, nell'Ohio, molti bambini che presero parte allo scambio di libri non si erano mai interessati alle serie a fumetti finché non vennero a sapere che gli adulti erano contrari a quel tipo di prodotti.[101] Robert Jackson, all'epoca in quarta elementare nella scuola Townsend-Wakeman, dove lo scambio ebbe luogo, ricorda che al tempo entrò in uno dei pochi negozi della zona che vendevano albi a fumetti, la ferramenta Larson; lì c'erano due espositori di giornaletti, uno vicino alla cassa con le serie «buone», con gli eroi in costume e gli animali parlanti, e uno nell'angolino, per «le altre cose». Un cartello sulla rastrelliera diceva «Niente bambini». Jackson aveva sempre trovato gli attrezzi e le armi da fuoco in vendita nel negozio molto più interessanti di tutt'e due gli espositori di fumetti, ciò fino al momento in cui la cerimonia di scambio non terminò con un enorme rogo di quei misteriosi albi proibiti. «Fu allora che iniziai a pensare "ehi, forse mi sto perdendo qualcosa"».[102]

Per aver consegnato dieci albi, Jackson ricevette una bella edizione con copertina cartonata del *Mago di Oz* di Baum, con all'interno una lettera della signora Zeller, presidente nazionale della Commissione ausiliaria nazionale per la salute dei bambini. Incollata all'interno della copertina, la lettera recitava:

> Ringrazio Dio di essere americano.
> Amo il mio paese. Amo gli altri esseri umani.
> Obbedisco ai Comandamenti di Dio.
> Rispetto l'autorità e la legge.
> Rispetto i diritti degli altri.
> Leggo libri buoni, che mi ispirano a essere un buon cittadino, ed evito di leggere libri dedicati a orrore, odio, violenza, crimine e altri mali che distruggono lo spirito dell'America. Questo libro è un premio che mi è stato dato per aver rispettato il codice riportato qui sopra.[103]

Il vincitore del premio per aver consegnato il maggior numero di albi a fumetti a Wakeman, Ted Yaworsky, non era contrario a quel tipo di serie, ma le raccolse per vincere il premio; ricevette un dollaro, e altri sei si divisero quattro dollari tra loro. «Per quel tempo erano un sacco di soldi»,[104] ricorda Yaworsky. Immaginando che lo scambio fosse come un commercio, partecipò con entusiasmo, ignaro delle intenzioni degli Ausiliari. «Non ci dissero mai che avrebbero distrutto gli albi», ricorda. «Non è questo che ci dissero. Dissero che dovevamo portare tutti i nostri fumetti e in cambio avremmo ricevuto un premio, e poi li riunirono tutti in una pila e dissero "va bene, adesso li bruceremo tutti, perché sono cattivi", e io mi infuriai. E il fatto che a me piacessero? Mi rendeva cattivo? Ero furioso».[105] «Era più o meno come un atto di dittatura: "distruggeremo tutto! È maligno! Tu sei maligno!". Era come una caccia alle streghe. Mi fece davvero infuriare. Volevo dirglielo, ma nessuno chiese la nostra opinione, ed eravamo bambini. A quel tempo non parlavi a meno che non ti fosse chiesto di farlo. Per quella roba avrei voluto parlare, avrei voluto gridare».[106] Il giorno dopo il rogo il quotidiano locale, il *Chronicle-Telegram*, pubblicò una foto degli albi in fiamme, e sotto di essa il titolo «1427 albi a fumetti "tabù" alla fine dello scambio di libri».[107] Yaworsky venne indicato come vincitore dell'evento, ma nessuna dichiarazione sua o di altri studenti fu pubblicata. Alla fine dell'anno, il *Chronicle-Telegram* riferì che «lo "scambio dei libri" è stato l'evento principale di Wakeman nel 1955».[108]

La signora Gilbert, l'ex presidente della Legione Ausiliaria, in seguito scrisse un libro sull'organizzazione, citando le parole di Zeller riguardo al successo dello scambio di libri: «Non solo venne centrato l'obiettivo originario, ma furono anche intavolate ottime relazioni in patria e all'estero».[109] Però, nella città della signora Gilbert, l'evento generò più polemiche che complimenti, specie dopo aver attirato l'attenzione della stampa della vicina New York. Due giorni prima che il gruppo di Norwich avesse in programma di bruciare gli albi a fumetti portati da circa quattrocento bambini del Connecticut, il *New York Post* si espresse in modo molto polemico, con un articolo intitolato «La Legione Ausiliaria dà fuoco agli albi a fumetti». L'articolo citava Gilbert, in una dichiarazione in cui ammetteva che «nei roghi dei libri ci sono delle connotazioni non positive»,[110] pur confermando che l'evento sarebbe andato avanti come programmato. Quando il Consiglio degli editori di libri d'America mosse delle lamentele formali, i titoli dei giornali cambiarono, diventando prima «Sotto accusa "il rogo degli albi" a fumetti voluto dalla Legione a Norwich» e poi «Le proteste bloccano il piano per bruciare i giornalini a fumetti».[111] La cerimonia di scambio ebbe luogo, ma i cinquemila albi[112] raccolti vennero messi su un camion e gettati nella discarica locale. Il giorno dopo una foto dell'Associated Press[113] (a cui fu dato ampio risalto su numerosi quotidiani nel Nord-Est) mostrava due bei bimbi, Lisa Drobnes e John Chiangi, che lanciavano felici mazzetti di comic-book nel cassone di un camion, mentre la signora Gilbert e altri due membri degli Ausiliari di Norwich osservavano radiosi. Nel ripensare a quel giorno Chiangi, ormai uomo di mezza età, ricorda ben poco, solo il fatto che gli adulti erano «molto seri» e che i bambini «facevamo quel che pensavamo fossimo tenuti a fare». Per quel che lo riguarda, «già allora pensai che ci fosse qualcosa di profondamente sbagliato in tutta quella cosa, ma non capivo davvero quel che stavamo facendo. Era la Legione Americana. Pensavamo di star facendo qualcosa di patriottico».[114]

***

I comic-book si rivelarono un demone molto adattabile. Mentre i patrioti d'America si battevano per impedir loro di diffondere idee anticonformiste e probabilmente di origine comunista, nel Regno Unito uno dei leader del partito socialista, in ascesa, guidò una campagna per mettere al bando i fumetti americani. Peter Mauger, un attivista nonché attivo cronista per i due quotidiani del partito comunista, il *Daily Worker* e l'*Arena*,[115] infiammò il dibattito sugli albi a fumetti del crimine e dell'orrore importati dagli Stati Uniti (o ristampati, legalmente o meno, da editori britannici). L'opinione di Mauger e di coloro che simpatizzavano con lui, tutti spaventati dalla crescente influenza statunitense in Europa dopo la guerra, era che i fumetti sul crimine e dell'orrore fossero una prova tangibile dell'enorme volgarità della cultura popolare statunitense; rappresentavano la piaga sociopolitica dell'imperialismo culturale. Un numero speciale dell'*Arena*, «dedicato alla minaccia americana alla cultura britannica, a tutto quel che è buono e vitale per la nostra tradizione culturale nazionale»,[116] pubblicò un discorso di Mauger contro gli albi sul crimine e dell'orrore. Mauger si limitò a chiamarli «fumetti americani», come se crimine e orrore fossero sinonimi di Stati Uniti. «Questi albi, che si vantano di diffondere in tutto il mondo lo stile di vita americano, mostrano sadismo, frustate, torture e forme alquanto volgari di pornografia», affermò Mauger, come riportato sull'*Arena*. «Gli albi a fumetti mettono l'accento sulla crudeltà [...] glorificano il potere

[...] mostrano un futuro immaginario di natura fascista [...] la lezione che viene costantemente ripetuta è che la natura umana è aggressiva e spietata, persino se dalla parte della giustizia».

Mauger sosteneva queste idee tra le platee britanniche già dal maggio del 1952, su riviste diffuse come *Picture Post*. «Gli "albi a fumetti" americani dovrebbero essere messi al bando?», domandava retoricamente; e nell'estate del 1954 i quotidiani inglesi risposero a gran voce. Nell'agosto di quell'anno, per quasi due settimane, il londinese *Daily Dispatch* pubblicò ogni giorno articoli per chiedere la messa al bando degli sporchi albi a fumetti americani. I titoli erano quasi identici a quelli degli Stati Uniti, salvo per il cambio di valuta: «Cacciate gli albi a fumetti dell'orrore: aiutateci a combattere "sesso e crimine, uno scellino la copia"». Un articolo del *Dispatch* suggeriva una soluzione assai nota in America: «Bruciateli».[117] Nel novembre 1954 persino il *Times* di Londra, normalmente dai toni moderati, si era unito alla crociata per fare qualcosa contro le importazioni di albi a fumetti. «Il problema che minaccia la società, sulla scia generatasi dal mostrare ai giovani sadismo, crimini, passione, mostruosità fisiche e orrore, è urgente e serio», dichiarò il quotidiano in un editoriale. «Non c'è prova più incoraggiante della salute morale del paese, del modo in cui l'opinione pubblica si è sollevata nel condannare il male dei "fumetti dell'orrore" e nel mostrarsi determinata a combatterli».[118]

Nel gennaio del 1955 il Parlamento inglese annunciò di voler appoggiare una legge per mettere al bando gli albi dell'orrore, ufficialmente per ridurre un possibile aumento della criminalità, nonostante gli arresti tra i giovani fossero in calo in tutto il Regno Unito. Il disegno di legge che ne seguì, il Children and Young Persons (Harmful Publications) Act, avrebbe espressamente proibito la vendita o la pubblicazione di «albi a fumetti dell'orrore»; per di più, avrebbe vietato qualsiasi pubblicazione che «tendesse a incitare o a incoraggiare il commettere crimini o atti di violenza o crudeltà, o a corrompere in altro modo un bambino o giovane nelle cui mani dovesse finire».[119] La pena era la prigionia fino a quattro mesi o una multa fino a duecento sterline. Fu approvato il 22 febbraio 1955, dopo sei ore di dibattito.[120]

Lo stesso giorno, negli USA ripresero i roghi di fumetti. Gli insegnanti della scuola cattolica St. James di Decatur, in Illinois, spinsero gli studenti ad appiccare un rogo pubblico nel giardino della scuola.[121] I bambini agitavano cartelli che dicevano «Bruciate i cattivi, leggete i buoni» e «Leggete quelli buoni», mentre gettavano nel fuoco copie di *Action Comics* (con Superman), *Marvel Tales* (con Capitan Marvel), *Startling Comics* ('Fumetti sconvolgenti') e altri. Quella stessa settimana una truppa delle Scout di Indiana, stato della Pennsylvania, lanciò una campagna per «liberare le case di Indiana» da albi a fumetti «di cattivo gusto». Le ragazze promossero una petizione tra i residenti locali e i giornalai perché consegnassero loro tutti gli albi di cui disponevano e che non presentassero il bollino d'approvazione della CMAA. Battezzata Operazione Pulizia, l'idea mirava alla «messa al bando di tutti gli albi a fumetti non approvati dal Comics Code», come riportato dall'*Indiana Evening Gazette*. I giornaletti vennero bruciati nel corso di una cerimonia che le Scout battezzarono «Un rogo per il domani».[122]

Meno di due anni dopo la pubblicazione di *Fahrenheit 451 – Gli anni della fenice*, il libro di Ray Bradbury che immaginava un futuro con roghi di libri, le pire di albi a fumetti del 1955, così come quelle che le avevano precedute nella seconda metà degli anni Quaranta, mostravano l'opposto di quanto era stato profetizzato dallo scrittore. Nell'inquietante storia di *Fahrenheit 451*, un governo di stampo fascista aveva istituzionalizzato i roghi di libri, mettendo al bando qualsiasi tipo di pubblicazione che esprimesse delle idee o avesse valore artistico. Le sole a essere risparmiate erano le pubblicazioni ritenute di valore pratico o indegne di considerazione: riviste professionali, pornografia e fumetti.

LA LEGGE DI MURPHY 15

Alla fine del 1954 Charles F. Murphy aveva tre figli, di quattordici, quindici e vent'anni. Come un po' tutti i giovani all'epoca, questi leggevano albi a fumetti, portandone a volte a casa alcuni che il padre giudicava inaccettabili. Murphy, da buon samaritano come le Scout dell'Indiana o della Pennsylvania, bruciava quegli albi.[1] «Ma non facevo in tempo a girarmi che i ragazzi se ne procuravano degli altri»,[2] ebbe a ricordare Murphy, che si impegnò nel suo nuovo ruolo di amministratore del Comics Code con lo stesso fervore esercitato a casa, usando semplicemente strumenti di distruzione più sofisticati. Considerava la sua missione per la CMAA un «atto supremo di purificazione»[3] e vi si dedicò con maggior zelo di quanto molti addetti ai lavori nel mondo del fumetto avrebbero pensato. Murphy era stato «assunto per essere una figura di facciata, come un logo»,[4] ricorda Carmine Infantino, disegnatore che all'epoca realizzava albi western e di guerra per la National/DC. «Colse di sorpresa l'intera industria del fumetto. Nessuno si aspettava che sarebbe venuto e avrebbe davvero cambiato le cose. Anche dopo che era stato scritto, il Codice avrebbe dovuto essere solo un simbolo. Nessuno si aspettava che lui lo avrebbe messo davvero in pratica».

Nei primi due mesi in cui il Codice divenne operativo, Murphy e i cinque membri del suo staff (tutte donne e tutte laureate, come fatto notare dalla CMAA) controllarono 440 numeri di 285 serie a fumetti; respinsero in toto 126 storie e ordinarono modifiche per

5656 disegni. Gli editori membri cancellarono trentotto collane, incapaci di adeguarsi agli standard del Codice; non solo albi dell'orrore o sul crimine, ma anche rosa.[5] Ora che dovevano «mettere in evidenza il valore della famiglia e la santità del matrimonio»,[6] gli albi romantici non potevano più essere una valvola di sfogo per le ragazze (e i ragazzi) che faticavano ad accettare desideri e punti di vista contrastanti. Dana Dutch non poteva più scrivere le sceneggiature di storie come «Ho dato ai ragazzi semaforo verde» o «Scappatella dentro la cabina dei turisti».[7] E nessuno sceneggiatore poteva sfidare «le rispettabili istituzioni» – matrimonio, scuola, famiglia, religione, governo e così via – all'interno di storie che potessero «generare mancanza di rispetto per l'ordine costituito».[8] Per sceneggiatori come Arnold Drake, il coautore del citato romanzo a fumetti *Fa rima con lussuria*, il Codice «privò il medium della sua integrità e di qualsiasi funzione» potesse svolgere come «valvola di sfogo» per i giovani lettori. «Per quelli che gestivano il Codice, gli albi a fumetti erano solo un prodotto», disse Drake. «Non erano una forma d'arte. Se il Codice fosse stato in vigore prima, non avremmo mai potuto realizzare *Fa rima con lussuria*. Avremmo potuto creare solo *Fa rima con idiozia*». Pochi minuti dopo questa dichiarazione, Drake trovò la rima che cercava: «Pazzia».[9]

Sulle storie che vennero approvate, i censori di Murphy applicarono il Codice con zelo ossessivo. Circa un quarto[10] dei cambiamenti che vennero ordinati dal Codice nei primi due mesi furono mirati a privare i personaggi femminili della loro carica sessuale, smagrendole o aggiungendo altri vestiti.[11] In un numero di *Love Problems and Advice Illustrated* il disegno a tutta pagina di apertura di una storia, «Avventura amorosa», fu pubblicato con la testa di un'affascinante ragazza bionda che galleggiava su uno sfondo interamente nero;[12] tutto il corpo del personaggio era stato cancellato con l'inchiostro e, nel resto della storia, macchie nere coprivano alcune aree delle pagine, mentre le nuvolette di testo avevano spazi bianchi da cui erano state cancellate delle parole, censurate come le lettere dei carcerati, come se gli sceneggiatori e i disegnatori di albi a fumetti fossero stati davvero criminali incalliti in prigione che inviavano i loro lavori da Sing Sing. In questa storia un giovane si avvicinava a una donna a una festa e le diceva «Vieni» – spazio vuoto – «Andiamo a ballare» – grosso spazio vuoto. Le parti cancellate finivano per far immaginare pensieri

Copertina di *Super Mystery Comics* n. 41, maggio 1948, edito dalla Ace Publications, con la storia «Mack Martin Investigator» nella sua versione originale.

proibiti, stuzzicanti e misteriosi. D'altra parte, nel Codice non c'erano restrizioni riguardo l'aspetto degli uomini, e così gli eroi avevano lo stesso aspetto di sempre, con indosso costumi aderenti come se gli fossero stati dipinti addosso; il corpo maschile ora aveva il dominio esclusivo di quel che restava del panorama erotico degli albi a fumetti. I censori di Murphy seguivano il Comics Code alla lettera, incuranti delle conseguenze. A volte, gli editori membri della CMAA ristampavano storie uscite in origine prima della messa in attuazione del Codice, e questa doppia versione «prima» e «dopo» permette di rendersi conto dei ragionamenti dei censori.[13] Per esempio la storia «Mack Martin, investigatore», disegnata da Rudy Palais e apparsa per la prima volta su *Super Mystery Comics* del maggio 1948, mostrava l'eroe colpire il nemico di turno alla testa con uno strumento da ufficio. «Hai mai sentito parlare del dittafono, stupido?» chiedeva Martin, mentre un roboante «bang» compariva sulla testa della vittima, che grugniva «ugh» e sparava in aria con una pistola. Nella stessa storia, modificata e riedita su *Penalty Comics* del gennaio 1956, il dittafono era stato cancellato e Martin attaccava a mani nude. Non c'erano più il «bang», l'«ugh» o la pistola, ma la frase «Hai mai

L'ex magistrato Charles F. Murphy, nominato custode e censore principe del Comics Code, mostra un esempio paradigmatico del tipo di interventi richiesti ai fumettisti sul loro lavoro.
Fonte: Cartoon Research Library, Ohio State University.

sentito parlare del dittafono, stupido?» era rimasta uguale. Già sciocca in partenza, la battuta ora non aveva neppure senso.

Molte delle modifiche richieste dagli esecutori del Comics Code servivano ad ammorbidire, persino ad addolcire le immagini, spesso producendo risultati contrari sia alle intenzioni della storia sia al significato profondo del Codice. Nella versione originale di una storia per *Super Mistery Comics*, uno dei cattivi aveva un viso squadrato e pochi capelli in testa. Nella nuova versione, aveva un fascino selvaggio e tutti i capelli; in altre parole, era stato fatto diventare più bello e amichevole. Secondo lo stesso principio, centinaia di streghe e fantasmi vennero ridisegnati con pettinature più carine, una carnagione migliore (o anche solo una carnagione, al posto delle sole ossa), vestiti più ordinati e facce più allegre. Anche il modo di disegnare Satana cambiò del tutto e scomparvero corna e zanne; il risultato era un personaggio che non sembrava più il Male nella sua forma più pura, ma solo un tipo un po' meno grazioso degli altri.[14]

In una conferenza stampa indetta per divulgare il lavoro dei funzionari del Codice, Murphy fece proiettare due vignette di albi a fumetti, appositamente ingrandite. Quella a sinistra mostrava una donna dall'aspetto demoniaco, i capelli arruffati, un volto scimmiesco e cadaverico. Quella a destra era stata ridisegnata per raffigurare una donna qualunque, dai lineamenti normali, e i capelli che avrebbero avuto magari bisogno di una spazzolata; sembrava portare del rossetto. A dimostrare che, secondo le idee del Codice, in realtà era una strega, aveva un neo sul volto, un puntino vicino alla bocca, come quelli di Marilyn Monroe e Peggy Lee. Nel modo in cui veniva messo in pratica dall'ufficio di Murphy, il Comics Code privava il Male della sua cattiveria. Edulcorando la differenza tra il Bene e il Male, privava gli albi a fumetti non solo della presenza di Satana, ma anche della necessità di Dio. E, soprattutto, il Codice aboliva del tutto la libertà degli autori, che era una cosa preziosa per molti creatori di fumetti, specie i disegnatori. «Per me la cosa migliore dei comic-book era che non mi veniva mai rimandato indietro alcun lavoro»,[15] ricorda Jay Scott Pike (n. 1924), specialista in storie d'amore. «Avevi carta bianca. Era così libero... era fantastico. Poi venne il Comics Code e, siccome disegnavo soprattutto donne della giungla e [albi] romantici, dovevo rimpicciolire tutti i seni e le donne della giungla, che stavano sempre per aria e volavano da una liana all'altra, dovevano indossare la gonna, che non poteva mai essere alzata. Le leggi della fisica per loro non valevano. So che erano solo donne della giungla, che erano ridicole a priori, ma era più o meno quello che mi faceva piacere il mio mestiere. Non dovevano avere senso. Potevano essere tutto quel che io volevo che fossero, solo perché era così che le volevo, e adesso quella libertà era scomparsa».

Sembra che chiunque lavorasse nel mondo del fumetto durante i primi anni di vita del Codice avesse/abbia una storia da raccontare sull'ufficio di Murphy e le sue richieste, rigide e in apparenza arbitrarie. Il disegnatore Russ Heath (n. 1926) inviò il disegno di un giocatore di baseball alla battuta, in procinto di colpire la palla con forza, e gli fu ordinato di cancellare le gocce di sudore dal sopracciglio del personaggio. John Severin dovette cancellare il pugnale dalla mano del cattivo di turno, ma la ferita da taglio sul petto della vittima rimase, dando l'impressione che il tizio l'avesse trafitto con le dita. Dick Ayers era il disegnatore regolare della serie *The Rawhide Kid*, il cui protagonista e titolare della testata traeva il nome dalla frusta per il bestiame che aveva sempre con sé; per ordine del Codice, Rawhide Kid lasciò la frusta e divenne un contadino.[16] A Joe Edwards (1921-2007), uno dei disegnatori di *Archie*, fu detto di allungare le gonne e allargare le camicette di Betty e Veronica. «Non dimenticherò mai quel Murphy e tutto quel che ci ha fatto passare», ha detto Frank Thorne (n. 1930), che nei primi anni Cinquanta disegnava l'adattamento a fumetti dello show televisivo *Tom Corbett, Space Cadet*. «Era un grandissimo idiota... il *Führer* del Comics Code».[17]

Dick Giordano, che avrebbe finito per dover passare tutto il suo tempo a portare pagine avanti e indietro tra l'ufficio della CMAA e la sede della Charlton, ce l'aveva tanto con Murphy quanto con il resto del suo staff. «Il Codice era estremamente restrittivo!», ricordò Giordano. «I miei contatti erano i controllori, e sono sempre stato convinto che fossero stati scelti per la loro capacità di far rispettare il Codice comportandosi nella maniera altezzosa di chi sente di avere la sfortuna di dover leggere albi a fumetti per vivere e di dover avere a che fare con i cretini che li realizzano».[18]

Herb Rogoff, un redattore della Ziff-Davis, finì per trovare così frustrante il dover lavorare con l'ufficio di Murphy che andò a protestare con i suoi capi. «L'insulto più grande di tutti era il dover passare sotto un censore»,[19] ricorda Rogoff. «Il Comics Code era assolutamente oltraggioso. Avevano un gruppo di vecchie zitelle, tutte ex insegnanti, sedute lì a dirci come lavorare. Segnavano tutto con la penna rossa. Qualsiasi cosa è di cattivo gusto se vuoi che lo sia. C'era il disegno di una donna raffigurata di tre quarti, quindi il profilo [del suo torace] era disegnato [con un lieve rigonfiamento] e l'altro [seno] era suggerito da un semicerchio [al tratto]. Volevano che lo togliessi. Allora dissi "è una follia. Avete intenzione di cambiare l'anatomia della donna?", e loro risposero "non c'è bisogno che sia così esplicita". E io, "state cercando di insegnare ai bambini che una donna non ha due seni? A che gioco state giocando?". Ma loro risposero "è lascivo". Era una cosa che mi faceva infuriare, era degradante, ed era un insulto».[20] Rogoff si lamentò della cosa con i suoi capi alla Ziff-Davis. «"Perché non diciamo loro di andare al diavolo?" dissi, ma il capo rispose "oh, i tipografi non stamperebbero". Gli dissi "stai scherzando?" e lui rispose "no, hanno paura. Non stampano se non c'è il logo, e i distributori non spediscono se non c'è il logo, e gli edicolanti non vendono se non c'è il logo. Senza il logo, siamo fuori", e fu allora che capii quanto grossa e pericolosa fosse diventata la situazione».[21] La sfida non era quella di salvare la libertà d'espressione dei disegnatori, ma quella di salvare i loro posti di lavoro.

James A. FitzPatrick, membro dell'Assemblea dello stato di New York, reputò il Comics Code inadeguato. Dopo aver testimoniato al secondo turno di udienze della Commissione Hendrickson sugli albi a fumetti e la criminalità giovanile, FitzPatrick decise di effettuare a sua volta delle udienze sull'argomento, sotto gli auspici della Commissione statale legislativa congiunta per studiare la pubblicazione di albi a fumetti, di cui era a capo. Le udienze ebbero luogo il 4 febbraio 1955 negli uffici dell'Associazione degli avvocati dello stato di New York, al centro di Manhattan, e chiamarono a testimoniare Charles F. Murphy, che difese la CMAA con ardore; Helen Meyer, vice presidente della Dell, che accusò la CMAA di lassismo e dichiarò che non si sarebbe unita all'associazione finché non avesse adottato un codice che «eliminasse», anziché «regolamentare», gli albi a fumetti di cattivo gusto; Fredric Wertham, che accompagnò il suo solito discorso con degli extra, una frusta e un coltello, che affermò di aver acquistato attraverso degli annunci pubblicati su albi di editori della CMAA (anche se, sotto giuramento, ammise di non ricordare i nomi delle collane); e Francis W.H. Adams, commissario della polizia di New York, che dichiarò di aver trovato un collegamento diretto tra gli albi a fumetti e la criminalità giovanile, invocando quindi la creazione di nuove leggi contro quel tipo di pubblicazioni. Dopo le testimonianze, lo staff di FitzPatrick abbassò le luci e proiettò un corto sugli albi dell'orrore prodotto per la CBS. Murphy riassunse la propria opinione di quel che era emerso quel giorno dicendo «c'è ancora molto da fare» per «eliminare questa minaccia».[22]

Il 21 marzo, FitzPatrick presentò il resoconto della sua Commissione agli organi di legge statali. La conclusione fu che la CMAA si era dimostrata inutile e che il Comics Code era un mezzo inadeguato per sradicare «orrore, sesso e violenza» dagli albi a fumetti. Collane «attualmente in edicola, e con in copertina il logo di approvazione del Codice, contengono una grossa quantità di materiale giudicato di cattivo gusto dal Codice stesso e, a quanto si dice, eliminato», dichiarava il rapporto. «I nostri archivi sono colmi di albi a fumetti che confermano il fatto che violenza e brutalità sono il tema principale di molte pubblicazioni attualmente stampate con l'approvazione del Codice».[23] Di conseguenza, FitzPatrick disse all'Assemblea che era in procinto di introdurre una serie di nuovi, forti provvedimenti che avrebbero reso espressamente illegale la pubblicazione di albi a fumetti di cattivo gusto nel loro stato di origine. «Priva di obblighi, la libertà diventa anarchia», dichiarò FitzPatrick. «Non dovremmo permettere che la libertà venga confusa con il permesso, e dovremmo agire contro coloro che insistono nel corrompere le menti e la morale per profitto».[24]

Suggerì una nuova serie di leggi per:

- proibire la pubblicazione o distribuzione di albi a fumetti di cattivo gusto, definiti come quelli «dedicati a, o principalmente formati da, immagini o descrizioni di strategie criminali, sesso illegale, orrore, terrore, tortura fisica, brutalità o violenza fisica»;
- vietare la vendita di qualsiasi albo di questo tipo ai minori di diciotto anni;
- vietare l'uso delle parole «crimine», «terrore», «orrore» o «sesso» nei titoli degli albi a fumetti.

Il 22 marzo, l'Assemblea generale dello stato approvò il disegno di legge all'unanimità;[25] il 2 maggio, il governatore Averell Harriman lo firmò promulgandolo in legge, la violazione della quale avrebbe portato a un anno di prigione, o a una multa di 500 dollari, o a entrambe le pene.[26] Quattro giorni più tardi, nel Regno Unito fu approvata la legge per mettere al bando gli albi dell'orrore.[27]

La legge dello stato di New York fu un colpo tremendo per l'industria degli albi a fumetti. Di punto in bianco, oltre ottanta collane[28] divennero illegali a causa delle parole nel titolo: *Crime Does Not Pay*, *Police Against Crime*, *Terror Illustrated*, *Terrors of the Jungle*, *Tales of Horror*, *Weird Horrors* e molti altri (nessun albo venduto aveva, di norma, la parola «sesso» nel titolo). Applicata alla letteratura tradizionale, la legge FitzPatrick sul linguaggio dei titoli degli albi a fumetti avrebbe vietato classici come *Delitto e castigo* di Dostoevskij e *Il secondo sesso* di Simone de Beauvoir. Per di più, i paletti sulle «strategie criminali» e sulla «violenza fisica» erano applicabili a qualsiasi albo a fumetti giallo, western, di guerra o di supereroi, e persino alla collana di storie della Bibbia di M.C. Gaines, se fosse stata ancora in vendita. Persino le storielle con animali parlanti – incluse quelle Disney e soprattutto *Tom & Jerry* della MGM e le serie basate sui disegni animati della Warner Bros – erano piene di tafferugli e simpatiche zuffe che avrebbero potuto essere considerate violenza fisica: quel che Jerry faceva a Tom era tortura vera e propria. La legge FitzPatrick rendeva praticamente illegale qualsiasi collana a fumetti, con la sola eccezione, forse, di *Archie*. In altri stati, le leggi controllavano gli albi a fumetti dopo la stampa, regolandone la distribuzione e la vendita.[29] Per l'autunno del 1955 disegni di legge sugli albi a fumetti erano già stati approvati in California, Connecticut, Illinois, Maryland, Montana, Nevada, New Jersey, Nord Carolina, Ohio, Oklahoma, Oregon, Texas e Washington, oltre che nello stato di New York. Nel Connecticut, una legge a maglie larghe stimolata dall'appassionata campagna dell'*Hartford Courant* contro gli albi a fumetti di cattivo gusto aveva reso illegale non solo la vendita ai minori di titoli contenenti «passione, violenza, orrore od oscenità», ma persino il far loro pubblicità o l'esporli in pubblico. Subito dopo aver approvato la legge, l'Assemblea del Connecticut votò all'unanimità una risoluzione di lode per il *Courant* e per Irving Kravsow. Gli stati del Nevada, del New Jersey e dell'Ohio resero illegale sia la vendita ai minori sia l'esposizione in pubblico di albi a fumetti del genere, ma non il far loro pubblicità. L'Illinois e il Maryland si concentrarono sul vietare la vendita di albi contenenti «sesso, crimine, violenza o immoralità» (e, nel caso del Maryland, «uso di droghe») ai minori. Una legge simile passò in Nord Carolina, anche se senza restrizioni di età. In Montana, vendere o distribuire giornalini a fumetti «offensivi» divenne un crimine, con tanto di carcere obbligatorio per chi lo compiva più di una volta. L'Oklahoma scelse un approccio più contorto, dando a sindaci e giunte locali il potere di denunciare chiunque vendesse o distribuisse ai minori albi a fumetti «osceni». Lo stato di Washington scelse di distribuire licenze ai venditori di fumetti, fermo restando che tali licenze avrebbero potuto essere revocate o sospese se il venditore avesse distribuito albi contenenti «sesso o violenza». Per di più, almeno sei stati (California, Idaho, New Jersey, Illinois, Oregon e Texas) proibirono la vendita di albi di cattivo gusto in abbinamento a serie di maggior successo.

Seppur incredibilmente varie, tutte queste leggi avevano lo stesso scopo: fare qualcosa – qualsiasi cosa – contro quei maledetti fumetti. Almeno altri cinque stati – Arizona, Louisiana, Massachusetts, New Hampshire e Pennsylvania – stavano lavorando a leggi di regolamentazione dei comic-book; e almeno altri tre – Vermont, Rhode Island e Texas – avevano organizzato delle Commissioni per studiare le azioni da adottare e riferire alla prossima seduta legislativa. Alcuni stati che avevano già approvato delle leggi sugli albi, come la California, stavano lavorando ad altre.

In nove stati, Delaware, Indiana, Iowa, Kansas, Minnesota, New Mexico, Sud Dakota, Utah e Wisconsin, leggi contro gli albi a fumetti erano state proposte e poi respinte, oppure ignorate. Nel dibattito legislativo in Winsconsin, l'avvocato Reuben C. Peterson si batté con tale vigore contro l'approvazione di una legge sugli albi a fumetti da essere tempestato di fischi e fatto uscire dal tribunale di Madison. «Non ero quello che si potrebbe definire un sobillatore»[30], ricordò Peterson, «ma stavano andando troppo oltre in quella vicenda degli albi a fumetti. Non usavano più la testa. Cercai di dir loro che esistono cose come il Primo Emendamento. Se ne dimenticarono e mi tolsero di torno, mi tolsero di torno definitivamente. Mi costrinsero ad andarmene tra urla, fischi e grida». Ciò nonostante, Peterson aveva influenzato abbastanza voti da impedire il passaggio della legge.

Nel Kansas, altro stato che respinse le leggi, l'editore del *Great Bend Daily Tribune* lodò la decisione in un editoriale dal titolo «La nuova caccia alle streghe»:

> In questo 1955, negli Stati Uniti stanno tornando i giorni della caccia alle streghe; e chissà se fossero mai davvero scomparsi [...]. Dietro quest'affare della censura c'è molto di più della situazione attuale, che è frutto della vicenda degli albi a fumetti, molti dei quali sono bizzarri, disgustosi e rivoltanti. Il problema da risolvere nell'immediato riguarda il permettere o meno a questi albi di restare nelle edicole, ma se per farlo ci sia bisogno o meno di ricorrere alla censura è una cosa su cui è necessario riflettere a lungo, perché la censura è qualcosa di spaventoso [...]. È ridicolo pensare che per migliorare l'America sia necessario ricorrere a una legge che metta al bando gli albi a fumetti [...]. È un problema da risolvere in casa, a scuola, in chiesa e attraverso tutto quel che influenza una famiglia, ma non con delle leggi.[31]

Il disprezzo verso i comic-book permeava a tal punto le istituzioni che ormai non si discuteva neanche più il loro diritto di esistere nelle edicole. L'industria degli albi a fumetti stava collassando sotto la pressione esercitata non solo da scuole, chiese e leggi, ma anche dai distributori e dai disperati ed eccessivi tentativi che essa stessa stava attuando per cercare di sopravvivere. C'erano sempre meno albi da poter comprare e quelli che ancora resistevano erano talmente ammansiti da aver perso il fascino caratteristico che li aveva fatti piacere ai giovani. A parte i colori, ormai non offrivano più niente che la televisione non potesse fornire, per di più mediante immagini in movimento. «Tutte le perturbanti assurdità che rendevano così interessanti e di successo gli albi a fumetti [erano] state eliminate»,[32] commentò il fumettista Harry Harrison. «Erano diventati così infantili che era più interessante *Howdy Doody* [celebre programma TV per bambini, 1947-'60]». La televisione guadagnò il pubblico che «gli albi a fumetti stavano perdendo [...] a causa loro. La televisione non uccise le serie a fumetti. Non ne ebbe bisogno. Ci avevano già pensato altri».

Nel 1952, negli USA venivano pubblicate circa cinquecento serie a fumetti;[33] tre anni più tardi, circa trecento. Nel 1953, Harry «A» Chesler chiuse bottega. Nel 1954 fallì la Fiction House, casa delle regine della giungla e delle disegnatrici donne; stessa sorte toccò alle quattro compagnie facenti capo a Stanley P. Morse (Aragon, Gillmore, Key, Stanmor); e a Comics Media (*Danger*, *Death Valley*), Timor (*Blazing Western*, *Crime Detective*) e Stanhall (*G.I. Jane*). La Harvey, una delle principali case editrici di serie a fumetti dell'orrore, riuscì a sopravvivere solo sostituendo tutti i propri titoli con altri per bambini (*Baby Huey*, *Little Dot*, *Casper* e *Hot Stuff*). Il fatto che Hot Stuff fosse praticamente un diavoletto, con tanto di corna e coda, e che Casper fosse un fantasmino, abitante del mondo dei morti, veniva sostanzialmente annullato dal loro aspetto dolce.

Joe Simon e Jack Kirby, ricevendo sempre meno lavoro dalle case editrici di serie a fumetti, decisero di fondarne una loro nel 1954, la Mainline Publications, ma si ritrovarono ben presto soffocati dal clima che si respirava. I titoli che crearono, due western (*Bullseye* e *Western Scout*), una serie rosa (*In Love*) e un paio d'altri, erano privi di mordente, ma ciò nonostante i principali distributori di albi a fumetti si rifiutarono di occuparsene.[34] «Non riuscivamo a trovare un buon distributore, perché tutte quelle leggi li terrorizzavano: avevano paura di far uscire albi a fumetti in edicola»,[35] mi ha detto Joe Simon. «Così la nostra unica opzione fu di lavorare con la Leader News, il distributore delle serie a fumetti di Bill Gaines, ma con tutte le proteste che c'erano in giro, i gruppi di genitori e i gruppi scolastici che facevano fuoco e fiamme, le leggi, le udienze e così via, la Leader News era in rovina. I nostri titoli non venivano venduti. Non arrivavano nemmeno nelle edicole. Jack e io stemmo lì a strapparci i capelli finché non ci rendemmo conto che non potevamo farcela, non potevamo per-

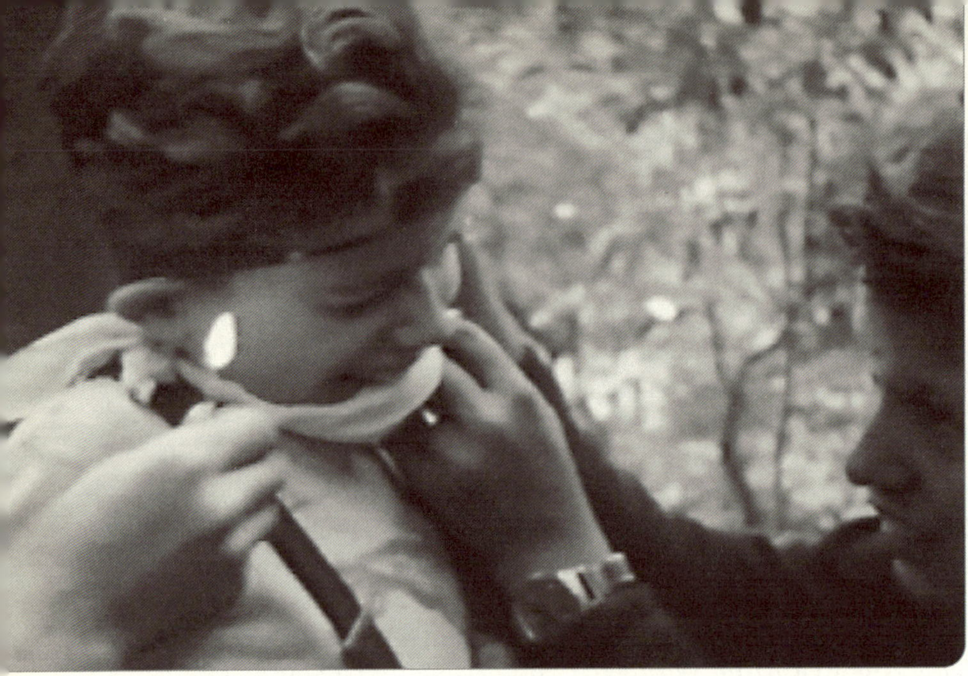

Un fotogramma dal documentario sui comic-book mandato in onda nel corso di una puntata del programma televisivo *Confidential File*: il documentario di fatto è un falso, perché inscena forzosamente degli eventi servendosi di bambini attori.
Fonte: *Confidential File*, puntata duplicata su videocassetta da originali conservati presso la Biblioteca del Congresso, Washington D.C.

metterci di continuare a produrre albi che non venivano neppure tirati fuori dagli scatoloni; così ci vedemmo costretti a chiudere la nostra casa editrice».

Mentre le vendite di serie sul crimine, dell'orrore e romantiche colavano a picco, le proteste della gente e la richiesta di nuove leggi continuavano con la stessa foga di prima. Il 9 ottobre 1955, il documentario che era stato mostrato nel corso dell'udienza di James A. FitzPatrick venne trasmesso in TV in tutta la nazione, all'interno di *Confidential File*.[36] Il programma, un antenato delle trasmissioni di attualità, discuteva ogni settimana un argomento importante, scegliendo sempre temi un po' sgradevoli come la prostituzione o le molestie ai minori. Sicuro di sé come l'avvocato di un film di seconda categoria, il conduttore, Paul Coates, giornalista per il *Los Angeles Times*, ogni settimana intervistava degli esperti dell'argomento di cui si parlava; mentre questi rispondevano, Coates annuiva, inarcando ogni tanto il sopracciglio destro e segnando qualche annotazione su di un blocchetto. Al centro di ogni puntata c'era un filmato in stile documentario diretto da Irvin Kershner, documentarista per il governo federale e in futuro regista di successo.[37] Per la puntata di *Confidential File* incentrata sui comic-book, Kershner filmò una sequenza in cui un gruppetto di ragazzi adolescenti aveva nascosto degli albi dell'orrore in un bosco. Il filmato mostrava i ragazzi riunirsi in mezzo agli alberi per leggere i loro albi. «Ma non stanno leggendo niente di costruttivo», dichiarava la voce fuori campo di Coates. «Stanno leggendo storie incentrate sull'adulterio, sulla perversione sessuale, sull'orrore, sui crimini più terribili [...]. Una delle cose più incredibili dei bambini è che non hanno ancora raggiunto l'età in cui realtà e finzione sono cose separate. L'impatto emotivo di una cosa letta in un albo a fumetti potrebbe benissimo essere lo stesso di un evento visto nella vita reale». Via via che leggevano, i ragazzini diventavano sempre più agitati. «Forse potete accettare questa cosa, forse no, ma è un dato di fatto... gli albi a fumetti dell'orrore e sul crimine turbano i ragazzi», continuava Coates. «Non parlo di lievi deformazioni del loro apparato emotivo – anche se penso che abbiano luogo pure quelle – ma di un effetto più evidente e immediato. Come potete vedere, la tensione nervosa aumenta a mano a mano che la storia diventa violenta, e se è un brutto racconto, il ragazzino dopo averla letta è un fascio di nervi». Fanatici dopo la lettura, i ragazzi correvano a incontrare un loro giovane e innocente conoscente, portandolo con loro tra gli alberi. «Questo è l'inizio di un gioco di violenza», avvertiva Coates in tono serio, mentre la velocità del filmato aumentava, mostrando i ragazzini che legavano il coetaneo a un albero, lo imbavagliavano con un fazzoletto e lo torturavano con rami, fiammiferi e coltellini. «Ovviamente l'idea non è stata loro», proseguiva la voce fuori campo di Coates. «Avevano una guida, un vero manuale del fai-da-te: un albo a fumetti dell'orrore e sul crimine. E hanno imparato bene la lezione». I suoni di sottofondo – le risate dei bambini che provocavano la loro preda mentre quest'ultima piangeva terrorizzata – si sovrappongono qui alla colonna sonora del programma, diventando sempre più forti. «E ricordate, questo non è un gruppetto particolare di ragazzi», diceva Coates. «Non sono né criminali né delinquenti. Sono i vostri figli. Questi bambini stanno giocando, eppure non stanno giocando. Giochi di questo tipo hanno portato molte volte alla morte... e ci sono persone che si arricchiscono vendendo albi che insegnano ai bambini questo genere di cose. Non so cosa ne pensiate, ma a me fa venire la nausea».

Durante le interviste, Coates parlò con alcuni bambini (tutti maschi) che leggevano albi a fumetti, un disegnatore (Ellis Eringer, specialista di storie umoristiche che lavorava anche su quelle dell'orrore, pur non amando il genere), e con Estes Kefauver. Coates e Kefauver sedevano accanto davanti a un tavolino. A differenza degli altri ospiti, che nel corso delle interviste guardavano Coates negli occhi, Kefauver aspettava che il giornalista finisse di porre la domanda e poi si voltava per rispondere direttamente alla telecamera. In suo onore, nella scenografia alle sue spalle era stata aggiunta un'asta da cui sventolava la bandiera a stelle e strisce. Kefauver ammise di pensare che il problema degli albi a fumetti necessitasse di nuove leggi e riassunse le udienze di New York su comic-book e delinquenza giovanile alterando ampiamente i fatti. «La questione degli albi a fumetti è davvero grande», disse Kefauver. «Tutti i nostri testimoni, dagli psichiatri ai bambini, mostrano che questi albi turbano profondamente, hanno un effetto negativo sul comportamento e sono direttamente responsabili di una grossa fetta di crimini commessi dai minori». In realtà, le testimonianze e le prove documentate mostrate alle udienze non concordavano, e la Commissione non parlò con alcun bambino; era sua politica evitare le testimonianze dei minori.

L'autore del programma, Andrew J. Fenady (n. 1928), non aveva letto la trascrizione delle udienze prima di scrivere le domande per Coates; nelle sue parole, che fanno riferimento al linguaggio del baseball, Coates «in pratica gli lanciò delle palle morbide», perché «[Kefauver] voleva usare questo palco per candidarsi alla Presidenza» nelle elezioni del 1956. «La paura degli albi a fumetti rappresentava una grossa spinta per lui», ricorda Fenady, «e sapeva come usarla».[38] Poco dopo aver partecipato a *Confidential File*, Kefauver iniziò una serie di viaggi all'estero incontrando i leader politici di oltre una dozzina di nazioni, comportandosi come un Presidente, guadagnando le prime pagine dei giornali e accumulando dell'esperienza da usare in caso di critiche circa la sua moderata preparazione in politica estera. Nel dicembre di quell'anno annunciò formalmente la sua candidatura, lanciando – quattro volte – il suo cappello in pelliccia di procione all'interno di un anello di fronte alle telecamere.[39] La nomina alle primarie andò ancora una volta ad Adlai Stevenson e Kefauver si ritrovò inaspettatamente a dover combattere per il ruolo di Vice Presidente contro un semisconosciuto trentottenne senatore del Massachusetts, un certo John Fitzgerald Kennedy. Kefauver si aggiudicò il dubbio privilegio di essere lui ad affiancare Stevenson mentre quest'ultimo veniva massacrato da Eisenhower e Nixon, il che nel 1960 permise a Kennedy di candidarsi alla Presidenza in prima persona. «Immagino di essere in gran debito con Estes»,[40] avrebbe poi detto sarcasticamente Kennedy, dopo essere stato eletto.

DALLA PADELLA NELLA BRACE

16

Bill Gaines e Al Feldstein avevano pubblicizzato la loro «purissima linea» di albi a fumetti come la «Nuova Direzione» verso cui si sarebbe mossa la Ec, e in effetti fu così: colarono a picco. Costretti ad abbandonare crimine e terrore per integrità e virtù, nel gennaio del 1955 fecero uscire sette nuove collane,[1] con le copertine datate aprile. Tre seguivano una formula che andava sul sicuro: *Valor*, con storie di cavalieri, gladiatori ed eroi mitologici; *Piracy*, con storie di bucanieri; e *Aces High*, con storie di piloti di aerei; altri erano titoli sperimentali mirati a lettori più grandi: *Md*, sulla medicina; *Extra!*, sul mondo della carta stampata; e *Psychoanalysis*, su di un campo nel quale ormai Gaines aveva quasi la stessa esperienza di Fredric Wertham. Infine un albo, *Impact*, era in qualche modo il successore addomesticato dei vecchi albi a fumetti della Ec che a suo tempo erano stati introdotti con l'etichetta «New Trend», 'Nuova Tendenza'. Feldstein, in una nota editoriale del primo numero di *Impact*, lo presentava come il portabandiera «della nostra più affezionata tradizione... IL FINALE A SORPRESA!». Per di più, si continuò a produrre *Mad* e *Panic* e fu rilanciato *Weird Science-Fantasy* col nuovo nome *Incredible Science Fiction*. Gaines e Feldstein spiegarono la nuova linea in una nota dai toni altisonanti stampata nel primo numero di ciascun titolo:

> Che cosa abbiamo fatto noi della Ec per meritarci il fantastico supporto che tu, nostro lettore, ci hai dato e continui a darci? La rispo-

sta, secondo noi, è che ti abbiamo rispettato, tu che sei il nostro pubblico! Abbiamo rispettato i tuoi gusti, il tuo senso di giudizio e, soprattutto, la tua intelligenza. Abbiamo provato a fare qualcosa di nuovo nel campo del fumetto. Abbiamo usato solo i migliori disegnatori a disposizione...

Anche con il passare del tempo, quando il tema di alcuni degli albi della nostra «Nuova Tendenza» è iniziato a diventare un argomento di discussione, critiche e censura, i livelli qualitativi stabiliti all'inizio sono sempre stati rispettati. Ora, molti albi della nostra «Nuova Tendenza» non ci sono più... Ma a essere sepolta non è stata la nostra capacità di intrattenervi con quelle testate... solo i loro argomenti![2]

Eppure, il livello qualitativo dei fumetti della Ec era cambiato. Se da una parte i disegni delle serie «Nuova Direzione» – specialmente le pagine stilizzate e geometriche di Bernard Krigstein o quelle fortemente retinate di Al Williamson e dei suoi collaboratori – erano pari o superiori a quelli delle migliori collane della «Nuova Tendenza», dall'altra le storie – per lo più di Feldstein e di alcuni collaboratori esterni come Carl Wessler (1913-1989), Sid Oleck e il disegnatore-scrittore Johnny Craig – avevano perso tutto il vecchio mordente. A parte alcune eccezioni, in particolare «La razza dominante», racconto fatalista di Gaines e Feldstein incentrato su di un sopravvissuto dai campi di concentramento che incontra il suo vecchio aguzzino in una stazione della metropolitana, originariamente pensato per *Crime SuspenStories* e poi invece pubblicato sul primo numero di *Impact*,[3] lo stile di scrittura era serio, ma anche banale, semplicistico e troppo diretto. «Guardi»,[4] mi ha spiegato Feldstein, «eravamo con l'acqua alla gola e stavamo solo cercando di restare a galla. Era roba impersonale, era solo uno sforzo per far uscire qualche albo decente che vendesse, ma non capivamo che ormai eravamo spacciati e non avevamo speranze. Infatti, tutta la categoria ormai era compromessa, era una fossa comune. Ma noi sapevamo solo che stavamo fallendo».

La Ec pubblicò il primo numero della nuova linea senza entrare a far parte della Cmaa. «Sentivo che se avessi fatto parte dell'Associazione non avrei potuto far uscire niente di decente, niente che facesse davvero divertire chi avesse più di otto anni ma solo robetta insipida, capisce, all'acqua di rose»,[5] disse Gaines nel corso di un'intervista nel 1955. Quando la maggior parte di quei primi numeri vennero resi alla Ec in confezioni ancora intonse, Gaines fu colto dal panico e decise di entrare nell'associazione che aveva pubblicamente derisa, anche se ciò avrebbe significato far passare le sue collane attraverso l'ufficio di Murphy per ottenerne l'approvazione. «Ci passarono tutti, e chi non lo faceva crollava in termini di vendite», disse Gaines in un'intervista del 1969.[6] «Cercai di non entrarci e tutti i primi numeri delle mie nuove serie uscirono senza il logo. Ne vendemmo circa il 15% [delle tirature], il che è *catastrofico*. Così entrai nell'associazione e le vendite salirono [al] 20 o 25%, che è *ancora* catastrofico... tutto quel che facevo uscire andava in perdita. Ogni singolo albo della nuova direzione, *ogni singolo albo*, andò in perdita». Per la fine di quell'anno «avevo finito i soldi», disse Gaines. L'ultimo albo a fumetti della storia della Ec fu il numero di febbraio 1956 di *Incredible Science Fiction*, uscito nel novembre del 1955. Feldstein, che ne era il redattore, consegnò le pagine a Charles F. Murphy alla fine dell'estate di quell'anno.

«Murphy leggeva sempre le nostre cose di persona»,[7] disse a suo tempo Feldstein. «Andavo nel suo ufficio con le pagine; tutte le vecchiette [le impiegate della CMAA] leggevano altre cose, invece io dovevo aspettare finché Murphy non fosse stato pronto a vedere di persona le mie». All'interno di quel numero di *Incredible Science Fiction*[8] c'era anche una storia sui mutanti, scritta da Jack Oleck e disegnata da Angelo Torres. Murphy la eliminò dicendo, come ricorda Feldstein, «"non potete metterci dei mutanti". Così me ne tornai in ufficio e dissi "Bill, che facciamo? C'è una scadenza da rispettare". Lui disse "be', infiliamoci una vecchia storia", una che avevamo pubblicata prima del Codice ma che era abbastanza pulita da poter passare. Così tirai fuori una delle mie preferite». Scritta alla fine del 1952 e pubblicata la primavera successiva, la storia, «Il giorno del giudizio!», era una di quelle che Feldstein definiva «i suoi sermoni»: un'allegoria di fantascienza sul concetto di razza che mostra un astronauta terrestre che esplora un pianeta popolato da robot capaci di autoriprodursi. Alcuni sono arancioni e altri blu, ma meccanicamente sono tutti uguali. Quando il terrestre scopre che quelli arancioni hanno soggiogato quelli blu condannandoli a povertà e schiavitù, decide di non farli entrare nell'Unione galattica. L'ultima immagine mostra l'astronauta che, di ritorno nella sua navicella, si toglie il casco, rivelando di avere la pelle nera.[9] «Quando la scrissi, negli anni Cinquanta, conteneva un messaggio abbastanza forte», mi ha detto Feldstein. «Sai, un messaggio di speranza per il futuro, in quella che all'epoca era una società tremendamente razzista». E in effetti, quando «Il giorno del giudizio!» uscì per la prima volta, il *Chicago Defender* le dedicò un intero editoriale, lodandola per l'aver unito «il fascino dei colori e della fantasia con un messaggio educativo».[10]

Murphy lesse le pagine senza fare una piega. «Arrivò all'ultima immagine», ha ricordato Feldstein, «alzò la testa e disse "no. Non potete usare un negro"».

«"Perché?" chiesi».

«E lui rispose "non potete usare un negro"».

«"Dov'è che il Codice dice che non posso usare un negro?" insistetti».

«Disse "ho detto che non potete usare un negro"».

«Io ribattei "ma è quello il fulcro di tutta la storia"».

«"No"».

«E così dissi "addio"».

Feldstein tornò in ufficio alla Ec e si lamentò con Gaines. «Gli dissi "Bill, è impossibile. Non può andare avanti così. Ce l'hanno con noi e si aggrappano a qualsiasi scusa per renderci la vita difficile". Bill telefonò a Murphy e disse "che diavolo sta succedendo?".

«E Murphy rispose "non potete usare un negro".

«Allora Bill disse "va bene. Organizzerò una conferenza stampa per dire al pubblico che i controllori degli albi a fumetti sono dei razzisti che non permettono ai neri di avere lo stesso spazio dei bianchi" o qualcosa del genere».[11] Dopo una pausa per pensarci su, Murphy permise a Gaines di pubblicare la storia, a patto che le gocce di sudore sul volto dell'astronauta venissero eliminate. Ora, la storia di Feldstein terminava con una didascalia poetica: «E le luci degli strumenti fecero brillare le gocce di sudore sulla sua pelle scura, come stelle lontane...».[12] Gaines disse «ma vaffanculo», sbatté il telefono in faccia a Murphy e pubblicò la storia così com'era.

«Fu l'ultimo gesto di Bill come editore di albi a fumetti», ricorda Feldstein. «Era arrabbiato, ne aveva avuto abbastanza, era sul lastrico ed era pazzo furioso. Penso che Bill Gaines non avrebbe pubblicato un altro albo a fumetti nemmeno se Fredric Wertham ed Estes Kefauver fossero venuti mano nella mano nel suo ufficio dicendo "Bill, vogliamo chiederti scusa. Avevamo torto e tu avevi ragione. Per favore, torna indietro e dacci altri albi dell'orrore". Credo che li avrebbe cacciati a calci nel culo. Ne aveva avuto abbastanza».[13]

Pur abbandonando gli albi a fumetti, Gaines continuò a pubblicare *Mad*, trasformandolo in rivista e quindi aggirando il Comics Code, i distributori e tutte le leggi restrittive sulle serie a fumetti. «*Mad* non sarebbe mai stato approvato dall'Associazione»,[14] spiegò Gaines in seguito. «Credo che non avremmo potuto lavorare con quella gente in alcun modo, e avrebbe rovinato l'albo». Gaines rimase a galla prendendo per lavoro a calci i vari Wertham, Kefauver e tutte le autorità attraverso le pagine della sua pubblicazione più originale e di successo. Nel luglio del 1955, modificò *Mad* in formato rivista; aumentò il prezzo a 25 centesimi, una cifra troppo alta per i bambini; abbandonò le pagine interne a colori, optando per un più serio, nonché più economico, bianco e nero; e incoraggiò Harvey Kurtzman, che (per un po') rimase a bordo come redattore di *Mad*, ad ampliare i contenuti, in modo da far satira non solo su albi a fumetti, programmi televisivi e film, ma su tutta quella società che non aveva spazio per la sua amata Ec. Nelle parole di Lyle Stuart, *Mad* divenne «un grosso vaffanculo a tutti i poteri che lo avevano quasi affondato».[15]

«Sai come a volte sono le avversità a fare la differenza? Bill disse "che ne sappiamo noi di come si fanno le riviste?" e io gli risposi "impareremo". Ne sapevo tanto quanto lui. A dire la verità volevo soprattutto impedirgli di affondare, perché ormai era disperato. Sentiva di non aver fatto niente di sbagliato, e allora per che cosa era stato condannato? Che aveva fatto? Che c'era di così terribile? Aveva bisogno di ritrovare la speranza, e ci riuscì quando il primo numero di *Mad* in versione rivista venne completato».[16] Per Gaines pubblicare *Mad* era, almeno in parte, un atto di risarcimento culturale. «Bill Gaines era contro l'ordine costituito: detestava qualsiasi forma di coercizione»,[17] ricorda Stan Hart, un laureato in Lettere classiche che sarebbe poi diventato uno dei principali autori di *Mad*. «*Mad* era il mezzo che permise a Bill di sopravvivere, e secondo me sopravvivere è la miglior vendetta. Bill si ritrovò obbligato a pubblicare solo *Mad*, e questo lo fece schierare ancora di più contro il sistema. Voglio dire, tutta la situazione che portò alle udienze e al boicottaggio lo aveva offeso profondamente, e penso che fece di *Mad* la sua valvola di sfogo».

Sin dal debutto nella sezione riviste delle edicole, nel 1955, *Mad* tenne fede alla promessa di lanciare torte in faccia all'America tradizionale. Il primo numero, annunciato in copertina come «Primo Numero: il nuovo *Mad*»,[18] ma indicato con il numero 24 in modo che Gaines potesse continuare a sfruttare la licenza postale del vecchio *Mad*, presentava: una parodia di Ernest Hemingway, una storia di solo testo, «Dalla padella alla brace», scritta dal parodista Ira Wallach (1913-1995); guide al miglioramento personale sullo stile di quelle di Dale Carnegie, «Come ottenere il lavoro che vuoi pensando positivo e inoltre portarti avanti imparando le mie cinque regole che ti daranno un'incredibile personalità positiva che ti aiuterà a raggiungere il successo», di Roger Price (1918-1990), un umorista al tempo famoso per i suoi «Droodles», disegnini astratti dal significato intenzionalmente sciocco, che nei primi anni Cinquanta erano divenuti quasi una mania; e finte pubblicità che prendevano in giro non solo pilastri della cultura commerciale americana, come i cerotti Band-Aid e le gelatine Jell-O, ma anche il cinico sfruttamento dell'ingenuità del pubblico da parte di Madison Avenue a New York, sede primaria dell'industria pubblicitaria statunitense.

Miscuglio di parodie per ragazzi, la versione a rivista di *Mad* era come un'evoluzione delle testate umoristiche studentesche, un genere di pubblicazione che, nel 1955, aveva già alle spalle più di centovent'anni di storia:[19] *Harvard Lampoon*, parodia di *Life*, risaliva al 1896 e aveva quindi anticipato *Mad* di quasi sessant'anni.[20] Pur nondimeno, *Mad* colpì gli adolescenti degli anni Cinquanta come qualcosa di totalmente nuovo, perché i suoi bersagli provenivano dall'attualità; perché Kurtzman sapeva plasmarne i contenuti come se fossero plastilina; perché non c'era niente di simile nelle edicole: *College Humor*, antologia nazionale di questo tipo di materiale, aveva chiuso nel 1943, dopo che negli anni Venti le vendite erano arrivate anche a 800 mila copie mensili;[21] perché i ragazzi che leggevano *Mad* non erano ancora andati all'università e non avevano ancora scoperto le riviste dei campus; e perché *Mad*, prodotto da autori di albi a fumetti che erano in grado di pensare come bambini, parlava direttamente ai ragazzi. Orgoglioso di essere adolescente, *Mad* era umorismo *da liceo*.

Incluso nel primo numero della rivista, all'apparenza per riempire un po' di spazio, c'era anche il ritratto di un ragazzino dall'aspetto sciocco, sopra la frase «Cosa? Preoccuparmi io?». Ci sarebbe voluto un altro anno prima che diventasse la mascotte della rivista, assumendo il nome di Alfred E. Neuman. La stupidità e la pigrizia mostrati da Alfred erano una facciata, un inganno per indebolire la resistenza del nemico: *Dài, lascialo leggere al ragaz-*

Vita degli anni Cinquanta nelle pennellate sagaci di Will Elder, nel primo numero di *Mad* in formato rivista, 1955. Per gentile concessione di Will Elder.

zo, è solo uno stupido albo di barzellette. In realtà, *Mad* prendeva il mondo più sul serio di alcune famose riviste per adulti degli anni Cinquanta, come *Pageant*, e spingeva i giovani a preoccuparsi parecchio per questioni per adulti come la Guerra fredda, la doppiezza della politica e del mondo degli affari, i problemi sociali e i rapporti razziali.

Per «È questa la tua vita?», una parodia televisiva, Will Elder realizzò un'illustrazione a pagina intera del pubblico in studio in un finto programma. Come tipico del suo stile, le gradinate erano ricolme di oltre un centinaio di facce: Douglas MacArthur; il Ranger Solitario; Irving Berlin e Liberace che studiavano con attenzione uno spartito per pianoforte di Spike Jones; Abraham Lincoln; Dean Martin e Jerry Lewis; Marlon Brando nei panni di Marc'Antonio, ferito e sanguinante; Zia Jemima [personaggio fittizio che pubblicizza dolciumi]; il giornalista Edward R. Murrow, sepolto da mozziconi di sigarette; e in prima fila, seduto accanto a Marilyn Monroe, c'era Estes Kefauver, intento a godersi un albo a fumetti dell'orrore (sulla cui ultima pagina era scritto «Comic Code 33 X + = 6 = Xo – B + 5»). Due file più indietro era seduto Frank Costello, preoccupato e madido di sudore; alle sue spalle, il suo avvocato gli sussurrava qualcosa all'orecchio. Quando, anni dopo, gli fu chiesto che cosa stesse dicendo l'avvocato di Costello, Elder rispose «gli stava dicendo "non preoccuparti di omicidi e prostituzione. Basta che tu non dica che ti piacciono gli albi a fumetti"».[22]

***

Mad sopravvisse trasformandosi in rivista ed evitando la falce della morte che stava calando sugli scaffali dei comic-book. Tra il 1954 e il 1956 più della metà degli albi a fumetti scomparvero dalle edicole;[23] le testate pubblicate negli Stati Uniti precipitarono da 650 a 250 circa. Alla fine del 1955, mentre la Ec chiudeva tutte le sue collane di fumetti (lasciando solamente *Mad*), cinque case editrici fallivano completamente: Star (*Intimate Secrets of Romance*), Sterling (*Captain Flash, Tormented*), Toby Press (*Billy the Kid, Super Brat*),[24] la divisione fumetti del consorzio United Features (*Nancy & Sluggo*) e la Eastern Color, la vecchia compagnia di M.C. Gaines, dove, nel 1933, *Famous Funnies* aveva inaugurato il formato comic-book. Nel 1956, Lev Gleason abbandonò *Crime Does Not Pay* e si ritirò dagli affari: le vendite dei suoi albi erano scese dai 2,7 milioni di copie mensili del 1952 alle 800 mila del '56. Quello stesso anno chiusero anche la Ace (*Crime Must Pay the Penalty, Atomic War!*), la Avon (*Davy Crockett, Bachelor's Diary*), la Premier (*Criminals on the Run, Nuts!*) e la Superior (*Ghost Rider, My Secret Marriage*).[25] Intervistato nel 1955, Al Feldstein disse: «diciamoci la verità, l'industria degli albi a fumetti sta morendo. Ci manca solo la pala con cui seppellirla».[26]

All'inizio del 1956, Feldstein era uno delle centinaia di sceneggiatori, disegnatori e redattori incapaci di trovare un lavoro nel campo in cui avevano trascorso tutte le loro vite professionali. «Tutti furono colpiti»,[27] ha ricordato Carmine Infantino. «Era come la peste. Non c'era lavoro e non sapevi dove andare, perché comic-book era diventata una parola sporca. Non potevi dire di essere stato un disegnatore di albi a fumetti e quindi non potevi mettere niente nel tuo portfolio. Dire di aver disegnato serie a fumetti era come dire di aver molestato dei bambini. Era un incubo, specie per tutte quelle persone che erano entrate nel mondo dei comic-book perché era un buon ambiente in cui lavorare».

Nell'aprile del 1957 Stan Lee, il caporedattore della Timely/Atlas/Marvel, disse ai disegnatori che si stava «chiudendo bottega».[28] All'inizio dell'anno la casa editrice pubblicava 85 serie; l'editore, Martin Goodman, le cancellò tutte tranne sedici, un misto di collane per ragazzi, rosa, western e di guerra, e le fece distribuire dalla rivale National/Dc.[29] «Martin partì per la Florida e disse soltanto "Stan, dobbiamo sbarazzarci dello staff, per questo, quello e quell'altro; diglielo tu"»,[30] ricorda Lee. «Fui io a dover licenziare tutto lo staff. È stata la cosa più difficile che abbia mai dovuto fare in vita mia. Ho dovuto dirglielo io, e io ero loro amico. Avevo cenato a casa di molti di loro, conoscevo le loro mogli e i loro figli, e dovetti dirglielo io. Come ho detto, è stata la cosa più difficile che abbia mai dovuto fare».[31] Lee fece venire nel suo ufficio i principali disegnatori della Timely – Joe Sinnott, Dick Ayers, Gene Colan, Martin Nodell, Morris Weiss, Frank Bolle, John Romita[32] – e ricorda che disse loro, a uno a uno, «mi spiace, ma non c'è più lavoro per te. È finita». «Erano traumatizzati, io ero traumatizzato».[33] Dopo ogni conversazione, Lee dovette andare al bagno.

Quelli particolarmente legati al medium, come Pete Morisi, ne furono distrutti. «Amavo i fumetti: li amavo in tutto e per tutto ed ero orgoglioso del lavoro che facevo, ma mi vergognavo di farlo. Non potevi dire a nessuno che disegnavi albi a fumetti. Dovevi dire soltanto di essere "un disegnatore". Quando la gente sentiva la parola "comic-book", decideva automaticamente che non potevi essere un vero artista»,[34] ricordò Morisi, che abbandonò quella carriera, fece un concorso per il servizio civile e finì per diventare un corriere della polizia a Brooklyn. «Quando cadde la mannaia, fui fatto a pezzi. Il guaio era fatto. Gli albi a fumetti erano morti. Avevo il cuore in frantumi».

Mike Sekowsky (1928-1989) per un po' lavorò come imbustatore in una drogheria. John Severin trovò lavoro in una fabbrica di fiammiferi. Dick Ayers divenne una guardia di sicurezza. «Dovevo portare il pane in famiglia, ma era umiliante»,[35] ha ricordato Ayers. «Avevo dedicato tutta la mia vita a imparare un mestiere che credevo fosse di qualità, e ora non potevo più svolgerlo perché era considerato qualcosa di criminale. Quando divenni una guardia della sicurezza pensai "be', è ironico, dovrei proteggere qualcosa mentre tutto il paese cerca di proteggere i bambini da me"». Harry Harrison, un disegnatore che aveva collaborato con Wally Wood per la Ec e altri editori, rimase un anno senza lavoro. «Non c'era niente in giro»,[36] disse. «O meglio, c'era qualcosa, se volevi fare robetta per bambini. Ma se prendevi sul serio il tuo lavoro e avevi un po' di orgoglio, non c'era niente in giro per te. I disegnatori degli albi a fumetti erano praticamente a spasso. Alcune persone scomparvero, si volatilizzarono. Gente importante, non solo quelli di secondo piano: grandi talenti. Erano rovinati». Alla fine, Harrison decise di abbandonare il disegno e di seguire la sua seconda passione, la scrittura. Jack Cole, creatore di Plastic Man nonché uno dei disegnatori più presi di mira da Wertham in *Seduction of the Innocent* per la sua rappresentazione, effettivamente spaventosa, dell'incubo di un dipendente da morfina narrata su *True Crime Comics*[37] – uno spacciatore che sta per trafiggere l'occhio del drogato con una siringa – trovò un buon lavoro disegnando storie a fumetti erotiche per *Playboy*. Nell'agosto del 1958[38] Cole comprò un fucile calibro 22 e si suicidò, per ragioni sconosciute. La teoria più accreditata menziona i suoi problemi matrimoniali, probabilmente legati al fatto che era entrato a far parte della cerchia di scambisti di Hugh Hefner, e i debiti economici; il giorno del suicidio scrisse una lettera a Hugh Hefner, dicendo «Perdonami per tutti i soldi che ti devo».[39]

Feldstein, Morisi, Ayers, Sekowsky, Severin e altri particolarmente legati al mondo dei fumetti speravano di tornare a lavorare in quel campo e, alla fine, così fu. Kurtzman lasciò *Mad* per lavorare per Hugh Hefner e Gaines chiese di occuparsi della rivista a Feldstein. Morisi continuò a lavorare come corriere, ma arrotondò di notte lavorando su albi a fumetti con uno pseudonimo. Tuttavia, dopo la grande crisi degli anni Cinquanta, centinaia di altri autori lasciarono il mondo dei comic-book per sempre. Janice Valleau Winkleman alla fine seguì il consiglio di suo padre e smise di lavorare sui fumetti. «Ci credevano persone orribili e non era giusto»,[40] mi ha detto Winkleman. Decise di dedicarsi alla famiglia e per molti anni smise di disegnare, persino per diletto. Nei primi anni Sessanta sentì il bisogno di lavorare di nuovo nel mondo dell'arte e si iscrisse a un corso di pittura vicino casa, nel New Jersey. Al primo giorno di lezione, abbozzò un disegno e l'insegnante lo mostrò a tutti citandolo come esempio di quello che non si doveva fare. «Disse che era orribile, che assomigliava a un fumetto»,[41] ricorda Winkleman.

Fred Guardineer, dopo anni passati a realizzare storie western e sul crimine per vari editori (tra cui la storia, già citata, «La selvaggia follia del sadico che ride», per *Crime Does Not Pay*), abbandonò per sempre i fumetti e trovò lavoro come postino a Long Island. Warren Broderick, che aveva collaborato con Harry Harrison per molti editori, divenne un autista di ambulanze. «Warren era una persona cara e cortese, un uomo molto sensibile; ha lasciato il nostro lavoro colmo di rimpianti e non ho mai saputo più nulla di lui»,[42] avrebbe poi detto Harrison al riguardo.

Alcuni trovarono lavoro nel campo del disegno tecnico, dell'illustrazione commerciale o della pubblicità. Ad esempio Jack Kamen, Mort Leav e Pierce Rice (1913-2003) si mantennero così per il resto dei loro giorni, così come altri, come Marc Swayze (n. 1913). «Guadagnavo bene e posso dire di essere rispettato dai miei colleghi nel mondo delle pubblicità»,[43] ricordò Leav. «Ma il lavoro era lavoro. Non erano i fumetti. Non potevi essere creativo. Non era divertente... non avevi alcuna libertà. Gli albi a fumetti mi sono mancati per il resto della mia vita». Alla fine della crisi, nei tardi anni Cinquanta, oltre ottocento persone che dieci anni prima stavano lavorando nel mondo dei comic-book l'avevano dovuto abbandonare per sempre, senza farvi mai più ritorno.

Non avevano fatto le spie per governi nemici; né trafugato segreti di armi nucleari. A differenza delle loro presunte controparti nel periodo della Paura Rossa, i disegnatori e gli sceneggiatori coinvolti nella controversia sui comic-book non furono mai accusati di spionaggio, tradimento, oltraggio al Congresso o ai tribunali, o di avere ostacolato la giustizia. Tutto quel che avevano fatto era stato raccontare storie sensazionali con il linguaggio del fumetto, una cosa che rende la loro battaglia, e la loro caduta, ancora più strana e triste.

Questo non significa che le vittime dell'epurazione dei fumetti fossero innocenti; non lo erano come non lo erano i giovani che, secondo le accuse di Fredric Wertham, questi fumettisti avevano sedotti con i loro albi. Anche se non erano traditori, gli autori di albi a fumetti del crimine, rosa o dell'orrore in un certo senso erano propagandisti, ribelli culturali. Con i loro strani disegni esprimevano, e di conseguenza contribuivano a instillare nei lettori, un disprezzo verso i convenevoli sociali, una passione per le idee ribelli e l'azione immediata, un cinismo verso ogni tipo di autorità e una tolleranza, se non un vero e proprio desiderio, per le immagini spinte o violente. In pratica, la generazione di creatori di comic-book il cui lavoro venne distrutto dal Comics Code contribuì a far nascere la cultura popolare del dopoguerra.

Quando, nei primi anni Sessanta, gli albi a fumetti riuscirono a risorgere, lo fecero compiendo alcuni passi indietro e tornando alle gesta dei supereroi, che, sin da allora, hanno dominato il mondo del fumetto tradizionale statunitense. Con la televisione ormai diventata il principale mezzo di intrattenimento, i comic-book sono divenuti degli oggetti speciali per collezionisti e adolescenti. «Sapevo come tener le cose sul semplice»,[44] ricorda Stan Lee, che negli anni Sessanta diede nuova linfa alla Marvel Comics, creando una serie di muscolosi eroi in costume. «Volevamo far divertire i ragazzi e dar loro qualcosa di positivo. Non volevamo cambiare il mondo».

EPILOGO

Sauve, una città fortificata di pietra grigia lungo il fiume Vidourle, nel Sud della Francia, è una fortezza, proprio come molti altri villaggi medievali.[1] Costruita per impedire l'ingresso ai nemici, blocca anche lo scorrere del tempo. La città non è praticamente cambiata negli ultimi cent'anni, se non per l'arrivo delle automobili. Non ci sono segni di commercio moderno: niente catene commerciali, manifesti, poche marche conosciute. Gli edifici, stretti e ammucchiati lungo file sconnesse, sono di pietra non dipinta e hanno piccole finestre con persiane. Se si sa a quale porta bussare, si può camminare lungo la strada che procede sinuosamente attorno alla città e chiedere di incontrare Robert Crumb (n. 1943), il fumettista americano. La padrona di casa, obbedendo agli ordini, vi risponderebbe che è fuori città, e in un certo senso sarebbe la verità. Anche se Crumb vive a Sauve dal 1990 e passa la maggior parte dei suoi giorni disegnando, leggendo, ascoltando della musica o litigando con la moglie Aline al secondo piano della casa, in realtà è come se non fosse mai venuto davvero a vivere in questa città. Non parla molto il francese e preferisce stare in casa, nel suo studio, dove ha ricreato l'atmosfera di un altro luogo fuori dal tempo: la cultura popolare statunitense degli anni Venti. Gli scaffali sono strapieni di decine di migliaia di dischi a 78 giri, praticamente tutti risalenti al primo decennio di incisioni su disco. Una libreria con le ante in vetro contiene una collezione di giocattoli e oggetti degli anni Venti: un modellino di Little Nemo, una bambola del Gatto

Felix... i muri sono tappezzati di copertine incorniciate di dischi d'epoca e ritratti di vecchi musicisti. La casa è un luogo senza tempo, una fortezza di isolamento culturale e temporale e per questo, in fondo, adatta a Sauve.

L'unico elemento fuori posto in questo feticismo degli anni Venti è un'altra libreria, piena di albi a fumetti, la maggior parte dei quali di Robert Crumb, e alcuni anche di qualche collega risalenti ai primi anni Cinquanta: una collezione di albi Ec e di altre case editrici attive prima del Comics Code. Una domenica del 2003, sul tavolino al centro della stanza c'erano alcune delle letture di Crumb: una copia dell'ultimo numero del *New Yorker*, una di *Leg Show* (la rivista erotica) e due volumi di albi a fumetti *Little Lulu*.[2] «Ero già un grande lettore di albi a fumetti e un fan della Ec a nove anni, quando uscì il primo numero di *Mad*, ma non avevo il permesso di portare a casa albi come quelli: albi a fumetti su cui erano disegnate delle ragazze sensuali e cose del genere erano vietati a casa mia. Potevi sfogliarli in edicola, ma non portarli a casa»,[3] commenta Crumb, seduto in maniera composta su una sedia di legno dipinta di nero. Ha un aspetto da professore per via della lunga barba, che ha deciso di lasciar crescere dopo che un documentario del 1994, *Crumb*,[4] lo aveva reso per i suoi gusti troppo riconoscibile. Parla restando immobile; le mani unite sul grembo, gli occhi bianchi e rotondi coperti da spessi occhiali con montatura in metallo. «Per me, la Ec è stata il culmine di tutto quel che fino a quel momento era passato sugli albi a fumetti. I disegni erano ottimi e avevano la miglior potenza di racconto in circolazione. Erano anche gli albi a fumetti più seri degli anni Cinquanta ed erano proibiti, il che li rendeva ancora più intriganti».

Adolescente di periferia del Delaware alla fine degli anni Cinquanta, Crumb e suo fratello maggiore Charles scrissero e stamparono la loro rivistina, *Foo*,[5] dedicata agli albi della Ec, al *Mad* di Kurtzman e alle migliori serie prima del Comics Code. Appartenevano a una generazione di lettori un po' più giovani rispetto ai primi seguaci della Ec e avevano cominciato ad adorare quegli albi a fumetti già prima della loro adolescenza, un po' per la qualità degli albi stessi e un po' perché il martirio che subirono ne aveva accentuato il fascino. «Quando divenni abbastanza grande da apprezzare davvero la Ec e *Mad*, era tutto finito: le cose belle erano scomparse. Vidi appena gli ultimi numeri di *Mad* [nella versione] a fumetti»,[6] ricorda Crumb. «Ciò mi ha reso un nostalgico già da giovane, spingendomi a ricercare la cultura del passato. Molte cose culturali sono scomparse negli anni Cinquanta e, da bambino, ciò mi ha motivato a esplorare il passato».

Frustrato dai contenuti vuoti e infantili degli albi a fumetti approvati dal Comics Code negli anni Cinquanta e all'inizio degli anni Sessanta, Crumb e i suoi amici si consolarono tra le pagine delle serie precedenti la creazione del Codice; e, crescendo fino a diventare a loro volta sceneggiatori e disegnatori di fumetti, trasportarono l'irriverenza, la sregolatezza e l'ambizione di quel tipo di lavori negli albi a fumetti *underground* autoprodotti e nei romanzi a fumetti. «Io e gli altri che abbiamo finito per disegnare albi autoprodotti siamo cresciuti adorando quelle particolari storie precedenti agli anni del Codice, quando il fumetto era pieno di vitalità», ricorda ancora Crumb. «*Mad* probabilmente è stata la maggiore fonte di ispirazione, perché rappresentava l'apoteosi di tutto ciò che rendeva grande la Ec e alcune altre serie prima del Codice. Il primo numero, che vidi in edicola da bambino, mi lasciò confuso. Non avevo mai visto una rispettabile istituzione americana presa pubblicamente in giro a quel modo. Qui c'era una pubblicazione che prendeva per i fondelli le rispettabilissime istituzioni americane nel mondo compìto e rigido del secondo dopoguerra, e lo faceva in una maniera particolare e diretta. Mostrava una visione dell'America opposta alla soffocante versione buonista della propaganda totalitaria degli anni Cinquanta, portata avanti dai mezzi di comunicazione, dalle scuole e da tutto il resto. La maggior parte del suo fascino era il suo essere strano ed esoterico, lontano dalla norma, ma anche capace di mostrare questo atteggiamento in una maniera splendida. I disegni erano bellissimi.

«La Ec e alcune delle altre case editrici stavano facendo la stessa cosa, entro certi limiti, ma *Mad* la portò alla pefezione. Era una cosa così perturbante, bizzarra, stravagante. Io, mio fratello e tanti altri della nostra generazione non l'abbiamo mai dimenticato».[7]

LISTA DELLE PERSONE INTERVISTATE

Questo è un lavoro su una vicenda relativamente recente. Molte delle persone che ebbero una parte nei fatti qui descritti sono state disponibili a fornire delle testimonianze di prima mano su quegli eventi durante le mie ricerche per questo libro, svolte nei primi anni del XXI secolo. Ho avuto la fortuna di poter intervistare più di 150 disegnatori, scrittori, redattori, editori, lettori di fumetti per oltre sei anni. I loro ricordi – ad ogni modo verificati mediante materiali documentali e resoconti più recenti – si sono rivelati una risorsa fondamentale. Questo libro deve moltissimo alle dichiarazioni rilasciate dalle persone che seguono:

Kimball Aamodt, Lee Ames, Sergio Aragones, Dick Ayers, Milton Babinec, Valerie Baim, Kaye Bald, Ken Bald, Valerie Barclay, Frank Bolle, Frank Borth, Bill Bossert, Frank Bourgholtzer, Bob Boyajian, Joseph E. Buresch, John Calnan, Joseph Canny, Nick Cardy, Ann Cazeneuve, John Celardo, John Chiangi, Bob Clarke, Gene Colan, Robert Crumb, Jack Davis, Dick DeBartolo, Frances Di Preta, Tony Di Preta, Victor Dowd, Arnold Drake, Mort Drucker, Steve Duquette, Joe Edwards, Ann Eisner, Will Eisner, Will Elder, Mike Esposito, Jules Feiffer, Al Feldstein, A. J. Fenady, Martin Filchock, Creig Flessel, Gill Fox, Ramona Fradon, Bob Fujitani, Ruth Hamburger Fujitani, David Gantz, Walter Geier, Joe Giella, Joe Gill, Tom Gill, Dick Giordano, Dave Glanzman, Louis Glanzman, Sam Glanzman, Stan Goldberg, Al Grenet, Harry Harrison, Stan Hart, Irwin Hasen, Vincent Hawley, Russ Heath, Donald Heisserer, Carmine Infantino, JoAnne Jackson, Robert Jackson, Frank Jacobs, Al Jaffee, Karen Jensen, Evelyn Kamen, Jack Kamen, Monsignor James D. Kane, Stanley Kauffmann, Fred Kida, Everett Raymond Kinstler, Denis Kitchen, Ivan Klapper, Lenore Klapper, Tom Koch, Arnie Kogen, Irving Kravsow, Joe Kubert, Adele Kurtzman, Sam Kweskin, Harry Lampert, Mort Leav, Stan Lee, Marvin Levy, Bob Lubbers, David Mace, George Mandel, Vanita Marlow, Fran Matera, Chuck Mazoujian, Nick Meglin, Jack Mendelsohn, Bonnie Miller, Helen Miller, Sheldon Moldoff, Jim Mooney, Louise Morisi, Pete Morisi, Stanley P. Morse, Dr. Rocco L. Motto, Frank Murphy, Martin Nodell, Paul Norris, Irv Novick, Sylvia Novick, Nicholas O'Dell, Bob Oksner, Rudy Palais, Walter Palais, Randolph Parker, Gordon Parks, Don Perlin, Fred Peters, Reuben C. Peterson, Jay Scott Pike, Al Plastino, Paul Plocinski, Pete Poplaski, Howard Post, Jerry Robinson, Herb Rogoff, John Romita, Merton Stanley Rothman, Ruth Schlicher, Al Schutzer, Alvin Schwartz, Julius Schwartz, John Severin, Marie Severin, Larry Siegel, Joe Simon, Betty Sinnott, Joe Sinnott, Shirley Norris Smith, Mickey Spillane, Emilio Squeglio, Bhob Stewart, Lyle Stuart, Ed Summer, Marc Swayze, Martin Thall, Frank Thorne, Angelo Torres, Alex Toth, Warren Tremaine, George Tuska, Leslie Waller, Blanche Weiss, Morris Weiss, Elmer Wexler, Ted White, Al Williamson, Ed Winkleman, Janice Valleau Winkleman e Ted Yaworsky.

APPENDICE

Tra gli scrittori, disegnatori e coloro che non hanno mai più lavorato nel mondo del fumetto dopo la grande crisi degli anni Cinquanta, c'erano:

KIMBALL AAMODT
FREDERICK ABAIR
ARTHUR ADLER
HARRY ADLER
JOHN C. ADLER
NINA ALBRIGHT
ROY ALD
HOWARD ALEXANDER
ELAINE ALLEN
E. ALLGOR
BILL ALLISON
GERALD ALTMAN
J. ALTSMAN
LOUISE ALTSON
AL ALVISON
SALLY ANDERSON
JUNE ANDRUS
LARRY ANTONETTE
PERRY ANTOSHAK
GEORGE APPEL
JOAN APPLETON
MARIO AQUAVIVA
RUTH ARCARO
JOE ARCHIBALD
FRANK ARMER
BUSY ARNOLD
MARTY ARNOLD
RICHARD ARNOLD
MICHAEL ARTHUR
STANLEY ASCHMEIER
RAFAEL ASTARITA
JEAN ATKINS
RUTH ATKINSON
LEE BACHELOR
MART BAILEY
JOHN BAKER
E. BALTER
MANNIE BANKS
FRANK BARBER
VALERIE BARCLAY
NAT BARNETT
TOM BARON
CHARLES BARR
ADOLPHE BARREAUX
JOHN BARRON
ART BARTSCH
KEN BATTLEFIELD
BOB BEAN
CHARLES BEAUMONT
FRANK BEAVEN
EUGENIA BEDELL
ARTHUR BEEMAN
JOHN BELCASTRO
JOHN BELFI
HARRY BELIL
FRED BELL
ROBERT LESLIE BELLEM
AL BELLMAN
JOAN BEN-AVI
LORETTA BENDER
HELEN BENNETT
THOMPSON L. BENNETT
ANDREW BENSEN
JESS BENTON
BILL BENULIS
ANGELA BERG
JACK BERRILL
PHIL BERUBE
HARRY BETANCOURT
ADE BETHUNE
ELAINE BIERMAN
SAMUEL BIERMAN
JACK BINDER
PHILIP BIRCH
CHARLES BIRO
CHARLES BISHOP
MICHAEL BLEIER
AUDREY BLUM
JOHN BLUMMER
GLORIA BLYE
HERMAN BOLLIN
IVY BOLTON
LARZ BOURNE
LEIGH BRACKETT
MICHAEL BRAND
BERNARD BRANNER
R. BRAUN
ARMOND BRAUSSARD
ALAN BRENNAN
GEORGE BRENNER

BERNARD BRESLAUER
RICHARD BRICE
WARREN BRODERICK
STEVE BRODIE
BEN BROWN
JIM BROWNE
H. BROWNELL
CARL BUETTNER
JOHN BULTHUIS
DICK BURDICK
MARY BURKE
BILL BURNETT
BOB BUTTS
GLORIA BYE
JOHN P. BYLY
JACK BYRNE
KURT CAESAR
DICK CALKINS
ROBERT CALLENDER
CORA CALNOUN
ORESTES CALPINI
DON CAMERON
THOMAS CAMPION
AL CAMY
ANTONIO CANALE
CATHERINE CAPOSELLA
RICHARD CARAIF
GEORGE CARLSON
VIC CARRABOTTA
R. CARREA
AL CARRENO
EDD CARTIER
JOHN CARTNER
BERNARD CASE
RICHARD CASE
JOHN CASSONE
TONY CATALDO
BOB CAVANAUGH
ART CAZENEUVE
LOUIS CAZENEUVE
VERA CERRUTI
ELLIS CHAMBERS
KEN CHAMPIN
RAY CHAN
LAFE CHARLES
PIERRE CHARPENTIER
LESLIE CHARTERIS
RAY CHATTON
SIDNEY CHENKIN
PAT CHERR
HARRY "A" CHESLER
LILLIAN CHESTNEY
HELEN CHOU
JIM CHRISTIANSEN
HING CHU
ELEANORE CLAIRE
ROLLAND COE
BOB COHEN
SOL COHEN
ELLEN COLE
JACK COLE
JOHN COMPTON
VESTA CONDON
WILLIAM CONGREVE
HAL COOPER
PAUL COOPER
SAM COOPER
BOB CORREA
BARNARD COSNECK
BOB COTTERILL
BRANT CRAIG
GERTRUDE CRAMPTON
EDA CRIST
RACHAEL CROFT
ED CRONIN
BETTY CUMMINGS
TONY D'ADAMO
JOSEPH DAFFRON
RALPH DAIGH
CAROLL DALY
JOHN DALY
HARRY DAUGHERTY
H. B. DAVEY
DICK DAVIS
OMAR DAVIS
RICHARD DAVIS
ROSS DAVIS
WOODY DAVIS
WALTER DAVOREN
BERT N. DEAN
TOM DEANGELO
A. DEBETHUNE
J. DECKTER
JIM DEE
A. DEKEROSET
HAROLD DELAY
MAURICE DEL BOURGO
MARTIN DEMUTH
GLORIA DENNIS
BOB DESCHAMPS
RAPHAEL DESOTO
ANN DESTEFFANO
DAVID DETIEGE
BURR DETT
CHARLES DEXTER
BERNARD DIBBLE
JIMMY DICKSON
ANAHID DINKJIAN
JOHN DIRKS
BILL DISCOUNT
ED DOBROTKA
TOM DOERER
VIC DONAHUE
HOBART DONAVAN
JOE DOOLIN
CLARENCE DOORE
STEPHEN DOUGLAS
ESTHER DOUTY
VIC DOWD
VIC DOWLING
LAWRENCE DRESSER
IRVING DRESSLER
PETER DRIBEN
MICK DUBIN
STEVE DUBIN
ED DUNN
JACK DUNNING
DANA DUTCH
LEONARD DWORKINS
AL EADEH
TOM EAGLIN
WILLIAM EATON
WILLIAM EKGREN
JILL ELGIN
RALPH ELLSWORTH
JAY EMMETT
FRED ENG
RENALDO EPWORTH
MICHAEL ESTROW
GIL EVANS
PHILIP EVANS
VIC EVANS
F. J. EVERS
AL FAGALY
BLANCHE FAGO
VINCE FAGO
BARBARA FAIRBANKS
RALPH FARLEY
TOM FARLEY
JACK FARR
JERRY FASANO
AL FASS
GORDON FAWCETT
ROSCOE FAWCETT
WILFRED FAWCETT
GENE FAWCETTE
HANK FELSEN
ERNIE FENNER
PABLO FERRO
W. Y. FERROL
LOUIS FERSTADT
OTTO FEUER
NEVIN FIDLER
EILEEN FIEL
JOHN FINNERTY
S. FINOCCHIARO
NICHOLAS FIRFIRES
JOHN FISCETTI
HARRY FISK
BILL FIX
RAYMOND FLANAGAN
CHARLES FLANDERS
HY FLEISHMAN
HOMER FLEMING
FRANK FLETCHER
E. E. FODERA
VINCE FODERA
FRANK FOGARTY
GEORGE FOLEY
CARL FORMES

VICTOR FOX
ARTHUR FRAMSON
LEE FRANK
LEONARD FRANK
NICK FRANK
GEORGE FRESE
BILL FRIEDMAN
SOPHIE FRIEDMAN
AUGUST FROELICH
MONROE FROELICH
BURT FROHMAN
FRANK FROLLO
HAL FROMM
NORMAN FRUMAN
JOE GAGLIARDI
JERRY GALE
BEN GALLOWAY
TOM GALLOWAY
JOE GALOTTI
RUDY GARCIA
ROGER GARIS
JIM GARY
ARTHUR GATES
PAUL GATTUSO
WALTER GEIER
WOODY GELMAN
JOHN GENTILELLA
DAVE GERARD
MICHAEL GERBOSI
EMIL GERSHWIN
SID GERSON
JOE GEVANTER
JOHN GIFFIN
SAM GLANKOFF
LEV GLEASON
AL GLEICHER
BOB GLOBERMAN
H. L. GOLD
ED GOLDFARB
LOUIS GOLDKLANG
EDMOND GOOD
DAVID GOODMAN
EVELYN GOODMAN
JEAN GOODMAN
AL GORDON
GEORGE GORDON
DAN GORMLEY
JAY GOUDE
JOHN GRAHAM
ALLEN GRAMMAR
BOB GRANT
DOUGLAS GRANT
EDWIN GREEN
ALFONSO GREENE
JOE GREENE
VERN GREENE
GEORGE GREGG
AL GRENET
WILLIAM GREW
HARLEY GRIFFITHS
SY GRUDKO
ELEANER GRUPSMITH
FRED GUARDINEER
DON GUNN
PAUL GUSTAVSON
MAURICE GUTWIRTH
SIDNEY GWIRTZMAN
CLARK HAAS
ED HAAS
GEORGE HAAS
LEO HAGLER
EMERSON HALL
THEDA HALL
MILT HAMMER
JOHN HAMPTON
BONNIE HANO
GWEN HANSEN
LAVERNE HARDING
ALLEN HARDY
W. G. HARGIS
CLINT HARMON
THURSTON HARPER
RUTH HARRIS
HARRY HARRISON
FRANK HARRY
C. L. HARTMAN
HANK HARTMAN
STUART HAWKINS
DAVID HEAMES
JACK HEARNE
MIRIAM HECHT
CHARLES HEDINGER
MEL HELITZER
VERN HENKEL
H. L. HERBERT
RAE HERMAN
VIC HERMAN
ERWIN HESS
BARBARA HEYMAN
BOBBIE HEYMAN
ANDREA HILL
BETTY HILL
LOUISE HILL
RUSS HILL
ROGER HOAR
PAUL HODGE
SYD HOFF
PHYLLIS HOFFMAN
JIM HOLDAWAY
ARNOLD HOLEYWELL
ALVIN C. HOLLINGSWORTH
MATT HOLLINGSWORTH
LEN HOLLREISER
RED HOLMDALE
LAWRENCE HOPE
ORA HOPE
FRANCES HOPPER
RAY HOULIHAN
CHARLES HOUTS
MARTIN HOWARD
MARVIN HOWARD
VIRGINIA HUBBELL
BILL HUDSON
EUGENE HUGHES
ETTA HULME
DOROTHY HUNTER
EDWIN HUNTER
S. M. IGER
JIM INFANTINO
GRAHAM INGELS
MEDIO IORIO
WILLIAM I. IRWIN
MARGARET ISBELLA
ARTHUR JAMESON
LEON JASON
AL JETTER
LINO JEVA
E. HARPER JOHNSON
RYERSON JOHNSON
WALTER JOHNSON
FRANK JUPO
ED JURIST
DAVID KAHN
RICHARD KAHN
JACK KAMEN
EUGENE KANE
HAL KANTER
HUBIE KARP
PAUL KAST
RUBY KAST
L. KATO
R. KAY
RUSSELL KEATON
PHIL KEENAN
DAN KEENE
DICK KEENE
DOROTHY KELLER
CHAD KELLY
BOB KENT
GEORGE KERR
DAN KEYES
HENRY CARL KIEFER
H. W. KIEMLE
MALCOLM KILDALE
WOODY KIMBRELL
BERESFORD KING
DON KING
ROBIN KING
WARREN KING
A. L. KIRBY
MARION KIRBY
STEVE KIRKEL
ALICE KIRKPATRICK
IVAN KLAPPER
ISIDORE KLEIN
CLAYTON KNIGHT
MILT KNOPF
BILL KOFED
EVE KORIDOR
PETER KORTNER

ALEX KOSTUK
ALEX KOTZKY
ERNIE KOVACS
JOHN CHESTER KOZLAK
FRANK KRAMER
JERRY KRAMER
RAY KRANK
DICK KRAUSE
NATALIE KRIGSTEIN
NORMAN KURNICK
HENRY KUTTNER
BILL LA CAVA
WILLIAM LACKEY
BOB LAMME
HARRY LAMPERT
KEN LANDAU
BOB LANDER
A. M. LANGWORTHY
JOHN LANIER
STEVE LANSING
BOB LANZA
CLAUDE LAPHAM
HOWARD LARSEN
CHARLES LAUE
DENNIS LAUGEN
JIM LAVERY
MORT LAWRENCE
MARJORIE LAZARUS
MORT LEAV
HAROLD LEDOUX
FRANK LEE
KEN LEEDS
JOHN LEEWING
HENRY LEIFERANT
STAN LEIN
LEN LEONE
MARIO LEONE
GENE LESLIE
JEAN LEVANDER
LEO LEVESQUE
BEN LEVIN
MORT LEVIN
TSUNG LI
WILLIAM LIEBERSON
AL LIEDERMAN
FRANK LITTLE
IRENE LITTLE
WALLY LITTMAN
HAL LOCKWOOD
EARL LONSBURY
DICK LOOMIS
ADRIAN LOPEZ
DAN LOPRIENO
PAULINE LOTH
STAN LOUIS
GABE LUCHETTI
MIKE LUCHETTI
EDWIN LUKAS
AL LUSTER
BOB MACK
N. MACK
DON MACLAUGHLIN
BOB MACLEOD
VINCE MADAFFERI
BILL MADDEN
J. MAKOWSKI
JOE MANEELY
ISABEL MANGUM
MOE MARCUS
GEORGE MARKO
JESSE MARLAN
BILL MARLOWE
CHET MARTIN
HAZEL MARTIN
JOHN MARTIN
S. MARTIN
ROBERT MARTINOTT
LESLIE MASON
CAL MASSEY
JOAN MAURER
LEN MAURER
JOHN MAYO
RALPH MAYO
JAY MCARDLE
BOB MCCARTHY
RAY MCCLELLAND
MARION MCDERMOTT
JAMES MCKELL
CHUCK MCKIMSON
ROBERT MCKIMSON
JIM MCLAUGHLIN
AL MCLEAN
TOM MCNAMARA
FRANK MCSAVAGE
FRED MEAGHER
RAYMOND MELLON
ABRAHAM MENIN
ANN MEREDITH
JESSE MERLAN
SAM MERWIN
OTTO MESMER
G. MEYERIECKS
JEFF MICHAELS
GEORGE MIGHT
MELVIN MILLAR
JOE MILLARD
CHUCK MILLER
HARRY MILLER
FRANK MINTON
JOHN MITCHELL
ED MOBILE
ED MOLINE
DAVID MONEYPENNY
BOB MOORE
CLAUDE MOORE
ED MOORE
HELEN MOORE
RUTH MOORE
SANFORD MOORE
DICK MOORES
TOM MORRISON
FRED A. MORTON
SY MOSKOWITZ
STEVE MUFFATTI
ED MURPHY
LORRAINE MURPHY
T. A. MURPHY
JOE MUSIAL
ROBERT NANOVIC
FRANK NAPOLEON
VINCE NAPOLI
PETER NELSON
RALPH NEWMAN
ZOE NEWMAN
BILL NEWTON
ROD NICHOLS
ARTHUR WILLIAM NUGENT
GEORGE OLESON
JACK OLESON
MARJORIE OLSEN
VICTOR OLSON
BILL O'MALLEY
PAUL OREN
JOHN O'ROURKE
P. O'SULLIVAN
RALPH OWEN
AL OWENS
JIM PABIAN
LEROY PAIGE
MAC PAKULA
WALTER PALAIS
ART PALETTE
HARRY PARKHURST
ROMANA PATENAUDE
VIC PAZMINO
MARJORIE PEARSON
LYNN PERKINS
JEROME PERLES
MARTIN N. PERRY
HARRY PETER
MAX PETERMAN
ERIC PETERS
FRED PETERS
THELMA PETERS
JACK PETRAZZO
KEATS PETREE
ART PINAJIAN
NED PINES
ROBERT PIOUS
MAX PLAISTED
W. POLSENO
WALTER POPP
JOHN PRENTICE
CHARLES PRESTON
JOAN PRINGLE
VIRGINIA PROVISIERO
DONALD QUEEN
CHARLES QUINLAN
SIDNEY QUINN
CHARLES RAAB

YVONNE RAE
HARRY RAMSEY
CONNIE RASINSKI
LOUIS RAVIELLI
AL REID
JIM REILLEY
KEN REILLY
BENTON RESNICK
GUS RICCA
BENTON RICE
BOB RICE
KENNETH RICE
PIERCE RICE
EDNA RICHTER
PETE RISS
TONY RIVERA
MARIO RIZZI
PAUL ROBINSON
RUTH ANN ROCHE
CHARLES RODGERS
BOB ROGERS
BOODY ROGERS
JESSE ROGERS
GORDON ROSE
HAL ROSEN
SAUL ROSEN
HOWARD ROSENBERGER
MAURICE ROSENFELD
TED ROSENFIELD
MARTIN ROSENHECK
MARTIN ROSS
ROSALIND ROSS
JIM ROTEN
ALDO RUBANO
MANN RUBIN
RUTH RUHMAN
RHETT RUTLEDGE
B. SAFRAN
HENRY SAHLE
ROBERT SALE
JOE SAMACHSON
HAROLD SANDBERG
LARRY SANGER
BEN SANGOR
FRANCIS SANGOR
RONALD SANTI
MARIE SARAFIANOS
LARRY SAUNDERS
BILL SAVAGE
CHRIS R. SCHAARE
ROY SCHATT
TOM SCHEUER
HENRY SCHLOSSER
HELEN DOIG SCHMID
B. SCHNEIDER
IRWIN SCHOFFMAN
RAY SCHOTT
WILLIAM SCHREIBER
HANNA SCHREIBERG
LOUIS SCHROEDER
TED SCHROEDER
GUS SCHROTTER
JAMES SCHUCKER
AL SCHUSTER
FRED SCHWAB
AL SCHWARTZ
LEW SCHWARTZ
H. W. SCOTT
THURMAN SCOTT
WALT SCOTT
SUZANNE SEABORNE
HAL SEEGER
BOB SEEVERS
JOY SELIGSOHN
ZEKE SELIGSOHN
ART SEYMOUR
IRWIN SHAPIRO
JACK SHAPIRO
HENRY SHARP
EARL SHERWAN
GORDON SHIRREFFS
MERCEDES SHULL
PEN SHUMAKER
MORRIS SIEGEL
NANCY SIEGEL
FRANK SIEMINSKY
BERNIE SILLS
ABE SIMON
S. SIMON
SAM SINGER
JOHN SINK
MARION SITTON
ELIZABETH SLOAN
RICHARD SMALL
ED SMALLE
AL SMITH
CARL SMITH
CHRISTINE SMITH
MARTIN SMITH
RICHARD SMITH
ROY SMITH
W. B. SMITH
MARCIA SNYDER
ROBERT SOLOMON
PAUL SOMMER
MILTON SORUL
BEVERLY SOUSER
JOE SPAINSKY
IRV SPECTOR
RICHARD SPEED
JOHN SPRANGER
EMILIO SQUEGLIO
ARCHER ST. JOHN
JOHN STARR
LEONARD STARR
DICK STEELE
RANDY STEFFEN
HARRY STEIN
MILT STEIN
SAUL STEIN
IRVING STEINBERG
NORMAN STEINBERG
HARRIS STEINBROOK
JULES STEINER
CHARLES STERN
LEONARD STERN
ROGER STERN
CHARLES STEWART
RAY STILL
ALBERT STOFFEL
LEE STOKES
E. C. STONER
HAL STRAUBING
MYRON STRAUSS
LIN STREETER
LOU STRICKOFF
CHARLES STRONG
BOB STUART
MYRON SUAREZ
MIKE SUCHORSKY
JOE SULMAN
CHARLES SULTAN
CECIL SURRY
MARC SWAYZE
SAM SWESKIN
ZOLTAN SZENICS
PAUL TALBOT
LEE TARRANT
HERB TAUSS
LEE TEAFORD
DAVID TENDLAR
HILDA TERRY
ALBERTA TEWKS
MARTIN THALL
E. THAYER
RAY THAYER
FRANK THOMAS
A. THOMPSON
BEN THOMPSON
BRETT THOMPSON
BUD THOMPSON
JIMMY THOMPSON
RAY THORLEY
JOHN THORNTON
BERTHOLD TIEDEMAN
RALPH TILLER
REUBEN TIMMINS
MURRAY TINKLEMAN
ANTONIO TOLDO
CHARLIE TOMSEY
FLOYD TORBERT
MEDIO TORRIO
MARRYLEN TOWNSEND
PAT TROY
BART TUMEY
PETE TUMLINSON
GIL TURNER
ROBERT TURNER
JIM TYER
AL TYLER

TED UDALL
ALLEN ULMER
JANICE VALLEAU WINKLEMAN
CHARLES VERRAL
HERMAN VESTAL
GLENN VILLPU
CARLO VINCI
BARBARA CLARK VOGEL
ED VOLKE
PETER VOORHEES
LEO WALD
JOHN T. WALDEN
ED WALDMAN
GEORGE WALDON
ARTHUR WALLACE
MARY WALLACE
LESLIE WALLER
ED WALOM
STAN WALSH
JERRY WALTERS
LINDA WALTERS
BILL WALTON
BILL WARD
GEORGE WARD
KING WARD
JACK WARREN
IVES WASHBURN
BOB WEBB
FERRIS WEDDLE
WERNER WEIBEL
IRVING WEINSTEIN
CLEM WEISBECKER
MORRIS WEISS
KERMIT WELLES
MANLEY WADE WELLMAN
DIXON WELLS
PETER WELLS
WILLIAM WELTMAN
JOAN WENZEL
JANE WERNER
IRVING WERSTEIN
G. H. WERTHEIMER
NORMAN WEXLER
EDGAR WHEELAN
DON WHITE
MALCOLM WHITE
WILLIAM WHITE
EZRA WHITEMAN
BERT WHITMAN
BOB WICKERSHAM
JIM WILCOX
LILY RENÉE WILHELMS
PRISCILLA WILLARD
WITMER WILLIAMS
SAM WILLINSKY
RAY WILLNER
EMERY WILSON
ED WINIARSKI
LEON WINIK
CHARLES A. WINTER
CHARLES W. WINTER
BURT WOHL
RALPH WOLFE
JOSEPH WOLFERT
KAEM WONG
BOB WOOD
CATHERINE WOODS
SANDY WOOLF
WILLIAM WOOLFOLK
MOE WORTHMAN
ROSE WYN
WILL YOLAN
LES ZAKARIN
PEGGY ZANGERLE
LOUIS ZANSKY
WILLIAM ZELLER
WILLIAM ZIMMERMAN
DAN ZOLNEROWICH
RUBIN ZUBOVSKY
NICK ZURAW

Questa lista di disegnatori, sceneggiatori, redattori, calligrafi e altri professionisti del mondo editoriale del fumetto che non lavorarono più in quel campo è stata redatta da una squadra di ricercatori dopo molti anni di lavoro. La maggior parte del duro lavoro è stata svolta da Steven Tice, con un enorme aiuto da parte di Jerry Bails, che ha creato un programma informatico proprio per questo scopo. Una grossa mano è stata data anche da Jon Lovstad, del *Grand Comics Database* (Comics.org). Tra gli altri collaboratori principali desidero menzionare Jim Amash, Jon B. Cooke e Roy Thomas.

POSTFAZIONE

di Matteo Sanfilippo[*]

David Hajdu si è da tempo affermato come giornalista e come accademico. Nel primo settore è un apprezzato critico musicale: ha iniziato sulle pagine di *The Village Voice* e *Rolling Stone*; ha collaborato poi a *Vanity Fair*, alla *New York Review of Books* e al *New York Times Magazine*; oggi segue soprattutto il jazz per il quotidiano *The New Republic*. Per quanto riguarda il secondo ambito, insegna oggi alla Scuola di giornalismo della Columbia University di New York, dopo aver lavorato nelle università di Chicago e Syracuse. Possiamo comunque tralasciare i suoi dati biografici e le collaborazioni, visto che sono ampiamente pubblicizzate nel suo sito internet Davidhajdu.com.

Partiamo invece da questa informazione: il libro nelle vostre mani è uscito negli Usa nel 2008 e ha avuto una gestazione assai lunga.[1] Nel frattempo l'autore ha pubblicato la biografia di un jazzista e le vicende di un gruppo di quattro dotati cantanti folk.[2] Ha inoltre approfondito le riflessioni su musica e fumetti in diversi articoli, in parte raccolti in un ulteriore volume, *Heroes and Villains*.[3] I

* Matteo Sanfilippo (Firenze 1956), studioso specializzato nei rapporti fra Vecchio e Nuovo Mondo, è professore associato di Storia moderna presso la facoltà di Lingue e letterature straniere moderne dell'Università della Tuscia e direttore del locale dipartimento di Scienze umane. Autore di oltre duecento articoli, venti libri e ventisei curatele, ha scritto nel campo delle culture visuali e popolari: *Il medioevo secondo Walt Disney. Come l'America ha reinventato l'età di mezzo*, Roma, Castelvecchi, 1993 (II ed. riv. e ampl. 1998); *Historic Park. La storia e il cinema*, Roma, Elleu, 2004; *Camelot, Sherwood, Hollywood*, Roma, Cooper, 2006.

quattro libri pubblicati da Hajdu hanno ottenuto svariati premi, in particolare le due monografie sui musicisti jazz e folk. *Maledetti fumetti!* non è stato premiato, ma è stato indicato da Amazon come il miglior libro di quell'anno su temi letterario-culturali.

Siamo dunque di fronte a una produzione di notevole successo, che merita di essere compresa nella sua architettura complessiva. Il sito web dell'autore evidenzia la consapevolezza del versante commerciale di queste pubblicazioni, siano in volume o su rivista, e la cura con la quale sono progettate. Sin dalla prima lettura appare evidente che queste opere sono caratterizzate dall'obiettivo di far riscoprire personaggi dimenticati. Attraverso la biografia di «eroi» misconosciuti, Hajdu vuole infatti riscrivere la storia del Novecento statunitense, mostrando come alcuni aspetti della scena musicale e di quella fumettistica esprimano l'anima profonda del paese. *Lush Life* rilancia così la figura di Billy Strayhorn, pianista e compositore, in genere considerato soltanto uno dei luogotenenti di Duke Ellington. *Positively 4th Street* sottolinea quanto i più noti Bob Dylan e Joan Baez debbano alla sorella di quest'ultima, Mimi, e al suo primo marito Richard Fariña, cantante folk e scrittore affascinato dal linguaggio dei fumetti. In entrambi i libri la rivelazione di quei personaggi trascurati dagli altri critici fa balenare le potenzialità inespresse della musica e della cultura statunitensi, soffocate invece dalla commercializzazione. In queste due monografie come nei libri successivi l'autore insiste sulla presenza di una vena popolare, più genuina e innovativa di quanto abbiano mai elaborato gli intellettuali e gli interpreti più affermati. Proprio per questo tale vena sarebbe stata sepolta, secondo una vera e propria *damnatio memoriae* destinata a nascondere l'importanza, rivoluzionaria, dei gusti e dei prodotti dell'uomo comune.

I saggi contenuti in *Heroes and Villains* affrontano da più angolature questo tema e accennano allo scambio fra musica e comics nell'elaborare una voce tipicamente statunitense. Ancora una volta l'approccio è biografico e l'autore presenta personaggi esemplificativi della sua tesi. Il gruppo più folto è composto da cantanti e musicisti: Beyoncé, Leonard Cohen, Elvis Costello, Bobby Darin, Billy Eckstine, Philip Glass, Woody Guthrie, Joni Mitchell e John Zorn. Una seconda e più ridotta pattuglia comprende autori (Will Eisner) e personaggi (Elmer Fudd della Warner Bros, da noi meglio noto come Taddeo) dei fumetti e dei disegni animati. In tutti gli interventi raccolti in *Heroes and Villains*, come in tutte le opere precedenti, l'autore si basa su una ricerca originale, condotta consultando la stampa e intervistando i testimoni dell'epoca, e cerca di rovesciare le prospettive più usuali. Al centro di *Heroes and Villains* si staglia, per fare un esempio concreto, Billy Eckstine, leader afro-statunitense di una *big band* nella quale suonarono tutti i grandi jazzisti del tempo e in seguito conosciutissimo esecutore di successi pop. Eckstine è presentato come un musicista una volta più popolare di Frank Sinatra: cosa indubbiamente vera, ma alla fine poco significativa e legata a un momento particolare. Sarebbe stato invece più interessante capire perché sul palco e nella memoria storica abbia trionfato alla fine proprio Sinatra, con il quale l'autore deve avere qualche problema. Lo prende infatti di petto anche in una rassegna critica su Sammy Davis Jr.[4]

Il difetto di questo aggressivo approccio giornalistico è, a mio avviso, che la ricerca di una storia esplosiva, ricca di dettagli illuminanti su un dato periodo, non è poi suffragata da una completa comprensione storica. I saggi di Hajdu sono istantanee sorprendenti, che rivelano scorci imprevisti ma difficili da collocarsi nel tempo, perché non tengono conto del successivo svolgimento. Inoltre la contrapposizione tra «heroes» ('eroi') e «villains» ('canaglie') non è proprio la migliore per comprendere quanto accaduto nel passato. Infine Hajdu non perde troppo tempo a leggere i libri altrui, persino se aggiungono qualcosa di nuovo sul suo stesso soggetto, e taglia regolarmente fuori dalle proprie inquadrature quanto gli sembri allontanare le sue creature dal centro della scena. Se questo è il modo di procedere nel settore dove spadroneggia, cosa accade quando si avventura in sentieri a lui meno noti come la storia degli albi a fumetti? Succede che, faticando a circoscrivere il bersaglio, moltiplica la raccolta delle testimonianze di prima mano, prolunga la ricerca per anni e crea un gigantesco repertorio documentario. Questo enorme archivio di dati sostiene una narrazione meno funzionante del solito, almeno per gli standard di Hajdu, ma offre comunque materiale di prima mano alla nostra riflessione, soprattutto se si tiene conto di quanto l'autore scrive e di quanto passa sotto silenzio, volontariamente e involontariamente.

Affrontiamo dunque il libro come se volessimo scriverne una recensione un po' severa, che ne sottolinei soprattutto i difetti e le aporie. Sono del resto sicuro che il libro, per i suoi pregi scrittori e documentali, riscuoterà in Italia, com'è stato negli Stati Uniti, consensi di critica e pubblico.

Maledetti fumetti! si apre con l'incontro fra l'autore e Janice Valleau Winkleman, anziana signora benestante e dedita all'arte, che una volta disegnava per la Quality Comics. Con tono drammatico Hajdu mostra come la rinuncia di Janice a quella carriera non abbia corrisposto soltanto alla volontà dei genitori di vederla impegnata in attività secondo loro più consone al suo status sociale e al suo sesso. Il padre e la madre della disegnatrice non sarebbero infatti riusciti a spuntarla senza il massiccio attacco agli albi a fumetti degli anni Cinquanta.

Quel decennio e quell'attacco sono stati studiati e a fondo già prima di questo libro, in particolare per quanto concerne la consonanza fra le dinamiche statunitensi e quelle mondiali. La critica ai fumetti e più in genere a quanto veniva percepito come indebito sconvolgimento dei valori culturali tradizionali a opera della nuova cultura di massa ha infatti coinvolto tutto l'Occidente.[5] Nel testo appena citato in Nota è inoltre scrutata con attenzione la figura di Fredric Wertham (1895-1981), il maggiore «villain» della narrazione di Hajdu, e lo stesso personaggio è inquadrato in un'altra opera sul periodo.[6] I due libri, stranamente, non sono ricordati nel volume che avete in mano, come non è menzionato che sotto assedio erano tutti i prodotti dell'intrattenimento di massa.[7] Negli anni Cinquanta la critica alla brutalità di alcune collane di giornaletti era parallela a quella contro gialli e western da edicola. Inoltre la campagna maccartista prendeva di mira scrittori molto amati come Dashiell Hammett e registi, attori e sceneggiatori teatrali e cinematografici.

Hajdu si concentra sul solo universo dei comics e, per farlo conoscere meglio, fa seguire all'accorato incontro con Janice Valleau Winkleman una densa ricostruzione storica sulle strisce e i giornaletti dagli albori del secolo XX alla fine degli anni Quaranta. La carrellata, che occupa quasi un terzo del libro, si basa sulle testimonianze di autori ed editori ed è incentrata sulle interviste a personaggi in buona parte newyorchesi: l'autore vive a Manhattan e, in questo come negli altri suoi libri, ha la tendenza a porre la Grande Mela al centro del mondo. Di conseguenza ritiene Will Eisner (New York 1917-2005) il momento più alto della creazione di un autonomo e originale linguaggio fumettistico e s'interessa quasi esclusivamente ai sottogeneri ad ambientazione urbana, dalla satira degli immigrati alle storie di gangster e di supereroi. Inevitabilmente sottovaluta allora il fumetto western, che pure garantì la sopravvivenza dei comics nei periodi di crisi, trainato dai *B-movies* e poi anche dalle serie televisive, persino in quegli anni Cinquanta. In proposito l'autore cita il personaggio western *Rawhide* solo di sfuggita, ma il travaso dal grande e dal piccolo schermo agli albi a fumetti, per quello e altri personaggi delle praterie, fu allora enorme e di grande successo.

Dopo essersi diffuso sulla storia del fumetto statunitense incentrata su New York, Hajdu evidenzia come negli anni Quaranta, specie dopo la guerra, scatti tra gli educatori scolastici e gli psicologi la paura che quei giornalini istighino i giovani alla violenza (uno dei più tipici leitmotiv conservatori del Novecento occidentale) e, cosa ancora più grave, li allontanino dalla vera cultura.[8] In questa reazione al successo dei giornaletti, consumati voracemente durante e subito dopo la guerra, collaborano personaggi di diverso calibro e con diversi intenti, che Hajdu accomuna senza tante distinzioni, perché ai suoi occhi sono tutti «villains». Proviamo invece a scrutare con più attenzione la vita di queste canaglie: le loro idee potrebbero infatti riservarci delle sorprese.

Come già ricordato, la bestia nera di *Maledetti fumetti!* è lo psichiatra tedesco Fredric Wertham, emigrato negli Stati Uniti durante gli anni Venti per ragioni di lavoro e quindi estraneo alla successiva ondata migratoria antinazista. Wertham è sicuramente impegnato a promuovere sé stesso e il proprio lavoro, quando in *Seduction of the Innocent* (New York, Reinhart, 1954) denuncia l'effetto impoverente della lettura di fumetti. Tuttavia il suo monito riflette lo spavento di altri suoi connazionali, immigrati più negli anni Trenta, di fronte alla cultura di massa d'oltreoceano: si ricordino le geremiadi di Theodor W. Adorno contro la musica banalizzata, per non parlare poi dell'uomo a una dimensione stigmatizzato da Herbert Marcuse.[9] In effetti la denuncia dei pericoli sofferti dalla cultura di fronte all'intrattenimento di massa accomunava all'epoca molti critici del fumetto, ma costoro si riferivano soltanto alla cultura tradizionale? Non è che alcuni di questi «villains» proponevano qualcosa di diverso da quanto compreso da Hajdu, o meglio da quanto egli vorrebbe farci comprendere?

Walter J. Ong (1912-2003), definito sbrigativamente in *Maledetti fumetti!* un critico letterario in attesa di divenire sacerdote e accusato di avere ispirato un attacco ai comics quale espressione di fascismo psicologico, ha una posizione assai più sfumata. Il futuro autore di *Oralità e scrittura*,[10] una delle opere più significative del secondo Novecento, in un breve articolo del 1945[11] pone in realtà alcune interessanti domande. Si chiede infatti se la scelta dei supereroi quali personaggi di punta non riveli come la cultura delle grandi democrazie condivida alcuni miti con il totalitarismo nazifascista e rischi di trasformare le masse elettorali in un gregge prono al volere dei più forti. La riflessione dello studioso, allora già entrato nella Compagnia di Gesù, si basa sulle discussioni condotte nelle aule universitarie assieme a suoi studenti e non cerca di sollevare scandali, ma di valutare l'essenza delle democrazie di massa. Questo punto era allora al centro di una discussione assai viva,[12] ma nessuno aveva ancora tentato di utilizzare i fumetti come grimaldello per comprendere portata e significati della produzione d'intrattenimento. Purtroppo l'apporto originale di Ong non è stato ancora molto studiato, tuttavia un blog descrive i materiali utilizzati nelle sue ricerche.[13] Abbiamo invece un'ampia letteratura sull'impegno della Chiesa cattolica statunitense fra gli operai e gli immigrati più poveri e sui suoi dubbi rispetto alle eventuali storture della politica e della società negli Stati Uniti.[14]

Questo retroterra è a suo tempo ignorato dal *Time*, che si tuffa sulle annotazioni di Ong e le sfrutta per domandare «I fumetti sono fascisti?» nel numero di lunedì 22 ottobre 1945.[15] L'articolo del settimanale segnala che adolescenti e adulti («dalla mente adolescenziale») comprano circa 25 milioni di albi a fumetti ogni mese e interroga vari esperti circa l'impatto dei giornaletti sulla psiche dei più piccoli. Diversi psichiatri e pedagoghi rispondono che non possono fare danni, anzi la dottoressa Lauretta Bender, psichiatra al Bellevue Hospital di New York, asserisce che i fumetti hanno lo stesso effetto catartico che Aristotele attribuiva al teatro tragico. L'unico sfavorevole ai fumetti come lettura infantile sarebbe invece Ong, al quale si attribuisce la definizione di Superman come nazista. In realtà il gesuita, e lo ammette persino *Time*, non condannava tutti i fumetti e nel suo articolo si limitava a rilevare come quelli incentrati sui superuomini esaltassero un pericoloso culto della forza e rischiassero di convincere le masse che il loro solo ruolo fosse quello di seguire i più capaci. In quel decennio lo studioso cattolico affronta a più riprese il mondo delle strisce quotidiane e degli albi. Nel 1941 studia Topolino quale simbolo statunitense e dieci anni più tardi esalta *Pogo* (1941), la striscia capolavoro di Walt Kelly (1913-1973).[16] Questa comic-strip, apparsa a partire dal 1948 sul

New York Star e idolatrata da molti intellettuali, è da lui apprezzata per il linguaggio reminiscente dei nonsense di Lewis Carroll ed Edward Lear e in grado di far comprendere all'uomo comune i rovelli delle avanguardie letterarie.

Ong è a quel tempo in stretti rapporti con uno studioso cattolico canadese, Marshall McLuhan (1911-1980), pure lui partito dalla critica letteraria per approdare alla comunicazione di massa e molto curioso riguardo al linguaggio dei fumetti e ai possibili intrecci fra la sensibilità del «common man» e quella delle avanguardie. McLuhan ha supervisionato la tesi di master di Ong sul poeta inglese dell'Ottocento Gerald Manley Hopkins e sul tentativo di rendere in versi la parlata quotidiana. Studente e tutor hanno inoltre discusso più volte sulla società di massa in Nord America. In particolare McLuhan contrappunta lo studio dei meccanismi pubblicitari con l'analisi dei fumetti. I due pensatori condividono la passione per la serie a fumetti *Li'l Abner* (1934, di Al Capp, al secolo Alfred Gerald Caplin, 1909-1979), che giudicano la più fondata critica dell'industrializzazione statunitense. Inoltre McLuhan spiega, in *La sposa meccanica*,[17] che comic-strip quali *Little Orphan Annie* (1924, di Harold Gray, 1894-1968), *Bringing Up Father* (1913, in Italia *Arcibaldo e Petronilla*, di George McManus, 1884-1954) o *Blondie* (1930, in Italia *Blondie e Dagoberto*, di Chic Young, 1901-1973) illustrano magnificamente gli aspetti della società e della famiglia statunitensi e perciò sono paragonabili agli studi antropologici di Margaret Mead (1901-1978). Quest'ultima è l'allora celebrata autrice di *Maschio e femmina*[18] – di qui la comparazione con le avventure di Arcibaldo e Petronilla e Blondie e Dagoberto – ma è anche la cognata di William Steig (1907-2003), disegnatore e scrittore che nel 1990 inventa Shrek, l'orco protagonista in anni recenti di quattro celebri lungometraggi d'animazione della DreamWorks.

Al di là di questa fortuita circostanza, che sottolinea comunque la solidità dei legami tra la cultura più «istituzionalizzata» e quella dei fumetti, dobbiamo aggiungere che per quanto attiene alla critica sui comics McLuhan ha opinioni in parte divergenti da quelle di Ong. Ad esempio, rivaluta Superman perché gli sembra esprimere una nostalgia disperata per un mondo precedente a quello industriale, un mondo nel quale tutti gli uomini erano supereroi in quanto non asserviti alle macchine. Al canadese dispiacciono invece i fumetti violenti, specie gli albi della collana *Crime Does Not Pay*, perché gli sembrano mascherare un consumismo abilmente indotto: i rapinatori di quegli albi rubano e uccidono per avere cose belle che non sono necessarie, ma che divengono tali per il martellamento pubblicitario. Si consideri che allora si iniziava appena a studiare l'impatto pubblicitario nell'orientare i gusti del pubblico e riflessioni analoghe sarebbero state poco dopo approfondite da Vance Packard (1914-1996) in *I persuasori occulti*.[19]

I contributi di Ong e McLuhan sono oggi in parte a disposizione nella raccolta *Arguing Comics*.[20] Ai curatori di questa collezione di saggi è, però, sfuggita un'annotazione del critico canadese su James Joyce (1882-1941): secondo McLuhan, il letterato irlandese dedicò tutta la sua vita al grande romanzo del Novecento confrontandosi con la modernità e proprio per questo tenne sempre d'occhio i fumetti e la pubblicità. In conclusione Ong e McLuhan non volevano censurare i fumetti, che ritenevano una componente della cultura novecentesca, ma auspicavano che fossero studiati (oggi diremmo decostruiti) nelle aule universitarie, affinché ne venissero compresi i meccanismi commerciali. Avevano infatti chiaro che il mondo della produzione fumettistica non era un idillio pastorale, ma partecipava al selvaggio sviluppo di un capitalismo rampante.[21]

Se alla fine non sono questi intellettuali i cattivi di una storia della caccia ai fumetti, chi ha scatenato quest'ultima? L'ipotesi di Hajdu è che personaggi come Wertham e Ong abbiano fornito le munizioni a quei politici, democratici e repubblicani, che erano impegnati a sfruttare la coeva paura per il comunismo e per la delinquenza organizzata. In particolare è un membro del Partito democratico, Estes Kefauver (1903-1963), a utilizzare le Commissioni federali contro la criminalità e contro la violenza giovanile per farsi spazio sulla scena politica: nel 1956 sarà proposto alla Vice Presidenza, con esiti devastanti per il suo partito.[22] Nell'ambito dell'inchiesta sui giovani si procede nel 1954 a una serie di audizioni concernenti i fumetti (21-22 aprile, 4 giugno), nelle quali i rappresentanti dell'editoria non riescono a difendere il proprio punto di vista e a dimostrare di non invogliare i lettori a compiere crimini.

Proprio a seguito di tali disastrosi dibattiti l'industria dei comicbook si trova sotto il fuoco nemico e cerca di autoregolamentarsi dandosi un codice, come aveva fatto il cinema tempo prima, e fondando una sorta di comitato di garanzia.[23] Il tentativo non riesce, mentre sorgono associazioni contro gli albi a fumetti e si giunge persino a bruciarne in piazza. In realtà, però, i danni della Commissione erano in sé limitati. A Kefauver era chiaro che su quel terreno poteva guadagnare pochi voti e prebende: era molto più utile utilizzare quelle audizioni per dimostrare il ruolo degli immigrati di origine italiana nelle attività criminali e nelle bande giovanili; quel gruppo sosteneva infatti alcuni dei suoi avversari all'interno del Partito democratico.[24] Probabilmente, come era già accaduto al tempo dell'articolo di Ong sui supereroi, il fattore fondamentale si rivelò la gigantesca copertura accordata dai quotidiani e dai settimanali alle tre audizioni. Non dobbiamo infatti dimenticare che anche la stampa quotidiana e periodica pubblicava (e pubblica) fumetti e dunque era assai probabilmente interessata a far fuori la concorrenza. Naturalmente la lotta riguardava i lettori adulti, quelli con la mente ancora da adolescenti citati prima, mentre i più piccoli servivano soltanto da «casus belli».

Hajdu ha sempre lavorato in periodici importanti e quindi, mi pare di poter dire, non può accusare proprio questi e i loro confratelli quotidiani di aver scientemente tagliato l'erba sotto i piedi agli editori di albi e riviste a fumetti. Inoltre è tutto sommato più semplice attribuire il ruolo dei cattivi, di quelli che vogliono mettere a tacere la voce della vera America, agli studiosi (psicologi, pedagoghi, sociologi, critici della cultura di massa) e ai politici. Questo tipo di accusa oggi risuona in tutto il bailamme sollevato contro l'amministrazione Obama dal Tea Party, ma anche dai Democratici moderati, che sono la formazione di riferimento per il *New Republic*.

Dunque cosa resta, alla fine, della proposta di Hajdu? L'aver ribadito davanti al grande pubblico un fenomeno importante. Quelle critiche agli albi a fumetti produssero un effetto dirompente sul fronte commerciale: ancora oggi, nonostante la lunga durata di case editrici quali la Marvel o la Dc, le vendite negli Stati Uniti non sono comparabili percentualmente a quelle dell'area franco-belga o alla produzione giapponese. Inoltre reindirizzarono la stessa produzione a fumetti, che negli anni avrebbe lentamente rafforzato il proprio *côté* satirico: questo infatti è più adatto all'elaborazione di strisce o vignette e inoltre la reazione di disegnatori ed editori alle campagne anti-comics è stata quella di rafforzare riviste critiche come *Mad*. Produttori e consumatori di fumetti si sarebbero infatti convinti che il mondo degli adulti perbenisti era un mondo di pazzi ipocriti e si sarebbero dunque spinti sulla strada che portava all'aperta contestazione del decennio successivo. Il punto di Hajdu è che gli albi demonizzati, dell'orrore o avventurosi, hanno rivestito un ruolo nel plasmare la coscienza critica dei loro lettori e, attraverso la mediazione della successiva deriva satirica, i loro autori sono in seguito confluiti nell'elaborazione di un *underground* che ha fatto da contraltare alla musica degli anni Sessanta.

Questa tesi amplifica quanto già dichiarato in *Positively 4th Street*, quando l'autore evidenzia il debito verso i fumetti di Richard Fariña e indirettamente di Bob Dylan e Joan Baez. Per quanto ciò non sia facilmente verificabile, resta a testimoniare l'autocoscienza elaborata da alcuni produttori di fumetti. Come ricordato all'inizio, il libro di Hajdu si fonda sulla raccolta di oltre 150 interviste che permettono di farsi un quadro completo della percezione di autori, editori e sceneggiatori dei fumetti, in particolare di quelli dell'area newyorchese. Ne esce fuori l'immagine di un proletariato della carta stampata, che vive di espedienti nella speranza di realizzare il sogno statunitense, cioè di farcela, e allo stesso tempo di assolvere un proprio ruolo importante, inventando storie affascinanti. Proprio quel mondo si racconta al nostro autore come in rotta di collisione con il perbenismo degli anni Cinquanta e poi sconfitto, ma non domo, anzi pronto a far rivivere l'anelito della libertà condiviso da ogni autore e lettore di quegli albi ormai scomparsi. All'inizio ho citato Eisner: in uno degli episodi della sua nota serie *The Spirit* è parodiata proprio l'isteria contro i comics, mediante la derisione di un insegnante e di uno psichiatra scolastico, il dottor Wolfgang Worry, che organizzano roghi di giornaletti (*The Deadly Comic Book*, 27 febbraio 1949).

Forse Hajdu non è stato in grado di presentare il suo soggetto con la levità del romanziere Michael Chabon, che ha saputo raccontare con tutt'altra grazia l'età d'oro degli albi statunitensi e le audizioni della commissione Kefauver nel romanzo *Le fantastiche avventure di Kavalier e Clay* (2000), vincitore del premio Pulitzer nel 2001. Tuttavia non è male ricordare proprio oggi, nell'epoca dei conservatori del Tea Party e del populismo rampante, gli effetti sinistri di quelle fasi di paura costruite a tavolino per cambiare gli equilibri politici e commerciali.[25]

NOTE

PREFAZIONE

[1] Queste prime considerazioni sono in parte riprese da un mio libro risalente ormai a vent'anni fa: *Immagini, vignette, visioni*, cit.

[2] I *warbucks* sono i 'dollari di guerra', emessi durante i periodi bellici.

PROLOGO

[1] Le dichiarazioni e il resoconto precedenti sono frutto delle interviste a Janice Valleau Winkleman ed Edward Winkleman a casa loro; a Jane Sapere della May Management; a Ellen Winkleman.

[2] «Comics Debated As Good or Evil», *The New York Times*, 30 ottobre 1948; «Fighting Gunfire with Fire», *Newsweek*, 20 dicembre 1948. Nel corso del libro ho usato fonti dell'epoca per le statistiche sulle vendite dei fumetti, se reperite. Inoltre mi sono rifatto alle statistiche pubblicate nei seguenti libri: Mike Benton, *The Comic Book in America*, Dallas, Taylor Publishing, 1989; Ron Goulart (a cura di), *Encyclopedia of American Comics: From 1897 to the Present*, New York, Promised Land, 1990; Les Daniels, *Comix: A History of Comic Books in America*, New York, Random Hause – Value Publishing, 1988; Steve Duin – Mike Richardson, *Comics: Between the Panels*, Milwaukie, Dark Horse, 1998. Per dati aggiuntivi sulle vendite degli albi a fumetti negli Stati Uniti sono grato allo storico del fumetto Russ Maheras.

[3] Per le informazioni sul numero degli editori, sui nomi delle case editrici e sui titoli dei fumetti citati qui e nel corso del libro, ho un debito nei confronti di John Jackson Miller,

direttore editoriale della serie di volumi *Standard Catalog of Comic Books* e della rivista *Comics Buyer's Guide*; la principale risorsa di Miller sono dati d'epoca forniti dagli editori di fumetti all'Audit Bureau of Circulations, 'Ente rilevamenti sulla circolazione' (dei prodotti editoriali).

4 «Comic Books Are Called Obscene by N.Y. Psychiatrist at Hearing», *New York Herald Tribune*, 28 ottobre 1947.

5 *Report of the Subcommittee to Investigate Juvenile Delinquency of the Committee on the Judiciary*, Senato degli Stati Uniti. Questo rapporto sarà citato nel prosieguo come *Report of the Subcommittee on Jd*. Il libro citato è Fredric Wertham, *Seduction of the Innocent*, New York, Rinehart, 1954.

6 Judith Crist, «Horror in the Nursery», *Collier's*, 27 marzo 1948.

7 Rispettivamente «Depravity for Children», *Hartford Courant*, 14 febbraio 1954; J. Crist, *op. cit.*; «The Curse of the Comic Books», *Religious Education*, novembre-dicembre 1956.

8 «Modern Comics Hit by Mayors' Report», *The New York Times*, 25 novembre 1948; «Regulation of Comic Books», *Harvard Law Review*, gennaio 1955; Edward L. Feder (a cura di), *Comic Book Regulation*, Bureau of Public Administration, Los Angeles, University of California Press, 1955.

9 Cfr. l'Appendice.

10 «No Harm in Horror, Comics Issuer Says», *The New York Times*, 22 aprile 1954; «Whether Crime "Comic" Books Lead Child Astray is Debated», *New York Herald Tribune*, 22 aprile 1954.

CAPITOLO 1
LA SOCIETÀ È SPACCIATA

1 Come segnalato alla voce «Daily Newspapers Published Within the Present Boundaries of New York City», in Kenneth T. Jackson (a cura di), *The Enciclopedia of New York City*, New Haven, Yale University Press, 1995.

2 Per i fatti relativi alla storia dei primordi del fumetto statunitense mi sono affidato a Jerry Robinson, *The Comics: An Illustrated History of Comic Strip* (I ed. New York, Berkley Publishing Group, 1973), Milwaukie, Dark Horse, 2007; Maurice Horn (a cura di), *The World Encyclopedia of Comics*, New York, Chelsea House, 1976; Bill Blackbeard – Martin Williams (a cura di), *The Smithsonian Collection of Newspaper Comics*, Boston, Smithsonian Institute Press, 1977; Bill Blackbeard – Dale Crain – James Vance (a cura di), *100 Years of Comic Strips*, Lyndhurst, Barnes & Noble, 2004.

3 L'illustrazione è riprodotta in B. Blackbeard *et al.*, *op. cit.*

4 *Time*, 1° dicembre 1947. La striscia apparve per la prima volta nel 1897. In questo caso Hearst commissionò a Rudolph Dirks, che all'epoca era un disegnatore della sua redazione,

una striscia a fumetti basata su dei precedenti illustri: i racconti illustrati, editi in Germania, di *Max und Moritz* (1865), dell'artista tedesco Wilhelm Busch (1832-1908). In seguito Dirks passò alla concorrenza, andando a disegnare *The Katzenjammer Kids* per il rivale di Hearst, Pulitzer; Hearst allora assunse un altro autore che proseguisse la striscia con lo stesso identico stile; il risultato fu che su due diversi giornali, pubblicati da due distinti editori, venissero pubblicati i medesimi personaggi, realizzati da due differenti autori.

5 Ralph Bergengren, «The Humour of the Colored Supplement», *Atlantic Monthly*, agosto 1906.

6 «A Crime Against American Children», *Ladies' Home Journal*, gennaio 1909.

7 Articolo senza titolo, *The Nation*, 5 novembre 1908 («Materiale che in nessun altro paese del mondo verrebbe offerto ad altri che non bambini e idioti, qui è gravemente imposto a lettori che si presume siano intelligenti»); «The Comic Sunday Supplement», *Good Housekeeping*, maggio 1910 («Il supplemento umoristico è una forza che istiga all'illegalità, a fantasie dissolute, all'irriverenza»). ▮ *Good Housekeeping*, come recita il nome, era una rivista per le regine della casa.

8 *New York Journal*, 17 ottobre 1896.

9 ▮ La *Sunday school and church*, 'scuola e chiesa della domenica' o, più in breve, *Sunday school*, è una sorta di catechismo domenicale: la giornata è organizzata dalle chiese di quartiere per i bambini e i ragazzi.

10 Frank Luther Mott, *American Journalism: A History 1690-1960*, New York, Macmillan, 1961.

11 Patrick McDonnell – Karen O'Connell – Georgia Riley de Havenon, *Krazy Kat: The Comic Art of George Herriman*, New York, Abrams, 2004.

12 Gilbert Seldes, *The Seven Lively Arts*, New York, Harper & Brothers, 1924.

13 Intervista a Will Eisner, con integrazioni e particolari aggiuntivi sulla storia di famiglia da parte di Eliot Gordon, storico della famiglia Eisner e marito della sorella minore di Will Eisner, Rhoda.

14 ▮ Negli Stati Uniti i maggiori quotidiani nazionali stampano una prima tiratura del giornale domenicale nel tardo pomeriggio del sabato, chiamandola *bulldog edition*, a richiamare la competizione «feroce» fra i giovani strilloni al sabato pomeriggio per la vendita delle copie dell'edizione domenicale.

15 Intervista Eisner.

16 Ronald Reagan, anch'egli bambino negli anni Venti, era pure lui in grado di imitare lo stile di Segar, come avrebbe in seguito dimostrato nei disegnini realizzati durante alcune riunioni nel corso dei suoi mandati presidenziali. Alcuni disegni di Reagan sono riprodotti in «New York Day by Day», *The New York Times*, 19 agosto 1982.

17 Intervista a Craig Flessel.

18 Rispettivamente 'Storie stupefacenti' e 'Rivista poliziesca da dieci centesimi'.

19 Intervista a Everett Raymond Kinstler.

20 Intervista Eisner.

[21] Sopra al disegno Eisner appose la scritta «La verità sul ghetto "dimenticato" del Bronx; "È una scuola di delinquenza", sentenzia l'esperto». Il disegno è in Catherine Yronwode, *The Art of Will Eisner*, Amherst, Kitchen Sink Press, 1982.

[22] Intervista Eisner.

[23] C. Yronwode, *op. cit.*

[24] Intervista Eisner. ▮ L'aggettivo *waspy* si riferisce all'acronimo WASP (White, Anglo-Saxon, Protestant) con cui negli Stati Uniti si indicano le persone di pelle chiara, di origine anglosassone e di confessione cristiana protestante. Il concetto di «assimilazione» evocato da Eisner, molto studiato nelle dinamiche di immigrazione, consiste nel processo in base al quale gli immigrati tendono a integrarsi nella nuova società riducendo, minimizzando o dissimulando, coscientemente o meno, le proprie caratteristiche etnico-culturali di provenienza.

[25] Benché la copertina del primo numero di *New Fun* datasse febbraio 1935, probabilmente l'albo raggiunse i chioschi almeno un mese, se non diversi mesi, prima.

[26] ▮ *Oswald the Rabbit*, meglio noto come *Oswald the Lucky Rabbit*, è un personaggio inventato da Ub Iwerks e Walt Disney nel 1927 su richiesta della major del cinema Universal. Le avventure a fumetti di Oswald su *New Fun* furono disegnate inizialmente da Al Stahl (pseud. di Bruce Baker, 1916-1999).

[27] Lettera di Wheeler-Nicholson a Siegel, citata in Les Daniels, *Superman: The Complete History: The Life and Times of the Man of Steel*, San Francisco, Chronicle Books, 1998.

[28] ▮ 'Avventure mozzafiato' e 'Ragusea'. Il secondo nome indica un antico modello di vascello navale dall'aura avventurosa.

[29] Veterani dei primissimi fumetti si sono scambiati storie e leggende su Wheeler-Nicholson per decenni; Creig Flessel, che realizzò il suo primo lavoro per il maggiore nel 1936, ancora oltre sessant'anni dopo era capace di ridisegnare un ritratto di Wheeler-Nicholson a memoria.

[30] Intervista a Creig Flessel.

[31] ▮ 'Henry Duval di Francia, famoso soldato di ventura' e 'Dottor Occulto, investigatore fantasma'.

[32] Per i fatti relativi ai primi anni dei comic-book sono in debito con molti lavori enciclopedici: M. Benton, *op. cit.*; R. Goulart (a c. di), *op. cit.* e Id., *Great American Comic Books*, Lincolnwood, Publications International, 2001; L. Daniels, *Comix*, cit.; S. Duin – M. Richardson, *op. cit.*; Roger Sabin, *Comics, Comix and Graphic Novels: A History of Comic Art*, London, Phaidon Press, 2001; Michael Barrier – Martin Williams (a cura di), *A Smithsonian Book of Comic-Book Comics*, New York, Smithsonian Institution Press – Harry N. Abrams, 1981.

[33] Un piccolo editore di Chicago, la Humor Publishing (nota anche come Consolidated Publishing), fece uscire nel 1933 almeno tre diversi albi a fumetti in bianco e nero, ciascuno incentrato su un diverso investigatore; distribuiti solo a livello locale e di vita brevissima, furono probabilmente i primi comic-book a personaggio singolo.

34 Intervista a Joe Kubert. Kubert ha raccontato diverse versioni circa il suo ingresso nel mondo del fumetto a dieci anni, a volte ambientandolo nello studio di fumetti diretto da Harry «A» Chesler», a volte presso la MLJ (poi nota come Archie Comics, di cui si parlerà a seguire); tuttavia, la MLJ iniziò la sua attività nel 1939, quando Kubert aveva tredici anni.

35 Intervista Eisner.

36 Intervista Eisner. Eisner mi ha raccontato questo aneddoto in tre occasioni, due volte ambientandolo a Manhattan e una volta nel Bronx. In una versione, Kahn/Kane dice: «Comprano da chiunque, perfino da me».

37 *Ibidem.*

38 Intervista a Bill Bossert.

39 Intervista Eisner.

40 Intervista a Lee J. Ames.

41 Intervista a Nick Cardy.

42 Ristampata in John Coates con Nick Cardy, *The Art of Nick Cardy*, Lakewood, Vanguard Productions, 2001.

43 Intervista Cardy.

44 Intervista Bossert, che sposò Audrey Blum quando lavoravano insieme nel settore dei comic-book.

45 Intervista Eisner.

46 Scena riprodotta in C. Yronwode, *op. cit.*

47 Jules Feiffer, *The Great Comic Book Heroes*, New York, Bonanza, 1965.

48 Intervista Flessel. ▮ Le riviste citate: 'Racconti succulenti', 'Racconti caldi', 'Fumetti polizieschi'. Sotto, 'Fumetti d'azione'.

49 Riprodotto sul sito internet *Grand Comics Database*. Il GCD, sito non a scopo di lucro a cui lavorano appassionati per un pubblico di appassionati, è stata una fonte utilissima di informazioni sui contenuti dei fumetti da tempo ormai irreperibili.

50 S. Duin – M. Richardson, *op. cit.*

51 ▮ Nell'ordine, Tarzan fu creato come personaggio letterario nel 1912 da Edgar Rice Burroughs; Doc Savage fu creato nel 1933 da Henry W. Ralston e John L. Nanovic, con le storie soprattutto di Lester Dent; Zorro fu creato come personaggio letterario nel 1919 dallo scrittore Johnston McCulley; l'Ombra (The Shadow) fu introdotto come personaggio radiofonico nel 1930 da David Chrisman, William Sweets e Harry Engman Charlot e reso un personaggio memorabile da Walter B. Gibson; il Calabrone Verde (The Green Hornet) debuttò in radio nel 1936, creato da George W. Trendle e Fran Strike; il Ragno (The Spider), creato da Harry Steeger, esordì nel 1933 in una rivista eponima; The Phantom (in Italia l'Uomo Mascherato o l'Ombra che Cammina, con calzamaglia rossa invece che viola) fu creato nel 1936 da Lee Falk.

52 Intervista a Bob Oskner.

53 *Action Comics* n. 1, giugno 1938. Nella prima pagina della sua prima apparizione in un albo, Superman è introdotto come «campione degli oppressi, la meraviglia in carne e ossa che ha giurato di consacrare la sua esistenza all'aiuto dei bisognosi!».

54 La televisione, ancora in fase sperimentale, non avrebbe avuto un impatto negli Stati Uniti fino all'Esposizione Mondiale dell'anno successivo, quando la RCA mostrò dei prototipi di televisori, incastonati in armature di bachelite traslucida, per mostrare che era realmente quell'attrezzatura a generare le immagini. Raymond Fielding, *Technological History of Motion Pictures and Television: An Anthology from the Pages of "The Journal of the Society of Motion Pictures and Television Engineers"*, Berkeley – Los Angeles, University of California Press, 1967.

55 Pubblicità, *American Artist*, aprile 1938.

56 L. Daniels, *Superman*, cit.

57 ▮ Nell'ordine: Amazing Man ('Uomo Stupefacente', 1939), di Bill Everett (William Blake Everett, 1917-1973); Wonder Man ('Uomo Meraviglia, 1939), di Will Eisner; Sandman ('Uomo dei Sogni', 1939), di Gardner Fox (Gardner Francis Cooper Fox, 1911-1986) e Allen «Bert» Christman (1915-1942); Doll Man ('Uomo Pupazzo', 1939), di Will Eisner; The Flash ('La Saetta', 1940), di Gardner Fox e Harry Lampert (1916-2004); Master Man ('Uomo Dominatore', 1940), di Will Eisner; Hawkman ('Uomo Falco', 1940), di Gardner Fox e Dennis Neville; The Whip ('La Frusta', 1940), di John Wentworth e John Storm; The Hour-Man ('L'uomo-Ora', 1940), di Ken Fitch e Bernard Baily (1916-1996); Roy the Superboy ('Roy il Super-ragazzo', 1940), di Harry Shorten (1914-1991) ed Edd Ashe (n. 1908); Captain America ('Capitan America', 1941), di Joe Simon (n. 1913) e Jack Kirby; Captain Marvel ('Capitan Meraviglia', 1939), di Charles Clarence Beck (1910-1989) e Bill Parker (William «Bill» H. Parker, Jr, ?-1963); Bulletman ('Uomo Proiettile', 1940), di Bill Parker e Jon Smalle; Johnny Quick (Id., 1941), di Mort Weisinger (1915-1978) e Chad Grothkopf (1915-2005); Aquaman ('Uomo acquatico', 1941), di Mort Weisinger e Paul Norris (1914-2007); Wonder Woman ('Donna Meraviglia', 1941), di Charles Moulton (pseud. di William Moulton Marston, 1893-1947); Batman (1939, prima noto come The Bat-Man, 'L'Uomo Pipistrello'), di Bob Kane e Bill Finger (1914-1974).

CAPITOLO 2
ERA LAVORO

1 Le informazioni su Chesler e sul suo studio mi sono state fornite da veterani dello studio stesso, fra cui Creig Flessel, Gilbert T. «Gill» Fox (1915-2004), Irwin Hasen (n. 1918), Jack Kamen (1920-2008) e Joe Kubert (n. 1926).

2 Intervista a Gill Fox.

3 Intervista a Irwin Hasen.

4 Intervista Hasen.

5 Fonte: Ufficio Censimenti degli Stati Uniti. Cfr. Bureau of the Census, *Historical Statistics of the United States: Colonial Times to 1970*, Washington, D.C., U.S. Department of Commerce, 2003.

[6] Ricerca svolta da John Jackson Miller e Russ Maheras.

[7] Intervista a Tom Gill (1913-2005).

[8] Intervista a Jerry Robinson.

[9] Interviste Flessel, Fox, Hasen, Kamen, Kubert, Gill, Robinson e altri.

[10] Intervista a Bob Lubbers.

[11] Intervista a Mickey Spillane.

[12] Intervista ad Al Jaffee.

[13] *Ibid.*

[14] Intervista a Jules Feiffer (n. 1929).

[15] Intervista a Martin Thall (Martin Rosenthall, n. 1930, noto anche con gli pseudonimi Emrose e Martin Rose).

[16] Intervista a Ted White (n. 1938).

[17] Intervista Eisner.

[18] *Philadelphia Record*, 13 ottobre 1941.

[19] La fonte per le informazioni biografiche su Sterling North è la Sterling North Society.

[20] Dick Griffin – Rob Warden (a cura di), *Done in a Day: 100 Years of Great Writing from the Chicago Daily News*, Chicago, Swallow Press, 1977.

[21] «The North Family Reviews the Spring Flight of Juveniles», *Chicago Daily News*, 8 maggio 1940.

[22] *Ibid.*

[23] *Ibid.*

[24] «A National Disgrace (And a Challenge to American Parents)», *Chicago Daily News*, 8 maggio 1940. ▮ In originale North usa, per il termine fumetti, le parole *comic* e *comics* fra virgolette, in un gioco di parole non pienamente traducibile in italiano: la contraddizione denunciata da North è che le storie a fumetti definite ipso facto, nel lessico statunitense, come innocentemente «comiche», trattassero in realtà, spesso, di delitti efferati, avventure violente e temi pruriginosi.

[25] Intervista a Sam Kweskin.

[26] Intervista Kweskin.

[27] «The Antidote to Comics», *National Parent-Teacher Magazine*, marzo 1941.

[28] *Ibid.*

[29] «The Comics Menace», *Wilson Library Bulletin*, giugno 1941.

[30] Lauretta Bender – Reginald S. Lourie, «The Effect of Comic Books on the Ideology of Children», relazione presentata alla conferenza annuale della American Ortopsychiatric Association, New York, 22 febbraio 1941. Documenti di Lauretta Bender, Brooklyn College Library, Special Collections. Nessuno dei giornali di New York coprì l'evento, ma il *Los Angeles Times* pubblicò un breve pezzo in proposito riferendosi a Lauretta Bender come un «medico donna», come si usava al tempo, citandone in modo errato le dichiarazioni e deridendone i commenti sul fumetto come «stravaganti». «Comics Held Beneficial for Children by Psychologist», *Los Angeles Times*, 23 febbraio 1941.

31 «They Call 'Em "Comics"», *Fitchburg Sentinel*, 28 luglio 1941.
32 «Introducing the Editorial Advisory Board», *New Fun*, ottobre 1941.
33 In seguito, il noto attore comico e regista Mel Brooks avrebbe usato il nome di Thorndyke per il personaggio principale di un suo film, *Alta tensione* (*High Anxiety*, 94', USA 1977), parodia dei film al cardiopalma di Alfred Hitchcock: Richard Harpo Thorndyke, direttore dell'Istituto Psiconeurotico per Persone Molto, Molto Nervose.
34 «Funny Business», *Forbes*, 1° settembre 1943.
35 Intervista a Harry Lampert.
36 La Ace Comics, attiva dal 1937 al 1949, e la Fox Comics (nota anche come Fox Publications e Fox Feature Syndacate), attiva dal 1939 e nel corso degli anni Quaranta.
37 Intervista a Martin Nodell.
38 *Weekly Comic Book*, sul *Chicago Sun*, 2 giugno 1940.
39 Il *Weekly Comic Book* ('Albo a fumetti settimanale') ospitava anche due serie minori realizzate da altri scrittori e disegnatori che lavoravano per Eisner: *Lady Luck* ('Madama Fortuna'), su una bellissima frequentatrice della mondanità, Brenda Banks, che combatteva il crimine vestita con una tenuta verde pisello e un cappello a tesa larga fornito di velo che le copriva parzialmente il viso, con i disegni, inizialmente, di Chuck Mazoujian; e *Mr. Mystic* ('Signor Mistico'), una riscrittura di *Yarko the Great* ('Yarko il grande'), una vecchia idea di Eisner ripresa dalla precedente striscia di Lee Falk, *Mandrake the Magician* ('Mandrake il mago', 1934), e disegnata da Bob Powell.
40 «Two Lives», *The Spirit*, 12 dicembre 1948.
41 «Gerhard Shnobble», *The Spirit*, 5 settembre 1948.
42 «The Tale of the Dictator's Reform», *The Spirit*, 22 giugno 1941.
43 «The Killer», *The Spirit*, 8 dicembre 1946.
44 «Ten Minutes», *The Spirit*, 11 settembre 1949.
45 «Killer McNobby», *The Spirit*, 1° giugno 1941.
46 «Hoagy the Yogi, Part Two», *The Spirit*, 23 marzo 1947.
47 «Self Portrait», *The Spirit*, 3 maggio 1942.
48 In J. Feiffer, *op. cit.*
49 John Updike, citato sulla rivista *Comic Book Artist*, novembre 2005.
50 Peraltro, una volta che Eisner si sentì sicuro che i due pubblici fossero sufficientemente distinti, prese a pubblicare le stesse storie di Spirit sia su *Police Comics* sia sul supplemento domenicale.
51 Le informazioni su Busy Arnold e sulla Quality Comics mi sono state fornite dagli artisti che lavorarono per lui, fra i quali Will Eisner, Gill Fox, Tony Di Preta (1921-2010), Bob Fujitani, George Tuska (n. 1916) e Janice Valleau Winkleman.
52 Intervista a Tony DiPreta.
53 Per gentile concessione di Janice Valleau Winkleman.
54 Intervista Winkleman.
55 Annunci della sezione «Professional Schools», *The New York Times*, 17 agosto 1941.
56 «The Origin of Midnight», *Smash Comics*, gennaio 1941.

CAPITOLO 3
IL CRIMINE PAGA

1 I giovani attori del gruppo erano giunti a Hollywood da Broadway nel 1936 come elementi accessori da utilizzare nella versione cinematografica del successo teatrale di Broadway *Dead End* ('Vicolo cieco', 1935) di Sidney Kingley, un dramma social-realista sugli immigrati di Upper Manhattan. Il film che ne fu tratto, il primo con i Dead End Kids, si intitola appunto *Dead End* (di William Wyler, 93', USA 1937). Cfr. Ephraim Katz, *The Film Encyclopedia*, London, Collins Reference, 1998[3].

2 Michael Freedland, *James Cagney*, New York, Stein and Day, 1975.

3 *Ivi.*

4 «The Sub-Mariner Goes to War», *Marvel Mystery Comics*, n. 4, febbraio 1940. ▮ Namor, il Sub-Mariner fu creato nel 1939 dal già menzionato Bill Everett.

5 *Captain America Comics*, n. 1, marzo 1941. ▮ Capitan America fu creato nel 1941 da Joe Simon (Joseph H. Simon, n. 1913) e dal già citato Jack Kirby.

6 M.C. Gaines, «Youth and the War Effort», discorso radiofonico nella serie per bambini della CBS *Children Are Also People*, 22 aprile 1942, pubblicato dalla All-American Comics come libello. Documenti Bender.

7 S. Duin – M. Richardson, *op. cit.*

8 ▮ *Thrilling Comics* ('Fumetti mozzafiato') fu una collana edita fra il 1940 e il 1951 dalla Nedor Comics sotto l'etichetta «Standard Comics» e durò 80 numeri. I Commando Cubs (lett. 'Squadra speciale Lupetti'), creati da Richard E. Hughes (n. Leo Rosenbaum, ?-1974) e dal già citato Bob Oskner, fecero la loro prima apparizione in *Thrilling Comics* n. 36, luglio 1943.

9 Gleason aveva trovato uno stratagemma per procurarsi la carta, nonostante i limiti imposti in merito agli editori appena avviati, usando come facciata la vecchia ditta di Berndhard.

10 Minot «Mickey» Jelke III, erede della ditta produttrice di margarina Good Luck, fu arrestato con l'accusa di gestire un circuito di prostituzione d'alto bordo; il titolo del *New York Times* «Oleo Heir Is Seized in Vice Raids Here» apparve il 16 agosto 1952, dieci anni dopo la data in cui Biro collocò il fatto nel suo racconto.

11 Intervista a Pete A. Morisi (noto anche con lo pseudonimo PAM). Nell'agosto del 1958 Bob Wood passò undici giorni con una ragazza di nome Violette Phillips in una locanda nei pressi di Gramercy Park. Durante un litigio, la colpì a morte con un ferro da stiro. Non negò mai il fatto. Fu messo in prigione per omicidio colposo e scontò una pena di tre anni nel carcere di Sing Sing. «Cartoonist Held as Slayer», *The New York Times*, 28 agosto 1958; «Gramercy Park Gets the Horrors: Editor of Mag Called "Crime Does not Pay" Murders Ad Woman in a Hotel Tryst», *New York Sunday News*, 14 settembre 1958; S. Duin – M. Richardson, *op. cit.*

12 «The Killer Who Hated Death», *Daredevil Comics*, settembre 1941; «Death Is the Referee», *Daredevil Comics*, ottobre 1941. ▮ Le testate citate qui sono traducibili, rispettiva-

mente, come 'Crimini autentici', 'Autentici casi polizieschi', 'Autentici misteri polizieschi', 'Casi polizieschi da prima pagina', 'Investigatori del crimine', 'Casi polizieschi intriganti', 'Storie autentiche sulla vita delle gang', '[Solo casi] Autentici'.

13 Cfr. U.S. Post Office Department, *Annual Report of the Postmaster General for the Fiscal Year Ended June 30, 1941*.

14 Josette Frank, *What Books for Children?: Guideposts for Parents*, Garden City, Doubleday, Doran & Co., 1937.

15 Jack Alexander, «The Director—1», *The New Yorker*, 25 settembre 1937. ▌I fumetti citati sono *Dick Tracy* (1931), un famoso poliziesco di Chester Gould (1900-1985), e *Secret Agent X-9* (1934), fumetto dello stesso genere ma molto più realistico e pacato, di Dashiell Hammett (1894-1961) e Alex G. Raymond (1909-1956).

16 Cfr. Mike Benton, *The Illustrated History of Crime Comics*, Dallas, Taylor Publishing, 1993.

17 ▌La Wpa, Works Progress Administration, era un'agenzia governativa fondata nel 1935 (nel 1939 rinominata Works Projects Administration), durante il New Deal, per la realizzazione di grandi opere pubbliche. Fu soppressa nel 1943. Walker Evans (1903-1975) fu un celebre fotografo, il quale negli anni Trenta si dedicò a un'ampia documentazione fotografica sulle condizioni di crisi portate negli Stati Uniti dalla Grande Depressione.

18 «Calling All Cars», nella storia «The Purple Tiger, Part I», *More Fun*, luglio 1936.

19 «Federal Men», nella storia «The Manning Baby Kidnapping», *New Comics*, gennaio 1936.

20 «The Murder of Miser Flint», *Detective Picture Stories*, aprile 1937.

21 Intervista a Joseph E. Buresch.

22 Indicato nel colophon della collana come direttore editoriale, Bob Wood era addetto principalmente alla stipula dei contratti e al coordinamento delle scadenze; inoltre realizzò alcune sceneggiature e alcuni disegni. Dal canto suo Biro supervisionava la maggior parte del lavoro creativo e si accertava che ogni copertina riportasse la sua firma, che col tempo tese ad aumentare di dimensioni e ad acquisire un'importanza sempre maggiore, a dispetto del fatto che i suoi disegni fossero a volte realizzati, in forma anonima, da George Tuska (n. 1916). Intervista a George Tuska.

23 *Crimes Does Not Pay*, novembre 1947.

24 *Ivi*.

25 Intervista Morisi.

26 Interviste Palais e Morisi. Cfr. anche «Virginia Bloch» (necrologio), *Woodstock Times*, 1° giugno 2006.

27 Intervista Palais.

28 Intervista a Fred Kida.

29 Intervista Di Preta.

30 Il realismo era tuttavia assente in un particolare: il disegno non includeva la scimmietta di Biro.

[31] Intervista a Bob Fujitani.

[32] M. Benton, *op. cit.*

CAPITOLO 4
GIOVENTÙ IN CRISI

[1] Intervista Eisner.

[2] *Ivi.*

[3] W.W.D. Sones, «The Comics and Instructional Method», *Journal of Educational Sociology*, vol. 18, n. 4, dicembre 1944, pp. 232-40.

[4] «The Boy Who Heard the Voice of God», *Picture Stories from the Bible*, inverno 1942; «Jonah and the Whale», *ivi*, senza mese, 1942; «The Story of Jesus», *ivi*, senza mese, 1942; «Paul's Four Journeys», *ivi*, senza mese, 1946.

[5] ▮ L'autore riportava Montgomery Mulford come disegnatore delle copertine, in realtà realizzate da Don Cameron (1905-1954), classico disegnatore della Dc Comics. Mulford era un insegnante di Scuola domenicale e autore di diversi articoli di tema religioso per riviste ecclesiastiche. Cfr. Mark Carlson, «Hey! That Ain't Funny! (Part 2)», *The Nostalgia Zine*, vol. 2, n. 2, 2006, reperibile presso *Nostalgiazone.com/doc/zine/06_V2N2/thataintfunny.htm.*

[6] Cfr. Frank Jacobs, *The Mad World of William M. Gaines*, New York, Lyle Stuart, 1972.

[7] M.C. Gaines, *Narrative Illustration: The Story of the Comics*, New York, s.e., 1942, un piccolo pamphlet di 14 pagine.

[8] ▮ Little Orphan Annie è un personaggio creato nel 1924 da Harold Gray (1894-1968).

[9] «Funny Business», *Forbes*, 1° settembre 1943.

[10] Gaines tenne fede alla promessa in un evento di primo piano presso l'Advertising Club, il Circolo dei Pubblicitari, dove diede a otto prelati assegni di 850 dollari ciascuno, presi dal ricavato, quale che fosse in realtà, del milione di copie venduto di quel quarto numero della collana. «Publisher Shares Profits», *The New York Times*, 30 dicembre 1943.

[11] Nel 1944 Gaines vendette la sua quota della All-American Comics ai suoi soci, Harry Donenfeld e Jack Liebowitz; ne ricavò 500 mila dollari al netto delle tasse, principalmente per il valore delle riserve di carta a suo nome, un bene prezioso in tempo di guerra e del tutto senza valore l'anno successivo alla vendita della sua quota. Interviste a Bill Gaines e Al Feldstein da parte dei primi studiosi della Ec Comics, Larry Stark, Fred von Bernewitz e Ted White, condotte il 28-30 dicembre 1955 e il 6 e 10 agosto 1956. Pubblicate in Fred von Bernewitz – Grant Geissman, *Tales of Terror: The Ec Companion*, Seattle, Fantagraphics/Gemstone, 2000.

[12] Intervista a Ivan Klapper.

[13] Cfr. NODL, *The Drive for Decency in Print: Report of the Bishops' Committee Sponsoring the National Organization for Decent Literature*, 1939.

[14] *Ivi*. Cfr. anche Richard Ginder, *With Ink and Crozier: The Story of Bishop Noll and His Work, Fifth Bishop of Fort Wayne and Founder of Our Sunday Visitor*, Huntington, Our Sunday Visitor, Inc., 1950.

[15] ▮ Rispettivamente 'Il punto d'incontro', 'L'appello alla ragione', 'La minaccia', 'La luce del faro'.

[16] Cfr. Arthur M. Schlesinger, Jr, Introduzione a Eugene V. Debs, *The Writings and Speeches of Eugene V. Debs*, Trenton, Hermitage Press, 1948.

[17] Cfr. R. Ginder, *op. cit.* e la biografia di Noll sul sito web di *Our Sunday Visitor* (*Osv.com/AboutUsNav/ArchbishopJohnNollBiography/tabid/396/Default.aspx*; accesso: febbraio 2010).

[18] R. Ginder, *op. cit.*

[19] NODL, *op. cit.*

[20] R. Ginder, *op. cit.*

[21] NODL, *op. cit.*

[22] ▮ Rispettivamente 'Notizie luride', 'Robaccia sessuale', 'Eccitazione fotografica' e 'Squallore disegnato'.

[23] Lettera di M.C. Gaines al vescovo John F. Noll, 10 marzo 1942, Documenti Bender. Cfr. anche la rivista *The Acolyte*, numeri delle annate dal 1942 al 1948.

[24] Identificando l'ex campione dei pesi massimi Tenente Comandante Gene Tunney della Riserva della Marina degli Stati Uniti come membro del Comitato Esecutivo della Fondazione dei Boy Scout e membro del Consiglio dei Dirigenti dell'Organizzazione dei Giovani Cattolici.

[25] «Are Comics Fascist?», *Time*, 22 ottobre 1945.

[26] «Our Women Are Our Future», *Family Circle*, 14 agosto 1942. Nel suo libro *Emotions of Normal People*, cit., Moulton Marston spiegava inoltre: «Solo quando il controllo del sé da parte degli altri è più piacevole dell'affermazione incondizionata di sé nelle relazioni umane possiamo sperare in una società stabile e pacifica. [...] Darsi agli altri, esserne controllati, sottomettersi ad altre persone non può mai essere gradevole senza una forte componente erotica».

[27] Lettera di Noll a Gaines, 13 marzo 1942. Documenti Bender.

[28] Robert E. Southard, «Parents Must Control the Comics», *St. Anthony Messenger*, maggio 1944. Documenti Bender.

[29] Catechetical Guild, *The Case Against the Comics*, Dayton, George A. Pflaum, 1944.

[30] «What's Wrong with the Comics?», *Catholic World*, febbraio 1943. ▮ Fra i personaggi qui citati, quelli menzionati per la prima volta sono Johnny Thunder, personaggio in tre versioni la prima delle quali, quella a cui qui ci si riferisce, fu creata da John Wentworth e Stan Aschmeyer e introdotta su *Flash Comics* n. 1, febbraio 1940, edito dalla Dc; e Yarko the Great, creato per *Wonderworld* n. 4, agosto 1939, del Fox Features Syndicate.

[31] «Are Comics Fascist?», cit.

[32] «Priest Warns of Peril of Comic Books; Adopts Techniques for a Life of Christ», *The New York Times*, 24 agosto 1946.

33 R.E. Southard, *op. cit.*

34 S. North, «A National Disgrace», cit.

35 J. Edgar Hoover, «Youth... Running Wild», *Los Angeles Times*, 27 giugno 1943.

36 Katherine Lenroot, *Understanding Juvenile Delinquency*, Washington D.C., U.S. Dept. of Labor, Children's Bureau, 1943.

37 «Los Angeles Barred to Sailors by Navy to Stern: Zoot-Suit Riots», *The New York Times*, 9 giugno 1943.

38 *Youth in Crisis*, VHS, serie *March of Time: The American Lifestyles 1939-1950: Pt. 5*, Time/Life video.

39 Bosley Crowther, «Little Films with Big Ideas», *The New York Times*, 5 dicembre 1943.

40 «Wartime Health and Education, Part 1: Juvenile Delinquency», Congressional Information Services.

41 Cfr. M. Benton, *op. cit.*

42 «Jury Blames Hanging of Boy on Comic Books», *The Washington Post*, 16 settembre 1947.

43 «"Comics" Blamed in Death», *The New York Times*, 15 settembre 1947.

44 «Campaign Against Comic Books with Crime Base Ordered», *Charleroi Mail* (Pennsylvania), 15 settembre 1947.

45 «Chiefs Call Comic Books Crime Source», *Gettysburg Times* (Pennsylvania), 24 luglio 1947.

46 «Police Resolution Raps Comic Books», *Harrisburg Daily Register* (Illinois), 11 agosto 1947.

47 Lydia Ratcliff, rapporto di ricerca, 8 maggio 1958, per l'articolo «*Mad*diction», *Time*, 7 luglio 1958. Biblioteca Time Inc. ▌Le collane sono rispettivamente 'Racconti illustrati dalla storia americana', 'Racconti illustrati dalla scienza', 'Fumetti per bimbetti', 'La terra dei fumetti perduti', 'Favole di animali' e 'Fumetti ganzi'.

48 Intervista a Mort Leav.

49 L. Ratcliff, *op. cit.*

50 La moglie di Bill, da nubile Hazel Grieb, era sua cugina di secondo grado dalla parte di Jessie.

51 Intervista a Lyle Stuart.

52 L. Ratcliff, *op. cit.*; F. Jacobs, *op. cit.*

53 Intervista Stuart.

54 L. Ratcliff, *op. cit.*

55 Maria Reidelbach, *Completely Mad: A History of the Comic Book and Magazine*, London, Little Brown & Co., 1991.

56 William M. Gaines, «Madman Gaines Pleads for Plots», *Writer's Digest*, febbraio 1954.

57 Dwight Decker – Gary Groth, «An Interview with William M. Gaines», *Comics Journal*, maggio 1983.

CAPITOLO 5
POZZE DI SANGUE

1 «The Case Against the Comics», *The Saturday Review of Literature*, 20 marzo 1948.

2 «Police Must Read Comics», *Charleroi Mail* (Pennsylvania), 14 aprile 1948.

3 Marya Manners, «Junior Has a Craving», *The New Republic*, 17 febbraio 1947.

4 «36 Comic Books Banned in Detroit as "Corrupting"», *The Washington Post*, 29 aprile 1948.

5 «Comic Books Banned», *Traverse City Record Eagle* (Minnesota), 14 maggio 1948.

6 «Mt. Prospect May Ban Comic Books», *Roselle Register* (Illinois), 14 maggio 1948; «Comic Books Banned», *Holland Evening Sentinel* (Minnesota), 17 maggio 1948.

7 «Three Cities Curb Comics», *The New York Times*, 25 maggio 1948.

8 Kevin W. Saunders, «Media Self-Regulation of Depictions of Violence: A Last Opportunity», *Oklahoma Law Review*, Vol. 47, n. 445, 1994, pp. 445 sgg.

9 I venti stati erano Connecticut, Illinois, Iowa, Kansas, Kentucky, Maine, Maryland, Massachusetts, Michigan, Minnesota, Missouri, Montana, Nebraska, New York, North Dakota, Ohio, Oregon, Pennsylvania, Washington, Wisconsin. Nelle note a piè di pagina della sentenza del caso Winters vs New York sono elencate citazioni della legislazione: cfr. *Winters vs People of State of New York*, Supreme Court of the United States, 333 U.S. 507, 29 marzo 1948.

10 L'«Act for the Suppression of Trade in, and Circulation of, Obscene Literature and Articles for Immoral Use», legge comunemente nota come Comstock Act, fu promulgata dal Congresso il 3 marzo 1873.

11 Anthony Comstock, *Traps for the Young* (*pr. ed.* 1883), a cura di Robert H. Bremner, Boston, Belknap Press (Harvard University Press), 1967. Riedizione con interventi di J.M. Buckley, New York, Cosimo, 2009.

12 K.W. Saunders, *op. cit.*

13 *Ivi.*

14 *Winters vs New York*, cit. Cfr. anche «State Law of 1884 on Lurid Books Killed by High Court as Too Vague», *The New York Times*, 30 maggio 1848.

15 *Winters vs New York*, cit.

16 *Ivi.*

17 *Ivi.*

18 «Puddles of Blood», *Time*, 29 marzo 1948.

19 «Fredric Wertham, 86, dies; Foe of Violent Tv and Comics», *The New York Times*, 1° dicembre 1981; testimonianza Wertham, *Report of the Subcommittee on Jd*, cit.

20 ▮ La scelta lessicale, compresa la maiuscola, è dell'autore, motivata non certo da intenti dispregiativi ma dall'intenzione di dare al lettore l'esatta scelta terminologica usata all'epoca negli Stati Uniti per indicare gli afroamericani. Per evitare appesantimenti, si è deciso in questa sede di alternare l'espressione ad altre più attuali.

21 «Alienists' Testimony Is Usually "Bunk," Psychiatrist Swears at Murder Trial», *The New York Times*, 21 marzo 1934.

22 *Ivi.*

23 ▮ L'autore nell'edizione originale segnalava il 1926 come data di prima pubblicazione, così come le risorse dedicate ai fumetti in seguito consultate riportano effettivamente il libro come edito nel 1926, però prive di qualsiasi altro dato; tutte le risorse bibliografiche accademiche su cui è avvenuto il controllo di sicurezza della fonte citata riportano invece il libro come edito per la prima volta nel 1934, e con i seguenti dati completi: Frederic [*sic*] Wertham – Florence Wertham, *The Brain As an Organ: Its Postmortem Study and Interpretation*, New York, The MacMillan Company, 1934.

24 *Dark Legend: A Study in Murder*, New York, Duell, Sloane & Pearce, 1941 e *The Show of Violence*, New York, Doubleday, 1949. Dell'adattamento teatrale si riferisce in «Bow Tonight Set for "Dark Legend"», *The New York Times*, 24 marzo 1952.

25 «The Causes and Prevention of Murder—A Psychiatric Inquiry», *The New York Times Book Review*, 8 maggio 1949.

26 Cfr. Alfred L. Brophy (a cura di), «Ralph Ellison and the Law», *Oklahoma City University Law Review*, autunno 2001.

27 Cfr. «Wertham Assaults Ezra Pound Ruling», *The New York Times*, 27 novembre 1949 e «The Road to Rapallo», *American Journal of Psychotherapy*, vol. 3, n. 4, ottobre 1949.

28 Ralph Ellison, «Harlem is Nowhere», in Id., *The Collected Essays of Ralph Ellison*, New York, The Modern Library, 1995.

29 «Harlem Pioneers wit Mental Clinic», *Life*, 23 febbraio 1948 e «Mind & Spirits», appunto di ricerca non datato su Wertham negli archivi della Time, Inc.

30 J. Crist, *op. cit.*

31 Il ragazzo o la ragazza citato/a nell'episodio non menzionava affatto il particolare dell'imbavagliamento.

32 «Comics Poison Kids' Minds, Says Expert», *Daily News* (ed. di New York City), 21 marzo 1948.

33 Intervista Lampert. ▮ Il riferimento è al blocco e isolamento della città da parte dei sovietici dal giugno 1948 al maggio 1949, uno dei momenti di maggiore crisi della prima fase della Guerra fredda.

34 Intervista Kida.

35 Intervista Eisner.

36 Cfr. «Council Asks News Stands Eliminate Improper Books», *Hartford Courant*, 15 giugno 1948; intervista a Irving Kravsow.

37 «Comics Debates as Good or Evil», *The New York Times*, 30 ottobre 1948; «Fighting Gunfire with Fire», *Newsweek*, 20 dicembre 1948.

38 Cfr. «Council Asks News Stands...», cit.

39 *Ivi.*

40 Per questa e le due precedenti citazioni, cfr. *ivi.*

41 «Viscous [*sic*] Comic Books», *Bridgeport Post* (Connecticut), 19 giugno 1948.

42 «Milwaukee Police Find Comic Books Unfit for Children», *Sheboygan Press*, 7 giugno 1948.

43 «Drive Planned to Eliminate Crime Comics», *Los Angeles Times*, 30 giugno 1948.

44 «Agree on City Plan to Censor Comic books», *Chicago Daily Tribune*, 22 luglio 1948.

45 «The Wrong Remedy», *Chicago Daily Tribune*, 24 luglio 1948.

46 Intervista a Frank Bourgholtzer.

47 «Fights Offensive Comic Books», *The New York Times*, 28 luglio 1948.

48 «Fifty-four Comic Books Are Banned», *The News*, Mount Pleasant (Iowa), 31 agosto 1948.

49 «Sacramento Pushes Comic Book Curb», *Los Angeles Times*, 15 agosto 1948; «Sacramento's Lady Mayor Studies Comics in Move to Control 'Em», *Los Angeles Times*, 25 agosto 1948.

50 «Urges Comic Book Ban», *The New York Times*, 4 settembre 1948.

51 Intervista Bourgholtzer. ▮ Alger Hiss (1904-1996) fu avvocato, funzionario governativo, uomo d'affari e autore. Il caso a cui ci si riferisce riguarda le accuse di spergiuro e spionaggio a favore dell'Unione Sovietica mossegli contro, di cui si ebbe notizia in tutti i giornali all'inizio dell'agosto 1948.

52 «Barsky, 15 Others Are Found Guilty», *The New York Times*, 28 giugno 1947; «Barsky, 10 Aides Sent to Prison, Fined for Contempt of Congress», *The New York Times*, 17 luglio 1948.

53 Intervista Morisi.

54 «Unfunny Comic Books Barred in Los Angeles», *The New York Times*, 23 settembre 1948.

55 «Objectionable Books of Comics Disappear from Los Angeles Stands After New Law», *The New York Times*, 5 ottobre 1948.

56 *Ivi.*

57 *Ivi.*

58 «50 Cities Ban Off-Color Funnies», *The New York Times*, 5 ottobre 1948; «Ban on Comic Books Spreads as Cities Set Up Censorship», *Statesville Daily Record* (North Carolina), 4 novembre 1948.

59 «Crime Comics Face State Ban», *Los Angeles Times*, 5 ottobre 1948.

60 «Boy Shoots Brother to Death in Fight Over Comic Book», *Chicago Daily Tribune*, 4 ottobre 1948.

61 «Boy's Death by Hanging Laid to Comic Book», *The Washington Post*, 3 giugno 1948.

62 «Comic Books Inspire Torture of Playmate», *The Washington Post*, 19 agosto 1948; «3 Boys Tell of Torturing Playmate, 7», *Chicago Daily Tribune*, 19 agosto 1948; «Comic Book Inspires Boys' Torture of Pal», *The New York Times*, 19 agosto 1948.

63 «3 Held in Robbery Case», *The New York Times*, 9 agosto 1948.

64 Ricerca svolta da Steven Ricc, Jim Amash e Thomas G. Lammers. ▮ The Human Torch, personaggio creato da Carl Burgos (n. Max Finkelstein, 1916-1984), è un androide da non confondersi con il posteriore personaggio omonimo dei Fantastici Quattro (1961). Apparve per la prima volta sulla testata *Marvel Comics*, n. 1, nell'ottobre del 1939, edita dalla Timely.

65 Cfr. Ernst Gerber – Mary Gerber, *The Photo-Journal Guide to Comic Books*, vol. 2, Timonium, Diamond, 1990.

66 «Seducers of the Innocent», *Comic Book Marketplace*, dicembre 1998.

67 ▮ Rispettivamente, alla lettera, 'Il crimine deve pagare i suoi misfatti', 'La giustizia intrappola i colpevoli', 'Criminali in fuga', 'I trasgressori della legge perdono sempre', 'La legge chiede il conto – Vere storie di crimine', 'Resoconti sul crimine', 'La legge contro il crimine', 'Fumetti di crimini veri', 'Veri casi ufficiali di crimine', 'Crimini commessi da donne', 'Assassinii S.p.A.', 'Crimini divulgati al pubblico', 'Crimini famosi', 'Caccia all'uomo', 'Casi di crimini assolutamente veri', 'Giustizia', 'Storie di crimini basate su indizi veri', 'Indagatore del crimine', 'Ricercati', 'Casi di polizia autentici', 'Cacciatori di bande', 'Pistole contro malviventi'.

68 ▮ Rispettivamente, alla lettera, 'Il crimine non paga abbastanza', 'Le sfide del crimine non pagano', 'Il crimine non pagherà', 'Naturalmente il crimine non paga', 'Il crimine ultimamente non paga', 'Il crimine non vince quasi mai'.

69 *Crime and Punishment* n. 1, pur datato aprile 1948, apparve nelle edicole già a gennaio. ▮ 'Crimine e punizione', che però gioca col titolo in inglese del celebre romanzo *Delitto e castigo* di Fëdor Dostoevskij.

70 Intervista Palais.

CAPITOLO 6
E CHE GIUDIZIO SIA

1 «Fighting Gunfire with Fire», *Newsweek*, 20 dicembre 1948. Il normale prezzo di copertina era dieci centesimi, anche se alcuni di formato tascabile erano venduti a un nichelino (cinque centesimi) la copia.

2 «Publishers' Annual Statistical Report», *Publishers Weekly*, 5 marzo 1949.

3 Lettere all'editore: «Cain Before Comics», *The Saturday Review of Literature*, 24 luglio 1948.

4 «Police Force Door to Free Child, 4 [*sic*], Locked in Home», *The Washington Post*, 4 novembre 1937.

5 Preambolo a «Cain Before Comics», cit.

6 *Ivi.*

7 Lettere all'editore, *The Saturday Review*, 24 luglio 1948; *The Saturday Review*, 25 settembre 1948.

8 *West Virginia: A Guide to the Mountain State*, 1941; Censimento degli Stati Uniti, 1950.

9 Intervista a David Mace.

10 *Ivi.*

11 Norm Goldstein, *The History of Television*, New York, Gramercy, 1991.

12 Intervista Mace.

13 *Ivi.*

14 *Ivi.*

15 Ricerca di John Leslie, National Oceanic and Atmospheric Administration.

[16] «Spencer School Pupils Wage War on Comic Books», *Charleston Daily Mail*, 27 ottobre 1948; «Comic Books Are Committed to Fire After Impressive Ceremony at Elementary School on Monday», *Roane County Reporter*, 28 ottobre 1948; «Grade School Students Burn Their Comic Books», *Times Record*, Spencer, 28 ottobre 1948.

[17] *Roane County Reporter*, 28 ottobre 1948.

[18] «600 Students Hold Burial Rites for 2000 Comic Books», *The Washington Post*, 27 ottobre 1948; «Children Cremate 2,000 Old Friends—Their Comic Books», *Chicago Daily Tribune*, 27 ottobre 1948.

[19] Intervista Mace.

[20] «Spencer Graded School Is Famous», *Times Record*, 4 novembre 1948; «Grade School War on Comic Books Has Attracted National Interest», *Roane County Reporter*, 4 novembre 1948.

[21] «Let's Burn a Book», *Charleston Daily Mail*, 1° novembre 1948.

[22] Richard J. Evans, *The Coming of the Third Reich: A History*, New York, Penguin Press, 2003.

[23] «Catholic School Pupils to Burn "Undesirable" Comics», *Wisconsin Rapids Daily Tribune*, 6 novembre 1945; «The End of Superman», *Wisconsin Rapids Daily Tribune*, 10 novembre 1945.

[24] Il reuccio, Wayne Provost, ne portò 109; la reginetta, Donna Jean Walloch, 100.

[25] «600 Pupils Prepare Petitions Asking Ban on "Indecent Comics"», *Chicago Daily Tribune*, 7 dicembre 1947.

[26] Per i loro ricordi su John Farrell, sull'Accademia St. Patrick e su Binghamton nei tardi anni Quaranta, ringrazio Joseph Canny, monsignor James D. Kane, Paul Plocinski e, in particolare, Vincent Hawley, che ha contribuito con importanti ricerche sulla storia di Binghamton. Cfr. inoltre il necrologio di John J. Farrell, Jr., *Binghamton Press*, 31 ottobre 2001.

[27] Intervista a Paul Plocinski.

[28] Intervista a Joseph Canny.

[29] Intervista a James D. Kane.

[30] Cfr. Marjory Barnum Hinman, *Court House Square: A Social History*, Binghamton, edito in proprio, 1984.

[31] Intervista Plocinski.

[32] Cfr. M.B. Hinman, *op. cit.*

[33] Intervista Kane.

[34] «Students Burn Comic Books in Boycott Drive», *New York Herald Tribune*, 11 dicembre 1948.

[35] Intervista Plocinski.

[36] «Burning Books Does Not Help, Pierson Says», *Binghamton Sun*, 12 dicembre 1948.

[37] *Ivi.*

[38] Intervista a Vincent Hawley.

[39] *Ivi.*

[40] Intervista Plocinski.

[41] Ricerca di John Leslie, National Oceanic and Atmospheric Administration.

[42] «Students Burn Comic Books in Boycott Drive», cit.

[43] Annuario della St. Patrick's Academy, 1949.

[44] Intervista Canny.

[45] «Comic Books Burned», *The Washington Post*, 10 dicembre 1948; «Catholic Students Burn Up Comic Books», *The New York Times*, 11 dicembre 1948.

[46] Intervista Canny.

[47] Ristampato dal *Catholic Sun*, dall'Annuario scolastico della St. Patrick's Academy, 1949.

[48] «Burning Books Does Not Help, Pierson Says», cit.

[49] «Catholic Students Burn Up Comic Books», cit.

[50] «Children of SS Peter-Paul School Burn Comic Books in Bonfire», *Citizen Advertiser*, 22 dicembre 1948.

[51] «The "Comic" Book Bonfire», *Citizen Advertiser*, 23 dicembre 1948.

[52] Intervista Plocinski.

[53] Kenneth A. Paulson, «Regulation Through Intimidation: Congressional Hearings and Political Pressure on America's Entertainment Media», *Vanderbilt Journal of Entertainment Law and Practice*, vol. 7, n. 1, inverno 2004, pp. 61-89.

[54] Phil Keenan della Hillman Periodicals (attiva negli anni 1938-1953), che pubblicava la rivista *Pageant* (1944-1977, ma dal 1961 con un altro editore, Bernarr Macfadden) e gli albi a fumetti *Real Clue Crime Stories* (1947-1951) e *Airboy* (1941-1953 nell'incarnazione Hillman); Lev Gleason di *Crime Does Not Pay*; Bill Gaines della Ec; Harold Moore di *Famous Funnies*; e Rae Herman della Orbit Periodicals.

[55] «Clean-Up Started by Comic Books As Editors Adopt Self-Policing Plan», *The New York Times*, 2 luglio 1948; «Code for the Comics», *Time*, 12 luglio 1948.

[56] «Fighting Gunfire with Fire», cit.

[57] *Ivi.*

[58] «Comics Debated As Good or Evil», cit.

[59] *Ivi.*

[60] «Fighting Gunfire with Fire», cit.

[61] *Ivi.*

[62] ▮ Breve riepilogo di dati sugli archi temporali in cui furono attive le case editrici qui menzionate. Fox Feature Syndicate, nota anche come Fox Comics e Fox Publications, casa editrice fondata da Victor A. Fox: dal 1939 alla metà degli anni Cinquanta. Harvey Comics, nota anche con svariati altri nomi tutti riportanti il nome Harvey, fondata da Albert Harvey (1913-1994), attiva dal 1941 al 1982, benché il marchio Harvey sia sopravvissuto sotto altre forme editoriali fino al 1994. National Allied Publications, fondata nel 1934 da Malcolm Wheeler-Nicholson (1890-1968), poi associatasi nel 1937 alla Detective Comics, Inc. di Harry Donenfeld (1893-1965) e Jacob S. Liebowitz (1900-2000) e rinominata National Comics, che poi avrebbe assorbito altri editori e testate minori, per assumere alla metà de-

gli anni Quaranta il nome National Periodical Publications; la casa editrice fu presto chiamata colloquialmente Dc a causa del monogramma riportato su tutte le copertine. La Timely Publications fu fondata nel 1939 da Martin Goodman (1908-1992) e assunse nel 1951 il nome Atlas Comics, fino al 1957, seguita negli anni Sessanta dagli appellativi Magazine Management Co., Inc. e Marvel Publishing, Inc. (meglio nota come Marvel Comics), che avrebbe inaugurato le pubblicazioni con quest'ultimo nome nel 1961. La Fawcett Comics, costola della Fawcett Publications, Inc. – fondata nel 1919 da Wilford Hamilton Fawcett (1885-1940) – fu attiva fra il 1939 e il 1953. La MLJ Comics, il cui nome è acronimo delle iniziali dei nomi dei tre fondatori, Maurice Coyne, Louis Silberkleit e John L. Goldwater, è attiva dal 1939; nel 1946 cambiò nome in Archie Comics in seguito alla popolarità del suo personaggio di punta. La Gilberton Comics fu attiva nell'arco degli anni Quaranta.

CAPITOLO 7
ALTI E BASSI

1 Per quest'informazione e per il materiale seguente su William M. Gaines e la Ec, sono grato ai veterani della Ec Jack Davis (n. 1924), Will Elder (n. Wolf Eisenberg, 1921-2008), Al Feldstein, Harry Harrison (n. 1925), Jack Kamen (1920-2008), Ivan Klapper, John Severin (n. 1921), Marie Severin (n. 1929), Shirley Norris Smith, Lyle Stuart, Angelo Torres e Al Williamson (n. 1931). ▮ William Maxwell «Bill» Gaines (1922-1992), già incontrato negli scorsi Capitoli.

2 W.M. Gaines, «Madman Gaines Pleads for Plots», cit.

3 L. Ratcliff, *op. cit.*

4 Questa versione del ruolo di Cohen nello sviluppo della Ec è basata principalmente su interviste con Al Feldstein, con aggiunte riprese dalle interviste a Ivan Klapper e Lyle Stuart.

5 La National/Dc con *Buzzy*, 1944; la Timely con *Patsy Walker*, 1945; la Fox con *Junior* e *Sunny, America's Sweetheart*, entrambi del 1947; case editrici di breve vita, come la Humor Publishing, con *Adventures of Homer Cobb* (1947) e *Hap Hazard* (1945).

6 «How Underwater Tunnels Are Constructed», *Science Comics*, maggio 1946.

7 Intervista ad Al Feldstein.

8 *Ivi.*

9 *Ivi.*

10 *Ivi.*

11 Lettera d'accordo tra William M. Gaines e Albert Feldstein, firmata il 13 febbraio 1948. Archivi personali di Al Feldstein.

12 Intervista Feldstein.

13 Cfr. Donald J. Narus, *Chrysler's Wonderful Woodie the Town and Country—1941-1950*, Osceola, Motorbook Intl, 1988.

14 Robert Gerson, redattore per *Television Digest* e per *This Week in Consumer Electronics*; inoltre, fornitore di brochure e fotografie pubblicate sul sito internet sulla storia della televisione *Tvhistory.tv.com.*

15 Intervista Feldstein.

16 Rapporto Ratcliff.

17 *Blackstone the Magician Detective Fights Crime!*, autunno 1947; *Happy Houlihans*, autunno 1947; *Saddle Justice*, primavera 1948; *Fat and Slat*, primavera 1948; *Gunfighter*, estate 1948; *International Comics*, novembre-dicembre 1947; *International Crime Patrol*, primavera 1948; *Crime Patrol*, estate 1948; *Animal Fables*, novembre-dicembre 1947; *Moon Girl and the Prince*, autunno 1947; *Moon Girl*, inverno 1947-1948; *Moon Girl Fights Crime*, maggio-giugno 1949; *A Moon... A Girl... A Romance*, settembre-ottobre 1949. ▮ Rispettivamente: 'L'investigatore mago Blackstone combatte il crimine!', 'La gioviale famiglia Houlihan', 'Giustizia in sella', 'Il grasso e lo smilzo', 'Pistolero', 'Fumetti internazionali', 'Pattuglia anticrimine internazionale', 'Pattuglia anticrimine', 'Favole con animali', 'La ragazza lunare e il principe', 'La ragazza lunare', 'La ragazza lunare contro il crimine', 'Una luna... una ragazza... una storia d'amore'.

18 Intervista Klapper.

19 Per informazioni sui primi albi horror della storia del fumetto statunitense, sono in debito nei confronti del lavoro enciclopedico svolto sull'argomento dallo storico del settore Lawrence Watt-Evans.

20 Intervista a Sheldon Moldoff.

21 *Ivi.*

22 «The Werewolf 's Curse», *Crime Patrol*, aprile–maggio 1949; «The Hanged Man's Revenge», *Crime Patrol*, luglio 1949.

23 Intervista Feldstein. ▮ Rispettivamente: 'Racconti del sovrannaturale' e 'Questa rivista è infestata dagli spiriti'.

24 Dwight Decker – Gary Groth, «An Interview with William M. Gaines», *The Comics Journal*, maggio 1983.

25 Intervista Feldstein.

26 «How the Comic Book Started», *Commonweal*, 20 maggio 1949.

27 Lettere, *Commonweal*, 3 giugno 1949.

28 «Parents Set Plan for Comics Curb», *The New York Times*, 30 novembre 1948.

29 «Municipal Control of Comic Books», *American City*, dicembre 1948. Questo articolo fu adattato da un opuscolo dello stesso autore: Charles S. Rhyme, *Comic Books: Municipal Control of Sale and Distribution—A Preliminary Study*, 1948.

30 *Ivi.*

31 «Comic Book Control Can Be a Success», *American City*, gennaio 1949.

32 «New Orleans to Supervise Comic Books», *Associated Press*, 2 febbraio 1949. Testo della relazione di New Orleans gentilmente fornito da John Petty.

33 *Ivi.*

34 «Delay Action on Crime Comics Ban», *Cleveland Plain Dealer*, 3 maggio 1949.

35 «Police Prepare Drive on Illegal "Comics"», *Cleveland Press*, 10 maggio 1949; «Votes Unanimous Ban on Crime Comic Sales», *Cleveland Plain Dealer*, 10 maggio 1949.

36 «Comic Book Sale Charge Will Take Druggist to Court», *Los Angeles Times*, 23 aprile 1949.

37 «Baltimore to Seek "Objectionable" Comic Book Ban», *The Washington Post*, 14 gennaio 1949; «Baltimore Set for War on Crime Comics», *The Washington Post*, 2 marzo 1949.

38 «Curb on Comics Good Start», *Cleveland Plain Dealer*, 7 aprile 1949.

39 «Seek Ban on Comic Books», *United Press*, 22 marzo 1949.

40 «Council Will Consider Crime Comic Book Ban», *Sacramento Bee*, 17 febbraio 1949; «City Adopts Law to Ban Crime Comic Books», *Sacramento Bee*, 19 febbraio 1949.

41 «Would Outlaw Sale of Crime Comics», *Associated Press*, 5 marzo 1949.

42 «Falls Church Puts Curb on Comic Books», *The Washington Post*, 15 marzo 1949.

43 «Comic Book Suppression Talk Is Slated in City on Monday», *Nashua Telegraph*, 11 marzo 1949; «Name Comic Book Committee», *Nashua Telegraph*, 4 aprile 1949.

44 «Comics – To Read or Not to Read?» *Wilson Library Journal*, maggio 1950.

45 «Crime Comic Book Ban Voted By City Council—$500 Fines, Term in Jail for Violators», *Sacramento Union*, 19 febbraio 1949.

46 Intervista a Ted White.

47 «700 Students See Hopes for Comic Books», *The New York Times*, 5 gennaio 1949.

48 Intervista a Merton Stanley Rothman.

49 «Juniors Sound Off on Comic Books: But Ban Them? Comes a Silence!», *New York World-Telegram and Sun*, 5 gennaio 1949.

50 Intervista Rothman.

51 Lettere, *Herald-American*, 23 febbraio 1949.

52 «Comic Criminals to Burn», *The New York Times*, 7 gennaio 1949.

53 «Book Burning Scouts», *Ironwood Daily Globe*, 14 gennaio 1949; «Burning of Comic Books Avoided», *The New York Times*, 16 gennaio 1949.

54 «Pupils Burn Comic Books to Open Girardeau Drive», *Southeast Missourian*, 25 febbraio 1949; «Comic Books Burned», *Maryville Daily Forum*, 25 febbraio 1949.

55 «Pupils Burn Comic Books to Open Girardeau Drive», *Southeast Missourian*, 25 febbraio 1949.

56 Intervista a Bonnie Wulfers Miller.

57 «Pupils Burn Comic Books to Open Girardeau Drive», cit.

58 Intervista a Donald Heisserer.

59 *Ivi*. Il 19 marzo 1954 un evento simile ebbe luogo alla scuola parrocchiale St. Anthony di Chicago. Gli studenti bruciarono circa 1238 albi a fumetti «sul crimine» seguendo le direttive della St. Anthony Junior Holy Name Society. «St. Anthony Pupils Burn Comic Books As Campaign Ends», *South End Reporter*, 23 marzo 1949.

60 Articolo senza titolo, *The Nation*, 19 marzo 1949.

61 Aa.Vv., *The National Cyclopedia of American Biography*, vol. 47, 1965.

[62] New York State Bill 551, Atto di Emendamento alla Legge sull'Educazione. Cit. anche in «State Bill to Curb Comic Books Filed», *The New York Times*, 14 gennaio 1949.

[63] «State Senate Acts to Control Comics, *The New York Times*, 24 febbraio 1949.

[64] «Comic Book Censorship», *The New York Times*, 25 febbraio 1949.

[65] Articolo senza titolo, *The Nation*, 19 marzo 1949, cit.

[66] «Comic Books Curb Vetoed by Dewey», *The New York Times*, 20 aprile 1949.

[67] «Canada's Comics Ban», *Time*, 14 novembre 1949.

[68] «Bill to Ban Comic Books Wins in Canadian Senate», *The New York Times*, 8 dicembre 1949; «The Press», *Time*, 19 dicembre 1949.

[69] Citato nel *Report of the Subcommittee on Jd*.

CAPITOLO 8
«AMORE... AMORE... *AMORE!?*»

[1] *Crime Does Not Pay*, numeri vari a partire dal 1948.

[2] *Crime Does Not Pay*, numeri vari a partire dal 1949.

[3] Intervista Morisi.

[4] «Skipper Hoy and That Wreck, the Hesperus», *Feature Presentations Magazine*, giugno 1950. ▮ Henry Wadsworth Longfellow (1807-1882) fu uno dei maggiori letterati statunitensi del XIX secolo.

[5] Intervista Morisi.

[6] *Ivi*.

[7] Ricerca svolta da J.J. Miller e R. Maheras, cit.

[8] ▮ Le collane citate in queso capoverso sono, rispettivamente: 'Giovani amori', 'Piccioncini', 'La mia storia romantica', 'La mia vita', 'La mia storia', 'La mia storia d'amore', 'La mia vita amorosa', 'La mia avventura amorosa', 'Il mio amore segreto', 'La mia avventura segreta', 'La mia vita segreta', 'La mia vita privata', 'La mia vita'.

[9] «The Love Story to End All Love Stories», *Modern Love*, agosto-settembre 1950.

[10] ▮ Rispettivamente: 'Il crimine forse paga', 'Il crimine potrebbe pagare', 'Il crimine ha l'obbligo di pagare', 'Il crimine prima pagava', 'Il crimine paga così'. I titoli seguenti sono uguali, ma con «amore» invece di «crimine».

[11] ▮ *Fox* significa 'volpe' e *wolf* 'lupo'. I titoli: 'Crimini commessi da criminali', 'Crimini commessi da cani' e 'Crimini commessi da gatti'.

[12] Ricerca svolta da J.J. Miller e R. Maheras, cit. ▮ Rispettivamente: 'Amori western', 'Avventure romantiche', 'Storie romantiche fra i banchi di scuola'.

[13] Per informazioni sulla semisconosciuta storia delle donne dei fumetti, sono in debito nei confronti di Trina Robbins, Michelle Nolan e Catherine Yronwode per il loro indispensabile lavoro.

[14] Intervista Winkleman.

15 Intervista a Joe Simon.

16 *Ivi.*

17 «Dr. Kinsey Is Dead; Sex Researcher #62», *The New York Times*, 26 agosto 1956.

18 Jennifer McKnight-Trontz, *The Look of Love: The Art of the Romance Novel*, New York, Princeton Architectural Press, 2002.

19 ▮ Rispettivamente 'Il tricheco. Gli strani amori di un uomo di mare' e 'Luna di miele in montagna: Deborah perde la sua innocenza'.

20 Intervista a Kimball Aamodt.

21 *Ivi.*

22 Dana Dutch e i suoi lavori sono rimasti quasi sconosciuti fino alla pubblicazione dell'ottima ricerca di John Benson, *Romance without Tears*, Seattle, Fantagraphics, 2004.

23 «I Joined a Teen-Age Sex Club», *First Love Illustrated*, luglio 1951.

24 «My Mother Was My Rival», *My Love Secret*, agosto 1949.

25 «Thrill Seekers' Weekend», *Teen-Age Romances*, maggio 1954.

26 «I Set a Trap for a Wolf», *Blue Ribbon Comics*, giugno 1949.

27 Intervista a Walter Geier.

28 «Just Good Friends», soggetto originale gentilmente inviato da Walter Geier.

29 Intervista Geier.

30 Intervista a Everett Raymond Kinstler.

31 I fratelli maggiori di Drake, Milton e Irvin, erano entrambi cantautori di successo, mentre la sorella Beatrice era una poetessa che scrisse il testo per il successo di Milton *Mairzy Doats*.

32 Intervista ad Arnold Drake.

33 Intervista a Leslie Waller.

34 Intervista Drake.

35 ▮ Il termine (lett. 'romanzo grafico', ma il senso preciso è «romanzo a fumetti») fu reso famoso da Will Eisner, che così definì il suo libro di racconti editi subito in volume *A Contract with God, and Other Tenement Stories*, New York, Baronet Books, 1978 (I trad. it. sulla rivista *Eureka* nel 1980, poi in volume come *Bronx 1930*, Firenze, L'Oasi Editoriale, 1985, ma disponibile con una nuova traduzione come *Contratto con Dio e altre storie*, Bologna, PuntoZero, 2001).

36 Arnold Drake – Leslie Waller – Matt Baker – Ray Osrin, *It Rhymes with Lust*, New York, St. John's Publications, rist. Milwaukie, Dark Horse, 2007.

37 Interviste Drake e Waller, oltre che con i colleghi di Baker: Lee Ames, Nick Cardy, John Celardo, Jack Kamen e Bob Lubbers.

38 Intervista Lubbers.

39 Intervista Celardo.

40 Intervista Ames.

41 *Ivi.*

42 Intervista Kamen.

43 Intervista Drake.

44 *Ivi.*

45 *Ivi.*

46 Cfr. Geoffrey O'Brien, *Hardboiled America: Lurid Paperbacks and the Masters of Noir*, Cambridge (MA), Da Capo Press, 1997.

47 Intervista Drake.

48 «Comfort for Comics», *Newsweek*, 9 gennaio 1950.

49 «Anti-Comics Drive Reported Waning», *The New York Times*, 21 gennaio 1950.

50 *Ivi.*

51 *Ivi.*

52 «Psychiatrist Charges Stalling Tactics on Legislation to Control Comic Books», *The New York Times*, 24 gennaio 1950.

53 *Ivi.*

54 Josette Frank, «Some Questions and Answers for Teachers and Parents», e Henry E. Schultz, «Censorship or Self Regulation?», *Journal of Educational Sociology*, vol. 23, n. 4 dicembre 1949, rispettivamente alle pp. 215-24 e 209-14.

55 «Blame Parents on Delinquency, Not Movies, Tv», *Chicago Daily Tribune*, 19 maggio 1949.

56 *Ivi.*

57 Cfr. N. Goldstein, *op. cit.*

58 Charles L. Fontenay, *Estes Kefauver: A Biography*, Knoxville, University of Tennesse Press, 1980; Joseph Bruce Gorman, *Kefauver: A Political Biography*, New York, Oxford University Press, 1971; Harvey Swados, *Standing Up for the People: The Life and Work of Estes Kefauver*, New York, Dutton, 1972; «Tennessee, Tv, and Kefauver Too», *Life*, 24 marzo 1952; «Professional Common Man», *Time*, 17 settembre 1956; «Estes Kefauver Is Dead at 60 After Heart Attack», *The New York Times*, 11 agosto 1963.

59 C.L. Fontenay, *op. cit.*

60 «Tennessee, Tv, and Kefauver Too», cit.

61 C.L. Fontenay, *op. cit.*

62 Memoranda sui Rapporti della Commissione Speciale per indagare il crimine nel commercio tra gli stati, Senato degli Stati Uniti, archivi nazionali.

63 F. Wertham, *Seduction of the Innocent*, cit. Wertham scrisse: «Ero in vacanza quando ricevetti un telegramma nel quale si diceva che la commissione stava pensando a una pubblicazione sulla delinquenza giovanile e desiderava un contributo scritto da parte mia da includere nella relazione. Ovviamente rifiutai, rispondendo che un'indagine così affrettata senza le dovute ricerche sicuramente non avrebbe destato l'interesse del pubblico».

64 ▮ Si ribadisce ad ogni modo che Milton Caniff fu un celebre autore di strisce a fumetti per i quotidiani e non di storie per i comic-book. Le strisce a fumetti rimangono fuori dalle polemiche e dalle azioni legislative raccontate in questo libro, poiché tali iniziative si concentrarono per l'appunto sugli albi e non sulle strisce pubblicate sui quotidiani. Le ragioni di questo diverso trattamento furono complesse e diversificate, ma probabilmente le tre principali furono: (1) che le agenzie che possedevano e distribuivano le strisce, che spesso erano di

proprietà delle grandi cordate di quotidiani, risultavano in buona misura trascurabili proprio perché di proprietà dei grandi gruppi editoriali; (2) che le strisce sui quotidiani erano per lo più o tema umoristico e stile «addomesticato», indirizzandosi alle famiglie, e quelle a tema fantastico e avventuroso non contenevano messaggi percepiti come moralmente ambigui; e (3) quelle eventualmente più «controverse» perché di genere poliziesco o bellico non risultavano perturbanti poiché provenivano da autori che avevano ideato tali serie in epoche ormai non sospette e il cui lavoro veniva anzi considerato encomiabile a livello sociale per la funzione di ricostruzione morale in periodi bui come gli anni Trenta, vessati dalla criminalità organizzata (di qui il valore consolatorio di una striscia come *Dick Tracy*, 1931, di Chester Gould), e come il conflitto mondiale (di qui la popolarità di *Terry e i Pirati*, 1934, appunto di Milton Caniff, e poi dello stesso autore, fra le altre strisce, *Steve Canyon*, 1947, che per protagonista aveva un reduce di guerra pluridecorato e i cui ambienti scenografici e atteggiamenti narrativi erano affascinanti ma privi di reali ambiguità).

65 Rapporto ad Interim della Commissione Speciale per indagare il crimine nel commercio tra gli stati, Senato degli Stati Uniti.

66 *Ivi.*

67 *Ivi.*

68 *Ivi.*

69 *Ivi.*

70 «Many Doubt Comics Spur Crime», *The New York Times*, 12 novembre 1950; «U.S. Survey Clears Comic Books of Breeding Teen-Age Criminals», *New York Sunday News*, 12 novembre 1950.

71 Rapporto ad Interim della Commissione Speciale per indagare il crimine nel commercio tra gli stati, Senato degli Stati Uniti. Cfr. inoltre «Comics Held No Factor in Delinquency», *The Washington Post*, 12 novembre 1950 e «Comics Not Held Delinquency Cause», *Los Angeles Times*, 12 novembre 1950.

72 Intervista a Stan Lee (n. 1922).

CAPITOLO 9
UNA NUOVA TENDENZA

1 Intervista a Shirley Norris Smith.

2 «Three Clues to TERROR», *Crime Patrol*, ottobre-novembre 1949.

3 *Crime Patrol*, dicembre 1949 – gennaio 1950.

4 «The Corpse in the Crematorium», «Trapped in the Tomb», «The Graveyard Feet» e «The Spectre in the Castle», *Crime Patrol*, febbraio-marzo 1950.

5 Fecero lo stesso con l'altro albo di storie sul crimine, *War Against Crime* ('Guerra contro il crimine'), che nello stesso periodo si trasformò gradualmente in *The Vault of Horror*. *War Against Crime*, febbraio-marzo 1950; *The Vault of Horror*, aprile-maggio 1950.

[6] Intervista Feldstein.

[7] Relazione della Sottocommissione sulla delinquenza giovanile.

[8] «Frankenstein Smashes the Nazis», *Prize Comics*, luglio 1944.

[9] *Spook Comics* ('Fumetti di paura'), non datato, 1946; *Eerie Comics* ('Fumetti sinistri'), non datato, 1947.

[10] *Sub-Mariner Comics*, ultimo numero, giugno 1949; *Amazing Mysteries* ('Misteri stupefacenti'), primo numero, maggio 1949.

[11] Ricerca svolta da Thomas G. Lammers.

[12] *Bulletin of Atomic Sciences*, maggio-giugno 1998.

[13] Intervista a Bhob Stewart.

[14] «The Wall», *The Haunt of Fear*, maggio-giugno 1950.

[15] F. Jacobs, *op. cit.*

[16] Intervista Kamen.

[17] *Ivi.*

[18] ▮ Buster è sia un nome proprio sia un termine gergale che significa, appunto, 'spintonare'.

[19] *Ivi.*

[20] «Revulsion!», *Weird Fantasy*, settembre-ottobre 1950.

[21] *The Haunt of Fear*, giugno 1953.

[22] «Portrait in Wax!», *The Vault of Horror*, aprile-maggio 1950.

[23] «Horror of the School Room», *The Haunt of Fear*, maggio-giugno 1951.

[24] «The Basket!», *The Haunt of Fear*, maggio-giugno 1951.

[25] «Child of Tomorrow», *Weird Fantasy*, gennaio-febbraio 1951.

[26] William M. Gaines, «Madman Gaines Pleads for Plots», *Writer's Digest*, febbraio 1954.

[27] Rich Hauser, «Interview with William M. Gaines», *Spa Fon*, n. 5, 1969.

[28] D. Decker – G. Groth, *op. cit.*

[29] R. Hauser, *op. cit.*

[30] F. Jacobs, *op. cit.*

[31] Intervista Feldstein.

[32] M. Reidelbach, *op. cit.*

[33] Wiliam M. Gaines, «Madman Gaines Pleads for Plots», *Writer's Digest*, febbraio 1954.

[34] Intervista Feldstein.

[35] «The Trophy!» *Tales from the Crypt*, agosto-settembre 1951.

[36] «Half Baked!», *Tales from the Crypt*, febbraio-marzo 1954.

[37] M. Benton, *op. cit.*

[38] «Newcon Panel 1978: Wood, Krigstein, Kurtzman», trascritta da Greg Sadowski, a cura di John Benson, *Squa Tront – The Ec Comics Magazine*, n. 10, 2002.

[39] *Ivi.*

[40] «Newcon Panel 1978: Wood, Krigstein, Kurtzman», cit.

[41] Lettera a Mike Benson, 1° giugno 1975, cit. *ivi.*

42 «Conning the Confidence Man», *Justice Traps the Guilty* ('La giustizia mette in trappola i colpevoli'), giugno 1949; «The Huckster's Castle», *Crime Detective*, maggio 1951.

43 «More Blessed to Give...», *Crime SuspenStories*, settembre 1954.

44 «The Catacombs», *The Vault of Horror*, settembre 1954.

45 «Monotony», *Crime SuspenStories*, maggio 1954.

46 Intervista Feldstein.

47 Intervista ad Al Williamson.

48 D. Decker – G. Groth, *op. cit.*

49 Intervista a Jack Davis.

50 *Ivi.*

51 Intervista ad Adele Kurtzman.

52 Intervista a Marie Severin.

53 *Ivi.*

54 M. Benton, *op. cit.*

55 Ricerca svolta da J.J. Miller e R. Maheras, cit.

56 Rispettivamente 'La camera dei brividi', 'Storie di streghe', 'La tomba del terrore', 'Fuori nella notte', 'Patemi inquietanti', 'Incubo'.

57 *Ivi.*

58 Intervista Lee.

59 *Ivi.*

60 R. Goulart (a c. di), *op. cit.*

61 Intervista Lee.

62 Intervista a Stanley P. Morse.

63 *Weird Mysteries*, giugno 1953.

64 «Hate», *Weird Chills* ('Brividi inquietanti'), settembre 1954; «Violence», *ivi.*

65 Intervista Morse.

66 «Walden, N.Y., Dealers Ban Comics on Crime», *The New York Times*, 15 febbraio 1952.

67 *Report of the New York State Joint Legislative Committee to Study the Publication of Comics*, marzo 1954.

68 «6 State Bills Seek Comic Book Curbs», *The New York Times*, 20 febbraio 1952; «Major Bills Lag in Albany; Jam Seen in Wind-Up Drive», *The New York Times*, 25 febbraio 1952; «Comic Book Curbs Voted in Assembly», *The New York Times*, 13 marzo 1952.

69 «Governor's Veto Message», *New York State Legislative Annual*, 1952. Anche in «"Comic" Book Curb Vetoed by Dewey», *The New York Times*, 15 aprile 1952.

70 *Report of the New York State Joint Legislative Committee to Study the Publication of Comics*, marzo 1954.

71 «Prince Georges Opens War on Crime Comics», *The Washington Post*, 4 July 1952; «3 Arrested in Drive on Crime Comics», *The Washington Post*, 8 luglio 1952.

72 Intervista a Warren Tremaine.

CAPITOLO 10
UMORISMO ALLA GIUGULARE

1 Intervista Thall.

2 Intervista a Stanley Kauffmann.

3 Andrew Wilson, *Beautiful Shadow: A Life of Patricia Highsmith*, London, Bloomsbury, 2004. ▮ Il nome Billy Batson si riferisce all'alter ego del personaggio Capitan Marvel.

4 Interviste Kurtzman, Elder, Jaffee; cfr. inoltre Harvey Kurtzman, *My Life as a Cartoonist*, New York, Aladdin, 1988.

5 *Ivi.*

6 «Newcon Panel 1978», cit.

7 *Ivi.*

8 «War Story!», *Two-Fisted Tales*, gennaio-febbraio 1951.

9 «The "Mad" Generation», *The New York Times Magazine*, 31 luglio 1977.

10 M. Reidelbach, *op. cit.*

11 H. Kurtzman, *op. cit.*

12 Intervista a Jack Davis.

13 «Combat Medic», *Frontline Combat*, gennaio-febbraio 1952.

14 Intervista del 1973 a John Benson, cit. in Grant Geissman, *Foul Play! The Art and Artists of the Notorious 1950s E.C. Comics!*, New York, Collins Design, 2005.

15 D. Decker – G. Groth, *op. cit.*

16 H. Kurtzman, *op. cit.*; «The "Mad" Generation», cit.

17 H. Kurtzman, *op. cit.*

18 Intervista Eisner.

19 H. Kurtzman, *op. cit.*

20 *Mad*, ottobre-novembre 1952.

21 Intervista Morse.

22 F. Wertham, *Seduction of the Innocent*, cit.

23 *Ivi.*

24 «House Inquiry Set on Obscene Books», *The New York Times*, 30 novembre 1952.

25 «Youth Delinquency Growing Rapidly Over the Country», *The New York Times*, 20 aprile 1952.

26 «'51 Delinquency Cases Up», *The New York Times*, 2 maggio 1952.

27 «Youth Delinquency Growing Rapidly Over the Country», *The New York Times*, 20 aprile 1952.

28 «Crime of Boy Linked to Lurid Magazines», *The New York Times*, 9 dicembre 1952.

29 Intervista ad Al Williamson.

30 Cfr. Barry Gray, *My Night People: 10,001 Nights in Broadcasting*, New York, Simon and Schuster, 1975.

31 Registrazione, *The Barry Gray Show*, 8 novembre 1952. Su gentile concessione di Marvin Levy.

32 Registrazione, *The Barry Gray Show*, 12 dicembre 1952. Su gentile concessione di Marvin Levy.

33 Intervista a Marvin Levy.

34 Intervista a Howard Post.

35 *Ivi.*

36 «Obscene and Other Objectionable Comics Are Targets for a Series of Albany Bills», *The New York Times*, 18 febbraio 1953.

37 «Obscene Books Ban Pushed at Albany», *The New York Times*, 4 marzo 1953.

38 «Governor Clears Desk of All Bills», *The New York Times*, 21 aprile 1953.

39 «Here's Listing of '53 Bills Dewey Signed», *Syracuse Herald-Journal*, 21 marzo 1953.

40 New York State Assembly Bills n. 2839, n. 2174, n. 2753. Cfr. inoltre «Dewey Signs Bills on Obscene Books», *The New York Times*, 16 aprile 1954.

41 E.L. Feder, *op. cit.*; «Investigation Group of Legislature May Check Laws, Comics", *Clearfield Progress* (Pennsylvania), 20 maggio 1953.

42 «State Comic Book Sales Need Check», *Indiana Evening Gazette* (Pennsylvania), 21 aprile 1953.

43 *Ivi.*

CAPITOLO 11
PANICO

1 Intervista Post.

2 Intervista Williamson.

3 «A New Beginning», *Weird Science*, novembre-dicembre 1953.

4 *Il selvaggio* (*The Wild One*), di Lázsló Benedek, 79', Usa 1953. ▮ Il «tram» dell'annuncio allude al ruolo di Brando nel suo primo film di successo, *Un tram che si chiama desiderio* (*A Streetcar Named Desire*), di Elia Kazan, 126', Usa 1951.

5 *It Happened One Night*, di Frank Capra, 105', Usa 1934.

6 «Youth Delinquency Down», *The New York Times*, 16 aprile 1953.

7 Risoluzione del Senato n. 89, udienza del Congresso n. 83, I e II sessione.

8 Robert C. Hendrickson Archive, Bird Library, Syracuse University. Inoltre, citato parzialmente in «Fifth Horseman», *The Washington Post*, 12 aprile 1953.

9 Memoranda, Robert C. Hendrickson Archive, Bird Library, Syracuse University.

10 Rebecca Lemov, *World as Laboratory: Experiments with Mice, Mazes, and Men*, New York, Hill and Wang, 2005.

11 Intervista Winkleman.

12 «What Parents Don't Know About Comic Books», *Ladies' Home Journal*, novembre 1953.

13 L. Ratcliff, *op. cit.*

[14] *Ivi.*

[15] *Ivi.*

[16] Bill Gaines, «Madman Gaines Pleads for Plots», *Writer's Digest*, febbraio 1954.

[17] H. Kurtzman, *My Life as a Cartoonist*, cit.

[18] «The Ec "Publisher of the Issue" William M. Gaines Alias Melvin», *Mad*, giugno-luglio 1953.

[19] Wolf William Eisenberg (n. 1921) iniziò la sua carriera con il nome di Will Elder; in seguito si firmò di tanto in tanto con il suo vero nome, Bill, prima di decidersi una volta per tutte a usare Will.

[20] Interviste a Elder, Jaffee, John Severin, Marie Severin, David Gantz.

[21] Intervista Elder.

[22] Will Elder, *Will Elder: The Mad Playboy of Art*, Seattle, Fantagraphics, 2003.

[23] H. Kurtzman, *op. cit.*

[24] Intervista Elder.

[25] ▮ Rispettivamente 'Manicomio', 'Casa di matti', 'Pazzo', 'Eh!', 'Svitato', 'Insano' e 'Fuori di testa'.

[26] Intervista Feldstein.

[27] *Ivi.*

[28] *Panic*, marzo 1954.

[29] «An Interview with Harvey Kurtzman», *The Comics Journal*, ottobre 1981. Grazie a Steve Stiles.

[30] Intervista Elder.

[31] «Santa Claus Comic Draws Holyoke Ban», *Springfield Daily News* (Massachusetts), 20 dicembre 1953; «Lampooning of Poem Brings State Protest», *The Washington Post*, 22 dicembre 1953.

[32] «State Bans "Night Before"; Publisher Yanks Bible Tales», *Boston Daily Globe*, 22 dicembre 1953.

[33] Intervista Feldstein.

[34] «Comic Book Ban Sought: Attorney Says Massachusetts Action Is "Gross Insult"», *The New York Times*, 28 dicembre 1953.

[35] Intervista Stuart. Molti resoconti di questa visita della polizia agli uffici della Ec fanno riferimento a un articolo sulla polemica scatenata da *Panic* pubblicato sul *New York World-Telegram and Sun*. Nessun articolo a riguardo fu pubblicato su quel quotidiano negli anni 1953 o 1954.

[36] Intervista Stuart e a Shirley Norris Smith.

[37] Intervista Stuart.

[38] Intervista Norris Smith.

[39] Intervista Stuart.

[40] Intervista Norris Smith.

[41] *Ivi.*

42 La legge 1141 dello stato di New York persegue «una persona che venda, presti, dia, distribuisca, mostri, o che si offra di vendere, prestare, dare, distribuire o mostrare, o che sia in possesso, con l'intento di vendere, prestare, distribuire, dare o mostrare, o che pubblicizzi in qualsiasi maniera, o che dia in regalo, vendita o distribuisca in altro modo qualsiasi libro, rivista, volantino, quotidiano, giornale, scritto, fotografia, disegno, immagine osceni, scabrosi, lascivi, indecenti, ripugnanti o disgustosi, o qualsiasi altro prodotto scritto o stampato di natura indecente».

43 Gli atti di questo processo sono sopravvissuti; la versione riportata in questo libro è basata sui ricordi di due partecipanti, Stuart e Norris Smith.

44 Intervista Norris Smith.

45 Intervista Feldstein.

46 Intervista Stuart.

47 *Ivi.*

48 «Depravity for Children – 10 Cents a Copy!», *Hartford Courant*, 14 febbraio 1954.

49 «Design for Murder», *Hartford Courant*, 14 dicembre 1954.

50 «I Killed Mary», *Weird Mysteries*, gennaio 1954.

51 «Depravity for Children—10 Cents a Copy!», cit.

52 *Ivi.*

53 «Public Taste, Profit Used to Justify "Horror" Comics», *Hartford Courant*, 15 febbraio 1954.

54 *Ivi.*

55 *Ivi.*

56 *Ivi.*

57 Intervista Morse.

58 «Public Taste, Profit Used to Justify "Horror" Comics», cit.

59 *Ivi.*

60 *Ivi.*

61 «State and City Officials Warn Comics Publishers to 'Clean Up'», *Hartford Courant*, 17 febbraio 1954; «Board of Education, Others Join Fight on Comic Books», *Hartford Courant*, 19 febbraio 1954.

62 *Ivi.*

63 Intervista a Irving M. Kravsow.

64 *Ivi.*

CAPITOLO 12
IL TRIONFO DEL DOTTOR PAYN

1 Intervista Eisner.

2 *Ivi.*

3 *Ivi.*

4 Will Eisner, Jules Feiffer e Wallace Wood, «The Outer Space Spirit» (1952).

5 Intervista Eisner.

6 *Ivi.* Eisner, nel descrivere oltre quarant'anni dopo questa trasmissione, ricordava il giorno della settimana, sabato, ma non la data. È noto che in quel periodo, quando il libro *Seduction of the Innocent* fu pubblicato, Wertham fu ospite di numerosi programmi con sede a New York. Uno di loro era *Comic Books and Their Effect* ('Gli albi a fumetti e i loro effetti'), il secondo di due programmi sulla delinquenza giovanile facenti parte della serie *Eye of New York* ('L'occhio di New York'), Channel 2, CBS, dalle 3 alle 3,30 del pomeriggio, 22 maggio 1954.

7 Pubblicità, *Union Bulletin*, Walla Walla (Washington), 21, 22 e 27 ottobre 1953.

8 «It's Time Parents Awakened to Danger in Comic Books», *Los Angeles Times*, 1 novembre 1953.

9 ▮ George Alexander Legman, *Oragenitalism: An Encyclopaedic Outline of Oral Technique in Genital Excitation*, New York, Roger-Maxe de la Glannege, 1940.

10 Gershon Legman, *Love and Death*, New York, stampato in proprio, 1948. ▮ Riedito come Id., *Love and Death: A Study in Censorship*, New York, Hacker Art Books, 1985.

11 Gilbert Seldes, *The Great Audience*, New York, Viking Press, 1950.

12 Albert E. Kahn, *The Game of Death: Effects of the Cold War on Our Children*, s.c., Cameron & Kahn, 1953.

13 Intervista a Gordon Parks.

14 S. North, «A National Disgrace...», cit.

15 ▮ David Goodis, *Street of the Lost*, New York, Gold Medal Book, 1952; Kenneth Fearing, *Dagger of the Mind*, New York, Ballantine Books, 1941 (trad. it. *La spada del destino*, Milano, Garzanti, 1953).

16 «What Parents Don't Know About Comic Books», cit.

17 *Ladies' Home Journal*, novembre 1953.

18 Nota dell'editore in F. Wertham, *Seduction of the Innocent*, cit.

19 F. Wertham, *op. cit.*

20 *Ivi.*

21 *Ivi.*

22 ▮ Louis Proal, *Passion and Criminality: A Legal and Literary Study* (*pr. ed.* 1905), a cura di Alfred Richard Allinson, Whitefish (MT), Kessinger, 2008.

23 Intervista Robinson.

24 F. Wertham, *op. cit.*

25 *Ivi.* ▮ La bibliografia sulle letture di Superman in questa chiave e in generale sul presunto legame di certa filosofia nicciana con i fumetti supereroici è molto vasta e rivelatoria della frequente fallacia di tale correlazione e, nei casi di maggiore vicinanza fra Nietzsche e gli eroi in costume, della lettura ingenua o errata dello *Übermensch* sia rispetto al nazismo sia rispetto ai temi e valori del supereroismo a fumetti. Si vedano Umberto Eco,

Il Superuomo di massa. Retorica e ideologia nel romanzo popolare, Milano, Bompiani 1978 (ed. orig. parziale 1976; ried. riv. e agg. 1998); Peter Coogan, *The Secret Origin of the Superhero: The Emergence of the Superhero Genre in America from Daniel Boone to Batman*, East Lansing (MI), Michigan State University, 2002; Robert Jewett – John Shelton Lawrence, *The Myth of the American Superhero*, Grand Rapids (MI), Eerdmans, 2002; Marco Pellitteri, «Da Papà Warbucks ai Watchmen: annotazioni sull'ideologia nel fumetto popolare», *Archivio Trentino*, a. VIII, n. 2, 2007, Trento, Museo Storico in Trento, pp. 79-123.

26 *Ivi*.

27 Richard Wright, *Native Son*, New York, Harper, 1940 (trad. it. *Paura*, Milano, Bompiani, 1959).

28 «An Author's Mind Plumbed for the Unconscious Factor in the Creation of a Novel», *The New York Times*, 24 settembre 1944.

29 F. Wertham, *Seduction of the Innocent*, cit.

30 Per approfondimenti sul ruolo che la psicologia, le etnie e le condizioni di status sociale degli autori statunitensi ebbero sull'industria dei comic-book si vedano Bradford W. Wright, *Comic Book Nation: The Transformation of Youth Culture in America*, Baltimore, The Johns Hopkins University Press, 2003; Gerard Jones, *Men of Tomorrow: Geeks, Gangsters, and the Birth of the Comic Book*, New York, Basic Books, 2005; Simcha Weinstein, *Up, Up, and Oy Vey!: How Jewish History, Culture, and Values Shaped the Comic Book Superhero*, Pikesville, Leviathan Press, 2006; Danny Fingeroth, *Disguised as Clark Kent: Jews, Comics, and the Creation of the Superhero*, London – New York, Continuum, 2008. Per un'interessante lettura alternativa del rapporto fra il fumetto supereroico e i suoi autori cfr. Helena Velena, «La maschera che vela: l'altra storia dei supereroi», in Susanna Scrivo, *Nuvole e Arcobaleni: il fumetto* GLBT, Latina, Tunué, 2009, pp. 59-111.

31 Intervista Feldstein.

32 La storia a cui si fa riferimento è «The Body Maker», apparsa su *Black Cat Mystery* n. 39, 1952, edito dalla Harvey; il protagonista della storiella è appunto il «Dr. Payn». Il presente Capitolo è stato intitolato da David Hajdu «Il trionfo del Dottor Payn» come sarcastica citazione dell'ultimo capitolo del libro di Wertham, che si intitolava appunto «The Triumph of Dr. Payn» e che dedicava ampio spazio a questa storia e ai suoi presunti significati diseducativi. Il nome «Payn» gioca sul significato di un termine omofono, *pain*, che in inglese vuol dire 'dolore'.

33 F. Wertham, *op. cit.*

34 *Crime SuspenStories*, dicembre 1953 – gennaio 1954.

35 In *Seduction of the Innocent* la firma di Craig era stata cancellata dal disegno, forse su suggerimento dell'editore del libro, Rinehart & Co., visto che Wertham non aveva acquistato i diritti per riprodurre alcun'illustrazione.

36 «Tabu», *Jungle Comics*, febbraio 1948. Disegni di Maurice Whitman.

37 *Phantom Lady*, aprile 1948.

38 *Crime Detective Comics*, luglio-agosto 1949.

39 «Foul Play!», *The Haunt of Fear*, giugno 1953.

40 Intervista Davis.

41 R. Hauser, *op. cit.*

42 F. Wertham, *op. cit.*

43 Intervista Fujitani.

44 *Ivi.*

45 Intervista Di Preta.

46 Reuel Denney, «The Dark Fantastic», *The New Republic*, 3 maggio 1954.

47 Pubblicità per *Seduction of the Innocent*, *The New York Times*, 26 aprile 1954.

48 Sterling North, «Sterling North Reviews the Books», *New York World-Telegram and Sun*, 13 aprile 1954.

49 Charles Wright Mills, «Nothing to Laugh At», *The New York Times Book Review*, 25 aprile 1954.

50 Wolcott Gibbs, «Keep Those Paws to Yourself, Space-Rat», *The New Yorker*, 8 maggio 1954.

CAPITOLO 13
DI COS'È CHE ABBIAMO PAURA?

1 Il resoconto delle udienze della Commissione speciale del Senato per indagare sul crimine nel commercio tra gli stati (presieduta da Estes Kefauver) proviene da numerose fonti, tra cui quelle riportate qui di seguito. Libri: Estes Kefauver (con Sidney Shalett), *Crime in America*, Garden City (NY), Double Day – Doran, 1951; C.L. Fontenay, *op. cit.*; J.B. Gorman, *op. cit.*; William Howard Moore, *The Kefauver Committee and the Politics of Crime, 1950–1952*, Columbia, University of Missouri Press, 1974; John Robert Greene, *The Failure of Ambition: Estes Kefauver and the Senate Crime Committee 1950–1952*, s.c. e s.e., 1978. Articoli: «Crackdowns or Headlines?» *The Washington Post*, 21 febbraio 1951; «Senator Kefauver Wows 'Em on Tv», *The Washington Post*, 5 marzo 1951; «It Pays to Organize», *Time*, 12 marzo 1951; «Costello's Power in Politics, Crime Shown at Hearing», *The New York Times*, 13 marzo 1951; «Can They Force You to Appear on Tv», *The Washington Post*, 14 marzo 1951; «Costello Again Defies Crime Probe by Silence», *The Washington Post*, 17 marzo 1951; «Tv Crime Session Almost Disrupts Red Cross Work», *The Washington Post*, 17 marzo 1951; «Study of Tv's Role in Congress Urged: Wiley Says "Baby" May Turn into "Monster" – Kefauver Backs Longer Inquiry», *The New York Times*, 25 marzo 1951; «Sad News for Tv Fans – Crime "Show" Ends Today», *The New York Times*, 25 marzo 1951; «Crime Hunt in Foley Square», *Time*, 26 marzo 1951; «Crime Found Top U.S. Subject», *The Washington Post*, 27 marzo 1951. Filmati: cinegiornale *March of Time*, febbraio 1951, archivi Time Inc. A seguire, le citazioni provenienti da altre fonti.

[2] Albert Abramson, *History of Television, 1942 to 2000*, Jefferson, McFarland, 2007.

[3] Il riferimento è al film *Mr. Smith Goes to Washington*, di Frank Capra, 129', USA 1939, con James Stewart e appunto, fra gli altri, Harry Carey.

[4] E. Kefauver, *op. cit.*

[5] *Ivi.*

[6] David Halberstam, *The Fifties*, New York, Ballantine Books, 1994.

[7] E. Kefauver, *op. cit.*

[8] «Who's a Liar», *Life*, 2 aprile 1951.

[9] «Tennessee, Tv, and Kefauver Too», *Life*, 24 marzo 1952.

[10] «Why Not Let the People Elect Our President?», *Collier's*, 31 gennaio 1953.

[11] J.B. Gorman, *op. cit.*

[12] Il resoconto delle udienze di questa Commissione sulla delinquenza giovanile e gli albi a fumetti proviene da numerose fonti, tra cui i contenuti di due archivi: Il Robert C. Hendrickson Archive, Bird Library, Syracuse University e gli atti della Sottocommissione investigativa sulla delinquenza giovanile della Commissione giudiziaria, Senato degli Stati Uniti, archivi nazionali. Articoli di rilievo: «Comic Book Hearing Is Set», *The New York Times*, 21 febbraio 1954; «Hill to Probe Effect of Comic Books», *The Washington Post*, 22 febbraio 1954; «Senators to Press Delinquency Study», *The New York Times*, 15 marzo 1954; «Hendrickson Backs Comic Book Probe», *The Washington Post*, 9 aprile 1954; «Comic Book Hearing to Start Tomorrow», *The New York Times*, 20 aprile 1954; «Comic Books and Delinquency», *America*, 24 aprile 1954. Filmati: cinegiornale *March of Time*, aprile 1954, Time Inc. Library. Per i loro resoconti diretti sulle udienze, sono in debito con Irving Kravsow e Lyle Stuart; e per i loro ricordi sugli avvenimenti che accompagnarono le udienze sono grato, tra gli altri, ad Al Feldstein, Jack Davis, Will Elder, Harry Harrison, Jack Kamen, Stan Lee, John Severin, Marie Severin, Joe Simon, Shirley Norris Smith e Al Williamson. Le descrizioni visive o del parlato sono basate sulle fotografie e sul materiale dei cinegiornali. Tutte le citazioni da questa fase delle udienze provengono dagli atti ufficiali, Rapporto della Sottocommissione investigativa sulla delinquenza giovanile della Commissione giudiziaria, Senato degli Stati Uniti. A seguire, le fonti di altre citazioni e informazioni citate nel testo.

[13] «Why Youths Go Bad», *Evening News*, Newark (New Jersey), 17 novembre 1953.

[14] Dichiarazioni del Presidente degli Stati Uniti alla cerimonia per la consegna dei diplomi di laurea del Dartmouth College, 14 giugno 1953, Dartmouth College Library.

[15] «Ike Promises Full Aid to Hendrickson for Youth Crime Probe», *Courier Post*, Camden (New Jersey), 27 novembre 1953.

[16] *Ivi.*

[17] «Teen Probe to Study Effect of Tv, Comics», *The Washington Post*, 24 marzo 1954.

[18] «Comic Book Hearing Is Set», *The New York Times*, 21 febbraio 1954.

[19] «State and City Officials Warn Comics Publishers to "Clean Up"», *Hartford Courant*, 17 febbraio 1954.

[20] Intervista Stuart.

21 *The Haunt of Fear*, agosto 1954.

22 Hendrickson Archive, Bird Library, Syracuse University.

23 *Ivi.*

24 Intervista Morse.

25 Intervista Stuart.

26 *Ivi.*

27 Il tribubale di Foley Square fu progettato dall'architetto Cass Gilbert e costruito tra il 1933 ed il 1936. Cfr. «Nine Seek to Build Court House Here», *The New York Times*, 7 gennaio 1933; *Nyc-architecture.com/scc/scc021.htm*; *Cityrealty.com*.

28 Intervista Stuart.

29 Frederic M. Thrasher, «The Comics and Delinquency: Cause or Scapegoat?» *Journal of Educational Sociology*, vol. 23, n. 4, dicembre 1949, pp. 195-205.

30 Approssimazione riportata da John Jackson Miller.

31 Intervista Stuart.

32 Intervista Kravsow.

33 *Ivi.*

34 Intervista Stuart.

35 *Ivi.*

36 C. Wright Mills, *op. cit.*

37 Intervista Stuart.

38 ▮ La trascrizione completa della testimonianza di Bill Gaines in quell'occasione è disponibile presso la pagina internet *Thecomicbooks.com/gaines.html*. Nella pagina principale di questo sito è possibile rinvenire le trascrizioni di molti documenti ufficiali e delle udienze al Senato dei quali si parla in questo libro: *Thecomicbooks.com/index.html*.

39 ▮ Si rammenta che ancora negli anni Trenta, quando uscì l'albo *Famous Funnies*, e durante gli anni Quaranta, il nome con cui i fumetti erano denominati negli Usa dai più non era solo comics: era diffuso anche l'appellativo funnies. Entrambe le denominazioni erano legate ai temi per lo più comici delle strisce a fumetti dei primordi.

40 ▮ Bill Gaines si riferisce al parere determinante del giudice Woolsey in una causa del 1933, secondo cui il romanzo *Ulysses* di James Joyce non fosse da considerarsi osceno e potesse quindi circolare negli Stati Uniti. L'opinione del giudice Woolsey venne riprodotta sull'edizione statunitense del romanzo e divenne uno dei pareri giudiziari più noti negli Usa.

41 *Ivi.*

42 Intervista a Bill Gaines di Mark Voger, *Comics Scene Spectacular* n. 7, 1992.

43 Intervista a Joe Simon.

44 «No Harm in Horror, Comics Issuer Says», *The New York Times*, 22 aprile 1954.

45 Editoriale di Max Lerner, s.t., *New York Post*, 22 aprile 1954.

46 «Whether Crime "Comic" Books Lead Child Astray Is Debated», *New York Herald Tribune*, 22 aprile 1954; «Good Taste in Comic Books», *Lima News* (Ohio), 28 aprile

1954; «The Uncomic Comic Books», *Walla Walla Union-Bulletin*, 28 aprile 1954; «Are Comics Horrible?» *Newsweek*, 3 maggio 1954; «Horror Comics», *Time*, 3 maggio 1954.

47 Ci sarebbero voluti altri dieci anni prima che Susan Sontag dichiarasse l'importanza del gusto personale come supremo principio estetico in qualsiasi tipo di dibattito: «Il gusto governa qualsiasi reazione umana libera, piuttosto che automatica. Non esiste niente di più deciso. Esiste il gusto nelle persone, il gusto estetico, il gusto nel soppesare le emozioni; ed esiste un gusto nel modo di agire e nella moralità». «Notes on Camp», *Partisan Review*, autunno 1964.

48 «Are You a Red Dupe?» *The Haunt of Fear*, agosto 1954.

49 J.B. Gorman, *op. cit.*

CAPITOLO 14
NE ABBIAMO AVUTO ABBASTANZA!

1 «No Harm in Horror, Comics Issuer Says», *The New York Times*, 22 aprile 1954; «McCarthy Hearing Will Start Today; Hensel Included», *The New York Times*, 22 aprile 1954.

2 «Get a Box Seat to Nature's Wonders», *World's Finest*, luglio-agosto 1953; «How Safe Is Your Driving?» *World's Finest*, settembre-ottobre 1953.

3 Intervista Oksner.

4 Intervista a Dick Ayers.

5 «Horror for Young Readers—All for the Price of a Dime», *Buffalo Evening News*, 10 maggio 1954; «Crime Stories Have Little Impact, Says Child Expert», *News*, 11 maggio 1954; «Opponent Calls Crime Tales a Blight on Nation's Morals», *News*, 12 maggio 1954; «Defender States His Case: "Horror Never Hurt Anyone"», *News*, 13 maggio 1954; «"Short Glance" at Crime Tales Is Turning Into a Long Look», *News*, 14 maggio 1954.

6 Congressional Record, 16 giugno 1954.

7 «Crime Pays as Theme of Comic Books», *Cleveland Press*, 29 maggio 1954; «Lessons in Bank Robbery and Jail Break Are Pictured in "Comics" for Children», *Press*, 31 maggio 1954; «Police Told to Seize Lurid Comic Books», *Press*, 1° giugno 1954; «Juvenile Crimes Traced to Bad Comic Books», *Press*, 2 giugno 1954.

8 «Crime, Horror and Sex Comics», *Cleveland Press*, 4 giugno 1954.

9 ▮ Le collane di questo gruppetto non citate prima d'ora sono, rispettivamente: 'La camera degli orrori', 'La ragnatela del male' e 'Storie d'amore adolescenziali'.

10 «Stores Near Schools Face Comics Hunt», *Cleveland Press*, 2 giugno 1954; «Arrests Are Ordered in Sex Comic Sales—Objectionable Books Will Be Listed for "Get-Tough" Campaign», *Press*, 5 giugno 1954; «23 Comic Books Put on Police Purge List», *Press*, 7 giugno 1954.

11 «Comic Books Blameless», lettere all'editore, *Cleveland Press*, 5 giugno 1954.

12 Robert C. Hendrickson Archive, Bird Library, Syracuse University.

13 Atti della Sottocommissione del Senato sulla delinquenza giovanile, Archivi nazionali.

14 Pubblicato in cinque albi a fumetti della Ec: *The Haunt of Fear*, settembre-ottobre 1954; *Crime SuspenStories*, gennaio 1955; *Shock SuspenStories*, gennaio 1955; *Tales from the Crypt*, gennaio 1955; *The Vault of Horror*, gennaio 1955.

15 Trascrizione, Robert C. Hendrickson Archive, Bird Library, Syracuse University. Questo discorso non compare negli Atti del Congresso, il che suggerisce che Hendrickson potrebbe non averlo pronunciato mentre il Senato era riunito in una sessione.

16 Resoconto della Sottocommissione sulla delinquenza giovanile.

17 *Ivi.*

18 *Ivi.*

19 «Ban Objectionable Matter», *Newport Daily News*, 24 giugno 1954.

20 «Sheriffs' Meeting Here to Discuss Comic Books», *The Washington Post*, 28 giugno 1954.

21 «Juvenile Court Judges Rap Some Comic Books», *Chicago Daily Tribune*, 4 luglio 1954.

22 «Gfwc to War on Lurid Comic Books», *Los Angeles Times*, 8 luglio 1954. Cfr. inoltre «Federation Juniors Urged to Battle Comic Book Threat», *Los Angeles Times*, 6 agosto 1954.

23 «Board of Ccpt to Convene», *Los Angeles Times*, 11 luglio 1954; «Cpt Grim Over Comic Book Peril», *Los Angeles Times*, 15 luglio 1954.

24 «Comic Book Fight Mapped—Purple Heart Association Also Opposed to Red China in the U.N.», *Los Angeles Times*, 17 agosto 1954; «Auxiliary to Attack Poor Comic Books», *Los Angeles Times*, 26 agosto 1954; «Thrill Comics Blamed on Tv, Radio, Books», *Los Angeles Times*, 20 agosto 1954.

25 Intervista a Rocco Motto.

26 *Ivi.*

27 Intervista a Jim Mooney.

28 *Ivi.*

29 Intervista a Mike Esposito.

30 Intervista Feldstein.

31 Intervista Stuart.

32 Fotocopia della lettera, Cartoon Research Library, Ohio State University, data oscurata.

33 «A Statement by William M. Gaines, Publisher of the Entertaining Comics Group: Ec Will Drop Horror and Crime Comics», Cartoon Research Library, Ohio State University, 14 settembre 1954.

34 Atti della Comics Magazine Association of America, Cartoon Research Library, Ohio State University.

35 Intervista Stuart.

36 Atti della Comics Magazine Association of America, Cartoon Research Library, Ohio State University.

37 D. Diehl, *op. cit*.

38 Amy Kiste Nyberg, *Seal of Approval: The History of the Comics Code*, Jackson, University of Mississippi Press, 1998. Anche se, a onor del vero, il gruppo non pose mai dei limiti sull'uso nelle testate della parola «inquietante». ▮ Cioè *weird*, che può indicare anche il concetto di 'strano'.

39 Atti della Comics Magazine Association of America, Cartoon Research Library, Ohio State University.

40 «Comic Book Industry Names New York Judge As Code Administrator», *The Wall Street Journal*, 17 settembre 1954.

41 «Biography of Judge Charles F. Murphy», comunicato stampa, preparato dalla Ruder & Finn Associates per la CMAA. Atti della Comics Magazine Association of America, Cartoon Research Library, Ohio State University.

42 Intervista a Dick Giordano, via e-mail.

43 Interviste Stuart, Feldstein, Norris Smith. Cfr. inoltre il cinegiornale *March of Time*, settembre 1954, Time Inc. library.

44 *Ivi*.

45 *Ivi*.

46 *Ivi*.

47 «Publisher Halting His "Horror" Comics», *New York Herald-Tribune*, 15 settembre 1954; «Publisher to Drop Crime and Horror "Comic" Book», *The Wall Street Journal*, 16 settembre 1954.

48 Intervista Feldstein.

49 *Ivi*.

50 Intervista Stuart.

51 «In Memoriam», *The Haunt of Fear*, dicembre 1954; *Crime SuspenStories*, marzo 1955; *Tales from the Crypt*, marzo 1955.

52 Citazione da «Statement by John Goldwater», comunicato stampa, preparato da Ruder & Finn Associates per la CMAA, Atti della Comics Magazine Association of America, Cartoon Research Library, Ohio State University. Datata 27 ottobre 1954, la dichiarazione di Goldwater cita Murphy e indica il 16 settembre 1954 come data del discorso originale.

53 «Statement by Charles F. Murphy», comunicato stampa, preparato da Ruder & Finn Associates per la CMAA, Atti della Comics Magazine Association of America, Cartoon Research Library, Ohio State University, 27 ottobre 1954.

54 *Ivi*.

55 «Code of the Comics Magazine Association of America», adottato il 26 ottobre 1954, Atti della CMAA, Cartoon Research Library, Ohio State University.

56 *Ivi*.

57 *Ivi*.

58 Intervista Geier.

59 «Code of the Comics Magazine Association of America», cit.

60 Intervista Geier.

61 «Horror on the Newsstands», *Time*, 27 ottobre 1954.

62 *Ivi*.

63 *Ivi*; cfr. inoltre «Comic Book Ban Assured», *Houston Chronicle*, 25 agosto 1954 e «Major Publishing Firms Back New Crime Comic Law», *Houston Chronicle*, 27 agosto 1954.

64 «Ridicule of Comic Book Law Is Smokescreen to Flout Decency», *Houston Chronicle*, 27 agosto 1954.

65 «Horror on the Newsstands», cit.

66 «Major Publishing Firms Back New Crime Comic Law», *Houston Chronicle*, 27 agosto 1954; «Columbus Weighs a Comic Book Law», *The New York Times*, 10 ottobre 1954; «Crime, Sex Comic Books Outlawed in E. Chicago», *Chicago Daily Tribune*, 1° marzo 1955; «House Gets Legislation to Curb Sale of Comic Books to Youths», *The Era*, Bradford (Pennsylvania), 4 marzo 1955; «Monessen Legislator Caught in Middle Over Comic Book Bill», *Monessen Daily Independent* (Pennsylvania), 17 marzo 1955; «May Outlaw "Horror" Books», *Indiana Evening Gazette*, 25 maggio 1955; «Comic Book Controls Passed by Assembly», *Reno Evening Gazette*, 14 marzo 1955; «State Sales Tax Signed into Law», *Reno Evening Gazette*, 30 marzo 1955; «House Passes Bill Creating Special Group to Study Comic Book Problem», *Newport Daily News*, 2 aprile 1955; «Meyner Gets Tie-in Bill: Forced Sale of Comic Books Forbidden by Measure», *The New York Times*, 5 agosto 1955; «Senators Ban Comic Book Sale», *Kennewick and Richland Tri-City Herald* (Washington), 14 aprile 1955; «Comic Book Ban to Be Up for Ohio Senate Vote Today», *Cleveland Plain Dealer*, 23 giugno 1955; «Ohio Acts on Comic Books», *Cleveland Plain Dealer*, 25 maggio 1955; «Ban on Horror Comics Approved by Legislature», *Ohio State Journal*, 24 giugno 1955; «Assembly Votes Curbs on Comics», *Bridgeport Telegram*, 7 giugno 1955; «Comic Books Barred: Connecticut Halts the Sale of Editions Dealing in Violence», *The New York Times*, 19 luglio 1955; «12 States Enact Laws to Curb Horror, Sex, Crime Comic Books», *Bridgeport Telegram*, 11 luglio 1955. Cfr. inoltre E.L. Feder (a c. di), *op. cit.* Per le citazioni legali sulle leggi statali che vennero approvate Cfr. il Capitolo 15, Nota 29.

67 «Board of CCPT to Convene», cit.

68 «Board Supports Horror Comic Ban», *Los Angeles Times*, 16 novembre 1954.

69 «Supervisors Call for Comic Book Ordinance», *Los Angeles Times*, 17 novembre 1954; «Law Banning Crime Comic Books Prepared», *Los Angeles Times*, 15 febbraio 1955; «County Acts for Crime Comics Ban», *Los Angeles Times*, 16 febbraio 1955.

70 Cal. Stat. 1955, c. 214. Cfr. inoltre «Major Actions on Bills in Sacramento», *Los Angeles Times*, 22 aprile 1955.

71 E.L. Feder (a c. di), *op. cit.*

72 «Graham PTA Topic to Be Comic Books», *Chicago Daily Tribune*, 20 gennaio 1955.

73 «Comic Book Lecture at PTA Feb. 21», *Oconomowoc Enterprise* (Wisconsin), 17 febbraio 1955.

74 «Impoverishing the Youthful Mind», *Newport Daily News*, 30 novembre 1954; «Are Comic Books Menace or Nuisance?», *The Washington Post*, 8 novembre 1954.

75 «Tv and Comics Crime Blamed in Delinquency», sondaggio Gallup, 22 novembre 1954.

76 «Teenager Defends Comic Book Fans», *Los Angeles Times*, 14 marzo 1955.

77 *Ivi.*

78 «Comic Book Stirs Further Discussion», *Los Angeles Times*, 16 marzo 1955.

79 La descrizione di Ruth Lutwitzi e delle sue attività proviene principalmente dai ricordi delle sue figlie Helen Miller e Ruth Schlicher, da quelli della sua amica Vanita Marlow e dai suoi conoscenti Milton Babinec e Karen Jensen.

80 Intervista a Ruth Schlicher.

81 Intervista a Vanita Marlow.

82 «Committee Offers Swap of Good Books for Bad», *Canton Repository*, 3 agosto 1954; «Book Swap Scheduled for First Two Days of Fair», *Canton Repository*, 31 agosto 1954; «1,000 Books on Order for Comic Swap ottobre 29», *Canton Repository*, 5 ottobre 1954; «Children Get Free Bus Rides for Book Swap», *Canton Repository*, 19 ottobre 1954; «30,000 Comics Given Up in Operation Book Swap», *Canton Repository*, 30 ottobre 1954.

83 «Legion Auxiliary Cites Canton in Book Swap Plan», *Canton Repository*, 13 ottobre 1954.

84 Mrs. Charles B. Gilbert (Helen Lee Gilbert), *The American Legion Auxiliary*, vol. IV, s.c., American Legion, 1970.

85 *Ivi.*

86 Intervista Miller.

87 Interviste a Milton Babinec e Karen Jensen.

88 «"Operation Book Swap» Is Launched at Stone Bank Against Comic Books», *Waukesha Daily Freeman*, 14 marzo 1955; «Operation Book Swap», *Oconomowoc Enterprise*, 17 marzo 1955.

89 Intervista Babinec.

90 «"Operation Book Swap" Is Launched at Stone Bank Against Comic Books», cit.

91 Intervista Babinec.

92 Mrs. C.B. Gilbert, *op. cit.*

93 «Horror Books Will Be Swapped», *Syracuse Herald-Journal*, 15 aprile 1955.

94 «Operation Book Swap», *Chicago Daily Herald*, 9 dicembre 1954.

95 «Comics "Swap" Set Up», *Chronicle-Telegram*, 24 febbraio 1955.

96 Mrs. C.B. Gilbert, *op. cit.*

97 *Ivi.*

98 «Legion Auxiliary Sets Comic Book Burning», *New York Post*, 25 febbraio 1955.

99 Mrs. C.B. Gilbert, *op. cit.*

100 *Ivi.*

101 «Wakeman Book Swap to Start», *Chronicle-Telegram*, 2 marzo 1955; «531 "Comics" Burned in Swap at Wakeman», *Chronicle-Telegram*, 5 marzo 1955. Per le informazioni

sui fatti di Wakeman sono in debito con JoAnne Jackson e Robert Jackson, che hanno controllato gli atti della sede locale degli Ausiliari della Legione Americana, Postazione 689, e me ne hanno fornito delle copie, insieme a fotocopie delle pagine del libro ricevuto in cambio di dieci albi a fumetti.

102 Intervista a Robert Jackson.

103 Lettera di Mrs. (Carl W.) Zeller, presidente nazionale del Comitato nazionale per il benessere dei bambini degli Ausiliari, a «Bobby Jackson», non datata, gentilmente fornita dal signor Bobby Jackson.

104 Intervista a Ted Yaworsky.

105 *Ivi.*

106 *Ivi.*

107 «1,427 Comics "Taboo" As Book Swap Ends», *Chronicle-Telegram*, 11 marzo 1955.

108 «"Book Swap" Top Story in Wakeman», *Chronicle-Telegram*, 31 dicembre 1955.

109 C.B. Gilbert, *op. cit.*

110 «Legion Auxiliary Sets Comic Book Burning», *New York Post*, 25 febbraio 1955.

111 «Comics "Book Burning" Hit in Norwich Legion Drive», *Bridgeport Post*, 26 febbraio 1955; «Protests End Plan to Burn Comic Books», *Post-Standard*, Syracuse, 27 febbraio 1955.

112 «Norwich Drive on Comics a Success As Children Rush to Trade 10 for a Classic», *The New York Times*, 27 febbraio 1955.

113 «Protests End Plan to Burn Comic Books», *Post-Standard*, 27 febbraio 1955.

114 Intervista a John Chiangi.

115 Martin Barker, *A Haunt of Fears: The Strange History of the British Horror Comics Campaign*, Jackson, University Press of Mississippi, 1992.

116 «The USA Threat to British Culture», *Arena*, giugno-luglio 1951.

117 *Ivi.* Cfr. inoltre «Should US "Comics" Be Banned?» *Picture Post*, 17 maggio 1952; «Horror Comics: Is This the End?», *Picture Post*, 20 novembre 1954; «Drive Out the Horror Comics: Help us to fight "sex and crime at a shilling a time"», *Daily Dispatch*, 11 agosto 1954; «Make Bonfires of Them», *Daily Dispatch*, 20 agosto 1954.

118 Editoriale, *The Times* (Londra), 12 novembre 1954.

119 Empire Law List, *Halsbury's Statutes of England*, III ed., Supplemento 1955, London, Butterworth & Co, 1955.

120 Cfr. M.Barker, *op. cit.*

121 «Pupils Burn Comic Books: Month-Long Drive Ends in Bonfire», *Decatur Daily Review*, 24 febbraio 1955.

122 «Girl Scouts Here Launch Anti-Comic Book Drive», *Indiana Evening Gazette* (Pensylvania), 21 febbraio 1955. Qualche mese prima di questa nuova ondata di roghi di albi a fumetti, il 19 settembre 1954, un altro episodio del genere ebbe luogo nella zona meridionale di Chicago. Guidati dal Comitato cittadino per una migliore letteratura per ragazzi, membri delle Campfire Girl, delle Girl Scout e dei Boy Scout distrussero albi a

fumetti in un rogo nel giardino della parrocchia presbiteriana di Drexel Park. «Launch All-Out War on Comics», *Southtown Economist*, 19 settembre 1954.

CAPITOLO 15
LA LEGGE DI MURPHY

1 «Comic "Czar's" Formula», *Los Angeles Times*, 4 dicembre 1954. Murphy disse al quotidiano «In gioventù ho bruciato fumetti».

2 *Ivi.*

3 *Ivi.*

4 Intervista a Carmine Infantino.

5 «"New" Comic Books to Be Out in Week», *The New York Times*, 29 dicembre 1954.

6 «Code of the Comics Magazine Association of America», cit.

7 «I Gave Boys the Green Light», *Teen-Age Diary Secrets*, settembre 1949; «Tourist Cabin Escapade», *Teen-Age Temptations*, ottobre 1952.

8 «Code of the Comics Magazine Association of America», cit.

9 Intervista Drake.

10 «"New" Comic Books to Be Out in Week», cit.

11 «Le donne dei comic-book saranno al massimo della moda», dichiarava un titolo del *Roanoke World News*; le donne dei giornalini adesso avrebbero avuto «l'aspetto delle modelle di Christian Dior», annunciava l'articolo. «Piatte davanti». «Ladies in the Comic Books to Be in Height of Style», *Roanoke World News*, 28 ottobre 1954.

12 «Love Flirt», *Love Problems and Advice Illustrated* ('Problemi d'amore e consigli illustrati'), novembre 1955. Un estratto dalla versione censurata della storia è stato pubblicato in S. Duin – M. Richardson, *op. cit.*

13 «Mack Martin Investigator», *Super Mystery Comics*, maggio 1948, ristampato in forma diversa su *Penalty Comics*, gennaio 1956. Immagini da entrambe le versioni della storia sono state poi ristampate in Mike Benton, *The Illustrated History of Crime Comics*, Dallas, Taylor Publishing, 1993.

14 «"New" Comic Books to Be Out in Week», *The New York Times*, 29 dicembre 1954.

15 Intervista a Jay Scott Pike.

16 Interviste a Dick Ayers, Joe Edwards, Russ Heath e John Severin.

17 Intervista a Frank Thorne.

18 Intervista Giordano.

19 Intervista a Herb Rogoff.

20 *Ivi.*

21 *Ivi.*

22 «Whip, Knife Shown as "Comics" Lures», *The New York Times*, 5 febbraio 1955; «Legislators Attack Comics Code violations; Industry Czar Sharpens Clean-up», *Printers' Ink*, 11 febbraio 1955.

23 Rapporto della Commissione statale legislativa congiunta per studiare la pubblicazione di albi a fumetti (Joint Legislative Committee to Study the Publication of Comics), marzo 1955.

24 «Comic Book Code Called Failure», *The New York Times*, 22 marzo 1955.

25 Disegno di legge n. 2789, Assemblea dello stato di New York.

26 «"Comic" Book Ban Signed», *The Washington Post*, 3 maggio 1955; «Lewd Book Curbs in Effect», *The New York Times*, 1 luglio 1955.

27 Cfr. M. Barker, *op. cit.*

28 Calcolo effettuato da John Jackson Miller. ▌Le testate menzionate poco sotto, citate qui per la prima volta, significano rispettivamente: 'La polizia contro il crimine', 'Terrore illustrato', 'Terrori della giungla', 'Racconti dell'orrore', 'Orrori inquietanti'.

29 Nell'autunno del 1955 i seguenti disegni di legge erano già stati approvati dagli organi statali dei rispettivi stati. California: Cal. Stat. 1955, cap. 214; Connecticut: Conn. G.S. 3293d (1955 supp.); Idaho: Idaho Bill n. 60; Illinois: Ill. Rev. Stat. Cap. 38 Sect. 472. 69ª Assemblea generale; Maryland: Md. Ann. Code Art. 27, 421; Montana: Atto per emendare Sect. 94-3601, 94-2601, Revised Codes of Montana, 34ª Leg. Assembly; Nevada: Nevada State Law AB243; New Jersey: Atto 2A:15-3.1; North Carolina: Atto del 23 maggio 1955, cap. 1204, G.S. 14189; Ohio: Ohio Rev. Code 2903.10; Oklahoma: Title 11, cap. 1, Sect. 1, 25° State Leg.; Oregon: Atto del 23 maggio 1955, cap. 494; Texas: Cap. 120, H.B. n. 23; cap. 423 S.B. 423; cap. 107 H.B. n. 302; Washington: Washington Acts 1231, cap. 282. Cfr. inoltre «12 States Enact Laws to Curb Horror, Sex, Crime Comic Books», *Bridgeport Telegram*, 11 luglio 1955. E.L. Feder, *op. cit.*; «Regulation of Comic Books», *Harvard Law Review*, gennaio 1955; «Crime Comics and the Constitution», *Stanford Law Review*, marzo 1955; «Delinquency, Comic Books and the Law», *Ohio State Law Journal*, 1957.

30 Intervista a Reuben C. Peterson (1893-1986).

31 «Modern Witch Burning», *Great Bend Daily Tribune*, 22 luglio 1955.

32 Intervista Harrison.

33 Ricerca svolta da J.J. Miller e R. Maheras, cit.

34 ▌I titoli di questo gruppo di collane, menzionate in questo e nel precedente capoverso, sono: 'Pericolo', 'La Valle della Morte', 'Western ardente', 'Investigatore del crimine', 'Soldato Jane', 'Bebé Huey', 'Piccolo bimbo', 'Casper', 'Roba forte', 'Centro del bersaglio', 'Esploratore del West', 'Innamorate'.

35 Intervista Simon.

36 'Documento riservato', episodi vari, disponibili alla consultazione presso la Biblioteca del Congresso. Per questo resoconto della puntata di *Confidential File* sugli albi a fumetti, la Biblioteca ha fornito all'autore una videocassetta del programma. Tutte le citazioni e le descrizioni delle immagini provengono da quella registrazione.

37 Autore di film come il classico noir *G-Men della Quinta Strada* (*Stakeout on Dope Street*, 89', Usa 1958) e, molti anni più tardi, di *L'Impero colpisce ancora* (*Star Wars: Episode V – The Empire Strikes Back*, 124', Usa 1981).

[38] Intervista ad Andrew J. Fenady.

[39] C. Fontenay, *op. cit.*

[40] H. Swados, *op. cit.*

CAPITOLO 16
DALLA PADELLA NELLA BRACE

[1] *Valor, Piracy, MD, Extra!, Psychoanalysis, Impact, Incredible Science Fiction*, tutti dell'aprile 1955.

[2] Nota editoriale, *ivi.*

[3] «Master Race», *Impact*, aprile 1955.

[4] Intervista Feldstein.

[5] Intervista con Bill Gaines e Al Feldstein di Larry Stark, Fred von Bernewitz e Ted White del 28-30 dicembre 1955, 6 agosto 1956 e 10 agosto 1956. Pubblicata in F. von Bernewitz – G. Geissman, *op. cit.*

[6] R. Hauser, *op. cit.*

[7] Intervista Feldstein.

[8] *Incredible Science Fiction*, febbraio 1956.

[9] Intervista Feldstein.

[10] «Comics and Propaganda», *Chicago Defender*, 7 February 1953.

[11] Intervista Feldstein.

[12] *Incredible Science Fiction*, febbraio 1956.

[13] Intervista Feldstein.

[14] D. Decker – G. Groth, *op. cit.* In quest'intervista, del 1983, Gaines definì il fatto che il nuovo *Mad* potesse evitare il Comics Code come un «fortunato risultato» del passaggio al formato da rivista. Disse che la decisione di cambiare formato era stata un tentativo per calmare Kurtzman, che aveva minacciato di lasciare *Mad* e andare a lavorare su *Pageant*.

[15] Intervista Stuart.

[16] *Ivi.* Dopo aver cancellato la linea nella «Nuova Direzione», Gaines per un po' provò a pubblicare riviste illustrate per adulti, chiamate «Picto-Fiction», ma dovette abbandonarle dopo qualche numero, non potendo neanche permettersi di far rilegare l'ultimo e trovandosi obbligato a mandarlo al macero.

[17] Intervista a Stan Hart.

[18] *Mad*, luglio 1955.

[19] Cfr. Dan Carlinsky, *A Century of College Humor: Cartoons, stories, poems, jokes and assorted foolishness from over 95 campus magazines*, New York, Random House, 1971.

[20] *Ivi.*

[21] *Ivi.*

[22] Intervista Elder.

[23] Ricerca svolta da J.J. Miller e R. Maheras, cit.

[24] ▮ Le testate non eponime di questo gruppo sono: 'Gli intimi segreti dell'amore romantico', 'Tormentate', 'Super Monello'.

[25] ▮ Le testate non eponime di questo gruppo sono: 'Il crimine deve pagare pegno', 'Guerra atomica!', 'Diario di uno scapolo', 'Criminali in fuga', 'Cavaliere fantasma', 'Il mio matrimonio segreto'.

[26] Intervista con Bill Gaines e Al Feldstein di L. Stark, F. von Bernewitz e T. White del 28-30 dicembre 1955, 6 agosto 1956 e 10 agosto 1956, cit. Edita in G. Geissman – F. von Bernewitz, *op. cit.*

[27] Intervista Infantino.

[28] Intervista Lee.

[29] Thomas G. Lammers, *Tales of the Implosion: A History of the 1956 Atlas Implosion and its impact on periodical publishing in America*, s.c., stampato in proprio, 2005. ▮ Versione ampliata di «Atlas shrugged: A detailed look at the 1957 "Atlas Implosion" and its effect on comics», *Alter Ego*, vol. 3, n. 49, giugno 2005, pp. 45-67.

[30] Intervista Lee.

[31] *Ivi.*

[32] ▮ Joe Sinnott (n. 1926), Dick Ayers (n. 1924), Gene Colan (n. 1926), Martin Nodell (1915-2006), Morris Weiss (n. 1915), Frank Bolle (n. 1924), John Romita (n. 1930).

[33] *Ivi.*

[34] Intervista Morisi.

[35] Intervista Ayers.

[36] Intervista Harrison.

[37] «Murder, Morphine and Me», *True Crime Comics*, maggio 1947.

[38] «Jack Cole, Comic Strip Creator, Shot to Death», *Chicago Sun Times*, 14 agosto 1958. Cfr. inoltre Art Spiegelman – Chip Kidd, *Jack Cole and Plastic Man: Forms Stretched to Their Limits*, San Francisco, Chronicle Books, 2001.

[39] Lettera del 13 agosto 1958, ristampata *ivi.*

[40] Intervista Winkleman.

[41] *Ivi.*

[42] Intervista Harrison.

[43] Intervista Leav.

[44] Intervista Lee.

EPILOGO

[1] Questa descrizione di Sauve, di Robert Crumb e della casa di quest'ultimo è basata sulle osservazioni fatte sul posto dall'autore.

[2] ▮ Striscia a fumetti del 1935 di Marjorie Henderson Buell (1904-1993).

3 Intervista a Robert Crumb.

4 ▮ *Crumb*, di Terry Zwigoff, 119', USA 1994.

5 ▮ Neologismo gergale che contrae *fool*, 'folle, sciocco'.

6 *Ivi*.

7 *Ivi*.

POSTFAZIONE

1 David Hajdu, *The Ten-Cent Plague: The Great Comic-Book Scare and How It Changed America*, New York, Farrar, Straus and Giroux, 2008.

2 David Hajdu, *Lush Life: A Biography of Billy Strayhorn*, New York, Farrar, Straus and Giroux, 1996 e Id., *Positively 4th Street: The Lives and Times of Joan Baez, Bob Dylan, Mimi Baez Fariña and Richard Fariña*, New York, Farrar, Straus and Giroux, 2001.

3 David Hajdu, *Heroes and Villains: Essays on Music, Movies, Comics, and Culture*, Cambridge (MA), Da Capo Press, 2009.

4 David Hajdu, «Rising Above the Rat Pack», *The Los Angeles Times Book Review*, 23 novembre 2003, reperibile presso *Http://articles.latimes.com/2003/nov/23/books/bk-hajdu23* sgg.

5 John A. Lent (a cura di), *Pulp Demons: International Dimensions of the Postwar Anti-comics Campaign*, Madison (NJ), Fairleigh Dickinson University Press, 1999.

6 Bart Beaty (a cura di), *Fredric Wertham and the Critique of Mass Culture*, Jackson, University Press of Mississippi, 2005.

7 Lydia Cushman Schurman – Deidre Johnson (a cura di), *Scorned Literature: Essays on the History and Criticism of Popular Mass-Produced Fiction in America*, Westport (CT), Greenwood Press, 2002.

8 Sull'impatto culturale dei fumetti negli Stati Uniti cfr. Edward W. Wright, *Comic Book Nation: The Transformation of Youth Culture in America*, Baltimore, The Johns Hopkins University Press, 2003.

9 Theodor W. Adorno, *On the Fetish Character in Music and the Regression of Listening* (1938), ora in *The Essential Frankfurt School Reader*, a cura di Andrew Arato ed Eike Gebhardt, New York, Continuum, 1982, pp. 270-98; Herbert Marcuse, *One-Dimensional Man: Studies in the Ideology of Advanced Industrial Society*, Boston, Beacon, 1964 (trad. it. *L'uomo a una dimensione. L'ideologia nella società industriale avanzata*, Torino, Einaudi, 1967).

10 Walter J. Ong, *Orality and Literacy: The Technologizing of the Word*, New York, Methuen, 1982 (trad. it. *Oralità e scrittura. Le tecnologie della parola*, Bologna, Il Mulino, 1986).

11 Walter J. Ong, «The Comics and the Super State: Glimpses down the Back Alleys of the Mind», *Arizona Quarterly*, vol. 1.3, autunno 1945, pp. 34-48.

[12] Cfr. Matteo Sanfilippo, *Sogni, paure e presidenti. Politica e cultura da Washington a Bush jr*, Roma, Cooper, 2004.

[13] Cfr. le pagine *Http://johnwalter.blogspot.com/2006/03/ong-and-comics.html* e *Http://johnwalter.blogspot.com/2006/03/ong-and-comcs-again.html.*

[14] Cfr. John T. McGreevy, *Catholicism and American Freedom. A History*, New York, Norton & Co., 2003.

[15] Cfr. *Time.com/time/magazine/article/0,9171,778464-2,00.html.*

[16] Cfr. Walter J. Ong, «Mickey Mouse and Americanism», *America*, vol. 65, n. 26, 4 ottobre 1941, pp. 719-20, e Id., «Bogey Sticks for Pogo Men», *America*, vol. 74, n. 15, 13 gennaio 1951, pp. 434-5.

[17] Marshall McLuhan, *The Mechanical Bride: Folklore of Industrial Man*, New York, The Vanguard Press, 1951 (trad. it. *La sposa meccanica*, Milano, SugarCo, 1994).

[18] Margaret Mead, *Male and Female: A Study of the Sexes in Changing World*, New York, William Morrow & Co., 1949 (trad. it. *Maschio e femmina*, Milano, Il Saggiatore, 1962).

[19] Vance Packard, *The Hidden Persuaders*, New York, McKay, 1957 (trad. it. *I persuasori occulti*, Torino, Einaudi, 1958). Cfr. a questo proposito Daniel Horowitz, *The Anxieties of Affluence: Critiques of the American Consumer Culture, 1939-1979*, Amherst, University of Massachusetts Press, 2004, e Id., *Vance Packard and American Social Criticism*, University of North Carolina Press Enduring Editions, 2009.

[20] Jeet Heer – Kent Worcester (a cura di), *Arguing Comics: Literary Masters on a Popular Medium*, Jackson, University Press of Mississippi, 2004.

[21] Questa tesi è affrontata in un capitolo proprio sui fumetti con supereroi di Neil Harris, *Cultural Excursions: Marketing Appetites and Cultural Tastes in Modern America*, Chicago, Chicago University Press, 1990.

[22] Cfr. Charles Fontenay, *Estes Kefauver: A Biography*, Knoxville, University of Tennessee Press, 1991.

[23] Cfr. Amy Kiste Nyberg, *Seal of Approval: The History of the Comics Code*, Jackson, University Press of Mississippi, 1998. Le trascrizioni dei tre giorni di dibattito nella Commissione sono disponibili presso *Thecomicbooks.com/1954senatetranscripts.html.*

[24] Cfr. Stefano Luconi, «Mafia-Related Prejudice and the Rise of Italian Americans in the United States», *Patterns of Prejudice*, vol. 33, n. 1/1999, pp. 43-57.

[25] Cfr. Nachman Ben-Yehuda – Erich Goode, *Moral Panics: The Social Construction of Deviance*, Oxford, Blackwell, 1994.

RIFERIMENTI BIBLIOGRAFICI

VOLUMI E ARTICOLI SAGGISTICI

Gli articoli riportati in questa sezione non presentano i numeri di pagina (e a volte nemmeno l'autore) in base a una scelta editoriale di David Hajdu; laddove i numeri di pagina siano presentati, sono integrazioni reperite dal curatore.

AA.VV., *The National Cyclopedia of American Biography*, vol. 47, 1965.

ABRAMSON, ALBERT, *History of Television, 1942 to 2000*, Jefferson, McFarland, 2007.

«AN INTERVIEW WITH HARVEY KURTZMAN», *The Comics Journal*, ottobre 1981.

BARKER, MARTIN, *A Haunt of Fears: The Strange History of the British Horror Comics Campaign*, Jackson, University Press of Mississippi, 1992.

BARNUM HINMAN, MARJORY, *Court House Square: A Social History*, Binghamton, edito in proprio, 1984.

BARRIER, MICHAEL – WILLIAMS, MARTIN (a cura di), *A Smithsonian Nook of Comic-Book Comics*, New York, Smithsonian Institution Press – Harry N. Abrams, 1981.

BENDER, LAURETTA – LOURIE, REGINALD S., «The Effect of Comic Books on the Ideology of Children», relazione presentata alla conferenza annuale della American Ortopsychiatric Association, New York, 22 febbraio 1941.

BENSON, JOHN, *Romance without Tears: 50's Love Comics—With a Twist!*, Seattle, Fantagraphics, 2004.

BENTON, MIKE, *The Comic Book in America*, Dallas, Taylor Publishing, 1989.

—, *The Comic Book in America*, Dallas, Taylor Publishing Company, 1989.

—, *The Illustrated History of Crime Comics*, Dallas, Taylor Publishing, 1993.

BLACKBEARD, BILL – CRAIN, DALE – VANCE, JAMES (a cura di), *100 Years of Comic Strips*, Lyndhurst, Barnes & Noble, 2004.

BLACKBEARD, BILL – WILLIAMS, MARTIN (a cura di), *The Smithsonian Collection of Newspaper Comics*, Boston, Smithsonian Institute Press, 1977.

BROPHY, ALFRED L. (a cura di), «Ralph Ellison and the Law», *Oklahoma City University Law Review*, autunno 2001.

CARLINSKY, DAN, *A Century of College Humor: Cartoons, stories, poems, jokes and assorted foolishness from over 95 campus magazines*, New York, Random House, 1971.

CARLSON, MARK, «Hey! That Ain't Funny! (Part 2)», *The Nostalgia Zine*, vol. 2, n. 2, 2006, reperibile presso *Nostalgiazone.com/doc/zine/06_V2N2/thataintfunny.htm.*

CATECHETICAL GUILD, *The Case Against the Comics*, Dayton, George A. Pflaum, 1944.

COATES, JOHN, con NICK CARDY, *The Art of Nick Cardy*, Lakewood, Vanguard Productions, 2001.

«CRIME COMICS AND THE CONSTITUTION», *Stanford Law Review*, marzo 1955.

COOGAN, PETER, *The Secret Origin of the Superhero: The Emergence of the Superhero Genre in America from Daniel Boone to Batman*, East Lansing (MI), Michigan State University, 2002.

COMSTOCK, ANTHONY, *Traps for the Young* (*pr. ed.* 1883), a cura di Robert H. Bremner, Boston, Belknap Press (Harvard University Press), 1967. Riedizione con interventi di J.M. Buckley, New York, Cosimo, 2009.

DANIELS, LES, *Comix: A History of Comic Books in America*, New York, Random Hause Value Publishing, 1988.

–, *Superman: The Complete History: The Life and Times of the Man of Steel*, San Francisco, Chronicle Books, 1998.

DEBS, EUGENE V., *The Writings and Speeches of Eugene V. Debs*, Trenton, Hermitage Press, 1948.

DECKER, DWIGHT – GROTH GARY, «An Interview with William M. Gaines», *The Comics Journal*, maggio 1983.

DUIN, STEVE – RICHARDSON, MIKE, *Comics: Between the Panels*, Milwaukie, Dark Horse, 1998.

ECO, UMBERTO, *Il Superuomo di massa. Retorica e ideologia nel romanzo popolare*, Milano, Bompiani 1978 (ed. orig. parziale 1976; ried. riv. e agg. 1998).

ELDER, WILL, *Will Elder: The Mad Playboy of Art*, Seattle, Fantagraphics, 2003.

ELLISON, RALPH, «Harlem is Nowhere», in Id., *The Collected Essays of Ralph Ellison*, New York, The Modern Library, 1995.

EMPIRE LAW LIST, *Halsbury's Statutes of England*, III ed., Supplemento 1955, London, Butterworth & Co, 1955.

EVANS, RICHARD J., *The Coming of the Third Reich: A History*, New York, Penguin Press, 2003.

FEDER, EDWARD L. (a cura di), *Comic Book Regulation*, Bureau of Public Administration, Berkeley, University of California Press, 1955.

FEIFFER, JULES, *The Great Comic Book Heroes*, New York, Bonanza, 1965.

FIELDING, RAYMOND, *Technological History of Motion Pictures and Television: An Anthology from the Pages of "The Journal of the Society of Motion Pictures and Television Engineers"*, Berkeley – Los Angeles, University of California Press, 1967.

FINGEROTH, DANNY, *Disguised as Clark Kent: Jews, Comics, and the Creation of the Superhero*, London – New York, Continuum, 2008.

FONTENAY, CHARLES L., *Estes Kefauver: A Biography*, Knoxville, University of Tennesse Press, 1980.

FRANK, JOSETTE, «Some Questions and Answers for Teachers and Parents», *Journal of Educational Sociology*, dicembre 1949, pp. 209-14.

–, *What Books for Children?: Guideposts for Parents*, Garden City, Doubleday, Doran & Co., 1937.

FREEDLAND, MICHAEL, *James Cagney*, New York, Stein and Day, 1975.

GAINES, M.C., *Narrative Illustration: The Story of the Comics*, New York, s.e., 1942.

GAINES, WILLIAM M., «Madman Gaines Pleads for Plots», *Writer's Digest*, febbraio 1954.

GEISSMAN, GRANT – VON BERNEWITZ, FRED, *Tales of Terror: The Ec Companion*, Seattle, Fantagraphics, 2002.

GEISSMAN, GRANT, *Foul Play! The Art and Artists of the Notorious 1950s E.C.Comics!*, New York, Collins Design, 2005.

GERBER, ERNST – GERBER, MARY, *The Photo-Journal Guide to Comic Books*, vol. 2, Timonium, Diamond, 1990.

GILBERT, MRS. CHARLES B. (GILBERT, HELEN LEE), *The American Legion Auxiliary*, vol. IV, s.c., American Legion, 1970.

GINDER, RICHARD, *With Ink and Crozier: The Story of Bishop Noll and His Work, Fifth Bishop of Fort Wayne and Founder of Our Sunday Visitor*, Huntington, Our Sunday Visitor, Inc., 1950.

GOLDSTEIN, NORM, *The History of Television*, New York, Gramercy, 1991.
GORMAN, JOSEPH BRUCE, *Kefauver: A Political Biography*, New York, Oxford University Press, 1971.
GOULART, RON (a cura di), *Encyclopedia of American Comics. From 1897 to the Present*, New York, Promised Land, 1990.
—, *Great American Comic Books*, Lincolnwood, Publications International, 2001.
GRAY, BARRY, *My Night People: 10,001 Nights in Broadcasting*, New York, Simon and Schuster, 1975.
GREENE, JOHN ROBERT, *The Failure of Ambition: Estes Kefauver and the Senate Crime Committee 1950–1952*, s.c. e s.e., 1978.
GRIFFIN, DICK – WARDEN ROB (a cura di), *Done in a Day: 100 Years of Great Writing from the Chicago Daily News*, Chicago, Swallow Press, 1977.
HALBERSTAM, DAVID, *The Fifties*, New York, Ballantine Books, 1994.
HAUSER, RICH, «Interview with William M. Gaines», *Spa Fon*, n. 5, 1969.
HORN, MAURICE (a cura di), *The World Encyclopedia of Comics*, New York, Chelsea House, 1976.
JACKSON, KENNETH T. (a cura di), *The Enciclopedia of New York City*, New Haven, Yale University Press, 1995.
JACOBS, FRANK, *The Mad World of William M. Gaines*, New York, Lyle Stuart, 1972.
JEWETT, ROBERT – LAWRENCE, JOHN SHELTON, *The Myth of the American Superhero*, Grand Rapids (MI), Eerdmans, 2002.
JONES, GERARD, *Men of Tomorrow: Geeks, Gangsters, and the Birth of the Comic Book*, New York, Basic Books, 2005.
KAHN, ALBERT E., *The Game of Death: Effects of the Cold War on Our Children*, s.c., Cameron & Kahn, 1953.
KATZ, EPHRAIM, *The Film Encyclopedia*, London, Collins Reference, 1998[3].
KEFAUVER, ESTES (con SIDNEY SHALETT), *Crime in America*, Garden City (NY), Double Day – Doran, 1951.
KURTZMAN, HARVEY, *My Life as a Cartoonist*, New York, Aladdin, 1988.
LAMMERS, THOMAS G., «Atlas shrugged: A detailed look at the 1957 "Atlas Implosion" and its effect on comics», *Alter Ego*, vol. 3, n. 49, giugno 2005, pp. 45-67.
—, *Tales of the Implosion: A History of the 1956 Atlas Implosion and its impact on periodical publishing in America*, s.c., stampato in proprio, 2005.
LEGMAN, GEORGE ALEXANDER, *Oragenitalism: An Encyclopaedic Outline of Oral Technique in Genital Excitation*, New York, Roger-Maxe de la Glannege, 1940.
LEGMAN, GERSHON (pseud. di GEORGE ALEXANDER LEGMAN), *Love and Death*, New York, stampato in proprio, 1948. Riedito come Id., *Love and Death: A Study in Censorship*, New York, Hacker Art Books, 1985.
LEMOV, REBECCA, *World as Laboratory: Experiments with Mice, Mazes, and Men*, New York, Hill and Wang, 2005.
LENROOT, KATHERINE, *Understanding Juvenile Delinquency*, Washington D.C., U.S. Dept. of Labor, Children's Bureau, 1943.
MARCH OF TIME, serie di documentari audiovisivi, aprile 1954, Time Inc. Library.
MCDONNELL, PATRICK – O'CONNELL, KAREN – RILEY DE HAVENON, GEORGIA, *Krazy Kat: The Comic Art of George Herriman*, New York, Abrams, 2004.
MCKNIGHT-TRONTZ, JENNIFER, *The Look of Love: The Art of the Romance Novel*, New York, Princeton Architectural Press, 2002.
MOORE, WILLIAM HOWARD, *The Kefauver Committee and the Politics of Crime, 1950–1952*, Columbia, University of Missouri Press, 1974.
MOTT, FRANK LUTHER, *American Journalism: A History 1690-1960*, New York, Macmillan, 1961.
MOULTON MARSTON, WILLIAM, *Emotions of Normal People*, London, Kegan Paul Trench Trubner and Company., Ltd, 1928.
NARUS, DONALD J., *Chrysler's Wonderful Woodie the Town and Country—1941-1950*, Osceola, Motorbook Intl, 1988.

NODL, *The Drive for Decency in Print: Report of the Bishops' Committee sponsoring the National Organization for Decent Literature*, 1939.
NYBERG, AMY KISTE, *Seal of Approval: The History of the Comics Code*, Jackson, University of Mississippi Press, 1998.
O'BRIEN, GEOFFREY, *Hardboiled America: Lurid Paperbacks and the Masters of Noir*, Cambridge (MA), Da Capo Press, 1997.
PAULSON, KENNETH A., «Regulation Through Intimidation: Congressional Hearings and Political Pressure on America's Entertainment Media», *Vanderbilt Journal of Entertainment Law and Practice*, vol. 7, n. 1, inverno 2004, pp. 61-89.
PELLITTERI, MARCO, «Da Papà Warbucks ai Watchmen: annotazioni sull'ideologia nel fumetto popolare», *Archivio Trentino*, a. VIII, n. 2, 2007, Trento, Museo Storico in Trento, pp. 79-123.
PROAL, LOUIS, *Passion and Criminality: A Legal and Literary Study* (*pr. ed.* 1905), a cura di Alfred Richard Allinson, Whitefish (MT), Kessinger, 2008.
«REGULATION OF COMIC BOOKS», *Harvard Law Review*, gennaio 1955.
REIDELBACH, MARIA, *Completely Mad: A History of the Comic Book and Magazine*, London, Little Brown & Co., 1991.
RHYME, CHARLES S., *Comic Books: Municipal Control of Sale and Distribution—A Preliminary Study*, 1948.
ROBINSON, JERRY, *The Comics: An Illustrated History of Comic Strip* (I ed. New York, Berkley Publishing Group, 1973), Milwaukie, Dark Horse, 2007.
SABIN, ROGER, *Comics, Comix and Graphic Novels: A History of Comic Art*, London, Phaidon Press, 2001.
SAUNDERS, KEVIN W., «Media Self-Regulation of Depictions of Violence», *Oklahoma Law Review*, vol. 47, n. 445, autunno 1994.
SCHLESINGER, ARTHUR M., JR, Introduzione a Eugene V. Debs, *The Writings and Speeches of Eugene V. Debs*, Trenton, Hermitage Press, 1948.
SCHULTZ, HENRY E., «Censorship or Self Regulation?», *Journal of Educational Sociology*, vol. 23, n. 4, dicembre 1949, pp. 215-24.
SELDES, GILBERT, *The Seven Lively Arts*, New York, Harper & Brothers, 1924.
— *The Great Audience*, New York, Viking Press, 1950.
SONTAG, SUSAN, «Notes on Camp», *Partisan Review*, autunno 1964.
SPIEGELMAN, ART – KIDD, CHIP, *Jack Cole and Plastic Man: Forms Stretched to Their Limits*, San Francisco, Chronicle Books, 2001.
SWADOS, HARVEY, *Standing Up for the People: The Life and Work of Estes Kefauver*, New York, Dutton, 1972.
SONES, W.W.D., «The Comics and Instructional Method», *Journal of Educational Sociology*, vol. 18, n. 4, dicembre 1944, pp. 232-40.
THRASHER, FREDERIC M., «The Comics and Delinquency: Cause or Scapegoat?» *Journal of Educational Sociology*, vol. 23, n. 4, dicembre 1949, pp. 195-205.
«TV AND COMICS CRIME BLAMED IN DELINQUENCY», sondaggio Gallup, 22 novembre 1954.
VELENA, HELENA, «La maschera che vela: l'altra storia dei supereroi», in Susanna Scrivo, *Nuvole e Arcobaleni: il fumetto GLBT*, Latina, Tunué, 2009, pp. 59-111.
VOGER, MARK, intervista a Bill Gaines, *Comics Scene Spectacular* n. 7, 1992.
VON BERNEWITZ, FRED – GEISSMAN, GRANT, *Tales of Terror: The Ec Companion*, Seattle, Fantagraphics/Gemstone, 2000.
WEINSTEIN, SIMCHA, *Up, Up, and Oy Vey!: How Jewish History, Culture, and Values Shaped the Comic Book Superhero*, Pikesville, Leviathan Press, 2006.
WERTHAM, FREDRIC, *Dark Legend: A Study in Murder*, New York, Duell, Sloane & Pearce, 1941 e *The Show of Violence*, New York, Doubleday, 1949.
— *Seduction of the Innocent: The Influence of Comic Books on Today's Youth*, New York, Rinehart, 1954.
— «The Road to Rapallo: A Psychiatric Study», *American Journal of Psychotherapy*, vol. 3, n. 4, ottobre 1949.

WERTHAM, FREDERIC (FREDRIC) – WERTHAM, FLORENCE, *The Brain As an Organ: Its Postmortem Study and Interpretation*, New York, The MacMillan Company, 1934.
WRIGHT, BRADFORD W., *Comic Book Nation: The Transformation of Youth Culture in America*, Baltimore, The Johns Hopkins University Press, 2003.
WRIGHT, NICKY, «Seducers of the Innocent: The Bloody Legacy of Pre-Code Comics!», *Comic Book Marketplace*, n. 65, dicembre 1998.
YOUTH IN CRISIS, VHS, serie *March of Time: The American Lifestyles 1939-1950: Pt. 5*, Time/Life video.
YRONWODE, CATHERINE, *The Art of Will Eisner*, Amherst, Kitchen Sink Press, 1982.

ARTICOLI DI CRONACA E DI COMMENTO SU QUOTIDIANI E RIVISTE

Tranne rarissime eccezioni elencate al termine di questa sezione, tutti gli articoli erano riportati nell'edizione originale del libro, e così li si riporta anche in questa edizione, privi del nome dell'autore nonché del/dei numero/i di pagina. I nomi degli autori degli articoli riportati alla fine di questa sezione sono stati semplicemente desunti dal testo di David Hajdu perché ivi menzionati.

«"Book Swap" Top Story in Wakeman», *Chronicle-Telegram*, 31 dicembre 1955.
«"Comic" Book Ban Signed», *The Washington Post*, 3 maggio 1955.
«"Comic" Book Curb Vetoed by Dewey», *The New York Times*, 15 aprile 1952.
«"New" Comic Books to Be Out in Week», *The New York Times*, 29 dicembre 1954.
«"Operation Book Swap» Is Launched at Stone Bank Against Comic Books», *Waukesha Daily Freeman*, 14 marzo 1955.
«"Short Glance" at Crime Tales Is Turning Into a Long Look», *Buffalo Evening News*, 14 maggio 1954.
«1,000 Books on Order for Comic Swap ottobre 29», *Canton Repository*, 5 ottobre 1954.
«1,427 Comics "Taboo" As Book Swap Ends», *Chronicle-Telegram*, 11 marzo 1955.
«12 States Enact Laws to Curb Horror, Sex, Crime Comic Books», *Bridgeport Telegram*, 11 luglio 1955.
«23 Comic Books Put on Police Purge List», *Cleveland Press*, 7 giugno 1954.
«3 Arrested in Drive on Crime Comics», *The Washington Post*, 8 July 1952.
«3 Boys Tell of Torturing Playmate, 7», *Chicago Daily Tribune*, 19 agosto 1948.
«3 Held in Robbery Case», *The New York Times*, 9 agosto 1948.
«36 Comic Books Banned in Detroit as "Corrupting"», *The Washington Post*, 29 aprile 1948.
«30,000 Comics Given Up in Operation Book Swap», *Canton Repository*, 30 ottobre 1954.
«50 Cities Ban Off-Color Funnies», *The New York Times*, 5 ottobre 1948.
«531 "Comics" Burned in Swap at Wakeman», *Chronicle-Telegram*, 5 marzo 1955.
«6 State Bills Seek Comic Book Curbs», *The New York Times*, 20 febbraio 1952.
«600 Pupils Prepare Petitions Asking Ban on "Indecent Comics"», *Chicago Daily Tribune*, 7 dicembre 1947.
«600 Students Hold Burial Rites for 2000 Comic Books», *The Washington Post*, 27 ottobre 1948.
«700 Students See Hopes for Comic Books», *The New York Times*, 5 gennaio 1949.
«A Crime Against American Children», *Ladies' Home Journal*, gennaio 1909.
«Agree on City Plan to Censor Comic books», *Chicago Daily Tribune*, 22 luglio 1948.
«Alienists' Testimony Is Usually "Bunk," Psychiatrist Swears at Murder Trial», *The New York Times*, 21 marzo 1934.
«An Author's Mind Plumbed for the Unconscious Factor in the Creation of a Novel», *The New York Times*, 24 settembre 1944.
«Anti-Comics Drive Reported Waning», *The New York Times*, 21 gennaio 1950.

«Are Comic Books Menace or Nuisance?», *The Washington Post*, 8 novembre 1954.
«Are Comics Fascist?», *Time*, 22 ottobre 1945.
«Are Comics Horrible?» *Newsweek*, 3 maggio 1954.
«Are You a Red Dupe?» *The Haunt of Fear*, agosto 1954.
«Arrests Are Ordered in Sex Comic Sales—Objectionable Books Will Be Listed for "Get-Tough" Campaign», *Cleveland Press*, 5 giugno 1954.
«Auxiliary to Attack Poor Comic Books», *Los Angeles Times*, 26 agosto 1954.
«Baltimore Set for War on Crime Comics», *The Washington Post*, 2 marzo 1949.
«Baltimore to Seek "Objectionable" Comic Book Ban», *The Washington Post*, 14 gennaio 1949.
«Ban Objectionable Matter», *Newport Daily News*, 24 giugno 1954.
«Ban on Comic Books Spreads as Cities Set Up Censorship», *Statesville Daily Record* (North Carolina), 4 novembre 1948.
«Ban on Horror Comics Approved by Legislature», *Ohio State Journal*, 24 giugno 1955.«Assembly Votes Curbs on Comics», *Bridgeport Telegram*, 7 giugno 1955.
«Barsky, 10 Aides Sent to Prison, Fined for Contempt of Congress», *The New York Times*, 17 luglio 1948.
«Barsky, 15 Others Are Found Guilty», *The New York Times*, 28 giugno 1947.
«Bill to Ban Comic Books Wins in Canadian Senate», *The New York Times*, 8 dicembre 1949.
«Blame Parents on Delinquency, Not Movies, Tv», *Chicago Daily Tribune*, 19 maggio 1949.
«Board of Ccpt to Convene», *Los Angeles Times*, 11 luglio 1954.
«Board of Education, Others Join Fight on Comic Books», *Hartford Courant*, 19 febbraio 1954.
«Board Supports Horror Comic Ban», *Los Angeles Times*, 16 novembre 1954.
«Book Burning Scouts», *Ironwood Daily Globe*, 14 gennaio 1949.
«Book Swap Scheduled for First Two Days of Fair», *Canton Repository*, 31 agosto 1954.
«Bow Tonight Set for "Dark Legend"», *The New York Times*, 24 marzo 1952.
«Boy's Death by Hanging Laid to Comic Book», *The Washington Post*, 3 giugno 1948.
«Boy Shoots Brother to Death in Fight Over Comic Book», *Chicago Daily Tribune*, 4 ottobre 1948.
«Burning Books Does Not Help, Pierson Says», *Binghamton Sun*, 12 dicembre 1948.
«Burning of Comic Books Avoided», *The New York Times*, 16 gennaio 1949.
«Campaign Against Comic Books with Crime Base Ordered», *Charleroi Mail* (Pennsylvania), 15 settembre 1947.
«"Comics" Blamed in Death», *The New York Times*, 15 settembre 1947.
«Cain Before Comics», Lettere all'editore, *The Saturday Review of Literature*, 24 luglio 1948.
«Can They Force You to Appear on Tv», *The Washington Post*, 14 marzo 1951.
«Canada's Comics Ban», *Time*, 14 novembre 1949.
«Cartoonist Held as Slayer», *The New York Times*, 28 agosto 1958.
«Catholic School Pupils to Burn "Undesirable" Comics», *Wisconsin Rapids Daily Tribune*, 6 novembre 1945.
«Catholic Students Burn Up Comic Books», *The New York Times*, 11 dicembre 1948.
«Children Cremate 2,000 Old Friends—Their Comic Books», *Chicago Daily Tribune*, 27 ottobre 1948.
«Children Get Free Bus Rides for Book Swap», *Canton Repository*, 19 ottobre 1954.
«Children of SS Peter-Paul School Burn Comic Books in Bonfire», *Citizen Advertiser*, 22 dicembre 1948.
«Chiefs Call Comic Books Crime Source», *Gettysburg Times* (Pennsylvania), 24 luglio 1947.
«City Adopts Law to Ban Crime Comic Books», *Sacramento Bee*, 19 febbraio 1949.
«Clean-Up Started by Comic Books As Editors Adopt Self-Policing Plan», *The New York Times*, 2 luglio 1948.

«Code for the Comics», *Time*, 12 luglio 1948.
«Columbus Weighs a Comic Book Law», *The New York Times*, 10 ottobre 1954.
«Comfort for Comics», *Newsweek*, 9 gennaio 1950.
«Comic "Czar's" Formula», *Los Angeles Times*, 4 dicembre 1954.
«Comic Book Ban Assured», *Houston Chronicle*, 25 agosto 1954.
«Comic Book Ban Sought: Attorney Says Massachusetts Action Is "Gross Insult"», *The New York Times*, 28 dicembre 1953.
«Comic Book Ban to Be Up for Ohio Senate Vote Today», *Cleveland Plain Dealer*, 23 giugno 1955.
«Comic Book Censorship», *The New York Times*, 25 febbraio 1949.
«Comic Book Control Can Be a Success», *American City*, gennaio 1949.
«Comic Book Controls Passed by Assembly», *Reno Evening Gazette*, 14 marzo 1955.
«Comic Book Curbs Voted in Assembly», *The New York Times*, 13 marzo 1952.
«Comic Book Fight Mapped—Purple Heart Association Also Opposed to Red China in the U.N.», *Los Angeles Times*, 17 agosto 1954.
«Comic Book Hearing Is Set», *The New York Times*, 21 febbraio 1954.
«Comic Book Hearing to Start Tomorrow», *The New York Times*, 20 aprile 1954.
«Comic Book Industry Names New York Judge As Code Administrator», *The Wall Street Journal*, 17 settembre 1954.
«Comic Book Lecture at PTA Feb. 21», *Oconomowoc Enterprise* (Wisconsin), 17 febbraio 1955.
«Comic Book Sale Charge Will Take Druggist to Court», *Los Angeles Times*, 23 aprile 1949.
«Comic Book Stirs Further Discussion», *Los Angeles Times*, 16 marzo 1955.
«Comic Book Suppression Talk Is Slated in City on Monday», *Nashua Telegraph*, 11 marzo 1949.
«Comic Books and Delinquency», *America*, 24 aprile 1954.
«Comic Books Are Called Obscene by N.Y. Psychiatrist at Hearing», *New York Herald Tribune*, 28 ottobre 1947.
«Comic Books Are Committed to Fire After Impressive Ceremony at Elementary School on Monday», *Roane County Reporter*, 28 ottobre 1948.
«Comic Books Banned», *Holland Evening Sentinel* (Minnesota), 17 maggio 1948.
«Comic Books Banned», *Traverse City Record Eagle* (Minnesota), 14 maggio 1948.
«Comic Books Barred: Connecticut Halts the Sale of Editions Dealing in Violence», *The New York Times*, 19 luglio 1955.
«Comic Books Blameless», lettere all'editore, *Cleveland Press*, 5 giugno 1954.
«Comic Books Burned», *Maryville Daily Forum*, 25 febbraio 1949.
«Comic Books Burned», *The Washington Post*, 10 dicembre 1948.
«Comic Books Curb Vetoed by Dewey», *The New York Times*, 20 aprile 1949.
«Comic Books Inspire Torture of Playmate», *The Washington Post*, 19 agosto 1948.
«Comic Book Inspires Boys' Torture of Pal», *The New York Times*, 19 agosto 1948.
«Comic Criminals to Burn», *The New York Times*, 7 gennaio 1949.
«Comics – To Read or Not to Read?» *Wilson Library Journal*, maggio 1950.
«Comics "Book Burning" Hit in Norwich Legion Drive», *Bridgeport Post*, 26 febbraio 1955.
«Comics "Swap" Set Up», *Chronicle-Telegram*, 24 febbraio 1955.
«Comics and Propaganda», *Chicago Defender*, 7 February 1953.
«Comics Debated As Good or Evil», *The New York Times*, 30 ottobre 1948.
«Comics Held Beneficial for Children by Psychologist», *Los Angeles Times*, 23 febbraio 1941.
«Comics Held No Factor in Delinquency», *The Washington Post*, 12 novembre 1950.
«Comics Not Held Delinquency Cause», *Los Angeles Times*, 12 novembre 1950.
«Comics Poison Kids' Minds, Says Expert», *Daily News* (ed. di New York City), 21 marzo 1948.

«Committee Offers Swap of Good Books for Bad», *Canton Repository*, 3 agosto 1954.
«Costello Again Defies Crime Probe by Silence», *The Washington Post*, 17 marzo 1951.
«Costello's Power in Politics, Crime Shown at Hearing», *The New York Times*, 13 marzo 1951.
«Council Asks News Stands Eliminate Improper Books», *Hartford Courant*, 15 giugno 1948.
«Council Will Consider Crime Comic Book Ban», *Sacramento Bee*, 17 febbraio 1949.
«County Acts for Crime Comics Ban», *Los Angeles Times*, 16 febbraio 1955.
«CPT Grim Over Comic Book Peril», *Los Angeles Times*, 15 luglio 1954.
«Crackdowns or Headlines?» *The Washington Post*, 21 febbraio 1951.
«Crime Comic Book Ban Voted By City Council—$500 Fines, Term in Jail for Violators», *Sacramento Union*, 19 febbraio 1949.
«Crime Comics Face State Ban», *Los Angeles Times*, 5 ottobre 1948.
«Crime Found Top U.S. Subject», *The Washington Post*, 27 marzo 1951.
«Crime Hunt in Foley Square», *Time*, 26 marzo 1951.
«Crime Pays as Theme of Comic Books», *Cleveland Press*, 29 maggio 1954.
«Crime Stories Have Little Impact, Says Child Expert», *Buffalo Evening News*, 11 maggio 1954.
«Crime, Horror and Sex Comics», *Cleveland Press*, 4 giugno 1954.
«Crime, Sex Comic Books Outlawed in E. Chicago», *Chicago Daily Tribune*, 1° marzo 1955.
«Curb on Comics Good Start», *Cleveland Plain Dealer*, 7 aprile 1949.
«Daily Newspapers Published Within the Present Boundaries of New York City», in Kenneth T. Jackson (a cura di), *The Enciclopedia of New York City*, New Haven, Yale University Press, 1995.
«Defender States His Case: "Horror Never Hurt Anyone"», *Buffalo Evening News*, 13 maggio 1954.
«Delay Action on Crime Comics Ban», *Cleveland Plain Dealer*, 3 maggio 1949.
«Delinquency, Comic Books and the Law», *Ohio State Law Journal*, 1957.
«Depravity for Children», *Hartford Courant*, 14 febbraio 1954.
«Design for Murder», *Hartford Courant*, 14 dicembre 1954.
«Dewey Signs Bills on Obscene Books», *The New York Times*, 16 aprile 1954.
«Dr. Kinsey Is Dead; Sex Researcher #62», *The New York Times*, 26 agosto 1956.
«Drive Out the Horror Comics: Help us to fight "sex and crime at a shilling a time"», *Daily Dispatch*, 11 agosto 1954.
«Drive Planned to Eliminate Crime Comics», *Los Angeles Times*, 30 giugno 1948.
«Estes Kefauver Is Dead at 60 After Heart Attack», *The New York Times*, 11 agosto 1963.
«Falls Church Puts Curb on Comic Books», *The Washington Post*, 15 marzo 1949.
«Federation Juniors Urged to Battle Comic Book Threat», *Los Angeles Times*, 6 agosto 1954.
«Fifth Horseman», *The Washington Post*, 12 aprile 1953.
«Fifty-four Comic Books Are Banned», *The News*, Mount Pleasant (Iowa), 31 agosto 1948.
«Fighting Gunfire with Fire», *Newsweek*, 20 dicembre 1948.
«Fights Offensive Comic Books», *The New York Times*, 28 luglio 1948.
«Fredric Wertham, 86, dies; Foe of Violent Tv and Comics», *The New York Times*, 1° dicembre 1981.
«Funny Business», *Forbes*, 1° settembre 1943.
«GFWC to War on Lurid Comic Books», *Los Angeles Times*, 8 luglio 1954.
«Girl Scouts Here Launch Anti-Comic Book Drive», *Indiana Evening Gazette* (Pennsylvania), 21 febbraio 1955.
«Good Taste in Comic Books», *Lima News* (Ohio), 28 aprile 1954.
«Governor Clears Desk of All Bills», *The New York Times*, 21 aprile 1953.
«Governor's Veto Message», *New York State Legislative Annual*, 1952.
«Grade School Students Burn Their Comic Books», *Times Record*, Spencer, 28 ottobre 1948.
«Grade School War on Comic Books Has Attracted National Interest», *Roane County Reporter*, 4 novembre 1948.

«Graham PTA Topic to Be Comic Books», *Chicago Daily Tribune*, 20 gennaio 1955.
«Gramercy Park Gets the Horrors: Editor of Mag Called "Crime Does not Pay" Murders Ad Woman in a Hotel Tryst», *New York Sunday News*, 14 settembre 1958.
«Harlem Pioneers wit Mental Clinic», *Life*, 23 febbraio 1948 .
«Hendrickson Backs Comic Book Probe», *The Washington Post*, 9 aprile 1954.
«Here's Listing of '53 Bills Dewey Signed», *Syracuse Herald-Journal*, 21 marzo 1953.
«Hill to Probe Effect of Comic Books», *The Washington Post*, 22 febbraio 1954.
«Horror Books Will Be Swapped», *Syracuse Herald-Journal*, 15 aprile 1955.
«Horror Comics: Is This the End?», *Picture Post*, 20 novembre 1954.
«Horror Comics», *Time*, 3 maggio 1954.
«Horror for Young Readers—All for the Price of a Dime», *Buffalo Evening News*, 10 maggio 1954.
«Horror on the Newsstands», *Time*, 27 ottobre 1954.
«House Gets Legislation to Curb Sale of Comic Books to Youths», *The Era*, Bradford (Pennsylvania), 4 marzo 1955.
«House Inquiry Set on Obscene Books», *The New York Times*, 30 novembre 1952.
«House Passes Bill Creating Special Group to Study Comic Book Problem», *Newport Daily News*, 2 aprile 1955.
«How the Comic Book Started», *Commonweal*, 20 maggio 1949.
«Ike Promises Full Aid to Hendrickson for Youth Crime Probe», *Courier Post*, Camden (New Jersey), 27 novembre 1953.
«Impoverishing the Youthful Mind», *Newport Daily News*, 30 novembre 1954.
«Introducing the Editorial Advisory Board», *New Fun*, ottobre 1941.
«Investigation Group of Legislature May Check Laws, Comics", *Clearfield Progress* (Pensylvania), 20 maggio 1953.
«It's Time Parents Awakened to Danger in Comic Books», *Los Angeles Times*, 1 novembre 1953.
«It Pays to Organize», *Time*, 12 marzo 1951.
«Jack Cole, Comic Strip Creator, Shot to Death», *Chicago Sun Times*, 14 agosto 1958.
«John J. Farrell, Jr.», necrologio, *Binghamton Press*, 31 ottobre 2001.
«Juniors Sound Off on Comic Books: But Ban Them? Comes a Silence!», *New York World-Telegram and Sun*, 5 gennaio 1949.
«Jury Blames Hanging of Boy on Comic Books», *The Washington Post*, 16 settembre 1947.
«Juvenile Court Judges Rap Some Comic Books», *Chicago Daily Tribune*, 4 luglio 1954.
«Juvenile Crimes Traced to Bad Comic Books», *Cleveland Press*, 2 giugno 1954.
«Ladies in the Comic Books to Be in Height of Style», *Roanoke World News*, 28 ottobre 1954.
«Lampooning of Poem Brings State Protest», *The Washington Post*, 22 dicembre 1953.
«Launch All-Out War on Comics», *Southtown Economist*, 19 settembre 1954.
«Law Banning Crime Comic Books Prepared», *Los Angeles Times*, 15 febbraio 1955.
«Legion Auxiliary Cites Canton in Book Swap Plan», *Canton Repository*, 13 ottobre 1954.
«Legion Auxiliary Sets Comic Book Burning», *New York Post*, 25 febbraio 1955.
«Legislators Attack Comics Code violations; Industry Czar Sharpens Clean-up», *Printers' Ink*, 11 febbraio 1955.
«Lessons in Bank Robbery and Jail Break Are Pictured in "Comics" for Children», *Cleveland Press*, 31 maggio 1954.
«Let's Burn a Book», *Charleston Daily Mail*, 1° novembre 1948.
«Lewd Book Curbs in Effect», *The New York Times*, 1 luglio 1955.
«Los Angeles Barred to Sailors by Navy to Stern: Zoot-Suit Riots», *The New York Times*, 9 giugno 1943.
«*Mad*diction», *Time*, 7 luglio 1958.
«Major Actions on Bills in Sacramento», *Los Angeles Times*, 22 aprile 1955.
«Major Bills Lag in Albany; Jam Seen in Wind-Up Drive», *The New York Times*, 25 febbraio 1952.

«Major Publishing Firms Back New Crime Comic Law», *Houston Chronicle*, 27 agosto 1954.
«Make Bonfires of Them», *Daily Dispatch*, 20 agosto 1954.
«Many Doubt Comics Spur Crime», *The New York Times*, 12 novembre 1950.
«May Outlaw "Horror" Books», *Indiana Evening Gazette*, 25 maggio 1955.
«McCarthy Hearing Will Start Today; Hensel Included», *The New York Times*, 22 aprile 1954.
«Meyner Gets Tie-in Bill: Forced Sale of Comic Books Forbidden by Measure», *The New York Times*, 5 agosto 1955.
«Milwaukee Police Find Comic Books Unfit for Children», *Sheboygan Press*, 7 giugno 1948.
«Mind & Spirits», appunto di ricerca non datato su Wertham negli archivi della Time, Inc.
«Modern Comics Hit by Mayors' Report», *The New York Times*, 25 novembre 1948.
«Modern Witch Burning», *Great Bend Daily Tribune*, 22 luglio 1955.
«Monessen Legislator Caught in Middle Over Comic Book Bill», *Monessen Daily Independent* (Pennsylvania), 17 marzo 1955.
«Mt. Prospect May Ban Comic Books», *Roselle Register* (Illinois), 14 maggio 1948.
«Municipal Control of Comic Books», *American City*, dicembre 1948.
«Murder, Morphine and Me», *True Crime Comics*, maggio 1947.
«Name Comic Book Committee», *Nashua Telegraph*, 4 aprile 1949.
«New Orleans to Supervise Comic Books», *Associated Press*, 2 febbraio 1949.
«New York Day by Day», *The New York Times*, 19 agosto 1982.
«Newcon Panel 1978: Wood, Krigstein, Kurtzman», trascritta da Greg Sadowski, a cura di John Benson, *Squa Tront—The Ec Comics Magazine*, n. 10, 2002.
«Nine Seek to Build Court House Here», *The New York Times*, 7 gennaio 1933.
«No Harm in Horror, Comics Issuer Says», *The New York Times*, 22 aprile 1954.
«Norwich Drive on Comics a Success As Children Rush to Trade 10 for a Classic», *The New York Times*, 27 febbraio 1955.
«Objectionable Books of Comics Disappear from Los Angeles Stands After New Law», *The New York Times*, 5 ottobre 1948.
«Obscene and Other Objectionable Comics Are Targets for a Series of Albany Bills», *The New York Times*, 18 febbraio 1953.
«Obscene Books Ban Pushed at Albany», *The New York Times*, 4 marzo 1953.
«Ohio Acts on Comic Books», *Cleveland Plain Dealer*, 25 maggio 1955.
«Oleo Heir Is Seized in Vice Raids Here» *The The New York Times*, 16 agosto 1952.
«Operation Book Swap», *Chicago Daily Herald*, 9 dicembre 1954.
«Operation Book Swap», *Oconomowoc Enterprise*, 17 marzo 1955.
«Opponent Calls Crime Tales a Blight on Nation's Morals», *Buffalo Evening News*, 12 maggio 1954.
«Parents Set Plan for Comics Curb», *The New York Times*, 30 novembre 1948.
«Our Women Are Our Future», *Family Circle*, 14 agosto 1942.
«Police Force Door to Free Child, 4 [*sic*], Locked in Home», *The Washington Post*, 4 novembre 1937.
«Police Must Read Comics», *Charleroi Mail* (Pennsylvania), 14 aprile 1948.
«Police Prepare Drive on Illegal "Comics"», *Cleveland Press*, 10 maggio 1949.
«Police Resolution Raps Comic Books», *Harrisburg Daily Register* (Illinois), 11 agosto 1947.
«Police Told to Seize Lurid Comic Books», *Cleveland Press*, 1° giugno 1954.
«Priest Warns of Peril of Comic Books; Adopts Techniques for a Life of Christ», *The New York Times*, 24 agosto 1946.
«Prince Georges Opens War on Crime Comics», *The Washington Post*, 4 July 1952.
«Professional Common Man», *Time*, 17 settembre 1956.
«Professional Schools», *The New York Times*, 17 agosto 1941.
«Protests End Plan to Burn Comic Books», *Post-Standard*, Syracuse, 27 febbraio 1955.
«Psychiatrist Charges Stalling Tactics on Legislation to Control Comic Books», *The New York Times*, 24 gennaio 1950.

«Public Taste, Profit Used to Justify "Horror" Comics», *Hartford Courant*, 15 febbraio 1954.
«Publisher Halting His "Horror" Comics», *New York Herald-Tribune*, 15 settembre 1954.
«Publisher Shares Profits», *The New York Times*, 30 dicembre 1943.
«Publisher to Drop Crime and Horror "Comic" Book», *The Wall Street Journal*, 16 settembre 1954.
«Publishers' Annual Statistical Report», *Publishers Weekly*, 5 marzo 1949.
«Puddles of Blood», *Time*, 29 marzo 1948.
«Pupils Burn Comic Books to Open Girardeau Drive», *Southeast Missourian*, 25 febbraio 1949.
«Pupils Burn Comic Books: Month-Long Drive Ends in Bonfire», *Decatur Daily Review*, 24 febbraio 1955.
«Ridicule of Comic Book Law Is Smokescreen to Flout Decency», *Houston Chronicle*, 27 agosto 1954.
«Sacramento Pushes Comic Book Curb», *Los Angeles Times*, 15 agosto 1948.
«Sacramento's Lady Mayor Studies Comics in Move to Control 'Em», *Los Angeles Times*, 25 agosto 1948.
«Sad News for Tv Fans – Crime "Show" Ends Today», *The New York Times*, 25 marzo 1951.
«Santa Claus Comic Draws Holyoke Ban», *Springfield Daily News* (Massachusetts), 20 dicembre 1953.
«Seek Ban on Comic Books», *United Press*, 22 marzo 1949.
«Senator Kefauver Wows 'Em on Tv», *The Washington Post*, 5 marzo 1951.
«Senators Ban Comic Book Sale», *Kennewick and Richland Tri-City Herald* (Washington), 14 aprile 1955.
«Senators to Press Delinquency Study», *The New York Times*, 15 marzo 1954.
«Sheriffs' Meeting Here to Discuss Comic Books», *The Washington Post*, 28 giugno 1954.
«Should US "Comics" Be Banned?» *Picture Post*, 17 maggio 1952.
«Skipper Hoy and That Wreck, the Hesperus», *Feature Presentations Magazine*, giugno 1950.
«Spencer Graded School Is Famous», *Times Record*, 4 novembre 1948.
«Spencer School Pupils Wage War on Comic Books», *Charleston Daily Mail*, 27 ottobre 1948.
«St. Anthony Pupils Burn Comic Books As Campaign Ends», *South End Reporter*, 23 marzo 1949.
«State and City Officials Warn Comics Publishers to "Clean Up"», *Hartford Courant*, 17 febbraio 1954.
«State Bans "Night Before"; Publisher Yanks Bible Tales», *Boston Daily Globe*, 22 dicembre 1953.
«State Comic Book Sales Need Check», *Indiana Evening Gazette* (Pennsylvania), 21 aprile 1953.
«State Law of 1884 on Lurid Books Killed by High Court as Too Vague», *The New York Times*, 30 maggio 1848.
«State Sales Tax Signed into Law», *Reno Evening Gazette*, 30 marzo 1955.
«State Senate Acts to Control Comics, *The New York Times*, 24 febbraio 1949.
«Stores Near Schools Face Comics Hunt», *Cleveland Press*, 2 giugno 1954.
«Students Burn Comic Books in Boycott Drive», *New York Herald Tribune*, 11 dicembre 1948.
«Study of Tv's Role in Congress Urged: Wiley Says "Baby" May Turn into "Monster" – Kefauver Backs Longer Inquiry», *The New York Times*, 25 marzo 1951.
«Supervisors Call for Comic Book Ordinance», *Los Angeles Times*, 17 novembre 1954.
«Teen Probe to Study Effect of Tv, Comics», *The Washington Post*, 24 marzo 1954.
«Teenager Defends Comic Book Fans», *Los Angeles Times*, 14 marzo 1955.
«Tennessee, Tv, and Kefauver Too», *Life*, 24 marzo 1952.

«The "Comic" Book Bonfire», *Citizen Advertiser*, 23 dicembre 1948.
«The "Mad" Generation», *The New York Times Magazine*, 31 luglio 1977.
«The Antidote to Comics», *National Parent-Teacher Magazine*, marzo 1941.
«The Case Against the Comics», *The Saturday Review of Literature*, 20 marzo 1948.
«The Causes and Prevention of Murder—A Psychiatric Inquiry», *The New York Times Book Review*, 8 maggio 1949.
«The Comic Sunday Supplement», *Good Housekeeping*, maggio 1910.
«The Comics Menace», *Wilson Library Bulletin*, giugno 1941.
«The Curse of the Comic Books», *Religious Education*, novembre-dicembre 1956.
«The End of Superman», *Wisconsin Rapids Daily Tribune*, 10 novembre 1945.
«The North Family Reviews the Spring Flight of Juveniles», *Chicago Daily News*, 8 maggio 1940.
«The Press», *Time*, 19 dicembre 1949.
«The Uncomic Comic Books», *Walla Walla Union-Bulletin*, 28 aprile 1954.
«The USA Threat to British Culture», *Arena*, giugno-luglio 1951.
«The Wrong Remedy», *Chicago Daily Tribune*, 24 luglio 1948.
«They Call 'Em "Comics"», *Fitchburg Sentinel*, 28 luglio 1941.
«Three Cities Curb Comics», *The New York Times*, 25 maggio 1948.
«Thrill Comics Blamed on TV, Radio, Books», *Los Angeles Times*, 20 agosto 1954.
«TV Crime Session Almost Disrupts Red Cross Work», *The Washington Post*, 17 marzo 1951.
«Unfunny Comic Books Barred in Los Angeles», *The New York Times*, 23 settembre 1948.
«Urges Comic Book Ban», *The New York Times*, 4 settembre 1948.
«U.S. Survey Clears Comic Books of Breeding Teen-Age Criminals», *New York Sunday News*, 12 novembre 1950.
«Virginia Bloch» (necrologio), *Woodstock Times*, 1° giugno 2006.
«Viscous [*sic*] Comic Books», *Bridgeport Post* (Connecticut), 19 giugno 1948.
«Votes Unanimous Ban on Crime Comic Sales», *Cleveland Plain Dealer*, 10 maggio 1949.
«Wakeman Book Swap to Start», *Chronicle-Telegram*, 2 marzo 1955.
«Walden, N.Y., Dealers Ban Comics on Crime», *The New York Times*, 15 febbraio 1952.
«Wertham Assaults Ezra Pound Ruling», *The New York Times*, 27 novembre 1949.
«What's Wrong with the Comics?», *Catholic World*, febbraio 1943.
«What Parents Don't Know About Comic Books», *Ladies' Home Journal*, novembre 1953.
«Whether Crime "Comic" Books Lead Child Astray is Debated», *New York Herald Tribune*, 22 aprile 1954.
«Whip, Knife Shown as "Comics" Lures», *The New York Times*, 5 febbraio 1955.
«Who's a Liar», *Life*, 2 aprile 1951.
«Why Not Let the People Elect Our President?», *Collier's*, 31 gennaio 1953.
«Why Youths Go Bad», *Evening News*, Newark (New Jersey), 17 novembre 1953.
«Would Outlaw Sale of Crime Comics», *Associated Press*, 5 marzo 1949.
«Youth Delinquency Down», *The New York Times*, 16 aprile 1953.
«Youth Delinquency Growing Rapidly Over the Country», *The New York Times*, 20 aprile 1952.
BERGENGREN, RALPH, «The Humour of the Colored Supplement», *Atlantic Monthly*, agosto 1906.
CRIST, JUDITH, «Horror in the Nursery», *Collier's*, 27 marzo 1948.
CROWTHER, BOSLEY, «Little Films with Big Ideas», *The New York Times*, 5 dicembre 1943.
DENNEY, REUEL, «The Dark Fantastic», *The New Republic*, 3 maggio 1954.
GAINES, BILL (WILLIAM M.), «Madman Gaines Pleads for Plots», *Writer's Digest*, febbraio 1954.
GIBBS, WOLCOTT, «Keep Those Paws to Yourself, Space-Rat», *The New Yorker*, 8 maggio 1954.
HOOVER, J. EDGAR, «Youth... Running Wild», *Los Angeles Times*, 27 giugno 1943.
LERNER, MAX, Editoriale s.t., *New York Post*, 22 aprile 1954.
MANNERS, MARYA, «Junior Has a Craving», *The New Republic*, 17 febbraio 1947.

NORTH, STERLING, «A National Disgrace (And a Challenge to American Parents)», *Chicago Daily News*, 8 maggio 1940.
– «Sterling North Reviews the Books», *New York World-Telegram and Sun*, 13 aprile 1954.
SOUTHARD, ROBERT E., «Parents Must Control the Comics», *St. Anthony Messenger*, maggio 1944.
WRIGHT MILLS, CHARLES, «Nothing to Laugh At», *The New York Times Book Review*, 25 aprile 1954.

ALTRI ARTICOLI, QUOTIDIANI E RIVISTE CITATI

American Artist, aprile 1938.
Binghamton Press, necrologio di John J. Farrell, Jr., 31 ottobre 2001.
Bulletin of Atomic Sciences, maggio-giugno 1998.
Comic Book Artist, novembre 2005.
Herald-American, Lettere, 23 febbraio 1949.
New York Journal, 17 ottobre 1896.
Philadelphia Record, 13 ottobre 1941.
The Acolyte, numeri delle annate dal 1942 al 1948.
The Nation, articolo s.t., 5 novembre 1908.
The Nation, articolo s.t., 19 marzo 1949.
The National Cyclopedia of American Biography, vol. 47, 1965.
The Saturday Review, 25 settembre 1948.
The Saturday Review, Lettere all'editore, 24 luglio 1948.
The Times (Londra), Editoriale, 12 novembre 1954.

APPUNTI

Tunué
EDITORI DELL'IMMAGINARIO

Finito di stampare nel mese di novembre 2010
da Stampa Sud S.p.A. – Via P. Borsellino 7 – 74017 Mottola (Ta)
per conto della Tunué. Editori dell'immaginario

Stampato in Italia – Printed in Italy